U0602180

以知为力　识见乃远

南宋朝野论王安石与新法

梁庚尧 编著

中国出版集团 东方出版中心

图书在版编目（CIP）数据

南宋朝野论王安石与新法 / 梁庚尧编著 . -- 上海：
东方出版中心 , 2024. 11. -- ISBN 978 - 7 - 5473 - 2549 - 0

I. K827=441；K245.07

中国国家版本馆 CIP 数据核字第 20245KR644 号

上海市版权局著作权合同登记：图字09－2024－0648号

本书简体中文版由台湾大学出版中心授权出版

南宋朝野论王安石与新法

编 著 者　梁庚尧

责任编辑　戴浴宇

丛书策划　朱宝元

封扉设计　甘信宇

出 版 人　陈义望

出版发行　东方出版中心

地　　址　上海市仙霞路345号

邮政编码　200336

电　　话　021-62417400

印 刷 者　山东韵杰文化科技有限公司

开　　本　890mm×1240mm　1/32

印　　张　18.125

插　　页　2

字　　数　400千字

版　　次　2025年1月第1版

印　　次　2025年1月第1次印刷

定　　价　99.00元

版权所有　侵权必究

如图书有印装质量问题，请寄回本社出版部调换或拨打021-62597596联系。

序

　　本书可以视为《北宋的改革与变法——熙宁变法的源起、流变及其对南宋历史的影响》一书中有关"王安石与新法对南宋历史的影响"讨论的一部分，由于内容较多，因而另成一书。我已自台大历史系退休十年，由于身体健康关系，以及想要专心整理自己过去的研究与教学成果，未再担任系里的兼任教师也已有五年，全书内容未曾于课堂上讲授。尽管如此，由于本书与"北宋的改革与变法"课程关系密切，且写作的动机，又出自补充《北宋的改革与变法——熙宁变法的源起、流变及其对南宋历史的影响》一书内容的不足，所以仍以教材的形式写成。全书共有三编十五讲，各编并附参考书目。讲授与"北宋的改革与变法"此一课题相关课程的教师，不妨以本书的内容为讲授时的补充教材；若有教师有兴趣，或觉得有需要，也可以开一门与本书主题相关的讲授课或讨论课，以本书为参考教材之一来使用。

　　自二〇一七年六月收到《北宋的改革与变法》书稿的审查意见之后，至今已整整六年。这段期间，先后对《北宋的改革与变法》书稿，参考审查意见做了较多的修改，并写成本书，而用在写作本书的时间，占了其间大部分。之所以会有编写本书的想法，是由于一位审查人，在《北宋的改革与变法》原送审书稿之末，写下了"南宋对新法的不同评价"这几个字，我想他或许是提醒我，应该注意到这个问题，并有所论述。这位审查人的提示，促使我开始尝试去增进自己对这个问题的认识，并将自己的求知所获表达出来，提供给别人参考，于是有这本《南宋朝野论王安石与新法》书稿的编撰。原本在前年六月，全稿已经大致完成，但既决定另成一书，则须经过审查才能出版，于是又再细读，觉得书中有待修改之处仍多，于是再次从事修改。一边修改，一边继续发现问题，又得再去搜寻相关论著、史料，思考是否应该调整内容或组织结构，这样又用了一年的时间，才写成此一书稿。

本书的内容，从各讲题目即可得知，不仅涉及当初我开设"北宋的改革与变法"这门课程时的政治法制史和社会经济史两大范畴，也涉及学术思想史和文学史。而我自己的研究领域向来在社会经济史；此外，自从担任教职之后，出于讲授全校共同课程与历史系基础课程的需要，对政治史也还不算陌生，而且当研究社会经济史时，也不能不考虑到社会经济与政治、制度之间的相互影响；至于思想史与文学史，虽然并非全无接触，但终究认识只是在表浅的层面。

然而自中国传统学术而言，文、史、哲三门学问本属一体，分途发展而且走向专业化，是近代以来的事。史学的研究走向专业化，对史学本身的影响究竟是好是坏，见仁见智，可是采取合文、史、哲而为一的研究方式，终究也可以是研究途径之一。当前已有许多中文系出身的学者，使用这一种方式来研究文学史与学术思想史，他们的研究成果，就出身历史学的研究者看来，尽管不能说完全没有可以斟酌之处，却也未尝没有提供参考的价值。历史学者其实也不必画地自限，不妨摸索出自己专业化的研究方式，尝试走向一个更为宽广的路途。本书虽然广泛地牵涉政治史、学术思想史与文学史，但主体毕竟还是在处理一个政治史的问题，即使对于文学史与学术思想史，在讨论时所采用的方法，主要也仍是历史考证，以考证所得的结果为叙事的基础。

本书第四讲讨论到秦桧在绍兴二十五年（1155），为宋高宗御书《宣圣及七十二弟子像赞》撰写的记文，并以之说明秦桧当时的心态。撰写此一部分时，曾参考首先注意到这篇记文的蔡涵墨（Charles Hartman）教授和李卓颖教授，据之以合撰的《新近面世之秦桧碑记及其在宋代道学史中的意义》一文。由于与李教授相识，并承他赠送该文，得以拜读，因此在第四讲写就之后，曾寄给他，并请他转寄给当时在美国的蔡教授，希望他们两人能够提供修改意见。由于说法与他们两人在上述论文中不尽相同，他们也都坦诚地提出，并详加说明。我在收到之后，经过比对并思考，接受其中部分意见，据之以修改相关内容，但有想法不同之处，于是写信向他们说明，仍然保存。无论如何，对于两位教授的不吝赐教，我深为感谢。正如我在《北宋的改革与变法——熙宁变法的源起、流变及其对南宋历史的影响》的序文中所讲，"我深信在学术上不同观察角度的并存，可以促进学界进一步的思考，且因之而推动学术的进展"；不同的研究者、撰述者，彼此之间的不同意见，有时只是出自观察角度的差异，在这种情况下，几种不同的说法，不宜认为此是即彼非，而应该是可以并存以供学界参考的。

用了将近五年的时间，撰写此书，很多应该要做的事情因之而拖延，身心有时难免感觉到疲惫。支持我继续工作的力量，其中之一是在写作的过程中，学习到很多新的知识，并得知许多过去所不知道的相关论著。这些著作，不仅有助于先前《北宋的改革与变法》一书的修改，也充实了本书的内容。

另一股支持我继续工作的力量，是内子梅玲的宽容。她虽然一直担心我这样工作，会影响到我的身体健康，认为退休之后就应该把工作放下，过闲暇悠游的生活，没有必要如此地辛劳；也常抱怨我为了撰述的参考，把书籍堆得到处都是，妨碍了家人的行动，但是她从未真正阻挡我的写作。或许她也知道，把心里想的事写出来，是我的精神寄托之所在，如果不做这件事，生活便会变得毫无聊赖；可是她的担心和抱怨，也一样要说出来让我知道，这样我才会在工作上为了自己的健康和家人的生活，而知所节制。她的默许，其实就是另一种支持的表示；而我的日常生活和身体健康，更一直有赖她的照料。由于她的照料，这些年来，我不仅得以结束了前列腺癌切除手术后的追踪，帕金森病也没有出现明显的恶化征象，而能在讲求饮食营养与充分休息之余，全心全力地投入这两本教材的修改与编写。

我必须感谢两位审查人，以及帮我查核书稿中各种问题的吴雅婷女士和邹武霖先生，还有自愿帮我看稿的张维玲女士。他们都认真而且细心地看完这份书稿，其中有很多由于写作匆忙而出现的疏忽与错误，得以获得发现。他们仔细地一一提示应该加以更正之处，并且提出了改进的意见。他们的更正和意见，我大部分都已接受，据以修改书稿；有一些意见即使没有接受，也启发我再加思考，考量如何改写，才能更清楚地表达我的原意，让读者能够比较具体地掌握。本书的完成，充分受益于他们几位所付出的心力，自不待言。

我也必须感谢台大出版中心的总编辑汤世铸先生和本书的责任编辑游紫玲小姐，他们允许我花这么长的时间来完成本书，即使我一再地表示在短时间内即可完成，却又一再地拖延。汤先生是我教过的学生，游小姐虽未曾教过，却也是我的学生辈。他们了解我的身体健康状况，也深信以我一向的工作态度，必定会将书稿完成，才会如此耐心地等待。尽管如此，对他们两人，我的心中始终深感歉意。

最后，我要说的，仍然和以前一样。学海无涯，个人所知、才识均有限，更何况我缺乏宋代学术思想史和宋元明文学史的根底，编撰本书其实是边学边写，书中疏漏错误之处必多，有待读者指正。

梁庚尧序于二〇二三年六月二十八日

目　录

第一编

南宋初期朝野对王安石及其推行新法的评论

第一讲

国祸根源追究声中对王安石与新法的检讨

经历了从绍圣到宣和以"绍述"为名的一连串事件，接着而来的是靖康之祸，宋室南迁。对于这一场国家的巨大变故，人们从政治上追究责任，首先就是归咎于蔡京所倡言的"丰亨豫大""惟王不会"，认为他不知居安思危，引导宋徽宗奢侈挥霍，既浪费了国家的财富，也横敛于民，造成民怨，失去民心。更进一步则将横敛于民的责任上溯绍圣以来所标榜的"绍述"，进而上溯至王安石在宋神宗支持之下所推行的新政，特别是与理财有关的几项新法。

由于不满于蔡京助长国家财富的挥霍，所以从北宋末年以来，对于"丰亨豫大""惟王不会"的解释也就有了改变。这样的改变，首先见于"惟王不会"一词。自宋徽宗崇宁至政和年间蔡京依据经籍，先后提出"丰亨豫大""惟王不会"之说，怂恿徽宗过奢侈挥霍的生活。"丰亨""豫大"均出自《易》，蔡京选择性地据经文及汉、唐注疏，将"丰亨豫大"曲解为圣人顺其性而动，则其志大行，志行之后，作乐崇德，以殷盛之礼，祭祀天地，配以祖考。蔡京并将此词献于徽宗，为之找到了以礼乐祭祀为名来挥霍国家丰盛财物的依据。"惟王不会"则出自《周礼》，蔡京据书中诸如"岁终则会，唯王及后、世子之膳禽不会"等句，简化为"惟王不会"，在徽宗挥霍时，未尝告之以财用不足，同样是选择性地引用经文"惟王不会"，曲解为可以不顾国家财政的虚耗而任意挥霍。

针对蔡京的说法，重新来解释"丰亨豫大""惟王不会"两词，首先见于杨时对"惟王不会"的解释。杨时早在崇宁三、四年（1104—1105）年间任荆州教官（江陵府学教授）时，已经对有人以"不得以有司之法制之"，来解释《周礼》所讲的"凡用皆会，唯王及后不会"，有所辩解：

> 有司之不能制天子，固矣。然而九式之职，冢宰任之，王恣其费用，有司虽不会，冢宰得以九式论于王矣。故王、后不会，非荡然无以禁止之也。制之有冢宰之义，而非以有司之法故也。（杨时《龟山集》卷十《荆州所闻》）

他显然是在强调，在冢宰控制之下，王、后仍然会节制自己的开支。这时蔡京应该已经提出了"惟王不会"一词，来合理化自己的作为，杨时的解释应该就是针对蔡京而发的。到靖康元年（1126），国家已经处于危急存亡之秋，杨时侍读经筵，在对宋钦宗讲解《论语》"道千乘之国"章时，再度重申他在崇宁三、四年间的解释，只是清楚地表示其用意在于以制度来达到"均节"的目的，既能有礼，又不害人，从而指出崇宁以来，"污吏持'不会'之说以济其奸，私窃横敛而莫之禁，故费出无经，而上下困矣，尚何爱人之有"（《龟山集》卷五《经筵讲义》）。宋室南渡之后，他在绍兴二年（1132）回复胡安国请教政事先后缓急的信中，认为当今政事，以理财为最先，又再次借他上述"冢宰得以九式论之"的说法，来说明他在经筵中已经提到过的所谓理财，"非尽笼天下之利而有之也"，而是"取之有道，用之有节，各当于义之谓也"（《龟山集》卷二十《答胡康侯・其八》）。此后，南宋时期对于"惟王不会"一词的解释，尽管未必尽同于杨时，但大致上都从节用的观点来立论。

对于"丰亨豫大"的重新解释，则首先见于程俱，继而见之于张纲。程俱在绍兴初年任中书舍人兼侍讲，他在绍兴元年（1131）九月二十日向宋高宗进故事，引述《两朝宝训》所载天圣七年（1029）五月宋仁宗的史事加以申论，指出当时可谓"丰亨豫大治安之时"，可是宋仁宗"皇皇然常若有不测之虞近在旦暮"，如果宋仁宗处于衰乱之时，"则其所以焦忧求治者宜如何也"，显然是以孔颖达疏中所讲的"居存虑亡"来解释"丰亨豫大"。张纲在绍兴二十六年（1156），以吏部侍郎兼侍讲的身份进故事，引述《三朝宝训》所载宋太宗的史事，申论"财赋有国之大计，当丰亨豫大之时，蓄积为备，不可一日阙于天下，《天官》九职、《洪范》八政，必以农事为食货之首者，以见先王于此未尝不留意也"，也是以居安思危来解释"丰亨豫大"。他进一步指出，如果不能事先有所蓄积，一旦有意外之事，必至于横取于民；当民力无法承担，则"商功计利之臣，始得以行其说，而头会箕敛，天下有不能堪者矣"，并且以汉代的桑弘羊为实例来说明。他所举桑弘羊"巧算倍征，珍民资泽"的做法之一，是"笼天下之货物，坐市列肆，转贩相输"（张纲《华阳集》卷二十三《进故事》）。从张纲对商功计利之臣横敛于民的批评，以及他举桑弘羊的实例来看，很容易令人联想到他实际的用意，是借此批评从王安石以至蔡京所实施的理财新法，"笼天下之货物，坐市列肆，转贩相输"就如同是对其中市易法的批评。绍兴年间以后，对于"丰亨豫大"一词的解释，大致也都强调其天地盈虚、与时消息的意义。

上述从张纲对"丰亨豫大"一词的重新解释，引申到他对王安石理财新法的批评，只是推论；实际上早在北宋国运濒危的靖康年间，把蔡京聚敛于民溯源于王安石新法的议论就已经出现。第一次进攻汴京的金军在靖康元年（1126）三月退兵，到九月攻陷太原府之后，才在十月再南下，在四月到八月这段稍为安定的期间，宋廷发生了对王安石及其政策的争议。据《靖康要录》的记载，首先在四月，吴敏建议复立《春秋》于学官，并于当年贡举用以取士，这仅是就熙丰与绍圣以后停用这一部经书取士而言，并未扩大批评新政；接着有臣僚上言，以王安石执政时"改更祖宗之法，附会经典，号为新政"开头，已经涉及新政，但是他也只是认为科举考试不应取消诗赋，之所以国威不张，是由于用人不得其实，建议遵行祖宗成宪；至于王安石解经有不负圣人之旨者，亦许收用，可是禁用老庄、《字说》，这也只是就取士政策而言，并未论及取士政策以外的其他新法。他们两人的建议，都没有引起争论。

到五月，杨时在上疏中（此疏另见于《龟山集》卷一《上钦宗皇帝·其七》），扩大了对王安石批评的面向，用词也显得强烈。他认为蔡京以绍述宋神宗为名，实际上是挟王安石以图自身之利，他的蠹国害民、几危社稷，启自王安石变乱祖宗法度，这才是蔡京罪之所本；并且把王安石对经典的解释，和蔡京、王黼、朱勔等人虚竭国家财力、引导君主侈靡的措施联结在一起，认为王安石的学说是涂塞学者耳目、败坏其心术的邪说，建议追废王安石的王爵，毁除其配享于孔庙的祀像。其中废罢王安石配享孔庙的建议被接受，不过当时未曾颁布宣告此事的诏书，要到南宋建炎初年才由胡寅奉旨撰写。诏中对王安石的批评以杨时的奏疏为基础，归咎大祸之本在于荆舒之学："文饰奸说，附会圣经，名师帝王，实慕非、鞅，以聚敛为仁术，以法律为德政，排摈故老，汲引憸人，变乱旧章，戕毁根本。高言大论，诋訾名节，历事五代者谓之知道，剧秦美新者谓之合变。逮其流弊之极，贤人伏处，天地闭塞，祸乱相踵，率兽食人，三纲五常，寖以堙灭。"（胡寅《斐然集》卷十四《追废王安石配飨诏》）尽管杨时并未明言，但是他的建议显然含有停止再用《三经新义》来取士之意。

王安石的经说在北宋后期大部分的时间里，都用于科举考试与官学教学，宋神宗时代及哲宗绍圣以后更是唯一范本，其他经说皆受排斥。如果停用《三经新义》取士，对为了应举而研读此书多年的士人来讲，尤其无法忍受，因此引起很大的反弹。首先是太学生为之起哄，接着朝廷上也发生了争议。冯澥反对完全禁用《三经新义》取士，而认为应该择其善者而从、其不善者而改。支持杨时建议的崔鶠，则应和杨时所提出的蔡京祖述王安石之说，而且扩大其内容，"绍述一道德，而天下一于谄佞矣；绍述同风俗，而天下同于欺罔矣；绍述理财，而公私竭矣；绍述造士，而人材乏矣；绍述开边，而四夷交侵，胡尘犯阙矣"，其中也包含了理财。和崔鶠同样反驳冯澥的李光，在其《庄简集》卷八《论王氏及元祐之学》札子中可以看到较详细的上疏内容，疏中虽然触及了蔡京兄弟祖述王安石之说，却未触及蔡京的助长君主侈靡、虚竭国家财力。见于《靖康要录》的记载，则述及宋钦宗降出盖有御宝的李光奏疏，十分扼要地说明此疏言及王安石置条例司，导致蔡京、蔡卞操继述之说，扫除祖宗法度，疏后有宋钦宗的御批："祖宗之法，子孙当守之，何可变乱旧章，至于今日，可作一诏。"并且详载翰林学士吴开所写的诏书。其中讲到蔡京"挟绍述之言，为挟持之计，内外骚动，公私匮乏"，又讲到"尚虑邪说诐行，习熟见闻，摇动众心，有害国体"，所谓"公私匮乏"已经触及蔡京的虚竭国家财力，而"邪说"一词更出自杨时对王安石学说的指责。宋钦宗在下诏罢除王安石配享之后，又一次清楚地表达了他的态度。然而诏书中所谓的"邪说"，仅是指王安石学说之不当者而言，并非排斥所有王安石对经书的解释，所以在随后宋钦宗再颁下的手诏中，又讲到"君臣庶士，亦当讲孔孟之正道，察安石旧说之不当者"。

此后仍有官员以不同的方式讲蔡京祖述王安石。八月间，晁说之甚至奏乞皇太子讲《孝经》《论语》，读《尔雅》，而不再读《孟子》。他的言论引起了胡舜陟的批评，认为不应由于今日不尽用王安石之学，而王安石曾自比孟子，使得孟子也得罪。宋钦宗因此颁下圣旨，东宫依旧读《孟子》。胡舜陟并非站在维护王安石的立场而批评晁说之，约二十天后，他在上疏中将金人的入侵归咎于王安石开边，认为这是崇宁以来对外用兵以及宣和末年联金灭辽的源起，并且连带论及王安石刻急之法至今为害未除。在宋廷官员争着将国事巨变归咎于王安石，以及因此而引起的争议仍未休止之时，金军又已再度南下。从前述崔鶠的上疏可以了解，当时人们之所以会有如杨时一样强烈而缺乏包容性的态度，与蔡京主政之下长达二十余年的元祐学术之禁有密切关联，很明显是遭到多年无理压制之后，压抑于心中的极度不满终于得以发泄，而出现的反弹。

以宣和、靖康间的国事巨变，归咎于蔡京的绍述熙宁之政，亦即王安石推行新法，不仅见于靖康年间朝廷上君臣的讨

论，也见于靖康、绍兴间个人的书信、著作。例如写于靖康元年
（1126）的李若水《上何右丞》及《上聂尹书》，序于同年的罗
从彦《尊尧录一》，以及写于靖康、建炎年间的陈渊《答廖用中
正言》《与李叔易学士》《与十弟》等，详略或有不同，但皆有此
意。李若水于靖康元年八月以前在朝，八月即出使于金，罗从彦
与陈渊，则均是杨时的门人。

经过靖康元年君臣的议论，不仅蔡京的施政，连王安石及其
所推行的新法，也被认为应为这时国家陷于危难来负责，这时已
经成为许多人的共同意见。接着而来的是汴京陷落，徽、钦二帝
北狩，北宋覆亡，宋室南渡，这种因不满蔡京而连带不满王安石
的心理更为加深，也因此超越出党派或学派之外，经过宋高宗朝
的逐渐演变，成为南宋时期众多人共有的看法。

杨时从耗费国家财力的角度，认为蔡京的蠹国害民启自王安
石，并且归因于王安石的学说之邪，到南宋建立以后，又见重
提。首先见于赵鼎于建炎三年（1129）六月的上疏。金军在这年
二月追逼至扬州，宋高宗渡江行幸杭州，旋即发生明受之变，苗
傅、刘正彦发动兵变，胁迫宋高宗禅位于年仅三岁的太子旉，由
隆祐孟太后听政。乱事平定后，宋高宗于五月行幸江宁府，并改
名为建康府，有几个月的喘息时间。赵鼎在六月应诏论时政得
失，疏中建议废除王安石配享孔庙，并详述其理由，指出王安石
应为北宋末年以来的国事巨变负责：

> 乃有王安石者用事于熙宁之间，以一己之私，拂中外之
> 意，巧增缘饰，肆为纷更，祖宗之法，扫地殆尽，于是天
> 下始多事，而生民病矣。假辟国之谋，造作边患；兴理财之
> 政，困穷民力；设虚无之学，败坏人才；奖小人，抑君子，

塞言路，喜奸谀，扇为刻薄轻浮之俗，日入于乱。

他先强调王安石在熙宁年间所推行的新政，在开边、理财和用人等方面所带来的恶果，导致国家多事而生民困敝；接着进一步申论，崇宁以来蔡京施政托名绍述熙丰，实际就是祖述王安石：

> 复有蔡京者崛起于崇宁之初，窃尧舜孝悌之说，托绍述熙丰之名，毕力一心，祖述安石，以安石之政，敷衍枝蔓，浩然无涯，至于不可限极而后已。兵连祸结，外侮交乘，二圣北辕，朝廷南渡，则安石辟国之谋，而蔡京祖述渎武之患也。繁文酷吏，上下相绳，鞭挞追呼，农亩失业，则安石理财之政，而蔡京祖述厚敛之患也。侥冒躐进，依阿取容，当官有营私之心，而临难无仗节之义，此又安石败坏人才之科，而蔡京祖述宾兴贤能之患也。渎武而兵祸不解，厚敛而民心离散，至于宾兴贤能之弊，则习为软熟柔佞之资，无复礼义廉耻之节，士风凋丧，君子道消矣。故今日之患始于安石，成于蔡京，自余童贯、王黼辈曾何足道。（赵鼎《忠正德文集》卷一《论时政得失》）

由于蔡京在开边、理财、用人各方面都是祖述王安石，所以赵鼎认为，宋室蒙受金人入侵而南迁的祸患，是启于王安石，而成于蔡京，也就是不仅蔡京要负责，王安石也有责任。赵鼎所论，上承靖康年间杨时、崔鹏，因批评蔡京而溯源于王安石的新政；他虽然也论及王安石"设虚无之学"，但只是就"败坏人才"方面来讲其影响，而没有像杨时一样，将王安石的误国归因于其学术，更没有称其学说为邪说。赵鼎的上言，应该影响到宋高宗对王安石的态度。自此之后，尽管仍有不同意见，把王安石推行新法视为北宋末年国事巨变的祸首，并因此而认为王安石的罪过就在其推行新法，几乎已成为朝廷上一种主流的看法。

紧接着在这年八月，胡寅上疏言事。疏中表示对宋高宗有意自行在建康府移跸川鄂或吴越，以避金兵追逼，表示不满，并提出"中兴七策"，而以罢和议居首。在最后一策"存纪纲以立国体"中，他指责王安石斥绝君子、崇信小人，因此而败坏当时之政，为后世之害，其所教出的小人，蕃息未艾，后果是误国误家，至毒至烈，不知道何时才会停止。这显然同样认为王安石之政启导了日后章惇、蔡京等人的祸国。这种在反对和议的同时也指斥王安石罪责的讲法，以后在绍兴五年（1135）胡寅反对遣使至金的奏疏中，也可以看到。

建炎三年（1129）十月，金军渡江南下，宋高宗至临安府（杭州已在这年七月升为临安府），在金军追逼下，从临安府至越州，再至明州，航海经台州，抵温州。金军以追赶不及而北撤，于镇江府渡江时，为韩世忠阻于黄天荡达四十八日，才得以北返，自此不再轻言渡江。宋高宗在金军北撤时，先驻跸越州，于绍兴二年（1132）正月返临安。攻打四川的金军也在绍兴元年为吴玠所败，时局暂时安定下来，君臣之间有关王安石的讨论又再兴起。

有关王安石的讨论，在绍兴元年（1131）八月已出现，这时宋高宗尚在越州。宋高宗对沈与求说，王安石之罪在行新法；沈与求认同宋高宗的讲法，不过他进一步认为，人臣立朝，未论行事，先观心术的邪正，而王安石心术不正，以不正的心术施之于学术，所主张的悉是曲说，因此惑乱天下，导致士俗萎靡、节义凋丧，积渐而引致靖康之祸。他不仅言及学术，也言及邪正，而将靖康之祸的发生归咎于王安石心术不正。

以心术来论王安石，始见于程颐于元丰年间论王安石之学只是去人主心术处下工夫，以至于当时靡然而同，无有异者。他又讲新法只要一旦除去就没有事，而王安石之学则化革了人心，为害最甚，因为如此则天下只是一个风，无不靡然如风所向。此事见于程颐门人吕大临所记载的二程之言，这些话主要是强调王安石在人主心术处下工夫所造成的影响，并没有认为王安石本身心术不正。杨时在元丰年间正从学于二程，受程颐影响也论及王安石的心术。崇宁五年（1106）在京师时，曾指出王安石所讲的"利者，阴也，阴当隐伏；义者，阳也，阳当宣著"，正是其心术之蔽，观察王安石的作为，虽然名之为义，其实是为了利。在靖康元年（1126）的上疏中，杨时再度从心术来论王安石，认为他著为邪说，涂塞学者耳目，败坏其心术。首次是指出王安石的心术受到蒙蔽，第二次则是指出王安石的学术败坏了学者心术，也都没有认为其本人心术不正。

程颢、杨时虽然都没有说王安石心术不正，可是在他们的言词中，却显然已都隐含这样的意思，沈与求只是把这个意思公开讲出来。据负责再次重修《神宗实录》的范冲（范祖禹之子）在绍兴四年（1134）九月和宋高宗的谈话，程颐也曾对他讲过类似吕大临所记载的话，可是范冲记得的是"安石心术不正，为害最大，盖已坏了天下人心术，将不可变"。吕大临的记载是在他追随程颐的元丰年间所记，范冲的记忆却已在多年之后，范冲是否只是将程颐话中隐含的意思说出，抑或这是两次不同的谈话，不得而知。杨时是程颐的弟子，范冲也曾从学于程颐，沈与求却看不出其与北宋程颐，或与程颐为学侣的邵雍有何学术上的关联。因此，南宋时期对王安石的批评，不能仅视为习程、邵之学者所具有的态度。

这段时间，杨时正住在家乡福建南剑州将乐县的龟山，从事《三经新义辨》《神宗日录辨》《字说辨》的著述。他在建炎四年（1130）十一月以七十八岁的高龄致仕，回到家乡，仍然没有停止对王安石的批评，只是方式和他在京师时不同。这三种著作在绍兴三年（1133）完成，两年后他就去世。其中《三经新义辨》已经佚失，《神宗日录辨》和《字说辨》则收录于其文集《龟山集》中。他对王安石推行新法的评论，见于《神宗日录辨》。《神宗日录辨》的主要内容，是依据王安石在其《日录》中所记他和宋神宗间的对话，来指责王安石的不当，这些话有时也有其他大臣参与在内。

在杨时之前，已有陈瓘于崇宁五年（1106）著《四明尊尧集》，同样借王安石所记《日录》来批评王安石。宋徽宗即位之后，陈瓘在元符末、崇宁初曾经多次上疏，论斥蔡卞、蔡京。对于蔡卞的指责，主要在于认为用王安石所记《日录》来修撰《神宗实录》，是尊私史而压宗庙，其中有许多不实之处；这时陈瓘已著有《日录辨》，曾上呈给宋徽宗。其后陈瓘因言事获罪，一再贬黜，于崇宁三年（1104）编管广南西路最南端近海的廉州（治合浦县），在此地著有《合浦尊尧集》；次年内移至荆湖南路的郴州，崇宁五年遇赦，许其自便，移居明州，在此地著有《四明尊尧集》。《日录辨》《合浦尊尧集》和《四明尊尧集》三者之中，只有《四明尊尧集》流传至今。他原初是为了指斥蔡卞而辨王安石所记《日录》，所以自言在《合浦尊尧集》中，畏避嫌疑而对王安石仍有回护之处，随后悔其前说，再著《四明尊尧集》，直指王安石的悖逆。

《四明尊尧集》的重点，虽然在于辨明王安石在其所记的《日录》中对宋神宗的诬枉，但是也已有议论个别新法之处。例如在"圣训门"与"论道门",两度论及与理财有密切关联的市易法,借以指出宋神宗与王安石看法的不同,而王安石则因看法不同竟至侮薄君父;在"圣训门"中又论及理财,也是借以见宋神宗之本意,而王安石则用意不同;书中另外有"理财门",抄录《日录》中王安石对宋神宗讲"朝廷以理财为务,而于礼义教化之际未有所及"之类的话,认为这是王安石以欺伪之心而写的"诬书"。陈瓘在宣和年间去世,靖康年间以后,时异境迁,开始受朝廷的表彰。靖康元年,陈瓘获追赠为右谏议大夫,又录用其后人;绍兴六年(1136),诏福建南剑州学春秋释奠就祭于其祠堂。绍兴二十六年(1156),宋高宗对辅臣讲,最近看陈瓘的《尊尧集》,无非是明君臣大分,深有足嘉,和经书的道理相合,而王安石号通经术,却说"道隆德骏者,天子当北面而问焉",甚为背经悖理。按,天子坐北面南,臣僚则面北朝拜天子;如今要天子面北向道隆德骏者请教,无异于将君、臣的位置倒反,所以宋高宗批评王安石此言甚为背经悖理。在听过宋高宗所讲的话后,群臣认为宜赐予陈瓘谥号以示表彰,于是赐谥为忠肃先生。宋高宗之所以要追谥陈瓘,原因就在于他的《四明尊尧集》要旨,在以明君臣之大分来论议王安石对宋神宗的不敬。宋高宗读到此书,应非内廷所藏,可以说明此书在这时已经有刊本流传。"阴佑王安石而取其说"的权相秦桧在前一年的十月以病笃致仕,当晚即去世,掌握国家权柄直到他命终前夕。宋高宗之所以会在此时表彰陈瓘在《四明尊尧集》中明君臣之大分,应是特有所指。

杨时注意到王安石所记的《日录》,时间应颇早。前已述及,他于崇宁五年在京师时,曾提到王安石所讲的"凡利者,阴也,阴当隐伏;义者,阳也,阳当宣著",这几句话正是出自其所记的《日录》,见于杨时的《神宗日录辨》所引述。由于陈瓘在建中靖国元年（1101）已曾上呈《日录辨》给宋徽宗，于崇宁三年（1104）编管廉州时又开始与杨时通信，请教二程之学。杨时是否由于陈瓘的关系才注意到王安石所记的《日录》，不得而知；但是杨时在《神宗日录辨》中对王安石的批评，与陈瓘在《四明尊尧集》中着重于君臣之间的名分不同。《神宗日录辨》虽也论及此一问题，但所论的面向较广，其中针对个别新法及其相关措施的批评是一个重点。杨时所言及的新法，包括有青苗法、市易法、募役法、保甲法等，前三法均与财利密切相关，保甲法则涉及民众生活；与财利相关的措施则有河北榷盐之议、陕西钱重积边谷、鬻祠部牒、民间钱少、人主自奉之费、用兵之费、俵预买䌷绸、催常平赊欠、理财、妄费边粮等。除上述具体的法制与措施之外，杨时也论及王安石推行各项法制与措施在立论上所依据的《周官·泉府》。

《日录》记载王安石在与宋神宗讨论河北榷盐之议时，认为"理财诚方今所先，然人主当以礼义成廉耻之俗为急"，何以如此，"凡利者，阴也，阴当隐伏；义者，阳也，阳当宣著。此天地之道，阴阳之理也"，能成礼义廉耻之俗的是义而非利，因此"若宣著为利之实，而礼义之俗坏，则天下不胜其弊"。杨时在评论中认为：

> 取其所当取，则利即义矣。故曰："国不以利为利，以义为利。"则义、利初无二致焉，何宣著、隐伏之有。
>
> 若夫宣著为善（按："善"当为"义"之误）之名而阴收为利之实，此五霸假仁义之术，王者不为也。故青苗意在于取息，而以"补助"为名；市易欲尽笼商贾之利，而以"均济贫苦"为说，皆此意也。

他指出了王安石"利者，阴也，阴当隐伏；义者，阳也，阳当宣著"的说法，正好解释了青苗法与市易法在立法上所用的理由，与其施行的真正目的全不相同；他所没有说出来的，应是王安石用心不端，所以才会如此。

对于市易法"欲尽笼'商贾'之利，而以'均济贫苦'为说"，杨时在论王安石与宋神宗讨论"如何得陕西钱重"的问题时，又有进一步的阐明。王安石讲，如果想要钱重，当修开阖敛散之法，于是言及《周礼》(《周官》)所载"泉府"此一官职，"先王所以摧制兼并，均济贫弱，变通天下之财，而使利出于一孔者，以有此也。其言曰'国事之财用取具焉'。盖经费则有常赋以待之，至于国有事，则取财用具于泉府"。接着指出，后世只有桑弘羊、刘晏粗合此意；从秦汉以来，学者不能推明泉府之法，以为人主不当与百姓争利。然后王安石就向宋神宗请示，属于皇帝财库性质的内藏库，可以出多少钱为实施均输法的本钱；宋神宗回答说，可以出三二百万贯或三五百万贯。由于均输法在施行没有多久后就不再实施，而其由国家来转运货物销售的特色则为市易法所吸收，所以王安石对于泉府此一官职的解释，也可以适用于市易法。杨时对于王安石称许桑弘羊，有不同的意见：

> 桑弘羊为均输之法，置大司农丞数十人分主郡国，令远方各以其物如异时商贾所转贩者为赋，而相灌输。尽笼天下之货物，贵则卖之，贱则买之。是将擅天下商贾之利而取之也。先王以九职任万民，与通货财，商贾之职也。今为法尽笼天下之货而居之，商贾岂不失职乎？

他认为桑弘羊的均输法，国家掌握了所有货物，自行从事买卖，

16

将使商贾失业。杨时批评桑弘羊，实际也就是批评王安石，他对于国家在商业活动中所应扮演的角色，观点和王安石可以说是完全不同。他继续批评王安石对于《周礼》所载泉府此一官职认识的错误，指出此一官职之所以从事货物的买卖，是由于货物有无、民用赢乏，常相因而至，由官府来收买货物，目的是使行商不至于有货物销售不出，不是由于其价格低廉而收买；官府买到的货物等待有不时之需者来买，目的是为使居民不至于乏用，不是由于其价格昂贵而出售。也就是说，在杨时的看法里，应该以市场调节者的角色来看泉府此一官职，观点也有异于王安石以市场垄断者的角色来看此一官职。杨时接着再借说明泉府的职掌，来批评王安石向宋神宗借内藏库钱为均输之本。他指出泉府所用来收买货物的经费，不过是市之征布，亦即市场上出售商品的税收，这能有多少收入，何至于要借内藏库的钱；《周礼》所讲的"关市之赋以待王之膳服"，就是这项经费，邦之大用有内府供给，邦之小用有外府供给。所谓大用是指大故大事，泉府执掌中所称的国事之待用，是指内府、外府供给及其经费之外的部分，所需要也是有限，因此王安石所讲的以是通变天下之用，只是巧词饰说，也就是对《周礼》文义有意地曲解。

杨时在《神宗日录辨》中对王安石的批评，显然要比陈瓘的《四明尊尧集》深入得多。例如前文引述陈瓘对于王安石在和宋神宗的谈话中，讲理财却多次提到应以礼义教化为急之类的话，只是归之于王安石有意在《日录》中伪造他和宋神宗的对话，以欺骗后人，这样的讲法其实并无实据；而杨时却能完整地引用前后相连的文句，指出王安石是以义为名，以利为实，并以之解释如青苗法、市易法等理财新法在法令宗旨与实际目的上的不同。至于杨时从王安石有意曲解《周礼》文句的意义，来说明王安石以此书为新法的理论基础，其实只是为了配合自己的目的，新法并非所谓先王已曾实施的政策，更是陈瓘所无法做到的事。这也就无怪乎后来朱熹对于《神宗日录辨》的评价要比《四明尊尧集》来得高。尽管如此，杨时的《神宗日录辨》在宋高宗朝所引起的反响，却远不如陈瓘的《四明尊尧集》。

虽然杨时的《神宗日录辨》在当时没有引起太大的反响，但是由他在靖康元年上给宋钦宗奏疏所开启，指责王安石推动新法应为国事巨变负责的潮流仍在继续，因之而对绍圣年间用王安石《日录》重修的《神宗实录》再加以重修，并重修崇宁年间在蔡京主持之下修成的《哲宗实录》。据李心传《建炎以来系年要录》所载，此事始于绍兴四年（1134）五月。在下诏重修神宗、哲宗两朝实录之后，有言者就此事上言，建议宋高宗以诏旨明示圣意，选择史官，先完成《哲宗实录》的重修，再取哲宗绍圣年间据元祐年间所修《神宗实录》增删成书的《神宗实录》朱墨本，考证是非修定。上言中即指出"祖宗以来，法度具备，海内乂安，自熙宁中王安石为相，尽取而变更之"，经过元祐更化，复祖宗之旧，"其后章惇、蔡京、蔡卞之徒，积怨造谤，痛加诬诋，指白为黑，变是为非，邪正善恶，颠倒交错，驯致危乱"，论述的用意在于应以史事来指明王安石应负的责任。

这种指责，到这年八月宋高宗召见负责修史的范冲时，在范冲与宋高宗之间的对话中表达得更加明显。范冲先对宋高宗论及熙宁创制，元祐复古，绍圣以降弛张不一，本末先后各有所因，不可以不深究而详论。宋高宗要其再加以说明，范冲回答："仁宗皇帝之时，祖宗之法诚有弊处，但当补缉，不可变更。……王安石自任己见，非毁前人，尽变祖宗法度，上误神宗皇帝，天下之乱，实兆于安石，此皆非神祖之意。"宋高宗又言及史事，范冲回答说，先臣（范祖禹）修《神宗实录》，只是尽书王安石过失，以明非神宗之意。后来王安石女婿蔡卞抱怨先臣如此记述，于是讲哲宗皇帝绍述神宗，其实是蔡卞绍述王安石。"惟是直书安石之罪，则神宗成功盛德，焕然明白。"范冲之意，无非也是直书王安石的罪过，则王安石变乱祖宗法度对于后来国事巨变所应负的责任，自然清楚。尽管范冲重修《神宗实录》的宗旨在于明示王安石罪过，但是他在修撰过程中，仍然撰有《考异》，原因在于旧录修成于元祐六年（1091），可是王安石《日录》出于绍圣以后，而新录则专用王安石《日录》，去取之际各有可议，必须参照稽考，求其必当。再次重修的《神宗实录》全部修成在绍兴六年（1136）正月，《哲宗实录》的重修则在《神宗实录》重修完成之后才开始进行，要到绍兴八年（1138）九月才全部修成。

在神宗、哲宗两朝实录重修期间，胡寅、胡宏兄弟也分别就王安石推动新法所带来的祸患发表了言论，呼应着杨时在靖康元年上疏中对王安石的批评，认为他推行新法引致了日后的国事巨变。他们两人是胡安国之子，胡宏又是杨时的门人。

由于视师江上的右相张浚建议，以通问二圣之名遣何藓出使至金，胡寅在绍兴五年（1135）五月上疏反对。宋高宗诏降奖谕，胡寅在奏谢时又再论及，请求宋高宗对于和战之议能鉴往事。他指出王安石托大有为之说，当时元勋旧德都认为祖宗旧法不可变，而王安石斥之为流俗，如果神宗能在司马光辞枢密副使时看清楚，斥退王安石，用司马光，哪里还会有崇、观之乱？蔡京柄政，托继志述事之说，当时忠臣义士都认为新法害民，而蔡京名之为讪谤，如果太上皇能在陈瓘论列蔡京时看清楚，斥退蔡京，复行元祐之政，哪里还会有宣、靖之祸？等到张浚于十一月从江上还行在，表示遣使是兵家机权，不接受其建议，仍然遣使，胡寅又再上疏。他强调此事无益有八，有害者有二，今日之计，只当用复雠大义，用贤才，修政事，息民训兵，以待北向。高宗于绍兴五年四月因侍讲范冲建议，书《尚书·无逸》为二图，置于讲殿壁上，胡寅由于以起居郎身份负责君主起居注的记录而立侍经幄，得以亲见，因而大约在绍兴五、六年间，撰有《无逸传》（载胡寅《斐然集》卷二十二）。胡寅解释《尚书·无逸》中的"乃乱先王之正刑"句的"正刑"之意为"正法"，并针对熙宁以来的史事有所发挥。他指出后嗣之贤者鉴于成宪，后臣之贤者谨守前规，天下所以治安，到了不知前人艰难的子孙，信用奸憸之人所讲不必固守先王正法之言，加以更改，结果造成天下骚动，民不得安，怨讟并兴，入于大乱而莫可救止。接下来他所举的例子，是熙宁年间王安石的新法之说，崇、观间蔡京的绍述之说，宣和年间王黼的享上之说，靖康年间耿南仲的讲和之说，逐步演变，于是引致祸衅，生民涂炭，家国两亡。所谓"享上之说"，是指王黼领应奉司，用经籍之说，号为"享上"，意谓供给天子丰盛的奉养。

同样在绍兴五年，胡宏呈给宋高宗的《上光尧皇帝书》（载胡宏《五峰集》卷二），旨在说明国家为了复仇应如何用人，也论及王安石的推行新法，而所论更为具体，"及丞相王安石轻用己私，纷更法令，不能兴教化、弭奸邪心以来远人，乃行青苗，建市易，置保甲，治兵将，始有富国强兵、窥伺边隅之计，弃诚而怀诈，兴利而忘义，尚功而悖道。人皆知安石弃祖宗法令，不知其并与祖宗之道而废之也"；接着而来的是绍述之说，再接着而来的就是中原陷没，二帝北狩，宋室南迁。这封上书应该也是因和战之议而发。对于曾经亲身历靖康之变的胡寅、胡宏兄弟来讲，这些话尽管出自他们的政治立场，但也都发自切身的感受。

　　胡氏兄弟反对议和，并且因此而批评王安石推行新法应为宣和末年以来的国事巨变负责，特别是两人在上书中都讲到《春秋》，也都用了"复仇"一词，在若干程度上也是受到他们的父亲胡安国的影响。胡安国著有《春秋传》，阐申华夷之辨与臣子为君父复仇之大义，且讥刺中国与夷狄的约盟，隐约地批评北宋对辽、夏致金缯之奉，无疑是特有所指。在此书序中，胡安国又强调，近世推重王安石新说，奉为国是，《春秋》此经则贡举不用以取士，官学不设学官讲授，经筵不用以进读，决断国论者无所折衷，天下不知何所适从，人欲日长，天理日消，后果是使得夷狄乱华而无所遏止。这几句话，无疑也已将金人入侵，归过于王安石用为新法理论基础的"新说"，亦即《周礼》。绍兴五年四月，有诏令要求胡安国在《春秋传》纂述成书后呈进，则此书应已接近写成。其实胡安国致力于研究《春秋》已有多年，胡寅、胡宏兄弟极可能已经了解他们的父亲阐释此书的意旨。

　　杨时在《神宗日录》中，论及新法立论所依据的《周礼》，指出王安石对于此书文义的曲解，胡寅、胡宏兄弟却更进一步，认为《周礼》此书并非周公所撰，内容并非周代的制度，是出自"伪妄之书"。据唐代贾公彦《周礼疏》的说法，早在东汉，有林孝存讲汉武帝已知《周官》是末世渎乱不验之书，作《十论》《七难》以排弃之，何休则认为此书是六国阴谋之书。北宋以来，也有一些学者质疑此书颇有出自战国、秦汉时人所附益的内容，例如程颐认为《周礼》不全是周公之礼法，"亦有后世随时添入者，亦有汉儒撰入者，如《吕刑》《文侯之命》，通谓之周书"（《二程外书第十·大全集拾遗》）。苏辙在《历代论》中也说《周礼》此书，"秦、汉诸儒以意损益之者众矣，非周公之完书也"，他举了几个不可信的例子，然后说"凡《周礼》之诡异远于人情者，皆不足信也"，并归结为"古之圣人因事立法以便人者有矣，未有立法以强人者也。立法以强人，此迂（按："迁"当为"迂"之误）儒之所以乱天下也"（苏辙《栾城集·后集》卷七）。苏辙《历代论》应作于崇宁末以后，他所称"立法以强人"的"迂儒"，应包含了王安石在内。更进一步，则有人指出《周礼》内容出自刘歆之手，例如司马光在和宋神宗谈论青苗法时，宋神宗用王安石之说，以此法为《周礼·泉府》之职，是周公之法，司马光回答说，刘歆用此法佐王莽，使农商失业，天下以亡，不足为法。他的意见有此书内容并非全为周公之法的含意，但他所说的仅是泉府一职，并非《周礼》全书；他的话也有刘歆与《周礼》成书有关的含意，但仅说是刘歆用泉府之法佐王莽，并未说《泉府》出自刘歆之手。然而他在元丰年间写给范镇的一封信中，讨论到出于《周礼·考工记》的周鬴，司马光说，其形状之所以有如汉斛，是因为这是刘歆为王莽所造，他的话显然已有《考工记》的某些内容出自刘歆之手的含意。

较司马光更进一步而认为《周礼》全书"伪妄"的，则有协助司马光修《资治通鉴》的刘恕和司马光的门人晁说之。刘恕认为，虽然何休讲《周礼》为六国阴谋之书有过分之处，可是刘歆不当讲此书是周公致太平之书，此书于秦火之余最后出，"儒者附益，固非完本，周三百六十官，今乃有三百六十职，冗琐浅陋，可明其伪妄"（刘恕《资治通鉴外纪》卷一）。晁说之也有类似的说法而略有不同，他指出《周礼》"其出为最晚，刘歆初献之新莽，莽即拜歆《周礼》博士者，乃传焉"，且此书内容"诞迂不切事，适莽之嗜也"，认为此书是"残伪之物"（晁说之《嵩山文集》卷十四《辩诬》）。他又因批评王安石《三经新义》而言及《周礼》，认为此书至汉末始出，"杂之以六国之制，多汉儒之所伦次者。或谓六国阴谋之书则过也，大要敛财多货，黩祀烦民，冗猝可施于文而不可措于事者也"（《嵩山文集》卷一《元符三年应诏封事》）。因此，胡氏兄弟认为《周礼》并非周公所撰，而是"伪妄之书"的说法，实际上是其来有自。

胡寅、胡宏兄弟论及《周礼》的著作问题，首先见于胡宏序于绍兴十一年（1141）的《皇王大纪》卷十九《三王纪·成王》。他在论中指出，《周礼》本来书成于汉武帝时，由于杂乱，藏之于秘府，不列于学宫；在成帝、哀帝时，刘歆校理秘书才列序为经，而刘歆"假托《周官》之名，剿入私说，希合贼莽之所为尔"，进而言及王安石"乃确信乱臣贼子伪妄之书，而废大圣垂老笔削之经，弃恭俭而崇汰侈，舍仁义而营货财，不数十年，夷狄乱华，首足易位，涂炭天下，未知终始。原祸之本，乃在于是"。所谓大圣垂老笔削之经，是指《春秋》，可见胡宏讲刘歆借《周官》之名，剿入私说，用来辅佐王莽，用意在指责王安石用此书行新政，是宣和末年以来夷狄乱华、天下涂炭的祸本。胡宏此论，又收于其文集《五峰集》卷四《皇王大纪论》中。胡寅在绍兴二十年（1150）遭贬至新州，至绍兴二十五年（1155）十月秦桧去世之后，才在这年十月复故官，次年即在衡州去世。在新州这段期间，他著有《致堂读史管见》，书中对《周礼》的著作问题有所议论。他读过其弟的《皇王大纪》，见于此书卷十四《梁纪·敬帝》的评论，其中讲到《周官》之属，有不当设而设者、有不当属而属之类的舛驳甚众，都是刘歆（子骏）以私意而述，《皇王大纪》已经详辩。除此之外，《致堂读史管见》又一再言及《周礼》与刘歆的关系，在卷三《汉纪·孝平》的评论中指出，"先儒谓《周礼》非全经，乃六国阴谋之书，欲以亡秦，而歆又补缀附会以成之。凡莽所以劳弊精神，困苦天下，征财敛怨，泥古召亡者，此书之用，十居六七。而歆当国师之号，则知莽受教而为之也。总歆行事，是谓汉之乱臣，向之贼子"。按，刘歆是刘向之子。这段话一方面讲《周礼》此书并非周公之书，而是何休所讲的六国阴谋之书，再经过刘歆的补缀；另一方面，"所以劳弊精神，困苦天下，征财敛怨，泥古召亡者，此书之用，十居六七"这几句话，虽然是在讲王莽，可是也是暗指王安石据《周礼》行新法而启北宋乱亡之祸。在卷二十八《后唐纪·明宗》的评论中，则认为"若《周官》决不出于周公，不当立博士，使学者传习，姑置之足矣。……废仲尼亲笔所著之《春秋》，而取刘歆所附益之《周礼》，列之学官，于是六经名实益乱"。这很清楚是指王安石配合其科举新制而行的学校新制中的教学制度。

胡氏兄弟和北宋熙宁年间以后的司马光、晁说之和苏辙，都是因不满于王安石的新政而检讨《周礼》的著作年代，或是指出此书并非全是周公的作品，或是更进一步指出与周公无关，而是战国以后至秦汉间的作品，其中甚至有西汉末年刘歆伪造的部分。但是他们也都没有认为全书是刘歆的伪作，即使是胡氏兄弟清楚地把刘歆的伪造讲出来，胡宏只是说他"剿入私说"，胡寅则讲他"补缀附会""附益"。朱熹曾讲胡氏父子认为《周礼》是王莽令刘歆撰作，但是在目前所能见到的胡安国著作中，看不到有《周礼》出自刘歆之手的讲法。

张九成是杨时的门人，他称扬王安石的德行、文章，已早见于邵伯温著于建炎、绍兴间的《邵氏闻见前录》。他如同胡寅南贬而著书，也是在贬于南安军时著有《书传统论》，论议《尚书》各篇。他早在绍兴十三年（1143）即遭贬斥至南安军，至绍兴二十六年（1156）正月复故官后知温州，当年十月即以丧明求退。《书传统论》收在他的文集《横浦集》中。在"盘庚论"的上篇之末，对盘庚在将迁往殷之前，以迁徙的缘由晓谕民众一事，有所议论。他认为此事可以见先王忠厚之意，为君者不应以犬彘草菅视民，如果民心对于君主的行事有所未晓，应该委曲详尽以告诫训谕，使之心安气平。他接着加以发挥：

> 东坡先生曰："不仁者鄙慢（按："慢"当是"慢"之误）其民曰：'民可与乐成，难与虑始。'故为一切之政，若雷霆鬼神然，使民不知其所从出，其肯敷心腹肾肠以与民谋哉？"其可谓见先王之心，后世之暴矣！

张九成所引苏轼之言，出自《东坡书传》卷八《商书·盘庚上》，此书为苏轼于绍圣四年（1097）至元符三年（1100）间贬于海南昌化军时所写，颇有讥刺熙宁新政之处。此处虽未指明，实际即是针对王安石推行新法而言。早在熙宁变法初期制置三司条例司废罢之前，苏轼上书宋神宗言事，请求宋神宗废罢此司及已在实施的青苗、均输等新法，以及正在筹议中的募役法，期望神宗能够"以为可而行之，知其不可而罢之"，但是又担心"议者必谓民可与乐成，难与虑始"，将导致神宗坚执不顾，期于必行，并指出"民可与乐成，难与虑始"这句话是"战国贪功之人行险侥幸之说"，亦即为见于《史记·商君列传》所载的商鞅之言。以这些言论和《东坡书传》中苏轼的议论相比对，《东坡书传》中的议论旨在批评王安石所推行的诸项财经新法，并且将王安石比为商鞅，至为清楚。王安石也确实讲过出自商鞅的这句话，早在庆历五年（1045）知鄞县时，在《上杜学士言开河书》中，已说"夫小人可与乐成，难与虑始，诚有大利，犹将强之，况其所愿欲哉"。"犹将强之"无疑含有苏轼在《东坡书传》中所讲的"为一切之政"的意思。以后到新法实施期间的熙宁七年（1074）二月，吴充向宋神宗请求减省河北骚扰之事，王安石辩称河北在募役法下，民众都可以免役，也有好几年没有科配，何来骚扰？宋神宗认为应是向来差夫多，王安石也就保甲、调夫塞河等事加以解释。吴充以"民可与乐成，难与虑始"来回应，王安石就吴充所讲的话再辩称，"民既难以虑始，此所以烦朝廷驱使"。所谓"烦朝廷驱使"，含意也有如"犹将强之"，这种强制民众接受的想法，显然一直存在于他的心里。张九成在《书传统论》中，同样在论《尚书·盘庚》的篇章时，引用苏轼此说，其用意应也如同苏轼。

张九成在《书传统论》中，没有论及王安石推行新法下启靖康、建炎间国家的巨变，不过在《横浦集》卷十六所载《尽言集序》中却可以看到。此序是他在读司马光门人刘安世的文集后所写。这篇序文先将司马光和王安石作了比较，认为两人清俭廉耻、孝友文章，同为天下学士大夫所宗仰，可是司马光以正进，王安石以术进；王安石所学为申韩而文之以六经，司马光所学为周孔，也文之以六经。张九成接着指出因两人之不同，而导致司马光之门多君子，王安石之门多小人。司马光一传而得刘安世，再传而得陈瓘；王安石一传而得吕惠卿，再传而得蔡确，三传而得章惇，四传而得蔡京，五传而得王黼，"介甫学行使二圣北狩，夷狄乱华"。序中所论司马光、王安石所传诸人，除刘安世为司马光门人，吕惠卿为王安石所提拔之外，其他诸人应只是就其政治立场而言；所谓"介甫学行"，则应指王安石行其学于新法，自绍圣以后得以在章惇、蔡京、王黼的主持下延续不断，而国事巨变也就在这种情况下产生。

这篇序文中还值得注意的是，张九成在批评王安石的同时，也能够称扬其德行、文章，这和从靖康年间以来，杨简等人只是

一味批评王安石有所不同，而回到刘安世见于《元城先生语录》所载的态度。在这篇序文之后，即有一篇《元城先生语录序》，是张九成读马永卿所著《元城先生语录》之后所写，元城先生亦即刘安世。此文写于绍兴丙子八月，即绍兴二十六年（1156）；《尽言集序》可能也是写于同年，时间已在张九成著作《书传统论》之后。胡寅、张九成分别在他们的经史著作中批评王安石推行新法，如果了解秦桧"阴佑王安石而取其说"，而他们两人的贬斥都出自秦桧之意，两人实际上也是借之以批评秦桧。

在胡寅、张九成尚在贬所的绍兴二十三年（1153）秋天，青年诗人范成大从居地平江府昆山县前往建康府参加漕试，这是专为官员子弟所设的解试，并在次年春天到行都临安参加省试、殿试之后，和另一位南宋著名诗人杨万里登同榜进士第。这一榜的榜首则是著名词人张孝祥，另一位著名诗人陆游也参加了这一年的省试，却因为事前得罪秦桧而遭黜落。范成大在停留建康府期间，往游蒋山，凭吊王安石遗迹，写下《荆公墓》诗两首：

> 百岁谁人巧拙，一丘底处亏成？半世青苗法意，当年雪竹诗情。

> 本为治功徙木，何心党祸扬尘？报雠岂教行劫？作俑翻成害仁。

这两首诗，很清楚如同黄庭坚悼念王安石的《次韵王荆公题西太乙宫壁二首》，效王安石的《题西太一宫壁二首》而作，是六言诗。范成大这两首诗有多处用典，需略加说明。第一首前两句中的"巧拙""亏成"分别出自《庄子》书中内篇的《齐物论》和

外篇的《达生》，王安石诗中也有好几首用到"亏成"一词，其中《昭文斋》和《棋》二首是作于其第二次辞相后居于蒋山时，《昭文斋》诗：

> 我自山中客，何缘有此名？当缘琴不鼓，人不见亏成。

诗题下王安石自注"米黻（米芾）题余定林所居，因作"，米芾见王安石在元丰六年（1083），题字应亦在此时。据李壁的注解，定林斋为王安石在蒋山定林寺读书之处，之所以题为昭文斋，即是用《庄子·齐物论》中"亏成"的典故，"有成与亏，故昭氏之鼓琴也，无成与亏，故昭氏之不鼓琴也。昭文之鼓琴也，师旷之枝策也，惠子之据梧也，三子其知几乎"，这也是王安石此诗后两句之所自出。此外，李壁在注解中又说斋名也是取王安石曾为首相之意，按，宋代首相均带昭文殿大学士职衔。范成大《荆公墓》诗第一首的前两句，意思是说王安石百年之后，长眠于墓中，变法的巧与拙、亏与成对他来讲都已没有分别，不再有意义。此诗第三句的"青苗法意"应非专指青苗法，而是借以概括诸项新法，这句是讲王安石半生执着于新法的立法本意，不同于异议者多批评其执行上的诸多弊端；第四句的"雪竹诗情"，据亲见其事的魏泰在《东轩笔录》的记载，是指王安石拜相时，贺客盈门，他以未向皇帝谢恩，不见贺客，与魏泰同坐甚久，忽然在壁上题"霜筠雪竹钟山寺，投老归欤寄此生"，放笔揖魏泰而入。范成大诗的三、四两句合起来看，是在讲王安石即使在推动新法时大权在握，心中早已在思念蒋山的佛寺，期望日后能过不受世事打扰的生活。

范成大《荆公墓》诗第二首的首句，"治功"意为治理的功

绩，较早见于《汉书·王嘉传》，汉哀帝在初立时对汉成帝施政
多所更动，王嘉上疏劝谏，指出"圣主之功，在于得人。……是
以教化行而治功立"；"徙木"则是《史记·商君列传》所载商鞅
在秦募民徙木示信，以示法令不可动摇之事，接着而来的，就是
对议令者的镇压，意味王安石以商鞅之术来推动新法的施行，斥
逐他所称的"异论"之人。如果从王嘉所言来看范成大这句诗，
这句诗无异于指责王安石以法家之术，期求新法的实施能收到
治功，是缘木求鱼。第二句的"扬尘"，应采用自刘安《淮南鸿
烈·兵略训》中此词之义，用以形容战争中的情状，意指党争
之激烈。两句诗合起来看，是讲王安石以法家治术，斥逐异议之
人，原本是为了顺利推行新法，以收治绩，没料到后来竟造成愈
来愈激烈的党争，也就是认为党争之起，并非王安石的本意。第
三句"报雠岂教行劫"，应出自苏轼《荀卿论》中的"其父杀人
报仇，其子必且行劫"，苏轼此句是在讲荀卿批评子思、孟轲等
贤人君子，又主张人性恶，导致其门人李斯焚书等恶行。报仇有
固定对象，行劫则滥及无辜，范成大《荆公墓》诗取用苏轼此句
之意，在于指责王安石当初对异论之人的贬斥，导致了后来章
惇、蔡京等人不仅对于旧党党人，甚至对于己所不悦的新党党
人，同样施加无情镇压，而且罪连及子孙弟侄，牵连及学说、著
作；此外，曾在元祐年间因诉理冤屈而获昭雪者，也摘寻文字，
指为讪谤，在元符末应诏上书言事而直言者，则称之为邪，分别
加以罪责。第四句"作俑翻成害仁"则是取《孟子》中所载孔子
"始作俑者，其无后乎"之意，当初作俑而祭的人，尽管不会料
到后来会演而为用活人殉葬这种伤害仁义的事，但是应该为之而
受责罚。范成大这首诗，一方面意在指责王安石的作为启导了后
来蔡京等人的恶行，无法逃避责任，可是另一方面也在感慨，这

不是当初他所能料想到的后果。王安石在蒋山的墓陵，以及蒋山上如定林寺、半山寺、八功德水等与王安石有关的胜迹，在南宋时已成为许多文人学士，来到江宁府时常往一游之地，有些并且留下了不同观点的记述或吟咏，范成大这两首《荆公墓》诗，只是较早见到的一个例子。这种情形，或许也可以看成是王安石推行新法在南宋时的另一种影响。

这两首《荆公墓》诗，一方面对王安石有责任上的指责，另一方面，感叹即使他大权在握，却不贪恋，心中早已向往平静如僧寺的晚年生活，而身后的王安石，又岂能再分辨当初推动新法的巧拙、成亏，何不予以体谅，何况事后的演变又不是他当初所能预料。这种理解，又见于范成大在考过漕试之后，自建康府返回昆山途中所写的《读史三首》：

> 百岁亏成费械机，乌鸢蝼蚁竟同归。一棨灯火挑明灭，两眼昏花管是非。

> 堂堂列传冠元功，纸上浮云万事空。我若材当堪世用，他年应只似诸公。

> 镂冰琢雪战毛氅，画饼声名骨朽时。汗简书青已儿戏，岘山辛苦更沉碑。

这三首诗，把吟咏对象从王安石扩大到史书所载的诸多人物，而其含义则与《荆公墓》的第一首相似，第一首起句中的"百岁亏成"，连文字都取自《荆公墓》第一首的前两句。范成大在这首诗中讲自己读史，深感即使生前费尽心机营求成亏，大小人物到身后其实都同归一处。在第二首中，他又以史传上的"诸公"来看自己，体悟到自己即使将来才堪世用，也和他们一样，在死后即使在史书上有一席地，一切原本都有如天上浮云，只是虚空。第三首的"镂冰琢雪"有幻灭之意，见于宋人所用佛家文词，如苏轼《谈妙斋铭》："二士共谈，必说妙法；弹指千偈，卒无所说；有言皆幻，无起不灭；问我何为，镂冰琢雪。""毛氂"有细微或毫末之意，此处或许取借于《汉书·贾山传》"死如毛氂"一词。"岘山辛苦更沉碑"则出自杜预的典故，杜预好留后世名，由于考虑到有朝一日高岸为谷，深谷为陵，所以刻石二碑以记自己的勋绩，一沉于万山之下，一立于砚山之上。这首诗是讲，用尽心思镂琢而成的功业，有如幻影般旋起旋灭，岂能与死亡争胜，又何必致力于追求名声流传后世？留名史传的人物既皆如此，如今又何必苛责王安石？范成大对王安石推动新政的看法，也很显然不同于杨时以来诸人，尽管他并不认为王安石对于北宋晚期的历史演变没有责任，却又认为即使加以苛责，对于已经长眠的王安石来讲，已无意义。

　　除了就新法整体而论之外，也有一些议论是针对个别新法的，这些议论，多就募役法与保甲法而言。早在建炎、绍兴之间，邵雍之子邵伯温已在其《邵氏闻见前录》卷十一论雇役法，他对于各项新法多无好感，惟独募役法不然：

> 　　独役法新旧差募俱有弊。吴、蜀之民以雇役为便，秦、晋之民以差役为便。荆公与温公皆早贵，少历州县，不能周知四方风俗，故荆公主雇役，温公主差役，虽旧典亦有弊。苏内翰（苏轼）、范忠宣（范纯仁），温公门下士，复以差役为未便；章子厚（章惇），荆公门下士，复以雇役为未便。内翰、忠宣、

> 子厚，虽贤否不同，皆聪明晓吏事，兼知南北风俗，其所论甚公，各不私于所主。……议者谓差役、雇役二法兼用则可行。

可见邵伯温虽然在态度上比较倾向旧党，但是即使在王安石新法受到猛烈抨击的南宋初年，他也能具体地指出差役、募役各有其便。但是他引用议者之言，认为如果行募役，雇募对象必须是家业达三百千，也可以用衙门中的吏人，衙前则一定要雇上户有物力行止之人，如果雇无赖少年充当，其弊不可胜言。只是这种态度，此后成为伏流，很少再有人对王安石推行的某项新法，提出肯定的意见。即使在绍兴晚期，张九成与范成大对王安石看法，已经抱持理解的态度，但是两人都只是概括地表达出自己的想法，并未具体地触及某项新法的内容。

然而邵伯温仍然认为王安石执政后推行新法，要为北宋危亡负责。他在《邵氏闻见前录》卷十九记述其父邵雍以其先天之学，预言世事的重大变化。治平年间，邵雍与友人散步洛阳天津桥上，听见杜鹃啼声，而惨然不乐，以洛阳过去没有杜鹃，如今才出现，认为此事"将有所主"，并预测"不二年，上用南士为相，多引南人，专务变更，天下自此多事矣"，而其之所以将如此，则是由于"天下将治，地气自北而南；将乱，自南而北。今南方地气至矣，禽鸟飞类得气之先者也"，此后"南方草木皆可移，南方疾病瘴疟之类，北人皆苦之矣"。最后这两句话，从另一个角度看，已经可以解释为含有北人将南移，生活在南方环境之意，意味着宋室将会南迁。

南渡后的邵伯温，自己阐释其父的预言，"至熙宁初，其言始验"，这很清楚是指王安石执政并推行新法。他又引用其父的两首诗中的句子"流莺啼处春犹在，杜宇来时春已非"及"几家大第横斜照，一片残春啼子规"，认为"其旨深矣"。这是邵雍《首尾吟》一百三十五首中的两首。"春已非"原作"花已非"，邵雍写诗时是否深有所寄，不得而知，但是在邵伯温的解释里，"春已非"和"一片残春"显然是指世事日非、国运危坠。他又进而验证以自己的见闻："后闻熙州有唐碑，本朝未下时，一日有家雀数千集其上，人恶之曰：'岂此地将为汉有耶？'因焚之，盖夷中无此禽也。已而果然。"宋取熙州，是指神宗时王韶开拓熙河之事，当地罕见的家雀出现而熙河为宋所有，这岂非意喻原多生长于南方的杜鹃出现于北方的洛阳，而汉地将为胡人所有。邵伯温如此比喻，无疑隐含有其父已预见北宋危亡之意，而其根源在于王安石推行新法，只是没有明白说出。

绍兴五年（1135），亦即邵伯温去世的次年，赵鼎与胡舜陟的议论，也是针对王安石所施行的个别新法而发。这年正月，赵鼎对宋高宗讲，祖宗差役本是良法，所差的是户等中的上、中等第人户，必定自爱，岂肯扰民？王安石"但见差衙前一事，州县奉行失当，变祖宗旧法，民始不胜扰"。显然他认为差役是良法，改差役为募役是扰民之举。这种看法，其实本源于他在建炎三年（1129）六月在上言中对王安石推行新法的评论，当时的评论是论新法的整体，如今则是仅就募役法而言，无论整体或个别，都不认为其有任何可行之处。赵鼎年轻时曾从学于邵伯温，邵伯温也因赵鼎于其死后呈请追录，而获赠秘阁修撰；但是赵鼎对于新法，显然并未完全采取邵伯温的态度。

这年十二月，已经担任过好几处地方长官的胡舜陟，新出任知静江府，上言论当时地方民众担任保正、保长而必须兼负差役重担的困扰，并追溯问题渊源至王安石所推行新法中的保甲法。他指出保甲法在熙宁年间已使京畿三路不胜其扰，到元丰年间，诸路盗贼蜂起都是保甲所为；元祐年间一度停罢，到章惇、蔡京执政时，又再行用，而且是"祖述安石弊法而侈大之"，增加了许多地方官府责办的额外负担，其中包括了"州县之徭役"。此处的"徭役"，从胡舜陟所论绍兴年间保甲承担差役的困扰来看，应即指差役。胡舜陟正确地指出了南宋初期以保甲兼差役的问题源自北宋，不过这种现象，其实不只是见于绍圣年间以后新党重新执政时期，在熙宁年间也已存在，只是到后来愈见严重。他没有指出的是，这种现象的出现，是由于民众所缴免役钱与助役钱，政府移作他用，导致无法雇人充役，于是役职落在保甲的身上，募役法到后来也就变成名为募役，实为差役。尽管胡舜陟对王安石推行新法有所批评，但是他却能欣赏王安石写的诗。他曾讲王安石诗中的"细数落花因坐久，缓寻芳草得归迟"两句，以及欧阳修诗中的"静爱竹时来野寺，独寻春偶过溪桥"两句，都可以看出两位诗人状甚闲适，而以王安石之句为工。此事由于胡舜陟之子胡仔在其《苕溪渔隐丛话》中引用《三山老人语录》而得以留存，三山老人为胡舜陟的道号。王安石这两句诗出自其《北山》，是其退闲于建康府时的作品，苏轼在《次韵荆公四绝》中曾与之唱和。

邵伯温和胡舜陟，都把政治上的王安石和德行或文学上的王安石分开来看，这种分别以不同评价来看王安石不同方面的态度，在南宋时期不少人的作品中都可以看到，直到南宋晚期仍然如此，不仅是前述的张九成而已。此外，南宋人也常把掌权时的王安石和退闲后的王安石分别而论，例如邵伯温的《邵氏闻见前录》就有这种例子。至于像范成大一样，以身后万事已空为理由，宽谅王安石生前推动新法的作为及其影响的例子，则较罕见。

陈善在著于绍兴十八年至二十七年（1148—1157）之间的

《扪虱新话》下集，有"免役之法"与"免役法"两条，也是讨论个别的新法。陈善此书有多条记载王安石的文学、学术与政事，并兼及其他事迹。他虽然也有批评王安石之处，但态度上与前述诸人有所不同，并不认同元祐政事。在"苏氏作辨奸论憾荆公"条中，他结束以"然后学至今，莫不党元祐而薄王氏，宁不可笑"，即是清楚的说明。在"免役之法"与"免役法"两条中所表现的态度，也是如此。在前一条，他引王安石所讲的"吾行新法，终始以为不可者，司马光也"，然后说"然免役法至今行之，民以为便，何终始不可之有"；又讲他认为王安石是"一世异人"，晚年删定《字说》，出入百家，言简意深，曾自言晚年精力尽于此书，然后又说："然至今晚生小子，亦随例讥评，至厌读其书，盖非独不喜新法也。"显然他对王安石的政事与学术，均给予正面的评价。在后一条中，他进一步指出免役法的法意，是在"分兵、民"，就如前一条，他讲"至今利之"，接着进一步讲"元祐用事之臣，一旦尽变新法，而独于役法，数年不能定。彼欲尽改荆公所行，非于此独有惜也，岂亦知其利而强为是纷纷耶"。他推断元祐诸臣也了解免役法之利，是正确的，前已述及范纯仁和苏轼都曾就此法向司马光提出不同的意见，而陈善所说的免役法是分兵、民之意，也早见于苏轼对司马光的劝谏。接着他讲，先王之法如封建、井田、肉刑、民兵等，并非不善，但是一旦废坏之后，便无法复行，也有的是后世难以施行。他又举出宋代以前的两个例子："周礼至穆王时，已自不行，今《吕刑》之书可见矣；唐太宗府卫法，至德宗时，与李泌议复之，亦不能也，而况后世乎"。这几句的前半部分，是讲《尚书·吕刑》所述周穆王制定新的刑罚制度，改变了《周礼》所载周初之制一事；后半部分，则讲唐太宗时统率于中央十六卫、各地折冲府的府兵制度，自从在唐玄宗后期走向破坏，逐步为彍骑等募兵所取代之后，即使唐德宗在贞元二年、三年（786—787）与李泌讨论复行府兵之策，也难以收到效果。陈善继续批评当时人的看法，"然迂儒泥古者，至今犹时时论民兵，设差役，不亦谬乎"。在最后的总结，他从免役法而论及保甲法，"今之用事者，倘以生民为念，当并罢保正副，而专用耆壮，方尽免役之利"。

陈善在"免役之法"条中的说法，潜藏着一些可以讨论的问题。首先，他何以会说免役法"至今利之"，可是又如果以生民为念，应该一并罢除保正副，专用耆壮，"方尽其利"？原因即在于南宋继承了北宋晚期以来免役法的弊端，民众缴了免役钱之后，政府挪移到其他用途，不用来雇人充役，而改以保甲充役。于是免役法名为免役，而实际仍行差役，只是差役的负担转移到保甲的身上。即使废除保甲，改用耆长、壮丁执役，由于领不到雇钱，问题同样存在。而当时的人讨论差役，并非要求恢复差役法，而是已经把当时名为募役的役法视同差役法。也因此免役法在当时的实施，实际上是否如他所讲那样为民所利，是一个问题；而他主张一并罢除保正副，则无异于要废除王安石所行的保甲法，这样一来，不免和他称誉新法的态度有了冲突。

其次，陈善认为先王之法尽管再好，一旦废坏之后，便无法复行，而在他所举的第一个例子，即是《周礼》所载的刑罚制度到周穆王时已有改变。然而《周礼》一书即是王安石各项新法的理论依据，各项财经新法尤其是如此，王安石认为此书内容为周公施政的记述，而从法先王的观点期求实践于当时，陈善的说法与之不免又有冲突。

最后，陈善所举的另一个例子，是唐太宗时的府兵制度。他指出在府兵制废坏之后，到唐德宗时即使想要复行也已无法成功，并用以批评见于绍兴年间有关民兵的议论，认为这些人是"迂儒泥古者"。可是王安石的保甲法，用意之一即是以府兵制的复行为理想，训练民众为兵以节省募兵的费用，教阅保甲即是这种理想的初步实践，陈善的说法同样不免与之冲突，甚至他所说的"迂儒泥古者"也可以看成是对王安石的批评。

其实早在熙宁元年（1068）宋神宗有意用王安石为参知政事时，唐介就讲过王安石"好学而泥古，议论迂阔"。次年，已出任参知政事的王安石建议恢复肉刑，吕公弼也批评他的说法是"迂儒好古之论"；而在这同时，曾公亮、赵抃在自劾疏中也说学校中的儒士"异安石之学者"，则为依附于安石者"笑为迂儒"。显然这时"迂儒"一词，无论批评王安石者与依附王安石者都已用来指称立场不同的对方。总之，陈善于此条试图为王安石推行新法辩护，却力有不足，无法完全自圆其说。尽管如此，他在这本书中，清楚地表明对王安石及新法的称誉，而且能够说明何以如此，或许是绍兴年间所能见到的唯一例子。

此外，从陈善在书中所讲的"后学至今，莫不党元祐而薄王氏，宁不可笑"，以及"至今晚生小子，亦随例讥评，至厌读其书，盖非独不喜新法也"，都可以看出，到绍兴晚期，在他视为晚辈的言论里，已普遍从元祐之政的观点来看王安石与新法，王安石成为人们鄙薄与讥评的对象。这种情形，和靖康元年杨时因上疏谴责王安石而引起太学生反弹一事相较，显然在经历了一代人之后，风气有了很大的改变。

第二讲

政争与和议论争中王安石政治声望的
升降（上）：从崇元祐到斥伊洛

从靖康元年（1126）太学生对杨时上奏谴责王安石的反弹，到绍兴后期在陈善眼里王安石成为晚辈鄙薄与讥评的对象，说明了两代人之间看法已有了颇大的差异。然而这种改变，毕竟是渐次演变而来。虽然陈善在著述于绍兴后期的《扪虱新话》下集，以立论的方式来表明他对王安石及新法的称誉，几乎是绍兴年间的著述中所能见到的唯一例子，但是倾向熙宁而非元祐的态度，自绍兴初年以来即已存在。

在朝野充溢着将北宋危亡之祸归咎于王安石的声浪里，倾向熙宁而非元祐的态度之所以仍然存在，一方面是由于王安石以推行新法来为国理财的方式，为蔡京所继承并扩大运用之后，为中央政府筹聚了大量财富，在南宋初年需财孔亟的情况下，确实能够提供帮助。这种情形自绍兴初年即已存在，绍兴元年（1131）十月，宋高宗在宰相吕颐浩的请求下，颁发了一道诏书，说明自己从即位以来，追复元祐臣僚官职，并录用其子孙，希望能够破除朋党之论。在当前"国削而迫，殊乏贤能干蛊之士与共图治"

的情况之下，如果用人仍然嫌弃蔡京、王黼的门人，似乎未能通时达变。今后两人的门人如果实有才能，"公举而器使之，庶几人人自竭，以济艰难之运"。吕颐浩之所以会请宋高宗颁发这道诏书，是由于他为了筹募中央政府所需经费，不仅延续宣和旧政，还仿宣和之政，另辟新的财源。为了顺利推动其政策，任用了一些宣和旧人，而他们多是熟知当时理财方式的蔡京、王黼门人，而吕颐浩自己，也曾在宣和年间担任过好几处与财务有关的地方职务。由于宣和年间的筹聚中央财源，渊源可以追溯到熙宁年间的财经新法，所以宋高宗才会在诏书中讲到废改王安石所行新法的元祐臣僚，只是没有把王安石的名字明白说出。绍兴三年（1133）九月，吕颐浩因辛炳劾其不忠不公，败坏法度，而引疾求去。常同再劾其十大罪，第一项就是吕颐浩"循蔡京、王黼故辙，重立茶盐法，专为谋利"，正可以说明宋高宗在两年前所颁诏书中，何以表明参用蔡京、王黼门人来共济国艰。

吕颐浩罢相，并不表示他为增加中央财政收入而沿用或建立的一些财税制度要废罢，相反，这些制度即使到绍兴八年（1138）的宋金议和达成部分协议，绍兴十二年（1142）的宋金议和完成盟约签定之后，仍然继续在使用。在靖康元年上疏论及蔡京兄弟祖述王安石的李光，在绍兴八年担任参知政事时，于十二月所上《乞废常平主管官罢发运司札子》中，也指出时政莫迫切于理财。在论及常平之法的部分，他认为常平之法，本出自汉代耿寿昌，不应该以王安石之故，而罢除管领州县多种名色钱谷的常平机构；这类钱谷，皆为户部右曹所总领，亦即为中央政府所领财物。他指出，常平之事"既使香盐司兼领，又别差主管官一员"，这使得"有司莫知适从，钱谷因致失陷"，请求废罢常平司主管官，仍由香盐司兼领。按，各路的提举常平司，原为王安石推行新法时于各路所创设的新监司，掌领地方上各项新法的收入。李光所说的香盐司，应即盐香茶矾司，始设于北宋崇宁年间，南宋初年亦称茶盐司。绍兴五年（1135）以茶盐司与常平司合并，成为以后的提举常平茶盐司，此即李光所讲的常平业务使香盐司兼领。但是到绍兴七年（1137），又有诏令于诸路转运司下另设提举常平主管官一员，所以李光会有绍兴八年十二月的上奏。李光的建议获得当时宰相秦桧支持，宋高宗因此也认为，常平之法既出于汉代耿寿昌，岂可因为王安石之故而废罢，同意了李光的建议。从这件事可以看出，由于中央政府财务急迫的缘故，即使李光或宋高宗对于王安石在熙宁年间推行新法有恶评，也仍然要保存王安石为筹聚中央财源而创设的地方理财机构。

此外也与朝廷上的政争有关，这既涉及吕颐浩、张浚、赵鼎、秦桧彼此之间的争权，又受到对金和战争议的影响。秦桧在靖康二年（1127）为金军所执，随金军至燕山，于建炎四年（1130）十月归返南宋。据他自己的说法是逃归，但是《建炎以来系年要录》的作者李心传比对各项资料，却认为他很有可能是在金曾倡和议，挞懒纵之使归的。绍兴元年八月，秦桧拜右相，与原已任左相的吕颐浩发生权力的争执，宋高宗使吕颐浩在外治军旅，使秦桧在朝治庶务。秦桧设置修政局，引用了包括胡安国在内的一些有名望的人士。秦桧于建炎四年自金南归时，已向宋高宗建言南自南、北自北，与金讲和，并请求宋高宗致书金左监军昌（按：完颜昌，这是汉名，女真名汉译为挞懒，又译为达兰）；后来于绍兴五年二月献《辩学》四十三篇于宋高宗，论王安石之言不合于道者七大类的王居正，原与秦桧友好，然而在秦桧任相近一年时，也已在上言中指出其无意于实践先前和他所谈到的"共图中兴"。尽管如此，这些都非胡安国所知，这时他对秦桧的印象，仍然停留在靖康二年金军攻占汴京后的情景，当时宋的朝臣在金人要求另立异姓的压力下，共议推戴张邦昌为帝，孙傅、张叔夜、秦桧等官员表示反对，继续尽心赵氏，而胡寅、赵鼎、张浚等人则逃匿于太学，不签署共议的文状。因此当秦桧获宋高宗重用时，胡安国曾写信给友人说："吾闻之喜而不寐。"到胡安国入朝任事中兼侍郎，并为宋高宗讲《春秋》，吕颐浩方面视之为秦桧之党的魁首，伺机加以纠劾，使之落职奉祠；其他被视为秦桧之党的官员也受到同样的处分，被逐出朝廷。秦桧挽救无效，自己也遭到言官黄龟年以主张和议的罪名，加以纠劾，因而在绍兴二年（1132）八月罢相。一年多后，吕颐浩也在绍兴三年底罢相。

吕颐浩罢相之后，由原来与其并相的朱胜非独相，至次年九月罢相。接任宰相的是赵鼎，在其推荐之下，张浚获得重用，于次年二月与其并相。由于张浚随后奉命赴江上视师，所以朝中政务实际由赵鼎总理。在赵鼎执政期间，一群习程、邵之学者获得擢用，而尤其以习程学者为主。在赵鼎执政之前，朝中已有这一类官员，如赵鼎本人曾从学于邵雍之子邵伯温、张浚以及前述的胡安国、王居正等学宗程颐，但是到这时这一类官员才成为朝廷上的一股声势。由于程学自北宋崇宁年间以后深受当政者的压抑，到靖康年间才解禁，所以他们一方面承继了程、邵等人对王安石新政的批评，另一方面又往往因为章惇、蔡京等人以"绍述"为号召，而将北宋危亡之祸归罪于王安石，在他们的心中，程、邵之学与王安石之学是处在对立的一面。绍兴四年（1134）九月，王居正撰写喻樗任命制词，既责难于"熙宁用事之臣"，"托儒为奸，而斯文几丧五十余年"，又称美喻樗"谋道力久，卒用有成，既穷伊洛之渊源，遂见古人之大体"。制词中对喻樗过度称美的用语虽为胡安国所批评，认为喻樗不足以当之，但这篇制词正是将伊洛之学和王安石之学对立的具体例子。此外，他们也常反对对金的和议，胡寅在建炎三年（1129）、绍兴五年的上疏，王居正在绍兴二年的上言中，指责秦桧未能实践其先前对他所讲勠力于中兴的谈话，均是其例。

然而赵鼎引进习程颐之学的士人，导致一些人因此而妄自标榜，甚至原非习程学者也托其说以求进用。这种情形引起了另外一些朝臣的反弹，他们的言论在赵鼎和张浚之间的政争中迸发出来。赵、张两人原先合力为国事尽心，但逐渐有了歧见。重大歧见之一是对金的政策，张浚秘密遣人至燕山，带回宋徽宗已经去世的消息，因此请求宋高宗能刚健有为，成败利害在所不恤；进而在对金政策上，主张进取，渡淮攻击，进一步取河南地（黄河以南之地，应指当时刘豫领有之地）。而赵鼎虽也反对和议，却比较保守，主张守江。张浚建议宋高宗自临安府赴建康府巡幸，建康府也已呈上修建行宫的计划；赵鼎却认为此事可以稍缓。但是宋高宗在朝臣大多反对的情况下，采用了张浚的建议。进发至平江府，恰逢刘豫遣兵大举犯境，张浚先往督师，赵鼎担忧情势不利，命令驻守宋、金边界的各支宋军退保江上，张浚却全力督促军队进攻。于是在绍兴六年（1136）十月有宋将杨沂中的藕塘大捷，击退来犯的敌军。随后赵鼎因宋高宗当着他的面盛赞张浚之功而惶恐请辞，在这年十二月罢相，于是张浚独掌国政。

左司谏陈公辅看出张浚与赵鼎之间的不和，也看出宋高宗对赵鼎逐渐有厌恶之意，同样可能看出张浚有意对主绍述者和习程、邵之学者兼收并用，与赵鼎独尊程、邵之学不同。他原本在这年稍早获得范冲的推荐，在抵达行都时上言，指责王安石政事、学术的过误，将北宋末年危亡的责任归咎于王安石，有迎合赵鼎之意,这时又转而迎合张浚。在赵鼎罢相之前,他已曾加以奏劾,在其罢相之后,他又奏劾朝廷之臣提倡其所称的"伊川学",所谓朝廷之臣,应即指赵鼎。这些都是发生在绍兴六年十二月内的事。在后一篇劾奏中,他一方面指出熙宁、元丰以后,王安石之学被看成是定论,要求士人采取同样的看法,经过蔡京的绍述,造成士大夫靡然党同,风俗因之而坏;另一方面,他也指出朝臣提倡伊川学所造成的种种弊端,认为这样做是营私植党,党同之弊将会出现,其弊亦将有如蔡京的绍述,将演变成惑乱天下。他请求宋高宗明诏天下,要求学者应折中众说,研究至理,以明圣人所讲的道术,不要仅执一说,造成雷同。张浚在陈公辅的奏章后,批写圣旨说:"士大夫之学,宜以孔、孟为师,庶几言行相称,可济时用。"并且布告中外。这道圣旨为张浚所批,而非高宗所批,李心传在《建炎以来系年要录》的相关记载后有考证。

陈公辅虽然批评程颐之学,并没有禁绝之意,他也没有提倡王安石之学之意,而且是用王安石之学所造成的弊端来说明朝臣提倡程颐之学所可能出现的弊端,不过学宗程颐的学者却视之为朝廷禁绝程学的起始。无论如何,陈公辅这封奏疏,开启了朝廷对待各家学术态度的一个演变,逐步走向秦桧独掌执政大权之后,进一步压抑程学,而且暗中以王安石之学来与之对抗的情势,而宋高宗在表面上也不得不与之协调。

陈公辅的上奏在绍兴七年(1137)继续发酵,在立场不同的士大夫间引起波澜。正月,先有周祕弹劾知衢州董弅沮格诏令;接着有吕祉上言,分辨真伊川学和假伊川学。吕祉认为那些羡慕杨时等人任官于朝,而"变巾易服,更相汲引"的"近世小人",自称所行是伊川之学,而把他们想要排挤的对象,称之为"王氏之学"，这类"号为伊川学者"，大多不是有守之士，甚至他们的素行还不如小人，因此问题不出在学术本身，而是出于学者。意思也就是说，真能实践伊川之学的人是不会如此做的。吕祉的上言，表面上指斥当时盛行于朝的程学，实际是为真伊川学在辩护。吕祉最初虽出自赵鼎的推荐，此时却获得张浚的重用，正在建康府张浚的都督行府中参议军事，所以李心传站在程学立场写的《道命录》中称，当时陈公辅气势正盛，连学宗程颐的翰林学士朱震都噤声不言，而吕祉以张浚的门下客而能如此，"议者以为难"。可以注意的是，他在奏疏中把伊川之学和王氏之学视为不能并立的两类学术，其实那些借伊川学之名以求宦达的人之所以会如此，正是由于杨时等人有批评王安石的言论而来。

直接驳斥陈公辅议论的，则是这时并不在朝的胡安国。胡安国于绍兴七年的上奏，同样认为应分辨伊洛之学的真伪，认为问题出在自从程颐门人杨时等人获得进用之后，志于利禄者托其说以自售，服儒服者以伊川门人妄自标榜，追随王安石新学的人安于其说，不肯遽变，传河洛之学的人又多妄自尊大，失其本真，引致众论汹汹，对伊洛之学妄加诋诮。程颐不仅发明孔孟之道，使其道可学，在行己接物方面，也和那些托其学说以干求仕进的人完全不同。他进一步指出，自从王安石、蔡京先后当政，对以道学德行名于当世的二程、邵雍、张载四人加以排抑，使得其道不行于世，建议对此四人加以封号，列于从祀，搜集遗书校正，便于学者传习，使邪说者不得乘间而作。他所讲的"邪说"，无疑是暗指类似陈公辅的言论，这样的用词，容易让双方的对立更为激化。在这篇奏疏中，王安石之学和伊洛之学同样被看成是对立的两类学术。胡安国这时正食提举江州太平观的祠禄，住在衡州，这封奏疏要到五月才抵达朝廷。他奉诏撰写的《春秋传》已经呈上，此书多以程颐之说为据，在朱震建议加以嘉奖之下，宋高宗于绍兴七年二月召胡安国赴行在，五月有旨任命为提举万寿观兼侍读，再诏其疾速赴行在，这时他的奏疏已经抵达，陈公辅、周祕、石公揆交相劾其学术颇僻、行义不修。宋高宗因而以其累次上章引疾而改命之为知永州，胡安国力辞，于是恢复其原来提举江州太平观的祠禄。胡寅在为其父所写的行状中说，胡安国的上奏造成"溺于王氏学者喧然"，于是有陈公辅、周祕、石公揆三人的劾奏。按，"学术颇僻"一词，其实是出自崇宁二年（1103）范致明在其请觉察程颐入山著书的奏疏中对程颐的指斥，接着就有元祐政事学术之禁、程颐聚徒讲学之禁。

应朝廷征召而在前往行在途中的尹焞，是程颐晚年的弟子，他的心情与态度显然也深受陈公辅上奏的影响。尹焞为举子时，因绍圣（1094—1097）年间科举考试的策题有元祐邪党之问，而不复应进士举，他在程颐死后聚徒讲学，以学行为士大夫所尊仰，但一直不肯接受各方的辟召。绍兴初年，他居于蜀地涪州，范冲在绍兴五年（1135）推荐其接代自己侍讲之职。宋高宗多次以礼敦遣，他都奏请辞免，在迫不得已的情况之下，于绍兴六年（1136）九月出发，次年二月抵达江州。据朱熹《伊洛渊源录》卷十一所载吕稽中所撰尹焞的墓志铭，尹焞在江州得知有言者攻毁程颐，于是再辞，理由是"学程氏者，焞也。生事之二十年，今又二十年矣，请就斥"。攻毁程颐的言者，应即指在绍兴六年十二月上奏言伊川学之弊的陈公辅。他继续以衰病辞免，朝廷也一再以金字牌敦促就道。这时独相的张浚，在担任川陕安抚处置使时，曾和尹焞见过，对其事迹略有了解，也曾在绍兴四年（1134）向宋高宗提过其人，于绍兴七年（1137）五月对宋高宗讲，尹焞曾经不受刘豫伪命，从长安经涉大河，投身山谷，徒步往蜀，乞食问路，崎岖千余里而仅获生全，其所学所养，有大过人者，建议令江州知州疾速津遣，可是尹焞仍然不肯动身上路。最后迫于宋高宗的召命愈来愈急，礼数也愈来愈周至，才从江州出发，经建康府时又因病停留辞免，到这年九月才抵达行在；而张浚已在这时稍前因发生淮西郦琼兵变而引咎求退，并在这时稍后因之而罢相。在这前后，陈公辅、周祕、石公揆又一反其原本迎合张浚的态度，奏劾其失。至于尹焞是否有直接批评王安石的言论，就现有的资料来看，不得而知；可是他应举时因策题有元祐邪党之问而自此不再应举，其态度可想而知。

尽管张浚曾从学于程颐弟子谯定，并曾向宋高宗力荐尹焞，他在独相之后，确实在看待熙丰之政的态度上略与赵鼎不同。在用人方面，他采取兼收并用的政策，引用有过绍述言论的官员，或是曾参与绍述之政官员的后人。例如张浚由于在建炎之初，曾获有从龙之功的黄潜善、汪伯彦推荐，而得以于建炎元年六月，自枢密院编修官擢为守尚书虞部员外郎。黄潜善原为王黼门客，在张浚与赵鼎并相，而政务尚执掌于赵鼎之手时，黄潜善已以误国之罪，死于贬所，骨骸未覆，资产凋零，其子黄秬仕宦不竞，几于无糊口之计。张浚因此请求以自身初授知枢密院事合得有服亲一名差遣恩例，给予黄秬差遣一次。

又如在张浚独相后的绍兴七年（1137）正月、二月之内，复用前此以身为章惇家姻戚而自请解职引去的谢祖信为浙东提点刑狱，而以言绍述而责授监当的陶恺、刘长源则获任用为知州。按，绍兴五年八月，起居舍人任申先以其父元符谏臣任伯雨曾上疏弹奏章惇、蔡卞，指他们两人诬诋宣仁高太后，而为其父乞请赠官，朝廷因之而追贬章惇，同时黜罢在朝的章惇、蔡卞子孙，谢祖信虽然只是章惇的姻亲，仍然自请解殿中侍御史之职，并因之而出任知常州。陶恺由于在绍兴六年正月上殿面对时，指宋高宗未能建大中至正之道，未能平党与，未能修政，未能用人，被认为颇主绍述之说，而其父陶节夫又被指为蔡京的死党。刘长源则在这年八月面对时，更直言若认为元符以前人臣的子孙皆可用，其失近于官人以世，即使其父祖贤，子孙未必皆贤；若认为崇宁以后人臣的子孙皆不可用，其失近于罚及其嗣而其人未必皆愚。刘长源的言论，可能是因为陶恺责授监当的际遇以及更早受黜的赵思诚而引起，因而被认为是其罪过于陶恺。

再如绍兴七年（1137）八月，张浚又用提举江州太平观赵思诚为中书舍人。早先赵思诚于绍兴四年（1134）五月已有中书舍人的任命，但为曾列名于元祐党籍的常安民之子常同所劾，指其父赵挺之首先建议"继述"，引致国祸，而且和蔡京、王黼同时执政，岂能出任要职，因而未就此职。除赵思诚未任中书舍人一事发生较早外，包括谢祖信引去，陶恺、刘长源因上言而受黜等几件事情，显然都与赵鼎任相时黜罢章惇、蔡卞子孙的政令有关，而张浚任相后再进用这些人，则显示他不同意这道政令。

包括赵鼎在内的一些官员，之所以不能接受陶恺、刘长源的言论，一方面应如同常同一样，由于在绍圣至宣和年间，新党打击旧党，甚至罪连他们的子孙、亲戚、门生，在这些官员的心里，早已酝酿着强大的反弹力量；另一方面，在宋徽宗初即位时，虽以"建中"为标榜，却开启了接踵而来的绍述之政，因此对于"大中"或"兼收并用"这类政治号召，深具戒心，深恐其将会引发无法预料且难以控制的后续发展。这年九月张浚罢相，赵鼎在复相之后，和宋高宗因谈论张浚重修前此赵鼎主持重修的《神宗实录》，而引致了这样一段对话：

鼎又曰："臣去国半载，今观圣意与前稍异前日。"上曰："寻常造膝，每以孝悌之说相摇撼，其实绍述之谋也。"鼎曰："秦桧莫有正论？"上曰："无之，自卿去后，唯朱震不改其旧。"鼎曰："臣观持中论者皆惑圣聪，乃是沮善之术，故以为不可太分，当兼收而用，则得人之路广。臣谓君子小人并进，何以为治，与其多得小人，宁若少得君子之为愈也。盖分善恶唯恐不严，稍宽则落其奸便。君子于小人常恕，小人于君子不恕也。"上复以为然。（李心传《建炎以来系年要录》卷一一五"绍兴七年十月壬寅"条）

此条记事又见于赵鼎《忠正德文集》卷八《丁巳笔录》而文字各有详略。宋高宗所讲"每以孝悌之说相摇撼"等几句话，没有提姓名，但在《丁巳笔录》中，这几句话之后，还接续有"又同事者和之一词，朝夕浸淫不觉也，如程颐之学，每贬斥之以为不可用"等语，很明显是指张浚而言。宋高宗的话常随着政治情势的变化而改变，而且这些话又出自赵鼎的记述，张浚是否有"绍述之谋"，可以不论，但赵鼎对所谓"兼收而用"的"持中论"提出批评，却可以看出他严分君子、小人，而且以是否接受程颐之学来划分两者，只要被认为是拒绝接受程颐之学的人，就是小人，这种态度导致他无法认同张浚的用人方针。

张浚再次重修《神宗实录》，也显示他在看待熙丰之政的态度上与赵鼎的差异。他在绍兴七年（1137）五月奏论史事，对宋高宗讲，绍圣年间以旧史不公而再修，可是蔡卞又更为不公，如今如果不极天下之公，后人将又不信。他显然认为前此在赵鼎执政期间所重修的《神宗实录》，仍未极天下之公。在张浚上言之前，何抡已承其意，于面对时乞请刊正前此重修新录的讹谬。紧接着就有宋高宗所颁重修神宗皇帝实录的御笔，从御笔可以看出，之所以要再次重修，是由于新录尚有"详略失中，去取未当"之处，这样的用语，无异说明再度重修与政治态度有关。三天之前，何抡已受命以秘书省著作郎兼史馆校勘，将实际负责修史的工作。参与此次修史的张嵲，撰有《拟进神宗实录表》（载《紫微集》卷二十二），其中言及再次重修的用意，说得更清楚："爰俾儒臣载刊牴牾，兼存朱墨，庶是非之可明；删去矫诬，俾议论之归正，事无遗落，理则宣昭。"所谓"删去矫诬"，是因为负责重修的范冲，于每条之后附其所见，如今则予以删除；至于"兼存朱墨"，则需稍加解释。赵鼎在绍兴七年十月言及张浚执政时所重修的《神宗实录》，又有以下一段对话，《建炎以来系年要录》卷一一五"绍兴七年十月壬寅"条：

> 鼎言："何抡本与秘阁修撰曾统所进本小异，抡乃蜀本有朱字处，统本却无之，自合重修，其李弥正、胡珵不应嫌避，史职令依旧兼之。"上曰："朱勾去者太冗？"鼎曰："此乃美事，蔡卞辈不学，故不知去取，如《吴奎传》有曰：'臣愿陛下为尧、舜主，不愿为唐德宗，卞乃删去。'臣谓主圣则臣直，载之乃见神宗之圣也。使魏征、王珪传不载其直言，则后世不知太宗能纳谏也。"

《丁巳笔录》无赵鼎所言"何抡本与秘阁修撰曾统所进本小异"等几句，但接下来宋高宗的问话，则作："前日观朱墨本内，用朱勾去者也，是太冗？"按，蜀本应即何抡用以重修的绍圣年间重修《神宗实录》本，其来源未见记载；曾统所进本应即赵鼎执政时用以重修的绍圣年间重修《神宗实录》本，其来源应得自曾任秘书省官的洪楫所藏，见《宋会要辑稿·崇儒四·求书藏书》"绍兴三年七月六日"条所载秘书少监曾统等所言，向前任秘书省官洪楫借抄其所藏《神宗皇帝实录》朱墨本等史料一事。曾统于绍兴三年（1133）五月起试秘书少监，任秘阁修撰则在当年八月至十月间，应于这段时间内已借得并抄写完毕进呈。

　　无论何抢所用的蜀本，或曾统所进呈的洪楫藏本，均应出自北宋政和、宣和年间用事的内侍梁师成于禁中私录本。到宋钦宗即位，梁师成被诛，所录绍圣年间重修《神宗实录》自家中流出，士大夫间可能有辗转传抄的情形，所以不止一本。《神宗实录》在绍圣年间重修时，以元祐年间所修旧录为本，用墨书，添入者用朱书，删去者用黄抹，所以称为朱墨本。赵鼎重修本除朱、墨之外，据陆游所述，又有以雌黄书写的部分，所以被视为黄本，此一部分可能即是范冲附于每条之后的说明。从赵鼎和宋高宗的对话可以得知，在赵鼎执政时的重修本中，朱书的部分已用朱笔勾去，所以无朱书，而张浚执政时的再次重修本，则保存了朱书。宋高宗问赵鼎是否因为太冗才勾去，赵鼎说勾掉是美事，其意应指由于蔡卞去取不当才删掉元祐年间初修本的文字，恢复原有文字才能表明宋神宗为圣主。因此，张嵲所说的"兼存朱墨"，应即是恢复绍圣年间朱墨本的原貌，保存当时改修的史实。

　　应加以说明的是，如上所言，所谓"曾统所进本"应进呈于绍兴三年八月至十月间。学者据《宋会要辑稿·崇儒四·勘书》附于"绍兴二年四月十四日"条之后、"绍兴二十七年八月十五日"条之前所载的诏令，认为曾统本进呈于绍兴二年，而另有洪楫本。此说似因《宋会要辑稿》文字可能在抄录时抄错，而有误解。按，学者误以此一诏令所系的"七月七月十三日"，其中一

"七月"为衍文；但实非如此，而是"七年十月十三日"之误，诏令所言之事见于《建炎以来系年要录》卷一一五"绍兴七年十月壬寅"条，当月壬寅正是十三日。

从以上的讨论来看，张浚执政时再修赵鼎执政时所修过的《神宗实录》，所做的应是两件工作，一是删除范冲所附有关去取之意的说明，一是据蜀本恢复原被勾除的绍圣年间重修时添入的朱书，以保存王安石《日录》的内容。至于绍圣年间删除元祐本的黄抹，由于元祐本已不存在，则显然已经无法复原。而赵鼎再次执政后针对张浚执政时的修改，所做的工作则应是恢复当初在范冲主持下重修的原貌。在张浚开始重修后辞去史职的胡珵、李弥正，在赵鼎再改修时又恢复史职，而参与张浚重修的何抡、张嵲则在赵鼎再改张浚所修本时，史职也仍然在身。到绍兴八年（1138）七月，何抡在参与修史的李弥正、高闶迁为郎之后，未有迁除，而自秘书省著作郎迁为秘书少监，却因此而遭张戒、李谊等人的弹劾，指他为"以司马光为非""以王安石为是"的张浚，窜易先前赵鼎任相时，为了"以明国论"而经"群儒订正"的《神宗实录》，而出知外郡；在何抡被逐之后，张嵲也在七月不自安而求去。张浚是否由于"以王安石为是"而再修《神宗实录》，由于没有看到张浚评论王安石的文字，无法确言，但或许并非如此；他的用意，应可能在于保存实录曾在绍圣年间改修的原貌，使朱、墨并存，以见此书在元祐、绍圣年间两修的史实，并借以保存王安石《日录》的史料。至少在宋高宗依从张浚的建议，颁布再修的诏令之后，发言表示支持的参知政事沈与求，就曾有过指斥王安石学术与政事的言论；而参与修史的张嵲，在载于其文集《紫微集》卷三十二的《救弊》一文，也批评过北宋末年"苟能通王氏说，则足以取科第"，甚至"于王氏说亦不能通，徒剽贼人语，苟能为所谓大义者，亦足以升名于礼部"。

然而在绍兴七、八年之间，对金形势有了改变，连带也影响到南宋国内政局的改变，促成了秦桧的掌权。绍兴七年（1137）正月，于绍兴五年奉派出使至金的何藓在返国时，带回宋徽宗及其后宁德皇后（郑皇后）上仙的消息。宋高宗得知后，即时任命以行宫留守身份奉诏自建康府返回行在奏事的秦桧为枢密使，当晚并留之议事，不许归返居第。宋高宗留下秦桧，密议之事究竟为何，不见于记载，但从后续的发展看来，可能涉及两件事情：一件是遣使迎回宋徽宗、郑皇后梓宫，另一件则是尝试改变对金政策，开启和议之门，而这两件事又互相关联。而宋高宗之所以会为这两件事召见秦桧，是由于秦桧在建炎四年（1130）十一月自金返回南宋，获宋高宗召见时，即上言如欲天下无事，须南自南、北自北，并建议讲和。到绍兴元年（1131）八月，秦桧又以倡言我有二策可以耸动天下而取得相位，事后宋高宗于绍兴二年（1132）八月出示其所献二策给直学士院綦崇礼，即以河北、河东人还金，以中原人还刘豫，于是綦崇礼将秦桧建明二策之事写入其罢相制词。稍前黄龟年之所以会用主张和议的罪名来纠劾秦桧，可能也是来自宋高宗的示意。这时正是拘留于金已有五年的南宋使臣王伦奉金元帅挞懒之命返国之时，王伦向宋高宗所传达的讯息，即是金有意息兵议和。秦桧的罢相，或许正是宋高宗有意的宣示，表明就南宋方面来讲，这时并非进行和议的时机。

但是到绍兴七年（1137）初，情况已经不同，一方面是何藓带回宋徽宗与宁德皇后上仙的消息，另一方面则是刘豫兴兵伐宋，久战无功，而南宋在绍兴六年（1136）十月藕塘大捷后，声势大振。在此稍前的绍兴五年六月，岳飞剿除洞庭湖盗杨幺，于是自建炎年间以来，活跃于境内各地，由溃卒、饥民结聚而成的多股剧盗，至此也大体平定。既有进取之势，又无内顾之忧，这时若能与金进行和议，可以有讨价还价的空间，因此宋高宗态度转变，想借助秦桧之力来推动这件事。秦桧在绍兴二年（1132）八月罢相之后，曾担任过知温州，才刚改知绍兴府，即在绍兴六年八月回朝出任侍读、行宫留守，并许赴尚书省治事。秦桧得以回朝，是出自张浚之荐，而张浚之所以推荐他，是由于他在靖康二年曾不畏死，建议立赵氏，认为他有魄力而足以共同承担天下事。

绍兴七年八月，发生淮西兵变，大将刘光世属下都统制郦琼杀深获张浚信任的都督行府参议官吕祉，投降于刘豫，张浚因此请求去位。宋高宗问他谁可以继任，张浚不答。宋高宗又问秦桧何如，张浚回答说，最近与之共事，才了解他有所掩藏。于是宋高宗决定用赵鼎，当日即以御笔召赵鼎自知绍兴府任上疾速赴行在，并于次月出任宰相。秦桧原以为张浚会推荐自己，因而大失所望。

在淮西兵变之前四个月，也就是这年四月，宋高宗派遣王伦出使至金，行前指示他，见到这时正掌握华北军政大权金左副元帅鲁国王昌（完颜昌），提出返回宋徽宗帝、后的梓宫及归还河南之地于宋两项要求，理由是河南之地目前为刘豫统治，金既不能有，不如归还于宋。这一个要求的实质，其实就是表达宋愿意与金议和，而要求金以归还河南之地来交换。王伦之所以奉使，应与他在绍兴二年自金返国时，曾为挞懒传达息兵议和的讯息给宋高宗有关。这年十二月王伦自金返国，他停留于金时，除了见到挞懒之外，挞懒又派人陪他到女真原居的北地，往见金主亶（金熙宗完颜亶）。由于刘豫此时已经被废，王伦向其表示谢意，金熙宗和群臣商议后，允诺与宋讲和。王伦返国行前，挞懒对他说："好报江南，既道涂无壅，和议自此平达。"王伦返国后回报，宋高宗指示他向挞懒提出的两项要求，都已获得接受，绍兴八年（1138）的宋金和议于是自此展开。

　　为了使和议能够顺利进行，秦桧于绍兴八年三月获任命为右相，与已任左相的赵鼎并相。积极为宋高宗推动和议政策的秦桧，自然比一向反对和议的赵鼎，更能获得宋高宗的信任。宋高宗得知金同意与宋和议之后，曾和两位宰相商量，赵鼎坚持不可，可是宋高宗意向已定，于是专任秦桧来主持此事，赵鼎不得已，只有勉强依从。到这年十月，赵鼎终于罢相，开启了秦桧独相的局面，直到他在绍兴二十五年（1155）去世前致仕为止。

　　秦桧在宋高宗充分信任之下，以宰相的身份推动宋金和议，正是朝廷对于王安石重新给予评价的关键，而其之所以如此，则出自一向批评王安石及其新政而学宗程颐、邵雍的士大夫，也是这时反对和议的重要力量。这一回朝臣反对和议的呼声，自绍兴八年四月金所派遣议和使臣即将到达之时，开始出现；至这年十一月以后，金为告知南宋确定先归还河南地，余事再议，派遣诏谕使前来，自使节入境之前开始，趋于激烈。这种情形，即使秦桧听从勾龙如渊的建议，以之为御史中丞，弹击反对和议的官员，也无法阻止。从十一月持续到十二月，依然舆论激昂。胡铨甚至请斩秦桧之首，尹焞不仅上疏，又写信给秦桧表达反对的意见。范如圭则是先写信给秦桧，再与其他几位官员一起上疏。十二月末，金使入见，宋高宗不出面，而由秦桧代为接见，和议一事于是确定。可是反对和议的言论并未消失，这时除了朝臣之外，也可以看到地方上的官员、士人提出他们的意见。例如张浚当时正谪居永州，在绍兴九年（1139）正月宋高宗因和议得以进行而颁发大赦诏书之后，先是写信责备参知政事孙近与李光，然后又一再上疏朝廷；基层官员如监明州比较务杨炜，是李光的绍兴府同乡，也写信给李光，责之以当反对和议。二月，吉州士人周南仲在上书中指责和议，并斥及秦桧。一直到这年十二月，仍有官员对金对于和议是否会守信表示怀疑。

在绍兴八年、九年之间，发出反对和议之声的官员及士人，其姓名见于吕中《类编皇朝中兴大事记讲义》记载者至少有三十余人，再加上绍兴五年（1135）反对何藓出使的胡寅、胡宏，约在四十人左右。这些人中，可以查出与程颐、邵雍之学或较之更广的元祐学术有关的，在一半以上。他们之中，又有不少曾有过批评王安石的言论，或是可以从其师承、治学可以看出他们在思想上与王安石不能相容。其中如赵鼎，从他建炎年间以来对王安石的批评言论，以及当政时擢用程学士人、用范冲重修《神宗实录》等事来看，态度都至为明显，他的措施与态度在当时影响也大，为秦桧所不能漠视，秦桧如想稳固自己的权力，显然不能不消除此一障碍。同样曾任宰相的张浚，虽然他再修赵鼎任相时修过的《神宗实录》，但是如上一讲所说，用意可能仅在恢复《神宗实录》在绍圣年间重修的原貌，用以保全当时引用的王安石《日录》。尽管记载中看不到他有批评王安石及熙宁之政的言论，但是他有解读《春秋》的著作，显然他不认同王安石把这部经书排除于科举考试与官学教学之外。

赵鼎、张浚之外，还有其他例子。如胡铨治《春秋》学，在家乡吉州时师事曾问学于程颐的门人萧楚（萧三顾），后来又师事胡安国，萧、胡两人都深研《春秋》，胡安国对王安石不重视《春秋》此部经书显然颇有意见，萧楚也曾驳王安石之说。如尹焞，是程颐晚年的弟子，初应科举考试时，即因策题有元祐邪党之问，而不复应举。如范如圭，也治《春秋》学，是胡安国的外甥，也是其弟子。如常同，是元祐党人常安民之子，在绍兴八年反对和议言论已经兴起的六月，曾因曾惇进其曾祖曾布所著《三朝正论》真迹而得以迁转官阶，在奏言中指责王安石辜负宋神宗的委任，创行新法；就在同一个月，即因误解而在宋高宗御前助潘良贵与向子諲争论和议一事，导致三人同时罢任。又如刘大中，虽然不清楚他在元祐学术渊源上的究竟，但是他曾获赵鼎的推许，与胡寅、吕本中、林季仲等人并称为"清议所归"，又曾推荐著有《春秋四谱》的杨时弟子邓名世，他自己也对《春秋》一书深感兴趣，有相关的著作；而在较早的绍兴五年（1135）六月，就已上言指责王安石假《周官》理财之说，变乱祖宗法度，恣为聚敛，造成民众的痛苦。还有张九成，是杨时的门人，他批评王安石的言论，见于日后他贬谪在南安军时的著作中。至于胡安国的两个儿子胡寅、胡宏，在绍兴五年反对何藓出使时，更是在他们反对和议的同时，也指斥王安石。

从上述情形可以了解，何以曾经任用过胡安国而原本对王安石没有表示过任何意见的秦桧，会在宋、金和约确立，执政权力已经稳固之后，在打击程颐之学的同时，也力图扭转赵鼎执政时所给予王安石的评价。问题的根源，就在于对金和议一事的争论。

即使在绍兴九年（1139）正月，宋、金双方已进行河南地的交割，但是宋徽宗帝、后的梓宫尚有待归还，双方的和约也仍未签定，到七月，金国内的政局就发生巨变，金对南宋的政策并且因之而改变。这场巨变使得挞懒在华北的军政权力被剥夺，随后以叛逃被杀，继之而掌握华北军政权力的是完颜宗弼（兀术，或译乌珠）。兀术对于挞懒当初主导割河南地给南宋一事，原本就不同意，金国内这场政局巨变就是出自他的推动。他掌握权力之后，决意败盟，分四道侵犯两淮、陕西，于绍兴十年（1140）五月攻陷开封，宋、金战事于是再启。这次战事，延续到次年九月，双方互有胜败，此时宋军发挥了坚强的战力，尤其是在两淮主战场，包括绍兴十年（1140）六月刘锜的顺昌府之捷、七月岳飞的郾城之捷，次年二月张俊、刘锜、杨沂中的柘皋之捷在内的几次大胜，给金军甚大的压力，南宋的军事防线也因此得以建立。岳飞且于郾城捷后收复颍昌府，又分兵收复京西诸郡及西京洛阳，意图乘胜深入，进取汴京，但朝廷意在求和，下诏召还，已收复之地于是复失。

南宋既意在求和，金由于战况未如预期顺利，加上国内政况不稳，也有意进行和议。自绍兴十一年（1141）八月起，正式相互遣使，至十一月和议达成，南宋在九月回复金都元帅兀术的第一封信中，就已称金为上国，自称下国。次年二月，宋使至金进誓表，许奉岁币银、绢二十五万两、匹，画淮为界，唐、邓两州割属金，世世子孙永守誓言，金许诺送还宋徽宗帝、后梓宫及宋高宗生母韦太后，随后并进行陕西地界的分画。八月，宋徽宗、后梓宫及韦太后自金返抵宋，两国陕西地界的分画也完成，双方以大散关为界；九月，金使抵宋，册封宋高宗为帝，金誓书同时送达，宋高宗见金使之后两日，诏藏金誓书于内侍省，和议于是确立。南宋以屈辱的姿态，换取了和平，宋高宗在绍兴七年（1137）正月因何藓自金返宋而得知宋徽宗帝、后上仙以来的心愿，也得以达成。

这一次南宋完全以屈辱的地位来换得对金的和议，却并未出现明显的反对声浪，原因在于秦桧已经有了绍兴八、九年的经验，在这次和议前后使用严酷的手段来防范。在武将方面，针对强力反对和议的韩世忠和岳飞，在绍兴十一年，先是企图以罗织罪名的方式，构陷韩世忠而未逞；继而以同样的手法，将岳飞下狱，定罪杀害。主持审讯岳飞的何铸，原曾为秦桧以反对和议的罪名，弹劾过廖刚、赵鼎、张九成、孙近等人，并在弹劾廖刚、赵鼎以后取得了御史中丞的职位。何铸在审讯岳飞的过程中，发现岳飞的罪名并非事实，据实向秦桧报告，因此遭到撤换，在绍兴十二年（1142）改任签书枢密院事并奉使至金；返国后，为言官论其倾摇国是而罢官奉祠，继而又责授徽州居住，并且罪连他推荐的几位官员。这件大案，既使得文武官员为之震慑，也借此收回几位大将手中自南宋初年以来逐渐坐大的兵权。不过就讨论朝野对王安石的评论这个问题来讲，更值得注意的是对于和议持反对意见的文臣重加贬黜。

例子之一是，受到最酷毒打击的是曾与秦桧并相的赵鼎。赵鼎在绍兴八年（1138）十月罢相之后，先是以两浙东路制置大使出知绍兴府，次年二月，南移为距行都较远的知泉州；三月又因言官曾统、谢祖信连上五章纠劾，而将其原带的节钺衔去除。两人指斥其诸多罪状之一，即是他在罢相之时，仍然因为不主和议的关系，鼓惑众论。在绍兴十年（1140）金人败盟之前的四月，赵鼎已因多次请罢而获提举临安洞霄宫的祠职，离开泉州，住在绍兴府。由于他回绍兴府后，曾上书言事，宋、金战火再起之后的六月，秦桧担心他会再度起用，指使御史中丞王次翁予以纠劾，根本的罪状是他所居之地逼近行都，暗中庆幸国家出现警讯，借之以规图复用，指使其党羽门下往来于临安，撰造事端，鼓惑众聪，以摇人心。赵鼎因此又谪赴福建的兴化军居住，就在同一个月，再因言官何铸、王次翁先后上言，赵鼎先移至同样在福建的漳州，即刻又改移往更南的广南东路潮州安置。宋金和议已成之后，绍兴十四年（1144）八月，赵鼎又因御史中丞詹大方劾奏其指使党羽游说，而再移到海南的吉阳军安置。在吉阳军三年，绍兴十七年（1147）四月，赵鼎再因案而永不检举（永久排除于朝廷恩赦之外）。三个月后，由于听说吉阳军奉令月具其存亡申报尚书省，赵鼎认为秦桧必定是想要杀他，于是绝食而死。

赵鼎由于被认为是反对和议最重要的鼓动者，所以他的遭遇也最为凄惨。其他曾在绍兴八、九年间反对和议的官员，绍兴十一、十二年和议前后，也多遭到再次的重惩。举例而言，张九成于绍兴八年十一月，已由于不附从秦桧而罢除原有官职，改食祠禄。到绍兴十年八月，秦桧以其家居临安外邑，而曾经言和议非计，于是以给予知州差遣为名，实则令其远知荆湖南路的邵州。张九成由于正在服丧，并未赴任。次年五月，又以言者论张九成为异议者之首，与径山寺僧宗杲来往，两人不顾国家安危，互相唱和，在宗杲徒众与从游士大夫中，鼓倡浮言、诳惑众听，恣行诽谤，企图动摇军政，而令其在家持服，候服阕日取旨。绍兴十三年（1143），张九成丧满，即谪往江南西路南端的南安军居住。

又如胡铨，在上言请斩秦桧之后，即在绍兴八年十一月贬黜往广南西路，任监昭州盐仓。虽然在次年正月改任签书威武军节度判官厅事（福州知州属官），但是到绍兴十二年（1142）七月第二次和议之后，又以"文过饰非，益唱狂妄之说，横议纷纷，流布遐迩"的罪名，加以除名的重罚，并编管于广南东路的新州。绍兴十八年（1148）十一月，再以胡铨在新州曾赋词，有"欲驾巾车归去，有豺狼当辙"之句，言者论其仍不自省，与现任、寄居官往来唱和，毁谤当途，语言不逊，而移往海南的吉阳军编管。这样的罪名，与此前赵鼎贬往兴化军、张九成贬往南安军时的罪名如出一辙。当胡铨贬往新州时，同为吉州人的王庭珪正担任衡州茶陵县丞，作诗送行，有"痴儿不了公家事，男子要为天下奇"之句，为另一同乡告发，指其谤讪朝廷政事。可是地方官员一直不予处理，要到绍兴十九年（1149），才有地方官员呈报揭发此事，王庭珪因此受到勒停（勒令停职）的处分，并且送到同样在荆湖北路的辰州编管，相关官员也都受到惩罚。

　　再如张浚，于绍兴七年（1137）九月罢相之后，先是带观文殿大学士的职名任提举江州太平观的祠职，到十一月，又由于言官一再论其罪过，宋高宗原本有意要贬之往岭南，为时任宰相的赵鼎、参知政事张守上言救解，而改为分司南京、永州居住，仅贬往荆湖南路的南端。绍兴九年（1139）正月，南宋已收回河南地，尽管张浚此时一再上言反对和议，可是仍然以讲和赦恩而先恢复祠职，任提举临安府洞霄宫，再改任知福州，旋即又复观文殿大学士的职衔，以福建路安抚大使兼知福州。到绍兴十年（1140）六月，宋、金战事爆发，张浚上言请宋高宗乘此事机，决回銮之计，并强调和议不拔，人心懈怠；又条画海道舟船利害，备好海船三千，以待实施直指山东之计；接着又筹措了经费六十三万，在次年三月起发至行在，以备军用。张浚在福州的这些作为，都清楚地显示出他反和议的态度，所以秦桧将要进行与金议和，派人至福州，示意他如能附从此议，当引用为枢密使时。张浚回复以敌不可纵、和不可成，并以母老乞祠，因而在这年十一月获万寿观使的祠职。张浚获授万寿观使职后，先寓居于长沙，于绍兴十六年（1146）七月以星变上言，涉及兵事，触犯秦桧的忌讳，言者论其以和议为非便，而黜责至广南东路北端的连州居住，次年八月再移往永州。

　　前已言及，因妨碍和议而受到最酷毒打击的，是赵鼎；至于以相同缘由而受惩且事连最广的，则是李光，学者对李光案已有过研究。李光早年曾从学于司马光门人刘安世，当靖康元年朝廷讨论王安石对北宋末年政治的影响时，他曾上疏支持杨时的看法，认为王安石之政开启了蔡京误国。他对王安石的评论，又见于他写于绍兴三年（1133）的《闲乐先生奏议序》。这篇序文指出，宋徽宗初即位的建中靖国元年（1101），台阁之士皆极一时之选，殿中侍御史陈师锡（伯修，闲乐先生）是其中之一，这时蔡京尚未执政，他已预知其必乱天下，上奏条述其过恶；接着引用司马光为吕晦所写的墓志铭，并将陈师锡比之于吕晦论列王安石于其尚受海内推重之时、人主信任之际。李光在此序中，又感慨当时士大夫只知称颂陈瓘（莹中），而知陈师锡者尚少，显然他又把陈师锡和陈瓘相提并论。前文已述及，陈瓘也曾在宋徽宗初即位时劾奏蔡京、蔡卞，其后并于《四明尊尧集》中指斥王安石。李光的师承的刘安世，既可以与程、邵之学同列于元祐学术之中；而他对王安石的评论，也可以和当时程、邵之学的后继者相呼应。

李光由于负有时望，所以在绍兴八年十月宋、金和议将成时，秦桧为了镇压浮议，将李光从知洪州兼江南西路安抚制置大使任上召回朝廷，先任吏部尚书，旋即于十二月起用为参知政事。据朱熹的说法，秦桧用了一点小计策，使得李光不得不接受参知政事的任命。但是李光虽然一时由于出任执政而无法不支持和议，终究政治态度与秦桧有别，而且性格刚直，所以不久之后两人就发生冲突，甚至在宋高宗御前争执。引起两人在御前当面冲突的问题，主要有二，一是秦桧表亲郑亿年的任用，一是对金的边备。郑亿年在北宋亡后，曾先后在金所扶植的张邦昌、刘豫政权任官，在刘豫被废之后，他以刘豫政权下知开封府的要职，脱身归返南宋。有学者推测，他是金有意放回南宋的奸细，用以联络和议。郑亿年南返之后，秦桧要以资政殿学士的馆职来任用他，而李光极力反对，甚至直指秦桧想要雍蔽宋高宗耳目，盗弄国权，怀奸误国。秦桧在这时又有意撤除淮南武备，以利对金和议的进行，也为李光所极力反对。他的本意是借和议而为自治之计，因此向宋高宗指出立国不可以去兵，和不可恃，备不可撤。这两件事情都显示了两人对金态度的明显差异，秦桧也因此认为李光有害和议，种下李光在罢除参知政事之后连遭重贬的原因。

　　李光在与秦桧于宋高宗御前争执之后，由于言官劾奏他狂悖失礼，而于绍兴九年（1139）十二月引疾求去。宋高宗并未挽留，命其以资政殿学士出守外郡。言者仍不肯放过，对他又加以抨击，于是改任祠职提举临安府洞霄宫。李光奉祠之后，住在绍兴府，至绍兴十一年（1141）十一月，宋、金第二次和议已经达成，又有言者劾其当南宋使臣自金返国，回复金同意双方议和，无损于国体。可是李光却阴怀怨望，乘时讪谤，多方鼓唱，使得绍兴府的民众因之连日转徙。李光因而再贬为建宁军节度副使，安置于广南西路的藤州。他到藤州后，当地周姓知州诱使他在通信中言及秦桧和议，有讽刺之语。周姓知州密献此信于秦桧，秦桧因此令言者劾其即使远在岭南，仍然令子弟亲戚往来于行在与绍兴府间，教人上书，极力要动摇国家的政策立场。因此在绍兴十四年（1144）十一月，李光再移至海南的琼州安置。

　　即使李光已经一再贬黜，徙往海南，秦桧对他仍不放过，想要借他的案件来打击反对和议的官员、士人，并借之以整肃李光的交往，于是有私史案的酝酿与实施。绍兴十九年（1149）十二月，有言者论会稽（绍兴府）的士大夫家藏野史，用以批评时政。李光家正是在绍兴府，藏书达万余卷，得到消息后，家人把藏书皆焚毁。两年之后，又有秘书省官员奏言，听说有异意之人，藏匿于行都近地，窥伺朝廷，撰作私史，用以推销其邪谋伪说，请求密加搜索，严厉禁绝。行都"近地"指绍兴府，这只是暗喻，实际是指李光仍留在绍兴府的家人，而真正目标则是远在海南的李光，李光之狱因之而起。狱起于次年正月，李光次子孟坚由于在读其父作于贬所的小史后，以所记得的内容和友人谈，被指为语涉讥谤，而下大理寺狱。到三月，李光再移至同在海南的昌化军安置，永不检举；李孟坚除名，峡州编管。此案并且事连与李光有书信来往的官员八人，包括已于绍兴十七年（1147）致仕的胡寅，食祠禄的程瑀、潘良贵、张焘，现任中央与地方官员宗颖、许忻、贺充、吴元美。胡寅受到落所带职名徽猷阁学士的处分，其他七人的惩罚则是降官。李光事后在写给胡铨的信中，称他们是"平生知友"。就在同月，致仕后住在衡州的胡寅，又被言官诬指为不为亲母持服（胡寅原为胡安国三兄之子，出生后遭弃养，祖母收来命胡安国养为己子），反对何藓使金是视两宫播迁如胡、越，等到宋徽宗帝、后梓宫及韦太后自金返回，又阴结异意之人，写成记文，认为当今仕进之人将赤族而不悟，因而再遭责罚，安置于新州。吴元美在先前绍兴十五年（1145）闰十一月时，已由于言者论其在李光执政时，常出入于李光之门，相与谋议，而自太常寺主簿出为主管福建安司机宜文字，在绍兴十八年（1148）因涉及与李光通信而受到惩罚之后，同年七月、九月，又分别为人言其时为诽谤，以及举发其指斥国家、讥毁大臣，因而除名、编管于广南西路的容州，其后死于贬所。

上述八人中，胡寅、潘良贵、张焘、许忻四人均曾反对过和议，胡寅、潘良贵、许忻三人在学术渊源上又同样可以上溯程颐。程瑀在绍兴六年（1136）以后，先是连丁两忧，服除后又奉祠，至绍兴十二年（1142）才再度入朝任官并兼侍读，两次和议未见表达过意见。不过他在绍兴初年的上疏中条画十事，多项与战备有关，初次兼侍读时又曾对宋高宗讲过汉光武帝亲临战阵，绍兴十二年和议成后初次入见，即对宋高宗讲祖宗之故地未复，父兄之深仇未雪，不可以遽然为休兵偃武之计，态度十分明显。由于不专以和为是，所以不久之后就出知外郡，随后又称疾请祠。他在学术渊源上是否可以上溯至程、邵之学或元祐学术，也未见于记载，可是在初次兼侍讲时，他对宋高宗称誉过胡安国、朱震，推荐的人才中，如徐俯、曾开、范冲，学术渊源都可以上溯程颐，至少他对程颐之学是可以接纳的。此外，早在靖康元年六月，他任言官时，在所上《乞内中置籍录台谏章疏》中，已经指出王安石摧折台谏，而蔡京师法王安石且残狠过之，他对王安石显然也没有好感。

李光案并未在绍兴十八年就结束，绍兴二十二年（1152），李光案又事连萧振、杨炜。杨炜于绍兴八、九年间曾致书李光，责之以当反对和议，已见前述，当时曾先见萧振，言信中之意，此信李光并未回复；这时萧振为知台州、杨炜为台州辖县黄岩县令，治县有声。萧振颇为欣赏杨炜的喜大言、无顾畏，要推荐其自选人改京官，并且为之写信给浙东提点刑狱秦昌时，希望能共同推荐。秦昌时嘱吏暗中告知萧振，杨炜曾致书李光，责及秦桧，两人都不当荐，他自己由于是秦桧之侄，更是义不容荐；萧振回复以业已应许，无法中辍。杨炜治县，对不法之人无所宽贷，有怨恨他的县吏取得他写给李光的信，其中有诋责秦桧的文字，献之于秦昌时；秦昌时言之于朝廷，于是将杨炜下大理寺追究，搜索其家，发现有万言书，文字更为激切。杨炜因而在十月遭到重惩，追毁出身以来文字，除名、勒停，永不收叙，并安置于海南的万安军；萧振则受到落所带职名、池州居住的连带处分，杨炜之兄杨炬也连坐除名。

萧振的学术渊源与政治态度，也应一述。他曾从程颐弟子许景衡问学，获赵鼎推荐，后来却依附秦桧，弹击刘大中以倾摇赵鼎。不过他对和议的态度与秦桧不尽相同。绍兴八年（1138）十二月，他曾和其他几名官员一起上奏，表示和议不可行是士大夫、民庶、军士的公论，请求宋高宗缓而图之。次年十月，他奉派出任知温州，陛辞时对宋高宗讲，虽然两国通好，战御之备不能弛懈。他与赵鼎的关系，以及承自程颐的学术渊源，在他复职出任四川安抚制置使兼知成都府后不久，即于绍兴二十四年（1154）为言者所纠举，因而再次受到落职、奉祠、池州居住的责罚。秦桧死后，原来遭贬诸人皆获赦免，萧振重获擢用，李光得知此事，也为他高兴，在写给胡铨的信中，称他是"平生故人"。

再过两年，即绍兴二十四年，又因两个不同的案件，分别由程瑀而牵连到洪兴祖、魏安行以及自家子弟，由李光而牵连到王趯。程瑀精研《论语》，随所见疏解成二册，洪兴祖跟从他质疑辨惑达二十年，尽得其说。程瑀在绍兴二十三年（1153）三月去世，洪兴祖获魏安行提供京西转运司经费协助，将其所著《论语解》刊行，并撰写序文。程瑀解《论语》"弋不射宿"句说是孔子不欲阴中人之意，解"周公谓鲁公"四句则说可为流涕。洪兴祖在序文中有"感发于孔子之一射，流涕于周公之四言"的文字，被人诬指为怨望之意，秦桧甚至发怒说程瑀著书相谤，而且洪兴祖曾经指责过秦桧，更加重了他的怒意。洪兴祖、魏安行两人因此事而分别送昭州、钦州编管，两地均在广南西路，洪兴祖随后就卒于昭州，程瑀子宏济罢除新差监通州金沙盐场的职务，子宏靖，孙有功、有孚今后并不与堂除差遣；出版《论语解》的京西路遭搜书焚板，并且下令其他州军若有未曾获朝廷允许而出版的异说书籍，也予以毁弃。

洪兴祖少时读《礼》至《中庸》，悟性命之理，从《中庸》论性命之理，正是二程论学的重要基础。他又曾请许景衡为其岳父丁志夫撰写墓志铭。许景衡是程颐弟子，与丁志夫同为温州人，又曾在太学与丁志夫结识，且曾见过丁志夫的父亲经行先生丁昌期，于其去世之后撰有祭文；丁昌期是北宋中期温州学术初兴、师道初立的重要人物之一。洪兴祖不仅由于其岳父丁志夫的关系而与习程颐之学的许景衡有来往，可能也由于丁志夫的关系而影响到他对王安石之学的态度。洪兴祖著有《春秋本旨》，《春秋》正是自熙宁新政以来，新党执政期间科举不考、官学不讲的学问。他对《春秋》的兴趣，或许即是得自岳父。丁志夫好经术而不好诗赋，他在绍圣元年（1094）以治经登第，这年省试尚沿元祐年间之旧，《春秋》列为考试选考的经籍之一；但是随后即复行熙宁、元丰的制度，《春秋》不立于学官。丁志夫得知之后，表达了他不能认同的感慨，认为其他经书明理而《春秋》断事，为经理世务、与人论议所必参考。

王趯是李光的门生，在绍兴十五年至十八年间（1145—1148）任知雷州。雷州与海南隔海相对，为赴海南过海前所必经。王趯在知雷州期间，不只当李光经过时予以迎送，对于同样贬往海南的赵鼎、胡铨，也曾给予协助，当他们过海抵达贬所后，又帮他们在雷州购买各类生活所需的物品运往。王趯对诸人的协助，使得他在绍兴二十年（1150），以与李光通信的罪名遭到勒停的处分。王趯罢官后，住在荆湖南路南侧的全州。当李光在海南昌化军时，曾写信给秦桧，祈求内徙，派人携至全州，托王趯视方便为之送往行都投递。王趯得到邻居李姓小校的协助，雇人送信到绍兴府李光家，交给其子弟，李光家人不敢进入都城，请求送信者自行投送于相府。秦桧因此事误认李光越海逃匿于全州，怒令根究李光擅离贬所之罪，发现是误解，于是诬指王趯前任知雷州时的过失，于绍兴二十四年（1154）十二月予以除名、依旧勒停并编管辰州的处分，将此案了结。

绍兴二十五年（1155）二月，这时已是秦桧去世前八个月，李光案又牵连及沈长卿与芮烨。事起于绍兴八年李光回朝出任参知政事时，沈长卿写给他的贺启中，有"缙绅竞守和亲，甘出娄钦之下策；夷狄难以信结，孰虞吐蕃之劫盟。与其竭四海以奉豺狼之欢，何至辱万乘而下穹庐之拜"等文句，明显有反对和议之意，已经为秦桧所恨恶。按，娄钦即娄敬，避宋太祖曾祖名敬之讳而改敬为钦，汉高祖时娄敬和亲之策见《汉书·娄（刘）敬传》。到绍兴二十四年，沈长卿和芮烨（晔）同赋《牡丹》诗，遭邻居告发是讥议，经审讯后，又摘取芮烨以往诗中的"今作尘埃奔走人"句，指为有怨望之意，并以之为罪名。次年二月，两人都受到勒停、除名的处分，沈长卿送化州编管，芮烨送荆湖南路的武冈军编管。

按，沈长卿，字文伯，湖州人，著有《西汉总类》《春秋比事》。《春秋比事》一书的作者问题，自陈亮《春秋比事序》提及以来，即有争议。但此书作者既为沈文伯，又是湖州人，曾任婺州教官，与沈长卿字文伯，又是湖州人，且曾任婺州州学教授，恰相符合。而《春秋比事序》中称作者沈文伯名棐，所见资料中南宋仅有嘉兴府（秀州）人沈棐，而非湖州，而且此一沈棐登第于庆元五年（1199），时间在陈亮去世之后，在此之前尚未任官，其字号及生平事迹均不详，应非《春秋比事》的作者。此外，《春秋比事》原名《春秋总论》，陈亮得此书于友人，读后认为书中所论虽然未能一一中的，可是在写法上，即经类事以见其始末，使圣人之志可以舍传而独致，因此更书名为《春秋比事》。此书原书名《春秋总论》既与沈长卿另一著作《西汉总类》相近，即经类事的写法也近于《西汉总论》的随事立门、随门类事，两书作者同为一人的可能性甚大。《史记》《汉书》两书是西汉史事的主要来源，作者司马迁、班固都表示自己的撰述有取于《春秋》之旨，《西汉总类》的作者之所以会另有《春秋总论》的著作，是可以了解的。沈长卿钻研《春秋》，反映出他对王安石及新法的态度，至于他的学术渊源是否可以上溯于程、邵之学或元祐学术，则不见于记载。

芮烨与沈长卿同乡，《宋元学案》列之于《赵、张诸儒学案》中。他在绍兴十八年始登第，这时赵鼎已经去世，张浚贬黜于海南，芮烨不可能和他们相结识，无法从赵、张两人去了解他对程、邵之学的态度，只是全祖望认为他是"吾道之疏附"，所以附述于此一学案。芮烨对于程、邵之学的态度，或许可以从两件事情去了解。一件是芮烨于宋孝宗乾道四年（1168）任福建路转运判官时，曾带头推荐与朱熹同师胡宪的魏掞之在建宁府地方上的行义，朱熹为魏掞之写的墓志铭，张栻为魏掞之写的墓表，都记载此事。另一件是他在乾道五年、六年（1169—1170）任国子司业、祭酒时，由于赏识正在太学担任学官的吕祖谦，而将幼女嫁给他。吕祖谦的父亲吕本中、祖父吕希哲在学术渊源上都可以上溯到程颐，吕祖谦自己则后来曾与朱熹合编《近思录》，又曾促成朱熹和陆九龄、陆九渊兄弟的鹅湖之会。芮烨推荐魏掞之，赏识吕祖谦，或许可以说明他在学术上的倾向。

上述讨论说明，秦桧对反对和议者的打击，有相当的成分同时也就是对程、邵之学和批评王安石言论的打击。这种打击，从绍兴八年他开始在宋高宗支持下进行对金和议，到绍兴二十五年

（1155）他去世之前，一直没有中断。不过在绍兴十二年（1142）第二次宋、金和议确立以前，他忙于对外事务，权力也尚未完全巩固，对于程、邵之学和批评王安石的言论，也只能借着反对和议之名来打击，尚未公开与之相抗。

政争与和议论争中王安石政治声望的
升降（中）：阴佑王安石而取其说

到第二次宋、金和议确立以后，情况就有了不同。据朱熹所撰张浚行状中的说法，和议定时，秦桧为了防范张浚重新获得任用，所以在金给予宋的誓书中，明载"不得辄更易大臣"的文字。朱熹的说法为其他相关记载的唯一史源，此一条文虽无其他旁证，但其存在应不无可能，不过更根本的原因可能是为了确保和议的不受破坏。对于宋高宗来讲，他了解自己是在汹涌的反对和议声浪中完成和议的，为了继续维持此一得来不易的结果，也不得不接受秦桧的长期掌握政治权力，所以秦桧能够从绍兴八年（1138）十一月开始独相，直至其于绍兴二十五年（1155）十月逝世之前。在这段期间，他的权力持续膨胀，在第二次宋、金和议即将展开的绍兴十一年（1141）七月加少保，到和议完全确立的绍兴十二年（1142）九月又免少保、改加太师。也就是在这一年和议达成之后，知黄州曾惇献《书事十绝句》于秦桧，既称美和议，又称美宋高宗收大将兵权，同时又借李商隐《韩碑》诗称裴度为"圣相"，把秦桧也比之为"圣相"。秦桧将此诗进呈给宋

71

高宗，宋高宗大悦，予曾惇以擢升，并于绍兴十四年（1144）六月他任满后改知台州。宋高宗在接受诗中对他的称美时，无疑也确认了秦桧当得起圣相的比拟。自此投献书启于秦桧的人，必定称之为"元圣""圣相"或"大圣"。按，"元圣"之义同于"大圣"。这三种称呼，都可以用来指孔子，"元圣""大圣"也有用来指曾经摄政的伊尹或周公，更有用以指古代圣王尧、舜的。用这些称呼来称呼秦桧，无疑是将他比拟于孔子，或比拟于伊尹、周公或尧、舜。绍兴十五年（1145）闰十一月，由于次年春天将举行亲耕籍田之礼，任命秦桧为耕籍使，礼官建议耕籍使乘金根车，获宋高宗同意。按，金根车在秦、汉时期曾经是天子所乘的车驾，晋代为天子亲耕时所乘，到宋代已成为皇后所乘的车驾。此事虽然后来由于秦桧不敢乘而未成事实，但是已经可以看出官员将秦桧上拟于皇帝，而宋高宗接受此一建议，则显示他接受了此一比拟。秦桧的政治权力膨胀到这种程度，可以说已经十分巩固。

在没有外顾之忧而权力又已巩固的情况之下，秦桧开始一方面公然地打击程、邵之学，亦即秦桧及其党羽所指斥的"专门之学"；另一方面则企图推崇王安石，用以改变自北宋靖康末年以来王安石在人们心中的形象。这两件事其实又互相关联。尽管前一行动并没有受到宋高宗的阻挠，后一行动却不尽符合宋高宗之意，秦桧必须在这件事上与之相互妥协。无论是打击程、邵之学或推崇王安石，主要是围绕着科举考试和官学考试而进行的。首先是在绍兴十二年（1142）六月，有举子上书建议用《三经新义》。学者已经指出，自靖康年间以来，科举考试虽然不再专用《三经新义》，但是并未排除于外，应试者可以兼用包括王安石在内的各家经说，到南宋建炎、绍兴年间仍然如此。绍兴九年

（1139）十二月，这时秦桧已经独相，陈渊曾上疏请求禁止王安石之学。陈渊《默堂集》卷十二《十二月上殿札子》：

> 自王氏之学达于天下，其徒尊之，与孔子等……行之六十余年，其祸已见。今可以改矣，而人之所知，初无以异于昔也。……孟子曰："学则三代共之，皆所以明人伦也。"又曰："圣人，人伦之至也。"又曰："尧、舜之道，孝弟而已矣。"夫学所以明人伦，而人伦之至，不越孝弟，此固王氏以为浅近而不足知者，而不知同天人、通物我、合内外之道有在于是。是之不知，其何以行之哉！……前年之诏谕天下学者，当以孔、孟为师，是固然矣。然王氏之说，未即禁止，朝野纷然，莫知所适。谓宜明示好恶，一切罢黜，使学者胶口不敢复道。庶几各舍其故，而天下之真知出矣。

此札当为陈渊于绍兴九年十一月至绍兴十年（1140）二月间任右正言时所上，所以《十二月上殿札子》的"十二月"应为绍兴九年十二月。疏中所引宋高宗的前年之诏，应即绍兴七年（1137）正月之诏。宋高宗此诏是因上一讲所述陈公辅于绍兴六年（1136）十二月的上言中，同时批评王安石和程颐之学而颁。所以陈渊在上疏中会请求禁止王安石之学。然而他在疏中引孟子之说，指出学所以明人伦，人伦之至，不越孝弟，以及同天人、通我物、合内外之说，却是本于二程的说法。无论如何，在杨时弟子陈渊的看法里，这时经过从靖康年间以来，朝野对于王安石的批评，王安石之学仍然盛行如昔。他的请求罢黜王安石之学，自然未能实现。科举考试的参用《三经新义》，即使在赵鼎主政的时期，也没有改变；而陈渊上言时，政治环境已变，更不可能改变这一个自靖康年间以来一直在实施的制度。

因此上述举子在绍兴十二年（1142）六月建议用《三经新义》，应是指专用《三经新义》，亦即排除其他各家经说之外。这项建议引起言者的批评，宋高宗也明确表明他的态度，指出王安石学问虽博，却多以私意穿凿，不可用。宋高宗所讲的不可用，同样应该是指不可以专用。绍兴十二年的省试、殿试，均已在春天举行，并且已经放榜，此一举子的建议，除了是针对绍兴十四年（1144）秋天的解试和十五年（1145）春天的省试外，可能也和太学在临安府重建有关。就在此一举子提出建议前一个月，宋高宗接受了起居舍人杨愿以临安府学增修为太学的建议，太学即将重建，太学的入学补试也将会举行。入学补试的考试范围以及教学内容，显然都与科举考试密切相关。

举子的建议是否与秦桧有关，无法得知；言者的政治背景或学术渊源，也不清楚。但至少这时朝臣并非都附从秦桧。例如程瑀就在举子上言之前的两个月，召入为尚书兵部侍郎兼侍讲；还有张阐，后来在绍兴十四年九月由于喜论事却不愿成为秦桧耳目，而当面拒绝其暗示以出任台官，在程瑀召入之前一个月才刚由秘书省正字升为校书郎兼吴、益王府教授。从以后宋高宗与秦桧之间的对话来看，显然宋高宗了解秦桧意图推崇王安石，秦桧也明了宋高宗对王安石的基本态度，两人都互相有所让步。例如在绍兴十四年三月，秦桧进呈讲筵缺官，谈到士人读书适用的问题，宋高宗就讲："王安石、程颐之学各有所长，学者当取其所长，不执于一偏，乃为善学。"这些话可能是宋高宗有意讲给秦桧听，表达他对于程颐之学的立场，而另一方面他认为王安石之学亦有所长的言论，也和过去纯从批评的角度立论有所不同。秦桧在回答时似乎也有意把重点往自己这边推移，他先夸美宋高宗

"圣学渊奥，独见天地之大全"，接着再称赞宋高宗所表达的见解"下视专门陋儒，溺于所闻，真太山之于丘垤也"，一向强烈批评王安石的程、邵之学追随者，在秦桧的语汇里，成为习"专门"之学的"陋儒"。在次月，宋高宗又由于苏籀建议取儒臣所著经说，集而成编，以补唐代诸经正义的缺遗，而谕秦桧说，如果能依苏籀的说法，取近世儒臣经说之善者，颁于学官，使学者有所宗一，则师从王安石或程颐学说的人，就不至于论议纷纭。如果宋高宗不知道秦桧有推崇王安石的意图，何至于有这样的言论？

秦桧也理解宋高宗谈话的用意，因此当这年九月宋高宗对大臣言及近年多有人进释解《春秋》的书，进一步讲到《春秋》难解，人各有说，又提到当各取所长、颁示学者时，秦桧就表示解经不可执一说，王安石要人从己，所以为学者所非议。显然秦桧在宋高宗面前，也表达了他的退让。不过王安石的经说中并无《春秋》，而且这部经书在施行新法时期也不立于学官，宋高宗在秦桧面前的说法，清楚地显示当今所重和王安石所重的差异。秦桧可能不太了解宋高宗所说释解《春秋》者人各有说，究竟何所指，所以顺着宋高宗在半年前对他所谈到王安石、程颐之学各有所长，泛然以解经不可执一说来回答。过了几天，他才对宋高宗讲，近世学者多讲《春秋》，可是不知道孔子作这部经书的本意，他依据班固在《汉书·诸侯王表序》的几句话，加以发挥，认为孔子的本意就是尊周。宋高宗回答说，《春秋》是为诸侯僭天子而作，学者得其纲领，才通达圣经之旨。君臣两人的看法达于一致，以尊王为《春秋》的本旨，这就把以胡安国为代表，在其奉诏撰的《春秋传》中以华夷之辨来讲《春秋》的释解，指为误解这部经书的本旨。可是秦桧如此表达意见，也显出他不能不依从宋高宗的基本态度，即使要推崇王安石，可是不能像王安石一样，把寓有尊王之旨的《春秋》排除于科举考试和官学教学之外。

从上述秦桧在绍兴十四年三月在与宋高宗谈话时所用"专门陋儒"一词，可以了解此词含有指斥、鄙视之意。相对于秦桧意图推崇王安石，治"专门"之学的"陋儒"，即是指程、邵之学的追随者，特别是以程颐之学为代表。"专门之学"一词原本是指兴起自汉代各守师说、自成门派的释经之学，并无贬恶之意，直至南宋绍兴年间秦桧及其党羽使用此词之前，仍然如此。例如陈渊是陈瓘的侄孙、杨时的女婿，也是杨时的门人，对王安石颇多批评，但是当楼仲辉问他从来解《书》义谁解得好时，他却回答，若论注解，无出于王安石，由汉以来，专门之学各有所长，只有王安石兼取其所长，光彩显耀于文字之间，所以他的注解最好。楼仲辉又说王安石的注解，穿凿奈何；陈渊的意见则是，穿凿固然是王安石之过，但是其害小，而道术之害大。可知在陈渊的看法里，王安石释解经义的问题，是在于道术不正，不在于注解；仅就注解来说，《三经新义》中《尚书》一经的注解，尽管有穿凿之处，却能集过去专门之学各家《尚书》义之长，成为这部经书专门之学中最好的一家，这就把王安石的经说也视为专门之学中的一种。陈渊在这里所讲的"专门之学"，显然也没有贬斥之意。

秦桧讲到"专门陋儒"之前一年，也就是绍兴十三年（1143）二月，国子司业高闶在上言中论及太学课试与科举考试，指出自从罢考诗赋之后，朝廷担心"专门之学"不足以收实用，于是另设词学一科，以写作制、诏、表、章之类的文件来考试。所谓罢考诗赋之后另设词学一科，是指北宋绍圣元年（1094）五月颁令停罢进士科考诗赋，同时设宏词科。当年恰逢省试年，科举考试尚沿用元祐年间之制，兼考经义、诗赋，殿试结果已于三月揭晓，新办法亦即将于下科实施。此科于大观四年（1110）改名词学兼茂科，南宋初年虽已兼试经义、诗赋，仍于绍兴三年重设，称博学宏词科，当时人又简称自北宋绍圣元年以来设置的此一科目为词科。绍圣年间恢复熙宁年间之制，再次停考诗赋，经义考试也恢复熙宁之制仅用《三经新义》，所以高闶所说的"专门之学"，所指就是《三经新义》中王安石的释经之言。至于他所说的"不足以收实用"，不过是泛指士人若只研读诸家经说而不练习写作诗赋，无助于登科任官后将有机会写到文多对偶的制、诏、表、章等应用文件，并非针对王安石经说内容的批评。这里显然同样视王安石的经说为"专门之学"中的一种，也同样没有对其加以贬斥之意。

可是在秦桧于绍兴十四年（1144）三月，将"专门"与"陋儒"两词连用，用以指斥程、邵之学及其追随者后，"专门之学"的意义全变。秦桧在与宋高宗的对话里，虽然从语意可以了解他所称的"专门陋儒"是指程、邵之学的追随者，但是他并没有明言；可是到五月，高闶就因御史中丞李文会承秦桧之意，劾其"初为蔡攸之客，媚蔡京以求进；复录程颐之学，徇赵鼎以邀名"而出知筠州。高闶自少宗程颐之学，北宋宣和末就读太学时，成为程颐弟子杨时的门人，所著《春秋集注》多从程颐之说。至于李文会的劾词是否全皆属实，是另一回事，但是可以看出，习程颐之学在这时已成为用来弹劾当权者所不喜者的重要理由之一。紧随而来的，就是奉承秦桧之旨的一些官员，继续使用"专门"一词来批评程、邵之学。如这年八月，汪勃以今年科场当国学初建，取舍趋向为全国士人所瞩目，请求戒饬主管考试的官员，要谨于去取，专师孔孟而议论一出于正者在所必取，采撷专门曲说而流入于迂怪者在所必去。宋高宗认为他的建言甚佳，并且说"曲学臆说，诚害经旨，当抑之使不得作，则人之心术自正矣"。对照之下，可知汪勃的"曲说"就是"曲学"。按，北宋宣和年间，已经用"曲学"之名打击包括程颐之学在内的元祐学术，汪勃虽然没有清楚说出他所称的"专门曲说"究竟为何，但无疑就是指程、邵之学。两个月后，各州解试已经放榜，何若在上言中同样论及今年科场的去取，他指出，虽然一时俊秀多在选中，可是"专门曲学未能遽以尽革"。进一步解释说，这件事情始于赵鼎提倡伊川之学，高闶等人从而和之，于是有张载的著作流传，大抵"务为好奇立异，流而入于乖僻之域，虚幻空寂之地，又缘于高闶出任国子司业，学者争投所好，于是曲学盛行"。他因此请求申戒中央与地方的学官，如果学生试卷有"乖僻之说，虚空寂幻之论者"，考选之际，都予以黜落，如此则专门曲学不攻自破。从何若的上言，可以清楚地读出，所谓"专门曲学""乖僻之说"，就是张载、程颐之学。汪勃和何若的上言，说明了几个月前高闶遭到罢黜，虽然没有用"专门之学"一词，其实就是在秦桧指令下对"专门之学"展开抨击的序幕。

接下来的重要发展，是绍兴十五年（1145）四月由于彗星见，宋高宗诏赦天下，其中一项是"数十年来，学者党同伐异，今当崇雅黜浮，抑其专门"，于是裁抑"专门之学"成为朝廷正式宣告的政策。随之而来的，是不仅在考试中黜落持论本于"专门之学"的考生，还取缔这类书籍出版。同年十二月，继高闶之后主管太学的太学正孙仲鳌在面对时上言，虽然已经宣告"崇雅黜浮，大明正论"，可是民间书坊整理"诡僻之辞"，托名是前辈的论著，不经裁定，自行刊印，请求严禁。他所讲的"诡僻之辞"，也就是前述汪勃所说"流入于迂怪"的专门曲说，或是何若所说的"乖僻之说"。据孙仲鳌的建议，此后民间书坊刊行文籍，必须先经所属地方政府严查，再委交官学教官讨论，择其可者雕板。高宗接受了他的建议，这无异于朝廷对出版品的内容要严行检查，经认定是"不可者"就不能雕板。发展至此，以学宗程颐亦即"专门之学"为理由来罢黜当权者所不喜的官员，要求在考试中黜落持"专门曲说"的考生，禁止雕印内容属"诡僻之辞"的著作，三者均已具备。此后一再有人重提，直至秦桧去世当年的绍兴二十五年（1155），仍然可见。甚至就在秦桧去世的当月，仍有张震在面对时上言，请求高宗申敕天下学校禁"专门之学"，好让科举取士能专取经术渊源之文，而虚无异端者都不取。

秦桧面对宋高宗这种态度，推崇王安石之学也只能采取"阴佑"的方式，而无具体的倡导事实可见。秦桧阴佑王安石而取其说，见于其去世之后，绍兴二十六年（1156）六月叶谦亨的上言。他指出过去朝廷议论是专尚程颐之学，科举考试时稍有不同即不在录取之列，先前大臣又阴佑王安石而取其说，稍涉程学者均遭摈弃，可是理之所在，惟其是而已，应取其合于孔孟者，去其不合于孔孟者，不必拘限于其中之一；因而建议主管考试者应精择博取，不拘于一家之说，而求至当之论。宋高宗在宣谕中认为他所言至当，并明白讲出赵鼎主程颐，秦桧尚王安石，确实是偏曲。从君臣的对话，可知宋高宗清楚地了解秦桧在科举考试中"阴佑王安石而取其说"，而秦桧"阴佑"的迹象，则见于稍涉程学者均遭摈弃。

如果从可见的记载看，则尚不仅于此。李心传《建炎以来系年要录》载有秦桧专权时期历科的策题节略及前几名殿试策文的节略，或许可以从这些策文节略看出相关情形的若干端倪。

79

绍兴十二年的殿试在四月放榜，这时宋、金和议虽已达成，但是宋徽宗帝后梓宫及高宗生母韦太后仍未返还，金的誓书也未送至，秦桧虽然专权，可是尚不能说权力巩固。第一名陈诚之、第二名杨邦弼针对殿试策题所问的一项："休兵以息民，而或以为不武。"或答以为上策，或答以得策，表达了他们对和议的支持。策题又总结所问的各个项目问："其何以助朕拯几坠之绪，振中兴之业？"陈诚之在回答的一开头讲："自古大有为之君，所以图为大业，经营庶务，莫急于任贤，……今陛下任贤不贰。"杨邦弼在答卷中讲到宋高宗"又得贤相，相与图治，中兴之功日月可冀"。陈诚之所讲的"任贤不贰"、杨邦弼所讲的"贤相"，都是在推崇秦桧，不过也只是用"贤"来说明而已，当杨邦弼把他与宋高宗合称时，则称之为"贤君相"。值得注意的是陈诚之上引几句话中的"自古大有为之君"，"大有为之君"一语，出自《孟子·公孙丑下》。王安石以学追孟子自期，在熙宁年间推动变法时，曾屡次期许宋神宗成为"大有为之君"。例如在熙宁元年（1068）初任翰林学士时所上的《本朝百年无事札子》中，即提到宋仁宗"未尝如古大有为之君，与学士大夫讨论先王之法，以措之天下也"，言外之意是希望宋神宗能做到这件事。所以胡寅在绍兴五年（1135）由反对和议而兼及于批评王安石时，曾说："王安石得志，托大有为之说。大有为之说者，孟子之说也，其言岂不美哉。……自今观之，其所谓大有为者，乃所以召乱。"陈诚之所讲的"自古大有为之君，所以图为大业，经营庶务，莫急于任贤"，显然有将宋高宗任用秦桧比拟于宋神宗任用王安石之意。秦桧的"阴佑王安石而取其说"，这次科举考试已经开始。

到绍兴十五年三月殿试放榜时，秦桧的权力已经巩固，第一名刘章答卷用词便有不同。这次策题问的是用人的问题："朕托士民之上，所赖以济者，惟正贤硕能。然乃或同于乡原，专于身谋，不修廉隅，不本忠信，平居肆贪得之心，临事乏首公之节，使风俗旷然大变，必有术处此。"此一策题的含意，必须从考试前一连串的事实来了解。绍兴十四年八月，汪勃请求在当年的解试中，专师孔孟而议论一出于正者在所必取，采撷专门曲说而流入于迂怪者在所必去。宋高宗认可他的建言，并且说曲学臆说有害经旨，当抑之使不得作，则人之心术自正。九月，已经贬在潮州安置的赵鼎，由于馈赠王文献钱、米，使之至行都向高阅求其所著《厚终礼》事发，御史中丞詹大方将此事说成是赵鼎啖人以利，使之游说，不知道还有多少人为他的诡计所指使，因而再贬至南海的吉阳军安置。十月，何若继汪勃之后，再攻讦专门曲学、乖僻之论，明确指出就是张载、程颐之说。十一月，御史中丞杨愿在上言中指出，近数十年来士风浇浮，议论蜂起，多饰虚名，不恤国计，或是沮讲和之议求避出疆之行，或是腾用兵之说欲收流俗之誉，更甚者则是私伊川、元祐之说以为趋利避害之计，这些慢公死党，人数繁多的饰诈趋利之徒，至今仍然安于乖谲悖伪之习，窥摇国论，贻误后生；紧接着杨愿又因已经安置在藤州的李光有讽刺秦桧和议之言，上言指斥其负倾险之资，纵横之辨，人伦堕坏，廉耻不闻，附和干进，图谋激成事变，力求动摇国论，李光因此再贬至海南的琼州。十二月，何若又论士大夫不恤国事，专为身谋，议论朝纲，思出其位，所谓"不恤国事"是呼应杨愿上言所说的"不恤国计"，广含持反和、主战之论以及习伊川、元祐之学的士大夫。他所说的"专为身谋"，应该也就是策题中"专于身谋"一词之所本。就在洪若上言的同时，他获得升迁，自右正言改试右谏议大夫。次年正月，秦桧奏论士大夫之弊，认为从军兴以来，无人肯为国出力，所以不能胜敌，敌之所以胜我的原因，在其用心朴实。秦桧说金人用心朴实，意思也就是南宋的士大夫不朴实，所谓"朴实"，显然是相对上述诸人言论中的"迂怪""诡计""浇浮""多饰虚名""趋利避害""饰诈趋利""乖谲悖伪""倾险"的语词而言。秦桧的上言，可以说是上述诸人言论的总结。

也就在上述秦桧上言的绍兴十五年正月，翰林学士、左谏议大夫何若获任命为知贡举，主持办理今年的省试。何若正是之前攻讦专门曲学与指斥士大夫不恤国事、专为身谋的言官，这是一个月之内的二度升迁，自右谏议大夫改左谏议大夫，而且兼翰林学士。从绍兴二十四年（1154）的例子看，知贡举及其他省试的考官，也是殿试的考官。三月，殿试举行前，殿试策题呈入，宋高宗对宰执说，策题是想要入仕者知趋向之正；秦桧回答以士人趋向久已不正，愿陛下力变此风。所谓趋向的"正"或不"正"，亦应本于前述汪勃在攻讦专门曲学时所用的言词。比对上述一连串事实，可知策题是针对持反和、主战之论以及习伊川、元祐之学的士大夫而发，具体内容则是有意加之于这些人身上的罪名。

刘章在答策中，已经不仅称秦桧为"贤相"，而是称之为可以上拟王安石甚至孔子的"真儒"；宋高宗则不仅是可以比拟于图谋大业、以任贤为先的"古大有为之君"，而且志在施行王安石力劝宋神宗应行的"先王"之法。这篇答策说："陛下既以（按："以"疑当作"已"）先修其身，而又任用真儒，始终如一。"又说："陛下法古守先，得一贤者，必思先王所以任之之诚，得一能者，必思先王所以使之之方，彼贤者、能者孰敢不尽忠竭节于下哉。"刘章所说的"陛下既先修其身"，应是用来和策题所指的士大夫不能修身作对比；"任用真儒，始终如一"应指专任秦桧。

　　按，"真儒"一词，出自扬雄《法言》，所指的是孔子。自从晚唐韩愈在《答殷侍御书》中应用此词后，宋人由于受韩愈影响，而且重视扬雄著作，自宋初以来，已常用此词来表达对有淑世之学、经世之志或济世之业者的推崇。王安石在其写于庆历二年（1042）的《送孙正之序》中，即曾惋惜孙正之"不得志于君"，使得"真儒之效不白于当世"；在他第一次罢相前后的熙宁七年（1074）间，黄庭坚与韦骧在诗中也已用"真儒"一词来推崇他。至于在宰执任免诏书中使用此词，则首见于熙宁八年（1075）二月王安石再任相制，以及次年十二月的第二次罢相制，此后逐渐多见。在北宋续见于大观元年（1107）蔡京任左仆射制，宣和元年（1119）王黼拜少宰制，宣和六年（1124）李邦彦拜少宰制，在南宋则见于建炎三年（1129）王绹任参知政事制，绍兴五年（1135）赵鼎任左仆射制。刘章在答策时以"真儒"来指称秦桧，不会是将他比拟于宋徽宗时因直接要负北宋危亡责任而声名狼藉的几位宰相，也不会比拟于仅任参知政事的王绹，更不会比拟于当时已由于反对和议而远贬至海南的赵鼎，而是比拟于王安石。

　　用"真儒"一词指称秦桧，已见于绍兴十三年（1143）十二月新知永州熊彦诗上言中的"主上登用真儒，载兴太学"，并非首见于刘章的殿试答策。刘章接下来所讲的"陛下法古守先"，应即指宋高宗取法于先王所行；"得一贤者，必思先王所以任之之诚，得一能者，必思先王所以使之之方"，也可以看出是借取了王安石在嘉祐三年（1058）所呈《上仁宗皇帝言事书》的文意。此文全篇以行先王法意于当今为主旨，分论人才应如何教之、养之、取之及任之，其中言及人才应视其才所长的不同，而各有不同的任使。刘章答策所用"先王""任之""使之"等词语，在这篇上书中屡屡出现。王安石的上书没有得到宋仁宗的重视，到他获得宋神宗的重用，于熙宁元年（1068）初任翰林学士，前引的《本朝百年无事札子》，则期盼宋神宗一反宋仁宗所为，能够如古大有为之君，"与学士大夫讨论先王之法，以措之天下"。至于王安石所称的"先王之法"，在他的看法里，则是见于《周礼》的制度，所以他在《周官新义》中，也不断提及"先王"。刘章没有直接提到王安石，却可以看出他在推崇王安石，并且因此而以高第录取。由于王安石认为先王之法即是《周礼》所载的制度，又因此而著有《周官新义》。显然刘章的答策，也有"阴佑"王安石之处。

以"真儒"一词来称秦桧，再度见于绍兴十八年（1148）四月殿试放榜的榜首王佐答策，这年的殿试策题是"欲起晋、唐之陵夷，接东汉之轨迹，及柔道所理，当有品章条贯"。"柔道"的"柔"，当是《尚书》中《舜典》与《文侯之命》的"柔远能迩"或《礼记·中庸》的"柔远人"的"柔"，这里指的是对金和议。次年五月，宋高宗讲到自己自始至今，"惟以和好为念，盖兼爱南北之民，以柔道御之也"，正是策题中"柔道"一词意义的最好说明。王佐在答策中引用了东晋王羲之所讲的"中兴之业，政以道胜，宽和为本"和唐代杜牧的"上策莫如自治"，用以说明对金和议政策的正确。接着讲宋高宗"今日任用真儒，修明治具，足以铺张对天之宏休，扬励无前之伟绩"。"任用真儒"是指任用秦桧为宰相，"修明治具"说明了政策是用心于"自治"，由于任用"真儒"来"修明治具"，所以能"政以道胜"。值得注意的是，不仅王佐答策中的"真儒"有将秦桧比拟于王安石之意，策题中"柔道"的"柔"，以及王佐答策中所引杜牧所讲"上策莫如自治"中的"自治"，也见于王安石在熙宁五年（1072）宋辽界河纠纷中，为自己对辽柔静以待之的政策辩护时使用。进一步追索，"自治"与"柔远能迩"两词，已在王安石任相前，分别见于他为友人曾易占和仲讷所撰的墓志铭。在曾易占的墓志铭中，他记载其所说的"吾已自治，夷狄无可忧者，不自治忧将在于近，而夷狄岂足道哉"；在仲讷的墓志铭中，他记载其推崇《尚书·舜典》中"柔远能迩"一段话，为《御戎策》两篇，并评论这两篇《御戎策》，"非明于先王之义者，则孰知夫中国安富尊强之为，必出于此也"。绍兴十八年的殿试策题与王佐的答策，也都表现出"阴佑王安石而取其说"的特色。

绍兴二十一年（1151）的殿试策题所问，实际就如同绍兴十五年（1145）的殿试策题，只不过在文字上有所差异，是针对反对和议及习程颐之学的士大夫而发的。放榜在四月，《建炎以来系年要录》刊载了首名赵逵和第四名张震两篇策文的节要。赵逵在答策中先说，"君臣父子之间，天下真情之所在。陛下以神器之大，方与元老大臣，协谋比德，以缉熙中兴之功"，这是讲宋高宗与秦桧协力推动对金的和议。接着攻讦"曲学阿私"者，亦即习程颐之学的士大夫，指他们"不与圣人同忧"，这应该是指他们阻挠和议。再接着说："廊庙大臣有质正不挠者，出身捍难，作多士之气，以摧折仓卒之变。维持至今，此道不坠。"这自然也是指秦桧坚持之下，和议得以维持至今。张震是四川类省试的榜首，考试在成都举行，可是和行都临安的殿试进士一起排名。四川类省试另有策题，问的是方今君臣同德之懿，并因之而论汉文帝不任贾谊为公卿等事。所谓"方今君臣同德"，无疑是指宋高宗和秦桧。张震答策从和议入手，对于后一问题，他回答以"文帝屈己和亲，而谊欲以表饵系单于，此不适时之论"；再回答前一问题说："主上渊嘿思治，上天眷佑，为生贤佐，一德之诚，克享天心。""贤佐"也自然是指秦桧。赵逵、张震两人，在策文中都由于称美和议而推崇秦桧，赵逵并且指斥习程颐之学的士大夫，而这些和议的强烈反对者，自靖康以至绍兴年间，也正是王安石的强烈批评者。

赵逵、张震两人都没有再称秦桧为"真儒"，可是见之于他们策文对秦桧的推崇，却显然比起一般宰相有更崇高的政治地位。赵逵称宋高宗与秦桧"协谋比德"，此词应指两人合谋同心。在此之前，刘才邵在绍兴十二年（1142），由于韦太后于八月自金返国，宋高宗于十月上寿于慈宁宫，而作《慈宁寿庆曲》（刘才邵《槎溪居士集》卷二），已经有句称美宋高宗与秦桧的"一德协谋"。句中的"一德"，应是《尚书·泰誓》中，周武王所讲的"受（纣）有亿兆夷人，离心离德；予有乱臣十人，同德同心"及篇末的"乃一德一心，立定厥功"句中的"一德"或"同德"之意。曹勋有两题《政府生日》诗（《松隐集》卷十八），前题四首，后题十首，从内容看，贺寿对象均应为秦桧。前题第一首中的"藉耕"在绍兴十六年（1146）正月；第二首中的"郊禋"即郊祀，应是绍兴十六年十一月的郊祀，这年郊祀的三台星见，也见于第四首的"岁躔回次拱台星"，此题应为绍兴十六年所作。后题也提到"郊祀"，则应为绍兴十九年（1149）十一月的郊祀。前题的第二首用了"一德"，应该仍然是"一德一心"之意；后题第一首用了"一德"，第六首用了"比德"。由于在第二首已称秦桧为"帝师"，则此题的"一德""比德"，意义便有所不同，而可以和刘章、张震策文中所用的"比德""一德"相提并论。周武王所讲的"同德同心"或"一德一心"是指臣下的同德同心或一德一心，而刘章在答策中所言的"比德"，难免意含将秦桧之德上比宋高宗，这就缩减了两人地位高下的差距。刘章讲"协谋比德"，唐代陆贽的《马燧、浑瑊副元帅招讨河中制》也已用了"比德协谋"一词，不过陆贽所撰制书中的"比德协谋"是指马燧、浑瑊二臣而言，与刘章用"协谋比德"来讲秦桧与宋高宗的关系同样不同。

张震对秦桧的推崇更甚于赵逵，他以"一德"来解释策题中"君臣同德之懿"的"同德"。以"上下一德"和"君臣同德"互释，已见于《忠经·天地神明章第一》首句。此书在北宋仁宗前期修撰的王尧臣《崇文总目》已经收录，宋人所见此书托名汉代马融撰、郑玄注，实际上是后世拟仿《孝经》而撰的作品。张震在其策文中，说宋高宗"渊嘿思治"，而得"上天眷佑，为生贤佐，一德之诚，克享天心"。"渊嘿"常用来指皇帝深沉静默，也常用来指皇帝不亲理政事，例如宋哲宗元祐年间，太皇太后高氏垂帘听政，臣下就称其"渊嘿谦靖"或"渊嘿谦恭"。"贤佐"指辅佐皇帝成功立名、安危继绝的贤明大臣，常见使用，在《大戴礼记·保傅》中列举有古代的贤佐，而始于周成王尚在襁褓之中时用事的周公；比周公更早的伊尹，在《诗经·商颂·长发》的郑玄笺中也被视为贤佐。"一德之诚"的"一德"，应非《尚书·泰誓》中的"一德"，而应出自《尚书·咸有一德》，讲伊尹辅政太甲，在放逐之后迎返，当将告归时，担心太甲德不纯一，于是作《咸有一德》，戒之以君臣皆应有纯一之德。连结起"渊嘿""贤佐""一德"等词总括起来，张震无异于将宋高宗比为元祐年间太皇太后高氏在世时的宋哲宗，而秦桧和宋高宗的关系，则有如伊尹辅太甲或周公辅成王，所以秦桧至为喜好他的策文。

将秦桧比之为伊尹、伊吕（伊尹、吕望或吕尚）或周公，在此之前，也已见于当时人的诗文，甚至宋高宗颁给秦桧的制书。绍兴十二年九月，秦桧以梓宫及太后还而策勋，自少保、左仆射加太师，制书中有"三公论道，莫隆帝者之师；一德格天，乃大贤人之业""心潜于圣，有孟轲命世之才；道致其君，负伊尹觉民之任""吕望尚父，西伯之业所以成；周公为师，成王之勋所以集"（徐自明《宋宰辅编年录》卷十六）。这篇制文为程克俊所撰，程克俊即因草此制文，而为秦桧所喜，自翰林学士兼侍讲、资善堂翊善擢为端明殿学士签书枢密院事，成为执政。绍兴十五年（1145）四月，宋高宗赐给秦桧第宅一所，并且在六月幸临其第宅，接着又御书"一德格天之阁"赐予。上述制文虽然把秦桧比为伊尹、吕望、周公，又用了"一德"一词，但不过把伊尹、吕望、周公视为帝师，宋高宗的御书则应是袭用制书之语。至于周紫芝、周麟之等在他们奉承秦桧的诗文中，刘才邵在封赠秦桧祖父的制书中，使用类似的词语，应也都是采取宋高宗拜秦桧为太师制书用词之意。但是到张震策文中，以宋高宗"渊嘿思治"和称扬周公的"贤佐"、伊尹劝诫太甲的"一德"并用，则显然已认为秦桧辅佐宋高宗，有如北宋太皇太后高氏之于宋哲宗，而视伊尹之于太甲、周公之于成王不仅是师臣，且为摄政。从赵逑答策中的"比德"，到四川类省试策题中的"同德"，再到张震答策中的"一德"，秦桧的政治地位可以说是愈抬愈高。

如果上溯北宋，当熙宁年间王安石执政期间，已有人将他比为伊尹、吕望或周公。熙宁三年（1070）十月，这时王安石尚任参知政事，邓绾在宁州通判任内上书，向宋神宗指出，"陛下得伊、吕之佐"，因而青苗、役钱等法，百姓无不歌舞。熙宁五年（1072）七月，这时王安石已是宰相，前处州缙云县尉、三司条例司删定官郭逢原上疏，指出宋神宗虽然待王安石如师臣，却未待之以极优异之礼，尚守君臣之分，他认为应该"考前圣尊德乐道之义，不习近迹，特设殊礼，事无纤悉，必咨而后行"，若能如此，"则汤暨伊尹咸有一德"也就不能独擅于前世。他进一步建议扩大宰相的职权，废除枢密院，并归中书门下，除补武臣悉出宰相，合文武于一道，归将相一职，复兵农于一民，"此尧舜之举也"。宋神宗看了上疏，甚为不悦；王安石却为之辩护，说人才难得，不妨试用。他对郭逢原所言的态度，可以想见。或许他也不在意把宋神宗和他的关系，比之为汤与伊尹，甚至用"咸有一德"来期许宋神宗。在《史记·殷本纪》中，司马迁把伊尹作《咸有一德》置于其相成汤时，这是郭逢源说法之所本。郭逢原在熙宁初曾从王安石游，尽管宋神宗对他甚为不悦，但他仍继续担任诸司库务、岁计司、司农寺条例等职事。其实王安石早年已有传诵颇广的一阕词咏伊、吕，调寄《浪淘沙令》：

> 伊吕两衰翁，历遍穷通。一为钓叟一耕佣。若使当时身不遇，老了英雄。汤武偶相逢，风虎云龙，兴王只在笑谈中。直至如今千载后，谁与争功？（《临川先生文集》卷三十七）

在这阕词中，王安石把"遇"或"不遇"看成是伊尹、吕望是否能发挥他们的政治或军事才华的重要原因，也就是具有才华的人必须遇到能够赏识他们的明主，才得以施展。在咏伊、吕的同时，是否也寄托着王安石对自己的期许？

王安石得到宋神宗赏识，出而执政之后，当在熙宁三年十二月拜相时，他在《除平章政事监修国史谢表》中，把自己获得宋神宗的知遇，比之为"成汤之听伊尹，与傅说之遇高宗（商王武丁），皆以疏远而相求，何其亲厚之独至！盖所趣非由于二道，故所为若出于一身"（《临川先生文集》卷五十七）。一方面表达了宋神宗重用他出于其道相同，所以其言无所不依，但无疑也含有把自己上比伊尹、傅说之意。由于在《尚书·说命下》，武丁曾勉傅说能与伊尹同美，因此王安石虽然以伊尹、傅说并言，实际上重心仍在伊尹。《临川先生文集》卷六十载有《乞退表》四篇，从第二篇中的"臣昨具表乞解机政，伏奉手诏未赐俞允"，及第四篇中的"然四年黾勉，非无夙夜之劳"，比对《续资治通鉴长编》卷二三四"熙宁五年六月己巳"条的相关记载，可知这些表应该是王安石在得知枢密都承旨李评私下向宋神宗言助役法不可行后，认为宋神宗对他不信任，因而在熙宁五年六月提出的。在第三篇中，他再提"窃惟成汤、高宗之世，有若伊尹、傅说之臣。其道则格于帝而无疑，其政则加乎民而有变。后惟时义，相亦有终"，而他之所以乞退，是由于到了后世，情况大有不同，"忠或不足以取信，而事事至于自明；义或不足以胜奸，而人人与之为敌。以此乘权而久处，孰能持禄以少安？"他同样把自己比为伊尹、傅说，只是感叹由于时代的不同，而难以与奸人为敌，也无法取得主上的信任。前述郭逢原于这年七月的上疏，显然是呼应王安石《乞退表·三》所言。

除伊尹、傅说及吕望之外，王安石也推崇周公。他的推崇周公，可以从他表现在著作中的两种态度看出。一是他把《诗经·豳风·七月》所咏的古代农村社会看成是理想的社会形态，这是在井田法实施时的社会，个别小农家由公家分配田土，在公家监督下从事耕织。耕织之事虽辛苦，农家却得以足衣食，公家之用也都得自农家的奉献，公家和个别的小农家之间，没有其他社会阶层存在，因此也没有后世的兼并。而《七月》这篇诗，一向被认为是周公为管、蔡流言所困扰，避居东都时的作品，立意在于陈述周人祖先从公刘以来，实践后稷遗教，开创王业的艰难。王安石在《寓言九首》的第三首中，起首两句就是"周公歌《七月》，耕稼乃王术"（《临川先生文集》卷十），明言出于周公的《七月》诗篇，所咏的农家耕稼是先王之术。《七月》之咏之所以是王术，他在《发廪》一诗有比较清楚的说明：

> 先王有经制，颁赉上所行。后世不复古，贫穷主兼并。非民独如此，为国赖以成。筑台尊寡妇，入粟至公卿。我尝不忍此，愿见井地平。大意苦未就，小官苟营营。三年佐荒州，市有弃饿婴。驾言发富藏，云以救鳏茕。崎岖山谷间，百室无一盈。乡豪已云然，罢弱安可生。兹地昔丰实，土沃人良耕。他州或呰窳，贫富不难评。豳诗出周公，根本讵宜轻。愿书七月篇，一寤上聪明。（《临川先生文集》卷十二）

诗中也提到《豳风·七月》是出自周公。诗中的"贫穷主兼并"是指贫穷之家以兼并之家为其主，亦即佃农或雇农与地主的关系。"筑台尊寡妇"是指秦始皇为世代经营丹砂之业而致富的巴寡妇清筑女怀清台，以表彰其贞节且能守其世业；"入粟至公卿"则指汉文帝时晁错建议以赐爵鼓励富民入粟，自此成为国家的政策。这两句是用来说明前面一句"为国赖以成"。"三年佐荒州"以下几句，则是讲王安石自己从皇祐三年（1051）到至和元年（1054）担任舒州通判时之所见。全篇是以周公在《七月》诗篇中，所咏先王以事先规划好的制度颁行，引导社会的均平，农家衣食与政府财用的充实，用来和后世社会权力操于兼并之家手里的情况相对比。

至于先王所规划、颁行的制度，王安石认为就是《周礼》一书，他并不怀疑这部经书是出自周公之手。周公所著的《周礼》因而成为王安石推行新法的理论依据，取其意据以规划多种新政，将原本操之于富民手中的权力收归政府，既可以改善农家的生活，又可以充裕国家的财政。王安石对于周公与《周礼》的推崇，见之于王安石的著述。他在青苗法实施后写给曾伉的《答曾公立书》中说："政事所以理财，理财乃所谓义也。一部《周礼》，理财者居其半，周公岂为利哉"（《临川先生文集》卷七十三）。在《周礼义序》中则说："其人足以任官，其官足以行法，莫盛乎成周之时。其法可施于后世，其文有见于载籍，莫具乎《周官》之书。盖其因习以崇之，赓续以终之，至于后世，无以复加，则岂特文、武、周公之力哉"（同书卷八十四）。成周之时即周公辅成王之时；《周官》亦即《周礼》；"因习以成之"则是说承自周人先公先王以来长期形成的习俗，虽然说"岂特文、武、周公之力"，可是"赓续以终之"的"终之"，亦即将以往的习俗总结而成国家的政制，而且用具体的文字见之于著述，却是周公的贡献，所以说"莫盛乎成周之时""莫具乎周公之书"。

王安石在和宋神宗谈话时，常提及周公，有一次甚至讲自己目前所面对人臣各怀爱憎利害之心的处境，即使以周公为相，恐怕也只有纷纷不暇，无缘平治，含有以自己来比拟周公之意。宋神宗也有一次用周成王对周公的态度来比拟自己对王安石的态度，说周公为成王所疑，所以逃居东都，等到成王不疑，就返归周；而宋神宗自己曾对王安石有疑，如今相见无疑，王安石也就不应该再乞退。批评新法的官员，对于王安石的言行都很清楚，所以早在熙宁三年，陈襄批评青苗法与均输法时，就对宋神宗说，怎么会有取民脂膏，而称之为"周公太平已试之法"？天下之人都知道这是王安石误陛下。司马光在熙宁七年（1074）应诏上言，更说执政者"每以周公自任"，这自然是指王安石。在上述表现于王安石的种种情况之下，南宋绍兴年间士人应考的答策，官员奉承秦桧的诗文及他们为宋高宗所写的制书，将秦桧比拟于伊尹、吕望或周公，也可以说就是比秦桧于王安石。

策文之所以不再将秦桧比之为"真儒"，又由于宋高宗在绍兴二十年（1150）秦桧养子秦熺的任命制书中，已将秦桧一门并称为真儒。秦熺于绍兴十二年的殿试，原本为主考官列为第一名，由于秦桧引故例辞，降为第二；可是短短三年之间，秦熺已自翰林学士承旨除知枢密院事，因秦熺力辞而罢，改以资政殿学士提举万寿观，恩数视执政。绍兴十八年，再知枢密院事，秦熺再辞，理由是父子共政，理当避嫌，于是以之为观文殿学士提举万寿观、秘书省，立班左仆射之次；绍兴二十年，又以观文殿学士提举万寿观、秘书省兼侍读，加特进、大学士，为万寿观使。在任命制书中，有"上宰特高百执，既有旧班；真儒并出一门，岂非亨会"之句。"上宰"当指秦桧；"真儒并出一门"，则指秦桧、秦熺均可比之为北宋皇帝任免制书用来称呼王安石的"真儒"。如此称呼，不仅由于宋神宗曾在制书中称呼王安石，也由于在绍兴十五年、十八年两榜第一人的殿试答策中，已用此词来称呼秦桧，而得宋高宗的认可。皇帝固然可以用士人答策中称呼秦桧的"真儒"一词，来称呼秦桧父子，但是对于士人来讲，秦熺既然也是"真儒"，再于答策中用此词来指称秦桧，也就显不出其特殊尊荣。

放榜于三月的绍兴二十四年殿试，策题是《问诸生以师友之渊源，志念所欣慕，行何修而无伪，心何治而克诚》，题目本身就有高度的暗示意义。考官所定第一名的秦桧之孙秦埙，也就是秦熺之子，第三名的曹冠是秦桧的馆客，在答卷中均指斥专门之学，曹冠更明言"自伊川唱为专门之学"。第二名的张孝祥据刘时举《续宋编年资治通鉴》的说法，也是秦桧的馆客，但《建炎以来系年要录》则未如此说，只说他是张祁之子。按，张祁是张邵之弟，曾于绍兴八年（1138）因张邵久使于金未归，而获改官，并旋即获知官告院的任命，但在绍兴十三年（1143）四月，为李文会以治狱不当为理由，加以弹劾，因而落知秘阁的职名，并贬为监汉阳军酒税。李心传《建炎以来系年要录》卷一四八记述此事之前，先说明"时士大夫与秦桧异论者，多奉祠里居，或侨寄他郡，自是以次被罪矣"。以如此的家庭背景，张孝祥应无可能是秦桧馆客。至于张孝祥的伯父张邵，于绍兴十二年（1142）自金返国，但即被黜逐，闲居七年，仅食祠禄，而于绍兴十九年（1149）上奏陈述秦桧在金事迹，颂其有阴功隐德于社稷天下，祠职虽得以迁改，但亦未能因此而获实职的任命。张孝祥的答策，与秦埙、曹冠的答卷均不同。他并未指斥专门之学，却可以读出是在称扬秦桧，并以这一位"不移存赵之心""独奋安刘之策""固已论道经邦，燮和天下"的"一德元老"，为自己事君的标准、志念所倾慕的对象，如同三年前的张震一样，也用了出自《尚书·咸有一德》的"一德"一词；尽管如此，他的重点显然是放在"事君"之上。

宋高宗在读了前三名的试卷后，察觉出第一名所用的都是秦桧及秦熺之语，于是升张孝祥为第一，秦埙降为第三。《续宋编年资治通鉴》说，与张孝祥同榜者中，秦桧亲党居多，天下为之切齿。《建炎以来系年要录》虽然没有讲秦桧亲党居多，但是也列出了包括曹冠在内的秦桧亲党、姻党十一人的姓名，同样表示天下为之切齿。

　　宋代科举考试的答卷都经弥封、誊录的程序，考官阅卷不仅不知考生姓名，也无法辨认字迹，秦埙之所以能为考官列为第一，据《建炎以来系年要录》的说法，是由于有考官违规从誊录所取试卷编号，循号而得秦埙的试卷。经由此事，可以推知秦熺在绍兴十二年殿试之所以能名列第一的原因。但是当年秦桧仍然依故例辞，而如今秦桧权力已达于极盛，也就只能依赖宋高宗的明眼辨识了。至于榜首张孝祥，尽管得自宋高宗的亲擢，在登第后却遭到秦桧的打压。原因是这一次策题的重点，在于打击重视师友渊源的程学后继者，也就是秦桧及其党羽所称的持专门之学者，张孝祥并未就秦埙和曹冠在答策中强调的这一点加以发挥，却超越出秦埙和曹冠之上而夺走了秦埙原本为考官所列的榜首；在放榜后，又在朝堂上不回答秦桧姻党户部侍郎曹泳结亲的要求，因此得罪了秦桧及其党羽。后来张孝祥父张祁，更由于与胡寅结识，而为秦桧所陷害，牵连于诬构的赵汾之狱，几罹谋大逆之罪，幸而秦桧去世，这件牵连甚广的大狱才得以化解。

　　综上所述，可以得知所谓"阴佑"王安石，除了叶谦亨所说的稍涉程学者均遭摈弃之外，从置名前列这方面看，可以看出的至少还有两类情形。一类是使用了王安石论先王之政的一些词语来比拟宋高宗任用秦桧，或是借用称颂王安石的词语或王安石自我期许之言来称颂秦桧。另一类则是指斥所谓"专门之学"，也就是秦桧及其党羽用以指斥程颐、张载之学与元祐之学的用语，尤其是以程颐之学为主；而习程颐之学的士大夫，不仅自北宋靖康年间以来强烈地指斥王安石，在南宋绍兴十二年以前的对金和议争论中也强烈地反对和议。进一步看，前一类情形又含寓有比拟秦桧于王安石之意。

　　这段秦桧专权时期的政治环境、科举考试策题与高第登科者的答策，也影响到当时习举业者习作的策题与答策。史尧弼《莲峰集》卷三《策问》载有策题多题。据此书任清全撰写于嘉定六年（1213）的序文，史尧弼于十四岁即通过眉州解试，为第二人，解魁为十八岁的李焘。按，李焘获眉州解魁在绍兴二年（1132），至绍兴八年登进士第，史尧弼应亦于绍兴二年通过眉州解试，但据任清全序，他后来曾再应考湖南漕试，名列第一，至绍兴二十七年（1157）始登进士第。《莲峰集》所载策题，应是他自通过眉州解试之后，至登第之前，习业或教学所用。这些策题中，至少有两题可以很清楚地看出是配合秦桧专权时期的政治环境。一题因言事之臣攻伊川程氏之学为异学，而问程氏之学之所从得与所从失，与夫子之道是否同异，如何明晓天下，庶几稍佐当时扶正道、去异学之治。另一题则因朝廷尚天下之趋于正，而问专门之学与浮虚之学之所自，与其所以失，以助朝廷为正天下之学术而将两者尽去速除。这两题策题，都与这一时期对程颐之学或专门之学的攻讦有关。卷五《私试策》所载各篇则应为史尧弼习作的策文，第一篇《君臣遇合》很清楚是讲宋高宗与秦桧的关系，所以策文中讲到我主上之任相，"浮议不动"，"重权不分"，"严之以师相之尊，大之以两国之封，表之以绘像之赞"；吾相之事君，则"还东朝以助孝治，息干戈以全民命，收兵柄以尊朝廷，建太学以作人才"。绍兴二十一年（1151）四川类省试策题中的君臣"同德之懿"，以及榜首张震答策时所用的"一德"一词，均见于这篇策文，而且对"一德"此词出自《尚书·咸有一德》，有清楚的说明，并将秦桧比为商汤所任用的伊尹。

托名为杨万里所著的《诚斋策问》，内容是科举考试的策文习作，每篇策题之下都有小字注明"主意"，亦即写作此题策文所需具有的主要意旨，这些策文可能是用作教导学生习作的范本。从策题或策文看出，多篇均与秦桧专权时期的政治环境有关，而其中又有几篇，在用词上与前引秦桧专权时期科举考试名居前列者的策文相呼应。例如题为《问简册所纪祥瑞及今日祥瑞》的一篇，策题中所说的祥瑞，在秦桧专权时期屡屡见于记载。秦桧去世之后，宋高宗在绍兴二十六年（1156）四月执政奏事时讲"比年四方奏祥瑞，皆饰空文，取悦一时"，这是指秦桧在世时的情形，次日即下诏各路州军不得奏祥瑞。这篇策文中，一方面推崇主上是"三、五之君"，比之为三皇五帝；由于任用"真儒"，"咸有一德"，能"斡旋乾坤""运动枢机"，而将此一"真儒"比为"三、五之臣"；于是这些年来，干戈息，胶序兴，乡饮行，郊仪举，元会兴，籍田毕，大乐成，民和而天下平，而将这段时期比之为"三、五之治"。很清楚"主上"是指宋高宗，"真儒"是指秦桧，"真儒""咸有一德"两词都见于这篇策文的使用。

又如题为《问三代汉唐太学养士之法》的一篇，写法是把汉唐养士之法和宋金和议达成后的养士之法相比较，认为汉唐之法徒有三代养士之名，而无其实，宋金和议达成后的养士之法才复返三代的盛治。文中的"恭惟主上洗清六合之尘埃，挽回三代之盛治，寝兵之后，图任真儒"，很清楚是指宋高宗的专任秦桧；"聿兴太学，甚盛举也"，指绍兴十二年（1142）十一月下诏权行拓展临安府学，复设太学，次年正月又诏以钱塘县西岳飞宅为国子监、太学。"云章奎文，表章六经"，指绍兴十三年（1143）十一月用秦桧建议，将宋高宗御书六经及《论语》《孟子》刊石于国子监，颁墨本赐诸路州学，并由秦桧于篇末撰写记文。"倾耳鸾和，拭目翠华，车驾幸也"，则指绍兴十四年（1144）三月宋高宗幸太学，只谒先圣，止辇于大成殿门外，步趋升降，退御敦化堂，命礼部侍郎秦熺执经，国子司业高闶讲《易·泰卦》，讲毕，赐诸生席于庑下，啜茶而退，又幸养正、持志二斋观诸生肄业之所。这篇策文的"主上""真儒"，同样是指宋高宗和秦桧。

再如题为《问柳子厚贞符及今日祥瑞》的一篇，就如同《问简册所纪祥瑞及今日祥瑞》一篇，题中的"今日祥瑞"说明这篇是秦桧专权时期的作品。这篇策文中的"在丙寅郊祀之时，则三台齐耀，以示同德之象；五星灼明，以示偃兵之符"，见于史书的记载。丙寅年即绍兴十六年（1146），这年十一月祀天地于南郊，太史局令胡平言三台星见，"五星灼明"应指事后秦桧奏言郊祀时出现的各种瑞象，其中之一是"既升紫坛，则星宿明润"。宋高宗回答秦桧的奏言说，从即位以来，没有像这次一样，"非卿等协赞，何以致此"。这年郊祀时的"三台齐耀""五星灼明"，大概是当时的一件盛事，因此颇见于其他记载。例如周麟之《海陵集》卷九载有《贺左相启》，左相即是秦桧，文中有"伟千载一隆之运，焕三台齐色之符"之句；又如周紫芝《太仓稊米集》卷二十七载有《时宰生日乐府三首并序》（按："时宰"原作"时宰相"，"相"字应为衍文），其中第二首中有"君臣有道道格天，五星同色三台圆"之句；到乾道六年（1170）十一月，宋孝宗在率群臣上表给光尧寿圣太上皇帝（宋高宗禅位给孝宗之后的尊号），请加尊号为光尧寿圣宪天体道太上皇帝的第二表中，仍然提到"景霁于假庙之夕，星明于升坛之初"。接在这篇策文的丙寅郊祀句后，是"在己巳郊祀之时，则礼三献而胏蠁通，乐六变而凤鸟降，祥光旁烛，协气横流，其瑞应有如此者"。己巳年即绍兴十九年（1149），"礼三献而胏蠁通，乐六变而凤鸟降，祥光旁烛，协气横流"是本于李攸《宋朝事实》卷五所载这年十一月十四日颁发的南郊赦文，但是把赦文原文"乐六变而风马降"

的"风马"改为"凤鸟"。赦文原文的"风马降"和前句的"肸蠁通"相互呼应。"肸蠁通"的"肸蠁"是讲振动之声四向传布，显示祖先与诸神之灵已在上天感通。"风马降"的"风马"是讲疾速，显示祖先与诸神之灵正迅速自上天下降。两句合而言之，则是说虔诚祈祀之心已经上达祖先之灵，使之有所感应，含意就如《汉书·礼乐志》所载《郊祀歌》中的"灵之下若风马"。策文把"风马"改为"凤鸟"，则偏重在说明后文的"瑞应"。尽管策文改"风马"为"凤鸟"已改变了赦文原句的意义，但无碍于用篇中这几句来说明这篇策文是秦桧专权时期的习作。

　　至于这篇策文中的"惟主上以尧舜之资，而辅之以稷、契之臣"，却是用稷、契辅佐尧、舜来比拟秦桧辅佐宋高宗，而非以"真儒"来称呼秦桧。以秦桧比拟于辅佐尧、舜的稷、契，已见于刘才邵作于绍兴十二年的《慈宁寿庆曲》中的"皇帝盛德动天地，丞相嘉谋无比伦，昭然独断纳远策，重见元、恺承华勋"。所谓"昭然独断纳远策"指采纳对金和议的政策。元、恺即《左传》所载的高阳氏有才子八人谓之八元，高辛氏也有才子八人谓之八恺，其后舜为尧举八恺使主后土，举八元使布教五方。据唐代孔颖达疏，禹、伯益必在八恺之中，稷、契必在八元之中。《尚书·舜典》又载，舜继尧位之后，使后稷播百谷，契作司徒，布五教。刘才邵曲中的八元、八恺，是指包括稷、契在内的十六位贤臣，而王安石则确曾自比于稷、契。王安石《忆昨诗示诸外弟》（《临川先生文集》卷十三），"材疏命贱不自揣，欲与稷契遐相希"；又《材论》（同书卷六十四），"且人之有材能者，其形何以异于人哉？惟其遇事而事治，画策而利害得，治国而国安利，此其所以异于人者也。上之人苟不能精察之，审用之，则虽抱皋、夔、稷、契之智，且不能自异于众，况其下者乎"，"皋"指皋陶，是八元之一，舜继位后，使皋陶为士，管刑法；"夔"在八元、八恺之外，是舜新任命的官员，典乐，教胄子。从上引王安石的诗、文，可以看出，他既以稷、契自期，又感慨于即使有皋陶、夔、稷、契之才，可是如果得不到在上之人赏识，也无从施展。因此，当南宋秦桧当权时期，把他比拟为稷、契或八元、八恺，就如比之为扬雄原本用来指孔子的"真儒"一样，其实也就是把秦桧比拟于王安石。

虽然"阴佑"王安石含有将秦桧比拟于王安石之意，但是秦桧终究在很多方面都难与王安石相提并论。这不仅由于他的学问、品德远不如王安石，他缺乏王安石那种视富贵如浮云的风范。他打击异己的手段有如章惇、蔡京，远远超出王安石之上，而且在他专权期间，也没有推动如熙宁新政一样大规模的改革。这期间唯一可以用来和熙宁新政相提并论的政策，是实质上取法并改进方田均税法的经界法，只是当绍兴十二年十一月李椿年提出建议时不提方田均税法，也不提王安石或熙宁，而把这一个经由土地调查、丈量、登记的办法，追溯到《孟子》中的"仁政必自经界始"。经界法的提出与秦桧并无关联，而是本于李椿年从政以来长年对地方税政的关心，也出自他的规划、建议与推动，不过是在推动期间取得秦桧的支持；虽然在他丁忧期间，曾改由秦桧指派的王鈇负责，但等他免丧之后，即重新主持。尽管宋高宗在经界办理即将结束时，曾称赞"正经界，均赋税，极为便民"，又说"李椿年通晓次第，中间以忧去，他官领之，便有失当处"。可是在办理结束之后，由于有申诉经界不均的情形，秦桧便归罪于李椿年，由其党羽曹筠以李椿年过去曾"求荐刘大中，阴交赵鼎"，如今又"游旧将之门，倾危朝廷"，而且在经界法实施期间以"曲庇家乡"等罪名，加以弹劾。

秦桧不可能成为另一个王安石，也由于宋高宗除了对秦桧讲王安石、程颐之学各有所长，以及表达对《春秋》这部经书的重视外，又为秦桧试图推崇王安石立下了另一道更强固的障碍。宋高宗在绍兴初年，曾讲过"朕最爱元祐"，这时在秦桧面前虽然不再提这一句话，却谈家法、祖宗之法或仁宗之政。绍兴十二年（1142）二月，宋高宗对大臣讲，《诗》《书》所载的二帝、三王之治，都是有其意而不见其设施之详；而"太祖以英武定天下，仁宗以惠爱结天下，此朕家法"，设施之详可见于世。因此他认为守家法而求二帝、三王之意，治道就可以成。这是宋高宗在秦桧专权后，第一次提到家法和仁宗；而他所讲的家法，显然是太祖或仁宗所立之法，而不包括他没有提到的熙宁之法。绍兴十四年（1144）九月，宋高宗因陈鹏飞建言应以是否合于祖宗之旧为标准来讨论献言，而对大臣讲，祖宗之法，思虑已精审，讲究已详备，不必改作，天下自治。宋高宗所讲的"祖宗之法"，无疑就是指太祖、仁宗所立下的"家法"。绍兴十五年（1145）三月，在知贡举何若进呈御试试题后，宋高宗先讲策题是要让入仕者了解趋向之正；然后又因秦桧答以如何将士人导向趋向之正在于陛下改变风俗，而说五十年来人才都是仁宗时涵养所致，以此知道人才正在作成。宋高宗接受了其中含有秦桧用意的试题，却同时又提出仁宗的涵养人才来维护自己的立场。

秦桧对于宋高宗一再地强调仁宗或祖宗之法，一方面只能呼应，另一方面却力图把宋高宗的说法导引到有利于自己的一边。在绍兴十二年宋高宗说自己当守太祖、仁宗立下的家法时，秦桧只是恭维宋高宗英武如太祖、惠爱如太宗。绍兴十四年宋高宗讲到祖宗之法不必改作时，秦桧先是回答以天下本无事，宜遵成宪；可是十余日后，秦桧又由于奏事而说，数十年来只是臣下互争胜负，导致治道纷纷，如今当平其胜负之端，以复庆历、嘉祐之治，是国家之福。对于秦桧讲到庆历、嘉祐之治，宋高宗很高兴地回答"正与朕意合"。这年八月，秦桧党羽对所谓"专门曲学"的抨击已经开始，秦桧在九月对宋高宗讲"当平其胜负之端，以复庆历、嘉祐之治"，无疑是借宋高宗的强调坚守仁宗之法来维护自己所为。绍兴十七年（1147）三月，宋高宗对秦桧讲人才难得，惟在赏罚劝阻，要秦桧选用协济国事者三、五人，庶僚也就会受到影响而尽心任事；对于不安其位而有害治道者则加以显黜。秦桧主动出击说，仁宗皇帝时高若讷等在朝，久相搅扰，到嘉祐年间，韩琦、欧阳修协恭赞助，才有太平之治。这些话显然可以用来解释他在两年半前所讲的"当平其胜负之端，以复庆历、嘉祐之治"。宋高宗对秦桧所言，回答以仁宗皇帝在位久，灼见治道，只是再提仁宗，而对秦桧的说法无所可否。

即使秦桧实际上很多方面都难以和王安石相提并论，宋高宗又一再提到仁宗或祖宗之法，比拟秦桧于王安石的一些用词，依然见于士大夫的诗文、士人的策文甚至官员为皇帝所写的制书。然而无论是恭维秦桧的士大夫、士人，或是秦桧自己，都已不能满足于此，进一步要将秦桧置于王安石之上，而直接承继孔、孟，甚至比之于孔子，连秦桧自己也如此认为。前述人们称秦桧为"圣相""元圣"或"大圣"，就反映了这种态度。尤其是"元圣"一词，对宋人来讲是最为明显，宋真宗大中祥符元年（1008）十一月，就曾经下诏追谥孔子为"元圣文宣王"。虽然用来称王安石或秦桧的"真儒"一词，在最早使用此词的扬雄《法言》中，也是用来指孔子，但是"圣相""元圣""大圣"等词，由于有一"圣"字，含义就有了微妙的不同。

王安石也曾获"圣"之称，用以比之于孔子，但在生前仅见于其子王雱为他写的画像赞。此事见于陈瓘《四明尊尧集·序》，据其所述，记载其赞文中有这几句："列圣垂教，参差不齐。集厥大成，光乎仲尼。"到后来蔡卞掌权时，才将王雱所写的王安石画像赞书写刻石，而为世人所知。从蔡卞为王雱的王安石画像赞刻石，并亲自书写，可知他自己也以王安石为圣人，不过这已是王安石身后的事。王安石的门人龚原，在绍圣（1094—1097）年间以后著有《周易新讲义》，在解释《易·系辞下》的"天地之大德曰生，圣人之大宝曰位，何以守位曰仁，何以聚人曰财，理财正辞、禁民为非曰义"一段时，释文的大意是说，圣人配天地而理万物，无位是"元圣素王"，有位是王者，成为王者后，人会归附而来；若无财以聚之则人将穷而散，所以要理财以富之，正辞以教之，然后禁其为非。只要注意到王安石在《答曾公立书》中所说的"是所谓政事者，所以理财，理财乃所谓义也"，以及熙宁二年（1069）十一月王安石在宋神宗面前与宰相陈升之辩论设置制置三司条例司一事时，所说的"今天下财用困急，尤当先理财。《易》曰：'理财正辞。'先理财然后正辞，先正辞然后禁民为非，此事之序也"，就可以了解龚原在《周易新讲义》中所说的元圣素王，是指王安石而言。不过龚原如此称王安石，也已经是在他去世之后。大约同在绍圣年间，蔡卞也已经以王安石为圣人。龚原在《周易新讲义》所讲的无位则为元圣素王，仅是北宋晚期对于"元圣"一词意义的解释之一。许景衡《横塘集》所载《代贺何丞相启》《代人谢赐及第启·又》《与何丞相》数文，大概撰于宋徽宗大观三年（1109）六月至政和二年（1112）四月何执中任宰相期间，文中的"进裨于元圣""洪惟元圣，绍休裕陵""元圣登延揆路"等句中的"元圣"，可以读出是指有位者，亦即宋徽宗而言。

到宋徽宗在位时，王安石就以圣人的身份列为孔子的配享，在宣圣庙中与孔子同受祭拜。此事起于江宁府学在北宋晚期建有王安石祠堂，而此一祠堂的建立当在王安石去世之后。由于王安石自景祐四年（1037）即因其父王益出任江宁府通判而随父至任所居住，王益于宝元二年（1039）去世后葬于江宁府，子孙也从此居住于此地；嘉祐八年（1063）其母吴氏于京师去世后归葬江宁府，王安石也返回居丧。此后王安石一度知江宁府，一度判江宁府，退闲后也住在江宁府，死后即葬于此地。江宁府可以说已成为王安石的第二故乡，所以江宁府学在王安石去世之后会建有纪念他的祠堂。据学者研究，崇宁元年（1102）闰六月，依从知江宁府邓润甫的建议，以府学中的王安石祠堂著于祠典，亦即登录为国家的祭祀礼仪。崇宁三年（1104）六月，诏以王安石配享孔子庙庭，亦即列塑像于各地官学祭供奉孔子的文宣王庙中的配享之位，与孔子同受祭祀。王安石初入配时，位居颜子之下，孟子之上，继而蔡卞升之于颜子之上，后人认为有渐次而升，取代孔子之意，但未成事实。至靖康元年（1126）五月，才由于杨时的建议，撤除王安石于孔子庙庭的配享，改列为从祀。王安石在配享孔子庙庭期间，无论位次如何，均未取代孔子，而且列入配享也已在其去世之后。

然而在秦桧生前，人们已用含有圣人之意的"圣相""元圣""大圣"来称呼秦桧，或是认为他学继孔、孟，甚至可比孔子，而他自己也如此认为。绍兴十二年九月，秦桧自少保、左仆射加太师，在程克俊代宋高宗所写的制书中，即称秦桧"心潜于圣，有孟轲命世之才"。绍兴十六年十一月，郊祀大礼之后，吏部奏秦桧合封赠三代并妻，封赠诏书颁下大概已在次年，在刘才邵代宋高宗撰的封赠祖父制书中，讲到秦桧"道义接丘、轲之传，勋名真伊、吕之佐"（刘才邵《檀溪居士集》卷四）。魏齐贤《五百家播芳大全文粹》卷八十七载有《上太师公相生辰诗十首并序》及《上太师公相生辰诗》，未标明作者，从前题序中所言"锡甲第以安居，枉属车之临顾"，可以清楚地看出是指宋高宗在绍兴十五年赐秦桧第宅并幸临之事，因此题中的"太师公相"应指秦桧。前题第九首的前两句"勤劳王室见周公，报赐宜膺曲阜封"，前句比秦桧为周公，后句则比秦桧为孔子；后题中的"衮衣人共尊姬旦，木铎天将以仲尼"，同样比秦桧为周公、孔子。

《诚斋策问》收有一篇题为《问太平歌颂》的策文习作，此一策题中的"太平"，虽然涵盖古今，不过重点正是指当世秦桧专权时期所称的"太平"。秦桧以推动宋、金和议成功，终止了两国之间的战争，因此"务饰太平，以贪己功"，而一些官员也以太平之说献谀。绍兴十三年二月，殿中侍御史李文会奏言仁义之说，请宋高宗力守偃兵息民之仁、再造宗社之义，认为太平之基，实在于此；同年六月，温州进士蔡大忠上书献《太平十慎论》，论人主诚心等事，认为应有始有终。两人都是要宋高宗坚守和议。逐渐也有人把太平和祥瑞两者结合在一起，在次年正月，知虔州薛弼上言说，江东镇民居木柱内有"天下太平年"五字，刚好符合上元甲子之岁，是天发其祥，非人力所能为。这段期间，如果在上言中讲对金事势难测，例如张浚，则会因秦桧认为当时已经太平、忌讳言兵事而怒惩；如果用"再造太平"之语来恭维秦桧，例如张邵，则可获得晋迁。此外，在周紫芝称誉秦桧的诗文里，也一再言及太平。这篇策文的最后一段讲到当世，说"今日之盛，其何得而歌颂耶"，之所以如此，是由于"一气默运，太虚无为，天下皆知吾君之圣，而不知所以圣。手扶日月，足履星汉，天下皆知吾相之贤，而不知所以贤。狴犴绿草，俎豆春风，弓矢积武库之尘，老稚锄桑麻之影，天下皆知太平之冠古，而不知所以太平”，这是“不言之化，无声之诗”，又何必再问歌颂。篇中所言在圣君贤相治理之下战争不再，牢狱空虚，教育兴盛与农村安定的太平，正是称赞宋高宗、秦桧达成宋、金和议的贡献。策文以“一气默运，太虚无为”的“圣君”来称宋高宗，以“手扶日月，足履星汉”的“贤相”来称秦桧，无疑是把宋高宗看成无所作为，全赖秦桧的扶持。用来称誉秦桧的“手扶日月，足履星汉”，是变化李纲《奉寄吕丞相元直》诗第一首中的“手扶日月还黄道，足履星辰上紫微”而来，这首诗是称美吕颐浩在苗、刘兵变中勤王，再兴宋室。“手扶日月”又见于上述不著撰人《上太师公相生辰诗十首并序》最后一首的前两句：“手扶日月补圜穹，锡第庸旌再造功”，称美秦桧有再造宋室的功业。策文接下来引用了刘向《说苑》所载子贡对齐景公所问“仲尼之贤奚若”，回答以就如不知天高几何，他也不知道仲尼之贤若何，以及对赵简子所问“孔子何如”，回答以如渴者饮江河，知足而已，孔子就如江河，他岂足以知之，据以称颂“吾君吾相之治，即为得位之夫子也，天下安得知之”，既然“知之”都不能，又岂能“歌颂而形容之”。虽然这样讲，可是整篇策文的用意，就在于颂扬宋高宗和秦桧都可以比之于孔子，而且是得位的孔子。

这篇策文，无疑把秦桧抬高到与宋高宗相等的地位。把秦桧比之为孔子，而且视秦桧的地位如同宋高宗，应该反映了当时奉承秦桧者的一种态度。这一类人主控了科举考试，对于习举业的士人来说，构成了一种压力，于是塾师不得不如此教，举子们不得不如此学，编写答策教材的人也不得不如此编写。至于秦桧自己，这也可能就是他的想法。这时的秦桧，由于人们的奉承，已经自视为有德有位可以比拟于王者的圣人，为王安石所不能及。

第四讲

政争与和议论争中王安石政治声望的
升降（下）：王安石声望的复降

　　如上一讲所言，奉承者不仅将秦桧比拟为王安石，甚至还比之为孔子，在这样的情况下，秦桧祠堂在一些地方官学中建立。绍兴二十五年（1155）八月，秀州州学教授陈岩肖获任命为诸王宫大小学教授，原因在于他在秀州于州学为秦桧立祠堂，秦熺路过此地时得知，回行都后荐用。按秦熺于这年正月请求返乡省谒祖墓，并向祖先焚黄报告他们累次获得皇帝的封赠，获得准许。所请"焚黄"，是指将原来书写于黄色麻纸上的皇帝诏令，另誊一份于其他黄纸上，焚于祖先墓前，向祖先报告皇帝的恩赐。秦桧为镇江府人，祖墓亦当在镇江府，自行都临安府乘船由运河北上至长江、运河交口，即抵镇江府，秀州为途中所必经。由于行程不长，所以秦熺获见秀州州学有秦桧祠堂，当在这年获准返乡省谒祖墓之后不久，秦桧祠堂的建立则当在此年之前。除秀州州学之外，在温州州学也有秦桧祠堂，淳熙九年（1182）朱熹任浙东提举常平时，曾移文拆除，撰有《除秦桧祠移文》（《朱文公文集》卷一百），到绍熙二年（1191），新上任的知州孙楸才予以撤毁。此一秦桧祠的建立，是由于秦桧第一次罢相之后，曾任温州知州，当国后出钱买田，捐给州学，州学于是为之立祠，至于兴建的确切年份，已不得而知。除秀州、温州之外，当时其他州学是否也建有秦桧祠堂，尚未见于记载。秦桧祠堂的建立，使得祭祀孔子的宣圣庙与祭祀秦桧的祠堂在官学中并立，秦桧的地位无异于等同于孔子。王安石在去世之后多年才得以在宣圣庙中配享孔子，靖康年间以后又降为从祀，而秦桧在生前已单独置祠于官学中，享有等同于孔子的地位。

陈岩肖于秀州州学为秦桧建祠堂而获得擢升，说明秦桧乐于受到如此的奉承。秦桧不仅乐于别人将他比之为孔子，他也自命与宋高宗一样上继孔子所传的先王之道。这种态度见于他在绍兴二十五年（1155）八月为宋高宗御书《宣圣及七十二弟子像赞》所撰的记文，时间恰与陈岩肖获得晋升在同一个月，再过两个月秦桧即去世。这篇记文，无论是秦桧所亲撰，或是他人代笔，既然由秦桧署名，就可以用来说明他的态度。宋高宗的御书与秦桧的记文原本都刻于石碑，于绍兴二十六年（1156）十二月立于临安府的太学，但秦桧的记文于明代宣德二年（1427）为浙江巡按御史吴讷所磨去。学者于近年发现秦桧的记文保存于吴讷的文集《吴文恪公大全集》与《思庵先生文粹》中，并且以前书及后书三种版本所载此一记文相对校，用以讨论此一记文在宋代道学史上的意义。上述学者所用四种吴讷文集，由于仅见影印出版的清代周耕云抄本《思庵先生文粹》一种，因此在下文讨论时引用此本，而依据学者所引记文对校，并以其解说为基础，予以补充及推衍，用以说明秦桧自命上继孔子的态度。

不过秦桧这种态度，并非自专权以来就清楚可见。除了在绍兴二十五年为宋高宗御书《宣圣及七十二弟子像赞》撰有记文

外，秦桧又曾在绍兴十三年（1143）九月为宋高宗御书六经及
《论语》《孟子》《左传》撰写记文，同样也刻于石碑，立于临安
府太学，并以墨本颁赐各路州学。比较两篇记文，可以看出秦桧
前后态度的不同。学者在研究前一篇秦桧记文时，也曾讨论到后
一篇记文，用以说明两篇记文所反映出来的政治议题互有关联，
本文则另有立意。由于观察角度不同，对于这两篇记文的文字解
读，也会和学者的解读有若干差异。秦桧为宋高宗御书六经所撰
记文见于《左传》碑，载王昶编《金石萃编》;《毛诗》碑载阮元
编《两浙金石志》,《建炎以来系年要录》则载有记文摘要。《金
石萃编》所载《左传》碑后的记文有文字缺漏，《毛诗》碑后的
记文据《两浙金石志》的说法是"独明晰可读"，因此接下来的
讨论所用的是此一记文，上述学者研究所引用的也是此一记文，
但另有出处。

　　以秦桧为宋高宗御书所撰的两篇记文相比较，绍兴十三年九
月所撰的一篇，特色在于强调宋高宗有如古代圣王尧、舜，作民
君、师，而没有提到自己辅弼的角色。《两浙金石志》卷八《宋
太学石经》载《毛诗》碑后秦桧跋语：

　　　　《书》曰："天降下民，作之君，作之师。"自古圣王在
　　上，则君师之任归于一。故尧舜之世，万邦咸宁，比屋可封
　　者，治教之明效大验也。仰惟主上以天锡勇智，拨乱世反之
　　正。又于投戈之隙，亲御翰墨，尽书六经以及《论语》《孟
　　子》，朝夕从事，为诸儒倡。臣因得请刊石于国子监，颁其本
　　遍赐泮宫，尧舜君师之任，乃幸获亲见之。夫以乾坤之清夷，
　　世道之兴起，一人专任其职，所为经纶于心，表仪以身者，
　　勤亦至矣。所望于丕应者，岂浅哉。《诗》不云乎："思皇多

士，生此王国。王国克生，维周之榦"。臣愿与学者勉之。

引文中的"维周之榦"，《金石萃编》所载同，学者所引作"维周之幹"，《建炎以来系年要录》摘录则作"维周之祯"；《诗经·大雅·文王》原文为"维周之桢"，据《两浙金石志》的解释，碑文是避宋仁宗名祯之讳而改"祯"为"榦"。《金石萃编》所载在"六经、《论语》《孟子》"之后尚列有《左氏传》，《两浙金石志》所载者则无《左氏传》，《建炎以来系年要录》录及学者所引亦同。《两浙金石志》所载的"一人专任其职"，见于《金石萃编》《建炎以来系年要录》摘录及学者所引均作"一人专任之责"。

　　这篇记文可以分前、后两部分来讨论。前面一部分指出宋高宗有如古代圣君尧、舜，对民众而言不仅是"君"，同时也是"师"，在结束了自北宋末年以来的宋、金战争之后，竭日夜之力，抄写六经及《论语》《孟子》，提倡儒学，秦桧因此请求将宋高宗抄录的经书文字，刻于石碑，立于太学（太学隶属国子监），并遍赐地方官学。在记文前面这一部分，值得注意的是一开头引用《尚书》的"天降下民，作之君，作之师"，不见于传本《尚书》，而为《孟子·梁惠王下》所引，这句话连同《孟子》中接下来的"惟曰其助，上帝宠之，四方有罪、无罪惟我在，天下曷敢有越厥志"，出自《尚书·无逸》。因此，当秦桧引"天降下民，作之君，作之师"来讲宋高宗时，如果连接这句话的后续文字来看，无异于讲宋高宗既膺君、师之任，必将为承担治国的重任而贯彻其意志，也就是宋高宗的意志就是国家的意志。

　　后面一部分则是将前面一部分更进一步地发挥。"夫以乾坤之清夷，世道之兴起"，意为天下太平之后，开始要重视礼乐教化，这是在讲当时重新建立太学的时代背景，也呼应宋高宗御书六经刻石立碑于太学之事。高闶在绍兴十九年（1149）为明州州学新建收藏宋高宗宸翰御书阁而写的《州学御书阁记》，就说"绍兴十有二年，乾坤清夷，世道兴起，是冬，有诏兴太学"（张津《乾道四明图经》卷九），同样用了"乾坤清夷，世道兴起"来说明行都太学的重建。"一人专任其职"的"一人"，专用以指天子，在《尚书》可以见到一些古代圣王自称"予一人"的文字。班固《白虎通德论》认为王者自称"一人"是出于谦，人臣也称之为"一人"则为了尊王，表示天下共尊一人。记文中的这一句是指宋高宗独力承担起"乾坤之清夷，世道之兴起"的职责。"所为经纶于心，表仪以身者，勤亦至矣"，则是讲宋高宗为了善尽其职责的勤奋。"经纶于心"用以表达宋高宗心存经纶政务，善尽为君的职责，"表仪以身"用以表达宋高宗行为足以为民表率、善尽为师的职责，呼应篇首所说的"作之君、作之师"。"所望于丕应者，岂浅哉"的"丕应"，出自《尚书·益稷》载禹所讲的"惟动丕应徯志"，孔安国解释此句为"帝先定所止动，则天下大应之，顺命以待帝志"，用在这里强调的是宋高宗勤于"经纶于心，表仪以身"所显现的心志，深望天下能对之有所回应。再接下来引用《诗经·大雅·文王》的"思皇多士，生此王国。王国克生，维周之桢"，据郑玄的解释是"愿天多生贤人于此邦，此邦能生之，则是我周之干事之臣"，所以《诗经》中接这四句诗之后的，就是"济济多士，文王以宁"。前四句诗用在这里，讲的是期望太学教养士人所收到的效果，也含寓着期待这些士人善于回应宋高宗的心志，成为干事之臣后能为国家带来安宁。全文结束于"臣愿与学者共勉之"，是讲秦桧自己愿与太学中的士人共勉能达成宋高宗的期待。

全篇记文所能看到秦桧所扮演的角色，只是推广宋高宗御书六经及《论语》《孟子》，阐释书写这些经文的用意，并勉励自己与士人能体会宋高宗的心志，为国家尽力。记文重心始终是宋高宗，所以一开头所引见于《孟子》的《尚书·无逸》文字，就含寓有宋高宗的意志即国家意志之意，并且比之为古代圣王尧、舜；然后又讲到宋高宗"一人专任其职"，承担起"乾坤之清夷，世道之兴起"的职责；最后再引《尚书·益稷》的文字，用以强调宋高宗"经纶于心，表仪以身"所显现的心志，期望能得到太学中士人的回应。秦桧完全没有提自己以太师左仆射平章事，也就是人们所称师相或师臣的身份，在国家政务推行、礼乐教化推展中所扮演的辅弼角色，更没有提自己在宋、金和议达成而导致"天下太平"过程中的贡献。

可是在绍兴二十五年秦桧为宋高宗御书《宣圣及七十二弟子像赞》撰写的记文中，他的心态已经完全不同。《思庵先生文粹》卷九《书先圣先贤图赞后》附录秦桧记文：

> 臣闻王者位天地之中，作人民之主，故《说文》谓王者通天地人，信乎其为说也。杨子曰"通天地人曰儒"，又以知儒者之道与王同宗。出治者为纯王，赞治者为王佐，直上下之位异耳。自东周迁，王者之迹已熄，孔圣以儒道设教洙泗之间，其高弟曰七十二子，虽入室升堂，所造有浅深，要皆未能全尽器而用之，共成一王之业，必无邪杂背违于儒道者也。主上躬天纵之圣，系炎正之统，虽（按："虽"应作"推"）天地之大德，沃涂炭之余烬，而缙绅之习，或未纯乎儒术，顾驰狙诈权谲之说，以侥幸于功利。曾不知文王之文，孔圣传之，所谓文在兹乎者，盖道统也。前未遭宋魃之难，讵有易言之。今氛曀已廓，由于正路者，盖（按："盖"

应作"盍"）一隆所宗。上以佐佑纯文（按："文"后应有
"之"）收功，下以先后秉文之多士，国治身修，毫发无恨。
方日斋心服形，鼓舞雷声，而模范奎画，其必有所得矣。

这篇记文所显示的，是秦桧和宋高宗在地位上虽然有上下之别，
可是在实质上却可以说是没有差异。

记文从许慎《说文解字》引董仲舒《春秋繁露·王道通三》
对"王"字的解释，以及扬雄《法言·君子》所说的"通天地
人曰儒，通天地而不通人曰伎"，来说明儒者与王同宗。接着讲
"出治者为纯王，赞治者为王佐，直上下之位异耳"，指向了古代
的圣王及其佐臣。"纯王"是指以周文王为代表的古代圣王，此
词虽由《诗经·维天之命》载周公于太平已成之后对周文王祭告
的"文王之德之纯"一句而来，但是到《礼记·中庸》引用此
句时，由于下接"大哉圣人之道，洋洋乎发育万物，峻极于天"，
已有不专指周文王，而用来指包含周文王在内的古代圣王之意。
到程颢《南庙试策五道·第一道》（《二程文集》卷五）载策题问
古代养老之礼："虞、夏、商、周之时其所养何老？……"策文
有这句话："以纯王之心，行纯王之政尔。……虞、夏、商、周
之盛王，由是道也。""纯王"更清楚就是指虞、夏、商、周的圣
王。南庙试即礼部主持的省试，程颢登第在嘉祐二年（1057），
这可能是"纯王"一词首次见于使用。以后在二程对学生的谈话
中，又讲到"王道与儒道同，皆通贯天地，学纯则纯王、纯儒
也"，在程颢《秋日偶成二首》的第二首中，也有"道通天地有
形外"之句。"纯儒"一词首见于班固在《汉书·叙传》中称美
董仲舒"为世纯儒"，并非程颢所创用。就如学者所论，秦桧在
记文中一方面采用了程颢所用的"纯王"一词，另一方面也借扬

雄所说的"通天地人曰儒"来批评二程只是通天地而不通人的
"伎",亦即只具有专门技艺的人,而整篇记文即是针对二程之学
来写。不过秦桧的批评并未击中二程要害,因为二程并不同意扬
雄的说法,而是认为"岂有通天地而不通人者","天地人只一道
也,通其一即其余皆通",扬雄的说法是"不知道之言"(《程氏
遗书·刘元承手编语录》)。刘元承即刘安节,是程颐门人,所录
应主要是程颐之语。

"王佐"一词相对于"纯王",所指的是古代圣王之佐,而非
秦汉以后一般的宰相。此词首见于《汉书·董仲舒传》所载班固
赞文中引用刘向的说法:"董仲舒有王佐之材,虽伊、吕亡以加;
筦(管)、晏之属,伯者之佐,殆不及也。"刘向把董仲舒比之为
圣王之佐的伊尹、吕望,而管仲、晏婴虽然在汉代人眼里也是贤
佐,却只是霸者之佐。可见"王佐"的"王",有其特殊意义。
"直上下之位异耳"意味着由于"纯王"和"王佐"都通天地人,
所以他们尽管在地位有上下之别,然而有其相同之处,这也意味
着"王佐"是"儒",如果用程颢的话来讲,是"纯儒"。进一步
推论,也可以说"王佐"和他所辅佐的王,实质上是同一的,就
如伊尹辅佐成汤之子太甲,可以在把他放逐之后,代之行使王
权,在他悔改之后才迎回,并将王权交还。

如果回顾秦桧这篇记文撰写之前若干年来人们对秦桧的奉
承,就可以印证学者所言,秦桧在记文中所说的"王佐",实际
上就是指他自己。如周麟之《贺左相启》:"重任在躬,伊尹先
天民之觉;博通当世,仲舒有王佐之方。"(《海陵集》卷九)文
意采用了上引刘向的说法,这是最清楚的。同样明确使用"王
佐"一词的,还有前文已提及载于魏齐贤《五百家播芳大全文
粹》,作者不明的《上太师公相生辰诗十首并序》第八首。此首

讲的是宋、金和议达成之后，南宋重兴太学，最后两句是"我公勋业追王佐，岂比区区颂泮宫"。又如周紫芝《时宰生日诗三十绝》序文，"是生贤佐之辰""阿衡佐商之颂"（《太仓稊米集》卷二十九），伊尹也被称为贤佐，阿衡亦即伊尹，这两句应出自《诗经·长发》"昔在中叶，有震且业。允也天子，降予卿士"中"降予卿士"句的郑玄笺"谓生贤佐也"，以及"实维阿衡，实左右商王"句的毛亨传"阿衡，伊尹也；左右，助也"。再如前引刘才邵为宋高宗所撰封赠太师秦桧祖父制书中，颂扬秦桧的"道义接丘、轲之传，勋名真伊、吕之佐"，表达出秦桧既是有如伊尹、吕望般是圣王之佐，同时也是上接孔、孟道义之学的儒。

　　秦桧在前引记文中，既自比为王佐，那么他同时也是通天地人之儒，而宋高宗则是有如古代圣王的"纯王"。这也就是说，他和宋高宗虽然地位有上下之异，实质上却是同一的。由此看来，这篇读宋高宗《先圣先贤图赞》之后所写的记文，竟成为秦桧用来表达他拥有和宋高宗同等权威的工具，这是在绍兴十三年九月，他为宋高宗御书六经及《论语》《孟子》《左传》所写的记文中所未见。前后的对比，反映出这段期间秦桧的实质权力持续地提高。

　　接下来的记文，即使文字表面上在叙述宋高宗的作为，或是对宋高宗的推崇，实际上仍然清楚可见秦桧的身影，同时也继续针对着程学及其后继者而有所表达。"自东周迁，王者之迹已熄"中的"王者之迹已熄"，是出自《孟子·离娄下》载孟子所说的"王者之迹熄而诗亡，诗亡然后春秋作"，用没有写出来的一句，和后文的"共成一王之业"相呼应。"孔圣以儒道设教洙泗之间，其高弟曰七十二子，虽入室升堂，所造有浅深，要皆未能全尽器而用之，共成一王之业，必无邪杂背违于儒道者也"这几句，进入了记文的正题，亦即宋高宗御书《宣圣及七十二弟子像赞》，孔子在洙、泗间讲学，教出了高弟七十二贤，是继前句"王者之迹已熄"而讲的。

值得注意的是最后三句讲这七十二贤"要皆未能全尽器而用之"，与孔子"共成一王之业"，"必无邪杂背违于儒道者也"。孔子可成一王之业而未成，源于汉代《春秋》公羊家的说法。所谓可成一王之业，是指孔子具备可成王业的条件，也有此种心志。在汉代以前，《孟子·公孙丑上》载孟子回答公孙丑问话时，说到伯夷、叔齐、孔子三人，"得百里之地而君之，皆能以朝诸侯、有天下"，已经认为孔子有可成王业的条件。以后西汉司马迁在《史记·孔子世家》中叙述孔子的行事，讲到他尚未出仕时，有意应费邑宰公孙不狃的召用，说了"周文、武起丰、镐而王，今费虽小，傥庶几乎"这样的话；子路阻止他前往，他又说："如用我，其为东周乎！"合而观之，不免会认为他这时已有成王业以行道的心志。以后孔子仕于鲁，在司马迁笔下，孔子既有外交的警觉，又有治国的才能，因此让齐国担心他继续在鲁为政，鲁国必霸，齐国会为鲁所并吞，因此送女乐、文马给鲁国国君，导致孔子离鲁行游各国。当楚昭王兴师救孔子于陈、蔡之厄，迎之至楚，将封之以七百里地时，楚国令尹子西表示反对，在他和楚庄王的对话中，显示了孔子弟子子贡、颜回、子路、宰予优越的政治才干，其中颜回在子西的说法里，已经具有辅相之才。子西进一步对楚庄王讲孔子"述三王之法，明周、召之业"，如果封之以地七百里，楚国哪里还能世世拥有堂堂方数千里之地？而且"文王在丰、武王在镐，卒王天下"，若是让孔子"得据土壤，贤弟子为佐"，那就非楚之福。很清楚地在子西的心目中，孔子不仅有成王业的心志，也具备此一条件，特别是他的几个弟子具有优越的政治才干，足以辅佐孔子致力于达成此事。《史记·孔子世家》如此叙述，无非就是要表达孔子足以成一王之业。司马迁对孔子与《春秋》的认识，深受董仲舒的影响，他在《孔子世家》中的这段叙述，应是反映当时公羊学者对于孔子的认识。

"一王"一词，见于《史记·太史公自序》所载壶遂对司马迁所讲，"孔子之时，上无明君，下不得任用，故作《春秋》，垂空文以断礼义，当一王之法"。这只是讲孔子作《春秋》用意在以"一王之法"垂教于后世，并没有说孔子可成一王之业。可是辅之以司马迁在《孔子世家》中对孔子生平的叙述，特别是篇末所述孔子作《春秋》之由来，可以认为孔子是在自知一王之业无法及身达成之后，才据鲁国史书而作《春秋》。《春秋公羊传·哀公十四年》以讲述《春秋》著作意旨来结束全书之前，先讲述西狩获麟一事。首先说麟者仁兽，有王者则至，无王者则不至；然后说孔子于颜渊及子路死时及得知获麟后的感叹，把孔子的感叹和王者出现的征兆相联结。《史记·孔子世家》则把这一个过程叙述得更加前后分明，先述春狩获兽，孔子看过之后，说"麟也"，然后加上不见于《春秋公羊传》的"河不出图，洛不出书，吾已矣夫"这几句孔子感叹的话，接着又把颜渊及子路之死分为前后两件事来讲，在颜渊死时，孔子感叹"天丧予"，颜渊死后才西狩获麟，孔子感叹"吾道穷矣"，于是作《春秋》。作《春秋》的次年，才是子路死，这时孔子病，子贡请见，孔子感叹"太山坏乎！梁柱摧乎！哲人萎乎！"又感叹"天下无道久矣，莫能宗予"，七日后孔子卒。如此叙事，就更为加强了孔子作《春秋》，是由于没有圣人受命所应出现的祥瑞河图、洛书，足以辅佐自己成王业的颜渊又去世，自知实践王道的一王之业已不能成，生命也即将结束，于是才决定借《春秋》以一王之法垂教于后世，而孔子去世，已在《春秋》写成及子路死之后。他临死时的感叹，其实也就是感叹天下容不下他致力于一王之业的完成，以实践圣王之道。

上述司马迁对孔子生平的解释，其实源自董仲舒《春秋繁露·随本消息第九》："颜渊死，子曰：'天丧予。'子路死，子曰：'天祝（按："祝"意为"断"）予。'西狩获麟，曰：'吾道穷，吾道穷。'三年，身随而卒。阶此而观。天命成败，圣人知之，有所不能救命矣。""天命成败"的"天命"，应是见于同书《郊祀第六十九》的"文王受天命而王天下"句中的"天命"，所以才会有"成败"；不过这里却还同时糅合有寿命的意思，所以才会讲孔子在得知获麟后，"三年，身随而卒"；最后一句的"救命"，也是兼两者而言。之所以会认为兼有王者受天命和寿命两者的意思，是由于此篇的后续文字而来。此篇除一开头讲孔子的一段之外，主要都在讲春秋时期晋、齐、楚等国霸业转移与各国君主寿命的关系。例如起首的一个例子，即是将晋献公霸业转移到齐桓公手中，与晋献公的寿命结束联结在一起讲。作为霸主的天命既已转移，晋献公的霸业随之而结束，这是"天命成败"；而其寿命也随之而结束，这则是随着"天命成败"而来的结果。

董仲舒的《春秋繁露》，是讲《春秋》公羊学的重要著作；司马迁《史记》一书，也深受董仲舒所讲《春秋》公羊学的影响。以后的汉儒，即使并非治公羊学的学者，也有人言及孔子可成王业一事。例如《汉书·董仲舒传赞》引西汉末刘向之子刘歆对董仲舒的评价，就将颜渊之于孔子，比之于足以称为王佐的伊尹、吕望，而刘歆所治的是《左传》。他的说法，到东汉前期可能有某种程度的流行。东汉前期的王充亦非公羊学者，他在《论衡·偶会》所讲："颜渊死，子曰：'天丧予。'子路死，子

曰：'天祝予。'孔子自伤之辞，非实然之道也。孔子命不王，二
子寿不长也。不王不长，所禀不同，度数并放，适相应也"，则
可能在批评当时流行的上述刘歆说法。不过细读王充之言，他所
批评的是孔子不王和颜渊、子路之死是否相关，而未及于孔子是
否有此感叹，所以他会说这是孔子"自伤之辞"。他的批评也未
及于孔子是否可王而未王，以及颜渊、子路是否有辅佐孔子成王
业的才能，所以他会说"不王不长，所禀不同，度数并放，适相
应也"。这几句话的意义，应从《论衡》书中所论天的本质与运
行去了解。意思是讲，天的本质是气，人生于天，天的运行有行
度，历三百六十五日而一周，孔子可王而不王，颜渊、子路寿命
不长，各有他们所禀自天的气数，在天的运行过程中，所行度数
有别，不能勉强相合；而颜渊、子路会让孔子认为他们可以助成
自己的王业，则是由于他们各自所禀的气数，在天的运行过程中
虽然度数所别，可是也有偶然相应的时候。对照同书《问孔篇》
所说的"颜渊死，子曰：'噫！天丧予。'此言人将起，天与之
辅，人将废，天夺其佑。孔子有四友，欲因而起，颜渊颜早夭，
故曰'天丧予'"，以及《定贤篇》所说的"孔子不王，作《春
秋》以明意。案《春秋》虚文，业以知孔子能王之德"。可以了
解，王充所说"孔子不王"的意思，是孔子具有成王业的条件与
心志，却未成王业，也就是孔子可王而未王。东汉后期注解《春
秋公羊传》的何休，是公羊学者。他对《春秋公羊传》相关篇章
的注解，着重在孔子作《春秋》是为汉制法，他注解传文"颜渊
死，子曰：'噫！天丧予。'子路死，子曰：'噫！天祝予。'"，以及
"西狩获麟，子曰：'吾道穷矣。'"等句，只是说颜渊、子路是孔
子的辅佐，以及圣人之类有时会得麟而死，获麟是天告夫子将没
之征，并未言及孔子可成王业一事。但是如果对应董仲舒在上述

《春秋繁露·随本消息第九》的说法，以及司马迁在《史记·孔子世家》中对孔子生平的叙述，应可推知，何休应该也有孔子可成王业而未成之意，由于王业未成而作《春秋》，见于《春秋》中的一王之法，则要等以后完成王业的汉朝来施行。

上述刘歆的说法，到南宋绍兴年间，影响仍存。在秦桧再任宰相前的绍兴七年（1137）七月，张浚在和宋高宗谈话中，提到"孔子许颜回为王佐，盖唯不迁怒、不贰过者，可以为天下国家也"，宋高宗则回答以"孔子所许，颜回一人而已"。两人的对话，即由《汉书·董仲舒传赞》所述刘歆之言而来，而增添了"盖唯不迁怒不贰过者，可以为天下国家也"两句话。张浚所说的"可以为天下国家也"正与"孔子许颜回为王佐"相对应，也呼应了刘歆将颜回比之为圣人之耦的伊尹、吕望；宋高宗所说的话，则呼应了刘歆以孔子由于失其辅佐，而在颜渊死时有"天丧予"的哀叹，而"唯此一人为能当之"的"一人"，即是颜渊。

记文中讲孔子的高弟七十二贤"要皆未能全尽器而用之，共成一王之业"，这两句话中的"全尽器"，亦即才德兼全的"全器"，"全尽"亦即司马光所说"才德全尽，谓之圣人"的"全尽"；"用之"则是用之于与孔子"共成一王之业"。从西汉董仲舒以来，孔子可成王业而未成的说法，应是这两句话的根源之一。不过孔子可成王业而未成与孔子弟子的关系，董仲舒以来的说法只提到颜渊、子路之死，至于颜渊、子路以外的孔子门人，孟子曾经对公孙丑说："宰我、子贡善为说辞，冉（伯）牛、闵子（骞）、颜渊善言德行，孔子兼之。"又说："子夏、子游、子张皆有圣人之一体，冉（伯）牛、闵子（骞）、颜渊则具体而微。"由此看来，除冉伯牛、闵子骞、颜渊之外，其他弟子虽然各有所长，可是只能得孔子之一体，并非全器，也就不能以其全器来助孔子成王业。而称得上是孔子具体而微的弟子，则又冉伯牛得疠疾，闵子骞不出仕，颜渊早死，虽具全器却也同样无助于孔子成王业。尽管弟子们都未能以其全器助孔子成一王之业，可是他们都"必无邪杂背违于儒道者也"，亦即不论他们所造深浅，才器偏全，都能得儒道的纯正。

这一段记文的最后一句"必无邪杂背违于儒道者也"，是用来和下文讲的"缙绅之习或未纯乎儒术，顾驰狙诈权谲之说，以侥幸于功利"互相对比的，也就是以孔子弟子得儒道之纯正，和当时的缙绅"或未纯乎儒术"相对比。"必无邪杂背违于儒道者也"这句话中的"邪""背"，"顾驰狙诈权谲之说"这句话中的"狙""诈""谲"，都见于秦桧党羽批评传习程学者或反对和议者的言词；甚至不得秦桧欢心的官员，也会遭到这一类言词的指斥。在《建炎以来系年要录》中可以看到一些这类例子。例如御史中丞杨愿在绍兴十四年（1144）十一月上言：

> 数十年来，士风浇浮，议论蜂起，多饰虚名，不恤国计。沮讲和之议者，意在避出疆之行。腾用兵之说者，止欲收流俗之誉。甚者私伊川、元祐之说，以为就利避害之计。慢公死党，实繁有徒。今四方少事，民思息肩，惟饰诈趋利之徒，尚狙于乖谲悖伪之习，窥摇国论，诖误后生。（《建炎以来系年要录》卷一五二"绍兴十四年十一月壬申"条）

这封上疏针对反对和议、主张用兵，以及习程颐、元祐之学者三类人物提出批评，在指斥的言词中用了"诈""谲"两字。反对和议者未必主张用兵，但就如学者所指出的，习程颐、元祐之学者有不少都对和议有异见。又如绍兴十九年十二月，林机于面对时上言"访闻有异意之人，匿迹近地，窥伺朝廷，作为私史，以售其邪谋伪说。……望密加搜索，严为禁绝"（同书卷一六〇"绍兴十九年十二月壬子"条），于是次年就有前述的李光之狱出现，牵连及已受贬斥的李光，并罪及其家人、友人甚至友人的友人。林机的上言，用了"邪"字。绍兴二十四年（1154）七月，原本因奉承秦桧而获得晋升，后来却被贬斥的程敦厚，因久未再用而上言讨好秦桧，先称赞宋高宗任用秦桧，达成和议，邻好敦睦，然后说："昔之怙乱害成之辈，鼠伏狙伺，何所不至，尤为可畏。"这是指斥当初反对和议的士大夫，用了"狙"字。次年五月，原本是秦桧党羽的郑仲熊，由于在李光之狱牵连而起的沈长卿之狱中没有发言，遭到秦桧另一党羽董德元的攻讦。董德元先针对他的侄子郑时中奏言，指其招权纳贿，将往来于相府的书信都揽回家中，转至于外，"又与阴邪背驰之辈，密相交结往来，时政因此而漏泄"（同书卷一六八"绍兴二十五年五月己巳"条）。次月又以同样的罪名针对郑仲熊奏言，指其素行贪秽，人所共闻，"旧在李光门下，赃污狼籍，密令侄时中与背驰之党日夕相通，招权纳货，几无虚日"；在沈长卿之狱中，令郑时中营救沈长卿的密友陈祖安，陈祖安因此"得以脱免"（同上"绍兴二十五年六月庚辰"条），董德元两次上言中的"阴邪背驰之辈"或"背驰之党"，就是指李光及其旧属、友人，这里用了"邪""背"两字。

秦桧这一段记文之所以会言及孔子与其弟子共成一王之业这件事，有其连贯全文的用意。首先要把宋高宗所承受他在下文所称的"道统"，往上接到孔子及孔子以前的历代圣王，然而孔子本身并非王者，如何证明"道统"仅落在王者或实质同于王者之人的身上，是一个必须解决的问题。秦桧的办法，是根据汉儒的讲法，把孔子看成是一个有志于成王业以行王道的"素王"，王业尽管未成，却以《春秋》一书留下了"一王之法"，足以与古代圣王并列。其次他要以孔子弟子无人能以具备"全器"之才的"王佐"身份，助成孔子的王业，来对比他自己以"赞治"的"王佐"身份，辅佐"纯王"宋高宗达成下文所说的"推天地之大德，沃涂炭之余烬"，承继孔子所传先王的道统，来突出自己在这篇记文中所扮演的角色。再次则是借孔子弟子的"必无邪杂背违于儒道"，来对比当时在秦桧执政下的异议者不仅"未纯乎儒术"，而且"顾驰狙诈权谲之说，以侥幸于功利"，借之为打击那些传习程学者与批评和议者的理由。

再接下来的"主上躬天纵之圣，系炎正之统，推天地之大德，沃涂炭之余烬，而缙绅之习，或未纯乎儒术，顾驰狙诈权谲之说，以侥幸于功利。曾不知文王之文，孔圣传之，所谓文在兹乎者，盖道统也"这一段，讲的是宋高宗为了民生，而与金达成和议，可是习程颐之学的士大夫群起而反对，这些人难道不了解，古代圣王所传的道统，是由孔子传承，如今落在宋高宗身上，而非程颐所承接。首句"主上躬天纵之圣"的"天纵之圣"，是出自《论语·子罕》所载子贡向太宰称赞孔子所讲的"天纵之将圣"，用在这里无异于称赞宋高宗可比孔子，对照前述记文所言"纯王"与"王佐"虽然地位有上下之异却亦有其共通之处，秦桧这篇记文在将宋高宗比为孔子的同时，实际上也是以此自况。接下来的"系炎正之统"是宋高宗身系宋皇室的延续，由于宋人依五德终始说，认为本朝是以火德王，所以用了范晔在《后汉书·光武帝纪》赞文称汉室中衰为"炎正中微"的"炎正"一词，这也是采用宋高宗绍兴元年（1131）改元赦书中，以汉光武帝复兴汉室来自喻的用语："炎正中微，光武系隆于有汉。"再接下来的"推天地之大德，沃涂炭之余烬"，前句中的"天地之大德"，出自《易·系辞下》的"天地之大德曰生"，用在这里是强调记文中没有写出来的"生"字；下一句"沃涂炭之余烬"的"涂炭"是指宋金战争使得生民涂炭，整句则是说如今连战争的余火也浇熄。两句合言即是推崇宋高宗不惜屈己与金议和，使民众不再受战火摧残。这两句虽然都是称赞宋高宗，但是以秦桧在宋金和议中所扮演的角色，再对照当时士大夫奉承秦桧的诗文也对此事多所着墨。例如周紫芝的《时宰生日乐府四首并序》（《太仓稊米集》卷二十五），除了第一首《御燕曲》咏宋高宗于秦桧生日时于其府第赐宴之外，其他三首《班师行》《升平谣》《祈年歌》则是歌颂秦桧对南北休兵息民及其所导致南宋民生安乐的贡献，不难了解，秦桧在推崇宋高宗的同时，其实也在表彰自己的贡献。

更值得注意的是记文引用《易·系辞》"天地之大德曰生"句时，没有引出接续此句之后的几句话："圣人之大宝曰位。何以守位曰仁，何以聚人曰财。理财正辞、禁民为非曰义。"王安石运用这段话为变法的理论依据，着重在"理财"，他说先理财而后正辞，先正辞然后再禁民为非。王安石的学生龚原在《周易新讲义》中，据这一段话中的"圣人之大宝曰位"，讲解说，圣人无位是元圣素王，有位是王者，成为王者后，人会归附而来；若无财以聚之则人将穷而散，所以要理财以富之，正辞以教之，然后禁其为非，着重的也是理财。可是秦桧的记文引这段话首句的"天地之大德曰生"时，隐含在首句之后整段文字中的"理财"之意，在这篇记文中完全看不出来，如果接续这篇碑记的后文看，秦桧所着重的是这段话中的"正辞"和"禁民为非"。也就是说，在科举考试中阴佑王安石而取其说的秦桧，在这篇记文中虽然引用了经籍中王安石曾用过的文句，所着重的意义已不同于王安石，这时他已不追随在王安石之后。其实他既然已经自况为孔子，王安石对他来讲也就无足轻重。

接在上文已讨论过的"缙绅之习或未纯乎儒术，顾驰狙诈权谲之说，以侥幸于功利"之后的，是"曾不知文王之文，孔圣传之，所谓文在兹乎者，盖道统也"，这几句同样也是针对传习程颐之学而同时反对和议的一些士大夫来讲的。"曾不知"即是指习未纯乎儒术的那些缙绅不了解。"文王之文，孔圣传之，所谓文在兹乎者"，是由《论语·子罕》载孔子在匡所说的"文王既没，文不在兹乎"而来，这是呼应前述"纯王"一词的语源出自《诗经》的"文王之德之纯"，所以强调孔子传承文王之文。"盖道统也"则是讲"纯王"所传递的道统，和前述记文中的"纯王"含有指宋高宗之意相并观，即是指宋高宗承继了由周文王、孔子传递下来的道统，再以记文认为"纯王"和前述含有称秦桧之意的"王佐"，只有上下之分而实质上相等的立论来看，这无疑也是在讲秦桧和宋高宗同时承继了"道统"。

这几句记文所显示的，是秦桧和传习程颐之学者在争"道统"。乾道末至淳熙年间，"道统"一词先后出现于陈概（平甫）与张栻的通信，朱熹的《知南康军榜文·又牒》《书濂溪光风霁月亭》和《中庸章句序》，以及吕祖谦去世之后，门人、朋友的追念文字，应该已是程学后继者相当熟悉的词与概念。不过在此之前，李元纲序于乾道六年（1170）的《圣门事业图》中，对于道的传承已使用"传道正统"来说明。在这前一年，朱熹在《与汪尚书书》中，曾建议汪应辰"愿深考圣贤所传之正，非孔子、子思、孟、程之书，不列于前"，虽然没有用"道""统"二字，但"圣贤所传之正"也就是李元纲所说"传道正统"的意思。以淳熙八年（1181）吕祖谦门人郑唐卿等悼文、朱熹在没有说明撰写年代的《答曾景建（曾极）》中都使用的"道统正传"，来和李元纲的"传道正统"相并而观，已经可以看出彼此之间意义的关联。进一步比对朱熹门人黄榦在朱熹行状中用"道之正统"来讲朱熹得北宋周、张、二程上继孔子所传的道统，他们"任传道之责，得统之正"，和他在《徽州朱文公祠堂记》和《圣贤传授总叙说》中，都讲到"道统"的传承，就可以了解"道之正统"就是"道统"，也就是"传道正统"。

如果往乾道年间以前追溯程学后继者对于"道之正统"一词的使用，可以追溯到秦桧撰写记文之前的绍兴年间；甚至北宋熙宁以前，二程本身已有类似的讲法。张九成的《孟子传》应是他受秦桧贬黜时期的作品，写作时间不会晚于绍兴二十五年十月秦桧去世之前，而且不是一时所能完成的，可以认为他在秦桧记文撰写之前，就已进行撰述。在《孟子传·滕文公章句下》，张九成的传文有"孟子亲传道于子思，盖二帝、三王、周、孔之正统也"的文句，这类文句还见于其书中他处。张九成在书中没有说明二帝、三王、周、孔所传的道之正统，在孟子之后由何人承继；但是书中一再言及格物之学，又一再言及天理、人欲，并指出这是二帝三王之道，这些说法都是二程之学的要旨，书中也提及"杨时先生"，显示了他的学术渊源之所自。可以认为，尽管张九成没有明讲，在他的心中，孔孟之道无疑是由二程所承继的。

再往前追溯，"道之正统"的说法，在秦桧第二次执政以前已可见到。绍兴二年（1132），仲并在《代宋帅回张魁启》中，有这样几句，"以道术支离为心忧，独得伊川之正统"，"诚意格物而探圣贤之心，已著当年煊赫之誉"。题中的张魁，是指绍兴二年殿试榜首张九成，仲并自己也在这榜登科，宋帅则是当时的知临安府兼两浙西路安抚使宋辉，张九成也是临安府人，所以启中有"幸观闾里得士之荣"的句子。前两句是讲张九成得程颐所传的道术正统，有如程颐一样忧心道术支离。"支离"用于讲道术，意为徒泛滥于广博而未能择其要旨，这是二程用来讲道之不明的一个语词，也有时专用来批评王安石将至极唯一之理分为两事来谈，由于又曾以王安石这种论学方法与扬雄分天地与人为二之说相提并论，所以也可以说是用来批评扬雄的，而张九成即出自二程弟子杨时之门。后两句中的"诚意格物而探圣贤之心"，"格物诚意"正是二程所认为求道的要旨。仲并曾从胡安国游，同样传习程学，所以会用这些话来称誉张九成，他也说出了程颐传二帝三王、孔、孟道术之正统。

更往前追溯，类似的说法已经见于二程。嘉祐二年（1057）的省试，论题是《九叙惟歌论》，"九叙惟歌"出自《尚书·大禹谟》所载大禹的话："德惟善政，政在养民，水、火、金、木、土、谷惟修，正德、利用、厚生惟和，九功惟叙，九叙惟歌。"程颢在答卷中，为了说明这几句话，用了"秉统持正而制天下之命""舜禹明其道，圣也""道之大原在于经，经为道，其发明天地之秘，形容圣人之心，一也"。这也就是说，舜、禹所明的圣人之道载于《尚书》，而禹则是秉持舜所传的道之正统来治理天下。"秉统持正"之"统"，意义就如程颐在治平三年（1066）三月代御史中丞彭思永所撰的《代彭中丞论濮王称亲疏》中，用来讲承继的"正统""大统"之"统"含有传承的意思，而非如欧阳修等人所讨论，具有"大一统"之意的王朝"正统"的"统"。

上述从张九成《孟子传》和仲并《代宋帅回张魁启》，指出他们认为道统在二帝三王、孔、孟之后由二程承继，是出自推断，张九成没有说二帝三王、孔、孟之道传给二程，仲并也没有

说程颐所承继的道术就是二帝三王、孔、孟之道。至于比较明确
的讲法，在秦桧第二次执政以前也已经看到。绍兴六年（1136）
十二月，陈公辅上疏批评程颐之学，在奏疏中，他先批评北宋晚
期王安石之学成为定论，造成党同之弊，风俗败坏，然后重点转
向当时朝廷之臣，这是指仍在相位而已失势的赵鼎。他强调，由
于朝廷之臣以私意取程颐之说，于是伊川学者趋时竞进，饰诈沽
名，进一步指责他们倡为大言，"谓尧舜文武之道，传之仲尼，
仲尼传之孟轲，轲传颐，颐死无传"。在这些人的眼里，能师伊
川之文、行伊川之行则是，舍此则非，如此将再造成党同之弊，
因而建议应以圣人之道为归依，参考众说而折中，毋执一说，造
成雷同。宋高宗诏令在次年正月元旦颁下，指示"学者当以孔孟
为师"。陈公辅奏疏中所讲道的传承顺序，由尧、舜至孟轲，所
依据的是韩愈在《原道》一文中的讲法，只是省略了周公；至于
二程承孟轲之传，则已见于当时传习程颐之学者的公开宣扬。在
陈公辅上疏前七个月，从学于程颐弟子谢良佐的朱震，建议特别
以官称给予程颐门人谢良佐之子谢克念，在上言中就说："孔子
之道传曾子，曾子传子思，子思传孟子，孟子之后无传焉，至于
本朝，西洛程颢、程颐传其道于千有余岁之后。"在陈公辅上言
的次月，也就是宋高宗颁布学者当以孔孟为师的诏令之后，胡安
国针对陈公辅所言，加以辩驳，并请求对邵雍、二程、张载四人
加以封号，列于祀典，收集四人遗书校正刊行，便于学者传习，
在上疏中也说："孔孟之道不传久矣，自颐兄弟始发明之，而后
其道可学而至也。"前后并观，二程传孔孟之学的说法，不仅是
在传习二程之学的士大夫群体中传布，而已广传到此一群体之
外，所以陈公辅才能运用这说法来攻讦此一群体。

以二程传承孔孟之后绝传的圣王之道，最早见于程颐为其兄

程颢所写的《明道先生行状》，程颢的友人、门生随之追述其立身行事，也多有此意，而讲得更加清楚；此一共同看法，为程颐总结于《明道先生门人朋友叙述序》中。尧、舜、禹、汤、文、武、周公相传的先王之道，传于孔子、孟子，在孟子死后不得其传，是韩愈《原道》中的说法，程颐在《明道先生行状》中，即据此说来讲程颢的振兴圣学。行状从他十五六岁时，听周敦颐论道而慨然有求道之志讲起，在泛滥诸家、出入老释近十年后，返而求之六经才求获，"谓孟子没而圣学不传，以兴起斯文为己任"。"斯文"一词出自《论语·子罕》所载孔子及其门人为匡人所围一事，孔子对门人讲："文王既没，文不在兹乎。天之将丧斯文也，后死者不得与于斯文也，天之未丧斯文也，匡人其如予何？""斯文"的"文"，也就是以周文王为代表，所传先王之道的"文"，孔子以自己身负传道之任，而讲出了这些话。与程颐为其兄所作行状相对照，行状虽然没有明白说出，却无异于讲程颢求获自孟子之后已经不传，而以讲述先王之道为内容的圣学，力图振兴。见于《二程文集·附录》的"明道先生门人朋友叙述"有四篇，其中刘立之、朱光庭、范祖禹三篇都提到程颢传孔孟之学，刘立之、朱光庭是程颢的门人，范祖禹则是其友人。所以程颐归结说："而以为孟子之后，传圣人之道者，一人而已，是则同。"此外，在程颢门人杨时的《哀明道先生》中，同样讲孟子没后千有余岁，到宋代才有程颢一人，得圣人之道而任传道之责。其后程颐在《明道先生墓表》中，对于这点又再加以强调。

程颐经历了崇宁以来的学禁，到大观元年（1107）才去世。他曾对门人张绎讲：我为明道先生写过行状，我之道与明道先生相同，将来若有人想要了解我，求之于这篇行状就可以。他无非也是自认如同程颢，"谓孟子没而圣学不传，以兴起斯文为己任"。杨时原先是程颢的门人，后来又从程颐问学，他的《中庸义序》写于程颐去世之后的政和四年（1114），文中讲到孔子之学传于曾子，曾子传于子思，子思传于孟子，而子思之学即是《中庸》，孟子之学源出于此，由此书而有道学之传，他所说的"道学"，应即指二程论道之学；他继续讲，世儒知尊孟氏，而于《中庸》之学未有人能尽心，所谓尊孟氏的"世儒"，应包括王安石在内，而他先后从程颢、程颐学，得以略微对此书有所了解，于是追述两先生的遗训，撰著《中庸义》一书。从这篇序文可以了解，杨时认为讲授《中庸》的二程兄弟，掌握了孟子之学的真髓，同样传承了自孟子后已经不传的孔、孟之学。这样的讲法，在北宋晚期已经流传出程门之外。程颐弟子王蘋在绍兴二十三年（1153）去世后，门人章宪为其撰写墓志，起首讲到自己"自髫龄时，已闻河南二程夫子绍孔孟之绝学，私淑诸人，独恨不得供洒扫应对之役，问所以学也"，等既冠之后，住在平江府，听说程门高第王蘋也居于此，于是执门弟子之礼。章宪的父亲章甫在崇宁元年（1102）自知泰州挂冠退居平江府，往前推溯到章宪的童年，可能在程颐仍在世而程颢刚去世的元祐年间，他已听说过二程继孔孟之绝学的说法。

如此看来，即使不用"道统""传道正统"或"道之正统"等词汇，二帝三王之道的传承，在孔、孟之后，绝传一千多年，才再由二程继承的说法，早在程颐在世时，已经存在。至于程学后继者使用"道统"一词，学者指出，其实在朱熹之前，已见于李流谦于绍兴二十六年（1156）写给张浚的《上张和公书》中。信中推崇张浚，"承列圣之道统，振千载之绝学"。所谓"千载之绝学"，亦即韩愈所说的先王之道，经孔子传至孟子之后即不得其传，而从自尧、舜以下至孔、孟的传承，也就是所谓"列圣之道统"。应该注意的是，此信撰写时间虽在秦桧记文之后，但是秦桧记文刊刻于碑石，要到绍兴二十六年（1156）十二月才随着宋高宗的《宣圣及七十二弟子像赞》刻石立于太学，其传播可能要在此之后。如果再注意到李流谦的《谢类省试奏名启》中，讲自己从束发趋庭以来，即曾听闻"六经，道之大统"，而"大统""正统"两词在前述程颐的《代彭中丞论濮王称亲疏》中意义相通，则他所讲的"道之大统"也就是"道之正统"，而这是他自少年时代即已亲闻的庭训。李流谦在绍兴七年（1137）时是十五岁，他应考四川类省试可能是在绍兴二十九年（1159），与他写信给张浚的时间不会相隔太久，都是在他三十余岁时。由于程学后继者所说的"道统"亦即他们所说的"道之正统"，李流谦使用"道统"此词于《上张和公书》中，或许可以说明此词在程学后继者中流传已有一段时间，为李流谦和张浚所熟悉。

上文对南宋传习程学者所讲"道统"一词的渊源追溯，用意是在说明秦桧记文中所说，落在宋高宗身上的"道统"，是有针对性的。十分明显，从北宋黄裳、李若水，到南宋刘才邵、秦桧所讲的"道统"，与二程及其后继者渊源自韩愈《原道》一文所建构的"道统"，虽然也有可以相提并论之处，可是实质上并不完全相同。在韩愈《原道》文中，先王之道传至孔子，再传到孟子之后，就已经不传，并没有任何君主承继，二程及其后继者的说法也是如此。黄裳、李若水、刘才邵和秦桧言及的"道统"，含义实际上源于自北宋朝廷与士大夫所讨论政治上王朝的"正统"。

北宋朝廷的讨论主要立论于五德终始说之上；自欧阳修以来士大夫的讨论，则多立论于《公羊春秋》所讲的"君子大居正""王者大一统"之上，但是也有从五德终始说立论的言论。

"王者大一统"固然说明王朝正统的"统"是一统的"统",而在汉儒的说法里,承五德之运者王天下,所以立论于五德终始说上的王朝正统,也含有天下一统之意。"道统"一词之所以会用来代替"正统"来使用,可能有几个原因。一方面是由于在古籍中,"正""道"两字常相连而成"正道"一词,"正道"也就是先王之道。另一方面是由于对于朝代正统问题的讨论,有时会用是否合于"道"为讨论的依据。例如苏轼作于治平二年(1065)的《后正统论三首》,在"辨论三"中,就以"始终得其正,天下合于一,是二者必以其道得之耶,亦或不以其道得之耶",来分别欧阳修尽归之为正统之说和章望之分之为正统、霸统之说,认为欧阳修是以名言,而章望之是以实言。又如毕仲游的《正统议》,当作于元祐初年,此议先说"历数",亦即是五德终始说所讲的"历运之数",然后以是否"有道"来讨论历代正统的问题。再一方面是在王朝正统问题的讨论中,往往也从尧、舜、三代讲起,和韩愈《原道》一文及二程所讲道统的传承相同。

不过从黄裳到秦桧,尽管他们所讲的"道统",都源于北宋时期对于政治上王朝正统的讨论,却仍然可以看出在含义上有一个逐步演变的过程。演变有两方面,其中之一是由源于《公羊春秋》所讲的"君子大居正""王者大一统"之说往五德终始说挪移,另一即是源于韩愈的道统传承说所占分量逐渐加重。黄裳的《鄂州白云阁记》作于元祐八年(1093)仲夏,这时宋哲宗尚未亲政。记文说:"今圣人以道统有天下,无复魏晋之师下吞吴、楚之忧。"这几句话是呼应前文所讲,士大夫之所以能在阁中观赏山水美景,行吟坐赋,俯仰千古,是由于"有道在上"的缘故。"今圣人"指宋代的君主,这两句是讲宋代既得天下以正,又合天下于一,所以不必再担心像三国时代魏晋沿长江而下吞并

吴国的战事。李若水的《上何右丞书》应写于靖康元年（1126）
三月至八月之间，主旨在于批评王安石及其新法，认为这是造成
当日祸乱的根本。不过在进入正题之前，却先从"尧、舜、禹、
汤、文、武、周公之成烈"讲起。在周衰而"此道坠地"之后，
要到汉兴才"力扶而举之"；汉末再坠，至唐又"力扶而举之"；
从唐末至五代，"则亡矣，不特坠地而已也"；要到宋太祖出来，
才"祛迷援溺，整皇纲于既纷，续道统于已绝"。汉、唐都是统
一的朝代，"整皇纲于既纷"也是说结束五代的分裂而恢复统一，
这仍然是在讲王朝的正统。然而在讲王朝正统的同时，也已引入
了韩愈所讲，从尧、舜、三王以来道的传承，只是没有提到周公
以后的孔、孟，如果提孔、孟，那就是传承已绝，不可能再有
汉、唐以来的重振了。

　　黄裳、李若水所使用"道统"所源自的"正统"，仍然本于
《公羊春秋》所讲"君子大居正""王者大一统"，同时两人都没
有涉及道统传授的内容。而刘才邵、秦桧所用"道统"所源自
"正统"之所本，则已移向五德终始说，而且也都言及道统传授
的内容。刘才邵《乞颁圣学下太学札子》的撰作时间，不会早
于秦桧为宋高宗御书六经及《论语》《孟子》撰写记文的绍兴十
三年（1143）九月。刘才邵此奏起首与后半有两段文字，可以看
出来是在呼应及发挥秦桧记文的内容；而后半一段文字中的"世
道交兴，宗社再安，兵革偃息。而圣谟经远，首以育材为务，爰
颁诏旨，崇建太学，以垂教多士"，则是指宋、金和议达成后，
重建太学于临安。在此奏中，刘才邵有如李若水，先从"唐虞三
代之盛"讲起，不过在"去圣既远，无所折衷，异论肆行，道统
益微"之后，接下来只提汉代的提倡儒学，而不涉及唐代，然
后就以宋代历朝君主皆能好文接续，再接着就讲宋高宗好学，

其精微与浩博，即使是尧、舜、禹、汤、文、武、周公都有所不及。

尽管在秦桧撰写于刘才邵上奏前的记文中，宋高宗的好学包括了他研读六经和《论语》《孟子》，可是刘才邵的奏疏仍然和李若水一样不提孔、孟，从周公之后就接上汉、宋两代的君主。而在讲汉代时所说的"稽古礼文之事"与五经，则是载"道"以传授之具。疏中没有明白言及德运之说，不过在宋代的部分，起首的"国家膺受骏命"句和讲宋高宗的"绍开兴运"句，无疑与此有关。"绍开兴运"的"运"，即是"德运"或"五运"之"运"，句中原本分开的"绍""兴"两字合起来即是宋高宗继"建炎"之后的年号"绍兴"，此句意指宋高宗绍承祖宗，重兴中衰的"炎正之统"；回顾前文中意为承受天之大命的"膺受骏命"，在此奏中应可解释为承受上天所命的"炎正之统"。汉儒论五行或五运，有时会和天命并言，因而所承受的正统，也称为"天统"。奏中之所以在唐虞三代的道统既微之后，只讲汉、宋两代的振兴儒学，原因可能就在于两代同样得"炎正之统"，也同样在中微之后而又中兴。既然"道统"于"益微"之后，能承接而振兴的是"炎正之统"，显然此奏中的"道统"，实际上是本于源自五德终始说的"正统"。

至于在秦桧为宋高宗御书《宣圣及七十二弟子像赞》所撰记文中的"道统"，源自本于五德终始说的"正统"，则是显而易见。他讲"道统"的这一段话，从"主上躬天纵之圣，系炎正之统"开始，而结束于"曾不知文王之文，孔圣传之，所谓文在兹乎者，盖道统也"，清楚地显示了"炎正之统"和"道统"的关联。而"文王之文"即先王"道统"之"道"，亦即道统传授的内容。"孔圣传之"句则显示出秦桧和李若水、刘才邵的不同，在尧、舜三代之后提到了孔子，这自然和他这篇记文是为宋高宗御书《宣圣及七十二弟子像赞》而写有关，只是他仍然没有提孟子，因此也就没有道统在孟子之后不传的问题。在秦桧的说法里，孔子承继了先王所传的道统，而后经由"炎正之统"传至宋高宗，这是要那些批评议和政策的程学后继者了解，道统并非落在二程的身上。前文言及，这段文字中提到的"天地之大德"，出自《易·系辞》的"天地之大德曰生"，而以此句为起首的一段话，结尾一句是"理财正辞、禁民为非曰义"，秦桧要程学后继者了解道统由宋高宗而非二程所承继，即是此句中的"正辞"。至于进一步的"禁民为非"，则见于这篇记文的后续文字所述。

接续在"曾不知文王之文，孔圣传之，所谓文在兹者，盖道统也"之后，是"前未遭宋魋之难，讵肯易言之。今氛曀已廓，由于正路者，盍一隆所宗"几句，则是讲以传习二程之学者为主的反对议和势力，如今已经廓除，行走正路之人，何不独尊宋高宗所承继而传自孔子的先王之道。前两句的"前未遭宋魋之难，讵肯易言之"中的"宋魋之难"，是指孔子在宋所遭逢的宋司马桓魋之难。这件事在《论语·述而》所载较为简略，只是孔子说"天生德于予，桓魋其如予何"；据《孟子·万章上》所载孟子的说法，则是孔子"遭宋桓司马将要而杀之，微服而过宋"。《史记·孔子世家》所述更加详细，孔子在宋，与弟子习礼于大树下，"宋司马桓魋欲杀孔子，拔其树，孔子去，弟子曰：'可以速矣。'孔子曰：'天生德于予，桓魋其如予何！'"孔子所说的"天生德于予，桓魋其如予何"，就有如《史记·孔子世家》所述，他在遭匡人拘捕之难而说"天之未丧斯文也，匡人其如予何"，自命承继文王之文。秦桧的记文认为，孔子如此自命，是遭遇桓魋之难，也就是有遭桓魋所杀的危难，才能够说出。

这两句话用在宋高宗和秦桧的身上，则是指他们两人自从金人入侵以来，遭遇到一连串的生命威胁。以宋高宗而言，他尚是康王时曾赴金营为人质，即帝位后又因金军攻略河北、山东而自应天府移跸扬州，金军南进至扬州，他仓促渡江，连乘舆、服御也都委弃而去；以后又经历苗傅、刘正彦的兵变，浮海以避金兵等危难；到绍兴十一年（1141）十二月，又有秦桧所虚构的岳飞谋反事件。以秦桧而言，当金军已占领汴京时，议立异姓，宋朝官员讨论时，他坚持不愿接受，乞存赵氏，在所进议状中，有"必欲易姓，桧尽死以辨"之语；其后随徽、钦二帝为金人所携北去，到归返南宋时，自称是杀金人监视者而还，又自称在宋、金界上涟水军的宋军水寨，几乎为巡逻的寨兵所杀，还有军将想杀他而夺取其财物；当他第二次任相时，于绍兴八年（1138）推动宋、金第一次和议，又有传习程学的胡铨因反对和议而上疏请斩秦桧、孙近、王伦三人。记文引用宋司马桓魋欲杀孔子的典故，所要表达的，就是宋高宗和秦桧若非经历过一连串的生命威胁，岂能轻易说出承继了道统这样的话。上述两人所经历的生命威胁中，连结起记文前文对当时缙绅"或未纯乎儒术"的批评来看，最重要的应该是秦桧所谓反对和议者对他和宋高宗两人生命的威胁，而对秦桧自己来说，尤其重要而且也确有其事的，是胡铨上疏请斩秦桧、孙近、王伦三人。这样一来，秦桧反而成为这篇记文的主体。

接续的"今氛曀已廓，由于正路者，盍一隆所宗"中的"今氛曀已廓"，是说如今雨过天晴，程学后继者所构成的云雾已经消散。这是指这一群学宗二程而又反对和议者，先后都遭到重贬，赵鼎甚至因之而在贬所绝食而死；而且朝廷在科举和学校取士上，也对表现出程学倾向者加以压抑。这两件事都是秦桧所主导的。这也是前面所讲的，在《易·系辞》的"天地之大德曰生"段末"理财正辞"的"正辞"之后，继之而来的"禁民为非"。至于"由于正路者，盍一隆所宗"的"一隆"，在《荀子·儒效》的"道有一隆"是就道而言，在《正论》中的"故天子生则天下一隆"，则是就天子而言。所以记文中的"一隆所宗"的"所宗"，既是指宋高宗，也是记文中所说的宋高宗所承继而传自孔子的先王之道，显然这也就是指秦桧所承继而传自孔子的先王之道。

最后以"上以佐佑纯文之收功，下以先后秉文之多士，国治身修，毫发无恨。方日斋心服形，鼓舞雷声，而模范奎画，其必有所得矣"，结束全篇。这些话自然是讲给全国所有的士大夫、士人听，不过也有其主要针对的对象。起首两句"上以佐佑纯文之收功，下以先后秉文之多士"中的"文"，本于前述孔子所传周文王之"文"，在此是指宋高宗所承继的先王之道。前句"纯文"的"纯"即"纯王"，在此亦即指宋高宗。此句意为在"一隆所宗"之后，上可以辅佐宋高宗收治道之功。后句的"秉文之多士"出自《诗经·清庙》的"济济多士，秉文之德"，是讲文王虽已去世，可是朝廷之臣皆能持文王之德。记文此句与前句对言，意为即使不能上居于辅佐之位，下也可以序列于宋高宗朝廷诸臣之中。接续的"国治身修，毫发无恨"仍然是针对程学后继者而发，由于二程论学虽然重视修身、齐家、治国、平天下，但是更重视在修身之前的格物、致知、诚意、正心工夫，而从修身入手，循序渐进，才能达于穷理尽性以至于命。记文这两句的意思是，即使不谈二程及其后继者所谈的那些道理，也一样可以修身、治国、丝毫无憾。

结尾的"方日斋心服形，鼓舞雷声，而模范奎画，必有所得矣"，是要求那些原本传习程学者即日彻底自省，重新出发，衷心同声为宋高宗传承道统而歌颂，以其御书的内容为模范，如此必有所得。"斋心服形"出自《列子·黄帝第二》，讲黄帝治天下三十年之后，忧天下之不治，因而闲居三月，斋心服形，梦游华胥氏之国，得治理之术，于是重新出发，又二十八年而天下大治，几若华胥氏之国。用在这篇记文，则是要求原本传习程学者自我反省，改变心态。"鼓舞雷声"的"鼓舞"，其意应本自《诗经·关雎》毛亨传对"诗"的解释："情动于中而形于言，言之不足故嗟叹之，嗟叹之不足故永歌之，永歌之不足，不知手之舞之、足以蹈之"；"雷声"的含意，则应本自郑玄对《礼记·曲礼上》"毋雷同"句中"雷同"的解释："雷之发声，物无不同时应者"。用在这篇记文，则是指原本传习程学者经过反省而心态改变之后，对宋高宗传承道统应有共同赞颂的反应。"奎画"是指皇帝的御书，用在这篇记文则是指宋高宗御书《宣圣及七十二弟子像赞》。从"上以佐佑纯文之收功"到"其必有所得矣"这一段结束全篇的记文，表面上仍以称扬宋高宗传承先王之道为主旨，但由于针对的对象依然是程学后继者，其实也还是以秦桧为主体。

如上述对记文的解读所显示，秦桧自我膨胀已经达到与宋高宗同样承继道统的程度。在这种情况下，王安石哪里还会在他的眼里？实际上，由于自宋、金和议进行以来，力持反对意见的程学后继者，也正是自南宋初年以来批评王安石的主力，所以秦桧为了和议的达成与维持，才会在打击程学后继者的同时，在科举考试中也"阴佑王安石而取其说"。换句话说，王安石只是他用来打击异议者的工具，他并非真心诚意地服膺王安石。不仅如此，在这篇记文中，秦桧以继承道统自居，所争的对象竟是二程，而王安石在这篇记文并无地位，已隐含着王安石声望的滑落与二程声望的上升。

当人们对秦桧的奉承与秦桧的自我膨胀达到顶点时，他的生命也将告结束。可是他仍然要在死前，给予他已经长期压制的和议反对者与程学后继者最后一击。在他撰写记文之后一个月，因宗室赵令衿在寓居之地对其有不敬之语，而其以赵令衿讪谤朝政、为张浚游说等理由，置之于狱。次月，又从赵令衿而牵连及赵鼎之子赵汾，再从赵汾而牵连及张孝祥之父张祁，以张祁而牵连及已受贬谪的胡寅，令赵汾自诬与张浚、李光、胡寅等人谋大逆，准备将一时贤士五十三人都置狱。可是这时秦桧已经病重，手不能书，无法签押，几天后就去世，这件牵连甚广而足以入人于死罪的冤狱，才消失于无形。

秦桧去世之后，政治情势随之大变。宋高宗在绍兴二十五年（1155）十一月，手诏指责法寺近年来只知探询大臣意旨，轻重其罪，使得民无所措手足，玩法弄文，莫此为甚。所谓"大臣"，自然是指秦桧而言。然后遭受秦桧贬黜诸人陆续获得昭雪，助秦桧攻讦诸人则陆续遭到责降。朝廷对王安石的态度，也随之而发生变化。绍兴二十六年六月，叶谦亨建议，科举考试时不应如以往朝论专尚程颐之学，也不应如前日大臣阴佑王安石而取其说，而应以是否合于孔、孟来决定去取。宋高宗回复以所言极当，而过去无论赵鼎或秦桧的做法，都有所偏曲。这无异于宣示以后的科举取士，不能再如秦桧执政时期一样，阴佑王安石而取其说。几天之后，张孝祥借王安石作《日录》以一时政事归美于己，批评故相，亦即秦桧，指其信任之专超越王安石，担心他作时政记，也有如王安石专用己意，掠美自归，请求将去年以前修过的日历，详加审订。张孝祥所说的时政记，是宰执记载其与君主朝夕议政时奏对之语，与史官记载君主言动的起居注，以及各个政府机关单位的关报，共同成为官修日历的史料依据。日历据官、私史料修成，采编年体，按月、日顺序记事，是官修实录的官方史料依据；实录也采编年体，据官、私史料修成，则是修纪传体的国史主要的史料依据。张孝祥的上言虽然是针对秦桧而发，但是却也批评到王安石，这种情形在过去秦桧专权期间是不可能出现的。而宋高宗对于他建议的回复，则是"从之"。到七月，宋高宗又对辅臣推崇陈瓘所著《四明尊尧集》能明君臣大分，而批评王安石虽号称通经术，却讲"道隆德骏者，天子当北面而问焉"，是不知《易·系辞》的天尊地卑和《春秋》的尊王之义。

对于王安石的批评不仅见于朝廷上君臣之间的对话，也见于官员之间的书信。林之奇《拙斋文集》卷六《上陈枢密论行〈三经〉事》：

> 伏见近有请于朝者，欲以王氏《三经义》，复使学者参用其说，而有司视以升沈多士，朝廷已有新降指挥行下。某窃谓此一事，所系于治体者甚大。王氏《三经义》虽其言以孔孟为宗，然寻其文，索其旨，大抵为新法之地者十六七。此王氏之私书也，讵可以垂世立教乎？……其为《三经义》，在孔孟书中正所谓邪说、诐行、淫辞之不可训者，仁人君子辞而辟之，若救头然，尚且惧其有以惑世乱俗，矧又从而唱率之乎？此非仁贤在位者之所应有也。

林之奇于绍兴二十一年（1151）登第，至二十六年（1156）六月召试馆职，九月任秘书省正字，二十九年（1159）六月迁校书郎，八月即以疾求去。陈枢密应即绍兴十二年（1142）殿试榜首陈诚之，与林之奇同籍福州，且同在前一年通过福州解试，于绍兴二十六年九月出任同知枢密院事，至二十八年（1158）二月升为知枢密院事，于二十九年（1159）六月罢职。林之奇写这封信的时间，应在他已出任秘书省正字之后，而陈诚之尚任职枢密院之时，亦即在绍兴二十六年（1156）九月至二十九年六月之间。至于信末所说的"某服在畎亩"，应只是林之奇自谦之词，表示他来自民间。

　　由于自靖康年间以来，科举考试和官学教学虽已不专用《三经新义》，但是一直未排之于参用之外，因此林之奇信中所言朝廷依言者之请，复参用王安石《三经新义》于科举考试一事，不得其详。这件事或许是得之于传闻，而林之奇所说的参用，其实是指专用。这件事情，或许可以参考汪应辰写给吕逢吉的信，信中提及，"自新制专尚经术，四方不知朝廷之意，遂谓欲复用安石之学，《六经新义》其价倍贵，甚可叹也"（汪应辰《文定集》卷十六），《六经新义》应是《三经新义》之误。汪应辰所说"新制专尚经术"，应指绍兴二十七年（1157）二月的诏令，"自今国学及科举取士，并令兼习经义、诗赋，内第一场大小经各一道，永为定制"。此一诏令起自宋高宗在前一年六月对大臣讲，最近太学试补弟子员，合格者以试诗赋为多而试经义较少，后生晚辈往往习诗赋，几年之后，经义科恐怕就要废罢，应该要习诗赋者也兼习经义。宰相沈该等人回答，等省试结束再来处理。绍兴二十七年即是省试年，也就是要等次年春天省试结束后，再来宣告下回考试的新办法。宋高宗只是讲太学补试，随后吏部员外郎王晞亮上言，指出科举考试也有类似情形，应试者习词赋，罕有治经，《周礼》一经更绝无人考，建议今后试经义文理优长合格人若有余，可以用试诗赋人才不足之数通融优取。如果绍兴二十七年二月有关太学补试及科举考试在制

度上的更改，确实如汪应辰所言，引起士人认为要复用《三经新
义》的恐慌，那么上述林之奇写给陈诚之的信，就是此一恐慌下的
产物，而写信的时间应在绍兴二十七年二月之后不久，当时省试才
刚结束。尽管如此，林之奇在写给位居执政的陈诚之信中，强烈批
评王安石《三经新义》及其所行新法，这在过去秦桧专权期间，也
是一件不可能出现的事。

在这样的情况之下，出现了考生在科举答策中对王安石态度
的变化。绍兴二十七年的殿试榜首是王十朋，他的科举之路并不
顺利，在绍兴十七年（1147）通过解试之前，已曾赴补太学，次
年省试失利之后，又返回太学，到二十七年登第时，他已四十六
岁。应该是在绍兴十八（1148）年省试失利之后，他写了一组
题为《畎亩》的诗，共十首，最后三首述说他落第后的心境，见
《梅溪先生文集》卷一：

> 兀兀窗下士，笔耕志良苦。黄卷对圣贤，慷慨深自许。
> 一朝出干禄，得失战胸宇。曲意阿有司，谀言徇人主。贪荣
> 无百年，贻谤有千古。丈夫宜自贵，清议重刀斧。

> 我岂不欲仕，时命不吾与。曷不枉尺求，权门正旁午。
> 非道吾弗由，兹心已先许。愿言安贫贱，顺命为出处。

> 儒冠误身世，偃蹇二十年。岂不怀明主，富贵乃在天。
> 平生学忠孝，自致无由前。青灯照夜长，感激徒自怜。

这三首诗，一方面感怀自己多年努力，考试却不顺利，另一方面
也表达不愿意委曲自己原本所怀的忠孝之志，像有些人那样奔走

权门，以求一第。

　　在这三首诗中，王十朋只是婉转地以不愿奔走权门来表达出自己对朝政不满的心意。在《畎亩》的前七首诗中，其实他已经比较曲折而隐晦地表达出他对朝政的不满源于他反对当时的宋、金和议。而在同载于《梅溪先生文集》卷一，共有四首的《观国朝故事》这组诗中，则直接地说出了对和议的不满，而且也连带地讲出了他对王安石与熙宁新政的批评。这组诗应作于绍兴十二年（1142）宋、金和议达成之后，确实年份则无法确定。第一首先咏赞景德年间，寇准能果决地让宋真宗接受出幸澶渊之策，激发军队士气，射毙辽军大将挞览，才能达成澶渊之盟。第二首则推崇韩琦、范仲淹在康定年间，主持西北边境的军事，对抗西夏赵元昊的叛宋入侵。论及王安石推行熙宁新政的罪责及宋金和议失策的，则是第三首与第四首：

　　　　昔在元祐初，朝廷用老成。元恶首窜殛，贤隽皆汇征。帘帏八年政，内外咸清明。四夷各自守，天下几太平。绍圣党论起，宵人坏典刑。二蔡唱继述，曲学尊金陵。忠良投海岛，党籍编姓名。《春秋》亦获罪，学者尊《三经》。心术遂大坏，风俗从此倾。养成前日祸，中原厌膻腥。我欲著一书，善恶深劝惩。奸腴诛朽骨，潜德发幽馨。六贼未足罪，祸首端熙宁。

　　　　富公昔使虏，厉色争献纳。臣节安敢亏，君恩以死答。煌煌中国尊，忍为豺狼屈。堂堂汉使者，刚气不可折。斯人嗟已亡，英风复谁衔。衔命虏庭人，偷生真婢妾。

这两首诗在排列顺序上，或在内容上，都前后衔接，有前一首的感叹熙宁新政成为中原沦于"膻腥"的祸首，才有后一首的从庆历年间富弼使辽为国力争不割地，而感叹宋金和议过程中，奉命使金的南宋使者偷生。前一首诗中，"元恶"应指蔡确，"汇征"出自《易·泰卦》的"拔茅茹以其汇征"，有相互牵引之意。"二蔡"指蔡京、蔡卞兄弟，"金陵"指王安石。"六贼"指太学生陈东于宋钦宗时上书请斩祸国殃民的蔡京、王黼、童贯、梁师成、李彦、朱勔六人。全诗从元祐时期的内外清明、四夷自守讲起，转入绍圣以后的党论兴起，学尊王安石，用《三经新义》于科场、学校，排斥《春秋》，导致风俗人心的败坏，引致靖康之祸，而认为王安石应对北宋末年的国家祸乱承担责任。后一首诗中的"富公"即为富弼，诗中所称扬的是他在庆历二年（1042）出使至辽的表现。最后两句"衔命虏庭人，偷生真婢妾"，则是对当时宋金和议过程中南宋使者的指责，认为他屈从于金的予取予求。王十朋对当时宋、金和议的不满，在这首诗中表达得十分明显。

既批评王安石而又对和议不满的王十朋，早年与程学的关系究竟如何，并不清楚。不过可以看出，他重视《春秋》这部经书，他在《畎亩》的第四首，提到了"仲尼作《春秋》"，并且指出见于这部经书中的"父母之仇不与共戴天"观念，垂训于千古；在《观国朝故事》的第三首，则致叹于当王安石的学术受朝廷独尊时，《春秋》遭到排斥。此外，汪应辰在王十朋的墓志铭中也记述，他有《尚书》《春秋》《论语》《孟子》讲义，都是他早年以教学为业时用以指授学生，而未成书。即使王十朋在早年与程学并无关联，在重视《春秋》这部经书这方面，他和不少程学后继者有相近之处。

自信因坚持个人政治态度而在科举考试中受到排斥的王十

朋，在秦桧去世之后的第一次科举考试，终于得到宋高宗的亲擢，以榜首登科，这自然是政治情势改变所带来的结果。这一科的策题与王十朋的答策，均载于其《梅溪先生文集》卷一。策题的重点，在于问如何能使祖宗之治复见于今？在此一大问题之下，又有一连串的小问题，宋高宗表示自己从继位以来，惟祖宗成法是遵，何以奸弊未甚革？财用未甚裕？人才尚未盛？而官师或未励？宋高宗所讲的祖宗之治，是指宋仁宗及其之前的祖宗之治，尤其以宋仁宗为主，这在上一讲已经讨论过，所以此一策题，对于批评熙宁新政的王十朋来讲，正合乎他一向的政治态度。

王十朋的答策，从建议宋高宗"法天揽权"入手，指向"前日权臣专政之久"。他说明之所以要揽权，并非劝宋高宗亲治细事，不任宰相，而是应惩其所既往，戒其所未然，操持把柄，不可一日而少纵，使威福之柄一出于上，不至于下移；并且指出，五经泛言治道，而《春秋》正是人主揽权之书。就如前述他的两组诗一样，他在答策中又再强调《春秋》的重要性。接着讲到祖宗之法，仍然认为宋高宗如果想要法祖宗以致治，不可不法《春秋》以揽权，从《春秋》所载鲁国的史事，以及汉代的史实，指出"守祖宗之法者，其治如此；变祖宗之法者，其乱如彼"，所举虽是离宋朝已远的史例，却已暗示王安石推行新法的不当。接着讲到宋朝，策文说太祖、太宗是肇造家法者，真宗、仁宗以至于列圣，是守家法者，而特别强调仁宗由于持循法度，四十二年间治效卓然。虽然王十朋在仁宗之后还举出了列圣，但实际上他并不认为仁宗、英宗以后的北宋时期，自神宗起，除哲宗元祐年间之外，祖宗之法仍然继续维持。所以他接着讲神宗时司马光在经筵上说祖宗之法不可变，而次日吕惠卿进讲时就立说以破之。而按之于史实，司马光之所以要说祖宗之法不可变，吕惠卿之所以要破司马光之说，其实都是因王安石推动变法而引起的。他接着分辨司马光和吕惠卿的正邪，其实也就是分辨司马光和王安石的正邪；讲忠正如司马光者宜使之讨论，异议如吕惠卿者则宜斥之，其实也就是讲应斥退如王安石之类变乱祖宗之法的大臣。接下来讨论到宋高宗所问的一些个别问题。王十朋在回答几个问题时，都提到了《春秋》；当举实例时，如果不是提到司马光，或提到司马光、王安石间的理财争辩而偏向司马光节用的主张，就是提到仁宗或哲宗元祐之政。当总结如何使"祖宗之治复见于今"这个大问题时，他指出祖宗之法并非不善，但必须得其人如司马光之徒持守成之论，才能垂于永久，这也很明显是在批评王安石施行新法。最后他以正身为揽权之本的献言，来结束全篇策文。在总结问题和结束全文这两个部分，王十朋也都提到《春秋》。

综观全篇策文，王十朋本于他未第时的政治态度，一直在强调《春秋》这部经书的重要性，以书中所讲述的道理及史事为立说的佐证，而这部经书曾在新法实施的时期，遭排除于科举考试用书和学校教材之外；又一直在称扬司马光，以及仁宗和哲宗元祐之治，而或明或隐地批评王安石和吕惠卿。然而这篇策文却能得到宋高宗的拔擢，以之和秦桧专权时期在科举考试中阴佑王安石而取其说来相比，显然朝廷对王安石的态度，已经有了明显的转变，而这一个转变也确实合于王十朋这一类政治态度的士人这些年来的期望。

值得注意的是，这一个转变并非只是一时的变化，因为自此之后，王安石身后的政治声望在南宋中晚期走向长期消落。王十朋写作这篇策文的绍兴二十七年，也就是第一讲所述，陈善《扪虱新话》下集写成的年代，对王安石及熙宁新政怀有好感的陈善，在此集言及当时人对王安石的态度，感慨"后学至今莫不党元祐而薄王氏，宁不可笑"，以及"至今晚生小子亦随例讥评，至厌读其书，盖非独不喜新法也"。或许可以这样说，以王十朋的策文和陈善《扪虱新话》所记述的现象为代表，绍兴二十七年是南宋时期王安石身后政治声望变化的重要分水岭，在此之前有降有升，在此之后则虽也有人持不同的看法，但走向消落已成为长期的趋势。

第一编参考书目

一、专书

于北山：《范成大年谱》，上海：上海古籍出版社，2006年。

王曾瑜：《荒淫无道宋高宗》，石家庄：河北人民出版社，1999年。

王曾瑜：《岳飞和南宋前期政治与军事研究》，开封：河南大学出版社，2002年。

孔凡礼：《范成大年谱》，济南：齐鲁书社，1985年。

伊沛霞（Patricia Buckley Ebrey）著、韩华译：《宋徽宗》，新北：联经出版事业公司，2022年。

何俊哲、张达昌、丁国石：《金朝史》，北京：中国社会科学出版社，1992年。

寺地遵著，刘静贞、李今芸译：《南宋初期政治史研究》，台北县：稻禾出版社，1995年。

余英时：《朱熹的历史世界——宋代士大夫政治文化的研究》，台北：允晨文化实业股份有限公司，2003年。

何湘妃：《南宋高孝两朝王安石评价的变迁过程与分析》，台北：台湾大学历史学系硕士论文，1984年。

林天蔚：《宋代史事质疑》，台北：台湾商务印书馆，1987年。

陶晋生：《宋代外交史》，新北：联经出版事业公司，2020年。

陈忻：《绍兴和议前的朝政研究》，北京：中国社会科学出版社，2017年。

郭瑞音（Prantip Petcharapiruch）：《南宋时期秦桧评价的演变》，台北：台湾大学历史学系硕士论文，2017年。

郑定国：《王十朋及其诗》，台北：台湾学生书局，1994年。

刘成国：《荆公新学研究》，上海：上海古籍出版社，2006年。

韩西山：《秦桧传》，上海：上海古籍出版社，1999年。

苏育成：《从再起到挫折——两宋之交旧党复权的政治史考察（1104—1142）》，台北：台湾大学历史学系硕士论文，2016年。

二、论文

方健：《赵鼎事迹述评：以绍兴八年为中心》，收入龚延明、祖慧主编：《岳飞研究第五辑——纪念岳飞诞辰900周年暨宋学国际学术研讨会论文集》，北京：中华书局，2004年。

王德毅：《范成大年谱》，收入氏著：《宋史研究论集》第二辑，台北：鼎文书局，1972年。

王晓薇：《杨时〈中庸〉学思想及其对荆公新学的批判》，《北方论丛》2006年第6期，2006年，哈尔滨。

王建生：《"文丐奔竞"之外——也论"绍兴和议"期间的文学生态》，《文学遗产》2011年第5期，2011年，北京。

孔学：《王安石〈日录〉与〈神宗实录〉》，《史学史研究》2002年第4期，2002年，北京。

牟润孙：《两宋春秋学之主流》，收入氏著：《注史斋丛稿》，北京：中华书局，1987年。

何湘妃：《南宋高宗时代对王安石评价的转变过程与分析》，《史原》第14期，1985年，台北。

何湘妃：《从南宋高宗时代重修神哲二宗实录看王安石评价的转变过程》，《食货月刊》复刊第16卷第7、8期，1987年，台北。

李文泽：《王十朋诗文系年》，《宋代文化研究》第5辑，1995年，成都。

李超：《屈膝与求和之间：绍兴八年和议中秦桧角色的再思考》，《中外论坛（学术版）》2020年第4期，2020年，纽约。

吴鹭山：《王十朋年谱》（上）、（下），《温州师范学院学报》1997年第1期、第2期，1997年，温州。

吴振清：《北宋〈神宗实录〉五修始末》，《史学史研究》1995年第2期，1995年，北京。

沈松勤：《高压政治与"文丐奔竞"："绍兴和议"期间的文学生态》，收入氏著：《宋代政治与文学研究》，北京：商务印书馆，2010年。

周立志：《南宋高宗朝学生策对集的发现与研究——〈新刊庐陵诚斋杨万里先生锦绣策〉的再认识》，《平顶山学院学报》第36第6期，2015年，平顶山。

夏长朴：《从"朝烂朝报"到罢废史学——王安石新学对宋代学术的一个影响》，收入氏著：《王安石新学探微》，台北：大安出版社，2015年。

夏长朴：《"安石力学而不知道"——杨时论王安石新学》，收入氏著：《王安石新学探微》。

高纪春：《宋高宗朝初年的王安石批判与洛学之兴》，《中州学刊》1996年第1期，1996年，郑州。

高纪春：《秦桧与洛学》，收入漆侠主编：《宋史研究论文集——国际宋史研讨会暨中国宋史研究会第九届年会编刊》，保定：河北大学出版社，2002年。

梁伟基：《南宋高宗朝吕颐浩执政下的官僚群体构造特质》，《中国文化研究所学报》第46期，2006年，香港。

梁伟基：《从山东寒士到中兴名宰：南宋吕颐浩的早年经历与性格分析》，《中国文化研究所学报》第61期，2015年，香港。

许起山：《论宋高宗朝后期的科举及政局》，《中国文化研究所学报》第73期，2021年，香港。

程元敏：《王安石零父子享祀庙庭考》，收入氏著：《三经新义辑考汇评（一）——尚书》下篇"考征"，台北：台湾"编译馆"，1986年。

程元敏：《三经新义与字说科场显微录》，收入氏著：《三经新义辑考汇评（一）——尚书》下篇"考征"。

彭久松：《北宋〈神宗实录〉四修考》，《文史》第24辑，北京：中华书局，1985年。

张家伟：《从政事到学术：徽宗时期王安石批判的重心转变》，《东华理工大学学报（社会科学版）》第40卷第5期，2021年，抚州。

黄汉超:《宋神宗实录前后改修之分析》(上),《新亚学报》第7卷第1期,
　　1965年,香港。

黄汉超:《宋神宗实录前后改修之分析》(下),《新亚学报》第7卷第2期,
　　1966年,香港。

黄宽重:《郦琼兵变与南宋初期的政局》,收入氏著:《南宋军政与文献探
　　索》,台北:新文丰出版公司,1990年。

黄宽重:《从害韩到杀岳:南宋收兵权的变奏》,收入氏著:《南宋军政与文献
　　探索》。

黄宽重:《秦桧与文字狱》,收入氏著:《宋史丛论》,台北:新文丰出版公司,
　　1993。

黄繁光:《赵鼎与宋室南渡政局的关系》,收入第二届国际华学研究会议秘书
　　处编:《第二届国际华学研究会议论文集》,台北:"中国文化大学"文
　　学院,1992年。

黄繁光:《论南宋赵鼎政治集团与张浚的分合关系》,《淡江史学》第6期,
　　1994年,台北县。

黄繁光:《南宋初年赵鼎的执政特色及其与诸大将的关系》,收入龚延明、祖
　　慧主编:《岳飞研究第五辑——纪念岳飞诞辰900周年暨宋学国际学术
　　研讨会论文集》。

黄繁光:《试探宋金和战与高宗心态的转折》,收入邓小南、杨果、罗家祥主
　　编:《宋史研究论文集(2010)》,武汉:湖北人民出版社,2011年。

刘子健:《秦桧的亲友》,收入氏著:《两宋史研究汇编》,台北:联经出版事
　　业公司,1987年。

刘子健:《岳飞》,收入氏著:《两宋史研究汇编》。

刘京菊:《杨时对王安石新学的批判》,《河北大学学报(哲学社会科学版)》
　　2008年第3期,2008年,保定。

诸葛忆兵:《宋代应策时文概论》,《复旦学报(社会科学版)》2016年第4
　　期,2016年,上海。

蔡涵墨(Charles Hartman):《一个邪恶形象的塑造:秦桧与道学》,收入氏
　　著:《历史的严妆——解读道学阴影下的南宋史学》,北京:中华书局,
　　2016年。

蔡涵墨、李卓颖:《新近面世之秦桧碑记及其在宋代道学史中的意义》,收入

氏著：《历史的严妆——解读道学阴影下的南宋史学》。

郑振铎：《明清二代的平话集》，收入氏著：《中国文学研究》（上），《郑振铎全集》第四卷，石家庄：花山文艺出版社，1998年。

戴建国：《关于岳飞狱案问题的几点看法》，收入氏著：《宋代法制初探》，哈尔滨：黑龙江人民出版社，2000年。

第二编

南宋中晚期王安石
政治声望的消落

第五讲

权臣相继柄政的影响

经历了建炎、绍兴年间政治情势的变动，到绍兴末年以后，王安石身后政治声望之所以有长期消落的趋势，值得注意的重要原因之一，是从绍兴年间以后，直到南宋亡国之前，相继有秦桧、韩侂胄、史弥远、贾似道等权臣先后柄政。权臣柄政使得人们回溯权臣打击异己及施政误国在北宋的渊源，于是从徽宗崇宁年间以后的蔡京上溯到神宗熙宁年间的王安石。

秦桧当权时，对于异议者及其所不喜者的迫害，过于横暴与无理，引起人们的反感，对那些亲身、家人或朋友受其迫害者来讲，特别是如此。这种反感，又由于受贬斥者之中，有不少兼集传习程学者、反对和议者及批评王安石者三种身份于一身，以及秦桧在科举考试中"阴佑"王安石之说，而反射为对王安石政治作为的反感。这种情形，使得原本对王安石的政治作为并无特殊看法的人，对其反感也因之而产生，批评其政治作为的声音随之而在人群中扩散。具体的例子，是前文曾述及的范成大、张孝祥与陆游。

范成大在绍兴十二年（1142）十一月，曾因于宋高宗生母韦太后自金返宋时，奉迎起居及献赋颂而文理可采，获得朝廷褒奖，他这时对于宋金和议及促成此一和议的秦桧，显然从正面去看待。然而次年四月，少时居于平江府吴县砚石山下的徐林，以"广为谤讪，必欲沮经界之政"的罪名，贬谪往兴化军居住。实际上"广为谤讪，必欲沮经界之政"只是加在徐林身上的罪名，真正的原因，据范成大在《吴郡志》的记载，是徐林曾经在江西转运副使任内，纠劾秦桧的亲党。所谓秦桧亲党，龚明之《中吴纪闻》的记载更加清楚，是秦桧的妻弟王昌。徐林因得罪秦桧而遭贬谪，一直到绍兴二十六年（1156）才因秦桧去世而获赦免，在兴化军有十三年之久。范成大对乡里人物不可能不关心，所以他才会在《吴郡志》中记载此事，这件事想必在他的心中掀起很大的波澜。

另一件应该会掀起范成大心中波澜，改变他对秦桧看法的事情，是他的好友王廉清在绍兴府家中的藏书所遭遇的变故。王廉清的父亲王銍应是在绍兴十四年（1144）四月以后去世的，遗留下丰富的藏书，为秦桧之子秦熺所觊觎。据陆游在《老学庵笔记》中的记述，秦熺仗恃其父气焰，以手书要求绍兴府知府向王家索取藏书，可是无论以官位引诱，或以祸事威胁，均为王廉清所坚拒，秦熺因此无法得逞。王廉清之弟王明清在其所著《挥麈余录》中，则另有说法。他讲当父亲去世之初，自己年幼力弱，藏书为秦伯阳（秦熺）派浙漕（两浙转运）吴彦猷攘取大半。按吴彦猷应即吴坰，于绍兴十四至十五年（1144—1145）间任两浙路转运判官，也有记载说是两浙转运副使。实际的情形可能是，秦熺在要求绍兴府知府索取藏书未能得逞之后，王廉清即随其母舅曾惇（宏父）赴任知台州，王明清赴台州的时间则较晚，仍留在家中，这时秦熺再派浙漕吴坰来强取。到绍兴十七年（1147）十二月，有言者论绍兴府的士大夫，家藏野史，以谤时政。这项言论，是针对李光的，可是不仅李光家把藏书万卷都焚毁，秦熺攘其大半之后所遗留的王铚家中藏书也遭波及。当时王明清正随母舅曾惇在镇江府知府任所，王廉清和王明清的母亲留在家中，对此一言者所言感到畏惧，于是将前人所记本朝典故以及王铚所述史稿、杂记之类都付之一炬。实际上，曾惇曾在绍兴十二年颂扬秦桧为圣相，因此获擢为台州知州，但即便如此，也无法保障表亲家的藏书免于秦熺的掠夺，或是免于受秦桧禁藏野史政策所波及。王廉清家中藏书遭逢变故一事，不见于范成大诗文的记述，但以他与王廉清的交情，他不可能不关心此事。

当范成大在绍兴二十三年（1153）赴建康府参加漕试时，游览蒋山的王安石遗迹，写下了前一编所述题为《荆公墓》的两首诗，显示了他对王安石的看法。第一首提到王安石推动的新法，并没有明显的斥责之意；可是在第二首认为王安石为了收到新法的成效而斥逐异议之人，造成后来的党祸，虽是他原所未能预料，却必须为后来章惇、蔡京等人无情地镇压异己，要负上始作俑者的责任。尽管从诗句看不出任何痕迹，却令人有这样的感觉，当范成大写这首诗时，他的心中正浮现着秦桧无情地镇压异己的情景。除了这两首诗之外，没有其他的诗文清楚地表达范成大对王安石的评价，不过他有一篇简短的《跋司马温公帖》，却多少显露一点痕迹：

> 旧传字书似其为人，亦不必皆然。……惟温公则几耳。开卷俨然，使人加敬，邪僻之心都尽，而况于亲炙之者乎？（祝穆《事文类聚·别集》卷十二《书法部》）

范成大从正面推崇司马光的为人，不免含有对王安石的作为不愿苟同之意。这篇跋文的写作年代不得其详，可能较晚，若是如此，则范成大在《荆公墓》诗中所表达的态度，一直延续到后来。

至于张孝祥和陆游，则或是至亲，或是亲身，曾受过秦桧的迫害。张孝祥的父亲张祁，在绍兴十三年（1143）已曾因受到李文会的纠劾而受贬斥，即使如此，他在绍兴二十四年（1154）殿试策文中，仍然以"一德"来称颂秦桧志存宋室及安定国家之功。在这之前两年，他在《代总得居士上郑漕书》中，也已经讲"上方专任一德"，因而"方内底定"，于是长江以北的淮南地区，"昔为战墟，生聚教训，十年于兹矣"，来称颂秦桧的功绩。可是在绍兴二十四年的殿试中，因宋高宗的拔擢，而超越秦桧之孙秦埙，成为榜首，并且拒绝了秦桧亲党曹泳结亲的请求，引致秦桧的嫌恶。一年之后，张祁又因与胡寅熟识，受到秦桧的诬构，牵连陷入赵汾案，遭受谋大逆的控诉。张孝祥对于秦桧的不满，在此之前至少尚未在言论上表达出来，也看不出他对王安石是否有何意见，可是秦桧才刚死亡，张孝祥的言论就有了很大的改变。他在载于《于湖居士文集》卷十六的《论总揽权纲以尽更化札子》和《乞改正迁谪士大夫罪名札子》两篇奏札中，接连批评秦桧。在前一篇对宋高宗说："逮陛下恭己于修好之后，则专国者怙权植党，废公议以窃主威。"因此请宋高宗收回威柄，人才的选用本于己志。在后一篇则向宋高宗指出"前者大臣窃陛下之威福，济私心之喜怒"，及其暮年，狠愎尤甚，对于不肯阿附或是小有违忤的士大夫，罗织成狱，主管机构则观望风旨，烦酷锻炼，使之诬服；他建议"近年取怒故相，并缘文致，有司观望，锻炼成罪之人，特免看详，并与改正"。两篇奏札中的"专国者""前者大臣"及"故相"，显然都是指秦桧而言。到绍兴二十六年（1156）六月，他又借着王安石作《日录》将政事归美于己的事例，担心信任之专超越王安石的"故相"，是否会如王安石一样专用己意掠美自归，而请求将去年以前修过的日历，详加审订。张孝祥对于王安石的批评，很清楚是由于深恶秦桧滥用权力，对于不肯依附者罗织罪名，所引生出来的。

陆游的家庭背景与少年时代所受的教育，应该不至于使他对王安石及其所行的新法产生恶感。他的祖父是王安石门人陆佃，陆佃虽然曾当面对王安石提到新法执行时的弊端，却从来没有公开地批评过新法，而且在元祐年间修《神宗实录》时，为了维护王安石的形象，与黄庭坚发生争论。陆游少年时代入乡校读书，到将近八十岁时，仍然怀念当年所受教的师长韩有功和族伯父彦远，在《斋中杂兴十首》（《剑南诗稿》卷四十三）的第一首中表达他对两位师长的敬仰，对于族伯父彦远，诗中说他是"始终临川学，力守非有党"，也就是虽然坚守王安石之学，却非基于党派的立场。不过也就是从少年时代开始，他的接触、见闻渐广，所受的影响也来自其他方面。在从学于韩有功、族伯父彦远之后几年，当时著名的诗人曾几来到他的家乡绍兴府，陆游呈上自己所作的诗，深得其赏识，为之延誉，陆游也借此机会从游于曾几。曾几是胡安国的门人，治二程之学，其兄曾开曾因反对和议得罪秦桧而遭贬逐，曾几也连带受到斥罢。罢官之后，以诚敬倡导学者于吴越之间，治经学道之余，才发之于诗、文。陆游从曾几游，想必不仅诗风，其他方面也同样会受其影响。他长期主张恢复的态度，大概就是形成于此时；这种态度的形成，一方面固然源自他在家中亲闻父执们的言谈，另一面也很可能由于得知曾开、曾几的境遇。

自陆游少年时代以来，发生在他亲身经历、见闻的一连串事端，使得他对秦桧有愈来愈深的反感。首先是李光遭到斥逐的事件。李光也是绍兴府人，在绍兴九年（1139）十二月，由于与秦桧议事不合而发生言词的冲突，罢除参知政事的职位而奉祠返乡家居，与陆游的父亲陆宰时有往来，言及时事，往往愤切兴叹，称秦桧为"咸阳"。绍兴十一年（1141）十一月，第二次宋金和议已经达成，李光因言者指其心怀怨望，煽动民众，而再贬至广南西路的藤州安置。在这之前不久，李光往访陆宰，对他说自己即将远谪，咸阳最疑忌的就是他和赵鼎，赵鼎已经过岭，他岂能免？十余日后，果然有藤州之命。李光赴贬所时，陆宰送行，从绍兴府城陪他到诸暨县才返回。返家后说李光谈笑慷慨一如平日，问他因何得罪，回答说不足问，只是咸阳终将误国家。这件事情后来陆游记载在《老学庵笔记》里，必定印象深刻。绍兴十九年（1149）十二月至次年正月之间，又发生私史案，用意在打击这时已经贬到海南琼州的李光，而告发人新任诸王宫大小学教授陆升之，竟是李光的侄婿，同时也是陆游所熟识的族兄。据李心传在《建炎以来系年要录》中记载此事下的夹注，他认为陆升之的告讦可能早在出任诸王宫大小学教授之前就已提出，因此事而获得升迁。当陆升之出任诸王宫大小学教授，自绍兴府赴临安时，陆游有诗送行：

> 兄去游东阁，才堪直北扉。莫忧持橐晚，姑记乞身归。道义无今古，功名有是非。临分出苦语，不敢计从违。（《剑南诗稿》卷一《送仲高兄宫学秩学秩满赴行在》）

"东阁"应指诸王宫大小学，唐代以来诸王府僚属有东阁祭酒、西阁祭酒各一人，"北扉"指学士院。"持橐"指担任皇帝的侍从之臣。这三句都是指陆升之的学问、文才。全诗充满忠谏之言，陆游显然已经得知陆升之告讦之事，才会写下这样一首诗，以"苦语"来送行。私史案的幕后策动者应是秦桧，受害者是陆游父亲的好友李光及其家人，而陆升之竟充任发动者的打手，成为加害者之一，陆游心中的苦愤，可想而知。

没想到接下来的事情，竟发生在陆游自己身上。绍兴二十三年（1153），陆游参加两浙转运司主持的锁厅试，这是专供有官人应考的解试，他由于自童年时已因荫补而有官称，所以参加锁厅试。考试官陈之茂（阜卿）置之于第一，秦埙也参加了这次锁厅试，仅居于前列，未如其祖父秦桧所愿以榜首解送。次年省试，陆游即因此事，加以平时喜论恢复，得罪秦桧而落榜，秦埙则是这次省试的榜首。到殿试时，如前所言，秦埙又由于宋高宗拔擢张孝祥为榜首，而仅列名第三。

这件事成为陆游心中永远难以忘怀的遗憾。在他的晚年，仍然有诗怀念陈之茂，在诗题中说："料理故书，得先生手帖，追感平昔，作长句以识其事，不知衰涕之集也。"（《剑南诗稿》卷四十）他在晚年又有自赞："名动高皇，语触秦桧。身老空山，文传海外。五十年间，死尽流辈。老子无才，山僧不会。"（《渭南文集》卷二十二《放公自赞四·二》）对于当年秦桧由于对他不满，使他省试中遭到黜落一事，仍耿耿于怀。赞中所说的"名动高皇"，应是指绍兴三十二年（1162）宋高宗禅位宋孝宗后，有御札言陆游力学有闻，获枢臣同荐，召对时所言剀切详明，可以赐进士出身。由于尚未改元，这封御札或许仍以高宗而非孝宗名义发出。这一次自身的际遇，扩大而成为对秦桧专权擅国的憎恶，在他同样在晚年写成的《老学庵笔记》里，记载了秦桧晚年那种在权力欲愈来愈重的情况下所产生的忮刻心理，秦熺返金陵故乡焚黄时穷极盛大的船队排场。《渭南文集》还载有他在淳熙六、七年（1179—1180）间任江南西路提举常平公事时写的《程君墓志铭》、在庆元六年（1200）写的《跋朱新仲舍人自作墓志》、于开禧元年（1205）八十一岁时写的《澹斋居士诗序》，分别讲到秦桧"用事久，数起罗织狱，士大夫株连被祸者袂相属也"，"擅国十九年"而朱翌"窜峤南者十有四年，仅免僵仆于炎瘴中耳"，用事时"动以语言罪士大夫，士气抑而不伸，大抵窃寓于诗，亦多不免"。可知秦桧擅权时严厉残害士大夫的恶行，一直在陆游心中搅扰，到他的晚年仍未平息。

于是在秦桧去世带来政局改变之后，可以看到陆游对王安石施政的态度，逐步有所变化。陆游作为著名的诗人，始终推崇王安石的诗作，在他的著作中，也有不少王安石各方面的记载。他在这些记载中，曾推崇王安石于富贵声色略不动心，也曾指出世人所称王安石忽视先儒之说并非事实，却不见他比较明朗地批评王安石的施政，这可能和他的家庭背景有关。不过从另一个角度去看，仍然可以看出他对王安石的施政颇有意见，只是用其他的方式表现出来。他在绍兴三十年（1160）结识周必大，在隆兴二年（1164）结识韩元吉，成为终生的好友，而两人都有从政事批评王安石的言论。

韩元吉是尹焞的门人，又尝从学于张九成，但是以诗、词知名，他和陆游也是以诗、词相交往。陆游在他去世后曾有诗悼念，此后还有好几首诗追忆两人旧日的交游。韩元吉对王安石的批评，早在结交陆游之前就已经出现。当绍兴二十五至二十六年（1155—1156）间，秦桧去世带来政局变化之后，韩元吉以圣政更新，正告讦之罪，写了十首诗（见《南涧甲乙稿》卷十六），其中第六首如下：

> 献可争先诋荆国，莹中居首论莆阳。十年言路皆支党，前无一语讯安昌。（原注："支党"用诏语）

"献可"指吕诲，"荆国"指王安石，"莹中"指陈瓘，"莆阳"指蔡京；"支党"是用宋高宗诏书中语，指秦桧党羽，"安昌"则应是借汉成帝时宰相安昌侯张禹以帝师获得尊信的史事，来比喻秦桧。韩元吉之意，是指秦桧对言官的控制，远超过王安石、蔡京，而他因秦桧而言及王安石、蔡京，显然是认为他们都属同一类型的专权宰相。此后韩元吉在他的文章、书信中，仍有批评王安石的言论。

周必大和陆游的情谊更深。周必大去世之后，陆游曾在开禧元年（1205）受周必大之子周纶的请托，为旧友的《省斋文集》写序。周必大登绍兴二十一年（1151）进士第，绍兴二十七年（1157）又中博学宏词科，他如同陆游，经历过秦桧专政时期，了解秦桧打击异己的时事。在他的文集《文忠集》里，就有不少这一类的记载，其中一篇《跋何居仁自作墓志》，记载了一件亲身经历的事。他在绍兴二十一年，才十六岁，到临安应考省试，这年省试因故举行时间延缓，各地举子聚于旅舍，不敢言及时事，惟独何安宅（居仁）泛语古今，听者惟恐后，接着高谈阔论，颇及于评论时政，离去者又惟恐后。这段记载，描写了当时人们惟恐稍涉政治异见，就会成为当权者打击对象的心理，也反映出周必大对秦桧的看法。而在周必大的记载中，王安石、蔡京、秦桧都是权臣，他会有批评王安石的言论，也就不难理解。早在绍兴二十八年（1158），周必大任官建康府时，就曾经游历过蒋山的王安石遗迹，这时所感受的是王安石退闲之后的高风遗韵。至于他对王安石执政时期的看法，较早见于他在绍兴三十二年（1162）担任起居郎兼中书舍人时，所起草的周葵以兵部侍郎兼侍讲诏。诏书中以"在熙宁时，有若司马光之正论，及元祐世，亦惟范祖禹之醇儒，皆于讲读之间，傅以箴规之谊"，来期许周葵。推崇熙宁年间的司马光，以其言为"正论"，无异于表达对王安石的不满。较为直接的批评，则见于乾道七年（1171）对宋孝宗所讲的一段话，这段话见于楼钥为他写的神道碑，以及后来奉敕撰的《忠文耆德之碑》：

> 又论臣寮务为新说，欲徼奇功。王安石以尧舜之道告君，实行管商之术，指司马光、苏轼辈为流俗，尤当察之。

君实即司马光字。这一段话，含有王安石言行不一，而把异议者视为流俗的意思，用意应在于警惕宋孝宗要任用真正的人才。同一年稍早，他应宋孝宗之问而上的札子《论四事》，言及绍兴初近臣往往极天下之选，所以议论、设施皆有可观，对于中兴之功不为无助，等到秦桧专政，以收集阘茸庸俗之士充员备位，造成了人才的衰弱。同一年前后分别就王安石、秦桧而做的两段评论，都以人才之用为宗旨，不妨互相比对。周必大对王安石间接、直接的评论，从绍兴二十八年（1158）以来，多次出现在他的诗、文、奏议中，且曾论及个别的新法。

陆游愿意和韩元吉、周必大结为好友，显然不在意他们对王安石施政的批评。至于他自己议论王安石的施政，则出现得较晚，而且是用比较委婉的方式，不直接批评王安石，而是称誉批评新法的人物，或是及于其言论。陆游早在二十岁时就写过《司马温公布被铭》，可是与司马光的政治态度无关。他对批评新法人物的称誉，较早见于绍熙元年（1190）所作的《书二公事》，这年他已是六十六岁。二公之一是熙宁年间因批评新法而获罪的郑侠，文中主要是讲郑侠晚年住在福州福清时的事，不过起始的两句"郑介夫名侠，以刚直名天下"，却可以反映出陆游对王安石施政的看法。所谓"刚直"，是指郑侠不顾过去与王安石的关系，直言新法实施时所发生的弊端；"名天下"是指他因批评新法而获罪，却因此而更为众所知。在同样于嘉泰二年（1202）二月七日的《跋东坡谏疏草》及《跋东坡代张文定上疏草》，他更清楚地表达出对王安石施政的批评，这年他已是七十八岁，在这前后几年，在他的言论中，仍然没有忘怀秦桧的恶行。《跋东坡谏疏草》从天下之公论看苏轼论时事之忠：

> 天下自有公论，非爱憎异同能夺也。如东坡之论时事，岂独天下服其忠，高其辩，使荆公见之，其有不抚几太息者乎？东坡自黄州归，见荆公于半山，剧谈累日不厌，至约卜邻以老焉。公论之不可掩如此。（《渭南文集》卷二十九）

苏轼论时事，自然包括他批评王安石所行的新法，"天下服其忠"亦即天下之公论，"使荆公见之，其有不抚几太息者乎"是说即使王安石读了苏轼的议论，也要感叹其忠。陆游把他的议论再往前推进，认为苏轼结束黄州之贬，归途中路过江宁府，到蒋山访王安石，王安石能够和他相谈甚欢，正是由于天下之公论不可掩。《跋东坡代张文定上疏草》也从"忠"立论，更直接言及熙宁年间所行新法与用兵两项政策：

> 张安道实一时伟人，以其论新法、谏用兵，则不得不为
> 忠。以其力排吴育、深恶石介，欧阳文忠公、司马文正公斥
> 之于前，吕正献公抑之于后，则似有可议者。然东坡此疏，
> 则自与日月争光，安道之为人不与焉。（同上）

张方平字安道，谥文定，在熙宁年间，曾多次上疏指责新法施行
过程中的弊端。至于"谏用兵"，即包括载于《东坡奏议集》卷
十五、作于熙宁十年（1077）的《代张方平谏用兵书》，周必大
也在淳熙十二年（1185）就这一篇苏轼原草写过跋语。这一篇
上书虽然作于熙宁十年，当时王安石已经罢相退闲，但内容实际
是针对自王安石执政以来的西北、西南与岭南用兵政策而发。此
外，张方平还有一篇奏疏《论岭南利害九事》载于其文集《乐全
集》，则是专就岭南用兵之事而论。陆游把张方平对王安石施政
的批评和他的为人分开来看，认为他对包括新法、用兵在内的王
安石施政的批评，可以称得上是"忠"，而苏轼代张方平起草的
谏用兵奏疏，则足以与日月争光。合陆游的两篇跋文看，他对王
安石个人语含宽谅，然而认为张方平、苏轼两人批评其施政，是
忠的表现，是天下之公论，可见在他的看法里，王安石所推行新
法及其他施政，确有不妥之处。

陆游写上述两篇跋文时，已是宋宁宗嘉泰年间，这时韩侂胄
已经大权在握。经过开禧用兵的失败，韩侂胄被杀，不久之后又
有另一位权相史弥远代之而起，到南宋末年，还有再一位权相贾
似道在任。继秦桧之后，韩侂胄、史弥远、贾似道先后出现，与
南宋历史相终始，而其影响到王安石的政治声望的消落，也自秦
桧去世之后，与南宋中晚期的历史相终始。

南宋中期以后，虽然由于时异势迁，士大夫对于朝廷在对外

关系上，究竟应该采取和、战或守的政策，态度已和绍兴年间不尽相同，但是秦桧误国与滥权的形象，已经深植于他们的心中。而他们之所以对韩侂胄、史弥远、贾似道等权相严加批评，主要在于他们认为这几个都是误国、滥权的权臣。当士大夫们批评韩侂胄、史弥远或贾似道时，往往也会联想到之前的权臣，因而上溯到秦桧、蔡京甚至王安石权柄在握时的作为。

宋孝宗的皇位得自高宗内禅，当高宗于淳熙十四年（1187）去世，孝宗为了守丧，委政于太子，两年后内禅，由太子继位，即宋光宗。光宗有心疾，与孝宗的关系又由于宦官与李后的离间而疏远，不仅久未朝见，当孝宗于绍熙五年（1194）去世时，光宗与李后均未临丧。在这种情况下，具有宗室身份的知枢密院事赵汝愚与具有外戚身份的知阁门事韩侂胄密谋，拥立光宗之子嘉王，以光宗内禅的方式继位，即宋宁宗。韩侂胄虽然只是主管皇帝朝会宴幸供奉、赞相礼仪之事的武职官员，但由于原是外戚勋贵，其女又是嘉王妃，于宁宗继位后成为皇后，因而得以居中用事，与晋升为宰相的赵汝愚发生了权力的冲突，于庆元元年（1195）排摈赵汝愚，使其罢相并贬黜之后，大权在握。接着发动"伪学之禁"，排除以朱熹为首，支持赵汝愚的士大夫。朱熹学承二程而加以光大，使程学以"道学"名盛行于当时。程颐已用"道学"一词来称呼程颢和自己所从事的学问，南宋初年的胡安国扩大其所指称的内容，除二程外，还包括邵雍、张载之学。乾道年间以后，以"道学"为名的治学之道，由于程学后继者在地方公私教育上的努力，而得到社会上较广的认识。对朱熹来讲，道学是以正心、修身为本，进而及于治道的学问。由于讲求治道以正心、修身为本，读书求学的目的首先在于平日的内心省察与行为检束，进而讲求齐家，再自家人推而及于亲戚、朋友、乡里之民，有余力则上达于致君泽民之业。由于与一般士人读书求学目的在于增广知识、习练文才，甚至不在于知识、文才本身，而是借之以求取科第，所重有所不同，于是批评者指其为"伪"。淳熙末年，这种批评已见于朝廷之上。韩侂胄袭取秦桧打击程学的用词，以"伪学""专门之学"的名称，来排除道学之士在政治上的影响力，这也就是所谓的"伪学之禁"或"庆元党禁"。赵汝愚及其支持者均已遭排摈，韩侂胄于庆元二年（1196）获授文散官最高阶开府仪同三司；开禧元年又获任命为平章军国事，立班于宰相之上。其实从庆元年间以来，宰辅、言官在行事上均已听命于他。

韩侂胄在控制政局之后，由于得知金内外都有不稳的情形，想借发动北伐来建立盖世功名，让自己的权位更为巩固。结果北伐失败，两国重订盟约。原本在绍兴末至隆兴年间，两国之间的和平已曾因金海陵帝南侵而破坏，金军在海陵帝为属下所杀之后退兵，南宋又因图谋恢复而有北进的军事行动，却也受挫。在乾道元年（1165）双方重订的盟约中，南宋对金的政治地位已获改善。开禧北伐失败后，两国在开禧三年（1207）谈起，次年亦即嘉定元年（1208）再订新盟约。在这次盟约中，南宋对金的关系由叔侄之国改成伯侄之国，南宋对金的政治地位比起乾道元年降低，虽较绍兴十二年（1142）盟约的君臣关系为佳，但负担的岁币不仅重于乾道盟约，也重于绍兴十二年的盟约，而且除了岁币之外，还有一次交付给金的犒军银三百万两的负担，这是无论在绍兴十二年或乾道元年的盟约中都没有的。在商谈和议的过程中，金要求送交韩侂胄首级，韩侂胄因而被杀。

韩侂胄既死，南宋朝政也因之更新。随后士大夫的言论，便期望朝廷能以韩侂胄为鉴，并且随着对韩侂胄的批评而往前追溯，及于秦桧、蔡京与王安石。代表性的言论，见于袁燮所记载的黄度，以及真德秀。

袁燮在《龙图阁学士通奉大夫尚书黄公行状》（袁燮《絜斋集》卷十二）中，记载卒于嘉定五年（1212）的黄度生平。当庆元元年，黄度任右正言，看到韩侂胄"出入宫禁，弄权植党，有陵驾当世心"，感到忧虑，打算上疏乞求上殿见皇帝，当面提出他的忧虑，韩侂胄打听得知，以御笔将他改任知平江府。黄度两度上疏请辞，在第二封请辞疏中指出，祖宗朝天下事的处理，有应遵行的制度，未尝直接以御笔裁处，到崇宁、大观年间，蔡京当国，才挟主威以制天下，凡事施行，必请御笔，可为深戒，"近者台谏给舍，屡有更易，中书无所参预，御笔浸多，事势煊赫，实骇观听"。在他以养亲为由坚持之下，改领祠职。嘉定元年朝政更新之后，黄度因召赴行在，入对时又言及台谏给舍的问题：

> 本朝给舍、台谏，庆历、元祐间实赖其力。始变于熙、丰，再变于崇、观，三变于绍兴，至于侂胄，假弹击以惑主听，托缴驳以益邦诬，则流风余俗，靡有遗者。今更新大化，扶植忠贤，愿知庆历、元祐之所以得，熙、丰、崇、观之所以失。

熙、丰之变是指王安石及继其后新党宰相的执政，崇、观之变是指蔡京的执政，绍兴之变则是指秦桧的执政，黄度把这三个时期和韩侂胄专权时期相提并论，认为都是给舍台谏无法发挥他们应有力量的时期，而韩侂胄专权时期假借给舍台谏的力量来排斥异己，则是承继了几个时期所遗留的运用方式。几个月之后，黄度又在宋宁宗面前论及专任宰辅的得失，指出要看所任宰相的贤或不贤，如果专任的宰相不贤，则将带来误国的后果：

> 神宗之用王安石，徽宗之用蔡京，亦专任也。安石迂僻而自用，故误神宗；京奸谀蠹国，卒致金人之祸。高宗之任秦桧，专矣，而险毒害正，天下多故，高宗收还威柄，而后复安。陛下前日用韩侂胄，亦专矣，而败坏天下，至于不可支持。今威柄复还，正与高庙同。

他再次将王安石、蔡京、秦桧和韩侂胄相提并论，把他们都看成是不贤而误国的宰相。在上述两次上言里，黄度都是从韩侂胄为国家带来的问题入手，往前追溯到王安石，给予王安石钳制言论、误害国家的恶评。袁燮在这篇行状中讲，自己受知于黄度已有三纪，亦即三十六年之久，知其事最详，他记了这些话，想必是认为足以显示黄度经历过韩侂胄专权误国时期后，发自内心的深刻感触。其实师从陆九龄、九渊兄弟的袁燮，自己在庆元元年任太学正时，于朱熹及诸名儒相继遭到罢黜之后，由于依然延见上书指斥时事的生徒，商榷理道，以尽其诱进太学诸生的职责，也遭到论罢，紧接着就有伪学之禁出现。当他记下黄度所讲的这些话时，想必心中也深有同感。

真德秀于庆元五年（1199）登进士第，然后在开禧元年（1205）考中博学宏词科，一直在地方上任官，到开禧三年（1207）才因出任太学正而赴行都。由于在地方上任官，所以并未亲身面对韩侂胄专权期对异己者的打击。但是在试博学宏词时，识拔他的陈岘，却是韩侂胄滥权的受害者。陈岘也是在嘉定五年去世，真德秀以曾获其品题为词科首选而出入其门的身份，撰写《显谟阁待制致仕赠宣奉大夫陈公墓志铭》(真德秀《真文忠公文集》卷四十四)，除了记载在韩侂胄已居中用事，假御笔以窃朝权时，陈岘在召试学士院对策中说"帝王号令不可轻出，傥不经三省施行，从中径下，外示独断，内启幸门，祸患将伏于中而不自知"，有意针对韩侂胄而发外，在篇首就记述了开禧元年韩侂胄要用其亲吏苏师旦为节度使，密谕词臣起草诏书，这时任中书舍人的陈岘就说苏师旦岂配授予，如果要他做这件事，他只有去职。不久之后，又有韩侂胄所倚仗的中贵人，躐等授予带遥郡使衔，陈岘上疏奏言不妥，因此为御史所劾，陈岘因之而去职。接着真德秀写下了这一段话：

> 或问公与熙宁三舍人之事孰难。曰："李定之除，公朝显行之令也；师旦之命，权臣密谕之指也。方熙宁初，王安石虽用事，诏令犹付之有司。故三舍人得以职争之，其为力也易。至侂胄有所欲为，则阴使人谕以意指，一有违忤，则假他罪逐之，不使得以守职言事去也。故在公拒之为难。"

熙宁三舍人之事，是指王安石在熙宁三年(1070)要任命李定为监察御史里行，中书舍人知制诰宋敏求、苏颂、李大临三人，均以李定资历不合，封还词头，拒绝起草诏书。真德秀虽然认为陈岘在韩侂胄以制度外的密谕方式，来要求中书舍人起草诏令，如果拒绝，又假借其他罪名来黜逐，要坚守职分，比起熙宁三舍人在制度仍然运行的情况下，拒绝起草不妥的诏令，要困难得多。但是他拿王安石用事时的事例，来和韩侂胄专权时的作为比较，却也显示出王安石视制度如无物。由于真德秀的使用，"熙宁三舍人"一词在南宋晚期风行一时。叶绍翁《四朝闻见录·戊集·侂胄师旦周筠等本末》引录了真德秀所撰陈岘墓志铭中起首的这一段，以及陈岘召试学士院对策的文字，还加上韩侂胄被诛后，陈岘召除兵郎兼学士院时，真德秀所起草诏书中的"众翼怒飞，仪凤之翔何远；万流奔注，砥柱之立不移"，说明这几句话就是嘉勉陈岘面对显赫的权势，仍能恪尽其应有的职分。"熙宁三舍人"一词又见于南宋晚期一些士大夫的诗文中，还有几种类书特别以专条来解释其意义。这种情形，正反映出王安石身后政治声望在当时的低落。

真德秀自己，则在嘉定元年（1208）的上疏中，就已经由于批评韩侂胄的钳制士大夫言论，而上溯到王安石。他所上的《戊辰四月上殿奏札二》（《真文忠公文集》卷二），首先指出从庆元年间以来，柄臣用以沮害善类的用词有二，一是好异，一是好名。然后回顾祖宗盛时，认为是一个以宽闳博大养士气、以廉耻节礼淑人心的时代。其特色是，有关国家大政及其议论，对于大臣意见不同于天子，台谏意见不同于宰相，不以为嫌；对于布衣陈时政、草茅议廊庙，也不以为僭；惟恐人之不尽忠，而未尝恶其立异；士人自修于乡里、自励于州县，则能见尊于朝廷、见褒于君上；不以过人之节为矫作，不以异俗之行为狂妄；惟恐人之不向善，而未尝疑其近名。变化始自王安石用事以后：

> 自王安石、蔡京之徒相继用事，乐趋和同己之论，用险肤亡行之人，士有不为利疚、不为势怵者，则目之以好异，目之以好名，摧折沮挫，不遗余力。波流横溃，至于崇、宣，遗亲后君之习成，伏节死义之风泯，其祸可胜道哉！中兴以还，深鉴前辙，培养作成，风俗一变。不幸十数年间，复坏于柄臣之手。

真德秀接着指出，在柄臣当政时，忠良遭斥、伪学论兴，都是由此而造成的。也就是说，韩侂胄专权时期沮害善类的作为，其根源都可以上溯到王安石。

在这一封奏疏里，真德秀没有言及秦桧。不过在上于嘉定三年（1210）的《庚午六月十五日轮对奏札二》，则由于言及用人立政应以天下公议为主，而从韩侂胄用事时的不顾天下公议，上及于秦桧不顾当时"和好不足恃"的公议，再上及于王安石不顾当时"新法不可行"的公议。以后在嘉定六年（1213）、七年（1214），真德秀还有两封奏疏，把问题的根源从韩侂胄往前追溯到王安石。就在嘉定七年，金在蒙古的军事压力下，将都城从燕京南迁至汴京，并且在七月遣使告知南宋。在这同时，金境内山东一带被视为盗贼的民军活动也逐渐增剧，真德秀在他的《除江东漕十一月二十二日朝辞奏事札子一》里都已论及。在这篇奏疏里，他也如同上述嘉定三年的奏疏一样，把漠视公论的例子，从韩侂胄上溯秦桧，再上溯到王安石。这无疑已经不仅是批评韩侂胄，而是更进一步针对执政的史弥远而发言，把史弥远面对金的转衰及山东盗兴起的态度，批评为漠视公论。南宋所面对的外患问题，正要踏入另一个新的阶段，而这时已是史弥远独相的第六年。

史弥远独相的时间长达二十五年之久，是宋代连续在任时间最长的宰相。他在宋宁宗嘉定元年十月出任宰相，与已任宰相近一年的钱象祖并相，次月因丁母忧而去位守丧；守丧才半年，即奉诏起复还任，并开始独相，直到宋理宗绍定六年（1233）十月去世前为止。独相时间既长，又由于他反对韩侂胄发动开禧北伐，北伐失败后策划杀韩侂胄，因而得宁宗信任；宁宗在嘉定十七年（1224）去世时，他又拥立理宗继位，因而得理宗信任，所以长期权柄在握。他任相期间，一直深受士大夫的批评，缘由一方面在他无论是对金和战或处理宋、金淮东、山东交界地区民军活动，态度都拖延不决；一方面在于他为了拥戴理宗继位，造成济王案；再一方面在于他独擅权柄，而且毫不容情地打击异议。

早自史弥远起复后，已有朝廷官员对他提出批评；济王案发生后，批评的言论更多；到他去世后，官员们的发言更是无所忌讳。真德秀于宋理宗端平年间，为去世于嘉定六年的王介写《宋集英殿修撰王公墓志铭》（《真文忠公文集》卷四十六），讲到王介在绍熙五年（1194）韩侂胄"以戚畹出入禁中，倚御笔徙两谏违己者，将阴窃国柄"的迹象时，已上疏申救这两名谏官；于开禧二年（1206）韩侂胄开边时，又"首陈用兵之祸有三可虑，乞宣大臣，不宜轻举"，于是遭斥罢，到韩侂胄被诛后才召回。接着史弥远"以一相颛国"，宁宗以不雨而诏百官指陈阙失，王介在上疏中陈述时政有下人谋上、夷狄乱华、左右干政、小人间君子等僭越之失后，直言"宰相职在燮理阴阳，而不雨久，于汉法当策免，乞令弥远终丧，择公正无私者置左右"，并且"引王、吕、蔡、秦覆辙为戒"。这是嘉定二年（1209）的事，这时王介已经引用王安石、吕惠卿、蔡京、秦桧为鉴，认为史弥远可能重蹈他们祸国的覆辙。真德秀记述王介不畏权势的事迹，并且写下自己的感慨：

> 某尝读公甲寅（按：绍熙五年）封事，及公所手示己巳（按：嘉定二年）奏稿，竦然太息曰：汉汲长孺，本朝王元之其人也！自公之言不行于庆元初，故侂胄误国，而天下一坏矣。嘉定复不用公言，弥远得以行其私。二十六年之间，

斫国家元气殆尽，士大夫无复知愧耻，而全人希少。至于
今，民悴兵恣盗贼作，而戎狄侵侮，天下几于再坏。端平更
化，明天子方聚一世之才，并力作新之，而如人沉痼之疾，
未可以一朝起也。

汲长孺是汉帝时的汲黯，王元之则是宋太宗时的王禹偁，两人均
以直谏知名。真德秀经历了自嘉定至端平时势的转变，很清楚地
同意王介当年对史弥远的批评，认为史弥远的长期当政，已经重
蹈王、吕、蔡、秦祸国的覆辙。

真德秀自己，也蒙受过史弥远无情的打击。王介之子王埜早
在理宗即位之后的宝庆年间，就托他写父亲的墓志，他却一直到
史弥远去世之后的端平年间才写，原因就在于宝庆年间他正因济
王案而与史弥远发生冲突。他向理宗指出，霅川（湖州）之变并
非济王竑的本志，而是出自他人所迫，理宗与济王竑属亲兄弟，
应从人伦纲常去思考，必须优加宽恤，除了已行的辍朝卜葬之
外，还应加以追封，并为其立嗣。不仅是济王案，真德秀的其他
建言也引致史弥远的不悦，于是嗾使言官对其加以弹劾。真德秀
因而先是带职名奉祠，继而落职罢祠，返回家乡福建建宁府的浦
城县居住。

济王案的发生，起于宋宁宗原立的太子早死，于是另立宗室
沂靖惠王去世后所立的继嗣贵和为皇子，更名竑，于嘉定十五年
（1222）封济国公。竑既立为皇子，沂靖惠王没有后嗣，选宗室
子昀为继嗣。竑对史弥远一向不满，为史弥远所得知，于是计划
日后以昀代竑继宁宗之位，对其善加培育。到宋宁宗去世，昀为
史弥远所推戴即位为帝，即宋理宗；竑受封为济王，赐第居于湖
州。宝庆元年（1225）正月，湖州人潘壬、潘丙兄弟图谋立竑，

以黄袍加身，济王竑在迫胁下依从。但旋即发现潘氏兄弟部众甚少，而且都是太湖渔人或巡检司、县尉司的兵卒、弓手，于是改变态度，率领湖州的州兵将其平定。潘氏兄弟事败后，史弥远派人逼令济王竑自尽。理宗虽然为之辍朝，并赙赠银、绢、会子，却受逼于史弥远党羽的一再缴诏、奏请，不仅无法赠之以少师、节度使的身后荣衔，而且剥夺其济王封爵，降封为巴陵县公。

这件事情引起真德秀、魏了翁、洪咨夔、胡梦昱等朝廷官员纷纷上言，为济王申冤，他们也都因此得罪了史弥远，遭斥逐至远地。其中胡梦昱并且远贬于广南西路的象州；魏了翁虽未过岭，却也在荆湖南路西南的靖州。到绍定六年（1233），史弥远去世，郑清之继相，第二年改元端平，于是有所谓的"端平更化"，除胡梦昱已死于贬所外，真德秀、魏了翁、洪咨夔均获召回重用，真德秀并且出任参知政事。这时真德秀也才能为王介写墓志铭，于其中不避忌讳地直书王介对史弥远的批评，并发抒自己的感触。

史弥远去世后，郑清之继任宰相，进入端平更化时期，人们称这一个时期为"小元祐"，含有把史弥远专权时期比之为熙宁、元丰时期之意。郑清之与史弥远的关系密切，当初史弥远就是派他去教育沂靖惠王的继嗣昀。当昀继宁宗之位而成理宗之后，郑清之以史弥远的心腹和理宗未即位前的师长双重身份，快速升迁，并且在绍定六年史弥远去世前出任宰相；史弥远旋即去世，他随而承担起国政的重任。郑清之尽管为史弥远所信任，但是他对国事的看法却与史弥远不尽相同。郑清之继任宰相之后，一改史弥远之所为，除因济王案而遭斥逐的真德秀、魏了翁、洪咨夔等人均获召回起用外，还起用了一群当时人视为贤达，而在史弥远执政时仕途淹滞的士大夫。在史弥远专权时期，运用台谏官来打击异己，要到郑清之执政，台谏官才能畅言时政。

在"小元祐"时期，将史弥远当政的时期和郑清之当政的时期对比，视为熙宁时期和元祐时期的对比，确实见于当时士大夫的著作。真德秀于郑清之执政之后获得召用，不久之后出任知参知政事，但在端平二年（1235）即去世。去世之后，魏了翁以两人同生于淳熙，同举于庆元，自宝庆至端平出处又相似，为其撰写神道碑文，于叙述真德秀生平事迹之前，先抒发了一段感慨：

> 窃尝叹天之生贤也不数，幸而得之，则又以党论偾兴靡常。熙丰变法之臣，前后二十年，逮元祐更化，则韩、富诸老已不及见，而文、吕、马、范或疾或老矣。绍兴主和之臣，操特（按："特"当作"持"）二十年，逮高皇亲政则李、赵诸贤已不及见，而张、胡归自谪所，又扼于桧党，迟迟累年而用之，则余龄无几矣。以公之年固不当止于是，然自柱史后凡补外十余年而后召，立朝未三月又坐言事屏废七年而后起，幸遇圣上亲政，由郡移郡，公之精力已不逮前。脱使招延于众正之先，枋用于始至之日，则犹及温公为政之岁月，天下事尚有可为者矣。（《鹤山先生大全文集》卷六十九《参知政事资政殿学士致仕真公神道碑》）

碑文中所说真德秀"自柱史后凡补外十余年"的"柱史"，是指他在嘉定七年（1214）出任江南东路转运副使之前，所担任的起居舍人。这一段话，以熙、丰变法至元祐更化之间，绍兴主和之臣专权至宋高宗亲政之间，诸贤任用之不得其时，来和真德秀于担任起居舍人后出补外任，到端平更化之间的任用不得其时来相对比。这样的对比，无异于把端平更化之前，史弥远长达二十五

年的专权时期，视为熙宁、元丰时期，或绍兴年间秦桧专权的
时期。

类似的对比，又见于刘克庄于端平二年为郑清之生日而作的
《郑丞相生日口号十首》的第二首：

> 王吕纷更尚治安，史韩椓戕代（按："代"当作"戕"）始
> 凋残。乃知元祐调弦易，却是端平变局难。（《后村先生大全
> 集》卷十）

"椓戕"在这首诗中的意思是伤害，可以参考《诗·小雅·正
月》郑玄笺、孔颖达疏对"天夭是椓"句的解释。这首诗也是以
熙宁、元丰施行新法时期到元祐更化时期的改变，和从韩侂胄、
史弥远专权误国时期到端平更化时期的改变来对比。和魏了翁不
同的是，刘克庄认为熙宁时期尽管王安石、吕惠卿行新法，但是
对国家的伤害较小，局势大致上还称得上治安，而韩侂胄、史弥
远的专权误国，对国家伤害则甚大。也因此元祐时期在施政上要
改弦易辙，比较容易，而端平时期想要改变过去政治的误失，则
困难得多。刘克庄的用意，一方面固然在推崇郑清之于艰困之中
开创变局，另一方面，也在期许郑清之，即使艰困仍应坚持下
去。尽管这首诗对于熙宁年间王安石、吕惠卿的施政并没有过于
严苛的批评，但是显然也认为，对熙宁年间的纷更旧制来讲，元
祐年间的改变是应有的方向，而且从政治措施有必要重加改变的
观点，以熙宁时期和韩侂胄、史弥远专权误国时期相提并论，差
别仅在于难易之分。

端平年间，史弥远已去世，朝政也已更新，朝廷的言论不再
如以往那样有所顾忌，于是批评朝政的议论随之而起，其中不乏

以过去史弥远的施政为批评对象。魏了翁不仅如他在真德秀神道碑文中所言，在宝庆至端平年间出处相似，亦即两人在宝庆年间都由于论及济王案而遭斥逐，到端平年间都蒙召返朝；他早在嘉泰、开禧之间，已由于反对北伐开边而违忤韩侂胄，因而出补外任。当端平元年（1234）正月，宋理宗下御笔诏，要求内外大小臣僚上封事言朝政得失、中外利病之后，他应诏言事。在这封《应诏封事》（《鹤山先生大全文集》卷十八）中，魏了翁主要提出当时施行的十项制度，认为应复行祖宗旧制，在进入逐项讨论前，他先扼要地说明祖宗旧制破坏的过程，"大抵始变于熙宁，不尽复于元祐，而大坏于崇、观以后，收拾于炎、兴之际，浸备于乾、淳、绍熙之间，而又坏于庆元、泰、禧以后"，认为宋理宗如果不在亲政之始，加以恢复，将会日远日忘。他追溯制度破坏的过程，始于王安石当政，终于韩侂胄专权，并没有提到史弥远，但是显然含有史弥远专权时所行制度不合于祖宗之意。接着他逐项讨论，每一项中，多会言及旧制破坏的源起，各项所溯不尽相同，除第十项"复制梱旧典以出私意"之外，也都没有提到史弥远，但是大多会言及"嘉定以来""近岁""近时"，这自然也是指史弥远而言。可以用第一项"复三省旧典以重六卿"及第十项"复制梱旧典以出私意"为例，看看魏了翁在这两封奏疏中，如何从史弥远专权的一些表现，往前追溯到王安石。

　　"复三省旧典以重六卿"这一项中的"三省旧典"，是指"中书取旨、门下审覆、尚书施行"这一个国家政令从形成到实施的过程。不过他也认为，如果觉得这一个过程迂回，那也可以像元祐年间以后，并中书、门下为一。他接着讲，可是熙宁宰相王安石特别设置中书检正官，分三省官属之权，元丰改制之后，又以尚书省左右司取代，此端一开，只要权在大臣，宰相属掾就成为窃弄威柄之地。接着讲到韩侂胄盗权之始，仍然分权责于左右丞相，他自己不过是以签押的方式来过问国政，三省六曹（六部）的体统没有全失；等到他平章军国事，二府（中书门下、枢密院）属掾之权益重，六曹长贰之权益轻。嘉定以来，由于担心权力为六曹所分，凡是文书到省，往往在检正都司、宰相和各部之间往复迂回处理，近者累月，远者一、二年，借之以上下市恩、官吏受贿；而且检正是中书门下省之属，都司是尚书省之属，如今混而为一，政令就不再有可否的牵制。于是魏了翁有所感慨：

> 呜呼！宇宙大物也，非一人所能控搏，虽尧舜犹舍也（按："也"当作"己"）以从众，虽皋夔稷契犹举贤而逊能。而后世庸贪之相，何等才分？乃欲深居独运，以机务之夥而付之二三阿谀顺指之人。自王安石倡之，章惇、蔡京、秦枪（按："枪"为"桧"之误）、韩侂胄效之，至近世而益甚。今天启否平之运，此弊首当更张。

魏了翁又以贴黄补充说：

> 宰旅、宰士之名，其来虽久，而职任甚轻。迨熙、丰以后，检正分察诸房，都司分治六官，而事权始尊。至于近世都司逢迎宰相，与闻机事，而外与制总诸司，沿边将帅相赂以利，其权任反出执政台谏上。先是侂胄时，两省之属犹有所不敢为。今乃于执政从官之中突出此项，以小臣而与大政，事体不顺。其事始于熙、丰之误，而人不察。

"宰旅"之名见于《左传》，"宰士"之名见于《春秋公羊传》，所以说是"其来虽久";"制总诸司"则是指当时地方上主管边防军事的制置司和负责御前诸军军需供给的总领所。合魏了翁两段感慨而观,他对王安石的批评,可以说是由于对史弥远的不满而来。他把王安石也看成是一个权相,在熙宁年间设置宰相属僚中书检正官,是为了分三省之权,为后来的章惇、蔡京、秦桧、韩侂胄所取法;而史弥远运用宰相属司检正都司处理政务,专权更甚于过往,追溯其渊源,实际上是起自王安石。

"复制梱旧典以出私意"这一项中的"制梱",是指边境上主管军事的制置使司。在这一项里,魏了翁并没有说明制梱原有的制度为何,而是从北宋初年的"以牧守易藩镇、以诗书易干戈"及"不黩武以启戎奸"讲起。至于他的期望,则是边事不可以由宰相私自指挥,皇帝及其他官员均不知晓,此后事关边防及四方水旱、盗贼,应允许监司、边帅、郡守论奏,直达圣聪。在这一项里,他清楚地提出了史弥远如同自王安石以下,章惇、蔡京、王黼、秦桧、韩侂胄等柄臣,由于窥见立国之规的罅隙,"必挟和、战二字为招权固位之计"。他先讲王安石:

> 王安石得政,首以富国强兵自任,于是置旁通簿以悦上意,分三司使权以归朝廷。府库既充,遣其丑类南征西伐,劳人费财,以奉空虚之地,张皇捷音,掩匿败报,以欺人主。卒之丧师失律,震惊乘兴(按:"兴"为"舆"之误)。

在魏了翁的认识里,王安石执政时所行的措施,是为了富国强兵,国家府库充裕,继之以对外用兵,目的则是自己的"招权固位"。

接着他讲章惇、蔡京、王黼的结怨西北、弃信背盟以开狄难，秦桧的割地奉雠、芟夷善类，韩侂胄为开边之说以自固。然后就讲到史弥远：

> 史弥远密赞先帝，正侂胄开边之罪而代其位，其说不得不出于和。然而中原溃裂，和未能久，而山东、河北、关陕之人归疆请吏，无岁无之。其在襄阳、蜀口者，号曰约回而实杀之。惟山东之民蜂屯蚁聚，势不可却，于是不得已而纳之。纳之则当思以处之，顾乃听其自为去来于我土地，听其恣行剽劫于我疆垂。

他以对山东民军李全的活动处理不当为例，指出：

> 图之不得，而衅隙日开，至于盐城之难，可谓极矣。故相尚欲掩遏调护，或咎其昏暗，或讥其畏怯。臣以西事观之，则不过为固位计耳。

所谓"盐城之难"，是指宝庆元年（1225）发生在楚州（盐城）的一次兵难。南宋的淮东安抚制置副使兼知楚州许国，在楚州因李成发动事变，全家蒙难，自身逃离而又被拘获，于送返楚州途中以自缢而死。"西事"则见于魏了翁接下来的解释，是指南宋与金、蒙古在四川边境的军事冲突，包括嘉定十二年（1219），四川制置使董居谊因金军入侵而自利州遁入剑内；宝庆三年（1227），蒙古军队进入宋境，四川制置使郑损弃守边界上的外三关、退守内三关，关外五州陷落，数月之后蒙古才退兵；到绍定三、四年（1230—1231）间，蒙军假道宋境伐金，代郑损接任四川制置使的桂如渊处置失策，重蹈郑损覆辙，蒙军横行于四川北境的十七州，民众死亡不知其数。当言及董居谊因金军入侵而遁走时，魏了翁特别提到他"尚守密院风旨，显然下令，有不得追袭过界之文"。史弥远自独相以来，一直兼知枢密院事，所谓"密院风旨"，就是指史弥远的风旨。言及郑损弃地时，所说"谕令降附，弃险要，蹙地数百里，以图苟安"的"谕令"，也是指史弥远所谕令。所以当言及桂如渊失策时，魏了翁会说这是"弥远实使之"。也因此，他会进一步从西事而"则三边之事盖可类推"，再进一步认为"弥远患失之心，路人所共知矣"。所谓"患失"，就是说史弥远担心因宋军越过疆界引起更大的战事，而丧失其权位。这样的讨论，无非是呼应他在这一项前文所说的，自王安石以来的一些权臣，"必挟和、战二字为招权固位之本"的心态。第十项如同第一项，都是出自对于史弥远揽权的不满，而批评上及于王安石，视王安石同样是权臣。

　　端平年间朝廷官员的上言，济王案仍然是话题之一。宝庆年间，包括真德秀在内的官员纷纷为济王案发言，要求之一是为冤死的济王追封及立嗣，当史弥远任相期间，一直遭到坚拒；史弥远去世，宋理宗亲政，原先为济王案申冤而受贬黜的官员陆续回朝，他们回朝之后，在端平年又重新为济王案鸣冤。例如魏了翁，在上述《应诏封事》的第六项"复台谏旧典"中，就讲到当史弥远专权时，曾听到有台谏向人说，近日文字都是府第付出，起先还感到怀疑，到有一天，听李知孝对他讲到，"昨所论洪咨夔、胡梦昱，乃府第付出全文"，才确证了他从别人那里听到的话。"府第付出"即是史弥远府第所付出，魏了翁因此批评史弥远专权时期的台谏，是鹰犬之不如。这些话虽然没有直接言及济王案，但是因当年洪咨夔、胡梦昱为济王申冤而遭到李知孝弹劲，而直指当时的台谏是鹰犬之不如，已间接指向朝廷处理此案的不妥。到这篇封事结尾的贴黄中，魏了翁又委婉地提出请求，希望理宗能顾虑到君臣之合、骨肉之亲，重新览阅当年官员为此案上言的章疏。

宋理宗迫于朝论，终于下诏尽复济王官爵，但依然拒绝为其立嗣，因此为济王申冤的言论在朝廷上仍未消失。方大琮自开禧三年（1207）登第后，一直任官地方，或居父母之丧，到端平元年才任官于朝。虽然济王案发生时，他不在都城，可是对包括胡梦昱在内，当时为济王申冤诸臣奏疏的内容，十分熟悉。他在端平三年（1236）七月，当理宗不御殿时，缴进两封奏札，即载于《忠惠铁庵方公文集》卷一的《端平三年七月分第一札》及《第二札》。他上这两封奏札时，南宋国内外的形势已和理宗初即位时有所不同。以对外而言，端平元年由于边将贪功，且得到理宗与郑清之支持，发动一般所称的端平入洛之役，企图乘宋、蒙联兵灭金的收功，于尚未回师时，再挥军收复河南地及汴京、洛阳，却受挫于蒙军，以失利而归。此后蒙古对宋兵端又开，攻略日益加紧，边防重镇襄阳一度陷落，蒙军南进，直抵长江北岸的江陵府。以国内而言，各地兵变频传，自南至北，都有这类事情发生，襄阳之所以会陷落，部分原因就和兵变有关。因此，方大琮在第一封札里，起首就说，当时国家已以存亡言，"今也亡之一字惯熟于上下之口"。

这封奏札一方面请求为济王立嗣，另一方面也为因言济王事而贬死于象州的胡梦昱申冤，再一方面则为济王遇害、胡梦昱贬死两件事而声言史弥远之罪。方大琮先将史弥远比之为秦桧，认为"贼远之罪浮于奸桧"。秦桧死日，诸子勒令致仕；可是史弥远的儿子史宅之，却仍然不顾公议，在获得赐第之后，以禁从的身份出知名郡，他质疑说："独不以高宗之处桧者处之乎？"然后以济王、胡梦昱之冤未雪，史弥远身后追惩未行，导致天地之间充塞、郁积着邪戾之气，各种不祥之事因而发生；进而将史弥远比之为王安石，指出近日听闻史宇之、史宅之兄弟"以其父三十年聚怨之华堂，一旦舍之为僧庐，采其事尤异"，即是"昔王安石捐居第于钟山，而记者以为睹雾囚之故"一类的事情。"雾囚"则指王安石于元丰七年（1084），恍惚见其子王雱荷铁枷杻，有如重囚，于是施舍所居半山园为佛寺。此事载于邵伯温《邵氏闻见录》，李焘也采述其事于《续资治通鉴长编》。最后又指出，如果不能雪冤惩恶，充塞、郁积于天地之壮的邪戾之气无法弭消，将事关宗社存亡，并以史弥远比之于蔡京。"瑶华之位终复，蔡京之后终锢，而光景迫促，已无救于黏斡长驱之祸矣，吁！可畏哉！""瑶华"指宋哲宗原初的皇后孟氏，于绍圣三年（1096）被废，居于瑶华宫，至元符三年（1100）哲宗死后复位为元祐皇后；于崇宁元年（1102）再废，复居于瑶华宫，至靖康二年（1127）四月再复尊为宋皇后。"蔡京之后终锢"则在靖康元年（1126）九月，"已无救于黏斡长驱之祸"则是指北宋之亡，黏斡或译为粘罕。这一个比拟，无异于认为若不雪冤惩恶，将会导致南宋走上与北宋同样的道路，呼应着篇首所说的"今也亡之一字惯熟于上下之口"。岂料方大琮的预警竟然成真，当宋恭帝于德祐元年（1275）十一月追赠济王竑，并为其立嗣时，已是元军即将进攻临安之日。

方大琮对济王事的直言，已不同于魏了翁在端平元年正月《应诏封事》中的委婉而言。对于宋理宗来讲，这依然是一个他无法接受的要求。一个月之后，方大琮上殿面对，理宗对他说："擢卿言官，义当体国。"显然是认为他的建言未能"体国"。

可是自从他的上言之后，王迈、刘克庄等人相继以济王事论谏。次年是嘉熙元年（1237），六月，行都发生大火，延烧居民达五十三万家。士民因这场大火而上书诉济王冤者甚众，侍御史蒋岘竟因此而弹劾方大琮、王迈、刘克庄等鼓扇异论，而以方大琮为首，同日遭到罢斥。同时遭斥的还有进士潘牥，潘牥在廷试对策时论及理宗兄弟之亲，蒋岘因此论其姓同逆贼（潘壬、潘丙兄弟），语涉不顺。后来胡梦昱之子胡知柔，搜集其父奏议、事迹，编为《象台首末》一书，在叙述胡梦昱生平的《行述》中，特别记载了方大琮为济王竝及胡梦昱申冤之事。

胡知柔序《象台首末》于宝祐四年（1256），可能在刊刻前已请友人阅览，因此附有宋人的题跋；到明代胡氏后裔重编刊行，又附有元、明人的题跋。跋文中有陈彬书于景定二年（1261）的一篇，其中感叹：

> 范司谏之贬，忤吕夷简尔，岂忤仁皇也哉。郑监门之斥，忤吕惠卿尔，岂忤神考也哉。胡编修之窜，忤秦桧尔，岂忤高庙也哉。

范司谏是范仲淹，郑监门是郑侠，胡编修是胡铨。陈彬之意，是指胡梦昱之贬，是忤史弥远，而非忤宋理宗。文中虽然说郑侠忤吕惠卿，实际上他的斥逐，起于批评新法，针对的是王安石，只不过当他受惩时，王安石已经由于为天灾负责而罢相，斥逐一事为吕惠卿所决定。因此说他忤吕惠卿，实即说他忤王安石。陈彬在这篇跋文中，由于斥责史弥远，也比之于秦桧、王安石与吕惠卿，甚至上及吕夷简，视之为同类的相臣。当陈彬写这篇跋文时，贾似道也已经独相，并且在其后一两年间开始推行招引众怨的公田法，成为南宋亡前深受谴责的权相。

吕中的《类编皇朝中兴大事记讲义》（或称《中兴大事记讲义》）是一本私学中的举业教材，编写的时间约在宋理宗的端平、嘉熙年间，后文将有讨论。此书也言及自王安石以来的权臣。在《统论》的"中兴规模论""中兴制度论""中兴国势论"三篇中都已言及，其中最详明的是在"中兴制度论"中论纪纲之坏：

> 而南渡以来，所持以立国者，纪纲也。……奈何一坏于绍兴之桧，再坏于开禧之韩，三坏于于嘉定之史，而纪纲扫地。然三坏之原，则实安石。变祖宗制度之罪小，安石坏纪纲之罪大。安石变制度，犹出于平时之陋学；安石之坏纪纲，则出于一时之私意。私意一行，日新月盛，不惟浸淫于绍圣、崇、观之后，而遗毒余孽，犹蔓延于绍兴、开禧、嘉定之间。立国之地，宁有几哉？

他从秦桧往下推至韩侂胄、史弥远，又再往上回溯至王安石。而其论二省、二府、侍从、台谏、三衙等制度纪纲之坏，大致上就是节采自魏了翁在端平元年所上《应诏封事》中的说法；而称之为"纪纲"之坏，则又采用叶适强调纪纲维系国本之意，也与他在记北宋史事的《类编皇朝大事记讲义》（或称《大事记讲义》）卷一《序论》中的"治体论"的强调纪纲相呼应。在《中兴大事记讲义》记述史事的各篇所附吕中对史事的评论中，也有多处从秦桧或韩侂胄上溯至王安石，或从秦桧下推至韩侂胄、史弥远。尽管有时并未明言，但所指者至为明显，例如在述及绍熙末，宋光宗久不过宫向皇太后请安，皇太后在大臣建议立太子的情势下，降旨立嘉王即位为皇帝时，吕中在评论中提道："庆元之初，人物会聚，无以异于乾、淳之间。而开禧、嘉定之权臣用事，则又袭秦桧之迹而甚之。"所谓"开禧、嘉定之权臣"，很清楚就是指韩侂胄、史弥远。在讲到开禧三年（1208）金人陷和尚原时，吕中说："今权臣造祸，妄启兵端，懦夫庸将，不能坚守，自此原既失，虏骑往来，如蹈无人之境，四川生灵，竟沦左衽。迹其厉阶，已胚胎于开禧之间矣。""今权臣造祸"句中的权臣，很清楚是指史弥远；"已胚胎于开禧之间矣"句是指韩侂胄的开禧北伐，引致宋、金之间的战争，才有和尚原为金人攻陷之事。整体看来，可以认为吕中的看法是，权臣之危害国家，虽以南宋时期人数为多，且危害较剧，但其始源，则是北宋熙宁年间的王安石。

贾似道是宋理宗宠妃贾妃之弟，于开庆元年（1259）奉命率军进师汉阳，以援当时正为蒙古军队包围的鄂州，于军中拜右丞相，与在朝主政的左丞相吴潜并相。贾似道视师鄂州时，因战况不利，遣使到蒙军求和，许以岁币。恰逢率领另一路蒙军进攻四川合州钓鱼城的蒙古可汗蒙哥死于军中，消息传到鄂州，蒙军统帅忽必烈急于北返争夺可汗大位，于是答应贾似道的请和。贾似道返师，视鄂州围解为己功，却讳言请和纳币一事，因此而得理宗的信任，进而逐走吴潜，自此独相。景定元年（1260），忽必烈即大汗位后，派使臣郝经至宋，申和好之意，并要求履行纳币之约。贾似道担心消息泄露，拘留郝经于真州忠勇军营，引致宋、蒙之间战端的再启。

贾似道自理宗景定元年（1260）开始独相，历度宗咸淳年间，至恭帝德祐元年（1275）为止，前后十五年，由右丞相而左丞相而平章军国重事，加以度宗为其所立，大权在握。咸淳三年（1267）拜平章军国重事之后，更是深居于西湖侧葛岭的居第，政事署行则由中书堂吏抱文书至其邸第，大小朝政一切决定于其馆客廖莹中、中书堂吏翁应龙之手，宰执署纸尾而已，可是台谏弹劾、诸司荐辟以及京尹畿漕一切事，不向其关白不敢施行。至于贾似道自己，则过着奢华的生活，放纵于玩乐。

如此的作风，使得贾似道除隐瞒请和纳币一事，导致宋、蒙战端再启之外，还有许多为人深所诟病之处。在巩固权位方面，如同北宋以来的一些权相，台谏成为其运用来打击异己的工具，直言的士大夫均遭摒斥，于是言路断绝。在政策方面，则是为了解决军粮筹措的困难、民众承受和籴摊派的负担、纸币快速贬值及随之而来的物价高涨等问题，而在富庶且位居政治核心地区的浙西，实施公田法，购买官、民户之田为公田；可是措施失当，民间骚扰，结果问题未能解决，反而由于田主损失严重而引致难以化解的民怨。又，为了解决纸币贬值、物价高涨的问题，发行新纸币关子来取代旧纸币十八界会子，以一准三，结果却是关子贬值更快，而物价涨得更高，民怨也更为扩大。同样造成民怨的，还有为了要求田土能够有产必有税而施行的推排法，动员各地都、保人员调查核实民家产业登记，引致民间骚动。在政治风气上，由于政事决于私宅，而且假手于堂客、吏人，因而造成纳赂求官的风气，贪风也随之而大盛。这一切，使得南宋在国事日益危急之中，不仅士大夫，连民众对朝政的反感也愈深，因而日益离心。

在这样的情况下，即使南宋尚未亡国，人们已视贾似道为误国之臣甚或亡国之臣，到南宋亡国之后，这种说法更加确定。景定五年（1264），谢枋得主持江南东路漕试，所出策题中已有"权奸误国，赵氏必亡"的文句，由于触犯贾似道而遭贬黜。咸淳二年（1266），太学生叶李等多人上书，指斥贾似道专权害民误国之罪，也遭窜逐至远州。到德祐元年（1275）三月，元军已进至常州，临安戒严，诏令贾似道罢平章军国重事，奉祠，制辞起首就说："大臣具四海之瞻，罪莫大于误国。"祥兴二年（1279），元军败张世杰所率南宋舟师于崖山，陆秀夫抱祥兴帝赴海死，南宋灭亡。次年，文天祥于元大都狱中集杜甫诗，以《集杜诗》为题写成五言绝句二百首，"社稷第一"释题说"三百年宗庙社稷，为贾似道一人所破坏，哀哉"，"误国权臣第三"则释题说"似道丧邦之政，不一而足，其羁縻使开边衅，则兵连祸结之始也"。吴澄由宋入元，跋胡知柔《象台首末》说："宋三百年，权奸之误国亡国者五：初亡以蔡，后亡以贾；开禧之败去亡无几，绍兴、宝庆虽未有亡国之祸，然挟敌势、贪天功，诬上行私，使不得尽为臣、为子、为弟之道，则二凶之恶殆浮于三凶。"

以贾似道为祸国、亡国之臣，不免会如同吴澄，将贾似道联系起北宋的蔡京来讲，而从北宋靖康、南宋绍兴年间以来，已视蔡京的祸国，启自熙宁年间王安石的推行新法，因此在宋、元之际，人们也就会从蔡京更往前追溯，把贾似道的祸国联系起王安石或新法。景定五年七月，彗星出于柳宿，宋理宗以天变求言，起居郎、太子侍读李伯玉在上言中援引三说，其中第二说是，"熙宁中，彗出东井，富弼、张方平皆言新法不便，今日当先罢浙西换田局"。所谓换田，是指公田法自实施之后，若是政府所购民田有土地硗瘠以及佃户顽恶者，又责求田主更换田地，换田局应即处理此一事务的机构。当时人认为，田主遇上政府要求换田这种事情，比起政府以低价购买其田土为公田，而又支付贬值快速的纸币，甚至无法兑换成现钱的度牒、官诰，是其害尤惨，所以李伯玉会在上言中要求废罢换田局。李伯玉以熙宁年间富弼、张方平因彗星见而指陈新法不便为理由，要求废罢换田局，无异于将推行公田法的贾似道比拟为推行新法的王安石。到德祐元年三月，在情势危急之下，贾似道成为众矢之的，不少官员都认为，局势之所以会演变至此，贾似道应负最大的责任。即使他已受到罢除平章军国重事、奉祠的处分，官员们仍然不满，纷纷上言要求给予更重的处分。方回这时担任安吉州通判，奉召至行都上言，指出贾似道有十可斩。在第八项中，他言及宰相运用台谏来打击异议者的问题：

> 八曰专，人主不能自治，故责之宰相，大权不可旁落，故必立台谏以司察之，使宰相、台谏合而为一，则人主无权矣。台谏用宰相风旨，自王安石始，章厚、蔡京、桧、侂、远、全，相承一脉，而似道为甚。理祖之时，犹密倚何逢年，吴子聪荐于内庭，台长荐于经筵，以欺理祖。至度考即位，似道自为废置，……人主所欲擢用、所尝称奖，无不排击而縻灭。似道所不取、所甚忌，无不文致而加污。……凡似道所以尊于九五、威于万乘，而度考拥虚器怏怏上仙者，实似道自为台谏以专天下之权也。（方回《桐江集》卷五《乙亥前上书本末》）

方回把贾似道专权时，台谏依宰相风旨行事这种弊端，逐步往前追溯，从丁大全、史弥远、韩侂胄、秦桧、蔡京、章惇，上溯到王安石。其中丁大全是宋理宗宝祐六年（1258）至开庆元年间的宰相，也被视为滥权的宰相，不过和方回所举的其他权臣相较，任相时间甚短，还不到两年。在方回的议论里，王安石运用台谏以排斥异己的作风，虽然如他之后至丁大全为止的几位权臣一样，无法和贾似道相比，却是这种作风的始作俑者。

和方回同时的周密，在他的《癸辛杂识》里，曾指方回这一封上疏作于贾似道已死之后，是用来掩饰自己过去阿腴贾似道以求官的行迹。不过据方回自己的说法，此疏上于德祐元年二月十四日，当时贾似道尚未罢平章军国重事。《宋季三朝政要》系方回上贾似道十罪之疏于七月，这时贾似道也尚未远贬。至于贾似道贬往漳州，行至漳州木绵庵而为押送使臣郑虎臣所杀，则已在这年十月。方回先前于六月另有一上疏，奏言贾似道及其门客廖莹中，皆当诛而未诛，见于《桐江集》卷六《乙亥后上书本末》。

南宋亡后，方回在其诗文中，仍然继续以贾似道和王安石相提并论，或是由于哀感南宋国亡而追责王安石。例如在《稽古图序》中记载华亭瞿家雷发、霆发兄弟知书好古，同郡张叔夏客其门，瞿霆发与张叔夏曾向方回展示其所刊《稽古图》，接续司马光所著《稽古录》之后记述宋事：

> 亡宋始安石（王介甫），次桧（秦叔玉，绍兴相），终似道（贾秋壑，德祐相），两僻学文奸，一不学姿（按："姿"疑当作"资"）凶奸，名三奸臣。深得《春秋》之意云。（《桐江集》卷一《稽古图序》）

续书宋事的《稽古图》把宋朝之所以会亡国的责任，从贾似道上溯到秦桧，再上溯到王安石，名之为三奸臣，而方回认为这样的说法是深得《春秋》的意旨。这一方面显示方回认同此一说法，另一方面也说明当时持这种说法的并非只有方回，还有其他人在。文中没有说明续书宋事的《稽古图》，是否即为瞿霆发或张叔夏的作品，但他们两人刊行此书，并示之于方回，可以认为，他们两人也同意此一看法。方回又在《平实记》（同书卷二）

中，将周、张、二程与王安石相比，指出周、张、二程传不传之学，是"平实之极者也"，可是他们都不得大用。王安石是"异端之浅者"，却在熙宁年间任宰相；他任相时不用二程、张载，用的是吕惠卿、章惇这一类人，"青苗、免役，皆崎岖崄巇不平之政；《三经》《字说》，皆诡异缪悠不实之书。一出其不平且不实之心"，终于导致靖康年间的天下丧亡。南宋以来，赵鼎稍崇洛学，犹得保天下东南之半；秦桧祖述荆舒，忘金人之仇而长弃中原；朱熹出而以洛学为己任，可惜不合于世；至于"韩、史、郑、贾，皆迷国罔上，大不道，又不足以为荆舒之靡矣"。他虽然认为韩侂胄、史弥远、郑清之、贾似道远非王安石之比，却把秦桧和他们的本源都上溯至王安石，既然秦桧造成中原无法恢复，贾似道要负起南宋亡国之责，那么王安石无疑就是南宋亡国的本源。

方回涉及王安石的诗篇，则以比较宛转的方式表达王安石与南宋亡国之祸的关系。《览古五首》(《桐江续集》卷九)是读史书而论及王安石，其中第四首讲王安石配享于孔庙所带来的祸患，"祸至裂宇宙，板荡中原空"，这是说北宋覆亡之祸起于王安石受到尊崇。第三首讲王安石父子自比孔子，却摒弃《春秋》之学，而转言佛老，施政又有如商鞅，"至今二百年，遗祸殃蒸黎"，这则是说连南宋亡国之祸也应上溯及于王安石了。继《览古五首》之后的《北珠怨》，从女真产北珠而言及辽、宋的灭亡，而讲到由于王安石"力行商君法"而致"败坏先朝廷"，最后结束以"我作北珠怨，哀歌谁忍听"。诗中虽然没有言及南宋，却很明显是由于方回亲历南宋亡国之祸而兴起的感叹。和《北珠怨》同样笔法的，还有《题东坡先生惠州定惠院海棠诗后赵子昂画像》(同书卷二十四)。这首诗因苏轼的诗及其画像，而及王安石行新法，章惇、蔡卞讲绍述，元祐诸贤因而被贬斥到岭南瘴雨蛮烟之地，再及于蔡京执政的崇宁年间，立元祐党籍碑，封王安石为舒王，"竟使大梁无社稷"，这只是讲北宋的覆亡，然而最后两句，"此诗此画系兴亡，可忍细看泪横臆"，则是方回从自身的经历与当前的心境来着墨了。至于《跋张明府独乐园图二首》（同书卷十五），从司马光退闲于洛阳时所建的独乐园，而言及王安石及其所行新法对北宋覆亡的责任，两首诗都没有把感慨往下延伸到南宋，也没有诗句表达方回当前的心境。然而第二首诗的最后一句"已觉园花埋战尘"，读来依然会令人有这样的联想，这不仅是讲北宋覆亡前的战事，也是在讲南宋覆亡前的战事。方回写于元初的这些诗文，表现出从南宋中期以来王安石政治声望消落的持续趋势。

第六讲

王学与程学的消长（一）：
程学的社会基础较王学为宽广

就王安石的身后政治声望走向消落的趋势来讲，权臣的相继出现只是引发批评王安石言论的外在因素，推动此一趋势的内在力量，则是南宋中期以来王学与程学的消长。前文已言及，自从绍兴二十五年（1155）十月秦桧去世之后，科举考试不再"阴佑王安石之说"，传习程学者也不再受到打压，批评王安石的言论又再兴起。尽管如此，《三经新义》在科举考试中仍然和其他经说并用，王安石在孔庙中也依旧列于从祀。宋孝宗在位期间，一再有人上言请求撤除王安石及其子王雱的从祀，但是仅有王雱的从祀在淳熙四年（1177）遭到撤除，对于撤除王安石从祀的要求，则一直未获同意。宋孝宗并且在淳熙三年（1176）表示："安石前后毁誉不同，其文章亦何可掩？"由此看来，程学虽然已经摆脱了在秦桧当权时期遭受打压的命运，朝廷并没有因此而回过头来不再参用王安石学说于科举考试，以及排除王安石从祀于孔庙的身后尊荣。这种情况，让人思考：南宋中期以后王学与程学的消长，是否能够只以政治因素去说明？

如果比较王安石与二程的学说，很容易就会注意到，两者建立学说所重视的古代经籍有所不同，源自其所重视的问题的差异。如果再进一步将其学说上的差异，和北宋中期以来教育文化的演进与社会经济的变迁连起来看，程学显然较王学更能适应当时社会的需要。在这种情况下，程学比起王学就有更强韧的生命力，更容易在社会中推广，为更多人所接受，这是程学历经北宋崇宁以来和南宋绍兴年间无情的政治打击之后，而仍能不但继续生存，而且还有更大发展，超越出王学之上的重要原因。

就王学与程学所重视的古代经籍来讲，王安石的学说主要是建立在《周礼》之上，他因此而著有《周官新义》，这是《三经新义》中唯一由他自己动笔写成的书；二程的学说则主要是建立在《大学》与《中庸》之上，而尤其以《大学》为重要，两者都是《礼记》的篇章，由于重视《大学》《中庸》，所以程颢、程颐兄弟都曾依据他们自己的看法，改正此书原文的文句顺序，又曾在蓝田吕氏讲堂讲《中庸解》。王安石之所以重视《周礼》，主要由于当时人多相信此书所载是周代盛世的制度，他以书中所述制度作为他推动变法的依据。二程之所以重视《大学》，则出自书中所说的格物、致知、诚意、正心、修身、齐家、治国、平天下的"明明德"程序;《中庸》也以修身为治人、治天下国家的基础，不过对程氏兄弟来讲，更重要的也许是行之以"诚"，达于天下之至诚，则能本于理之所同然，因尽己之性而能尽人之性、尽物之性，由之而能因成己而成物，兼具仁与知。虽然仁与知是合性之内外而言，但二程更重视的是内在于心的仁，正如程颢所讲，"学者须先识仁，仁者浑然与物同体，义、礼、知、信皆仁也"，仁是全体，其他四者是四肢；又认为《中庸》所说的"率性之谓道"亦即孟子所说的"仁也者，人也。合而言之，道也"，因仁而能如孟子所说的"己欲立而立人，己欲达而达人"。从《中庸》引申出来这一番对万事万物关心的道理，是他们和释家辩论的重要论据。

基于上述差异，王学与程学在诉求对象上，也就有所分别。无论变法是否考虑到民众的利益，但推动变法是统治阶层的事。王安石在其《〈周礼义〉序》中，讲到此书写作的源起，清楚说出这是宋神宗要求学校的士人看的，而政事的推行，则有赖于足以任官之人来行法。也就是说，此书所诉求的对象，是统治国家的皇帝、辅佐皇帝治理国家的官员，以及将来可能成为官员的士人。至于二程最重视的经籍《大学》所说的"明明德"程序，格物、致知、诚意、正心也许是具有知识和思考能力的士人才能做的，治国、平天下则是统治阶层的责任，可是修身、齐家却是所有人都可以做到的。所以《大学》也讲："自天子以至于庶人，壹是皆以修身为本。"程颐则在《诗解·国风·关雎》中说："天下之治，正家为先。天下之家正，则天下治矣。二南（周南、召南），正家之道也，陈后妃、夫人、大夫妻之德，推之士庶人之家，一也。故使邦国至于乡党皆用之，自朝廷至于委巷，莫不讴吟讽诵，所以风化天下。"言及《汝坟》则说："《关雎》之化行，则天下之家齐俗厚，妇人皆由礼义，王道成矣。古之人有是道，使天下蒙是化者，文王是也，故以文王之诗附于《周南》之末。又周家风天下，正身齐家之道，贻谋自于文王，故其功皆推本而归焉。《汉广》，妇人之能安于礼也；《汝坟》，则又能勉君子以正也。"文中的"正身"亦即"修身"。这都是指修身、齐家之道，自天子推而及于士、庶人之家。同样的意思，又见于杨遵道所录程颐对门人的讲话，"用之乡人焉，用之邦国焉，如二南之诗及大、小雅之诗，是当时通上下皆用底，《诗》盖是修身、治家底事"，"治家"也就是"齐家"。由此看来，二程学说所诉求的对象，是包括庶民在内社会各阶层的人群。此外，程颐在注解《周易·家人卦》时，一再强调齐家、正家或治家必须先修身或正身，除了在"九五，王假有家勿恤吉"及"象曰，王假有家交相爱"两句下以王者之道来说明外，其他各句的解释中都没有指明特定的对象，所指的显然是包括庶人在内的社会各阶层。

王安石在《周官新义》以外的作品中，并没有完全不谈修身、齐家，可是他所谈的修身、齐家，主要都是就统治阶层而言。例如在《周南诗次解》中说，"王者之治，始之于家。家之序，本于夫妇正。夫妇正者，在求有德之淑女，为后妃以配君子也。故始之以《关雎》"，这很清楚是就王者而言，句中的君子，显然也是指王者。"德之所及者广，则化行乎汝坟之国，能使妇人闵其君子，而勉之以正。故次之以《汝坟》。妇人能勉君子以正，则天下无犯非礼，虽衰世公子，皆能信厚，此《关雎》之应也。故次之以《麟之趾》焉"，句子中的君子，则是就诸侯国的公子而言，身份是贵族。这样的解释，和二程讲周南诸诗中的修身、齐家之道，由天子推及士、庶人之家，有相当程度的差异。也因此在王安石的诗文里，修身常和用或不用连在一起讲。例如在《寓言九首·二》的末尾几句"仁义多在野，欲从苦淹留。不悲道难行，所悲累身修"；在《世事》的结尾两句"非关畏黻冕，无责易身修"；在《推命对》中说，"汉、魏而下，贤不肖或贵或贱，是天人之道悖合相半也。盖天之命一，而人之时不能率合焉。故君子修身以俟命，守道以任时，贵贱祸福之来，不能沮也"；在《论议·子贡》中说，"夫所谓儒者，用于君则忧君之忧，食于民则患民之患，在下而不用，则修身而已"。至于齐家一词，则仅见于他上给皇帝的辞表或贺表中，用来表达对皇上圣德的恭维。

《周官新义》未言及修身、齐家，却言及性命道德。王安石在《春官·大宗伯》"王大封则先告后土，乃颁祀于邦国、都家、乡邑"句后的释义，强调礼的施行，有以贤治不肖、以贵治贱的用意。他又说"礼出于一而上下治"，用于祭祀则是"外作器以通神明之德，内作德以正性命之情，礼之道于是为至。礼至矣，则乐生焉。合天地之化，百物之产，则宗伯之事于是为至"，如此则"可以相王之大礼而摄其事，赞王之大事而颁其政"。可以看出，王安石谈礼、谈性命道德，是着重在治、政之上来讲，而礼必须出于一，也就是要依循国家的统一规定。他的《虔州学记》，对于道德与性命的关系及其作用，说明得更清楚，"先王所谓道德者，性命之理而已，其度数在乎俎豆、钟鼓、管弦之间，而常患乎难知"，所以要设学以聚天下之士，学习于其中，举其学成者为士大夫，虽未成而不能害其能至者为士；至于道隆而德骏者，则又不止于此，即使是天子，也要北面而求问，与之迭为宾主。这显然也是就政事与权位来讲，道德较高的人在政府中就有较高的身份与地位。类似的说法，还见于他好几篇文章。道德性命是王安石论学的基础，这也就无怪乎他以此而建构起来的学说，着重在国家政事。

可是对于二程来讲，人的教化是没有上下阶层之分的，而教学的根本也不在于难知的性命之理。前文已引用过程颐根据《诗经》二南所讲一些话，他又依据自己所认识的古代教学理想来衡量后世与当前。在他为父亲程珦所写的《为家君请宇文中允典汉州学书》（《二程文集·伊川文集》卷五）中说：

　　窃以生民之道，以教为本。故古者自家党遂至于国，皆

> 有教之之地。民生八年则入于小学，是天下无不教之民也。
> 既天下之人莫不从教，小人修身，君子明道，故贤能群聚
> 于朝，良善成风于下，礼义大行，习俗粹美，刑罚虽设而
> 不犯。

程颐所认识的古代教学理想，是"天下之人莫不从教"。教学的
目的并非培养仕宦人才，而是"小人修身，君子明道"，这两句
话的意思，应该是小人修身，而君子在修身之后还要进而明道。
教学的目的虽然与王安石所说的"治""政"无关，但是在"小
人修身，君子明道"之后，却也能做到"贤能群聚于朝，良善成
风于下"，因而"礼义大行，习俗粹美"，于是"刑罚虽设而不
犯"。之所以能够如此，更重要的显然是无论小人、君子，都有
能修身的工夫为他们待人处事的基础。程颐转而感叹后世不了解
为教之本，于是"不善其心而驱之以力，法令严于上，而教化不
明于下，民放僻而入于罪，然后从而刑之"，这样的做法，又岂
能"美风俗而成善治"？接着他言及当前的改变：

> 往者朝廷深念其然，究思治本，诏京师至于郡县皆立
> 学。虽未能如古之时，比屋人人而教之，可以教为士者矣。
> 诚能教之由士始，使为士者明伦理而安德义，知治乱之道、
> 政化之本，处足以为乡里法，出可以备朝廷用，如是，则虽
> 未能详备如古之教，亦得其大端，近古而有渐矣。是朝廷为
> 教之意，非不正也，顾州县之吏奉承之何如尔。

所谓往者朝廷在究思治本之后，诏令京师至郡县皆立学，应指庆
历兴学一事。由于兴学至郡县而止，所以程颐认为无法如古时的

人人莫不从教，但已经可以教士人。他认为在当时郡县学中应有的教法，是"使为士者明伦理而安德义，知治乱之道、政化之本"，以此一教法前引程颐所说古代教人的方式相比较，"明伦理而安德义"可以比拟于"修身"工夫，"知治乱之道、政化之本"可以比拟于"明道"工夫。这说明程颐虽然说所教的是士人，但仍然从根本工夫教起，而非教他们如何求仕；而士人在受过他所认为应有的学校教育之后，"处足以为乡里法，出可以备朝廷用"，并非以入仕为其唯一途径，"处足以为乡里法"和"出可以备朝廷用"两者并列，从其排列的先后，或许可以看出在程颐的心目中，前者的重要性当不下于后者。

由于重视教化，所以见于王安石在《商鞅》诗中的那种以赏罚兼施以"驱民"而"能令政必行"的施政方式，显然是程学所难以接受的。此诗收录于王安石《临川先生文集》，南宋李壁注解此诗时，曾引录了范纯礼的几句话"范彝叟读此诗云，古人政事本教化，而躬率使人从之，政事要必行，岂是好事"（《王安石诗注》卷四十六）。范纯礼是范仲淹第三子，元祐宰相范纯仁之弟，彝叟为其字。虽非程门弟子，但认为政事本于教化，这正是程学的主张，他应该是认同程学的，所以他会在宋哲宗去世，宋徽宗初立时，以甫任尚书右丞的执政身份，向朝廷推荐原编管于涪州，因赦而复还洛阳的程颐出任西京国子监。

程珦有意邀请来典掌汉州州学的宇文先生，在程颐笔下，正是"处足以为乡里法"的一个典型例子。程颐在代父亲程珦写的信中说明，之所以会邀请宇文先生来典学的缘由：

> 然念教道（导）之职，非得豪杰之士，学术足以待问，行义足以率人，则何以为众人之矜式？

> 窃闻执事懿文高行，为时所推，仕不合则奉身而退，不为荣利屈其志，归安田间，道义为乡里重。岂特今人之所难能？古人之所难能也。

据程颐的说法，宇文先生显然是一位虽曾任官，可是已无意再出仕，居于乡里，其"学术足以待问，行义足以率人"，而"道义为乡里所重"的士人。程颐进一步发挥自己对于这一类士人的期望，并以之来劝说宇文先生能接受敦请，出典汉州州学：

> 盖闻贤人君子，未得其位，无所发施其素蕴，则推其道以淑诸人，讲明圣人之学，开导后进，使其教益明，其传益广。故身虽隐而道光，迹虽处而教行，出处虽异，推及人之心则一也。

程颐认为，一个人是否有所贡献，不在于是否在政府组织中有职位，即使隐居乡野，也可以经由教学而推己及人，贡献于社会。这一封信没有说动宇文先生，他以"近多微疾，惮于应接"推辞，所以程颐又为父亲写了第二封信，也就是在前一封信之后的《再书》。信中从《易·观卦》"上九"的传文，再度敦促宇文先生："今执事居是乡，为一乡所宗仰，适当《观》'上九'之义。岂得图一身之安逸，而不以化导为意乎？"这段文字显示程颐之意，是获得乡人宗仰者，不仅可以经由教学而化导乡人，而且是有如此的责任了。

二程也谈性命，但是不认为这只是"士大夫"或"士"所特有的问题，也不认为性命之理"难知"。程颐在为其兄程颢写的行状中，讲他求道的过程：

泛滥于诸家，出入于老、释者几十年，返求诸六经而后得之。明于庶物，察于人伦。知尽性至命，必本于孝弟。穷神知化，由通于礼乐。

又讲他教人的循序渐进：

先生教人：自致知至于知止，诚意至于平天下，洒扫应对至于穷理尽性，循循有序。

有门人就行状中所说的"尽性至命，必本于孝弟"，问程颐说："不识孝弟何以能尽性至命？"程颐的答复是，后人把性命作为另外一件事说，其实性命和孝弟只是结合起来的一件事，在孝弟中便可以尽性知命，就如洒扫应对与尽性至命也是结合起来的一件事，无所谓本末，无所谓精粗。后来人讲性命，却另作高远的事情来讲，所以举孝弟来讲尽性至命，是就切近于人者说。虽然有人孝弟却不能尽性至命，那是由于他们虽由之而不能知之的缘故。这也就是说，只要能知之，从孝弟或洒扫应对就可以穷理尽性至命。

程颐所说的"由之"，也就是《论语》中孔子所说的"民可使由之，不可使知之"的"由之"。有学生向程颐问孔子这句话，是圣人不使知之呢？还是"民"自己不能知呢？程颐认为，"圣人非不欲民知之也。盖圣人设教，非不欲家喻户晓，比屋皆可封也。盖圣人但能使天下由之耳，安能使人人尽知之"。既然圣人只能使天下由之，那就不仅"民"是如此，"民"以外的其他各阶层也是一样；那么能不能知，就要看一个人是否能够从孝弟进一步尽其"穷理尽性以至于命"的工夫。对程颐来说，"穷理""尽性""至命"三者分开来讲，只是依序而不得不然，其实可以同时完成，"才穷理，便能尽性至命"。为了说明何以会讲"才穷理，便尽性，尽性便至命"，他指着一棵树说，这棵樗木的木材可以用来做柱，是理；木的曲直，是性；其所以曲直，是命。所以说，理、性、命三者未尝不同。这无异是说，问题在于一个人有没有穷理的动机，只要有，便能尽性知命，并非一件困难的事，此也与一个人的社会阶层无关。

张载认为程颐的说法是失于太快，他的说法有所不同。张载把穷理、尽性、至命分开来讲，而尽性又分为几层，于是"穷理尽性以至于命"就有其先后次序。一个人如能穷理，便可以得己之性；得己之性则又推类，又尽得人之性；既尽得人之性，则凡是万物之性一起尽得。经过如此的工夫，然后至于天道。而在上述逐步而进的过程间，是颇有事要做的，并非当下就可以理会得到。他强调，学者当以穷理为先，如此才有学问可做；他又强调，"知命"与"至于命"是有远近的，岂可以"知"便谓之为"至"。推寻张载之意，"知命"只是在得己之性后所知的己命，"至于命"则是在再经过尽得人之性和尽得万物之性两个步骤后，至于天道。他的说法虽然异于程颐，却没有反对程颐把穷理尽性至命的基础放在孝弟或洒扫应对之上，也同样把"穷理"当作是能达成"穷理尽性至命"所必须具备的动机。

王学原本已具有着重于国家政事的倾向，所诉求的对象是统治阶层与求仕的士人；《三经新义》靠着政府的功令而独盛，却也导致其难以在不同学说相互竞争的情况下，继续在内容上有所成长，也无助于扩大其在思想上的影响力，反而引起了一些士大夫与士人的反感。特别是在绍圣年间以后，当权者以绍述之名，一方面推崇王学，另一方面却严酷地打击异己，事情虽然无关于王安石本人，祸源却算在他的身上。当熙宁、元丰年间，以及绍圣以后至宣和末年，《三经新义》成为科举考试所必考的用书和官学教育所必用的教材，士人在政府的强制之下，非依从这一部书对古代经籍的解释不可。他们尽管不得不接受，但这只是为了求仕，无论是否登第，一旦士人脱离了求仕的阶段，有多少人还会把书中的说法放在心上，令人感到怀疑。特别是对那些不再追求仕进的士人，除了以私人教学为业，为了学生的将来，不得不讲解这一部书之外，由于王学的着重与他们日常生活精神上的切身需求少所关联，也就不容易再引起他们的兴趣。

不仅如此，有一些习王学出身，通过科举考试，已经踏入仕途的士大夫，以及一些仍在官学中研读王学的士人，由于对当权者的作为有所不满，或是出自其他因素，转而走向程学。例如陈瓘在元丰二年（1079）登进士第，到元丰八年（1085）夏天，认识了范祖禹，才得知有程颢，从此以诚敬之心搜读其文。元符末、崇宁初，他一再上疏指斥蔡京、蔡卞，因言事获罪而遭贬黜，且于崇宁三年（1104）移往廉州。他的侄孙陈渐在崇宁初从杨时问学，他到廉州后，开始与杨时通信，向其问学；其后获赦返回明州，在所著《四明尊尧集》中，便专门针对王安石《日录》提出尖锐的批评。

另一个例子是元丰五年（1082）榜的榜首黄裳。黄裳在宋神宗、哲宗两朝，仕途大致顺利，一直任官朝廷；到徽宗崇宁元年（1102）在礼部侍郎任内，由于不赞成蔡京推行三舍法于全国的地方官学，才自请出守外郡，历任知青州、庐州、郓州后，自请领祠，此事应在崇宁五年（1106）。领祠后，大概是返回家乡南剑州（延平），在这段期间，他由于"朝中有道之士，声光南来"，而可能接触到程学，因而豁然醒悟。政和四年（1114），他再获起用，出知福州，可是到重和二年（1119）又再请祠，领祠后住在杭州，直到高宗建炎二年（1128）才返回南剑州，次年即去世。在他领祠期间，曾游浙中，次年再北游至应天府（南京）。在他的《见南京留守书》中说，当年在南剑州，"朝中有道之士，声光南来"时，已听闻这位南京留守，于是黄裳呈上自己所著的《中庸义解》为贽见之礼。《中庸》是程学所讲的重要经籍，可见这时黄裳研读程学已有心得。于是在《延平讲〈论语〉序》及《上黄学士书》中，都可以看到黄裳言及子思所传的《中庸》。黄裳的文集《演山集》共六十卷，其中从卷四十七至六十是《杂说》，接近全书的四分之一，应是他领祠闲居时期读书思考的札记，其中多处提及《中庸》，包括见于其中的至诚而致天地之道博厚、高明、悠久，也多处提及见于《大学》的格物、致知、正心、诚意、修身、齐家、治国、平天下的程序，这些都是出自程学。同样值得注意的是，其中也多处以均节财用来讲《周礼》，更多的是以俭来讲财用，这样的讲法，无疑是针对蔡京，甚至上溯到王安石的施政措施而来。

再一个例子是李衡。李衡在宣和二年（1120）从州学贡入辟雍，辟雍是实施州学升贡法时所设的太学外学。他于学中结识程颐弟子赵颜子之子赵孝孙，次年两人一起参加省试，赵孝孙以优选奏名而李衡落榜。赵孝孙勉励李衡仍在盛年，继续努力，在谈话中言及读书是为了学圣人，又言及事业自学中来。李衡顿有所悟，服膺其说，以后行己、立朝、事君，都得自赵孝孙当时所言的启引。他教学时以《论语》一书和门人朝夕讨究，应该也是受到当年赵孝孙在谈话中问他是否曾从头理会此书的影响。李衡门人龚昱录载其师谈话，编成《乐庵语录》，从其中可以看到李衡论学本于二程，对王学的批评也采自二程的说法，例如"王氏之学离，伊川之学合"，及"王荆公读尽天下书，只是不曾见道"。不过他不同意对王安石过度诋毁。《乐庵语录》卷五：

> 有门人侍坐，因论熙、丰间事，极口诋毁王介甫，至不以人类待之。先生徐谓之曰，荆公长处甚多，亦不易得。方其执政时，岂有意坏乱天下，第所见有不到处。故温公曰，介甫无他，但执拗耳。此言正中荆公之病，可谓公论。诸公尚论前辈，止可辨是非，不当斥骂如此，宜戒之。

李衡对王安石施政的评论，本于司马光，认为他只是由于个性执拗，以至于有很多看不到的地方，并非有意要坏乱天下，因此戒饬门人，论及前辈只可以辨是非，而不宜任意斥骂。从他对学生的戒饬，可以看到，尽管李衡批评王安石的态度比较温和，可是当时社会上，也有一种至为强烈的看法，视王安石推行新政是心存不善。李衡卒于宋孝宗淳熙五年（1178），致仕后居于平江府昆山县乐庵从事教学，亦已在乾道、淳熙之间，距他就读辟雍时已逾五十年，龚昱编成《乐庵语录》，则更在淳熙年间。这段时间，已是程学因后继者如朱熹、张栻、吕祖谦、陆九渊等人的发扬，而日趋兴盛的时候，然而他们对王安石的态度，也没有像李衡那位门人那样走向极端。

至于二程，由于论学的对象广涵社会各阶层，所以他们的门人除了士大夫之外，也有一些出身比较低微。程颢去世之后，他的门人游酢在《书明道先生行状后》中这样说：

> 所至，士大夫多弃官从之学，朝见而夕归，饮其和，茹其实，既久而不能去。其徒有贫者，以单衣御冬，累年而志

不变，身不屈。盖先生之教，要出于为己。而士之游其门
者，所学皆心到自得，无求于外，以故甚贫者忘饥寒，已仕
者忘爵禄，鲁重者敏，谨细者裕，强者无拂理，愿者有立
志，可以修身，可以齐家，可以治国平天下。（游酢《游廌
山集》卷四）。

游酢说明了程颢所讲的是为己之学，从学者无论在修身、齐家、
治国、平天下各阶段，都可以有收获。其所收门人从士大夫到甚
贫者都有，他们从学之后，往往能心到自得，无求于外，于是已
仕者忘爵禄，甚贫者忘饥寒。这种情况，自然是由于学习时充满
心有所得的乐趣而来，于是读书就摆脱了仅为求仕的动机；但是
程颢并没有否定求仕的意义，所以门人有志于政治事业者，在学
习之后也能心有所得。程颢在《秋日偶成二首》第一首中的"退
居陋巷颜回乐，不见长安李白愁。两事到头须有得，我心处处
自优游"，第二首中的"万物静观皆自得，四时佳兴与人同"及
"富贵不淫贫贱乐，男儿到此是豪雄"，其实就表达他自己这种无
入而不自得的生活态度，成为门人的榜样。

　　程颐教导门人，同样不分贵贱，只看是否有志于学。出身寒
微之家，以佣作为业的张绎（思叔），就是程颐门人中一个具体
的例子。张绎从学于程颐的经过有不同说法，其中之一见于施彦
执《北窗炙輠录》卷上。施彦执（名德操）是张九成门人，其
侄施庭先则是王蘋门人，他记载张绎由于谢良佐（显道）的鼓
励，从学于程颐的经过说：

　　　张思叔，伊川高弟也。本一酒家保，喜为诗，虽拾俗语
　　为之，往往有理致。谢显道见其诗而异之，遂召其人与相

见，至则眉宇果不凡。显道即谓之曰："何不读书去？"思叔
曰："某下贱人，何敢读书！"显道曰："读书人人有分。观
子眉宇，当是吾道中人。"思叔遂问曰："读何书？"曰："读
《论语》。"归遂，买《论语》读之。读毕，乃见显道曰："某
已读《论语》毕，奈何？"曰："见程先生。"思叔曰："某何
等人，敢造程先生门？"显道曰："第往！先生之门，无贵贱
高下，但有志于学者即受之耳。"思叔遂往见伊川，显道亦
先为伊川言之，伊川遂留门下。

依谢良佐的说法，读书是人人有份，而程颐对于门人，则是不分
贵贱高下，只要有志于学者便接受他们来从学。这些话出之于程
颐弟子谢良佐之口，自然是得之于程颐平日的教诲。

这种"读书人人有分"以及人"不分贵贱高下"的态度，其
实也就是当时社会上许多人对于读书之业所共有的态度。古代封
建制度下的贵族社会已经久远，魏晋以来的门第社会也已成过
去，在新形成的科举社会下，尽管科举考试未必能够完全不受权
门的影响，但大致讲来，判断优劣不是看一个人的家世背景，而
是看他读书为文的表现；再加以出版业的兴盛，购置书籍比起
以前容易得多，读书也不再由少数具有特殊背景的家庭所专享。
二程的态度，不过是试图把这一个趋势的走向，从求仕扭转往
求道。

在科举考试中，能荣登金榜的人本来就很少，大多数的应考
者都是失望而归；而且从北宋到南宋，随着教育的日益普遍，有
志于应考求仕者大幅增加，无缘登榜的人数也随之而大幅增加，
有些人尽管一考再考，却仍然未能登科。对于这一群远比登第者
多出许多的落第人来讲，若是他们无意再考，便将分布在各种不

同的行业，过自己的生活，治国之道已经与他们无缘，而如何修身、齐家却是他们日常生活中切身的需要。何况在落第者之外，还有许多人虽然也曾入学读书，却由于各种不同的因素，而未能参加科举考试。由于培养子弟应考科举，不仅有金钱上的花费，而且在专心读书应考之后，也无法再分心来协助家中的各种事务，对于一个经济不是那么充裕的家庭来讲，不容易下那么大的决心，让所有的子弟都从事举业，而很可能只是由其中一两个资质比较适合的子弟加以培育；其他子弟虽然也受过教育，却分别以他们的知识来协助管理家中的事务，譬如说主持家中土地的经营，或外出经营商业。至于家大业大的富家，家业更需要有人协助处理，也未必会让所有的子弟都从事举业。还有更多的家庭，子弟虽然也入学读一些书，用意只在让他具备与官府打交道的知识能力，处理家中的赋役事务，正如陆游在《观村童戏溪上》诗中所述南宋时期家乡绍兴府的农家子弟："三冬暂就儒学（村人惟冬三月遣儿童入小学），千耦还从父老耕。识字粗堪供赋役，不须辛苦慕公卿。"

对于这些人数众多，虽然具备知识却未踏入仕途的人来讲，程学正好在讲求修身、齐家方面，从精神上满足了他们生活中切身的需求。而对于已踏入仕途的士大夫来讲，程学的内容并不止于修身、齐家，在两者之上还有治国、平天下的阶段，而治国、平天下却仍然必须本于修身、齐家而来，这更加是一个首尾完备的过程。这两类人群中，又有一些爱好思考、往内心探索的人，对这些人来讲，在修身之前的格物、致知、诚意、正心的工夫则具有更大的吸引力。在这样的情况之下，程学在社会上能够有广大的诉求对象，而且从北宋到南宋在扩大之中。

至于以先王之治为新法理论根据的王安石，则在思想上同样

复返到古代经籍所述的贵族社会里，以治国之业为人生最高的努
力方向。尽管他也言及性命、道德、修身、齐家，却只视之为有
志于治国者所应具备的条件，而非如程学一样视为出自人本性所
共有。这使得在当时变迁中的社会里，王学相对于程学而言，所
能诉求对象难免就有所局限。

　　由于受到张载《西铭》的影响，程学在齐家、治国两阶段的
家、国之间，又增加了"乡"这一环节。二程称张载为表叔，彼
此之间在学术上也经由论学而相互影响。二程对张载《西铭》一
文至为推崇。《西铭》原名《订顽》，与《砭愚》分别张贴在横
渠学堂两侧窗上，程颐认为原名会引起争端，为之改名为《东
铭》《西铭》。在二程的看法里，张载之文的纯粹，无出于《西铭》
之上，为《孟子》之后所未有，并且用来启引门下学者。门
人游酢曾获称赞说，得《西铭》读后，即能涣然不逆于心，了
解这就是能求之言之外的《中庸》之理。可见对他们而言，《西
铭》所言和《中庸》之理有相通之处。这相通之处，如果从程颐
回答杨时对《西铭》质疑的信看来，应该就是从理一分殊所显示
出来的"仁之方"，也就是见于前文所述，程颐在讨论《中庸》
时，据《论语·雍也》而说的"己欲立而立人，己欲达而达人"，
人、我、物虽然同于一理，但由于分殊，而在程序上是因成己而
成人、成物。后来杨时对门人解释他和程颐讨论《西铭》的经过
时，从出自《易·谦卦》的"称物平施"来解释说，《西铭》以
民为同胞、鳏寡孤独为兄弟，由于理一分殊，所以圣人称物，是
远近亲疏各当其分，而所以施之，则是本于一心，这即是所谓的
平施。

　　从杨时所引用《西铭》的文字看，讨论分殊的重点，是文中
这几句："民吾同胞，物吾与也""尊高年所以长其长，慈孤弱

所以幼其幼""凡天下疲癃残疾、茕独鳏寡，皆吾兄弟之颠连而无告者也"。从远近亲疏各当其分的观点来看，对这些人的关怀，就应该由近往远，由亲往疏推。在这一个外推的过程里，从当时人的生活圈来看，在家人之外，有比较密切接触来往的是乡里之人，也因此，关心的对象，是应该从家而及于乡里，然后才及于国家、天下。居于家和国之间的乡这一环节，也就由此而引申出来。具体地观察，早在熙宁初年，二程的父亲程珦知汉州时，程颐为他写《请宇文中允典汉州学书》，已经把"处足以为乡里法"和"出可以备朝廷用"连在一起讲。熙宁十年（1077），与二程同样住在洛阳的邵雍去世，程颢为他撰写墓志铭，则把他"讲学于家"和"乡里化之"连在一起讲；连结家、乡与国的，则见于元祐元年（1086）程颐所上的《辞免崇政殿说书表》，"今臣道未行于家室，未信于乡党，何足以感动人主之心"。

对于乡里此一环节的重视，又见于吕大钧的《乡约》《乡仪》。吕大忠（进伯）、吕大防（微仲）、吕大钧（和叔）与吕大临（与叔）四兄弟，在当时都有名声，除吕大防外，其他三人均先后从张载、程颐问学。吕大钧在熙宁年间已经在家乡京兆府蓝田县，尝试以乡人结约的方式，来改善地方上的礼俗，因而立有《乡约》《乡仪》。其中《乡约》之末有熙宁九年（1068）十二月吕大忠署名的源起说明，实际上是吕大钧所作，但内容曾经与兄弟们商量修改。《乡约》共分德业相劝、过失相规、礼俗相交、患难相恤四项，其后并有违约者的罚式，每月一次的聚会说明，聚会时记录入约者此月的善恶、行赏罚，并讨论规约不便之处的修改，最后则是主事者如何产生的说明，有推选的约正一或二人，轮值的直月一人。其中德业相劝与过失相规两项着重在修身与齐家，礼俗相交与患难相恤则扩大及于入约者及乡人的来往与关怀。约后由吕大忠署名的源起说明，指出了邻里乡党在日常生活中的重要：

> 人之所赖于邻里乡党者，犹身有手足，家有兄弟，善恶利害皆与之同，不可一日无之。不然，则秦越其视，何与于我哉。（吕大钧《吕氏乡约乡仪·乡约》）

亦即对乡人的关心，应该如同对自身与家人的关心一样。这正是《乡约》起始于德业相劝与过失相规，而结束于礼俗相交与患难相恤的用意；也正是将《西铭》所说的"民吾同胞，物吾与也"，由对家人的关怀扩展到乡人。

从吕大钧回复仲兄吕大防及友人刘立之（平叔）的信函中，可以看出李周（纯之）、吕大防、刘立之都曾有信给他。吕大防且有好几封信，他或担心乡约的施行会引来党祸，或担心乡约之事非上所令而辄行，无非也是担心他会因此事而受祸，但吕大钧则有不同的看法。他认为约文的规定，有些是原本就存在于当时的社会。如约正、直月，就有如民间的神头、行老；有些则是人情之所共恤和法令之所允许，如敕令条文规定，同一村社的人遇水火盗贼自合救捕，鳏寡孤独亦许近亲收恤，至于问候吊丧则是平日常行的习俗。而将相关事项书写成约，就如同学校有学规、市井有行条、村野有社案，不致因此而引来党事之祸。而无论或出或处，只要不失于仁，尽管行迹不同，都合于人性之善，不必一定以出仕为善。这也就是说，他不过是以在野之身，依据当时社会上原本就有的一些活动与习俗，书写成乡约，以平日尚无法完全做到的一些事，来和入约者相互惕厉而已。不过吕大防和友人们的质疑并非完全无据，从熙宁、元丰年间因党争而起的多项狱案来看，就不难了解他们何以会对吕大钧有这样的提醒。吕大钧在回复时所表达的想法，则显示他不同于王安石盼望以登朝执政来实现政治上的理想，而是认为即使在野，主动从乡里做起，也一样可以成为改善社会的动力。至于《乡仪》，分宾仪、吉仪、嘉仪、凶仪四项，内容就有如对《乡约》中"礼俗相交"一项的进一步阐释。

吕大钧改善乡俗的努力，得到其师张载的称许。熙宁十年（1077）冬，张载从同知太常礼院的职务，以病请假西归凤翔府郿县横渠镇，路经洛阳，与二程论学，曾对程颐说："秦俗之化，和叔有力焉。"而吕大钧在《乡约》中那种由自身推及家人，再推及乡人的做法，其实也就是本于张载。见于《伊洛渊源录》所载吕大钧的行状节略，说到他日用躬行，必取张载的法度为宗范，"自身及家，自家及乡人，皆纪其行而述其事"，正可说明。

首先从学术上发挥介于家、国之间的"乡"此一环节重要性的，则是游酢。他在元符元年（1098）居丧时写成的《论语杂解》中，一再强调"乡"的重要性，如解释"君子不重"章说，"《孟子》之论尚友也，以一乡之善士为未足，而求之一国；以一国之善士为未足，而求之天下；以天下之善士为未足，而求之古人"。解释"弟子入则孝"章说，"使其孝不称于宗族，其弟不称于乡党，交游不称其信，丑夷不称其和，仁贤不称其智，则其文适足以灭质"。"丑夷"是朋侪的意思。在"子华使于齐"章说，"盖义所当得，则虽万钟不害其为廉。借使有余，犹可以及邻里乡党。盖邻里乡党有相赒之义"。而将家、乡、国、天下连在一起，则见于"颜渊、季路侍"章的解释，"孔子之道，修于家，行于乡，施于国，达于天下，不过使老者安之，朋友信之，少者怀之而已"。"使老者安之，朋友信之，幼者怀之"中的"老者安之""少者怀之"也就是《西铭》所说的"尊高年所以长其长，慈孤弱所以幼其幼"，"朋友信之"则呼应了程颐在《辞免崇政殿说书表》中所说的"善未信于乡党，则何以感动人主之心"。

张载《西铭》、吕大钧《乡约》以及游酢在《论语杂解》中解释"颜渊、季路侍"章的一段话，到南宋都得到知识界的关注，尤其是程学的后继者。以《西铭》来说，张九成有《西铭解》，除分句阐释其意义外，篇末又有统论。林之奇将《西铭》收录于其所辑的历代文编《观澜集》中，其门人吕祖谦为之注解。朱熹有《太极解》与《西铭解》，原不肯出以示人，但后来看见当时儒者多议二书之失，于是在淳熙十五年（1188）出二解以示学徒，使广其传。晁公武《郡斋读书志》收有《二十先生〈西铭〉解义》一卷，包含有从北宋二程到南宋张栻等人对此文的释解。对于张载此文的讨论，也见于南宋许多人的著作，朱熹与友人、门人间的讨论尤其多。包括朱熹在内，当时人对此文的解读，大致上仍然依循程颐所讲的理一分殊，来看"民吾同胞，物吾与也"一句，视之为全文的核心观念。朱熹弟子蔡元定自述，他在十岁时，其父蔡发即教之使读《西铭》，稍长又示之以程氏语录、邵雍《皇极经世书》、张载《正蒙》，告诉他说，这是孔、孟的正脉，可见《西铭》在当时崇尚程学者心中的地位。也因此，曾因释义不同而与朱熹争辩《易》与《西铭》的林栗（黄中），在他的《西铭说》中这样讲："近世士人尊横渠《西铭》过于六经。"前述朱熹所作的《西铭解》，所针对的对象之一应即是林栗。

吕大钧《乡约》在南宋所受到关注的程度虽不如《西铭》，但不仅仍见之于讨论，也有人仿行。例如朱熹有《增损吕氏乡约》，用其他书及己意加以增损，并补充以月旦集会读约之礼，也曾与张栻通信讨论。致力于推行乡约的，如李大有于庆元年间担任平江府学教授，每年元旦聚集地方上的乡居官员、士人于学校，行乡饮酒礼，并且将吕氏《乡约》《乡仪》雕板印发，士人习俗因之而改善。朱熹弟子胡泳（伯量）则曾在南康军以乡约与乡人共行，黄榦于嘉定八年（1215）为之作跋说："伯量兄弟孝友，同居合爨，人无间言，又能推其施之家者而达之乡，其有补于风教者大矣。"合州巴川县人阳枋在淳祐三年（1243），与其弟、侄及友人等多人，于家乡讲吕氏《乡约》，入约之士达八十三人，推前进士黄应凤为长，正齿位，劝德行，录善规过，又与友人讲明乡饮酒礼，以之维持孝弟忠信，家乡的风俗因此而有所改善。

更值得注意的，是兴化军莆田县的《仰止堂规约》及其所附《乡约》。仰止堂原是淳熙年间朱熹到莆田访陈俊卿时，在陈家所居之馆，其后陈俊卿之子陈宓与朱熹门人潘柄，于此堂聚徒十余人共讲四书，本于朱熹之说而加以引申发明，并取圣贤格言为训，订有《仰止堂规约》；又将吕氏《乡约》略加修改，附于其后，认为可以行之终身的德目，不出于条目所列的存心养性之道、律己治人之方。《仰止堂规约》与《乡约》，均载于同治年间重刊的《弘治兴化府志》卷三十一《礼纪·艺文志》，《规约》分辨志、致知、正心、修身、处事五项，《乡约》则分德行相规、事业相勉、过失相规、礼俗相接四项。以《仰止堂规约》和《乡约》比较，前者所重在对自身心性品德的修治，后者所重在生活中待人接物的原则；前者较后者少了患难相恤而多了事业相勉，不过《仰止堂乡约》在礼俗相接一项中，也已提及患难相赒，并未忽略。《仰止堂乡约》也和《乡约》一样，设有主约、直月，又依从朱熹的补充，于聚会时有读约、讲约之仪，过失过甚者则有出约的规定。

陈宓序《仰止堂规约》《乡约》于宝庆三年（1228），至陈宓、潘柄先后去世，仰止堂的教学、讲约活动才结束。但这只是仰止堂活动的结束，而非莆田讲约活动的结束。曾参与仰止堂活动的黄绩，在陈宓、潘柄先后去世之后，率同门友筑东湖书堂，继续读约聚讲，如同陈、潘二师在世时。黄绩逝世于咸淳二年（1266），他在景定五年（1264），考虑到东湖书堂的聚讲也已经有三十年，同社之友凋落过半，仍然无恙者也已或衰或老，于是谋请地方上习朱熹之学的善士十五人至东湖，照《仰止堂规约》轮流讲读，使同社子弟听讲，以扶植陈、潘二先生的学脉，兴起后学，而诸人莫不乐从。黄绩讲学东湖时，不仅原来的同门友相与就正，从学的门人也以数十百人计，讲约活动的影响也必然日有扩大。《仰止堂规约》在陈宓作序以前可能已在施行，到景定五年以后应该也未停废，即使从宝庆三年到景定五年，也已经有三十六年之久。入元以后，黄绩之子黄仲元推广先志，继续讲学，"凡其见于修己教人者，无非仰止之懿，而于东湖之崇奉，尤拳拳焉"，《仰止堂规约》与《乡约》的讲读，大概一路延续到元代。

上述游酢解释"颜渊、季路侍"章的一段话，到南宋也见之于影响。朱熹在《论语精义》中引用了这一段话，使得更多的读者得以读到。在南宋人的著作中，又不时可以看到将"修于家，行于乡"这两句，略为修改其文字而使用。例如张九成在绍兴二十六年（1156），从贬所南安军北返，赴知温州任时，路过新淦，为当地黄氏作《黄氏训学说》，于文末说："体之于己，则为仁义之士；行之于家，则为仁义之家；行之于乡、于国、于天下，无往非仁义也。"（张九成《横浦集》卷十九）连接起身、

家、乡、国、天下。朱熹在淳熙三年（1176）作《徽州婺源县
学藏书阁记》，文末也说："以告乡人之愿学者，使知读书求道之
不可已而尽心焉，以善其身、齐其家，而及于乡、达之天下，传
之后世。"（《朱文公文集》卷七十八）同样从身开始，经家、乡
而逐步而达天下，国的阶段则只是省略了讲而已。杨万里有程学
师承，且治学有得，颇具修养，因之而具的胸怀，透漏于其诗
风，已为学者所指出。他也采用了源自程学的德行观念，在推己
及人的实践过程上，是由家而乡而国而后及于天下，在其于淳熙
十三年（1186）为伯祖杨邦乂所写行状，言及其"德行修于家，
称于乡，信于友。为郡学官，教孚于弟子员。为县大夫，恩治于
百姓。至于以身殉国，立天下万世臣节之端"（杨万里《诚斋集》
卷一一九《宋故赠中大夫徽猷阁待制谥忠襄杨公行状》），这是
从家、乡、国到天下都提到了。方大琮在一封题为《剑守马郎
中》的书信中这样写，"士君子修于家，修于乡，以为之本。其
出而立朝，则观其议论于事君之际；而治郡，则观其政事于临民
之际"（方大琮《忠惠铁庵方公文集》卷十九），这也提到了家、
乡和国。刘克庄的程学师承及其诗风所受的影响，也已见于学者
的讨论，他在为其大姊夫福州州学教授方灌所写的墓志铭中如此
称誉："性端重而直悫，修于家，达于乡，尊老称其孝，族戚钦
其贤。"（《后村先生大全集》卷一六〇《方教授》）则只提到家和
乡。欧阳守道读张栻回周必大的信后，在所写的跋文中说："静
时默思，我所知者几何？而能行者几何？今之士人接物差少，且
从家庭推之，从父母、兄弟、夫妇、长幼上，件件默对，以及
于宗族、朋友、乡党，凡吾平日所行处，能与所知者不畔否？"
（欧阳守道《巽斋文集》卷二十《张南轩回周益公书》）他所讲以
所知对照自己所行的默思工夫，是从家庭内部开始，推而及于宗

族、朋友、乡党，所涵括的主要也是家和乡。家、乡两环节，在上引各人的说法中都可以看到。

程学及其后继者在家、国之间增入了"乡"这一环节，使他们在天下、国家的下层，有一个比身、家更为广大的立足点，可以借之以推广学说、改善社会。"乡"并非专指乡村，而是兼含城、镇、乡村的乡里，扩而大之，也可以是在自身的乡里以外，包括城、镇、乡村在内的任何地方。王学着重于在朝廷以政策来大规模地推动社会的改变，程学则着重于从地方上以个人或群体的力量，从民间逐步地推动社会的改善，这也使得程学能够把基础建立在广阔的基层社会之上，有助于其学说的推广与存续。不过这并非说，程学就不重视政府的力量，由身而家而乡而国家、天下，是一个一贯的过程，如果出而仕宦，不论在朝廷或在地方，同样可以运用政府的政策、行政或财务资源，结合民间的力量，来推动社会的改良。而在这一个过程里，重要的是，即使未能出仕，也能为乡里尽一己之力，不一定要等到出仕之后，而未出仕的士人要比仕宦者多出很多。程学在历经政治的打击之后，还能不仅继续存在，而且日益茁壮，重视社会基层的活动是一个重要的原因。相对来看，王学在南宋中期以后的走向消沉，原因则不仅在于其失去了朝廷此一舞台，更由于当其盘据此一舞台时的诸多措施，背负上滥用权力、殃民祸国等恶名。

程学从地方上推动社会的改善，从前面的讨论看，至少有两个值得注意的重点，也就是风俗的改善与经济的赒助。这两者要能实现，都要靠着启引人性本有的善心，推己以及人，博施而济众；要能启引人性本有的善心，则必须借助于讲学与教育。因此二程及其后继者，以至于与二程同道的张载、邵雍，无不注重讲学。邵雍不出仕而仅从事讲学，程颐在元丰年间以前也不求仕而专事讲学。邵雍只在其乡里洛阳讲学，二程与张载则不仅在乡里，也在他们所至之处讲学。例如张载曾在京师，二程则曾经西行至蓝田，讲于吕大钧、大临兄弟的蓝田讲堂。当绍圣年间程颐遭编管涪州时，仍然讲学不辍；崇宁年间，程学遭禁，程颐迁居至河中府龙门山之南，要求四方学者不必再及其门，但是也仍有尹焞、张绎等门人追随着他。

程颐在元丰以前的不出仕而以讲学为业，以及绍圣以后的遭斥逐而仍然讲学不辍，为他的门人和程学的后继者提供了典范。例如治《春秋》学的萧楚，由于不满蔡京执政，始终不肯出仕，北宋末至南宋初在吉州以教学为生，教出了胡铨。胡铨因反对和议而得罪秦桧，一贬再贬，最后贬往海南的吉阳军编管，海南的士人执经从学，预贡者相继。许忻也由于反对和议而得罪秦桧，贬居抚州，闭门少所接见，陆九龄当时年尚少，前往求见，得其赏识，于是从之讲习程学。尹焞、王蘋都因反对和议，不再居朝，在平江府专事讲学，尹焞门人中有陆景端，王蘋门人中有施廷先（即施庭先）、方翥。与方翥同为莆田人的林光朝，与施廷先、方翥均订交，他先认识方翥，由方翥而结识施廷先，以方翥先闻道而事之为兄，而视施廷先为长者；陆景端则林光朝以师事之，据施彦执《北窗炙輠录》的记载，施彦执之兄有门生陆诏之，即陆景端之父，施彦执自己与陆景端也有交往，而施廷先是施彦执的侄子，林光朝可能是因施廷先而结识陆景端，方翥去世之后，林光朝在为他写的《正字子方子窆铭》中，对方翥、施廷先都称其名，惟独有不称名的"陆子"，此一"陆子"应即陆景端。

讲学培育了传播程学的人才，其中有些在通过科举考试后出而仕宦，有些志于出仕而仍在准备应考，也有些虽然有志于此而未能通过科举考试，后两类人都有可能会以教学为生，无论是在私塾或家塾。尤其是到南宋时期，由于教育愈来愈兴盛，参加科举考试的人大量增加，而上榜机会有限，未能通过科举考试的人也愈来愈多。由于官学所能提供的名额有限，大多数的士人必须在家塾或私塾中读书，也就使得教学的机会大增。而数量众多应考科举而落榜的士人，如果有心继续应考，以教学为生是一个很好的办法，一方面有收入维持生活，另一方面也不脱离读书问学。自然以教学为生的，不限于这一类人，也有尚未考过科举或无意于科举的士人，还有一些已曾入仕而因故在乡的乡居官员。以"乡先生"一词来称呼在民间以教学为业的士人，在北宋中叶以后已可见到，到南宋而趋于常见，说明教学行业在南宋时的兴盛，也说明了教学在这时已经成为士人在官宦之外的一条出路。由于"古之有道德者，教于乡里，谓之乡先生"，当时以"乡先生"来称呼任教于民间的教师，显示出社会对他们文、行都有相当程度的敬重。从另一个角度看，这也可以说是社会对他们的要求，期望他们不仅知识可以胜任教学，品德也足以为学生的楷模，引领学生的德行。这些家塾或私塾的教师，如果笃崇程学，便不免会在教导学生如何为举业而充实自己的同时，在适当的时机也对学生讲解一些源自程学的道理，程学便这样借着举业的教学而传播，影响到更多的人，进而影响到其中一些人在乡里的活动。

士人或乡居官员笃崇程学而任教于家、私塾的例子，从南宋初年以来已经可以陆续看到。靖康、建炎年间，已有吕和问及其弟徽州婺源县主簿吕广问，都曾游于尹焞之门，传习程学，因靖康之变而无法北归。徽州人汪绍办有四友堂，是一所教育乡里子弟的义学，留吕氏兄弟为师。汪绍的长子汪存本来就在四友堂任教，因此得与吕广问交游，尽得其说。当时外来士人罗靖、罗竦兄弟原已私淑程氏之学，与吕氏兄弟渊源相合，于是相互讨论，婺源人合而称之为四先生。本地子弟滕恺与吕氏兄弟相师友，受业于吕氏兄弟的则有李缯。由此看来，在吕氏兄弟教学于四友堂之前，汪存所教的大概只是举业，等两人留此执教之后，才开始有程学的讲论。

上述的林光朝任教于族人林国钧所办的红泉义学，是另外一个例子。他结识方翥时，正在临安的太学读书，其后由于未能登第而返回家乡莆田。他是林国钧的族子，于是受延请而任教于红泉义学。陈俊卿也是莆田人，为林光朝作《祠堂记》，说他教人"以身为律，以道德为权舆，不专习词章为进取计也。其出入起居，语默问对，无非率礼蹈义。士者化之"。也就是他虽然教的是举业，却经由自己日常行为、言语上的循礼蹈义，来化导学生，因此陈俊卿说："自绍兴以来四五十年，士知洛学，而以行义修饬于乡里者，艾轩林先生实作成之也。"（林光朝《艾轩集》卷十《祠堂记》）这无疑说，他以行为、语言上的循礼蹈义，成为后生晚辈的典范，是源自二程的洛学。尽管学者对林光朝是否笃信二程之学尚有不同的意见，但他确实是以程学来教导学生。这种情形，正显示出以修身为本的程学适合于乡里教学，也说明了程学在社会基层影响的扩大。林光朝登进士第已在宋孝宗隆兴元年（1163），在这之前，他长期居乡教授，从游者常数百人，在莆田影响之广，可以想见。

乾道年间，吕祖谦在婺州城讲学的丽泽堂，在性质上该是一所私塾。他在写给朱熹的一封信中说："闾巷士子，舍举业则望风自绝，彼此无缘相接。故开举业一路，以致其来，却就其间择质美者告语之，近亦多向此者矣。"（吕祖谦《东莱集·别集》卷七《与朱侍讲元晦》）这也就是说，他的教学虽然以举业为主，却从学生中挑选资质比较好的，跟他们谈论学问。吕祖谦讲学于丽泽堂的乾道年间，也正是言道之士四出任教于家塾或私塾的时候。叶适在为婺州东阳县人郭良臣写的《郭府君墓志铭》中讲，周、张、二程之学于百年间盛衰者再三，"乾道五、六年（按：1169—1170）始复大振，讲说者被闽、浙、蔽江、湖，士争出山谷，弃家巷，赁馆贷食，庶几闻之"（叶适《水心先生文集》卷十三），以程学为核心的道学于是凭借着举业在教学上的需要而广传。

道学逐渐广传，其学说对乡里活动的影响也渐出现。可以举证的事，如婺州东阳县的郭家与吴家，两家都设有义学，也都能实践所学于乡里。上述郭良臣有二子澄、江，颇为聪敏，可是年少体弱，不便远行就学，郭良臣因此设置义学，让里中或他郡与两兄弟年龄相仿者共学，而延请知书晓道的学者来教导他们，偶尔也会让长子郭澄出访大师，再返回义学来从师问学。这所义学，由于筑在郭家西园舍旁，也称作西园书院。同学于西园者已有人得科第而去，郭澄虽然学问日进，却始终未能登科，在父亲去世后，服丧才满，也以三十岁之龄去世。吕祖谦为他写《郭伯清墓志铭》，讲到郭澄及其乡人在西园书院求学所受的影响：

伯清既用力于学，益知师友之可亲，辞气恒款，未尝不以善其身，迪其族，衣被其乡闾为主。退而验其语，随其力之所至，皆有以自见。识者始竦然，不敢以内交要誉期之。岁尝大侵，乡人有不忍高其籴以牟利者，问之，则曰："此吾在西园所讲也。"于是又知伯清之志，非特信于朋友，且有从而化者矣。（《东莱集》卷十三）

郭澄言辞"未尝不以善其身，迪其族，衣被其乡间"为主，这正是程学在受到张载《西铭》一文的影响之后，所说的由身而家而乡的明明德进程，"退而验其语，随其力之所至，皆有以自见"，可见他不仅是见于言辞，也能见之于实践。而"衣被其乡间"的态度，又不仅见于郭澄自身，也影响到其他西园同学，这就是墓志铭中接下来所说的：遇到灾荒，乡人以不忍之心，没有像那些为富不仁而多积米粮之家那样，闭籴等待米价继续上涨，期待以高价出粜，牟取厚利。别人问他何以如此？回答说"此吾在西园所讲也"。可以看出，西园书院虽然也为学生的应考科举而教学，可是那些在此教学的言道之士，同时也以程学的一些人生理想教给了学生。郭澄和他的同学在行为上都受到了影响，有心在能力所及的范围内，做一些能够改善乡里民众生活的事，而见于郭澄的"衣被其乡间"，以及西园同学于灾荒时以低价粜米给灾民。郭家是东阳富家，郭良臣的族兄郭钦止曾从学于张九成，也建有石洞书院教宗族子弟及乡之秀民，延请叶适、汤致等学者主讲，朱熹在伪学之禁时，来此游处甚久。庆元四年（1198）叶适写《石洞书院记》时，此一书院自创立以来已有五十年。

与郭氏家族所设的书院约略同时，同在东阳的吴家也有安田义塾，为吴文炳于淳熙元年（1174）创建，用以教导宗族及外家子弟，起先由朱震的弟子徐畸主持，继而由唐仲友主持。朱震之学源出于二程固然没有问题，唐仲友虽喜论经制，但其学也含有程学的成分，如言及正心、诚意，言及礼义廉耻为人所同而非由外铄，言及自诚而明、自明而诚等。吴文炳诸子均读书其中，长子朱葵因研读经史而痛改其原有的豪气，能以学佐其父，而所讲必儒术，所行必善意。见于乡里，则是当淳熙年间大灾荒时，承担起环其所居数十里的养生送死，家中的粮仓因此而无余留。东阳郭、吴两家的例子，显示出道学的教育改善了乡里风俗，而风俗改善导引受教者对乡人困乏的关怀。

类似因传习程学而实践其说于乡里，也见于婺州东阳县以外的其他地区。例如朱熹的弟子潘植，是福州怀安县人，原初在家乡师从林之奇，后来因听闻朱熹有他师之所不能及，而与其弟潘柄至建宁府从之学。潘植著有《癸丑所闻》（或称《癸丑问答》），记载朱熹于绍熙四年（1193）的谈话，这时他应在建宁府，返回福州家乡，则应是这年以后的事。他家居时，"日以濂、洛诸书磨砻浸灌"，而"喜施予，赒人之急，虽斥家人簪珥以振之，略无秋毫顾惜意"；当乡人有事，争执的双方常找他来处理，他"为之平曲直，以义理开譬"，于是双方"各释其所争而去"（黄榦《勉斋先生黄文肃公文集》卷三十三《处士潘君立之行状》）。潘植对乡里事务的关怀，一方面表现于协助他人解决生活上的困难，这是属于经济的赒助；另一方面则是以义理来为平断曲直，让争执双方能以同理之心来化解纠纷，这则是属于风俗的改善。

更令人注意的是，南宋晚期徽州婺源县不应科举的许大宁。许大宁以五十七岁之龄，卒于淳祐九年（1249）。他"家传紫阳夫子之学"，亦即朱熹之学，"视人犹己"，"济人不欲人德己"，固然是"性于天，世于家"，然而他自己"用力于求仁者深矣，故当理而无私，全体而能恻隐"，这是本于人我一理而生出的恻隐之心，也就是仁。积米之家在灾荒时闭籴，他对之诵《西铭》，向这些人开谕说，灾民来求籴是出于不得已，他们手上钱不多，令人厌烦，可是要等手上钱多的人才出籴，那么买得到米的人就很少，饿死者有如山积，这样是否心安？许大宁也在自家粜米给饥民，他手持秤斗，汗流浃背，帮籴米者量米，没有丝毫厌倦之意。尚未粜遍，家人要他进食，他不肯用食，说一人来籴，家中待食者十人，饿我一人而使得他们得以食，有何不可？别人偏私自己的亲人，以邻为壑，他不问远近，核计一户若干口，按口予米，族人、姻戚则给予较多，说籴者是《西铭》的理一，予者是《西铭》的分殊。对于病者、死者、贫而无告者，甚至罹于法者，他也以不同的方式，予以经济上的协助，而且不限于族人、姻亲；又开辟通路、造舟为桥，方便地方上的交通。乡人常由于受他的感化，而不敢为非，或是因他的化解，而不再争讼。可以看出，许大宁以他的学识、仁心，热衷于乡里各方面的事务，解决乡人各项问题，成为在地方上受到尊敬的人物。他曾讲为富不仁，只是由于未尝学问，也由于他自己以学识为基础，发挥视人如己的仁心，所以他的乡里，贫富皆得所安。许大宁的儿子许月卿，在父亲的墓志铭中，娓娓详述父亲一生的立身行事，总结说："盖先生一身，即《西铭》也。"（许月卿《先天集》卷七《友仁先生圹记》）当《西铭》成为乡里人物立身行事的准则，说明了融合张载《西铭》的程学在乡里已经生根，这是王学所无法做到的事。

同样引据《西铭》来表达对乡里民众生活困乏问题的关心的，则有南宋中晚期有关社仓、义廪的记文与榜文。南宋社仓创始于绍兴二十年（1150）建宁府建阳县灾荒之后，之所以有此一设施，出自魏掞之对乡里社会安宁的考虑，至于具体而周详的制度，则由朱熹于乾道五年（1169）建宁府崇安县灾荒之后建立。魏掞之与朱熹同师讲述程学的胡宪，所以社仓自创设以来，就与程学有密切关系。由于崇安社仓于施行后能维持不坠，而又对乡里社会的安宁确实收到效果，淳熙八年（1181）浙东发生灾荒，朱熹出任提举浙东常平公事，负责救灾，向朝廷建议推广，作为防备灾荒的长久之计，而由各地以自愿的方式决定是否采行，才开始对政府与民间逐渐发生影响，带动各地社仓的设置。在朱熹上疏之前，吕祖谦曾在淳熙二年（1175）从婺州到崇安来探访朱熹，参观社仓的营运，十分赞赏，有意在婺州仿行，但心愿未能实现。淳熙十一年（1184），陆九渊任职敕令局，参与编纂宽恤诏令，看到朱熹在淳熙八年建议推广的奏疏，也十分赞赏，而感慨几年以来，此事仍然受到忽视，于是将朱熹的奏疏编入广赈恤门，到淳熙十五年（1188），陆九渊的四兄陆九韶也在家乡抚州金溪县青田主持一所社仓。吕祖谦和陆九渊的赞赏，显示了同道对朱熹以社仓来缓解乡里民众粮食问题的认同。

从朱熹所写的社仓记开始，对于社仓在乡里中所发挥的作用，在意义上的解释就有《西铭》的含义，以后有关社仓或义廪的记文或劝谕文，更是直接引用《西铭》的文句。吕祖谦有意设社仓于婺州而未能及身实现，到淳熙十二年（1185），他的门人潘景宪为社仓所含深意所感召，又念及家中自祖父以来，已经务赈恤、乐施予，而尚未能知道有社仓，再加上为实现先师之志，于是出家谷五百石，设社仓于婺州金华县安期里四十一都，并请朱熹写记文。朱熹在《婺州金华县社仓记》中说：

> 予惟有生之类，莫非同体，惟君子为无有我之私以害之，故其爱人利物之心为无穷。特穷而在下，则禹、稷之事有非其分之所得为者。然苟其家之有余，而推之以予邻里乡党，则固吾圣人之所许，而未有害于不出其位之戒也。（《朱文公文集》卷七十九）

朱熹所说的"有生之类，莫非同体"，正是《西铭》之意，也就

227

是仁。曾有门人问朱熹:"《西铭》之意,与物同体,体莫是仁否?"回答说"固是",这也就是《西铭》所说的"天地之塞吾其体,天地之帅吾其性,民吾同胞,物吾与也"。接着朱熹讲"惟君子为无有我之私以害之,故其爱人利物之心为无穷",此句中的"无有我之私",也就是从"民吾同胞,物吾与也"的人我、物我同体之理,推之而及于生活中的"爱人利物之心";就人我同体来讲,也就是见于《西铭》的"尊高年所以长其长,慈孤弱所以幼其幼""凡天下疲癃残疾、茕独鳏寡,皆吾兄弟之颠连而无告者也"。这篇社仓记虽然没有言及《西铭》,也没有用到《西铭》的文句,却寓有张载此文之意。记文接着再讲的一段话,要点在于有位者如禹、稷,可以关心天下所有的人,即使是穷而未达的无位者,也可以关心邻里乡党,以己之有余,济彼之不足。对朱熹来讲,这是他对社仓作用的阐释,也就承继自北宋以来程学在融合了张载《西铭》之后的新发展,在身、家和国家、天下之间,增入"乡"这一环节,于是无位者也就有了发挥同理心去关心社会之处,这正是朱熹设置社仓并加以推广的深旨。

以后有关社仓或义廪的记文、劝谕文,颇有一些继续发挥朱熹这段文字的意旨,而直接引用了《西铭》的文字,并且辅以朱熹释仁之言。例如黄榦的《袁州萍乡县西社仓絜矩堂记》、真德秀的《劝立义廪文》、度正的《巴川社仓记》和姚勉的《武宁田氏希贤庄记》,都是如此。姚勉所记的武宁田氏希贤庄,是兼有社仓、义廪两种仓廪。当初魏掞之及朱熹所设的社仓,是采取贷放式的,后来陆九韶主持青田社仓时,陆九渊就提出过应兼有平粜仓来配合,逐渐就出现了一种平粜式的社仓,同样是设于乡里,济助乡人,这种平粜式的社仓,有时也称作义廪。还有一些这类记文，没有引用《西铭》或朱熹的言论，却提朱熹的设置及推广社仓。尤其是部分作者，与承继程学而予以发扬的朱熹，在学问上的关系十分清楚。例如上述的黄榦是朱熹较早的弟子，也是其女婿；度正在朱熹晚年才前往从学；真德秀则曾从学于朱熹弟子詹体仁。惟独姚勉与朱熹在学问上的关系不见于记载，但是只要读他在西涧书院和正谊书院任教时的讲义，即可了解他和程、朱之学的关系。而那些社仓的设立者或主事者，之所以会找他们来写记文，是出自对他们的崇敬。这种情形，既显示了程学的后继者借由社仓的推广，将程学推广到乡里，同时也显示了程学在乡里的生根。

尤其值得注意的是，部分社仓的设置并非出自个别的富家，而是由众人合力出谷米或出资购米而建立起来的，捐者有些可能比较富裕，也有些可能只是家境普通；至于主事者，则甚至可能有人经济情况并非那么好。例如在度正的《巴川社仓记》中，讲到合州巴川县仰慕朱熹社仓而行之于乡里的，有赵飞凤兄弟、景元一等人及陈孜等人。其中景元一等人所设置的社仓，采取赈粜的方式，集合了二十家之力，合二十家出钱为一千缗，每年得谷三百石；合二十家之力才得谷三百石，和前述潘景宪一家就出米五百石相比，这二十家显然不是大富之家。黄榦为之写《絜矩堂记》的袁州萍乡县西社仓，留下了三篇记文、跋文。最先写的一篇是主事者钟唐杰所写的《袁州萍乡县西社仓记》，其次是朱熹所写的《跋袁州萍乡县社仓记》，黄榦的《袁州萍乡县西社仓絜矩堂记》则是第三篇，另外《永乐大典》所引修于嘉定十三年（1220）后滕强恕任袁州知州期间的《宜春志》也有记载。朱熹的跋文和黄榦的记文，都是胡安之（叔器）受钟咏（唐杰）之托，向朱熹、黄榦请求而得来的，而胡、钟两人则都是朱熹的门生，师生论学的情形见于《朱子语类》所载。据钟唐杰的记文，这所社仓开始营运于淳熙十六年（1189），不过储米的仓廪要九年之后才兴建，仓米来自柳廷杰、宜思贤的捐献，萍乡县宰周世昌、主簿董仲元则拨出部分俸禄来补助，可见并非一家所出。而主掌社仓的钟唐杰、向黄榦请求为社仓厅堂命名及撰写记文的胡叔器，据黄榦的记文，则是贫而不能自立者。当时萍乡县里一起应政府号召，由民众捐献粮米而设置的社仓有九所之多，大部分都是仓米捐自众人，其中营运最成功的就是这所县西的社仓。其到嘉定十三年不仅仍然存在，而且已把原来的本米还给捐助的人家，只以所收息米贷借，只收一分之息；并且以仓粮出粜得钱，买到田产一百余亩，准备将来买到预定数量的田产，贷放时就不再收息米，以求这所社仓能维持久远。至于社仓田产所收到的租米，除用来补贴社仓贷放的亏损外，有余则在灾歉时用来减价出粜，或是均给贷米于社仓的贫民，或是煮粥供给饥民食用。这类储粮出自众人的社仓，在记载中还颇有一些。社仓的参与者多而经济情况不一，不限于富裕之家，也显示出程学在乡里中影响的扩大。

同样值得注意的，是度正在《巴川社仓记》结尾，对景元一所讲的一段话。景元一往见度正，请他为他们二十家共同设置的社仓写记文，并说明之所以如此，是由于二十家目前虽然同心，但是几年之后不保其无倦，到子孙辈，也不保他们仍然行之而不废，希望度正能一言以记之，让参与者及其子孙知所警惧，以保这所社仓能传之于无穷。度正先向景元一指出，他们二十家之所以会共同设置社仓，必定有闻于前贤之言；接着解释说，人物之生，原本就同于一气，见其一原，视人必然会同于手足兄弟，岂会见手足兄弟颠连无告而不为之恻然动心？二十家之所以会不谋而同，不约而合，共同设立社仓，岂非有见于此？度正所说的"同于一气""见其一原"，都是朱熹对于《西铭》的解释；岂会见"手足兄弟颠连无告而不为之恻然动心"，则是从"同于一气""见其一原"推引到现实生活，阐释《西铭》中的"凡天下疲癃残疾、茕独鳏寡，皆吾兄弟之颠连而无告者也"。"恻隐之心"也常见于朱熹的讨论，认为这是"仁之端"，而《西铭》则是"仁之体"。度正这一段话，在意义上，就如同黄榦在《袁州萍乡县西社仓絜矩堂记》中，据朱熹所讲絜矩之义阐释《西铭》，所说的人物均禀天地之气以为体，均受天地之理以为生，民只是自己的兄弟，物只是自己的党与，而恻隐之心人皆有之，这是由于一原所出，不能自已的缘故。度正阐释了前贤之言后，回答景元一的问题：

> 既以此而开其始，欲戒其终，使不倦，且使后世子孙循之而不废，则莫若读书而讲学。读书则理明义精，讲学则行著习察，仁民爱物之心愈久愈光大矣。夫如是，穷则行之一乡，达则行之一国，以至于推之当世，是乌可得而已也！故曰，欲戒其终，使不倦，且使后世子孙循之而不废，莫若读书而讲学。（周复俊《全蜀艺文志》卷三十四）

度正讲完之后，景元一等人都回答说："然。"可以了解，度正所说的前贤之言，也就是经朱熹发扬而为黄榦所承继，融合了张载《西铭》之后的程学，而读书讲学应该就是读二程、张载、朱熹之书，讲程、朱之学。度正趁着写社仓记的机会，把程、朱之学往他的家乡合州巴川县推广。从他说的"穷则行之一乡，达则行之一国，以至于推之当世"，也可以看出他尽管由于写社仓记而着重在乡里这一环节，却也没有忽视要让这篇社仓记的读者了解，以乡里为基础，进一步应把由读书讲学而启发、培养出来人所本有的仁民爱物之心，推行至国家、天下。

第七讲

王学与程学的消长（二）：
程学后继者对王安石改革理想的吸收

社仓在乡里中推广，不仅说明程学社会基础的建立，为王学所不及，同时也说明了王学原有的改革社会的理想，已由程学的后继者所吸收、融合，并付之实行，只是推行的方式有异于过去王安石所推动的熙宁变法。值得注意的是，这时已经看不到有王学的后继者、追随者在宣扬、推广王安石的改革理想，或思考如何使这些理想更趋妥善，如何才是更为可行的实践方式。

当潘景宪请求朱熹为他在婺州金华县所设置的社仓写记文时，他所提出来的理由，是世俗不能不以此为疑，而希望朱熹能为他一言以解之。他所说的对社仓的疑惑，从朱熹所写的记文来看，就是社仓对农民的贷放收息，看来就是本于王安石所曾推行的青苗法。于是朱熹在记文中，也就对此一疑惑有所解释：

> 抑凡世俗之所以病乎此者，不过以王氏之青苗为说耳。以予观于前贤之论，而以今日之事验之，则青苗者，其立法之本意固未为不善也。但其给之也，以金而不以谷；其处之

也，以县而不以乡；其职之也，以官吏而不以乡人士君子；其行之也，以聚敛亟疾之意而不以惨怛忠利之心。是以王氏能行于一邑，而不能以行于天下。子程子尝极论之，而卒不免于悔其已甚而有激也。（《朱文公文集》卷九十七《婺州金华县社仓记》）

朱熹所说的"前贤"，就是指程子，也就是程颢；"尝极论之，而卒不免于悔其已甚而有激也"，是指程颢在熙宁三年（1070）任言官时，曾上疏请罢预借青苗利息及汰除提举官。到元丰二年（1079），他曾对门人讲："新政之改，亦是吾党争之有太过，成就今日之事，天下涂炭天下，亦须两分其罪可也。"又说："以今日之患观之，犹是自家不善从容，至如青苗，且放过又且何妨。"至于"王氏能行于一邑，而不能以行于天下"，则是指王安石早年任明州鄞县知县时，曾借贷官谷给农民，即是后来青苗法之所本。对于朱熹来讲，他所推广的社仓，确实是采取了青苗法的法意，却未采取青苗法推行的方法。这也就是他所说的青苗法的本意未尝不善；而他所说的青苗法推行方法之如何不当，与应该如何推行才妥适，其实也就是青苗法与社仓在推行方法上的分别。

在这篇社仓记里，朱熹特别指出青苗法的本意未尝不善，并非一些同道所能接受。他的好友张栻，在听朱熹有意写一篇社仓记，来说明青苗与社仓的同异，以回答他人对社仓的疑惑后，写信给他，指出社仓和青苗法两者义利相异，十分清楚，对他的看法不表同意。信中有这样几句话，"然或者妄有散青苗之讥，兄闻之，作而曰：'王介甫所行，独有散青苗一事是耳！'奋然欲作《社仓记》以述此意，某以为此则过矣"，然而对朱熹来讲，岂止青苗法一项新法在法意上为他所接受，视之与社仓的用意相同，还有其他几项新法，他也并非全予以恶评。他甚至认为到了熙宁年间，已经是一个必须有所变革的时候，只是由王安石来推动变法，是不得其人，这件事情如果由程颢来做，就会有另外一番情景。

见于朱熹言论中的新法，除了青苗法之外，至少还有市易法、保甲法、雇役法；另外南宋初年李椿年所推行的经界法，源自王安石的方田均税法，则不仅见于朱熹的言论，他在绍熙元年（1190）知漳州任内，也曾经推行，只是遭到挫折。包括经界法在内的这几项新法，最得朱熹好评的是经界法，他讲如果田税要均平，经界不可以不行，又说须是三十年又量一番，庶几经常无弊。最受他指责的是市易法，他曾提到王安石执政之后，专措置理财，遍置回易库以笼天下之利，认为《周礼·泉府》之职，正是如此；而他则认为，周公之制只是政府用官钱收购商人销售不出的货物，用意是为了使商人不至于留滞，并非以此求利息。朱熹所说的回易库，其实是市易司。至于保甲与雇役二法，朱熹的看法则比较多面。他曾以王安石论议复行府兵的奏稿和所进的《邠侯家传》要学生读，一个学生在读后说，王安石施行保甲于京畿，开始时固然违背民情，到元祐年间废罢，却是坏其已成之法；朱熹表示同意，又讲到他的另外一个学生张洽（元德），近来也有这种议论。这里的保甲，应是指教阅保甲，他的意思显然是认为教阅保甲不应废罢。可是在《跋王荆公进邠侯遗事奏稿》中，他却说，到后来募兵之费无法摆脱，而保甲之扰遍天下，这又无异于认为教阅保甲不仅未能收到原先预期的功效，还影响到社会的治安。对于雇役和差役何者为便的问题，他认为是互有得失。雇役便在不扰纳税人，却聚集了一群浮浪无着之人在那里，影响到治安；差役则由纳税之人义务承担，他们比较顾惜自己的行为，却多有破家荡产的祸患。两相比较，他仍然认为差役比较好。

尽管朱熹对于各项新法有不同的评价，可是也认为到了熙宁年间，已是"合变时节"，更法是"势当如此"，是"当苟且惰弛之余，势有不容已者"，只是熙宁变法"变之自不中道"。在朱熹看来，新法之行，"自是王氏行得来有害，若使明道为之，必不至恁地狼狈"。何以王安石不是推行变法的适当人选？朱熹主要指出两点，一是他在学术上的偏差，另一则是他个性的拗强。黎靖德《朱子语类》卷一三〇《本朝四·自熙宁至靖康用人》载朱熹和学生间的问答：

> 问："万世之下，王临川当作如何评品？"曰："陆象山尝记之矣，何待它人？"问："莫只是学术错否？"曰："天资亦有拗强处。"曰："若学术是底，此样天资却更有力也。"曰："然。"

"陆象山尝记之矣"，是指陆九渊的《荆国王文公祠堂记》。朱熹在回答学生所提的问题时，显然认为学术偏差和个性拗强两者之中，又以学术偏差为主。王安石的学术究竟偏差在哪里？朱熹在《读两陈谏议遗墨》中这样指出：

> 然其为人，质虽清介，而器本偏狭；志虽高远，而学实凡近。其所论说，盖特见闻亿度之近似耳。顾乃挟以为高，足己自圣，不复知以格物致知、克己复礼为事。而勉求其所未至，以增益其所不能，是以其于天下之事，每以躁率任意，而失之于前，又以狠愎狥私，而败之于后。此其所以为受病之深，而闲乐未之言也。(《朱文公文集》卷七十)

《读两陈谏议遗墨》的"两陈"，是指陈瓘和陈师锡，陈师锡号闲乐先生，也就是引文最后一句"闲乐未之言也"中的"闲乐"。朱熹指王安石"不复知以格物致知、克己复礼为事，而勉求其所未至，以增益其所不能"，所针对的就是他在学术上的偏差。"格物致知""克己复礼"是朱熹论学常论及的问题，也见于程颐及其弟子的论学。朱熹在这里所讲的"格物致知"，其实是概括了从格物、致知到诚意、正心、修身、齐家、治国、平天下的整个过程。"克己复礼"出自《论语·颜渊》所载，颜渊向孔子问仁，孔子说："克己复礼为仁，一日克己复礼，天下归仁焉。"颜渊再问克己复礼的条目，孔子说："非礼勿视，非礼勿听，非礼勿言，非礼勿动。"在朱熹的解释里，克己复礼是格去己意、己心之私，以复返本有之礼，"礼"是天理的节文，也就是行事的准则，君臣、父子、夫妇、长幼、朋友之间，都有节文可以依据。在程序上，克己复礼是格物致知以后的工夫，也就是由诚意正心而达于修身的工夫，他引用程颐的说法，指出"非礼勿视，非礼勿听，非礼勿言，非礼勿动"四者，是"身之用"；朱熹自己也说："一日克己复礼，施之于一家则一家归其仁，施之一乡则一乡归其仁，施之天下则天下归其仁。"又说："须从克己复礼上做来，方可及为邦之事。"这也就是说，要从格物、致知、诚意、正心、修身、齐家依序做下来，否则是做不到平天下的。

以上述程、朱有关格物致知、克己复礼的讨论，来看王安石的学术，其实就是说他不从根本之处做起，欠缺修身以前的工夫，直接就要去做治国、平天下的事。由于欠缺根本的工夫，所以就不能循序渐进，由已知而勉求其所未至，也无法如孟子所言，动心忍性以增益其所不能，于天下之事，才会"每以躁率任意，而失之于前，又以狠愎狗私，而败之于后"，而"狠愎狗私"，正是指王安石个性的拗强。由于问题出在这里，新法之祸才会横流而不可救。至于程颢之所以会比王安石来得适合推动新法，在朱熹的看法里，程颢如果能得宋神宗充分信任，他会从正君心做起，"却自君心上为之正，要大家商量，以此为根本"，君心正了以后，宋神宗他日也就不会撇开群臣，独行其是。

陆九渊对王安石推动熙宁新政的看法，就如朱熹在回答学生问题时所说的"陆象山尝记之矣，何待他人"，和朱熹上述说法相类似，一方面认为当时的确已到了应该改变的时候，另一方面则指出，由于王安石在学术上的偏差，而导致其复行先王之法的志向不能实现。他在《荆国王文公祠堂记》中，称赞王安石"扫俗学之凡陋，振弊法之因循，道术必为孔、孟，勋绩必为伊、周"。这几句话，正是肯定王安石积极进取，不甘于守成，重振孔孟之学，取法三代制度，在得到宋神宗充分信任之后，遂行其改革之志。可是他又提出质疑：王安石每事必以取法先王之法度为言，是否就足以法尧舜？这也就是问，要法尧舜，是否能够凡事只从法度着眼？陆九渊对王安石执其所自信的《周礼》之学，以言先王之法，作为推行新法的依据，这样认为：

> 公之蔽也。典礼爵刑，莫非天理，《洪范》九畴，帝实锡之，古所谓宪章、法度、典则者，皆此理也。公之所谓法度者，岂其然乎？

也就是说，要确切认识经籍中所述的法度，必须从其中所蕴含的天理入手，王安石不了解此一道理，也就使得他所称的先王法度，未必就能本之于天理。

就陆九渊看来，王安石不仅不能了解先王典制中所蕴含的天理，而且不能了解人心才是施政之本。所以接着又讲：

> 献纳未几，裕陵出谏院疏与公评之，至简易之说曰："今未可为简易。修立法度，乃所以简易也。"熙宁之政，粹于是矣。释此弗论，尚何以费辞于其建置之末哉？为政在人，取人以身，修身以道，修道以仁。仁，人心也；人者，政之本也；身者，人之本也；心者，身之本也。不造其本而从事其末，国不可得而治矣。

裕陵是宋神宗。为宋神宗与王安石所论及的以简易之说立论的谏院疏，应是指程颢在熙宁三年（1070）四月因劝谏新法而上的奏疏，当时程颢正担任监察御史里行，任职御史台而非谏院。疏中说到，天下之理本之于简易，而行之以顺道，则事无不成，智者应如禹之行水，行于其所无事，舍此而行之于险阻，则不足以称智者。如今辅弼大臣人各有心，而新法不为中外人情所赞同，在筹划时又沮废公议，由一二小臣参与大计，凡此就天下之理而言，都不宜有成，而为智者所不为。对于王安石在看了这封奏疏之后，所说的如今未可为简易，修立法度即所谓简易，陆九渊的看法是，熙宁之政的要旨，就在于此。这也就是认为，王安石只重法度，而没有顾及当时人心的不同，也因此他认为讨论熙宁之政，不能舍弃人心，而只言法度，那是白费口舌。于是他就进一步发挥人是政之本、身是人之本、心是身之本的道理，并归结于仁，而批评王安石专注于法度，是不造其本而事其末，新法也就不可能收到治国的效果。这也就是陆九渊所认为，王安石学术偏差之所在，亦即由于不了解法度之内所蕴含的天理，而欠缺了在治国、平天下之前的正心、修身工夫。而王安石之所以会如此，原因则在于这一篇祠堂记接下来所讲的："《大学》不传，古道榛塞，其来已久。"亦即王安石没有认真思考过《大学》所言的道理。在《与钱伯同》和《与薛象先》两封信中，陆九渊再补充说："荆公英才盖世，平日所学，未尝不以尧舜为标的"；"独其学不造本原，而悉精毕力于其末，故至于败"；"荆公之学，未得其正，而才宏志笃，适足以败天下"。

朱熹和陆九渊虽然同样认为王安石有学术上的偏差，也同样本于《大学》所言明明德的程序，认为王安石欠缺治国之前的正心、修身基本工夫，但是在相同之中，又有差异。大致上讲，朱熹是本于程颐的说法，在诚意、正心之前，还必须从格物、致知做起；而陆九渊则本于程颢简易之说，撇开了格物、致知，直接就从正心做起，原因在于他认为，正理在人心，既是固有，则易而易知，简而易从，也因此尽心即知性，从格物致知到诚意正心，是必然之势。"简易"之说不仅见于程颢论谏新法的奏疏，也见于他的论学。例如他论"敬以直内"，就说"此道最是简最是易，又省工夫，为此语虽近似常人所论，然持之必别"。陆九渊也不仅用正心之说来评论王安石之学，他曾在别人问他知荆门军时所施之政，以何者为先时，回答说："必也正人心乎。"先要有格物致知的基础才从事诚意正心的工夫，还是直接就先从正心的工夫入手，正是朱熹和陆九渊两人在学术上的差异，也正是朱熹和陆九龄、陆九渊兄弟在鹅湖之会中争辩的重点。两人的说法都是承继了程学而加以发挥，只是继承的方面有所不同。然而前述他们在评论王安石推行新法时的相同之处，却说明了他们把对于王安石推行新法的批评，从变法本身转移到了王安石个人的身上。

朱熹、陆九渊两人的意见，不同于以往许多人所认为，更改祖宗之法是王安石的根本错误，而是主张政治、社会如果出现问题，变革是应有的事。陆九渊曾就熙宁变法一事对门人说过：

> 当时辟介甫者无一人就介甫法度中言其失，但云"喜人同己""祖宗之法不可变"。夫尧之法，舜尝变之；舜之法，禹尝变之，祖宗法自有当变者。……但云"祖宗法不可变"，介甫才高，如何便伏？惟韩魏公论青苗法云："将欲利民，反以害民。"甚切当。（《象山先生全集》卷三十五《语录下》）

由于韩琦是从陆九渊所说的法度上来批评青苗法，指出这本意是利民的制度，实施起来却反会害民，所以陆九渊说他所言十分切当。陆九渊论祖宗之法自有当变者这几句话，读来令人想起王安石对别人批评他主张"祖宗之法不足守"时，他在宋神宗面前的辩驳："至于祖宗之法不足守，则固当如此。且仁宗在位四十年，凡数次修敕。若法一定，子孙当世世守之，则祖宗何故屡自变改。"立意完全相同。

至于朱熹，则其态度比起陆九渊要更加激进。《朱子语类》卷一〇八《朱子五·论治道》记载他和门人的一段对话：

> 问："三代规模未能遽复，且讲究一个粗法管领天下，如社仓、举子仓之类。"先生曰："譬如补锅，谓之小补可也。若要做，须是一切重铸。今上自朝廷，下至百司、庶府，外而州县，其法无一不弊，学校、科举尤甚。"

门人所说的举子仓，出现在南宋淳熙年间。当时的贫穷人家，生子而无力养育，往往在出生之后便抛弃，也就是所谓的"生子不举"。举子仓的设置，用意就在贫家生子时，给予粮谷的济助，改善其生活，使之愿意养育，避免有生子不举的情形。由于社仓也正在这时推广，两者就互相结合，以社仓所收息米，供举子仓对生子贫家的济助。朱熹以补锅来比喻，社仓、举子仓这类设施，固然有助于社会的改善，但只是小补，他认为当时制度上弊病极广，如果真要复三代规模，就要将锅子整个重新铸造。这样的想法，也令人联想到王安石当年在推行变法时，一再劝宋神宗要以尧舜为法，或是以先王为法。不过熙宁变法尽管规模宏大，也还没有到把旧锅子不要，重新来铸造的程度；而朱熹则认为，王安石虽然讲法三代，实际上所理会的并非三代法度。也因此他又曾对门人讲，今日如果要变，先变熙、丰之政以复祖宗忠厚之意，然后再变而复于三代。总之，对于朱熹和陆九渊来说，熙宁年间已经到了应该要变法的时候，王安石的问题不在于他推动变法，而在于他的学术修养不足以承担此一重责大任，结果反而为国家、民众带来了祸患。

南宋中晚期的程学后继者，并非都与他们两人的看法相同。例如和朱熹有论学之谊的张栻、朱熹的弟子度正、陆九渊的弟子袁燮，就都仍然从变改祖宗法度来批评王安石的推行新法。到南宋末年，学宗程朱的黄震，一方面对陆九渊这篇《荆国王文公祠堂记》及其相关诸文有强烈的批评；另一方面，即使他不同意朱熹认为苏轼不如王安石的说法，可是站在维护朱熹的立场，也只能讲这是一时有激之言，而非其平日议论之正。尽管如此，作为程学后继者的领导人物，朱熹、陆九渊看法的出现，已经可以看出程学对王学不仅不再像南宋初年那样视之为深仇大敌，而且吸收了其改革社会的理想，显示出程学内部的变化。

朱熹、陆九渊之外，叶适也从"纪纲"观察，认为到了宋神宗时，各项问题都愈来愈严重，所以王安石辅佐宋神宗，试图加以更改。然而变法方向错误，所以不仅无成，而且有所丧。叶适论纪纲共分四篇，在《纪纲一》中，他开宗明义就说："纪纲、法度，一事也。法度其细也，纪纲其大也。"细读四文，或许可以这样说，纪纲就是连结国家各项制度而成的整体政治结构。叶适从尧、舜开始，一直讨论到南宋，他主要指出，历代纪纲维系问题的关键，都在于是否能妥善分配中央与地方的权力。而以汉代最得其法，中央权力既能统摄、督察地方，而地方虽在中央控制之下，却也不受中央掣肘，边郡且有足够力量面对外敌，可以说是操之简而制之要。唐代中叶以后，纪纲失坠，藩镇骄横，其后连藩镇也不能自有其威令，骄横下移到士卒，于是有五代之乱。由于士卒假藩镇之名，使得宋太祖误认问题专在藩镇，为了国家安定，于是尽收地方权力于中央，罢节度使。不过当时并未罢除边镇节度使，到太宗时，连边镇节度使也渐次罢除。宋朝纪纲成为内外皆柔，一反中唐以后内外皆坚的特色，而西、北两边的边患问题随之日益严重，也造成宋朝的弱势居历代之最。"坚""柔"的对比，应该也就是"强"与"弱"的对比。

这种弱势到宋仁宗时，在西夏叛宋及契丹乘机要索之后清楚显现，于是有庆历改革；庆历改革不能成功，安常习故之弊日甚一日，因而有熙宁变法。叶适在《纪纲三》中，申论这一段历史，他从富弼使辽进行增币交涉之后，宋仁宗有意改变宋朝对外的弱势讲起：

　　于是形势大屈，而天下皆悟其为弱证矣。仁宗亦慨然思欲整治，用弼与范仲淹、韩琦为两府。议论前却，施行舛误，小人交斗其间，三人遂去，而前规故习遂不可破。当时议者，以为三人不能循致治功，而欲以岁月成天下之事，其意太锐，故至于此。嗟乎！此三人者，正坐不能以岁月成天下耳。弼与琦相继当国，其惩前之祸愈深，而循致之说愈用矣。虽然，循致者卒不能有所致也。弼相四年，琦相七年，所循致者何事哉？于是财用耗乏，人才颓弛，天下玩弊愈甚，而士以虚名相尚。

叶适指出，庆历改革的失败，并非由于当时人所议论，原因在于执政的富弼、范仲淹和韩琦过于急切，想要在短时间内完成改革，而不能循序渐进。他的看法是，失败的原因其实正在于他们三人无法在短时间内将改革完成。以后富弼、韩琦先后任相长达十一年，改采循致之说，却一无所成，国家的问题反而日趋严重。

由此看来，叶适显然认为从宋初以来那种内外皆柔的纪纲，有加以改变的必要，而且不能采取"循致"的方法，而必须"以岁月成天下之事"，也就是以有限的时间来完成"天下事"。因此，他认同王安石所推动的大规模变法，而指出熙宁变法之所以不能有所成，是由于王安石不了解问题之所在，走错了方向：

故王安石相神宗，欲一反之。而安石不知其为患在于纪纲内外之间，分画委任之异，而以为在于兵之不强、财之不多也。使安石知之，正其纪纲，明其内外，分画委任而责成功，然后取赋敛之烦者削之，本学校，隆经术，以新美天下，岂复有汹汹之论，不惟无成而反有所丧也！以神宗之厉志有为，终于举措衡决，变法则为伤民，开边则为生事，力

图灵武，遂以失利，亦悔用兵之无益者，不知改弱势而为强势，而欲因弱势而为强势也。（叶适《水心先生文集》卷五）

叶适之意，在于变法应从"正纪纲"下手，才是正确地针对问题，也就是要把原本内外皆柔的纪纲，改而为内柔外坚的纪纲。而改变的方法，则在于把权责下放给边郡的地方长官，不事事由中央统揽，这也就是他所说的"明其内外，分画委任而责成功"，这样才能把国家的对外形势从根本扭转过来，亦即"改弱势而为强势"。可是王安石不了解问题所在，而误以为变法应从富国强兵来下手，于是原本由内外皆柔的纪纲所造成的弱势并未改变，这只是企图"因弱势而为强势"。结果则是无论新法实施或对外军事，发生了许多问题，影响到国家的安定，这就是"无成而反有所丧"。这还只是就神宗朝而言，影响往下经绍圣、崇宁而至宣和，原本企图因弱势而为强势的兵财之政，扫地以尽，于是"昔日弱势之所守者，又皆废坏，而其弱势之不可反者，遂为膏肓不可起之危疾"。

叶适和朱熹、陆九渊相同，认为熙宁变法是情势之所必然，问题出在王安石。可是叶适把原因放在王安石对现实问题认识的不清，而不像朱熹、陆九渊那样，把原因放在王安石学术修养的偏差之上。之所以有这样的分别，是因为叶适从周行己、郑伯熊那里继承来的程学，内容已有了一些变化。

周行己曾从学于程颐，可是他论学虽以德行为基础，却又特别强调致用，这可以从他的《从弟成己、审己、直己、存己、用己字说》（周行己《浮沚集》卷六）看出。他为五个从弟分别取字。成己取字为思仁，审己取字为思明，直己取字为思敬，存己取字为思养，用己取字为思本，而引用《论语》《孟子》及《礼记》中的《学记》《大学》《中庸》诸篇中的说法，来解释所取字的意义。无论五兄弟的父亲所取之名或周行己为他所取之字，都显示出自成己到存己所着重者在修身，而字思本的用己，则由修身进一步及于致用，所以周行己引用《孟子·离娄上》中的"天下之本在国，国之本在家，家之本在身"来说明何以取其字为思本，这也就是《礼记·大学》所说的"身修而后家齐，家齐而后国治，国治而后天下平"。这是一个从修己立德到治家、治国的致用过程，也就是周行己所说的从为己而学到为人而仕的过程。

更清楚的说明见于他的《戴明仲墓志铭》(《浮沚集》卷七)，他讲道学就是要让人了解反求己身以入于德的要旨，自根之于心的仁义礼智进而措之于事业。戴明仲是他的友人，曾经从洛阳程氏问学，了解圣人之道近在己身；在退而居乡后，求之于心，自觉隐然合于圣人之言，于是沉涵充扩，日进未已，优游乡党，期望能有为于世。周行己所讲的道学要旨，或是戴明仲在受到程学启发后的生命历程，也是一个发自本心的从修身立德到期望致用的过程。

郑伯熊私淑周行己之学，叶适引述温州知州留元刚（茂潜）之说，永嘉之学必兢省以御物欲，是周行己作于前，而郑伯熊承于后。然而郑伯熊承自周行己之处，并不仅此而已。叶适又说，郑伯熊无一旨不本于仁义，无一言不关于廊庙，显示了他以仁义为本，进而关心时政，这即是承自周行己对致用的关心。这种对政事的关心，进而表现于他的经说和其他著作。陈亮序郑伯熊《书说》，指出《尚书》如果只是解释文义不难，自孔安国以下百家，随文释义，为人所取用，可是讲到帝王之所以纲理世变，则未见说明；而郑伯熊和他的门人读《尚书》之余，在这方面加以阐释，有异于诸儒。陈亮又序郑伯熊的《杂著》，说明友得其平日和门人考论古今之文，见其议论宏博，想要刻板流传，他在和这位朋友的谈话中讲到，郑伯熊之行己以吕公著、范祖禹为法，论事以贾谊、陆贽为准，而又拳拳于斯世。释解《尚书》着重于帝王之纲理世变，而非如孔安国以下百余家只是随文释义。可以看出郑伯熊的强调致用，并且在强调致用的同时，也不废个人的品德操守。虽然仍然重视修身立德，可是周行己和郑伯熊将他们所承继的程学的重心转移到修身、齐家之后的治国、平天下阶段，侧重之处已和朱熹、陆九渊等人不同。这也就是学承周、郑的叶适，虽然同意变法到熙宁年间已是势之所趋，却以王安石对现实问题认识不清而非学术上的偏差，来说明变法之所以无法收到预期成果却反而酿成更大祸患的原因。

与叶适同样从北宋立国体势立论，而认为熙宁变法适当其时却改错方向的，还有陈亮。陈亮尊事郑伯熊，在祭文中称之为先生而不名，两人关系在师友之间；又与吕祖谦、薛季宣、陈傅良、叶适诸人为论学之友，吕祖谦和他同籍婺州，薛季宣、陈傅良、叶适则都是温州人，两州同在两浙东路；他和朱熹也有交往，两人曾有王、霸之辨。他对熙宁变法的看法，和叶适相类而又有不同。陈亮所论，见于《龙川集》卷一《上孝宗皇帝第一书》，他从唐末、五代因藩镇自相雄长而造成的君弱臣强、正统数易之祸讲起，讲到宋太祖统一天下之后，收地方的政权、财权、兵权，于是郡县不得以一事自专，而又以礼义廉耻、仁义公恕纳天下于规矩准绳之中，太平之基从此奠立。然而夷狄却因此而猖狂，于是而有澶渊之盟、庆历增币之事。陈亮认为，之所以致此，其积有渐，是由于宋初以来权柄操之于人主、地方控御于中央的立国之势所造成。为了助立国之势以备不虞，于是祖宗又常"严庙堂而尊大臣，宽郡县而重守令；于文法之内未尝折困天下之富商巨室，于格律之外有以容奖天下之英伟奇杰"。叶适认为，庆历改革未能完成改革的目标，因而导致熙宁变法的必要。陈亮的看法不同，他认为庆历改革除了破去旧例而以不次用人，以及劝农桑，务宽大，是合于因革之宜外，其他措施及其所造成的后果，如"使群臣争进其说，更法易令，而庙堂轻矣；严按察之权，邀功生事，而郡县又轻矣"，这样一来，"岂惟于立国之势无所助，又从而朘削之"，也因此不能洗雪夷狄平视中国之耻，而发神宗皇帝的大愤。这也就是说，熙宁变法之所以有必要，是由于庆历改革走错了方向。

和叶适相同，陈亮也认为熙宁变法走错了方向，使得原本已经过于集中于中央与君主的权力，又更加往中央与君主集中：

> 王安石以正法度之说，首合圣意。而其实则欲籍天下之兵尽归于朝廷，别行教阅以为强也；括郡县之利尽入于朝廷，别行封桩以为富也。青苗之政，惟恐富民之不困也；均输之法，惟恐商贾之不折也。罪无大小，动辄兴狱，而士大夫缄口畏事矣；西北两边，至使内臣经画，而豪杰耻于为役矣。徒使神宗皇帝见兵财之数既多，锐然南征北伐，卒乖圣意，而天下之势实未尝振也。彼盖不知朝廷立国之势，正患文为之太密，事权之太分，郡县太轻而委琐不足恃，兵财太关于上而重迟不易举。祖宗惟用前四者以助其势，而安石竭之不遗余力。不知立国之本末者，真不足以谋国也。元祐、绍圣，一反一覆，而卒为夷狄侵侮之资，尚何望其振中国以威夷狄哉！

所谓"祖宗惟用前四者以助其势"，即是前文已经提到，宋初以来运用权柄操之于人主、地方控御于中央的立国之势，消除了唐末五代藩镇自相雄长之弊，然而夷狄之患却由于此一立国之势而造成。所以祖宗又辅助之以"严庙堂而尊大臣，宽郡县而重守令，于文法之内未尝折困天下之富商巨室，于格律之外有以容奖天下之英伟奇杰"这四项政策，以减缓权力过于集中于中央而中央权力又集中于君主的弊病。陈亮认为，庆历改革已经对重庙堂与宽郡县两者加以腌削，到熙宁变法，又重蹈庆历改革的覆辙而造成更严重的后果，四者都竭之不遗余力，使得权力更加往中央、往君主集中。以陈亮所举熙宁新政的内容和这四项辅助立国之势的政策相对照，"籍天下之兵尽归于朝廷，别行教阅以为强也；括郡县之利尽入于朝廷，别行封桩以为富也"，是使得"严庙堂而尊大臣，宽郡县而重守令"难以再发生作用的原因；"青苗之政，惟恐富民之不困也；均输之法，惟恐商贾之不折也"，是使得"于文法之内未尝折困天下之富商"难以再发生作用的原因；"罪无大小，动辄兴狱，而士大夫缄口畏事矣；西北两边，至使内臣经画，而豪杰耻于为役矣"，则是使得"于格律之外有以容奖天下之英伟奇杰"难以再发生作用的原因。陈亮指出，王安石之所以会如此，原因在于他不了解朝廷立国之势的问题，其实是在于"文为之太密，事权之太分，郡县太轻而委琐不足恃，兵财太关于上而重迟不易举"，也就是权力过于集中于中央与君主。其中"事权之太分"，应是指宰相权力遭到枢密院、三司及其他一些机构的侵削，这是中央权力再往君主集中的重要原因，所以辅助之势的四项政策中，才会有"严庙堂而尊大臣"这一项。尽管陈亮认为熙宁变法在方向上错误，可是他显然也认为，熙宁年间已到了应该要变法的时候，所以才会从庆历改革方向错误讲下来，讲到王安石以正法度之说，迎合因无法洗雪夷狄平视中国之耻而发大愤的宋神宗。

尽管朱熹、陆九渊、叶适、陈亮等人都仍然对王安石有所批评，但他们也都认为到熙宁年间确实是到了应该变革的时候。这样的想法，在其他程学的后继者或追随者中，虽然没有讲得这样清楚，却也可以多少看出一些痕迹。例如在隆兴元年（1163）至乾道六年（1170）间奉祠期间，曾从胡铨游的周必大，于淳熙二年（1175）在经筵向宋孝宗讲史事、淳熙三年（1176）在东宫向太子讲史事，都已提到必须先从格物、致知、诚意、正心、修身、齐家做起，才能达于治国、平天下的道理。孝宗在淳熙九年（1182）以御笔问他："司马光与王安石书内，追还常平广惠仓使者，当时法意与今之提举常平官事体宜同（按："宜同"当是"异同"之误）。"他在回答时，说明提举常平广惠仓兼干农田水利差役事的设置，始于熙宁二年（1069）推行青苗法，然后说："法非不善，所以纷纷者，正坐强以青苗钱与小民，人得之随以妄用，况官利侵克，其弊不一，既无偿纳，必至破家。又农田水利、差役杂然纷更，失在欲速。"（《文忠集》卷一四六《提举常平御笔》）周必大显然认为，青苗法本身并非不好，问题在于执行时的一些偏差；而农田水利、差役之政，则问题出在施行时同时并举，过于急切。这也就是说，周必大从法意上，至少接纳了青苗、农田水利、免役这几项新法。吕祖谦和真德秀，则都在他们所编的文选中，收录了王安石的《本朝百年无事札子》。吕祖谦收录此一奏札于《宋文鉴》（《皇朝文鉴》）中，此书是奉诏编成，据周必大所撰序文，所收的奏疏表章是"取其谅直而忠爱者"。真德秀收录于《续文章正宗·论事》中，在"论事"此一标题下，注明了"从容讽谏，泛陈治道"，而《文章正宗》选文的原则，在于"以明义理、切世用为主，其体本乎古而旨近乎经者"。可见吕、真二人，对于王安石此一奏札，都予以正面的评价。而此札的要旨，正在劝勉宋神宗不能再安故习常、偷惰取容，对于许多政治上的弊端继续任其自然，必须"如古大有为之君，与学士大夫讨论先王之法，以措之天下也"。王安石上这篇奏札的用意，在于敦促宋神宗推动变法，可以说是新法实施前的序幕。即使周必大、吕祖谦、真德秀等人，或是接纳了若干新法的法意，或是对王安石敦促宋神宗以大有为的精神来推动政治变革，有所肯定；可是读他们其他作品，也可以看到他们对王安石推动新法所造成的诸多问题，颇有严厉的批评。

上述这种自朱熹、陆九渊以来，认同改革的理想与肯定熙宁变法的必要，而对王安石推动新法仍然有所批评的态度，也影响到南宋晚期为科举之业而撰写的北宋历史教材。吕中《类编皇朝大事记讲义》有刘实甫应书商之邀而于淳祐七年（1247）撰写的序文，而作者吕中也在这年以廷对第六人登第。书商出版刊记说此书"场屋中用之，如庖丁解牛，不劳余刃。昨已刊行，取信于天下学者有年矣"，可见此书于此之前已曾刊行，在应举士人间当有其销路，因而重刊。而吕中著成此书的时间，应亦更早，为其登第之前在民间教学时所作。刘实甫在序文中说此书作者是止斋、水心之徒，由于陈傅良去世于嘉泰三年（1203），叶适去世于嘉定十六年（1223），分别在吕中登第的淳祐七年之前已有四十年、二十年之久，距其景定年间去世时更分别长达五十余年与三十余年。所谓止斋、水心之徒，可能是指吕中私淑陈傅良、叶适之说，受他们的影响，在治学方向上有近似之处，而未必指吕中曾亲自问学于两人。序文又说此作本于义理，可见其立论本于程学，而兼采南宋程学中各有偏重的两派学说，亦即不废心性之说却偏重于讨论政事、制度的一派（陈傅良、叶适），与偏重于身心修养的义理探讨，即以治国、平天下事业必须建立于格、致、诚、正、修、齐基础上的一派（朱熹、陆九渊），后者承继了二程问题讨论的核心，前者虽有程学的渊源，讨论的重心却已有了转移。

这种情形，确实见于《类编皇朝大事记讲义》。书中序论分《治体论》《制度论》《国势论》三篇，从题目即可看出，这是受到陈傅良、叶适、陈亮诸人的影响。评论王安石与熙宁变法，是这三篇论的核心课题，不过他在这三篇论中对于熙宁年间是否应该变法这件事本身，仍然有所保留。在《治体论》中，他讲"国家承平百年之久，则人情玩弛，吏习因循，其间纪纲固有废而不举之处"，可是应该做的是振起，而非更变，更变的结果，"不惟坏祖宗之纪纲，而忠厚立国之意并失之矣"。在《制度论》中，他又讲"天下无百年不弊之法，谋国者当因法以革弊，不当因弊以立法，熙、丰大臣，所谓不务革其弊而欲变其法者也"，到元祐年间，"又欲尽变熙、丰之法矣，熙、丰之法则在所当变，而必欲尽变之，则又过矣"，他认为至弊之法也必有美意，"熙、丰惟欲尽变祖宗之法，元祐惟欲尽变熙、丰之法，所以激而为绍圣以后之纷纭"。在《国势论》中，他取材于叶适、陈亮之论而加以发挥，却不提两人所言变法的时机与方向的错误，而归结于变法内容的琐碎，君子、小人的进退，以及理财的竭下以事上。而理财的竭下以事上则使得兴利之说起而变法之初意失，于是有开边之事，开启了往后宣和之祸。总之，熙宁年间是否有变法的必要，并非这三篇论的主题。

进入史事的叙述、评论的部分后，吕中本于义理上的身心修养而论史的特色，也表现出来。在讲宋太祖时，他有一条的标题就是"正心修身"。在评论中，吕中指出，"人主之心正，则天下之事无一不出于正；人主之心不正，则天下之事无一得由于正"。
在这段评论结束时，特别引了一段朱熹对宋太祖的评论："太祖
不为言语文字之学，而方寸之地正大光明，直与尧舜之心合。"
他对朱熹、陆九渊的重视，见于书中多处以朱文公之称，引用朱
熹对于史事的评论，以及在论及旧党争论新法的态度过于急切
时，以陆象山之称，引用了陆九渊在《荆国王文公祠堂记》中对
于此事的评论。书中在讲到庆历四年（1044），诏以湖州教授胡
瑗学法著为太学令，并说明胡瑗以经义、时务教学，有别于当时
崇尚词赋时，吕中评论说，自胡瑗之学"而天下始知有体用之
学"，而其"是知穷理尽性、全体大用，虽未及于伊洛之精微，
然自孟子而下，其有此学乎"。程颐只讲穷理尽性，朱熹才兼讲
穷理尽性、全体大用，这是以程、朱的格物致知之学来论胡瑗的
体用之学。讲到宋初官学未兴时的五书院，在列举五书院之名
后，吕中接着说："亦足见人心之学不容泯也。"朱熹、陆九渊论
学，尽管见解不尽相同，都视"人心"为重要的课题，特别是人
心与道心的关系，吕中在这里是以南宋朱、陆之学来看北宋初年
的书院教学。书中对于周敦颐之学、邵雍之学、张载之学、二程
之学都列有专条，这几位学者都是朱熹所追溯的北宋道学源头；
陆九渊在论学时也曾提及这几位北宋儒者，只是他觉得自己与程
颐之学格格不入。

在立论转移到朱、陆之学的同时，书中对于熙宁变法的看法
也引用了两人的意见。"安石变法"条引述了王安石的《本朝百
年无事札子》，吕中在评论中说"安石祖宗不足法之论始于此"，
这段评论又讲道：

> 夫祖宗之法既行久，不能无弊。学校贡举也，科名资历

也，监司郡县也，考绩课试也，农之贫，兵之冗，财之匮，官吏之贪者，庆历诸事之所欲变而不遂者，至今以为恨。况其后世又数十年，其弊当益甚。议者以为当变，安石之变法不可谓非其时，而论本朝之弊亦可谓当其情也。以其躁率任意而不能熟讲精思，故其所变之法，但纤悉于节目，而尤注意于理财之一事，此其所以祸天下也。

这段文字，除了最后几句"故其所变之法，但纤悉于节目，而尤注意于理财之一事，此其所以祸天下也"之外，大致上是出自朱熹的《读两陈谏议遗墨》而有所增删更改。不过文中"祖宗之法既行久，不能无弊""庆历诸事之所欲变而不遂者，至今以为恨。况其后世又数十年，其弊当益甚。议者以为当变，安石之变法不可谓非其时"，则是本于朱熹的原意。亦即吕中也同意朱熹的看法，认为自宋初以来因行之已久而逐渐形成的弊法当变，而熙宁变法适当其时。这也就无异于接受了王安石所说的"祖宗不足法"。这和他在《序论》中所说应振起而非更变，应革弊而非立法，有相当程度的差异。

在"司马留台后不敢言新法"条后，吕中有一段颇长的评论。他先讲王安石之法，大抵以兴利为急，可是起初只变风俗、立法度，然后是设制置三司条例司，设司七个月后才开始行法，三年之后才言理财，这是由于王安石是好名之人，开始时也畏人议论。变法非恶名，他当之而不辞；兴利则非美名，他忍之而不立即表达。他行法经常是为人言所激怒，由于吕诲一言而行均输，由于范纯仁一疏而行青苗，范镇以盗贼之法、课场之名来诋辱他，只能激怒他坚持行法。惟有吕公著、程颢、司马光了解王安石的情性，吕公著以故交为王安石所厚，程颢以至诚为王安石所敬，而司马光则以异论为王安石所惮。当言者以锐利之词攻击王安石，吕公著则委婉地说，如今所行的只是财用一二事，原本建议的风俗法度也可以择而行之。王安石设置条例司，他人都不认为是对的，而程颢却不推辞任司中属官，而在争新法时，能使王安石心感意动；司马光虽为王安石所忌，却为宋神宗所敬，义不可去，考虑到言太切则无益于事，去则无益于国，所以恳恳言之，不为激切峻直之语，到众人力争之时，又若默而不言。他说担心自己所言会激怒建画之臣，使其行之更力，可说是善于与王安石相处，于是辞枢密使之职，希望能感动人主之心，也不愿意悻悻然苟且而去。

接着吕中表达了他对这件事的看法：

> 熙宁间于道无憾，惟此三人，余皆气激辞愤。邵雍、程颢所谓"吾党有过"者也；陆象山所谓"平者未一二，激者已七八，新法之罪，诸君子固已分之"是矣。

"吾党有过"之言，见于《二程遗书》卷二上载吕大临《东见录》所录程颢之言："新政之改，亦是吾党争之有太过，成就今日之事，涂炭天下，亦须两分其罪可也。"邵雍是否说过类似的话，则不清楚。可以注意的是，在程颢讲的这一段话中，还提到"以今日之患观之，犹是自家不善从容，至如青苗，且放过又且何妨"。这有如吕中在评论中所述吕公著的委婉之言，都含有对于变法本身并不反对之意，反对的是实际作为与变法原意有所偏离。吕公著这几句话，原见于彭百川《太平治迹统类》卷十二《神宗圣政》，原文作"所施行者，惟财用一二事而已，如向之所议，可以出治道、化风俗者，久未闻择其可者而行之，惟陛下推笃好力行之意，奉之以终，使三王之治，遂复见于今日"，是吕公著任御史中丞时，于熙宁二年（1069）对宋神宗的上言。

至于吕中所引陆九渊的话，如前所言，见于其《荆国王文公祠堂记》，引用这段话的全文，更可以看出陆九渊何以会讲这几句话：

> 世之君子，天常之厚，师尊载籍，以辅其质者，行于天下，随其分量，有所补益，然而不究其义，不能大有所为。其于当时之弊有不能正，则依违其间，稍加润饰，以幸无祸。公方耻斯世不为唐虞，其肯安于是乎？蔽于其末而不究其义，世之君子，未始不与公同，而犯害则异者，彼依违其间，而公则取必焉故也。熙宁排公者，大抵极诋訾之言，而不折之以至理，平者未一二，而激者居八九，上不足取信于裕陵，下不足以解公之蔽，反以固其意，成其事。新法之罪，诸君子固分之矣。元祐大臣，一切更张，岂所谓无偏无党者哉。

这段话承接前文而来，前文讲王安石不重视正心、修身而专注于政事，是不造其本而专注于末，这也就是在这一段话中所讲的"蔽于其末而不究其义"。所谓"不究其义"的"义"，是指《大学》所说的明明德程序，先由格、致、诚、正、修、齐做起，才达于治国、平天下。陆九渊这段话的意思，是说那些仅着眼在政事上补偏救弊的君子，和企求回复唐虞三代理想的王安石，同样师尊经籍以行其济世之志，却也同样仅事其末而不造其本；而过失不同在于，那些补偏救弊的君子，如果遇到当时不能改正之弊，则有所伸缩，稍加补正，以求无祸，而王安石则坚持理想，不计后果，推动到底。之所以讲"熙宁排公者，大抵极诋訾之言，而不折之以至理，平者未一二，而激者居八九，上不足取信于裕陵，下不足以解公之蔽"，就是指熙宁年间那些对王安石的批评，其实都不了解王安石真正的问题，是在于仅事其末而不造其本。陆九渊的看法是，要回复唐虞三代的理想并没有什么不对，也因此那些急切的批评，既不足以取信于宋神宗（裕陵），也无助于消除王安石的"蔽于其末而不究其义"，反而使王安石更为坚执于新法的施行。而元祐大臣将王安石的政策一切更张，就陆九渊看来，这些人其实只是对王安石的所作所为，一概无法接受而已，又怎么能算是无偏无党之人？陆九渊之所以会如此认为，是由于在他的认知里，熙宁变法就"变法"本身而论，并没有什么不对，因此元祐大臣的做法，并未能掌握到问题的真正所在。

吕中引用了吕公著、程颢和陆九渊的话，无异于接受他们的看法。这种对于熙宁变法的态度，和他在《序论》所言，熙宁年间所应做的是革弊以求振起而非尽变旧法，就有了明显的差距。

如上所言，在《类编皇朝大事记讲义》中，吕中对于熙宁变法的态度，前后并不一致。然而无论在《序论》，或在论及熙宁史事时，吕中显然都认为，祖宗之法不可能永远无弊，有了弊就应该要改，问题只在于改要如何去改而已，分别在于应革弊或应变法，而且即使认同革弊或变法，王安石也都有其应受批评之处，而问题不在于祖宗之法不能改。吕中这本讲义原本是教授科举之业的教材，后来又出版流传，书中的看法，无疑也会在研习举业的士人群中扩大传播。

对于王安石施行新法所依据的古籍《周礼》，南宋中晚期的程学后继者，也有人不再像南宋初期的胡寅、胡宏兄弟那样，认为是"伪妄之书",而有不同程度的接纳。置学术背景不言,类似胡氏兄弟的态度,在南宋中期以后并非完全消失。例如洪迈在其《容斋随笔》中,就认为《周礼》非周公书。又如方大琮,于开禧元年(1205)登进士第后,出任南剑州学教授,任内出给学生作的策题中,有"《周礼》理财""《周礼》"两题。在题中也表达了他对此书的怀疑,理由在于《周礼》中所述征敛的琐碎,有如后世的苛政,毫无先王不与民争利之意。后世尝试据此书来理财的,如王莽、王安石,都是其害立见,他质疑说:"周公岂欺我哉?"周公之心"其能安于千载之下欤"?而且书中所述,有许多或是与《尚书》的说法不同,或是《周礼》本身前后的说法即有矛盾,他又质疑说,难道这是由于"《书》与《礼》异经欤"?"一经亦不必同旨欤"?

然而在这期间,不同于上述洪迈、方大琮仍然采取怀疑的态度,而能接受《周礼》所述为周代制度的程学后继者,并不罕见。这些学者意见各有不同,而以朱熹最为肯定《周礼》出自周公,而且内容可信。他认为三礼之中,"今只有《周礼》《仪礼》可全信,《礼记》有信不得处",又说:"《周礼》只疑有行未尽处,看来《周礼》规模是周公做,但其言语是他人做";他又认为:"《周礼》一书好看,广大精密,周家法度在里。"(黎靖德《朱子语类》卷八十六《礼三·〈周礼〉》)类似朱熹看法的,如吕祖谦,他谈到《周礼》所述"令五家为比,使之相保"一段时,向门人指出这是"成周疆理天下之法","成周之兴衰,缘此法之有兴衰"(《丽泽论说集录》卷四"门人集录《周礼》说")。

陈傅良、叶适、陈亮也都曾言及他们对《周礼》一书的看法。陈傅良在《夏休〈井田谱〉序》中说,《周礼》之所以会被认为并非圣人之书,一方面是说经者之过,郑玄在其说不合时,即穿凿附会，而不考虑施之于当世，是否可以复古所导致；另一方面则是尝试行之者之过，从王莽行之而致民不聊生，西魏官制颇采《周礼》而往往牴牾，到王安石本之为青苗、助役、保甲等法，而致百年之间天下多故。他因此说："以是二者，至非《周礼》，此与因噎废食者何异？"（《止斋先生文集》卷四十）他在《进〈周礼说〉序》中又说，"王道至于周，备矣"，自己"尝缘《诗》《书》之义，以求文、武、周公、成、康之心，考其行事，尚多见于《周礼》一书"，同样一方面由于"传者失之，见谓非古"；另一方面则由于王安石以《周礼》一书理财居半之说，行新法以求富强，将国家开基立国之道斫丧殆尽，使得天下日益多故，以致夷狄乱华，中原陷失，于是"老生宿儒，发愤推咎，以是为用《周礼》之祸，抵排不遗力"。即使此书仍然用于科举考试和官学教学，可是"论王道不行，古不可复，辄以熙宁尝试之效借口"，因此他的论著，是"诚不得已也"（同书同卷）。陈傅良在这两篇序文所要表达的，也是《周礼》所记载的是周代所曾实施的制度。叶适、陈亮则清楚直接地说出他们的看法，或以周之道聚于此书，先王之遗制在此书。叶适序黄度（文叔）的《周礼说》，认为"以余考之，周之道固莫聚于此书，他经其散者也；周之籍固莫切于此书，他经其缓者也。公卿敬，群有司廉，教法齐备，义利均等，固文、武、周、召之实政在也"（《水心先生文集》卷十二《黄文叔〈周礼〉序》）。陈亮在《经书发题·〈周礼〉》中，更扼要地讲："《周礼》一书，先王之遗制具在。吾夫子盖叹其郁郁之文，而知天地之功莫备于此，后有圣人，不能加毫末于此矣。"（《龙川集》卷十）

朱熹、吕祖谦、陈傅良、叶适、陈亮都是南宋中期人，南宋晚期的真德秀也有类似的看法。他在绍定五年（1232）序王与之

（次点）的《周礼订义》，提出这样一个问题：《周礼》在后世难行而又难言，是否已经不能行而又不能言呢？他回答说，"有周公之心，然后能行《周礼》。无周公之心而行之，则悖矣"，"有周公之学然后能言《周礼》。无周公之学而言之，则戾矣"。过去刘歆、王安石用《周礼》，都出了这样的问题，儒者因此说《周礼》不可行。但是他认为，程颐、张载对于此书论说不过数条，却独得圣经之蕴，这是由于他们有周公之学，所以能得周公之心。王与之学本程、张，以是心而为是学，《周礼》一书将会大明。他进一步讲："使是书而果大明，在上者以周公之心，行三王之事，则太平之路开，祸乱之源窒，岂空言哉？"（《真文忠公文集》卷二十九《〈周礼订义〉序》）显然真德秀也认为《周礼》是周公之书，是可以行之于当世的，王安石据《周礼·泉府》以推行新法而开祸乱之源，问题不在于《周礼》此书，而在于他自己既无周公之学，又无周公之心。上述诸人，或认为《周礼》可信，是周公之书，或认为所载是周代曾施行的制度、政事，甚至认为可用于当世，可以视为他们已经把王学的重要内容融合入程学之内。

张栻、陆九渊和魏了翁的看法，则和上述诸人不尽相同。张栻从《孟子》中所载，往往和《周礼》不同，而认为应以《孟子》为正，从而指出《周礼》在孟子时，已说诸侯恶其法度妨碍己之所为，而皆去其籍，又经过秦朝焚书，存留者无几，"今之所传，先儒以为杂出汉儒一时之附会，是不可以不考也"（张栻《孟子说》卷五《万章下》）。所谓"不可以不考"，是说《周礼》的内容必须经过考订之后，才能决定是否可信，也就是并非全不可信。例如张栻就相信《周礼》所载冢人的职掌有"凡祭墓为尸"，认为先王之意，是缘人情之不忍，而存世俗之礼，因而在读到之后，改变他过去在墓祭时不敢用世俗之礼的态度。

　　陆九渊的态度和张栻类似，他曾对门人说过"且如《周礼》虽未可尽信"，但是如筮人言三易"其经卦皆八，其别皆六十有四"，而"龟筮协从"也见于《尚书·虞书》，所以"必非伪说"（《象山先生全集》卷三十四《语录上》）。显然他也是以《周礼》所述和其他古籍互相比对，来确定其所载是否可信。不过比起张栻，陆九渊对于《周礼》要更加看重，所以他又曾对门人讲，"《汉书·食货志》后生可先读，又着读《周官·考工记》"（同书卷三十五《语录下》）。《周礼·冬官》在汉代已经不存，汉儒以《考工记》补足，陆九渊不会不知道，不过他仍然视《考工记》为《周礼》的一部分。他还在和门人论及有人批评王安石不当言利时说，"《周官》一书，理财者居半，冢宰制国用，理财正辞，古人何尝不理会利，但恐三司等事，非古人所谓利耳"（同上）。认为理财之事在《周礼》中占有内容之半，而冢宰制国用之说则分别见于《礼记》与《周礼》，也无异于接受这一部分内容的可信。至于他依据《周礼》讲理财而指出古人未尝不理会利，并批评王安石所行的制置三司条例司等事，并非古人所说利，则意味着《周礼》所讲的理财可以行之于当世，只是王安石对古人所说的利，有认识上的错误。

　　魏了翁对于《周礼》的怀疑，则比张栻、陆九渊都来得强烈。由魏了翁的门人税与权所录的《师友雅言》（《鹤山先生大全文集》卷一九〇），记载他关于《周礼》的讨论。他认为《周礼》在周公、成王时未曾行用，并且引据胡宏"刘歆《周礼》"的说法，认为此书"起于成帝刘歆，而成于郑玄，附离者太半"；又指出《周礼》可疑处甚多，郑玄在注中多引后世之法来释经，尤其不对，可是书中"制度、纪纲缜密处亦多，看《周礼》须是只用三代法度看义理方精"；他又以《礼记·王制》《周礼》《春秋左氏传》比较，认为三者互有不同，因而"制度处直要参考"。也就是他尽管认为《周礼》的内容虽然大半非原书所有，可疑之处甚多，可是书中所述制度、纪纲缜密之处也多，仍然是应该读的，只是要从三代法度去看其中所含有的义理，才能得其精要，而且要和《礼记·王制》《春秋左氏传》互相参考。

魏了翁如何从三代法度去看义理？例如他引据《周礼》中所讲的"以法掌会同、祭祀、朝觐，宾客之戒具"（《周礼·天官》述小宰之职，原文为"以法掌祭祀、朝觐、会同、宾客之戒具，军旅、田役、丧荒亦如之"），解释"法"字是"有准则的道理"，不能用商鞅、李斯之法看。道、法两字原不可分离，有不可易之道才是法，法不出于道成什么法，如何施行？《周礼》中的三百六十官，邦国、都鄙、祭祀、宾客截然有别，未尝无道在其中；若是无法，则纪纲、制度都没有，所以有法即有道，道寓于法。他进一步加以发挥，"古今治天下皆无唐虞三代之法，《周官》许多法，所以教忠教孝，仁义礼乐便行乎其间"。他从《周礼》读出道、法不离，其中许多法都是教忠教孝，仁义礼乐便行乎其间，就是看出了书中所含有的义理。这样看来，他仍然是以《周礼》来讲《周礼》，《周礼》若全不可信，如何能于其中看出三代的义理？

税与权又录载魏了翁对《周礼·天官》的讨论，而成《周礼折衷》（《鹤山先生大全集》卷一〇四至卷一〇六），其中也有一些从三代法度看义理的例子。例如对属于大宰之职的"以九两系邦国之民"一段，魏了翁所体会到的是，"古制上下相联络，亲比如此"，"自后世上失其道，民散久矣，民间自生自死，盗窃乱贼并作，此井田不复之弊也"。他也讨论到前述小宰所掌职事的这一条，并借之以发挥。他在引用贾公彦对这一条的解释后，又引王安石的解释，在解释中言及"法"字，意见是"以法则亦不豫道揆故也"。魏了翁因此说："荆公常以道揆自居，而元不晓道与法不可离，如舜为法于天下，可传于后世，以其有道也。法不本于道，何足以为法；道而不施于法，亦不见其为道。荆公以法不豫道揆，故其新法皆商君之法，而非帝王之道。所见一偏，为害不小。"他又据义理来辨别《周礼》若干内容的真伪，例如对"以官府之八成经邦治"第四项"听称责以傅别"，他解释"责"是"贷而生子"，亦即举债，也就是《地官·泉府》所说的国服为息，近郊民贷则一年十一生利，进一步认为"恐是刘歆附会，康成（郑玄）误解，以致荆公祸天下"。又如对"凡王之馈"这一段，他引用郑玄的注文"进物于尊者曰'馈'，此馈之盛者，王举之馔也"全文，及贾公彦的疏文"进物于尊者曰'馈'，郑注《玉府》云，通行曰'馈'"全文，然后认为，"馈"应该是上下通用，接着发挥说："此一节言天子备物之享，第《诗》《书》皆无及此礼者，《周礼》一部可疑，此亦其一。王荆公专本此意，以人主当享备物极；至童贯、王黼专创应奉司，以启人主侈心，祸至不可胜言"，在批评王安石、童贯、王黼诸人后，又上溯祸源至郑玄，"学术误国，原于康成，先儒未有及此义者"。上举各例，除"以九两系邦国之民"一段外，其他诸例都可以看到魏了翁据以批评王安石，在《周礼折衷》中，这类借经文的解释而批评王安石的言论还有不少。不过魏了翁也颇有采用王安石的释经之处，有几处还特别强调"荆公之说是"、荆公"讲得'节'字是"，甚至讲"荆公此一节最好"。总之，尽管魏了翁对于《周礼》有较强烈的怀疑，但他并未完全否定此书，对他来讲，从三代法度看书中义理，可信之处仍有不少。

王学与程学的消长（三）：
程学后继者对王安石经说的吸收与拒斥

前讲所述魏了翁在《周礼折衷》中，对于《周礼》经文的解释，颇有采用王安石说法之处，这种情形，也见于南宋中晚期其他一些注释古籍的著作，这些著作的作者，不乏包括后继者与追随者在内的程学传习者。可见南宋中晚期的程学后继者与追随者，不仅从王学融合了推动熙宁变法的改革理想，接纳了《周礼》出自周公损益三代制度而制作且曾行于成周的看法，也吸收了王安石的经说。

程颐及程学的后继者、追随者虽然对王安石推行新法深感不满，却对其经说颇为推许。早在北宋晚期，程颐已说过，若素未读《易》，要先读王弼、胡瑗、王安石三家，理会文义。南宋初年，陈渊也认为，《三经新义》中《尚书》一经的注解，尽管有穿凿之处，却能集过去各家《尚书》义之长，是最好的一家。到南宋中期，朱熹在《学校贡举私议》中，认为科举考试中的经义考试，应讨论诸经之说，各立家法，而以注疏为主，应举人各取两家以上，并于报考时的家状及考卷的第一行说明，答卷时就以之为主，兼取他说。朱熹并且列出各经可供选取的诸家经说，其中《易》《诗》《书》《周礼》四部经书，都包含有王安石之说在内。

这一类程学后继者及追随者释解经义而采用王安石经说的著作，不始自南宋中晚期，在高宗绍兴后期已可见到。李樗（迂仲）、林之奇都是吕本中在绍兴初年到福州任官时的门人，两人又有表兄弟关系。据林之奇为李樗之兄李楠（和伯）所写的行状，及因李樗去世而代其舅父所写的祭文，可以推知李樗逝世于绍兴二十五年（1155），李樗的《毛诗详解》应著于此年之前。书商以李樗此书与登第于淳熙十四年（1187）的黄櫄所著《诗解》合刊，而名为《毛诗集解》。两人意见分别以"李曰""黄曰"来表明。黄櫄的意见有时是补充李樗的说法，有时是说明他和李樗看法的不同，也有时两人意见相同而黄櫄又无补充，则仅以"黄讲同"来表示，显然这是两人教学时的讲义，而黄櫄又以李樗的讲义为本。

从《毛诗详解》中的李樗意见来看，他主要以"王氏"之称，引用了数量众多的王安石经说。以"王氏"来指王安石，在南宋时期经籍训释这类著作中多如此，可以说是已成惯例。李樗对其所引述王安石之说，颇多批评，或说"其说不通"，或说"多生分别"，或说"逐句生义"，或说"穿凿""凿之甚矣""强为之说""强生义理于其间"，或指其说为"曲说"。也有从"心正而后身修，身修而后家齐，家齐而后国治，本无二道"，而指王安石分"刑于寡妻"为道存于其中的形而上者，与"御于家邦"为度数存于其中的形而下者，是"好合上下为两端之说"，这隐然有指王安石以术数来施政之意。同样有暗喻王安石施政之意的，还有引述王安石认为周文王之政"非独躬行之教，则亦有庆赏刑威存焉"，然后以孔子所说的"为政以德"来反驳他后一句话，这也无非是指王安石以庆赏刑威来施政；甚至由于王安石解释"人之为言，苟亦无信，舍旃舍旃"为"人之造言，不可以苟听，亦不可苟舍"，而说"此则王氏之心术也"。这类对王安石释《诗》之说的批评，在书中可以说是不一而足。

　　然而书中所引述的王安石释《诗》之言，也有许多得到李樗的接受。例如多处在引述王安石说法之后，接着说"此说是也""此说是矣""其说为善"或"王氏之言是矣"；有时是在比较各家说法后，说某家的说法"不如王氏"，或以王氏之说"为优""为当""为长"，或"当从王氏之说"；也有时是在比较之后，会说所举各说法"皆通"。

　　例如他在言及"琐兮尾兮，流离之子"一句的解释时，先引毛氏（毛亨）的说法，再引孔氏（孔颖达）对毛亨说法的发挥，然后指出毛亨的说法非诗人的本意，"不若从王氏之说为优"，接下来就说明王安石对于此句的解释。"琐兮尾兮，流离之子"之后的一句是"叔兮伯兮，褎如充耳"，李樗先引了毛亨注中所说的"褎，盛服也"，然后就只引王安石的说法，认为"此说是也"；有时在比较中又会把王安石的说法分成前后两段来看，前段认为讲得对的，后段却会另有看法。例如他比较毛亨和王安石对"皎皎白驹"句的解释，认为王安石是用来比况洁白的贤人，比起毛亨释以贤者乘白驹而去，是"此言为当"，可是对王安石接下来所讲的，"马，臣道也，为其未系维也，故称驹焉"，则说"此则凿矣"。他有时会用不只两种的说法来比较，例如对"兄及弟矣，式相好矣，无相犹矣"中的"犹"字，毛亨训释为"道"，郑氏（郑玄）训释为"瘉"，李樗认为都不对，惟有王、苏、欧阳都训释为"图"，"其说为长"；王是王安石，苏是苏辙，说见其所著《诗传》，欧是欧阳修，说见其所著《诗本义》。程颐著有《诗解》，收于《程氏经说》，所以书中也引述了不少程颐的说法，有时会以程颐之说和王安石之说相比较。例如"二之日凿冰冲冲，三之日纳入凌阴，四之日其蚤献羔祭韭"句中的"其蚤"，李樗认为孔颖达的解释"不如王、程二氏之说"，程颐、王安石的解释虽有不同，可是"二说皆通"。又如"咨尔多福，民之质矣"句中的"质"字，毛亨训释为"成"，程颐训释为"实"，李樗认为他们两人的说法"皆不如王氏"，而王安石的解释则是"神无所出其灵响也，'诒尔多福'而已。民无所施其智巧，'日用饮食而已'，以见民之和平无有诈欺矣"。再如"之子于征，有闻无声"句中的"有闻无声"，毛亨解释为有善闻而无喧哗之声，王安石之意也相同，程颐解释为师之行不闻其声，李樗认为毛氏、王氏"不如程氏"，"当从此说"。

李樗由于曾从学于吕本中，而学承二程，这从前述他所说的"心正而后身修，身修而后家齐，家齐而后国治，本无二道"可以看出来。因此他才会认为王安石"好合上下为两端之说"，这有如二程批评王安石所说的"支离"。可是从他对王安石和程颐经说的比较来看，他在这方面显然并无偏袒，对两人的释经之言是择其是者而从，并不认为程颐的说法就一定要比王安石来得妥切。这种态度，说明王安石对于《诗经》的释解，在他的心中有相当分量，也因此在他的《毛诗详解》中，才会采纳了数量颇多的王安石经说。

和李樗态度相类的，是林之奇对《尚书》的释解。林之奇著有《尚书全解》，陈振孙《直斋书录解题》著录作《拙斋书集解》。由于林之奇去世于淳熙三年（1176），他著作《尚书全解》的时间，也有可能跨越高宗、孝宗两朝，从南宋初期进入南宋中期，写成的时间则大概已在乾道年间。据他的孙子林畊在淳祐十年（1250）写的《尚书全解·后序》，他的父亲曾对他说，祖父此书初成，为其门人吕祖谦取去，交给学生传录。按吕祖谦绍兴二十五年（1155）随其父任官而到福州，从林之奇游，乾道二年（1166）在婺州居母丧时，开始有学生跟随他讲习，乾道九年（1173）居父丧时，曾集诸生讲《尚书》，《尚书全解》初成，大约就在乾道二年至九年这段时间之内。

在第四讲中述及，林之奇在绍兴二十七年（1157）曾写信给陈诚之，指出《三经新义》的内容"为新法之地者十六七"，也就是有十分之六七是用为新法的立论基础，由此看来，书中还有十分之三四的内容，与新法无关。也因此，《尚书全解》就如《毛诗详解》一样，对王安石的经说，是既有批评，也有吸收。

林之奇在书中，比起李樗更加明确地表达了立论本于二程，在起首的《尧典》就讲尧以诚明之性，格物、致知、诚意、正心以修其身，而又能举天下之贤才与之共治，所以能施于有政；又讲修身、齐家以至平天下，是治之道。这也就是他在《皋陶谟》中所讲的，要先修身，然后才扩充及于齐家、治国、平天下。在《洪范》讲解"五行""五事""八政"时，讲得更详细。他以尽性释五行，以孟子所说的"形色，天性也，惟圣人然后可以践形"；释"五事"，认为人的正心、诚意，惟有验于修身之间、五事皆用敬，也就是修己；"八政"则本于修身，身立则政立，这也是从格物、致知、诚意、正心、修身、齐家到治国、平天下的本末始终之序，要先尽性践形以修身，才能立政事之本。尽性，践形，及以格、致、诚、正、修、齐为本，逐步走向治国、平天下的程序，都是二程所常讨论的问题。不仅如此，他还借讲解《尚书》来阐扬"道学"，这是程颐用来对程颢和他自己所倡明的学问之称。在讲解《大禹谟》中的"人心惟危，道心惟微，惟精惟一，允执厥中"时，他说这是尧、舜、禹三圣人相授受之际，"发明其道学之要，以相畀付者"，并且引韩愈的话，"尧以是传之舜，舜以是传之禹，禹以是传之汤，汤以是传之文、武、周公，文、武、周公传之孔子，孔子传之孟轲，轲之死，不得其传"，是圣学的渊源。在讲《洪范》时，他说《易》与《洪范》，"皆是圣人所以发明道学之秘，论为治之道，所以赞天地之化育，以与天地参者"。

因此，书中对王安石的批评，有时就衡量以是否合于二程论学、论事意旨，或先王、经书意旨。例如在解释《大禹谟》的"益曰，都帝德广运，乃圣乃神，乃武乃文"时，林之奇先引张载之说，认为这是益在赞美舜；然后引薛季宣之说，指出广如地，运如天，广则大无不载，运则通无不周。接着就解释"乃圣乃神，乃武乃文"，而归结舜之德为自其大而化之谓之圣，自其圣而不知谓之神，自其威而可畏谓之武，自其英华发于外谓之文，"圣神文武，即广运之所发也，非于广运之外别有圣神文武也"。王安石对于《大禹谟》这句话的解释是："乃圣乃神，所以立道，乃武乃文，所以立事，先圣而后神，道之序也，先武而后文，事之序也。"林之奇认为，若如此说，是道外复有事，事外复有道，既有道之序，复有事之序，使得道无预于事，事无预于道，这是王安石"患天下之术之原"。

林之奇把王安石以政事为患天下，推溯其本原到他对道、事关系的了解。王安石把道、事分为二，而在二程的说法里，两者是合一而不可分，也就是"'形而上者谓之道，形而下者谓之器'，须著如此说'器亦道，道亦器'""道之外无物，物之外无道，是天地之间，无适而非道也"；道、理意义相通，即所

270

谓"上下本末内外都是一理也，方是道"，或释"上天之载，无声无臭"所说的"其理则谓之道"，而"道""理"两字又常连成"道理"来讲。"器""事"两字也意义相关，见之于"制器作事""事物器用"等词，所以在讨论致知在格物时，又有"格，至也，物，事也，事皆有理，至其理乃格物也"之说。由此看来，"器亦道，道亦器""道之外无物，物之外无道"或"事皆有理"，所表达的也就是"事亦道，道亦事""道外无事""事外无道"或"事皆有道"；或如有人问程颐，《系辞》自天道言，《中庸》自人事言，似有不同，而程颐从《系辞》下及于"默而成之，不言信"的德行，而《中庸》上溯于"视之而不见、听之而不闻"的鬼神，回答说"同"。程颢之所以批评王安石以"我知有个道如此如此"的方式来说"道"，而认为当他说"道"时，"已与道离"，原因就在于此。程颢又曾指出，阴阳、刚柔、仁义，只是一个道理，阴阳是立天之道，刚柔是立地之道，仁义则是立人之道，也就是天、地、人三者一贯，天道和人事不能分离，从人事就可以了解天道，所以说仁义时，道已在其中。王安石分道、事为二的说法，显然有悖于二程的意旨，林之奇虽未明言，却很清楚地是本于程学来批评王安石的经说。

又如在解释同样载于《大禹谟》的"罔违道以干百姓之誉，罔咈百姓以从己之欲"时，林之奇先说明了自己的看法，指出为治者既不可违道以干众誉，又不可咈众以从己之欲，自古以来无道之政，必出于此二者，只有上不违先王之道，下不咈百姓之欲，则两得之。然后引述王安石的说法："咈百姓以从先王之道则可，咈百姓以从己之欲则不可，古之人有行之者，盘庚是也。盖人之情顺之则誉，咈之则毁，所谓违道以干百姓之誉也，即咈百姓以从先王之道者也。"林之奇指出，盘庚迁都时，虽然民众怨望不从，可是他优游训诰，有如父兄之训子弟，至于再三，使民众知迁都之利、不迁之害，然后率领他们迁移，何尝咈以从己；他强调"王者之安天下，必本于人情，未有咈百姓而可以从先王之道也"。因此，王安石此说："甚牴牾于圣经。"他认为王安石以盘庚迁都为例，说明"咈百姓以从先王之道则可"，是不合于先王之道的，也有违于圣人经典的记载。此外，先王施政本于人情，是程颢在熙宁变法已经提到过的说法，在上于熙宁二年（1069）的《论王霸之辨》中说"王道如砥，本乎人情，出乎礼义"；同年上的《谏新法疏》说："安危之本，在乎人情；治乱之机，系乎事始。"应也在这段时间上的《论十事札子》则说："圣人创法，皆本诸人情，极乎物理。""王者之安天下，必本于人情"的说法，出自汉代晁错讲三王之治；而与先王之治相关的"人情"一词，则应出《尚书·康诰》中的"天畏棐忱，民情大可见，小人难保"，在孔安国的注释中，"民情大可见"作"人情大可见"，说明"人情"亦即"民情"。《康诰》是周公平管叔、蔡叔之后，封康叔于卫，领殷之余民，而以成王之名，对康叔的训示，这一段话，正是提醒康叔必须勤于政事，关注民怨。由于程颢使用"人情"一词于其奏疏中，是在熙宁之政开始推动的时候，所以林之奇在释解"罔违道以干百姓之誉，罔咈百姓以从己之欲"时对王安石的批评，除了直接引用了晁错所讲的话之外，或许也有取资于程颢论熙宁政事之言的可能。

林之奇在《尚书全解》中对王安石说法的批评，有一些就如同李樗在《毛诗详解》中一样，其中有的还有进一步的发挥。例如《尚书全解》也有多处以"凿""凿说""喜凿""穿凿为甚""凡义理所不通者，必曲为凿说以通之"，来批评王安石的经说。他又进一步解释何以王安石喜凿，其中一个原因是"盖王氏欲尽废先儒之诂训，悉断以己意，则其说必至如此之陋也"。可是当他指出先儒的凿说时，又说"王氏之说抑又甚焉"，并且说明王安石说经，未尝肯从先儒之说，"至于此说，则非徒从之，又从而推广之，惟其喜凿故也"。另一原因则是"王之于经，失泥，泥则多凿"，"泥"是拘泥的意思，书中也有好几处指出王安石的说法"泥"。他指斥王安石的心术，也和李樗相同。例如对于《洪范》"用人惟己，改过不吝"句中"用人惟己"的"惟"字，他认为意思和同篇"慎厥终惟其始"的"惟"一样是"如"，应解释为"用人之言，如自己出也，若所谓善与人同，舍己从人，乐取诸人以为善也"，而王安石解释为"己知可用而后用之"，林之奇说"如此则是果于自任而不从天下之所好恶也，王氏心术之异，大抵如此"。

《尚书全解》中也批评及王安石的施政，而且比李樗在《毛诗详解》中更明确而直接，这从前述林之奇在解释《大禹谟》中的"益曰，都帝德广运，乃圣乃神，乃武乃文"这段话时，说王安石分道、事为二之说是其"患天下之术之原"，已可看出。此外，林之奇在书中提到了新法，多处指出王安石之说是"为新法地"，意即以之为新法施行的依据。也有时因指责王安石对异议者的作为而用新法一词，如指王安石之说，"盖其新法之行，不附己者皆私斥逐，故以此借口耳"。或如在解说"盘庚敩于民，由乃在位，以常旧服，正法度，曰无或敢伏小人之攸箴"这几句时，认为盘庚是以教民为先，这是他以先王之旧事旧法来戒谕臣民之言，并以苏轼在《东坡书传》中对此句的解释是有为而发，而指责王安石"峻刑罚以绳天下之人言新法之不便者，故虽以盘庚自解说，而天下之人终不以盘庚许之者，以其迹虽同而其心则异也"；而且不仅天下之人不认为王安石的作为和盘庚之事相类，连王安石也自知"其叛于盘庚之说，其解《盘庚》，又从而为之辞，以为其新法之地"。对于王安石这种曲解经书而以之为新法地的做法，林之奇称之为"诵六经以文奸言"或"借六经之言，欲以肆其不仁之祸"。

书中有时言及理财，虽然没有用到新法一词，却也是指王安石的施行新法。例如在解释"明明我祖，万邦之君，有典有则，贻厥子孙，关石和钧，王府则有，荒坠厥绪，覆宗绝祀"这几句时，引申孔颖达对"关石和钧，王府则有"的解释，指出权衡是法度之所自出，由权衡而有规矩准绳；钧、石是五权（铢、两、斤、钧、石）之最重者，"关石和钧"也就是关通其石，和平其钧，守此法度，与天下共守而不敢失。林之奇进而加以发挥，认为"关石和钧"则物货流通，家给人足，"百姓足，君孰与不足"，王府于是而富有，接着说："古之所谓理财之政，不出于此，至于后世，然后剥肤椎髓之政兴，于是用聚敛之臣，以为富国之术，殊不知禹之所以能使王府富者，惟在关石和钧而已"。这些话并未明指王安石，可是"至于后世，然后剥肤椎髓之政兴，于是用聚敛之臣，以为富国之术"，却显然是在讲王安石所行新法中的理财之政，也含有他更改祖宗法度的意思。比较清楚的是在解释"冢宰掌邦治，统百官，均四海"时的议论，对于"钧四海"的意思，林之奇先引先儒之说，指出是"均平四海之意"，又引《周官》所言"以佐王均邦国"来佐证，然后再引王安石的不同说法，"为其以赋式理财为职，故曰均夫九赋，敛财贿"，加以驳斥说，以九式均节财用，只是冢宰的职务之一，至于"均四海"之事，远超出其外；接着指出，王安石由于认为《周官》一书理财居其半，所以会以理财为冢宰之职，而他如此的解释，原因在于"王氏置制置三司条例，议者皆讥其以天子之

274

宰相而下行有司之事，此言盖自为地尔"，也就是说王安石以解释冢宰之职为赋式理财，作为自己身为宰相却下行有司之事的依据。所谓下行有司之事，亦即设置制置三司条例司，干预原本应为三司主管的事务。制置三司条例司是王安石执政时，用来策划并行新法的机构。因此林之奇虽然没有用到新法一词，所批评的却很清楚就是王安石推动新法的施行。

尽管如此，林之奇《尚书全解》中也采纳了不少王安石的经说。就如同李樗在《毛诗详解》中一样，《尚书全解》引录王安石的说法时，不时会用"此说是也""此说为善""此说亦善""此说甚善""此实至当之论"等语来肯定，甚至称赞说"盖能近取譬以喻其意也"。当以王安石的说法来和其他说法比较，有时会认为其他说法"不如"王氏；或是两种说法都可以接受，有时也会以王安石的说法"为长"。例如书中曾以范内翰（祖禹）和王安石的说法比较，先讲了范祖禹的说法"为善"，然后又说王安石之论"比范说为长"。书中也引用了一些程颐的说法，固然有以程颐之说是而王安石之说非的例子，不过林之奇并不认为程颐的说法就一定对，也并非必然比王安石的说法来得好。例如在讨论《君奭》篇中的周公与召公关系时，他不同意《史记》以此篇为召公疑周公而作的说法，以及孔颖达和汉代孙宝认为召公不知周公之心的说法，接着就说"程伊川、二苏兄弟、王氏破之详矣"，只是程颐、苏轼、苏辙、王安石四人的说法，一样都有是有非，这是把程颐和王安石的说法等量齐观。又如讨论《舜典》中的"纳于大麓，烈风雷雨弗迷"，前句"纳于大麓"，林之奇认为这必定是主祭之事，但不知大麓之祭是何祭，并且引王安石之说为佐证；至于后句"烈风雷雨弗迷"，则指出有两说，一是王安石承孔安国而来的说法，一是苏轼承《史记》而来的说法，两说不同。后者涉于神怪，于理也有未安，前者固然和相关说法相合，但是也有矛盾未能解决。他又引程颐的说法，可是认为"其辞亦有不顺"，最后引孙博士推广王安石的说法，认为"此说粗通"。孙博士即孙谔，于元祐年间曾任太学博士。虽然林之奇认为粗通的是孙谔的说法，但是孙谔说法既本于王安石的说法并弥补其缺陷而来，如果以王安石说法比之于苏轼或程颐的说法，显然王安石的说法更有助于问题的解决。由此可以了解，尽管林之奇的学术渊源可以由吕本中而上溯到二程，也尽管他在《尚书全解》中，一再指出王安石经说往往曲解经旨并以之为新法施行依据的缺陷，但是只要他认为王安石的说法合理，他同样能接受。

林之奇又著有《周礼讲义》，序文载于《拙斋文集》，原书已佚，但其中若干条文见于王与之《周礼订义》的引用。王与之于《周礼订义·序目》中引用诸家姓氏、著作，述林之奇有《全解》，应即《周礼全解》，并称此书"祖荆公、昭禹所说"，"昭禹"为王昭禹。王昭禹著有《周礼详解》，王与之称此书"用荆公而加详"，陈振孙《直斋书录解题》也说"近世为举子业者多用之，其学皆宗王氏新说"。但《四库全书总目提要》则认为此书解经时，字义穿凿附会，皆遵王安石《字说》，然而发明意旨，则有不尽同于王安石之学处，并举书中解泉府之职的"以国服为之息"为例，认为其说是出自"已目睹青苗之弊而阴破其说"，至于此书在阐发经义方面，也有足以订正注疏之误者。《宋元学案》列王昭禹为王安石门人，《四库全书总目提要》则认为他是徽宗、钦宗时人。

从前述林之奇表现于《尚书全解》的经说看，他的《周礼讲义》应不可能只是祖述王安石，以及祖述王与之所称"用荆公而加详"的王昭禹说法，而应是既有批评又有采纳。所以王圻在《续文献通考》中，会从完全不同于王与之的另一个角度去看，说林之奇所著"《书》《春秋》《周礼》说"是"力攻王安石之学"，《书说》应即《尚书全解》，《周礼说》应即《周礼讲义》。林之奇另有关于《春秋》的著作，见于元代以后有关《春秋》论著之中，以"三山林氏"或"林之奇""林氏之奇"的称谓被引用。至于《周礼讲义》的释经之言，是否只是"祖荆公、昭禹所说"，在书已佚失的情况下，已无法从原书得知；但是从王与之《周礼订义》所引述林之奇的经说，追溯其与王安石、王昭禹说法的异同，仍然可以约略窥见。

　　在《周礼订义》所引的林之奇说法中，确实有一些是"祖荆公、昭禹所说"。例如《周礼订义》在解释"赋贡以驭其用"句时，引用了林氏（林之奇）的说法"上敛下谓之赋，下奉上谓之贡"。此一说法，应取自王安石《周官新义》解释"以九赋敛财贿"一段所说的"下以职共谓之贡，上以政取谓之赋"，而两人之说，都本于《周礼》郑玄注"赋贡以驭其用"所说的"赋，上之所求于下；贡，下之所纳于上"。又如在解释"正岁则以法警戒群吏，令修宫中之职事，书其能者与其良者，而以告于上"此条时，引用林之奇的说法"群吏，在宫中者"。接着引用的王昭禹说法中，有"今宰夫又警戒群吏，修宫中之职事"，这应即林之奇说法之所本。再接下来是王与之自己以"愚案"开头，表达对"书其能者与其良者"句中的能者、良者的意见，讲完之后，有小注引林之奇的说法"稽功绪则有能者，纠德行则有良者"。在"愚案"一段之后所引诸家之说中，有王氏（王安石）所说的"宫正稽其功绪，纠其德行，岁终则会其行事，然后宰夫得以考其会，而正岁书其能者、良者以诏于上"，这应即是林之奇说法之所本。再如在解释"凡任地，国宅无征，园廛二十而一，近郊十一，远郊二十而三，甸、稍、县、都皆无过十二，唯其漆林之征二十而五"此条时，先引用了郑司农（汉代郑众）释"任地"为"谓任土地以起税赋也"。接着引林之奇的说法，说明何以如此任地，"载师任土，有任其地之所居者，有任其地之所征者，自廛里至大都，此任其地之所居者，有远近也，自国宅至漆林，此任其征之所出者，有轻重也"。王与之未引用王安石或王昭禹的解释，实际上林之奇这一段解释，虽和王昭禹《周礼详解》对此条的解释不尽相同，且未提其所说的"抑末"，但大致本于其解释而较简略。

但是也有一些林之奇的说法，和王安石或王昭禹的说法有比较清楚的差异。例如《周礼订义》在解释司书的职务是"掌邦之六典、八法、八则、九职、九正（音征）、九事，邦中之版、土地之图，以周知入出百物"此条时，引用了林之奇对"九正"的解释："司书目九贡、九赋为九正，而《书》称文王'以庶邦惟正之供'。盖古之王者，必正经赋以足经用，未尝有无名横敛，司书掌群吏之征令，必使知此意，故言正焉。"林之奇之所以会说"司书目九贡、九赋为九正"，是由于少宰、司会的职掌中，都有九贡、九赋，而不见于司书的职掌中；除"九正"应作"九贡、九赋"解之外，少宰、司会的职掌中又有九式，即司书职掌中的"九事"。以九正即九贡、九赋，所以九正的"正"才会读如《周礼订义》所注明的"音征"，这些都是《周礼》郑玄注、陆德明音义以及贾公彦疏中已有的说法，林之奇所说的"司书目九贡、九赋为九正"，也就是本此而来。不过在林之奇的说法里，对于"九正"的"正"还有出于注疏之外的进一步发挥，他把"九正"的"正"又读为"证"，解为《尚书·无逸》讲周文王"不敢盘于游田，以庶邦惟正之供"句中的"正"。这一个"正"，据孔安国的解释，是"正道"的意思；林之奇自己在《尚书全解》中的解释则是，"又不敢盘乐于游田者，盖以庶邦之贡赋惟供所当用者，若以供游田之费，则非其正矣"，也就是用所当用的意思，所以他会以"古之王者必正经赋以足经用，未尝有无名横敛"来说明。"经赋"即常赋，"经用"即常用，"正经赋以足经用"亦即用常赋于所当用，则常用不至于不足，也就不至于有无名横敛。

《周礼订义》此条在引用林之奇说法的前后，也引用了王昭禹的说法，但是不如王昭禹《周礼详解》此条注解的详明，从《周礼详解》中的此条注解看，大致上就如王与之所称，是"本于荆公而加详"，以王安石在《周官新义》中的解释为本。王昭禹先说明官府的文书，司书"正掌其书"，司会"掌其副贰之书"，也就是文书的正本由司书掌管，副本则由司会掌管；然后将"九正"说明为"九职之贡"，"九事"说明为"九职之事"。他认为这与《尚书·酒诰》中，孔安国释为"正官治事"的"有正有事"同义。然而在郑玄注和贾公彦疏对"赋贡以驭其用"句的解释中可以看出，"赋贡"的"贡"就是"功"，所指的是"九职之功，事也"，而"贡""赋"两字的分别只在下对上和上对下之分，所以"九职之功"其实就是"九赋"。由于九赋只是王邦之赋，而"九贡"则是诸侯邦国之贡，所以在王昭禹的解释中，"九正"并没有包含"九贡"在内，这就和郑玄、贾公彦或林之奇的说法都不同。至于王昭禹"九事"为"九职之事"的说法，自然也和郑玄、贾公彦和林之奇以"九事"为"九式"的说法有别。之所以会有如此的分别，可能是由于在王昭禹的解释里，司书所掌的"九正""九事"二者，是"九职"的"九正""九事"，而在郑玄、贾公彦和林之奇的解释里，则前后相接的"九职""九正""九事"是互有分别的三件事。

以上只是说明王昭禹、林之奇对此条经文解读的不同，然而值得注意的是，林之奇对此条经文的发挥，有别于王昭禹的意见。在王昭禹的注解里，司书之所以职掌经文中所列举诸事，是为了要"三岁大计群吏之治，以知民财、器械之数，以知田野、夫家、六畜之数"，又"周知入出百物以叙其财、受其币，使入于职币"。按职币一职，据《周礼》所述的职掌，在收到这些余财之后的用途，是供"上之小用、赐予"，"上"据贾公彦的解释，是指王与冢宰。王昭禹的说法，是就政府机构间的财物通融来讲的，而其他机构余财通融拨入职币的用意，是提供王上和主政的冢宰小用、赐予经费的来源。这和林之奇关心到影响民众生活的"无名横敛"在怎样的情况之下才不会出现，立足点完全不同。

林之奇在解释"九正"时，引用了《周礼·无逸》的"以庶邦惟正之供"，以句中的"正"字来佐证"九正"的"正"字意义，但没有引用这句话之前的"不敢盘于游田"。于是他在引用"以庶邦惟正之供"之后所发挥的"盖古之王者，必正经赋以足经用，未尝有无名横敛"，就未必令人认为是连接起"不敢盘于游田"来想，而可能联想到王安石在《乞制置三司条例》所说的，"窃观先王之法，自畿之内赋入之精粗以百里为之差，而畿外邦国各以所有为贡，又为经用通财之法，以懋迁之"。也令人联想到熙宁、元祐间人们对变法的批评，就如司马光在《与王介甫书》中所说的"家家于常赋之外，更增息钱、役钱"；如陈升之在元祐元年（1086）上疏论理财时所说的"民财有限，取之不可以过多；邦赋有常，用之不可以无节。熙宁以前，上供钱物无额外之求，州县无非法之敛。自后献利之臣不原此意，惟务刻削以为己功"；或如苏轼在写于元丰八年（1085）而上于元祐二年（1087）的《论给田募役》中所说的"宽剩役钱本，非经赋常入，亦非国用所待而后足者"。他们所说的"经用""常赋""邦赋有常""经赋常用"，用词或语义都同于上引林之奇所说"正经赋以足经用"句中的用词或语义。这也就是说，林之奇这段释经之言，不免会令人联想到是否为批评王安石所施行的新政而发。

同样可以引发批评新政联想的林之奇经说，在《周礼订义》中至少还有两处。一处是在闾师职掌之一的"无职者出夫布"之后所引诸家之说中，同时有王昭禹和林之奇的说法。王昭禹先解释"无职者"是指无事于九职者，罚出夫布的用意是"厄之使任职"。而林之奇的说法是，"无职者出夫布"用意在于"所以惩游惰"，这和王昭禹的说法其实没有太大的差异；但林之奇接着有所发挥，"至汉始一概为算赋，故《高帝纪》书云，'初算赋'，盖讥变古重敛害民也。"变古重敛害民"这六字，如果比对刘挚在元祐元年所上《论役法疏》中所说，"乃一划祖宗差役旧敕，为官自雇役之法"，自上户至下五等户以至于原本无役之家，如今都要出役钱，于是在原有赋税、科调、繁多的买纳求取外，"又生此重敛，岁岁输纳，无有穷期"，接着比较民众过去差役和如今雇役的负担，问说"岁被重敛之害，孰为多少也"，就不免令人联想到林之奇之说是否有批评新法之意。

另一处则是在天府职掌之一的"若祭天之司民、司禄而献民数、谷数，则受而藏之"所引的林之奇之说。他认为岁献民数、谷数"最为致太平之要务"，原因在于先王用意是"欲等其民数、谷数，使之本末相当，用为来岁之经制故尔"，因而当"水旱不虞之至，则必有储蓄以待之，三年耕必有一年之蓄，三十年耕必有十年之储，则谓之太平"，最后总结说："其所以经纶图为，以富邦国而生万民者，其要实在乎此，孰谓其可忽而不思，以坐视天民之穷哉。"这条注解，是立足于民众生活之上来讨论的。《周礼订义》没有引用王安石或王昭禹的说法，不过王昭禹《周礼详解》有这条的注解。王昭禹在注解中，起首就是"《新经》云"，《新经》应指王安石的《周官新义》，此条注解，当本于王安石的说法。注文说，民、谷、器都在人，而所以制其生死、丰凶，则天有司民、司禄来掌管，必定要祭天之司民、司禄的原因，是"王之祈于天以求福之助者，乃所以为守器之成终成始者与，民数有登下，谷数有多寡，既祭司民、司禄而后献其数于王，王受而藏之于天府，所谓天实司之也"。民数、谷数由天府来掌管，并非徒然，只要能奉承天之所为，"则自天佑之吉无不利，其于守器也何有"。注文中的"器"，既是礼器，也用以喻指关系国家存亡的国政，在此一意义下，"守器"不只是守藏礼器，也是守住国家的生存。由此看来，王安石、王昭禹的说法是立足于君主对国家的统治来说的，和林之奇的说法在立足点上有明显的差别。

林之奇所讲的"水旱不虞之至，则必有储蓄以待之"，不妨用来跟苏辙和司马光批评青苗法的言论来对比。苏辙任职制置三司条例司时，在上于王安石的《制置三司条例司言事状》中，对于即将施行的青苗法，表达一旦施行之后的顾虑，他说常平制度的问题，是在于没有确实地依照法令规定去实施，而非法令本身有弊，只要依时敛散，则农、末皆利，而在谷价贵贱之间，官府也可以获利，"今乃改其成法，杂以青苗，逐路置官，号为提举，别立赏罚，以督增亏。法度纷纭，何以至此！而况钱布于外，凶荒水旱有不可知，敛之则结怨于民，舍之则官将何赖？"他的意思是，担心青苗法实施之后，常平仓原本储备用以谷贱时向农民增价收籴的本钱，已经用作青苗钱贷放出去，若是遇到水旱灾荒，又不方便向借贷者收回，那么再遇到谷贱伤农时，哪里还有本钱来增价收购农民卖不出去的粮谷。讲得更清楚的，是司马光在青苗法实施之后所上的《乞罢条例司常平使疏》，他说常平仓是三代圣王之遗法，谷贱不伤农，谷贵不伤民，民赖之有食，而官府也收其利，法之善者无过于此，近年来之所以隳废，是由于官吏不得人，而非法之失，如今听说制置三司条例司以常平钱为青苗钱，又以常平谷换转运司钱，这是尽坏常平而专行青苗，政府所赖以济饥民，只有常平钱谷，"今一旦尽作青苗钱散之，向去若有丰年，将以何钱平籴？若有凶年，将以何谷赒赡乎？……臣以谓散青苗钱之害尤小，而坏常平之害尤大也"。苏辙和司马光的言论，同样不免令人联想到林之奇之说是否有批评新法的含意。

　　如上所论，林之奇的《周礼讲义》（《周礼全解》）中的释经之言，既有采用王安石和王昭禹说法之处，也有不同于王安石、王昭禹之处；若干不同之处，又有借以批评王安石新政的可能。那么王与之所说的此书"祖荆公、昭禹之说"，就不能视为林之奇尽祖王安石、王昭禹之说，只是其中采用了颇多的王安石、王昭禹的说法。这就有如林之奇在《尚书全解》一样，一方面既批评王安石所施行的新法，另一方面也有颇多以王安石的说法为是、为善之处。尽管如此，这已经表现出林之奇在解读《周礼》时，在相当的程度上，吸收了王安石的经说。

　　南宋中晚期有程学渊源或倾向诸家的释经著作，例如释《诗》者如吕祖谦《吕氏家塾读诗记》、朱熹《诗集传》、杨简《慈湖诗传》、刘克《诗说》、严粲《诗缉》，释《书》者如黄伦《尚书精义》、夏僎《尚书详解》、蔡沈奉朱熹指示而撰的《书经集传》、释《易者》如李心传《丙子学易编》、魏了翁《周易要义》，释《周礼》者如王与之《周礼订义》等书，对王安石的经说都既批评而又接受。

这些释经著作的作者，吕祖谦、朱熹、杨简、蔡沈、李心传、魏了翁与程学的关系比较明显，其他诸人与程学的关系也可以推求而知。《诗说》作者刘克的学术倾向，见其写于绍定五年（1232）自序所说的"《中庸》《大学》义理之精微，必以《诗》发之"；至于其《诗》学渊源，则其子刘坦于淳祐六年（1246）此书刻板时所作的后记，述其父作《诗说》，是以吕祖谦《诗记》为本而加详，并互有去取。《诗缉》作者严粲的学术倾向，见于林希逸写于淳祐四年（1244）的《诗缉序》述严粲求序时所说的"我其说大抵与老艾合"，"老艾"指艾轩先生林光朝，林希逸并就此而加以发挥；《诗缉》引述张载、程颐、朱熹之说时，则尊称为张子、程子、朱子；其《诗》学渊源，见于黄震在《黄氏日抄·读毛诗》所说吕祖谦《诗记》只集诸家可取者，"华谷严氏又用其法为《诗缉》"。《尚书精义》作者黄伦的学术倾向，见于张凤写于淳熙七年（1180）的序文所言，他认为黄伦此书，"发挥五代帝王遗书之奥"，"信精而又精，其于理学，殆无余蕴"；书中则于程颐称伊川，于张载称横渠；其《书》学渊源见于书中每条起首大致上都引用无垢（张九成）之说。《尚书详解》也在淳熙年间有刻本，作者夏僎的学术倾向，见于书中于张载称横渠，于程颐称伊川先生、伊川程先生或伊川；其《书》学渊源，则见于书中称林之奇为林少颖，与引用除张载、程颐之外其他诸家只称姓氏不同。至于《周礼订义》作者王与之的学术倾向与《周礼》学渊源，或需有较详的说明。

王与之的学术倾向较为清楚，应如真德秀写于绍定五年序文所说的"永嘉王君次点，其学本于程、张"。至于其《周礼》学渊源则不易确定，但有可能出自著有《周礼辨疑》或《九经辨疑》的陈汲（及之）。《永乐乐清县志》载王与之"从松溪陈氏学，尽传六典要旨，遂著《订义》八十卷"，按王与之与陈汲同为温州乐清县人，乐清县有松溪里，"松溪陈氏"的松溪，可能是指温州乐清县松溪里，而非建宁府松溪县。《光绪乐清县志》载陈汲"初习制科，晚荐举，不就"，并注明"《隆庆志》作陈汲"，《永乐乐清县志》载此事亦作陈汲，陈汲当讲学于乡里，而未出仕，其有关《周礼》经文的解释，极少见其他宋人著作引用，而在王与之《周礼订义》中以陈及之的称呼引用颇多，而且在宋人著作中是首见。在《周礼订义》之后，南宋末黄震《黄氏日抄》也曾引用出自陈及之的说法三条，两条均曾见于《周礼订义》，另引论"设官之多"一条所引用的陈及之说法全文虽不见于《周礼订义》，但同条引用的吕氏之说却见于此书所载，并于其下注明"陈及之说见前论官职多寡"。据赵汝腾于淳祐二年（1242）奏进《周礼订义》时指出，此书在真德秀去世之后又曾删繁取要，由博得约，因此书中原有的陈及之论官职多寡条文，可能在修改时已经删除。这也就是说，其实黄震所引三条陈及之的说法，应即出自《周礼订义》未修改前的版本而来。宋、元之际马端临《文献通考》也引用了陈及之说法一条，同样见于《周礼订义》的引用。至于陈汲有关《周礼》的著作，在王与之《周礼订义·序目》"编类姓氏世次"中，仅称之为《辨疑》，朱彝尊《经义考》名之为《周礼辨疑》；孙诒让《温州经籍志》沿用其称，但是指出《辨疑》应非书名。另外，宋、元之际俞琰《读易举要》中引用有陈氏《九经辨疑》，由于前引《永乐乐清县志》载王与之从松溪陈氏学，"尽传六典要旨"，此一松溪陈氏，显然是通研诸经，而非仅熟于《周礼》，因而俞琰所引的陈氏《九经辨疑》也不无可能即《周礼订义》中所说的陈汲著作《辨疑》，《周礼》的讨论只是书中的一部分。王与之的教学与著述方向也类似此一松溪陈氏，戴栩说他"以《诗》、《书》、《周官》、太史、班、范书"，为人师者二十年，他的著作，除《周礼订义》外，见于记载者，至少尚有《周官补遗》《诗说》《论语补义》等书。赵汝腾奏进《周礼订义》时，也说王与之经明行修，皓首著述，除此书外，尚有书数种。无论原书名为《周礼辨疑》或《九经辨疑》，陈汲著有《辨疑》一书，在宋代仅见于王与之的著作。上述情形，包括温州人陈汲字及之，著有论及《周礼》的《辨疑》一书，并多次引用其书中的经说，在宋代都仅见于王与之《周礼订义》。从《永乐乐清县志》所载王与之的师从看，松溪陈氏或即陈汲，也就是陈汲、王与之两人间有师生关系，这也应该就是王与之《周礼》学的渊源所自，唯一无法确定的是陈汲是否居于松溪里。

上述南宋中期的黄伦、夏僎，南宋晚期的刘克、严粲、王与之，虽然可以观察出他们的程学倾向，可是既不清楚其在程学方面的师承所自，也不清楚其是否有这方面的家学，他们的姓名亦未见于《宋元学案》之中，仅能视为程学的追随者，而非后继者。然而他们却如同吕祖谦、朱熹、杨简、蔡沈、李心传、魏了翁，在释经著作中对王安石的经说尽管有批评，也不乏接受之处，对于南宋时期传习程学者来说，这已经是一件不足为奇的事。

上述各书中，比较值得注意的是吕祖谦《吕氏家塾读诗记》、朱熹《诗集传》和王与之《周礼订义》。吕祖谦在《吕氏家塾读诗记》中，引用王安石说法之处甚多，仅有的两处批评，用词也比较和缓。一处是在"丧乱既平，既安且宁。虽有兄弟，不如友生"几句之后，所引诸家释解中有王安石之说，吕祖谦在评论中表达自己的意见，"王氏之说虽非经旨，亦学者所当知也"，说明虽然王安石这条解释不合经旨，但由于也是学者所当知，所以才会列出。另一处是在"惠我文王，曾孙笃之"句后，吕祖谦有一段评论，他认为"说诗者非惟有凿说之害，亦有衍说之害"，并以毛亨和王安石对"曾孙笃之"句的解释为例，指出毛亨以"能厚行之"来解释，虽然无害于文义，但诗人之意，原本在于勉后人笃厚之而不忘，所谓"行"已经在其中，只说"曾孙笃之"则意味长，衍一个"行"字，意味即短。他接着又引王安石以"笃力行而有所至"之说，认为此一解释"说益详而无复余味矣"，所谓"说益详"，是指毛亨只增加了一个"行"字来解释，而王安石则增加了"力行"两字。吕祖谦所说的"衍说之害"，则是以毛亨和王安石之说，对照于吕祖谦评论前所引苏辙和朱熹的解释中，只说"世益厚之"和"当笃厚之而不忘"，没有增衍"行"字而作的批评。这两则批评，其实都只就字义来评论，而未触及新法的问题，至于其他见于书中所引用的数量众多的王安石经说，显然都得到吕祖谦采纳。

朱熹在他为《吕氏家塾读诗记》所写后序中，曾说吕祖谦于此书中"未尝敢有轻议前人之心"，"真可谓有意乎温柔敦厚之教矣"，而朱熹自己在《诗集传》引述王安石经说的态度，也和吕祖谦类似，极少有批评。书中引王安石说法只有十处，却大多是解释全章大意的诗序，只有少数几处是解释诗句。这十条王安石的释经之言为朱熹所接受的有九条。其中讨论《豳国七篇》的一条，由于《周礼·春官》载"籥章掌土鼓豳籥，中春昼击土鼓《吹豳》诗以逆暑"，而《诗·豳风》却无《吹豳》诗，所以郑玄解释此诗已见于《七月》，和王安石解释"本有是诗而亡之"

相比较，才认为王石的解释"近是"。有意见的只有解释《鼓钟》之义一条。

《鼓钟》之义自北宋以来，诸家解释与毛亨、郑玄有所不同，毛、郑两人的解释也不完全一致。毛、郑的异同，在于毛亨认为是幽王会诸侯于淮上，鼓淫乐以示诸侯，贤者为之忧伤；而郑玄则认为是周幽王于淮上作先王之乐，失礼尤甚，淑人君子久怀不忘，但两人都认为是刺周幽王于淮上鼓乐。到了北宋，疑经和以新意释经的风气盛行。欧阳修据史书所记，认为周幽王并无东巡远至淮上之事，不可能作乐于淮上，何由得知此诗是刺幽王；张载的解释据李樗的引用，认为诗人忧心，是为了周幽王于淮水为害时仍作乐不止；王安石的解释见于吕祖谦所引用，是"幽王鼓钟淮水之上，为流连之乐，久而忘反，故人忧伤"，应同于毛亨的解释。苏辙的解释同样从幽王作乐于淮上立论，但总结"言幽王之不德，岂其乐非古欤？乐则是，而人则非也"，则应同于郑玄的解释。南宋李樗接受张载的解释，王质则认为是将帅临戎（淮夷），合乐以夸耀下国而慑服夷心，识者忧其不可；吕祖谦同时引用了王安石和苏辙的解释，却没有引用苏辙"言幽王之不德，岂其乐非古欤？乐则是，而人则非也"之说，显然是接受王安石的解释。在这种释经者各有所说的情况下，朱熹在《鼓钟》题下说明，"此诗之义有不可知者，今姑释其训诂名物，而略以王氏、苏氏之说解之，未敢信其必然也"；于诗句之下，则既引用王安石"幽王鼓钟淮水之上，为流连之乐，久而忘反，故人忧伤"之说，也引用苏辙"言幽王之不德，岂其乐非古欤？乐则是，而人则非也"之说，两说不同，却都出自古代注疏，而非宋人新说。然而朱熹于释题中所说的"未敢信其必也"，却也表达了对王、苏两人的解释是否妥当，并无自信。即使没有自信也采用，连同其他获得采用的各条，显示出朱熹对王安石经说的态度，正如他自己所说的"王氏新经尽有好处，盖其极平生心力，岂无见得著处"（《朱子语类》卷一三〇）。

王与之《周礼订义》有别于吕祖谦《吕氏家塾读诗记》和朱熹《诗集传》，书中不仅批评王安石的经说，而且直接批评王安石的新政；但也如同吕祖谦和朱熹的著作一样，吸收了数量众多的王安石经说。《周礼订义》另一个值得注意之处，是引用了许多南宋中、晚期释解《周礼》的著作，其中许多在后世已经佚失，也有些虽仍可见，却有部分内容佚失，赖王与之引用而得以保存。王与之对王安石经说的批评与吸收，有不少就从他引用的这些著作中的说法表现出来。

《周礼订义》的写法，是条列出《周礼》经文，于每条经文之后先列出包括王安石在内的诸家释经之说，偶尔也会只引用某一家之说。在经文说明过某一段落或某一官职所有的职务之后，有时会有总论或总说，引用一家或多家的说法作总结。王与之自己的意见，则以"愚案"或"愚考"开头，表达于某家说法之下，或是某一官职所有职务都说明过之后。这几个部分，都可以看出书中对王安石经说及其所施行新政的态度。

书中对王安石的经说有许多批评。例如书中引用最多的郑锷之说，出自其于淳熙十年（1183）任皇太子宫小学教授时所进，而已佚失的《周礼全解》。其中多处以"非也""未之考耶""穿凿尤甚""求之太过""是亦衍说""未之思也""失之远矣"等用词，来批评王安石的经说。南宋中期以后批评王安石《周礼》经说的言论，在《周礼订义》并非仅见于郑锷。例如在书中所引陈傅良的说法中，就批评过王金陵（王安石）的说法"非也"，而陈傅良有关《周礼》的著作已佚。又如在所引陈汲的说法中，也

曾批评过王安石的一项看法，指出是"其说是矣而辨未详"。在
所引已佚而撰人不详的《王氏详说》(《王状元详说》)中，也有
多处批评王安石的经说。例如说过王安石、贾公彦的说法"非
也"；由于在《周礼订义序目·编类姓氏世次》中，此书列于南
宋中、晚期诸家间，当是南宋中、晚期的著作。再如所引易祓
《周礼总义》(亦称《周官总义》)中，同样曾以"非也"来批评
王安石对"乃命其属入会以致事"的解释；《周官总义》仍存，著
于嘉定年间，但易祓这段文字在书中亦未见。至于王与之自己，
也曾以"愚案"表达过王安石的说法"非也"。

　　书中所引诸家之说及王与之己见，有时会由批评王安石的经
说而进一步批评及于王安石的施政，尤其是新法。这类批评多集
中于《司市》及《泉府》部分的经文解释，也见于《周礼》其他
部分。例如在泉府职掌的"掌以市之征布、敛市之不售，货之滞
于民用者，以其贾买之物，楬而书之，以待不时而买者"这一段
后，引用陈汲的说法，"熙宁间置市易务，且谓成周之市法，内
帑出钱数百万以为本，市易司遣人于岭南诸处，市货以压富商之
利，原其意为利耳，岂泉府之法哉"。接上条经文的，是"凡民
之贷者，与其有司辨而授之，以国服为之息"，在这条经文后，
王与之先引了郑司农（郑众）和郑康成（郑玄）的说法，都只言
及"贷"而未解释"息"，然后自己以"愚案"发表了一长段的
意见。他先引了陈止斋（陈傅良）和徐牧斋对"以国服为之息"
的解释，二人对"服"字的解释不同，但都以"息"字为偿本出
息的"息"，王与之认为"二说俱胜注疏"。接着引李叔宝的说
法，认为"息"的意思应是保民使生息的"息"，而非"责其利"
的"息"，王与之认为此说虽好，却未必是泉府之所能继，不如
陈汲的说法；陈汲认为，立法不仅为了便下（便民），若下得其

利而官失其物，则不成其为法，泉府所藏既多，如果不赊贷与人，则必至弊坏不可用，赊贷与民运至他处出售，将来加息还给官府，则民得其利而官得其便，之所以要加息偿还，是由于货物既贷自官府，已经免税，既已免税，偿时贡息，有何不可，但是此法要得贤者而后可行，否则不胜其弊。最后是王与之自己的感叹，"王荆公、吕嘉问为市易官，掊克细民，聚敛滋甚，豪商大贾，怨咨盈道，及人有言，则曰泉府。呜呼，吾不知先王之法，使人怨咨而尚不顾哉"，这也是针对市易法施行之弊而来的批评。

除了言及市易法之外，也言及青苗法。在上述王与之论市易法的"愚案"之后，书中再引郑锷对青苗法的批评，"后世青苗取息，名为利之，适以祸之，非周家立法之意"，郑锷之所以会这样说，是由于王安石当施行青苗法引起争议时，曾以上引《周礼》这段经文来为此法辩护。对于青苗法的批评，又见于在《旅师》最后一项职务"以质剂致民，平颁其兴积，施其惠，散其利，而均其政令"之后的总论，论中引陈汲的说法，他认为旅师掌凶荒补助之政，无偏党不均之患，而郑玄解释"均其政令"为使之出息。郑玄的说法引致陈汲的质疑，他说："岂有补助之政而俾之出息乎。"接着转而批评王安石引用郑玄之说为青苗法的依据，又将"平颁"解释为"不问其所欲否而概与之"，是误解了只是用作救荒之政的旅师之法；再接下来就将王安石对《周礼》经文的误解，和对青苗法实施的情形连接起来讲，指出之所以会"不问其所欲否而概与之"，是由于借者必定是贫民，不然就是大奸猾，官府收不回二分之息，所以才强制贷放给那些本无意向官府借贷的富足之家。陈汲的意思，就是如果王安石有心要帮助贫民，就应该如《周礼》所言的"施其惠，散其利"，而非以贷放青苗钱的方式，要求借贷的贫民加利息偿还。

此外，还批评保马法和免行钱。在《周礼·校人》"凡军事物马而颁之"句后，王与之先引郑玄对"物马"的解释，然后引陈汲之说，他据古籍注疏所引《司马法》，认为在周制里，民间的马是自备的，因此"凡军事物马而颁之"是颁于官府。接着就加以发挥，他指出自从井田之制破坏之后，凡有征战，都是国家赋马与民，未尝让民众自行养马，并引汉、唐之制为证；到熙宁年间，王安石废罢祖宗牧马监，令民自养马，每一都（都保），限马十五匹，十五年而足，称为保马，可是"郡县苟阿上意，不二三年而足，于是天下骚然病矣"，这是指责保马法在实施过程中，地方官于执行时为阿附上意而流于急切的弊病。见于《周礼》所载从角人到廛人等征敛之官之后，有一段引用陈汲说法的总论，指出这些官职所掌，都是"民业以自利者"。接着就加以发挥，他认为先王之时，民众在田税之外，有趋末作的，都要向他们征取所业之物，用意在抑末重本；到了熙宁年间，京师市井所有贩卖小民，虽然只是拾发、鬻薪、提茶等，都要出免行钱，不出就不得在市街贩卖，用意也说是抑末作游手之民，却不了解先王之时，民皆受田，自井田之法破坏之后，小民无立锥之地，退而无田可耕，不免贩卖以自供给。再进一步，他批评王安石所说的"理财"，引用其说法，"《周礼》一书，理财几半，周公岂好利者哉"，然后质疑说，从此一说法看，似乎新法并非为利，可是实际上"安在其不为利也"。

陈傅良不仅如同陈汲一样言及免行钱，还兼从其他宋代杂税，而论及《周礼》的理财，并且进而考虑到过去人们对此书的怀疑。《周礼订义》在《司市·廛人》列举出廛人各项职务之后，有一段总说，引用了陈傅良的说法。他一开头就讲王安石《周礼》一书，理财居其半，可是自有此书以来，刘歆辅佐王莽，专为理财，至熙宁年间，也专为理财，所以先儒对《周礼》多有怀疑；他接着说，"今细考之，亦诚有可疑"，然后就列举当时的房廊钱、白地钱、搭地钱、熙宁年间的不系行人钱（免行钱）等，其实在《廛人》中都有类似的规定。然后专从熙宁不系行人钱立论，指出据郑侠奏议所言，负水、拾发、担粥、提茶都有免行，那么《廛人》之弊，岂得不至于此。他再举出见于《周礼》的其他杂征，指出所以取民者无一不备，"先王所以不与民争利者，全不见于此书"，所以王莽用《周礼》而有五均、六斡（即六筦），于列肆、里区是无不征敛；王安石用《周礼》而有坊场、河渡、白地、房廊、搭罚、六色、免行、市例之类，无所不至，以至于"使《周礼》之书，后人不得尝试"，他因此而质疑"夫周家之法，果如是耶？抑用之者失其实耶？"从上一讲所引陈傅良《夏休〈井田谱〉序》和《进〈周礼说〉序》两文看，他其实是认为"用之者失其实"。这一段对《周礼》一书的质疑，实际的意义是对王莽施政与王安石新法的批评。

尽管《周礼订义》由于批评王安石的经说而进一步直接地批评王安石的新法，而且说明的比林之奇在《尚书全解》中详明得多，但是仍然采纳了王安石的许多经说。不仅如此，采纳的部分要比批评的部分在数量上多出很多，全书各卷几乎都可以见到，只是不如批评的部分那样容易引人注目。

《周礼订义》对于王安石经说的采纳，大致以几种方式显现。最多的就是在各条经文之后，与其他释经者之说并列，而未加以评论，这表示王与之认为此说有助于经文的了解，至少是应该参考；有些经文之后，甚至只列出王安石一家的说法，或是同时列出王安石与王昭禹两家的说法，这应该表示在各家经说之中，以王安石一家或王安石、王昭禹两家的说法，最足以解释经文。不只是在某条经文之后如此，有时在总论中，也会同时列出王安石之说和其他各家之说，甚至只引王安石之说，这表示对王安石说法特别看重，用来总结整个段落。此外，在经文后或总论中引用王安石以外其他各家之说时，也会有某家之说强调王安石的说法是正确的。例如郑锷在他的说法中，就讲过王安石的说法"是""是矣"；前引陈汲在其说法中讲王安石之说"是矣而辨未详"，虽然"辨未详"是批评，但只是不足而已，仍然肯定其说为是；在著者不详的《王氏详说》中，也说过王安石的说法"得矣"。有时虽然没有用到"是""得"这类有肯定之意的字汇，释经者在其说法中，却是用王安石的说法来印证自己的说法。例如在司门职务的"掌授管键以启闭国门"之后，引用了郑锷的说法，郑锷讲过自己的解释后，引用王安石之说，"谓授键则以司门总统诸门，故掌授之以启门也"，没有加上其他任何的话，却可以读出他是以之和己说相印证。还有释经者不只是肯定王安石的经说，也有肯定王安石政事的例子。例如在载师各项职务的部分，引用了一段陈傅良之说，其中讲到古人以公田养士大夫之家，仕宦于朝则有常禄；汉代虽是关内侯也未尝有地，二千石以下则受谷于司农；到了唐代却无赋禄之制，至宋太祖才立禄格；至于俸钱、供给钱之类，则都是王安石所制，"此事最是"，只是有些地方政府会有收入是否足以支给的问题。

　　王与之也在自己的说法中，表达接纳王安石说法之意。例如曾以"愚案"开头，先批评郑玄之说"最无义"，而以王安石之说"为是"。又曾不提王安石之名，或王氏之说，却可以看出是在肯定王安石的说法。在疡医职务"掌肿疡、溃疡、金疡、折疡之祝，药、剂、杀之齐"后，所引诸家说法中有郑锷之说，"王安石谓疾之恶者药或不能攻，则有祝焉，乃引《素问》'上古移精变气祝由'之说以为证"。王安石以《素问》所说的祝由来解释前引疡医职务中的"祝"字，见于《周官新义》，郑锷对王安石此说没有表达肯定或否定，可是"乃引"之言，读来却令人觉得他对此说是有所怀疑的。在引用过诸家之说后，王与之以"愚考"开始说明己见，"医之用祝，理或宜然，今世有以气封疡而徙之者，正祝由之遗法也。祝之不胜，于是用药，药或不能去，必剂以刀而去恶血，剂而不效，必杀之以药而食其恶肉，凡四法各有浅深之度，故言齐"，这段话虽未提王安石，却显然是在为其说法辩护，从"祝之不胜"到"必杀之以药而食其恶肉"这几句，正是本于《周官新义》的说法而来。在疡医此一职务之后，《周礼订义》最先引用的其实就是王安石的说法，但是只引用了最先的几句，并没有引用到郑锷和王与之所讨论有关祝由问题的文字；而郑锷所说的"药之不能攻，则有祝焉"，则显然不合王安石在《周官新义》中所说"祝之不胜，然后用药"的原意。

如前所述，程学强调修身、齐家是治国、平天下的基础，从政者固然要本于修身、齐家的修养，有为有守地为致君泽民而竭尽心力，即使无法有从政的机会，也可以从事修身、齐家的工夫。其诉求及于社会各阶层，比起虽也言及修身、齐家而所重却在治国、平天下，以统治阶层为诉求对象的王学来讲，更能适应南宋时期，尤其是中晚期，由于士人数量大增，导致未第士人也随之而大增的社会。不仅如此，程学又在修身、齐家与治国、平天下之间，增入了"乡"（乡里）此一环节，并且与张载《西铭》的民胞物与精神相结合，而主张对人的关怀应由近而远、由亲而疏地逐步往外推展。因而那些无法登第或无意于求第者，尽管不可能经由施政来关心世务，也可以在乡里以风俗的改善与经济的赒助，来实践其关怀人群的本心，比起王学来讲，他们在南宋中晚期的基层社会中，可以有更广大的立足点，发挥更大的影响力。更进一步，南宋中晚期的程学后继者与追随者，还吸收了王安石的改革理想，对于王安石推行新法在理论上所依据的《周礼》，也不再像南宋初期的程学后继者那样坚持排拒，甚至认为之所以会出现《周礼》不可行的主张，是以往行之者之过，而非此书不可行，此外还在某种程度之内，接纳了王安石的经说。于是程学演变到南宋中晚期，一方面固然有本身的特色，另一方面也吸收了若干王学的内容，本身内容因之而更为丰富，且呈现出兼容并蓄的面貌，只是这种兼容并蓄，是在不违反程学自身立场的情况之下进行的。

总结以上三讲所论，可以在程学与王学的消长此一课题上，对南宋淳熙后期以后政治事件的演变试加观察。由于程学兼容王学是以不违反本身立场为原则，所以对于王安石的施政仍有许多批评，这种情形已见前述。可是在南宋中晚期，却罕见有王学后继者或新党后人对程学的批评予以回应。这种情形，说明了王学日消而程学日长的趋势。

王学与程学的消长（四）：
政治事件、从祀制度与科举考试

一、从淳熙后期"伪学"的指斥到淳祐元年孔庙陪祀人物的更易

程学日盛而王学日消的趋势，在政治事件上也明显可见，这些政治事件不只是政治事件，有时也涉及经说。相关的政治事件较早见于淳熙后期，道学在政治上蒙受"伪"或"虚诞"的指斥，而此一事件却非王学与程学之争。郑丙、陈贾在淳熙十年（1183）对朱熹假借"道学"之名来"欺世盗名"或"济其伪"的指斥，以及林栗在淳熙十五年（1188）以朱熹"窃张载、程颐之绪余，为浮诞宗主，谓之道学"的指斥，其实是程学内部的纷争。

郑丙、陈贾指斥朱熹，起于淳熙九年（1182）朱熹任浙东常平时，按劾知台州唐仲友。这时的宰相王淮与唐仲友是同乡，又是亲家，吏部尚书郑丙又与唐仲友亲厚，因而迎合宰相之意奏劾朱熹；陈贾则是新上任的监察御史，也迎合宰相意旨，继郑贾之

后提出奏劾。尽管朱熹出任提浙东常平出自王淮推荐，又有王淮在宁宗面前说，朱、唐之争只是秀才争闲气的说法，但在叶适看来，却是王淮表里台谏，阴废正人。唐仲友之学含有程学的成分，已见第六讲所述，而非如王淮在孝宗面前所说，朱是程学、唐是苏学，不过两人也确有一些学问上的异见，概括而言，朱熹较偏重心性，而唐仲友较偏重经制。

林栗对朱熹的指斥是程学内部的纷争，则更清楚。林栗原本也崇尚程学，读过程颢、程颐语录，称周敦颐为"道学之懿"，其道"传于二程"。他与朱熹有书信往来，见其于乾道二年（1166）知江州时，为江州州学的周敦颐祠堂所写的祠堂记。不过他寄这篇记文给朱熹，朱熹读后却在写给汪应辰的信中，认为内容"害道"；他写信与朱熹论学，朱熹不同意其说法的也居多。淳熙十五年，朱熹新获任命为兵部郎官，而林栗这时已是兵部侍郎，往见朱熹论《易》与《西铭》不合，因而上疏奏劾朱熹。此外，林栗对于王安石也没有好评，在他上呈于淳熙十二年（1185）的《周易经传集解》中，虽然也有接受王安石（临川王氏）经说之处，但也对其经说及其可能影响有强烈的批评。例如一处在引用王安石经说之后说，"以文害辞，以辞害意者，难与言经矣"；另一处则在引用王安石的经说之后说，"呜呼，不几于一言而丧邦乎"，这已含有由经说而批评及于王安石施政之意。这种情形清楚地说明，林栗的劾奏朱熹，与王学、程学之间的壁垒无关。郑丙、陈贾和林栗先后以道学之名指斥朱熹，正是庆元年间伪学之禁的先声；而称道学为"伪"，已见于陈贾的奏疏之中。

到宋宁宗庆元、嘉泰年间，又有以道学之名打击程学后继者的伪学之禁，亦即庆元党禁。此事起于韩侂胄和赵汝愚之间

298

的政争。宋光宗内禅于宁宗，是韩侂胄、赵汝愚共同策划的结果，但宁宗即位后，两人发生权力冲突，韩侂胄先将担任宰相的赵汝愚排罢，然后就对赵汝愚所提拔的一群清望之士展开打击。这群清望之士以朱熹为首，其中有不少学宗二程。学禁的序幕开始于庆元元年（1195）七月，先由何澹上疏指斥专门之学短拙奸诈，主张宜录真去伪。他所谓的专门之学，从奏疏内容看，就是指道学，可是道学有真伪，所以要"录真去伪"。这年十二月，朱熹遭罢除焕章阁待制的侍从职务，而以秘阁修撰的职名守祠。由于先前朱熹曾一再请辞，所以诰词中有"大逊如慢，小逊如伪""顾尔务徇于名高，在我诅轻于爵驭"之语，无异于指其一再请辞是沽名钓誉的伪行。此后在庆元二年（1196）刘德秀、胡纮的奏疏中，都使用了"伪学"一词；这年十二月，就有沈继祖上疏弹劾朱熹，指其罪浮于少正卯的"言伪而辨，行僻而坚"，显然指朱熹之学就是伪学。朱熹随即遭落秘阁修撰的职名，并且罢祠，其门人蔡元定更受到编管道州的严厉处分。在这同时，知贡举叶翥等人奏论文弊，指伪学之魁鼓动天下，所以文风无法改变，请求将语录之类并行除毁。因而次年春天举行的省试，应试者文中稍涉义理均遭黜落，导致六经、《论语》、《孟子》、《中庸》、《大学》等书为业科举者所不敢读；然后又规定应举人缴纳家状，必须写明"委不是伪学"五字。庆元三年（1197）闰六月，刘三杰指伪学党变为逆党，次年四月又有姚愈建议将伪党之徒诏告天下，于是在五月诏告伪学逆党籍，共有宰执四人、待制以上十三人、余官三十一人、武臣三人、士人八人，朱熹、陈傅良、叶适、吕祖俭、杨简、袁燮、蔡元定等著名程学后继者均在内。诏书如此讲列入党籍诸人，"甚至窃附于元祐之诸贤，不思实类乎绍圣之奸党"，绍圣以绍述熙宁新政为号召，因而此一指责不只连带斥及绍圣年间章惇、蔡卞、蔡京诸人，也连带斥及王安石；至于元祐诸贤则为此诏所肯定，伪学诸人是窃附其名。

列名于伪学党籍中的黄度以及有程、朱之学渊源的真德秀两人，在嘉定元年（1208）的上疏中，都将韩侂胄对言论的钳制上溯到王安石。以之与上述情形并观，显然无论韩侂胄或程学后继者，都将对方比之为王安石。因此，在伪学之禁的过程中，尽管韩侂胄对所谓"伪学"的打击，也用了一些秦桧打击程学的用语，如"专门之学""伪"等，但已不具有秦桧当权时的王学与程学对立的色彩，而是清楚地显现出王安石身后政治声望的低落。

伪学之禁到庆元五年（1199）末略微宽弛。嘉泰二年（1202）追复列于党籍而尚仍在世的周必大、留正之官，其他党人仍活着的，也先后复官自便或典州郡宫观。朱熹已在前两年去世，原先已经致仕，于是予以华文阁待制的职名并给与致仕恩泽，学禁实际上已经趋向解除。但是朝廷一直没有发布解除学禁的诏令，所以到史弥远掌权的嘉定四年（1211）四月，刘爚仍然上言请罢伪学之诏，至十二月，李道传又提出同样的请求，但似乎都没有得到朝廷的回应。即使如此，仍然无碍于程学在嘉定年间的日益盛行。也就是在史弥远掌权期间，朝廷开始推崇程学。从嘉定二年（1209）开始，朱熹、张栻、吕祖谦、陆九渊、周敦颐、程颢、程颐、张载先后获得追谥；嘉定五年（1212），由于刘爚的建议，而将朱熹的《论语集注》《孟子集注》立于学官。宝庆二年（1226），陆九渊之兄陆九龄、门人沈焕、舒璘也获得赠官、追谥；次年，又追赠朱熹太师，封信国公。

史弥远尽管出身于一个以程学后继者为家庭教师的家庭，且在执政后推崇程学，却无法接受具有程学渊源的朝臣对朝政的批评，所以清代全祖望在《宋元学案》中说，元祐之学于"嘉定而后，阳崇之而阴摧之，而儒术亦渐衰矣"。这段话固然有全祖望本身的立场，但是如果对照真德秀、魏了翁以及其他一些程学后继者自嘉定到咸淳年间的际遇，应有助于了解这段历史。

　　自宋孝宗乾道、淳熙年间，已屡有官员建议撤除王安石父子在孔庙中的从祀，或主张代以二程，或主张代以范仲淹、司马光、欧阳修、苏轼，但均未获朝廷接受，仅在淳熙四年（1177）撤除王雱的从祀。嘉定四年，李道传也曾建议以周敦颐、邵雍、程颢、程颐、张载从祀；绍定末，李心传又建议以司马光、周敦颐、邵雍、张载、程颢、程颐、朱熹列于从祀。端平二年（1235）正月，李楅先提出以胡瑗、孙明复（孙复）、邵雍、欧阳修、周敦颐、苏轼、张载、程颢、程颐从祀的建议，徐侨继之而建议先祀周敦颐、程颢、程颐、张载、朱熹，同时废撤王安石的从祀。他清楚地说出废撤王安石从祀的理由，"王安石学术颇僻，至谓天命不足畏、祖宗不足法、人言不足恤，害政坏法，卒基靖康之祸"（徐侨《毅斋诗集别录》附《宋待制徐文清公家传》），在奉理宗之命与李楅商量后，李楅改请以周、程、张子取代王安石。尽管理宗已要求徐、李两人商议，但他们的建议并未立即付之实施。徐侨在此事中的角色，已见于学者的讨论；陈桱《通鉴续编》亦载，在李道传建议以周敦颐、邵雍、程颢、程颐、张载从祀之后，太常少卿徐侨与礼部尚书李楅"皆以为请，未及施行"，但将李道传上言时间误为庆元间，且未说明徐、李二人上言于何时。太常少卿与礼部尚书都主管礼乐祭祀，比起宁宗时提出建议的李道传，以及稍前提出建议的李心传分别担任著作郎、秘书郎，官职高得多，徐、李两人又兼侍读，与皇上有较多接触的机会。而理宗在宝庆三年（1227）追赠朱熹太师、封信国公的诏书中，已表示曾读朱熹注解的《论语》《中庸》《大学》《孟子》；端平年间，又先后受有程学渊源的侍读真德秀、徐侨、李楱的启导，李楱习于程学已久，所以理宗会考虑徐、李两人的建议。

由于撤废王安石在孔庙中从祀的请求，一直没有结果，所以魏了翁在端平三年（1236）有这样一首诗。《鹤山先生大全文集》卷六《江东漕使兄约游钟山分韵得泠字》：

> 连年饮建业，窬寐北山灵。三过又不入，风雨盲其程。一朝决会期，万籁不敢声。断潢卷夕潦，列巘浮帝青。因思山中人，昔日相熙宁。不知学何事，莽制为周经。群公成其辅，不悟宗康成。相承至章蔡，九州半膻腥。历年百七十，众寐未全醒。三经犹在校，从祀犹在庭。追惟祸之首，千古一涕零。大钧宵难问，山云水泠泠。

诗题中的"江东漕使兄"，是指魏了翁的同父同母兄高定子。两人父亲原本自魏家过继高家，改姓高，但魏了翁又因魏家无嗣而再回继魏家。前已述及的魏了翁《周礼折衷》为其门人税与权录载而成，朱彝尊《经义考》载有税与权的后序，引录了魏了翁此诗，并说明高定子当时为本道转运副使，游钟山时间在端平三年七月三日。"本道"即江南东路，转运使治所在建康府，高定子在端平元年（1234）四月以江南东路转运判官到任，到嘉熙元年（1237）正月去职，期间已升任转运副使。钟山亦即蒋山，在建康府东北，所以诗中称之为北山。"三过又不入"是魏了翁讲自己在端平二年十二月担任督视荆湖江淮军马、开府江州之后，曾三次路过建康府，应是停泊而未入，所以才会说"连年饮建业"；

次年四月因乞归田里而获祠禄，于是离开江州，七月至建康府，才有机会与高定子相聚，同登钟山。自"因思山中人，昔日相熙宁"以下，即为魏了翁对王安石的评论，主要在讲王安石对《周礼》的解释，采用了郑玄误解经文的说法，用为新法的依据，相沿至章惇、蔡京，于是有靖康之祸。然而直到魏了翁写诗时，上距王安石执政已一百七十年，人们仍未醒悟靖康之祸的祸首，其实源于熙宁年间的施行新法，以至于《三经新义》仍立于学官，王安石也仍在孔庙中列于从祀。魏了翁批评郑玄误解《周礼》经文而导致王安石祸天下，已见于上一讲对《周礼折衷》的讨论，税与权在《周礼折衷·后序》中也提到；"历年百七十"则应自熙宁二年（1069）王安石执政算起，至端平三年约近一百七十年。从这首诗可以看出，尽管朝廷已尊崇程学，宋理宗在端平二年也已对徐侨的建议有所指示，但直到次年七月，《三经新义》仍立于学官，王安石也仍列于从祀。如果比对徐侨和魏了翁对王安石的评论，可以看出他们同样把王安石的学术不正，视为靖康之祸的祸源。此一看法早见于宋室南渡前后，由追溯章、蔡绍述之政为祸国家的根源，而进一步论及王安石经说和新法的影响。

　　到了淳祐元年（1241）正月，宋理宗终于下诏以周敦颐、张载、程颢、程颐、朱熹从祀孔子庙庭，而罢除原有的王安石从祀；在这同时又亲书《白鹿洞书院揭示》赐太学诸生。这清楚地显示朝廷有意完全摆脱王安石在政治、教育上的影响力，而改以自北宋周、张、二程以至南宋朱熹所讲明的义理之学，为朝廷施政与学校教育的指导方针。朱熹既已列于从祀，陆九渊亦未受到漠视，同年十月，抚州金溪县进陆氏义居表，特别强调九韶、九龄、九渊兄弟讲论圣道；次年九月，朝廷以青田陆氏代有名儒，十世合爨，聚食逾千指，敕旌陆氏义门；淳祐六年（1246），又奉旨旌表其门闾。

罢除王安石从祀时，诏书中说明原因："王安石谓天命不足畏，祖宗不足法，人言不足恤，为万世罪人，岂宜从祀孔子？"这几句话正是采自徐侨在端平二年的建议。何以徐侨、李楘在端平二年的建议，要到五六年后的淳祐元年才付之实施？或许这并非宋理宗迁延不决，而是有现实的原因。自从端平入洛之役失败后，在端平、嘉熙年间，蒙古几次攻入南宋境内，甚至进至长江沿岸的江陵府、黄州、真州，并曾攻陷成都，大部分的四川一度陷没。在这种情况下，端平三年七月，方大琮在上疏中已指出，当时"亡之一字，惯熟于上下之口"；仓部郎官蔡节在这年九月进对时也说："天下之势，危若累卵。"吴潜从嘉熙元年至三年（1237—1239），连续上疏指陈当时国势的岌岌可危，甚至担心国家会走到有如北宋宣和末年那种气数已尽的地步。民间人士如张端义，则在其序于淳祐元年十二月的《贵耳集》卷上，忧心嘉熙二年（1238）四川既经鞑虏（蒙古）攻略残杀，且又往来不已，地气为之不毛，长江上流的建瓴之势已为其所得，万一顺江流而下，将如之何。国家已濒临如此困境，国事如麻，因此无暇立即处理徐、李之议。然而到嘉熙四年（1240）战事稍缓，以当前国运对照上引徐侨、魏了翁对王安石的评论，两人之议终于得以在淳祐元年正月付之实施时，孔子庙庭里又岂能再供奉背负靖康之难祸源恶名的王安石？

二、南宋晚期官私学校中程学与举业课程的并存

即使在魏了翁写下"三经犹在校，从祀犹在庭"的诗句之

前，程学早已在嘉定年间见于学校的讲授，继之而成为习举业的士人所必须具备的知识。嘉定初年，已经可以看到无论中央的太学或地方的州学，都有二程、朱熹学说教学或传布的实例，官设书院与民间书院的情形则更明显。而官学或书院的程学教学，也很快就走向与科举考试相结合。在南宋中期以后，"书院"一词已经成为州县学以外许多教育设施的泛称，在官设书院之外，许多由家族或主持者所建的家塾、私塾、义学以书院为名，一些城市里的教书先生，为了谋生，向他人租赁房舍，用之于教学的学馆也被称为书院。官学的教学固然向来与举业结合，学中所教就是官府所认为学生应该具备的知识，到科举考试时验收成果。即使是书院，无论当初设置的目标为何，也都难以摆脱与举业的关系，若是排斥举业，就不易收到学生。书院不排斥举业，即使是程学后继者教学或兴复的书院，也是如此。

在南宋中期，张栻在潭州岳麓书院讲学，朱熹在南康军兴复白鹿洞书院，都已是如此。对于张栻来说，岳麓书院期望学生不应只认为求学的目的是"为决科利禄计"，而应在经过教育的培养，学得圣人所传以仁为心之道以后，能志在将来成为"传斯道以济斯民"的人才，不会在意"约居屏处"；但如果能登科出仕，"得时行道，事业满天下"，也能体认到名位是外来之物，"何加于我哉"。

朱熹对于白鹿洞书院学生也有类似的期望，他在书院招收学生的告示中表示，士人"讲学修身，以待上之选择者"，不应自认只是"止于记诵，缀缉无根之语，足以应有司一旦之求"，也就是在书院中讲学修身，仍然有应考科举的需要，亦即"以待上之选择"，但不应为了"应有司一旦之求"，而仅止于记诵、接合一些并非深植于心中的片言只语。所以他才会请陆九渊到书院来讲义、利之辨；陆九渊所讲，清楚地显示出书院的学生有应举的问题在。他指出，应举是士人无法避免之事，重要的是个人的心中是否能明辨义、利。若是内心沉溺于举业而无法自拔，即使终日所读的是圣贤之书，而其志之所向已与圣贤相背驰；若能专志于义，持续以之自勉，为之下博学、审问、谨思、笃行的工夫，到应考时，定能将心中平日积蕴的圣人之学发而为场屋之文，出仕之后，也定能存心为国为民，勤勉于自己的职事，而不会去谋求身家之利。

岳麓书院和白鹿洞书院都是官设书院，其他各种类型的民间书院，受到程学日益兴盛的影响，义理之学与科举考试结合的情形也已经存在。嘉定年间以后，朝廷开始尊崇程学，如上所言，程学课程也开始在官学和各类型的书院中推广，程学及其后继者的著作陆续由朝廷指定为官学教材，各类书院除非其原本就讲授程学，也会追随。学校中既已讲授这些教材，这些教材到了举行科举考试时，其内容很自然就成为考官出题的重要素材；到了考官批阅试卷时，也很自然就以之为评定等第的重要依据。在这种情况下，程学在学校中的讲授很快地就与举业相结合，很多学生甚至只是为了应考而去读二程、朱熹以及其他相关论著，而不视之为义理甚至性命之学，既不求确切了解，更不以之养成自己的品德与器识，并付之实践。这种情形，嘉定年间才刚过不久，就有人指出。魏了翁在上于宝庆二年（1225）的一封奏疏中说，具有小慧纤能的学生，仅能揣摩、剽窃经解、语录，以应考试之用，而不在意自己的文词浅薄、名节隳失，之所以会如此，是由于自其开始求学起，父兄所开导，子弟所课习，不过用以哗众取宠，"惟官资宫室妻妾是计尔"。魏了翁讲的是从嘉定年间以来的情形，他所面对的这个问题，正反映出程学教学与举业的结合在嘉定年间就已经存在。

自魏了翁于宝庆二年指出上述现象的十余年后，王安石从祀的身份在淳祐元年已经撤除，《三经新义》在此之前在官学大概已难见教读，自此更不再是官订的学校教材。官学与各类书院在教学上以程学与举业相结合，也恰好在这之后有一些比较具体的记载留存，可供参考。

以官学与官设书院而言，可以注意的是，有些州郡，官学与官设书院的课程是相同的，但也未必每一州郡都是如此。徐元杰在淳祐元年任南剑州知州，在任内发布了一篇《延平郡学及书院、诸学榜》，收录于他的文集《楳埜集》卷十一。从这篇榜文可以得知，不仅南剑州的延平书院和州学的课程相同，而且此一课程应该也行用于南剑州辖下各县的县学。在这篇榜文之末，附有"士友所当习之业"，并以之"为日习常式"，除最后一项无关课程外，其他各项如下：

> 一、早上文公四书，轮日自为常程。先《大学》，次《论语》，次《孟子》，次《中庸》。六经之书，随其所已读，取训释与经解参看。
>
> 一、早饭后，编类文字，或聚会讲贯。
>
> 一、午后，本经、论、策，轮日自为常程。
>
> 一、晚读《通鉴纲目》，须每日为课程，记其所读起止。前书皆然。
>
> 一、每月三课，上旬本经，中旬论，下旬策。课册待索上看，佳者供赏。

此一课程包含了两大部分，一是针对科举考试的需要，研读与讨论的部分；一是针对科举考试的需要，习作与课试的部分。研读的书籍主要有四书、六经。《四书》用的应该是朱熹所编撰的《四书或问》和《四书章句集注》，之所以依序读《大学》《论语》《孟子》《中庸》，这也是遵依朱熹在《四书或问》中所认为适当的顺序。《通鉴纲目》是朱熹的著作，以纲目体记载自古代至北宋建国前的史事。至于"编类文字"，则应指学生在研读之后作读书笔记，或写作心得，或摘录要旨，或抄录相关资料，并分类编集成册，以供日后参考。习作与课试的部分中，本经、论、策都是科举会考的项目，其中"本经"是指考生所选考的经书，如《春秋》《礼记》等。

可以看出，程学后继者朱熹的著作，是重要的研读对象。在《四书或问》和《四书章句集注》中，朱熹均不断引"程子"或"程氏"之言，即程颐之言，为朱熹学说之所出；在《四书章句集注·大学章句序》中说，"于是河南程氏两夫子出，而有以接乎孟氏之传"，对程颢、程颐可以说是推崇备至；在《四书或问·中庸或问》中则有一处言及"程氏明道夫子"，以"明道夫子"称程颢，也是礼敬之语。二程未有论史的著作，但在《通鉴纲目》中，朱熹仍有若干处引"程子"之言或"程氏传"，"程氏传"应该是程颐的经说。四书与《通鉴纲目》在科举考试中并未自成一个项目，要求学生研读，除了由于四书中的《大学》与《中庸》都是《礼记》中的篇章，而《礼记》是经书中可以选考的一部之外，主要是在写论、策时，可以引用或发挥，书中所引用的二程学说，或朱熹自己的说法，成为在考试时写论、策的思考重要依据。

南剑州之外，潮州州学与两所官设书院的课程也相同。淳祐年间，潮州先后创立了两所官设书院，一所是韩山书院，创于淳祐三年（1243）；另一所是元公书院，创于淳祐九年（1249）。两所书院的事迹均见于《永乐大典》卷五三四三"潮州府"篇引《三阳志》，这是修于元代的潮州方志。这两所书院的山长都由潮州州学教授兼任，也因此教学、课试的方式都和州学相同。韩山书院是"春、秋二试则用《四书讲义》，堂计、斋职以分数升黜，一如郡庠学规式"。《四书讲义》显示了重视程、朱学说的学习。此一教学重心自创始时已是如此，到两年后的淳祐五年（1245），陈圭出知潮州，他是陈宓的嫡嗣，而陈宓少年时代伴随父亲陈俊卿住在家乡莆田，曾在家中陪侍父亲见过来访的朱熹，后来又从学于朱熹弟子黄榦，深研二程、朱熹之学，并致力于宣扬。有这段家庭背景，陈圭继续推进韩山书院以教学、课试来讲明程学。他在春、秋课试亲自命题，"讲明四书及濂、洛诸老议论，以示正学之标的"，并且拨款购置朱熹所著书，充实书庄，"与士友共切劘之"，并将其父亲陈宓所著《仁说》刊刻于其两边壁上，"以广诸生之见闻"。

　　元公书院与潮州州学毗邻，是当时的知州周梅叟为纪念其祖上周敦颐，曾在北宋熙宁年间以广东提点刑狱的身份，巡历至潮州而设的。书院内有周敦颐的祠堂，"合二程、横渠、朱文公"而祀奉，"以道学渊源，濂溪倡之，诸贤和之也"。这所书院山长也是由州学教授担任，对于学生的期望则是"矜佩来游，盖为讲明义理之学，非徒肆举子业，攫科第、媒利禄计"。讲明义理之学显然有如韩山书院，是这所书院教学的重心；"非徒肆举子业"，只是说不能只为举子业而读书，并非就完全不事科举，所以一如韩山书院，也仍然有课试。而其讲说、课试也如同韩山书院，是一如州学的学规；春、秋二试则和韩山书院"同日异题"。潮州州学、韩山书院、元公书院三所学校之间的关系密切，于此可见。

至于也是始设于淳祐九年的建康府明道书院，与建康府学的关系如何，不得而知。这所书院是为纪念程颢而设的。由于程颢曾任建康府上元县主簿，并摄县事，所以绍熙年间的上元县主簿赵师秀于主簿厅西偏绘像祠奉，到嘉定八年（1215）主簿危和又请示知府刘榘，于主簿厅之左获地改建新祠。嘉定八年改建时，可能已有于此处从事教学活动的想法，所以真德秀应危和之请，为之撰写记文时，以《明道先生书堂记》为名，于记文之末讲到危和将这篇记文"刻置堂上，以示来游斯者"。到淳祐九年，知府吴渊才将明道书堂扩建为明道书院，聘名儒为山长，招收有志于学之士来共学，"仿白鹿洞规，以程讲课"。书院中有春风堂，是会讲之所，所以取"春风"为堂名，与程颢有关；门人朱光庭到汝州去见他，回来对人说，我在春风中坐了一个月。又有主敬堂，是会食、会茶之所，程颢、程颐都讲"主敬"，但以程颐为主，其说为朱熹所继承。春风堂和主敬堂都是在嘉定八年改建时就已经构筑，不过主敬堂在当时名为主敬斋。

具有这样背景与环境的一所书院，在教学上以程学为重心，应该是理所当然的。在书院初开课时，知府吴渊对书院师生先讲演了两次，两篇讲词载于《景定建康志》卷二十九《儒学志二·建明道书院》。这两次讲演，一次是讲《大学》，一次是讲《中庸》，主旨就在于解释《大学》《中庸》所传达的道理，说明其对个人、家庭、社会、国家的必要性。他在讲《大学》时，比较了程颢和也曾住在上元县的王安石两人学术的差异，指出程氏"先之以《大学》遗言"，是见于经籍的古训，可以实施，"贯百王而不易，历万世而无弊"；而王氏则仗恃其强明，变乱旧章，讲《三经新义》，推行新法，废弃元老，代之以新进少年，"不务自明其德，一切取办于新政，欲图新民之功"，结果是"学术一差，天地分裂"，中原板荡至今百余年，王安石等人不得不任其责。在讲《中庸》时，指出子思"明尧、舜、禹、汤、文、武、周公、仲尼之道"，是不外乎《中庸》，而孟子讲性善，是得之于子思之《中庸》；并举出自孟子以后，荀子讲性恶，扬雄讲性善恶混，韩愈讲性有上、中、下三品，都是昧于《中庸》之说。等到程颢讲"论性不论气，不备；论气不论性，不明；二之则不是"，才重振性善之说。所谓"二之则不是"，是说不宜将性、气二者加以割离。吴渊认为，程颢此语"发明性理，有功于人心、有补于世教"，自孟子讲性善之后，惟有"程子一人而已"。

吴渊之所以会如此说，应是得之朱熹对程颢之言的进一步阐释。朱熹综合二程、张载的相关论说，并补充以自己的看法，对程颢这几句话加以说明。他对这几句话的阐释，可以这样扼要地说明于下文。性与气虽然分开来讲，但两者是不可以分割的，这是由于性必须寄寓于气之中始能存在，不可能脱离气而另存。性即理，理是天地所共有的，天地之理也可以称为天地之性；性则是人、物个别所有的，人性与物性有别，各种物的性也有所不同，每个人的性一样有所差异。天地之理就如同个别的人、物之性一样，寓存于由阴、阳构成的天地之气才能存在。人、物之有形体，是得之于天地之气，当人、物受天地之气而生，也各具有不同的气禀。天地之理或天地之性是《中庸》所说的"天下之大本"或"天下之达道"，因此是理想的，并无不善；但是当其经由天地之气而落于形体，成为个别人、物的气禀时，就由于天地之气中的阴、阳是处在一个彼此相倾相侧的动态过程中，而形成个别的昏、明、厚、薄等差异；就人而论，则是有互不相同的各种才智、能力、品德、性情等偏向。程颢这几句话的重要性，就是使得二程得以分出极本穷源之性和气质之性两者的分别，于是性之所以会有不善，那是由于气质之性的缘故；至于极本穷源之性，亦即是天地之性或天地之理，则并无不善。不仅如此，即使气质之性有不善之处，也可以经由后天的努力，下省察、涵养、矫揉、克治、反本等工夫以求改进，达成变化气质，以复性之本。而以后天的努力，来改进自己的气质之性。这也就是《中庸》所说"或生而知之，或学而知之，或困而知之"中，"学而知之""困而知之"的工夫，因"学"或"困"而下工夫后，"及其知之"后，与生而知之并无不同；或是在"博学之、审问之、慎思之、明辨之、笃行之"的过程中，以"人一能之，己百之；人十能之，己千之"的工夫，以过人的努力达成困知勉行的目的。由于极本穷源之性即理，并无不善，而气质之性即使有不善，众人都可以经由后天的努力变化气质，复性之本；即使是下愚，也可以学，并无"不移"之理，除非自暴或自弃。这使得荀子、扬雄和韩愈的说法，都难以再成立，从而强力地支持了孟子所主张的性善。这也就是吴渊何以会本于朱熹对二程的评价，指出自孟子倡言性善之后，能"发明性理"而"有功于人心，有补于世教"，惟有"程子一人而已"的缘由。

吴渊这两次演讲，讲题分别是《大学》与《中庸》，而在讲词中，又分别言及两篇古籍与程颢或二程的关系；《大学》《中庸》或言及教，或言及学，他在讲《中庸》时，所论及的程颢之语"论性不论气，不备；论气不论性，不明；二之则不是"，如果深研，又蕴含有尽心于学习，有助于变化气质的重要意义；在讲《大学》时，他明白地指出，"知王氏之学为非，然后知程子之学为是……学者亦审其是而已矣。知乎此，则庶几不畔程子之教而可与入《大学》之道"。吴渊的演讲，在说明朝廷黜王学、兴程学政策的同时，显然有意要宣示明道书院的教学，是以讲明程学为宗旨，并鼓励师生用心于教与学。但是在当时的环境里，士人求学却多带有应考科举以求仕进之心，于是即使在明道书院，教学也就不得不与举业相结合。

《景定建康志》载有明道书院初设时所立的规程，共有十一条，从这些条文，可以了解这所书院对先圣先师的礼敬，对于生员德业与行为规范的重视，对于生员的习业亦未忽略。然而在生员所习之业中，举业却占有一个不算轻的分量。规程中与生员习业方式有关的，主要有以下两条：

> 一、每旬山长入堂会集职事、生员，授讲签，讲、覆讲如规；三、八讲经，一、六讲史，并书于讲簿。
>
> 一、每月三课，上旬经疑，中旬史疑，下旬举业（以孟、仲、季月分本经、论、策三场）。文理优者传斋，书德业簿。

前一条中的职事、生员，应分别是兼书院职事的职事生员与未兼书院职事的一般生员，因为讲经、史不会只有少数的兼职事的生员参加，多数未兼职事的生员不参加。规程另有一条，规定请假时间限三个月，如果逾期，"职事差替，生员不复再参"，相对照之下，规程各条中的"职事生员"，应分之为"职事""生员"来讲，更加清楚。山长每十天一次，亲自主持讲经、史，以抽签的方式挑选生员讲解，用意当在于他要从讲者的讲述中，观察他们对经、史的了解程度，以便自己能够掌握生员学习的情形。后一条则说明生员的习业，以每一个月的上、中、下三旬，分成经疑、史疑和举业三种不同的内容。经疑、史疑当是生员就有关经、史的问题，针对题目，撰文述说己见；举业则是训练及测试生员考科举考试的能力，本经、论、策都会在科举考试中考到。在时间上，举业之课要占一个月的三分之一；其实即使是经疑、史疑之课，既加强了生员对经、史的认识，也增进了他们的写作能力，对举业来说，也不会没有帮助。

前文言及，明道书院标榜"仿白鹿洞规，以程讲课"，这是否确实符合"白鹿洞规"，还有待讨论。一般所认为的白鹿洞书院学规，是朱熹所撰的《白鹿洞书院揭示》。在这篇揭示中，并没有"以程讲课"的说明，而是汲取"古昔圣贤所以教人为学之意，莫非使之讲明义理以修其身，然后推己及人"的理想，列出五教之目，为学之序，修身、处事以及接物之要，与在学者"相与讲明遵守"。除此之外，在这篇揭示中，朱熹还表示他不认同"徒欲其务记览、为词章，以钓声名、取利禄"的教学方式，这是针对当时学校纯粹以应考科举为目标的教学方式而说的；朱熹也认为在学者如果是有志之士，应当对载于经籍中的古圣人教人之法，经过"熟读深思而问辨之"而"知其理之当然"后，应"责其身以必然"，自会"有所持循"，若能如此，又何必有"规矩禁防之具"，这是指针对当时学校的学规而说的。实际上不仅朱熹的弟子如黄榦、陈文蔚等称《白鹿洞书院揭示》为学规，连朱熹自己在一次与学生的谈话中，也称之为学规。然而无论是以生员应考科举为重心的教学，或是对生员不妥行为加以防禁的规条，都见于建康府明道书院初设时所定的规矩中。这种情形，应是时代与环境变迁所致。

民间书院原本就以教授举业为重心，到义理之学为官府所崇尚，为科举考试评定等第的重要参考标准后，其教学也随之与举业相结合。信州永丰县有一所龙山书院，为当地人黄惟直所建，以在地方上教乡人子弟为业。黄惟直应考科举却屡不志，于是慨然决定在自己的田地上建义塾，聚英才以教育之。义塾建成于嘉定十四年（1221），他又捐产业之半来供给经费。这所义塾以龙山书院为名，课试完全仿照州县学，讲授由黄惟直自己担任，春、秋二季的考试则礼请县丞或乡人之中第者来评定。此后其族子黄从龙首先于嘉定十六年（1223）登第，自此"举于有司者前后相望"，显然举业是这所书院教学的主要方向。真德秀大约在宝庆三年（1228）应约为之作《龙山书院记》，在记文中已经提出这样的问题：这所义塾教学的目的，"如曰辞艺而已尔，科级而已尔"，郡县有学，难道还不够，何必多此冗赘？因而期望黄惟直能"推本圣贤所以教者"，也就是孔、颜、曾、子思、孟相授受的成德之方，如博文约礼、明善诚身、格物诚意、致知以为智、力行以为仁，"与学者共讲焉"。

黄惟直应该是听进了真德秀的话，到端平元年（1234），龙山书院请到朱熹的弟子陈文蔚来讲课。陈文蔚讲授内容尚存的，有一篇《龙山书院讲义》（陈文蔚《克斋集》卷八）。在这篇讲义中，陈文蔚有几句关于龙山书院的话，"龙山主人捐私帑，开黉舍，买田以为粮，延师以授业，招徕四方之英隽，以成就人才为己任，真美意也"，可见这时龙山书院的教学，已经不是由"龙山主人"黄惟直亲自担任，而是"延师以授业"；就读于书院的学生，也不仅是乡人子弟，而大为"四方之英隽"，所以陈文蔚在接下来的话中，会讲"诸君不辞担簦负笈之劳，群然来集，亦既贤矣"，之所以会有从各地而来的学生，或即由于龙山书院自外延请来了一些在学问上的造诣为人所知的学者，前来讲学，使得龙山书院的名声播于外。若是如此，那么陈文蔚或许不是龙山书院首位来自外地、讲授义理之学的学者，在他之前，或许书院可能已经有相关的课程，同样由来自外地的学者讲授。龙山书院所以能够邀请到如陈文蔚这样出自朱熹之门的学者来授课，应与前述登嘉定十六年进士第的黄惟直族子黄从龙有关。据《嘉靖广信府志》的记载，黄从龙"少从真西山、赵章泉、曾云巢、陈克斋游"，真西山是真德秀，赵章泉是以诗闻名的赵蕃，曾云巢是以书画闻名的曾三异，陈克斋则是陈文蔚。这四人或出自朱熹之门，或曾受业于朱熹的弟子，或曾与朱熹通信，因此对程朱之学都应该有所认识。陈文蔚来龙山书院讲学，很可能就由于他与黄从龙有师生的关系；嘉定十四年龙山书院初创，首先帮黄惟直往邀真德秀写记文的，也是黄从龙。其他来过龙山书院讲学的学者有些什么人，无法知晓，但应该可以认为，义理之学在龙山书院的讲授自从真德秀写成《龙山书院记》之后不久就开始，到端平元年，已经有好几年的时间了。

见于这篇讲义的陈文蔚讲学要旨，是《大学》一篇的要义，并据之以劝告学生，应了解在当时科第为士人所竞相追求的社会环境里，学习义理之学应采取的正确态度。他首先指出，古人为学期于有用，而非从事于记诵、词章这类枝微末节，而为学的次第、纲目，则具备于《大学》一篇。他进一步说明，此篇所讲，极其功效而言，必至于齐家、治国、平天下；而其精要，则不外乎致知、格物。他再分析致知、格物之所以精要，在于天下之物莫不有理，己心之灵所以会蔽于私欲，是由于物之不格，导致理不能穷；若理不能穷心虽至灵，也会为私欲所蔽；由于心为私欲所蔽，所以知有所不至。知既有所不至，虽然修身是当然之事，亦不能反观而洞照，于是身不能修。身若不能修，则家不能齐，何况是治国、平天下。总结陈文蔚对《大学》要旨的阐发，他是以心是否为私欲所蔽，为是否能完成格物、致知、诚意、正心、修身程序的根本因素。如果心为私欲所蔽，则修身的工夫不过是虚言，往后的几个明明德程序就更不用谈。接着陈文蔚所讲，转向了现实的科第问题，他先告诫学生，在科举取士而经籍、词章获得崇尚的环境里，如果习经学只是徒务记诵，习词章只是徒事藻绘，这不过是以之取求利禄，岂能致君泽民以开太平之路？然后勉励他们说，"从事于古人为己之学，格物致知、正心修身，志在天下而不私于一己"，将来才会有光明辉煌的前程。

所谓"古人为己之学"，出自《论语·学而》所载孔子所讲的"古之学者为己，今之学者为人"。二程、朱熹都讨论过这句话，程颐释此句为"须先为己，方能及人，初学只是为己"，又释之为"为己，欲得之于己也；为人，欲见知于人也"，此二说均为朱熹所引据而予以补充。至于程颢释"为己"为"在己"，则当如同程颐所说"欲得之于己"，有为学既在于己，得之也在于己的意思。在陈文蔚讲义最后勉励学生的一段话中，"为己之学"当指修身，若己心能不为私欲所蔽，而依程序完成格物、致知、诚意、正心、修身的为学工夫，然后才能推己及人，进而达于明明德于家、国、天下，这也就是在他这段话之末，之所以要讲"志在天下而不私于一己"的理由；如果读先儒之书而只是用之于求登科仕进，则是程颐所说的"欲见知于人"，而无关乎自己的身心。陈文蔚这篇讲义，清楚地显示了在科举考试与程学结合之后，所造成的士人读书态度问题，亦即不少士人在研读程学时并非诚心地为了己身的实践而学习，只是希望有朝一日在科举考试中引用其中的语句，借之以取得考官的青睐，因而登第。正如魏了翁在宝庆二年（1226）上疏中，对见于嘉定以来现象所批评，"其有小慧纤能者，仅于经解语录，诸生揣摩剽窃，以应时用，文词浮浅，名节隳顿"。

另一个记载较详明而可以讨论的例子，是婺州东阳县的横城义塾，横城是东阳县城南二十五里的一个地名。宋、元间此一义塾的事迹，至少见于方逢辰《横域义塾序》（按："域"当为"城"之误）（方逢辰《蛟峰文集》卷四）、方逢辰《横城义塾记》（《道光东阳县志》卷十《学校·附书院义塾》）、黄溍《远怀亭记》（黄溍《金华黄先生文集》卷十五《续稿十二》）。方逢辰二文所记均限于宋代，黄溍《远怀亭记》所记则跨越宋、元。以下以这几篇记文、序文为基础，并参考其他相关资料及学者的研究成果，讨论南宋末年此一义塾的教学特色。

横城义塾为横城人蒋沐于景定元年（1260）所创。他的父亲蒋天麟在世时，尽心于勖勉家中子弟向学，为之择师；并且有志于设立学塾，让乡人子弟都有机会受良好的教育，但未及于生前有所作为。蒋沐有才干，继承先志，于住家之西建屋多间为塾，会讲的讲堂、住宿的寝室、习业的斋庐、学职所居的直舍，以及炊事所需的庖廪，无不具备，并且捐出田租万缗为经费，显然有相当规模。所以方逢辰在《横城义塾记》说蒋沐"创义塾，招贤师，与一乡之士共之；犹以为未大也，阖一郡之士皆在焉；犹以为未大也，阖邻郡之士皆在焉"。横城义塾创办之后，蒋沐首先延请来主持教学的"贤师"。不仅如此，横城义塾的教学方向也为他所确立，为后继的几位教学主持者所遵循。方逢辰是严州淳安县人，严州在浙西，婺州在浙东，但两州毗邻。他原名梦魁，于淳祐十年（1250）以首登第，获皇帝赐名为逢辰。他自少年时代即研习父亲方镕所传授的程、朱之学，即使登第出仕，仍然以一位学者而知名；《宋元学案·北山四先生学案》列有方镕与方逢辰之名，称"奉直方先生镕"为"朱学续传"，而"尚书方蛟峰先生逢辰"则为"奉直家学"。当横城义塾创办时，方逢辰正由于在朝遭人诬陷而去职，家居在乡，应聘于景定二年（1261）春天前往执教；为蒋沐邀请之来任教的，应该是在稍前因事去职的东阳人国子博士徐庚金。

结合起几种相关的记载来观察，可以比较具体地了解横城义塾的塾规。方逢辰为横城义塾所确立的教学方向，扼要地讲，应该是见于其《横域（城）义塾序》中的这段文字，"与塾主相与订正所以为教之条目，一旬之中，以九日读书，讲明义理，而以一日为科举业，条画具行之"，也就是着重于读书以讲明义理，习举业的时间并不多。过了一个月，蒋沐又请方逢辰将其所条画者载之于册，以便恪守，这就成为横城义塾的塾规。在《横城义塾记》中，方逢辰对于他所条画的塾规有稍详的说明：

> 一旬以九日读圣贤书，讲明穷理、正心、修己、治人之道，以一日习科举业，可谓本末兼该也。凡入塾者不限其来，而始入也为陪供生，考其德业而升行供生，可谓教养有节也。若夫起居出入有度，登降揖逊有数，周旋游息有矩，条目纤细备具。斩斩截截，有郡县学之所无者。

教学的基本方向就如在《横域（城）义塾序》中所讲的一样，不过所读之书清楚地说明是"圣贤书"，所讲明的义理也清楚地说明是"穷理、正心、修己、治人之道"，"穷理、正心"之后既然进而要"修己、治人"，则此道既经讲明，还要求其躬行实践。除讲到基本的教学方向之外，还讲到一些对学生的要求。例如对于学生的入学，并无限制，初入学者称为陪供生，在学一段时间，如果通过德行、学业的考察，就升为行供生；又如对于学生的起居出入、登降揖逊、周旋游息，也都有所规定。在黄潜的

《远怀亭记》中，对于方逢辰所记又有所补充，亦即"其立教先德行而后文艺，凡所揭示，一本于先儒，月书季考，具有程式"。"立教先德行而后文艺"，应是指教学方向以讲明义理而能躬行实践为重心，"后文艺"的"文艺"，所指应是科举考试时所撰写的时文；"凡所揭示，一本于先儒"的"先儒"应是指朱熹，朱熹的《白鹿洞书院揭示》在其内；"月书季考，具有程式"则说明对学生的学业有具体的考察方式，有如官学中定期的"月书季考"，评定并登录其优劣，以之为奖惩的依据。

更详细的横城义塾塾规，是载于《东阳横城蒋氏重修宗谱》中，题为蒋沐撰的《义塾纲纪》。此《义塾纲纪》，即方逢辰与横城义塾主人蒋沐商议条画，并因蒋沐之请，由方逢辰详书于册，以便恪守的横城义塾塾规。宗谱原书未见，但晚近的《东阳市志》载有《义塾纲纪》部分条目的摘录，学者对这篇《纲纪》也已依据宗谱所载而加以讨论，可以由此而略窥这篇《纲纪》的若干内容。《义塾纲纪》共列有横城义塾的要务，条目包括月程、日程、礼节、举业、职事、诸斋、公堂揭示、东序揭示、西序揭示、学规、簿籍、经费、日膳、斋用、行食、胥徒等十六则，其内容可以用来对证、解释并补充上述方逢辰和黄溍所记横城义塾的教学方式和学生事务。

先就教学方式而言。一如方逢辰所记，这所义塾教学的基本方向，是讲明义理，《纲纪》的"月程"一项，也有"每旬以九日读书，讲明义理，以一日习举业"的文字。讲明义理要"读圣贤书"，在《纲纪》中所言及的"圣贤书"，据学者所举，有四书、五经、周敦颐的《太极图说》及《通书》、张载的《西铭》、朱熹和吕祖谦合撰的《近思录》，还有伊洛诸儒的著述。"伊洛"诸儒主要是指二程。四书、五经虽然是古籍，但包括《论语》

《孟子》《大学》《中庸》在内的四书，是到朱熹才有的组合，而程颐和朱熹，都曾对四书、五经中的若干古籍加以注释。由于程学在当时科举考试中已扮演举足轻重的角色，评定等第的考官注重试卷中所表现的程学修养，所以阅读这些书籍，不仅为了讲明义理，也有助于举业。

　　然而"讲明义理"既是"讲明穷理、正心、修己、治人之道"，目的在躬行实践，而非个人在举业上的成就，所以在《纲纪》中有"公堂揭示""东序揭示""西序揭示"等项。这三项分别言及在公堂的墙上表之以朱熹的《白鹿洞书院揭示》，在堂下的东、西序，亦即东侧与西侧的墙上，表之以朱熹所增损的吕大钧《蓝田吕氏乡约》。吕大钧初学于张载，卒业于二程，《乡约》撰于熙宁九年（1076）。朱熹在《白鹿洞书院揭示》所列学习"五教之目"所需的"为学之序"，前四项的博学、审问、谨思、明辨是"所以穷理"，最后一项就是"笃行之"，而所笃行之事，则是在"为学之序"后所列的"修身之要""处事之要"和"接物之要"。他在《揭示》中又指出圣贤之所以教人为学之意，是"莫非使之讲明义理，以修其身，然后推以及人，非徒欲其务记览，为词章，以钓声名、取利禄而已也"，所强调的也是躬行实践。吕大钧所撰的《乡约》，内容即是入约者互相勉励在行为上的劝善改过，以求达到"里仁为美"的理想。

　　教学方向之外，《纲纪》在"月程""日程"两项中，都言及具体的教学方式。在"月程"中言及"每月望日点请职事一人讲书"，"望日"即十五日，学职则主要应是掌理教导的学长和学谕，这是每个月只有一次的师长讲课。见于"日程"的相关事宜则较详细。学生在每日清晨，听到鼓声之后起床，齐集于公堂上会揖后，由职司教导的学长、辅佐学长的学谕，签选三名学生，持前一天所读的经书，各随所见，详解大义。会讲结束后，学生回斋舍肄业，课程由各人自订。午后是小课，隔日读史评、习作论说与策略，有时也会间隔以习作赋。晚间听见鼓声再齐集于公堂，学长、学谕再签选三名学生，以隔日所读史书，持书略说大义一遍；晚间的会讲结束后，学生如同早晨一样，返回斋舍自习，课程也是自订。早晨和晚间的会讲，在学生讲说之后，都由学长、学谕就其所讲，视其通否而加以导正，其他学生持书而听，有疑问则提出来问，也可以自抒己见；就此而言，无论读经、读史，都应该有预先拟定好的进度，可能是和每月望日的学职讲书互相配合，这样会讲的施行才会比较顺利。晚间自习则结束于公堂上的击鼓声，这时学生才能就寝。可以看出，学生的学习以自学和讨论为主；师长的指导，除每月一次的学职讲书之外，则在讨论课时视学生的学习状况而进行。

为了检测学生的学习成果，还有课试。课试在每旬的第三日举行，上旬、中旬考本经，下旬考论、策；课试分为堂试与拟试。堂试的阅卷就用答题的“课册”，不另行誊录，但是要先由答题者自行弥封，然后由塾中司管学务的人员编号、用印，阅卷者无法得知答题者的姓名。拟试则包括誊录、弥封、编号、用印等诸项程序一应俱备，答题的时间是一整天，可以到次日清晨鸣鼓前为止。学者认为，所谓堂试是一般课业测试，拟试则是仿拟科举考试的方式进行。所谓每旬以一日习举业，应是指每旬以一日用于课试而言。但是在其他九日中，无论是习经、习史、习论、习策、习赋，其实都有助于举业。习经、史与习论、策固不待言，而之所以会有习赋的课程，即是由于当时科举考试主要分为经义、诗赋两科，考生可以自选一科应考。横城义塾以讲明义理为宗旨，经义固然是必习，可是在当时的科举考试中，选考诗赋科的考生却比较多，横城义塾应该考虑到学生在这方面的需要。不过考经义科的考生可以不必求写作诗赋的精进，考诗赋的考生却不能不了解经义，因为在写作论、策时，可以据之以发挥己见，所以即使是习诗赋的考生，就读于横城义塾这类重视经义教学的学塾，同样可以获益。

从教学方向和教学方式，可以延伸而讨论《纲纪》中的学生事务。由于教学方向着重于讲明义理以求躬行实践，所以《纲纪》有若干内容与学生的日常行为有关。例如在"礼节"一项中，讲到"诸生以义行礼，逊为先，文艺次之"，这是要求学生见面互揖行礼，最重要的是要能以逊让存心，而把举业之争置之于后，这里的"文艺"是指科举考试时所写的时文，前文已经言及；所以说"以义行礼"，如果从"正其谊不谋其利"这一句话看，可以认为"以义行礼"的"义"也就是"谊"，指的是同塾共学之谊。在"日程"一项中，讲到学生清晨起床后，要"升堂会揖"，可知他们至少在每日一早相聚见面时，会有一次彼此相揖行礼。相揖行礼要心存逊让，是本于《论语》所载孔子之言："君子无所争，必也射乎。揖让而升，下而饮，其争也君子。"《纲纪》又有"学规"一项，规定了若干行为的处罚，之所以要处罚，是由于这些行为都有亏德行。如"悖慢师长、酗、博、斗殴，摈之；秽言毁訾、聚众非僻，罚三直；笑语喧哗、出入不告、参假违期，罚三直；会揖不至、司日不职、司膳不职，罚一直"。其中最严重的处罚是开除，亦即摈出义塾；悖慢师长、酗酒、赌博、斗殴都遭到严禁，学生如有这类行为，便要遭受开除的严厉处罚。其他行为，则会受到从"罚三直"到"罚一直"不等的处罚。所谓"罚三直""罚一直"应指罚钱，"罚三直"比"罚一直"来得重。"司日""司膳"据学者的说明，都是学生所兼的学职，司日每日轮请一人，掌公堂一日事务及学生坐斋、请假人数；司膳每日轮请二人，掌一日公厨之事。学生所兼的其他学职，尚有掌一月金、谷出入的司计，以及掌规矩一斋之事的斋长。

然而从实际的教学方式看，科举考试的重要性究竟不可忽视，影响所及，学生在塾中考试成绩的优劣，成为处理学生事务时，考虑如何引导学生致力于学业的重要因素。方逢辰在《横城义塾记》中所说的"凡入塾者不限其来，而始入也为陪供生，考其德业而升行供生，可谓教养有节也"，指出从"陪供生"升为"行供生"，是要经过"考其德业"，学者据《纲纪》所载，对这一句话作了解释，有助于了解学业成绩在考核升迁过程中的重要作用。"陪供生"和"行供生"的分别，在于前一类学生要自备每日膳食所需的钱、米，而后一类学生则义塾日供其膳食。两者之别，亦即"未行食"和"行食"之别。至于斋用杂费，则无论陪供生和行供生都要缴纳。从未行食的陪供生升为行食的行供生，升迁的依据即是其课试的等第，如果列入上二等，可以每日行食；列三等，赏一分，得一分行食，列四等则赏半分。课试列三、四等的陪供生，大概是要在每个月举行一次的课试中，累积到满十分，才能成为行食的行供生。《纲纪》中的相关记载，应该是分见于其"日膳""斋用""行食"等项。

此外，在拟试中名列前茅者，可以获得表彰，并得到奖赏。表彰的方式，是"题名于石刻"或称"耆石题名"，这种荣誉，应该是前二十名的学生才得以享有。据黄溍的《远怀亭记》，"见于题名石刻者，六百八十有五人"。至于奖赏，则是"二十名以前，给赠币帛、书籍，其余分赠有差"。这一段话，出自应廷育编成于嘉靖三十七年（1558）的《金华先民传》所载蒋沐事迹，并由于《雍正浙江通志》和《宋元学案》在记述蒋沐事迹时所引述，而广为人知。《金华先民传》所载，应有其较早的来源，之所以如此认为，是由于在此书所载蒋沐事迹中，还有横城义塾的"砻石题名"，"前后题名者，六百八十有五人"，此事如前所言，即出自黄溍《远怀亭记》。题名于石刻对获得题名的学生来讲，是一种荣誉；对未获题名的学生来讲，则可能会引起见贤思齐的心理，因而努力向学；给赠币帛、书籍则既是奖励，也是实惠，值得注意的是奖赏品中有书籍，也含有鼓励学生努力向学之意。然而无论自陪供生升为行供生，或是获得题名石刻和给赠币帛、书籍，都以学生的考试成绩为依据。对照方逢辰所说的，从陪供生升为行供生，是要经过"考其德业"的过程，显然学生是否能用心向学，也视同德行。

方逢辰主持横城义塾的教学只在景定二年（1261）这年，由于听说朝廷将要任命他为婺州知州，而东阳县是婺州的属县，他不便再留在横城义塾，于是请辞而去。但是浙东提举常平林光世以一路监官的身份，弹劾他不该俯就义学之招，使得新任命因之而寝罢。继方逢辰之后掌教横城义塾的，据黄溍《远怀亭记》所载，先是"乡先达见山乔公、霁月陈公、存斋吕公"，然后"四明东洲吴公又继之"，他们为教悉遵方逢辰所立下的旧法，而"户外之屦亦无减于昔"。按，见山乔公是乔幼闻，绍定三年（1230）榜进士，著有《见山集》；霁月陈公是陈一中，霁月是他的别号，淳祐七年（1247）榜进士，曾任泗州通判；存斋吕公是吕应焱，存斋应也是他的别号，景定三年（1262）榜进士；这三位都是东阳人。四明东洲吴公是庆元府（明州）人吴龙朋，东洲应也是他的别号，淳祐七年进士。他们都有进士及第的身份，在依循方逢辰所立的方针、方式来主持教学的同时，也如同往日一样，吸引了许多士人前来就读。

黄潜在《远怀亭记》中，称赞宋末横城义塾的教育成果说："名人魁士，项背相望，后生晚出，头角崭然"，并举出蒋沐家人、族人的表现为实例。蒋沐的叔父元善两次通过解试，获得本州解送前往京师，应考省试；堂弟合、侄朋龟都考入太学，并且通过专为太学生举行的解试，亦即《亭记》中所称的"领胄举"；长子国光接着也进入太学，亦即《亭记》中所称的"升学馆"，"学馆"是借用唐代科举制度中对中央官学名的称呼；次子国宾，侄国华、国珍也都通过漕试，也就是由各路转运司为有官人举行的解试，他们三人之所以能考漕试，是由于蒋沐的父亲蒋天赉，曾在绍定年间以入粟佐边的方式，获得补授文官初品的迪功郎，子孙得以受其庇荫。由于太学在当时也是科举制度的一环，《亭记》中的这段文字，无疑是以科举考试的成就，来评论这所义塾的教育成果。

以方逢辰这种讲论程、朱之学且颇具声望的学者，而为横城义塾设计出如上所述的教学方针与教学方式，应是试图以举业来引导学生踏入义理之学的门径，经过阅讲、讨论与讲解之后，逐步深入，进而成为自己心中的规范，并付之生活与行事的实践。宋末于自家稼村书院中教学的王义山，有这样的讲法。他认为经由教学上讲明义理与举业教学的结合，世人"于科举之外知有义理之学，义理之外知有性命之学，由乎科目之中，而不为科目累也"，这是有别于前述魏了翁于宝庆二年上疏中的感慨，而肯定义举之学与科举之业的结合。或许方逢辰对于他为横城义塾所设计的课程，也就是采取这种积极乐观的态度。

横城义塾的声誉，使得蒋沐在士人群中也有声誉，然而这却为这所义塾和蒋沐带来了厄运。事情发生在咸淳六年（1270），曾任秘书监丞的东阳人孙德之，是宰相贾似道的门客，对蒋沐获得士们的推重，深感嫉妒，于是在贾似道面前诋毁他；然后又回身使人对蒋沐怵以祸福，想要他为了免祸而献出所蓄藏的珍玩之物。可是蒋沐志节坚定，不为所动；于是孙德之又以散布流言蜚语来中伤他，终于使得蒋沐获罪，流放到庐陵（吉州），而横城义塾也因之而废罢。这所由民间设立的义塾，在宋人以官、私来分类学校中属于私学，从其创立到停废，只有短短的十一年，却树立了一个在教学上兼顾义理之学与科举之业的教学典范；而留存至晚近的一些相关记载，也足以让学者得以从事稍为详明的论述与细致的分析。到了元初，事过境迁，蒋沐也得以返回家乡东阳；至于停废了的横城义塾，则在后来由其孙蒋元（或称蒋玄，字若晦，又字子晦）以城南精舍之名复设，而这时已是元朝后期的至正元年（1341）。其荒废的情形和复设时的重整，见于《道光东阳县志》所引录的蒋元《远怀亭序》，他在三年后即去世，由其子蒋大同（字伯康）接手主持，教授乡里子弟。自元入明，这所义塾在蒋大同的主持之下，前后至少维持有四十余年，所造就人才亦多。

三、南宋晚期科举参考书与现存省试策、殿试策所呈现的程学

学校教学和科举考试既已都重视程学，影响所及，南宋晚期的科举考试参考用书也以程学为其特色。检索性的科举参考书，如撰于嘉定年间的《记纂渊海》，撰于绍定、端平年间的《山堂先生群书考索》，撰于绍定、嘉熙年间的《新笺决科古今源流至

论》，撰于淳祐年间以后的《古今合璧事类备要》，都或多或少地引用到北宋周敦颐、二程、张载及南宋朱熹的言论，除较早的《记纂渊海》较少之外，其他各书都为数颇多。对于这几位阐明义理之学的学者，上述各书，往往在同书之内使用若干不同的称呼，其中包括周子、程子、朱子，显示出编撰者对他们的尊崇。

至于范文式的科举参考书，已颇有学者论及。这类书籍中所显示的程学特色，其实是性理之学与经世之学兼具。就南宋时期程学的学术流派来讲，也就是朱、陆一派和永嘉一派兼具，不过朱、陆一派中，又以朱熹一派为主。以编写于端平、嘉熙年间，而刊行于淳祐前期的吕中《大事记讲义》和《中兴大事记讲义》来说，这种特色即至为明显，前已述及。于嘉熙年间登进士第的欧阳起鸣，著有《论范》，所选文多崇性理、言心性，可是也有若干篇讨论到叶适曾论及的纪纲、国体、用人或经世等问题。刊行于淳祐十一年（1251）以后的不著撰人《策学绳尺》，原书未见，据学者所列篇目，在其所举言及性理诸篇之外的各篇中，至少有《兵食》《纪纲风俗》《国本二事》等篇可以从策题联系起叶适的论旨。此外，收入此书而见于《全宋文》的《虞周晋唐本朝今日大臣督帅之寄》《驭吏治兵理财》《建武文治》《治道强弱因革难易迟速八条》《人臣进退之义》，以及上述的《国本二事》等篇，读来也都使人深感文中的经世之意，不妨也视之为受永嘉学派影响的作品。其实这几篇策文所讨论的问题，也是与陈傅良、叶适的论题相互牵连。上述《国本二事》也见于《全宋文》，读来亦复如此。南宋末年魏天应所著《论学绳尺》，有学者指出是分开庆元年（1259）、景定四年（1263）、咸淳四年（1268）三次陆续刊印，书中选文也多言心、性、理，但另选了永嘉学派陈傅良的作品若干篇，并有多篇讨论到纪纲、国体、用人或经世等问题。

科举参考书选文的特色，反映出这一个时期科举考试评定等第的特色，因而此一特色也可以从科举考试高第者所作的廷试策来观察。见于南宋人文集中各榜高第者所撰廷试策，而明显从程学立论的，在南宋晚期至少有王迈、徐元杰、姚勉、文天祥、何希之等五篇。他们登第均在嘉定以后，其中登第最早的是王迈，为嘉定十年（1217）榜第四名，依次徐元杰为绍定五年（1232）榜榜首，姚勉为宝祐元年（1253）榜榜首，文天祥为宝祐四年（1256）榜榜首，何希之为咸淳十年（1274）榜第六名，何希之的省试策也流传至今，两篇策文都列入讨论。可知早自宋宁宗嘉定年间的科举考试中，已可以看到廷试策策文据程学立论的特色，一直到南宋亡国前的咸淳十年，此一特色仍可在廷试策、省试策上见到。更清楚地说，上述这几篇策文，据程学立论的共同特色，是依据程学所推重的几部古代经典，以及程学及其后继者的一些重要著作来立论的，多运用到这些经典及著作中所常用的语词、重要的文句，或取用、引申其含义，加以发挥；有的更直接提及二程、朱熹及其他相关人物的姓名，姚勉的廷对策就是一例。以下以较早的王迈廷试策文，以及最晚的何希之省试、殿试策文为例，来加以说明。

王迈的策文《丁丑廷对策》（《臞轩集》卷一）引据程学，尚是概说式的。策文前段使用了"圣经""圣学""心传""危微精一"等词语，这些词语都见于程学或其后继者所使用；又有"以正心诚意为学之本原""得九经之旨于《记》之《中庸》，悟九族之亲于《诗》之《角弓》"等具有程学含义的文句。整段的用意，在于说明何以历朝君主既不能得"五帝之心学"，也不能得"三王之家学"，只有宋朝历世的君主可以如此。所谓"五帝之心学"，其实只是就五帝中最后的帝尧、帝舜而言，由于当时尚未有文字，所以只能以心传心，亦即"心传"，经由心传，尧传给舜，舜再传给三王中的禹。自禹以后有了文字、典籍，于是可以经由典籍世代相传，亦即所谓"三王之家学"，"三王"指夏、商、周三代之王。然后他推崇宁宗："有非汉、唐中主之所敢望者，岂非祖宗之学得之于心传、家传之妙，而不止于汉、唐讲说之故事欤？"而接下来的策文主要部分，内容是逐一答复策题所问，虽偶使用程学的用语并言及韩侂胄的伪学之禁，可是重点已不在程学，而是实际的政事，即使策题问的是经书，王迈的回答往往也导之往政事。策文之末，王迈表达了他对时事的看法：即使金国已衰，南迁至汴，"人孰不以此为中国贺？而臣区区之过计，惟愿陛下与二三大臣日治其政事，日训其人民"以等待事机之至；他希望宁宗能"反观内省"，是否对于自国家纪纲以至于内廷弊病的种种问题，已有适当的处理，"万一朝廷政事未能无过差，宫闱隄防未能无罅漏，陛下固不可不早为之虑也"。"反观内省"之说，正是出自程学及其后继者。

在何希之不分卷的文集《鸡肋集》中，不仅载有他的廷试策，也载有他的省试策，列于全书的为首两篇。两篇策文都具有明显的程学特色，尤其以省试策为然。这年考试是南宋最后一榜的科举考试，何希之也在此榜登第，省试列第四名，殿试列第六名。这年七月正值宋度宗去世，由太子瀛国公继位，瀛国公只有四岁，由谢太后临朝听政。省试、殿试都在九月举行，由于在谅暗期间，天子不能亲自主持考试，所以在《宋史·瀛国公本纪》中记载这次殿试仅称"试正奏名进士"；《宋季三朝政要》记载这次殿试则称"上谅阴，类试王龙泽等比廷试出身，策问求贤"。这里所说的类试，应指比类于殿试或廷试，所以接着说"比廷试出身"，也就是比类于廷试出身的意思。何希之这两篇策文，对于程学的引用、发挥，不仅要比前述王迈的策文要细致得多，而且几乎可以说是贯串全文。

这一次省试的策题《问复元祐之文及濂洛诸书》，很明显是一个关系程学的问题；何希之的策文内容也对应着策题，扣紧元祐之文孕育于濂洛之学的论旨来申论。策文首先提出其论旨，"文有源脉，学有根株，源深而后流长，根贯（按："贯"疑为"贯"之误）而后末茂。文章以学术为本，学术以师儒为宗"；"故必有濂洛诸儒，提挈纲维，开示蕴奥，则义理焕然大明，而后元祐之学术日以粹；必有元祐之粹学，风声鼓舞，气习熏陶，则举世知所向方，而后元祐文体日以新"。"根贯而后末茂"的"根"，意即"本"，此句有本末相贯的意思，亦即"学"与"文"的相连贯，而"学"是本，"文"是末，程颐、朱熹都有这类言论，虽然他们所说的"文"未必与何希之的意思相同。这句话是说，"文"必由"学"的深厚涵养而来，才能臻于精良；一个时代的"学"趋于兴盛，"文"也就随之而丰美。然后他从古代的"学"与"文"之间的关系讲起，讲到欧阳修之后有周敦颐、张载、二程之学，他们四人的学问、人格，各有特色。从学者受其炙诲，其学也因之而传衍，支分流派，影响日广，岂仅及于文士而已，南渡以来的闽、浙、江东、江西的文风，都在这种风习中孕育而成。于是他质问："何以至今日而斯文之弊乃尔哉？"

对于这个问题，何希之的答案是，南渡以来，没有著名的学术宗师，根柢已弱，而宿学凋零，缺少传经之家，于是优秀的新进，也缺少受业之地。然而他又表示，尽管一时的衰微，但希望仍在，"吾尝观湖学之教，凿凿乎体、用之不相判，而闻人端士多出其门；白鹿之规，昭昭乎义、利之不相入，而遗音余响，至今使人闻之而气肃"。"湖学"指张栻,他在湖湘讲学,曾主持潭州的岳麓书院;"凿凿乎体、用之不相判"是说对于"体""用"两者间关系的看法。他认为体、用一源,或说体用不离,或说体、用相须,清楚一点讲,是一个人必须"体、用兼备,表里相资"才能成为彬彬君子,但是两者又有分别,"体、用自殊,要须分看",而且"要精析体、用分明,方见贯通一源处"。"白鹿之规"指朱熹在知南康军任内,所创立的白鹿洞书院学规,亦见于朱熹文集中的《白鹿洞书院揭示》;"昭昭乎义、利之不相入"是说白鹿洞书院学规中,以"正其义不谋其利,明其道不计其功"为"处事之要",朱熹并且邀请陆九渊到白鹿洞书院来讲义、利之辨,陆九渊以《论语》中"君子喻于义,小人喻于利"一章来讲明其义理。朱熹、陆九渊两人都很重视义、利之辨,朱熹在早年写给其师李侗的信中已说,"义、利之说乃儒者第一义",又曾对学生说,"善恶、义利、公私之别,截然而不可乱",陆九渊也曾对初来见他的学生说,"凡欲为学,当先识义利、公私之辨"。关于体、用两者关系的讨论,以及对义、利两者的严格分辨,都可以往前追溯到北宋的二程。

何希之进一步指出,张栻、朱熹的门人都很多,学风影响很大。只要其中有人不仅学有素养,且兼擅为文,必有"自(按:下缺六字)如张庭坚者,必有有物混成之(按:下缺五字)者,必有刑赏忠厚之论如东坡者,必有(按:下缺二字)大事之策如考亭者"。

张庭坚是北宋晚期的经义时文名家,有两篇经义时文收入吕祖谦编的《宋文鉴》,其中一篇题目是《自靖人自献于先王》,此篇甚得胡寅、刘子澄的称许,所缺之六字应即"靖人自献于先王"。张庭坚的学术背景,见于《宋元学案》所载,他是丰稷子丰安常的学生，丰稷又从学于明州学者王致。"必有有物混成之"，这句话应指宋真宗时宰相王曾所作的《有物混成赋》，"识者知其决为宰相"。此事见于邵伯温《邵氏闻见录》的记载，邵伯温并且评论说："盖所养所学发于言辞者，可以观矣"，又说明他是从程颢那里听来的。朱熹《五朝名臣言行录》也转录了邵伯温这则记载，此句所缺的五字疑为"赋如王曾者"。"必有刑赏忠厚之论如东坡者"，"东坡"即苏轼，其事迹为众所知，"刑赏忠厚之论"指苏轼参加省试时所作策文的策题《刑赏忠厚之至论》，他的作品甚得这次省试试官梅圣俞和主试官欧阳修的赞赏。"必有……大事之策如考亭者"，考亭即朱熹，庆元党禁时，朱熹于家乡建宁府筑精舍于建阳县考亭乡居住，并以之为讲学之所，所以后人称他为考亭先生。"大事之策"的"大事"，应指"以天下相传"或"易世传授"，见于朱熹《〈中庸章句〉序》及写给学生潘子善（名时举）的信中。在《〈中庸章句〉序》中，朱熹又言及尧传位给舜时，授以"允执厥中"，舜传位给禹时，授以"人心惟危，道心惟微，惟精惟一，允执厥中"，又说："以天下之大圣，行天下之大事，而其授受之际，丁宁告诫，不过如此。"而他自己在宋高宗禅位给孝宗之际及孝宗禅位给光宗之际，先后上了《壬午应诏封事》《癸未垂拱奏札一》，及《戊申封事》《戊申延和奏札五》等奏疏，其中都引用了"人心惟危，道心惟微，惟精惟一，允执厥中"这句话。何希之所说的朱熹"大事之策"，应即指这几篇奏札而言，"大事之策"前所缺的二字，疑为"能作"。何希之之所以会言及朱熹此事，应与宋度宗在这年七月去世，由太子瀛国公继位有关，而省试举行已在九月。何希之最后以张庭坚、王曾、苏轼、朱熹四人为例，说明文本于学，所重者仅是这几个人所撰之文都出自其学养，而未必与濂洛之学有关，不过在策文之末，他仍然回到本题说："习濂洛之书，而文不元祐，则非七（按："七"字疑为"士"字之误）矣。"

这一年的廷试策题是《问求言十事》，依据何希之在策文中的说明，"公朝清明，言路掀豁，顾效元祐故事，而以天下十事下询草茅"。所谓"元祐故事"，其实是元丰八年（1085）五月宋哲宗初继位时之事。宋神宗去世之后，哲宗继立，由于年幼而由太皇太后高氏摄政，高氏接受司马光的建议，于元丰八年五月下诏求直言。当时上言者颇多，言十事者至少有吕公著、朱光庭、吕陶等人，其他上言者所言未必恰为"十事"。策题如此发问，可以得知元祐之政已经成为当时朝廷所取法的对象。当时朝廷之所以会以北宋元祐之政为取法对象，一方面由于长期以来，王安石已被视为导致北宋亡国的祸首；另一方面也由于贾似道任相期间，既专权而又推行公田、推排等法，使得许多人户受到影响，批评者比之为王安石及其新政；再一方面则由于宋度宗去世之后，太子瀛国公继位，由于年幼，由谢太后临朝，就有如宋哲宗初继神宗之位时，因年幼而由太皇太后高氏摄政一样。由此看来，这年廷试策的策题，其实与先前的省试策题前后相接，由元祐之文进一步问及元祐之政。"元祐"对当时朝廷意义之重大，可想而知。

之所以视何希之此篇策文具有程学特色，在于这篇策文从策题中"尽天下之心"一语入手，结合时事来讨论。首先讲到无论身份贵贱，都应该"心天下之心"，地位高的人"以天下生人为心"，以"受天下之言"；地位低的人"以天地万物为心"，以"谈天下之事"，各求"以尽吾心"。以后这一个主题就或显或隐地一再出现，而"尽吾心"或"尽其心"之语，几乎贯串了全文的前半。如果追溯这类词语的渊源，可以发现，二程及程学的后继者朱熹都常言及。"天地之心"一词，可以溯其渊源于程颐所说的"一人之心即天地之心"，至于"尽吾心""尽其心"与程学的关系，则应本自"尽心知性"的"尽心"，这是二程及其后继者所讨论的一个重要问题。程颐在其就读太学时所作的《颜子所好何学论》中，已言及"学必尽其心，尽其心则知其性"，又曾言及"尽己心则能尽人尽物"。程颢也曾讨论到，释家所说的"识心见性"，也就是孟子所说的"尽其心者知其性"，然而孟子所说的"存其心，养其性"，却是释家所无。到南宋时，朱熹讨论"忠""信"，强调要能"尽己之心能不违于物"，又曾说"忠"是"尽己之心，无少伪妄"。不过他对"尽心"一词，有"心之理"和"心之事"的分辨，认为"心之理"是可以尽的，而"心之事"则是不可尽的。

至于策文的后半，以论史事、时事为主，但也使用了程学及其后继者所好用的若干词语，如"立心辨志""上下一心""天民以天下自任之心""公心"等。这些用词的溯源，多可溯及二程及其后继者朱熹所重视的若干经典，如《论语》《孟子》《礼记》及其他几种古代经籍，以及二程、朱熹对这些经典的注释，也可以从他们的语录、文集中寻获。

如果分析二程、朱熹对几个词语的解释与发挥，可以看出，重点在于讲公私、义利、正邪之辨，这既是对"人"，也是对从政者以公正存心而不图私利的要求。从这个重点看，这几个词语其实可以用"公心"来总结。

举例来说，讲"立心"如程颐注释《易·益卦》的"立心勿恒，凶"说，"圣人戒人存心不可专利；云勿恒，如是凶之道也，所当速改也"，又说，"君子言动与求，皆以其道，乃完善也，不然，则取伤而凶矣"，亦即分辨立心以道和立心以利的不同。朱熹论"立心"的说法之一，是以君子立心和小人立心相较，"君子立心，自是周遍，好恶爱憎，一本于公。小人惟偏比阿党而已"，"偏比阿党"也就是私，所以说"君子、小人之分则在公私之际"。

讲"辨志"如程颐在谈话中，有"志于道""志于学"与"志于名"、心中只求"决科之利"的分别，因此曾言及"不志于此，必志于彼"。朱熹在《仪礼经传通解》的注释中是"自能分别其心所趋向，如为善、为利，为君子、为小人也"；在讲解《小戴礼记》时，则解释为"知得这个是为己、那个是为人，这个是义，那个是利"。

讲"上下一心"，如程颐以"所利在御寇，谓以顺道相保，君子之与小人比也，自守以正，岂唯君子自完其己而已乎，亦使小人得不陷于非义，是以顺道相保，御止其恶，故曰御寇"，来解释《易·渐卦》中"利用御寇，顺相保也"。这里的君子、小人，应是周代社会中的贵族与平民之分。如此看来，程颐此一解释也含有上下一心的意思，只是在他的解释里，由于将"御寇"的"寇"解为"恶"，因此"御寇"应是指使小人不至于沦为寇盗。朱熹在绍熙二年（1191）写给宰相留正的信中，讲到朝廷二三大臣，与君主共同分别贤否，进退人才，以图天下之事，"自非同心一德，协恭和衷"，且"彼此坦然，一以国家为念，而无一毫有己之私"于其间，是无法做好的。

"天民以天下自任之心"源自《孟子·万章上》论伊尹相汤之文："'天之生此民也，使先知觉后知，使先觉觉后觉也。予，天民之先觉者也……'思天下之民，匹夫匹妇有不被尧舜之泽者，若己推而内之沟中，其自任以天下之重如此，故就汤而说之，以伐夏救民。"这句话中"自任以天下之重"的"天民"，就是指伊尹。二程和朱熹，都曾讨论《孟子》中的这一段文字，而伊尹是所谓"天民"，他们也多有说明。至于"以天下自任之心"，二程和朱熹也多有发挥，如程颢在上于熙宁二年（1069）的《论王霸之辨》奏疏中，认为宋神宗"躬尧舜之资，处尧舜之位，必以尧舜之心自任，然后为能充其道"，尧舜之道"得天理之正，极人伦之至"，霸者之事则是"用其私心，依仁义之偏"，因此"治天下者必先立其志"，"正志先立"才不会为邪说所移、异端所惑。朱熹在回复陈亮的一封信中如此说："尝谓天理、人欲二字，不必求之于古今王伯之迹，但反之于吾心义利、邪正之间，察之愈密，则其见之愈明；持之愈严，则其发之愈勇。孟子所谓'浩然之气'者，盖敛然于规矩准绳不敢走作之中，而其自任以天下之重者，虽贲育莫能夺也。是岂才能血气之所为哉？"他要陈亮想想看，汉高祖、唐太宗之所为："而察其心果出于义耶？出于利耶？出于邪耶？正耶？"朱熹又指出，汉高祖"则私意分数犹未甚炽，然已不可谓之无"，至于唐太宗之心，"吾恐其无一念不出于人欲也，直以其能假仁借义以行其私"，而当时与之相争的人，才能知术既不如他，又不知有仁义之可假借，所以他得以成功。

讲"公心"其实也就是讲"公心"与"私心"的分辨，同样都得到二程和朱熹的重视。如程颐，用之于分别兴邦、丧邦，"一心可以丧邦，一心可以兴邦，只在公、私之间尔"；程颢则用之分辨儒学与佛学："圣人致公心，尽天地万物之理，各当其分。佛氏总为一己之私，安得同乎？"朱熹向门人指出，"人只是此一心……但看天理、人欲之消长如何尔"，又说，"凡一事便有两端：是底即天理之公，非底乃人欲之私"，如此讲来，天理、人欲之消长便是出于公心与私心的消长。

　　"公心"之所以可视为前举诸词语的总结，在于其清楚简明地说出这几个词语含义中所同具的公私、义利、邪正之辨。此一分辨，本于《孟子·梁惠王》篇中所述，梁惠王由于孟子不远千里而来，而问以"亦将有以利吾国乎"所引出的相互对话；以及《礼记·大学》末章阐释"国不以利为利，以义为利"的一段文字。而《孟子》一书和《礼记·大学》篇，都深为程学及其后继者所重视，不仅二程及其门人如此，自朱熹编入四书后，更为习程学者所必读。

　　就何希之《廷试策》全文看来，贯串全文的程学用语是"心"。这或许可以说明，对于何希之来说，"心"此一概念，是程学的核心概念，不仅二程如此，其后继者朱熹也是如此。这种情形，或许可以和晚近一些讨论程朱学术论著的观点互相印证。

　　然而即使朝廷有意师法元祐，强调程学，意欲摆脱当时人所认为的王安石实施新法对北宋国运的影响，却已无助于挽救南宋亡国的命运。就在南宋最后一次廷试之后不到两年（德祐二年，1276），元军攻入临安，南宋都城陷落。何希之虽未能如文天祥一样，以知其不可为而为的精神，尽心于力挽狂澜，且在被俘虏后，求死于元廷，却本于其习程学而熟知的道理，"自守以正"，此后在元朝的统治之下，不仅终身不仕，而且非公事不至公门，深得人们的崇敬。

第十讲

朝野评论中对王安石不同面向的分辨

　　就如同前述南宋中晚期的程学后继者在论及王学时，对其释经之言有所分辨，涉及新法者固然予以拒斥，可是也接受了许多王安石的经说，南宋中晚期朝野对于王安石的评论，不论评论者是否有程学的背景，往往并非对其全面指责，而是将新法与王安石个人的学术、文学、德行等方面分开来看，各有不同的评价。这种态度，并非到南宋中晚期才出现。早在北宋元丰、元祐年间，于元丰七年（1084）黄庭坚、苏轼路过江宁府时，至蒋山拜访王安石后的诗文，以及王安石于元祐元年（1086）去世之后，司马光写给吕公著的信件、苏轼所撰赠王安石太傅的制文，以及张舜民、黄庭坚追念王安石的诗篇，就已经可以看到。到南宋绍兴年间，即使王安石已经背负上开启靖康祸乱之源的罪名，可是在第一编也已述及，邵伯温、胡舜陟、张九成等人在评论王安石时，仍然采取这种对其不同面向有不同看法的态度。到了南宋中晚期，这种态度可以在更多人的言论中看到。

一、文学

在各种言论中，把王安石推行新法和他的文学造诣分开来评论的，最为常见。宋孝宗在淳熙三年（1176），就有这样的看法："安石前后毁誉不同，其文章亦何可掩。"认为王安石"文章亦何可掩"的态度，也表现于对王安石施政有所批评的吕祖谦身上。在他的《历代制度详说》中，他由于讲榷酤而指责王安石行青苗法，用新进苛刻之徒来行，在散发青苗钱时，"多张酒肆，广为声乐，眩耀人之耳目"；由于讲荒政（按：灾荒救济政策）而论及王安石用事后，将常平、广济仓所储谷米尽数粜转为钱，用作青苗本钱，向民众收三分之息，于是"百姓遂不聊生"；由于讲马政而又言及王安石执政时，不考本末，施行保马、户马之法，结果"大为民害，百姓自此雕弊"。用到"百姓遂不聊生""百姓自此雕弊"等语，可见他认为对于民众来讲，新法为害甚深。可是在他编的《宋文鉴》中，却收录了王安石所作各种体裁的诗、文，而且数量众多，可见他对王安石文学作品的欣赏。

吕祖谦何以欣赏收录在《宋文鉴》中的这些王安石诗、文，未见说明；而南宋中期的重要诗人杨万里，则清楚地表明了王安石的诗对自己诗风的影响。杨万里对于王安石推动变法也有严厉的批评，在他上于乾道八年（1172）的《癸巳轮对第二札子》中，推崇宋太祖、太宗所立，真宗、仁宗所守的一代之法，指出自王安石变法而天下始弊，再经章惇、蔡卞的应和而天下始乱。淳熙十三年（1186），他兼太子侍读，在东宫向太子（亦即日后的光宗）讲读记载太祖、太宗、真宗圣语的《三朝宝训》，再次讲到仁宗在位时的富盛，是由于守三圣的家法而致，到"王安石相神宗，有'祖宗不足法'之论，创为法度，谓之新法，天下大扰"，虽经元祐复祖宗之旧，可是其后又有章淳倡绍述之说，"曾布和之，蔡京、王黼又和之，而祖宗之法变尽矣"，再加上认为天变不足畏，人言不足恤，既引起民怨，又导致金人入侵，后果是"祖宗之法亡而中国之祸酷矣"（《诚斋集》卷一一三《东宫劝读录·〈三朝宝训〉·初读〈三朝宝训〉》），将北宋的亡国之祸归咎于王安石的新政。可是在杨万里的诗、文中，屡次高度地推崇王安石的诗，例如《读唐人及半山诗》：

> 不分唐人与半山，无端横欲割诗坛。半山便遣能参透，犹有唐人是一关。（《诚斋集》卷八）

"半山"即王安石，这首诗把王安石一个人的诗和整体的唐诗相提并论，认为两者可以中分诗坛，可见王安石诗在他心目中的地位。又《读诗》：

> 船中活计只诗编，读了唐诗读半山。不是老夫朝不食，半山绝句当朝餐。（同书卷三十一）

杨万里在旅途中，乘不必烦心于外务之隙，在船上专心于读唐诗和王安石诗，甚至以读王安石的绝句取代早餐，显然他是由于过于专注而忘食。

杨万里把他的诗，先后编成《江湖集》《荆溪集》《西归集》《南海集》《朝天集》《朝天续集》《江东集》等几部诗集，这些诗集，都已收入了他的《诚斋集》。他在《诚斋江湖集序》中说：

予少作有诗千余篇，至绍兴壬午（按：绍兴三十二年，1162）七月皆焚之，大概江西体也。今所存曰《江湖集》者，盖学后山及半山及唐人者也。（《诚斋集》卷八十一）

江西体指吕本中《江西诗社宗派图》所列自黄庭坚以下二十五人的作诗体，后山即北宋晚期诗人陈师道，也是江西宗派仅次于黄庭坚的重要诗人。这也就是说，杨万里早年写诗，是从取法江西体入手，然后学陈师道、王安石以及唐人诗。这一个学习过程，在他的《诚斋荆溪集序》中说得更清楚：

予之诗，始学江西诸君子，既又学后山五字律，既又学半山老人七字绝句，晚乃学绝句于唐人。学之愈力，作之愈寡。……故自淳熙丁酉（按：淳熙四年，1177）之春，上暨壬午，止有诗五百八十二首，其寡盖如此。其夏之官荆溪，既抵官下，阅讼牒，理邦赋，惟朱墨之为亲。诗意时往来于予怀，欲作未暇也。戊戌（按：淳熙五年，1178）三朝时节，赐告少公事。是日即作诗，忽若有窹。于是辞谢唐人，及王、陈、江西诸君子，皆不敢学，而后欣如也。（《诚斋集》卷八十一）

江西诸君子亦即江西宗派诸人。从这篇序文可以得知，杨万里作诗是先学江西宗派诸人，接着学陈师道，然后学王安石，最后学唐人诗，所以在《读唐人及半山诗》中会有"半山便遣能参透，犹有唐人是一关"之句。这一个取法前人的过程，在淳熙五年由于有所开悟而摆脱，走出了自己的诗风。尽管有了自己的诗风，但过去所受到的江西宗派诸人、陈师道、王安石和唐人

诗的影响，应该不会自此消失。前引《读唐人及半山诗》，是收
在《荆溪诗集》中，这时杨万里大概仍在学唐人诗的阶段；至于
《读诗》，则收在《江东集》，此集所收的诗，作于他自绍熙元年
（1190）至三年（1192）担任江东转运副使时。这首诗写于他从
临安府前往建康府赴任的航行途中，船行将抵苏州吴江县的平
望，而尚未至苏州州城，这时已在他展露自己的诗风十余年后，
可是他仍然专注于读王安石诗，可见王安石诗对他来说，仍然有
如早年一样地重要。这也说明，杨万里并没有由于对王安石施政
的严厉批评，而影响到他对王安石诗的看重。

　　陈亮认为王安石推行的新法是走错了方向（见第七讲所述），
而对王安石的诗与文，则各有评价，两者并不一致。陈亮对王安
石诗的欣赏，见于他写给朋友的一封信中：

　　　　荆公数小诗极佳，一乡僧收得共二十余诗，其亲写太史
　　迁史赞亦二十来篇，若有能刻之，亦金陵一段奇事。（《龙川
　　集》卷十九《与章德茂侍郎四·又书》）

虽然只有寥寥数句，却可以看出陈亮对王安石诗和墨迹的珍惜，
希望能刊刻流传，对王安石的几首小诗，他用"极佳"来形容，
这是很高的评价；"亦金陵一段奇事"的"金陵"，就是指王安石。

　　可是对于王安石的文章，陈亮在《书〈欧阳文粹〉后》，从
科举之文的角度，在以之与欧阳修的文章比较后，有一段评论。
文中先指出欧阳修文，是"根乎仁义而达之政理，盖所以翼六
经而载之万世也"；然后讲宋仁宗天圣、明道间，经过了太祖、
太宗、真宗三朝七十多年的涵养，民生安乐，五代的乱离已成过
去，可是学士大夫之文仍然因袭五代的卑陋，即使经过一二大儒

起而振兴古道，科举应试者仍未知所向，然而改变终将来临：

> 天子慨然下诏书，以古道饬天下之学者，而公（按：欧阳修）之文遂为一代师法。未几，而科举禄利之文，非两汉不道，于是本朝之盛极矣。公于是时，独以先王之法度未尽施于今，以为大缺。其策学者之辞，殷勤切至，问以古今繁简浅深之宜，与夫《周礼》之可行与不可行。而一时习见百年之治，若无所事乎此者，使公之志弗克遂伸。

欧阳修所出，"问以古今繁简浅深之宜，与夫《周礼》之可行与不可行"的几篇策问，就收录在陈亮所辑的《欧阳文粹》中。接着转而讲到王安石文，由于欧阳修期盼先王的法度能够施之于今世，却志未能伸，所以：

> 荆国王文公得乘其间而执之。神宗皇帝方锐意于三代之治，荆公以霸者功利之说饰以三代之文，正百官，定职业，修民兵，制国用，兴学校，以养天下之才。是皆神宗皇帝圣虑之所及者，尝试行之，寻察其有管、晏之所不道，改作之意，盖见于末命，而天下已纷然趋于功利而不可禁。学者又习于当时之所谓经义者，剥裂牵缀，气日以卑。公之文虽在，而天下不复道矣。此子瞻之所为深悲而屡叹也。元祐间始以末命从事，学者复知诵公之文，未及十年，浸复荆公之旧。迄于宣政之末，而五季之文靡然遂行于世，然其间可胜道哉！（《龙川集》卷十六）

"以霸者功利之说饰以三代之文"，这是指王安石之文和欧阳修之

文不同之处。欧阳修之文期盼先王法度能够施行于当世，王安石
之文表面上虽也讲三代，但实质却是霸者功利之说，也就是两人
文章的内涵，有王道与霸术的分别。由于"饰以三代之文"，所
以能得到"方锐意于三代之治"的宋神宗重用，推行变法，宋神
宗随后注意到新政施行"有管、晏之所不道"者，于是有改作之
意，见于其"末命"（遗命）。可是天下功利之风已经盛行，加上
当时应考士人习熟于经义考试中所谓的经义文体，已经使得这期
间的科举之文，对经籍文字有任意割裂牵合的倾向，文气日以卑
陋，无人再谈欧阳修的文章。虽然元祐年间奉行宋神宗遗命，改
变施政方向，使得欧阳修文重受重视，但不到十年，又回复王安
石之旧；到宣和、政和之末，五代之文再成为一时的风尚。陈亮
论整个北宋时期科举文风的演变，由北宋前期承袭五代文风，到
宋仁宗后期受欧阳修文风的影响，接着宋神宗在位时受王安石文
风的影响，再到元祐年间一度重返欧阳修文风，然后自绍圣以后
因讲绍述而王安石文风复行，最后在北宋末年竟又盛行五代文
风，有如走了一个循环，而王安石文风的影响，则与新法的行废
互相关联。全文所着重的是科举文风演变与政治变化的关系，所
以会把王安石文风的盛衰与新法行废连在一起讲，以陈亮对于熙
宁新政的看法，他对于王安石之文自然不可能有好评。然而王安
石之文还有许多无关于时政，由于不涉及这篇书后的题旨，陈亮
并未论及。

　　叶适对王安石施政的批评，在第七讲已述及。他在《习学记
言》中，也论及王安石的诗、文。此书的写作，虽然已在叶适晚
年的嘉定年间，但应该含有他多年来的读书心得。当书中讨论到
王安石时，并非专论王安石，而是就一个时代来讨论，甚至上溯
到宋代以前。在吕祖谦所编《宋文鉴》（吕氏《文鉴》）之题下，

他首先讨论到宋代文章：

> 文字之兴，萌芽于柳开、穆修，而欧阳修最有力，曾巩、王安石、苏洵父子继之，始大振。故苏氏谓"虽天圣、景祐，斯文终有愧于古"。此论世所共知，不可改，安得均年析号各擅其美乎？及王氏用事，以周、孔自比，掩绝前作，程氏兄弟发明道学，从者十八九，文字遂复沦坏。则所谓"熙宁、元祐其辞达"，亦岂的论哉！（《习学记言》卷四十七）

叶适这段话，是在辨正周必大《皇朝文鉴序》的相关议论，他在这段话之前，也引用了周必大的议论："建隆、雍熙之间其文伟；咸平、景德之际其文博；天圣、明道之辞古；熙宁、元祐之辞达。"叶适则认为，宋代文章之兴，虽然萌芽于宋初的柳开、穆修，却要到欧阳修才大力提倡，接着曾巩和三苏父子出来，宋代文章于是大振。叶适这段话中所讲萌芽于柳开、穆修的宋代文章，是指古文，而欧阳修大力振兴古文，已在明道年间之后二十余年的嘉祐年间。他并且引苏轼《居士集叙一首》所说的"宋兴七十余年，民不知兵，富而教之，至天圣、景祐极矣，而斯文终有愧于古"为佐证，认为苏轼的评论是世所共知而不可改，并以"安得均年析号各擅其美乎"，质疑周必大依年号、分时期来说明一代文章的共同特色，而仅及于天圣、明道就一跃而至三十余年后的熙宁、元祐。接着他又质疑周必大所讲的"熙宁、元祐其辞达"，认为到王安石主政，以周公、孔子自比，完全掩盖住他以往文章的光彩；程颢、程颐兄弟讲明道学，追随者众多，人们所关心的不再是文章要如何才写得好。在叶适的评论里，他一方面推崇熙宁以前的王安石，同意他和欧阳修、曾巩及三苏父子同为宋代的古文大家；另一方面，他却又批评执政以后的王安石，认为他自比周、孔和二程兄弟的讲明道学，同是促使原已振兴的宋代文章又复沦坏的因素。

叶适又论及王安石的诗，包括四言诗、五言与七言律诗，以及七言绝句。他对王安石的诗，显然不如他对王安石的文章那样推崇。在四言诗方面，他历举两汉的韦孟、司马迁、司马相如、班固，两晋的束皙、陶潜，唐代的韩愈、柳宗元，到宋代的尹洙、梅尧臣、欧阳修、王安石、苏轼，认为"工拙略可见"，他的意思是今不如古；所以接着说："余尝怪五言而上，往往世人极其材之所至，而四言虽文词巨伯辄不能工。"何以如此？他认为是古诗作者能因物以见道，这是圣贤经世事业，不是习于文词之士所能知；后世诗作虽然不妨存留此一体裁，然而韩愈"便自谓古人复生，未肯多让，或者不知量乎"（同上）。韩愈的话见于他的《潮州刺史谢上表》，据宋人文说的注释，韩愈所指是他的《元和圣德诗》和《平淮西碑》两首四言诗。唐代的韩愈已受到叶适如此的批评，包括王安石在内的几位宋代诗家，自然更不待言。就叶适看来，王安石一方面是具有代表性的四言诗作者，另一方面也有他的局限。

四言诗是古诗，五言、七言诗则既有古诗，也有包括律诗、绝句在内的近体诗。叶适从汉末、曹魏的刘桢、曹植，讲到南朝的谢灵运、谢朓、沈约，再讲到唐代古诗之废，近体诗之兴，以及杜甫在近体诗方面的表现，再讲到宋代的五、七言律诗和七言绝句，在五、七言律诗方面：

至本朝初年，律诗大坏，王安石、黄庭坚欲兼用二体擅其所长，然终不能庶几唐人；苏氏但谓七言之伟丽者，则失之尤甚，盖不考源流所自来，姑因其已成者貌似求之耳。

在七言绝句方面：

> 王安石七言绝句，人皆以为特工，此亦后人貌似之论尔。七言绝句，凡唐人之所谓工者，今人皆不能到，惟杜甫功力气势之所掩夺，则不复在其绳墨中；若王氏徒有纤弱而已。而今人绝句，无不祖述王氏，则安能窥唐人之藩墙！况甫之所掩夺者，尚安得至乎！（同上）

在这两方面，叶适都认为宋人的作品无法和唐人相比拟，特别是杜甫的作品。宋初律诗和唐代相比，叶适用"大坏"来说明，之后则以王安石、黄庭坚为出色，兼以五、七言律诗发挥己之所长，但都未能上追唐人。苏轼曾在《东波志林》中讲，七言诗之壮丽者，自杜甫诗句就没有再看过，一直要到欧阳修，才有诗句可以并驱争先，而他自己也有诗句几乎可以相比。叶适认为苏轼就七言律诗而提出的看法，其实只是就貌似而言，实则失之尤甚。至于王安石的七言绝句，人们认为写得特工，这也只是后人貌似之论，实则唐人所谓"工"，今人都不能到，在他看来王安石的七言绝句是徒有纤弱，可是今人绝句无不祖述王氏，如何能窥见唐人藩墙，更何况是能在唐代掩夺众作的杜甫之作。他的评论说明了王安石的律诗和绝句在宋诗中的地位，在律诗方面还以王安石和黄庭坚相提并论，在绝句方面却只提王安石一人。即使如此，他对王安石诗的评价并不高，不仅无法和唐人甚至杜甫相比，论其七言绝句更用了"纤弱"一词。

　　南宋晚期，类似上述把王安石的新政和文学分开来评论的情形，仍不乏见。例如真德秀，他从权臣的观点批评王安石，在第五讲已述及，此外，他对新法也有意见。嘉定元年（1208），他在上疏中指出，"元祐初，用司马光为相，尽更王安石敝法，契丹闻之，以勿生事戒其边吏"（《真文忠公文集》卷二《戊辰四月上殿奏札一》），称王安石所行之法为"敝法"，很清楚是对新法不以为然。又如在写成于绍定二年（1229）、上于端平元年（1234）的《大学衍义》中，他以"臣按"开头，指出桑弘羊均输之法，不过是阴夺商贾之利以归公上，为天子敛怨于民而已，并非能上下皆足；而熙宁年间王安石祖桑弘羊故智，立市易法，也说善理财者不加赋而民用足，再引司马光对此一说法的批驳，说是古今之至言，这也清楚地显示出他不认为市易法的施行是妥当的，连带表达了他对王安石的理财方式的不满。可是在他所编的《续文章正宗》中，却收入数量颇多的王安石文，包括前已述及的《本朝百年无事札子》在内，分别入论理、叙事、论事三大类，显然他认为这些文章，是宋人这三类文章的代表性作品。真德秀的《文章正宗》收有唐代及其以前的诗作，而《续文章正宗》则未收宋人的诗作，但是他也在为友人写的一篇序文中表达了他对王安石诗的看法：

　　　　古今诗人吟讽吊古多矣，断烟平芜、凄风淡月、荒寒萧瑟之状，读者往往慨然以悲，工则工矣，而于世道未有云补也。惟杜牧之、王介甫高才远韵，超迈绝出，其赋息妫、留侯等作，足以订千古是非。（《真文忠公文集》卷二十七《咏古诗序》）

赋息妫即杜牧的《题桃花夫人庙》诗，赋留侯为王安石的《张良》诗，有两首，一首为七言古诗，一首为七言绝句，两人诗均收于其集中。真德秀认为，这几首诗不仅表现出杜牧、王安石两人诗才超绝，而且足以定千古是非，有补于世道。对他来讲，诗作能感动人心只是评价诗作的基本标准，更高的标准要看是否能有补世道，而杜牧和王安石这几首诗都达到了这个较高的标准。可以看出，对于王安石政治作为的不满，并不妨碍真德秀对王安石诗文作品的高度评价。

以诗人身份来评价王安石文学表现的，在南宋晚期有曾极和刘克庄。曾极和王安石同是抚州临川人，曾协助李壁注解王安石诗，时间在开禧三年（1207）至嘉定二年（1209）李壁谪居抚州时。他的父亲曾浩是陆九渊门人，他自己则曾有书信向朱熹问学，当庆元党禁时，蔡元度贬往编管道州，路过抚州时，曾得他的协助；没料到他自己在宝庆年间，也由于卷入起因于济王案的江湖诗案，而以士人的身份送往道州听读，并且死于当地。他送蔡元度赴贬有诗，寄给朱熹看，朱熹回信称许，在写给已抵达道州的蔡元度信中，也说"景建诗甚佳"。他可能曾在嘉定年间，游览建康府，凭吊包括王安石遗迹在内的古迹，发为吟咏，诗篇收入《金陵百咏》中，但收录显然不全，以吟咏王安石遗迹的诗篇来说，就有见于祝穆《方舆胜览》而未见于《金陵百咏》的。

曾极对王安石施政与诗作的不同评价，从他的诗即可看出。《方舆胜览》卷十四《建康府》载曾极《青松路》诗：

> 致君尧舜事何难，投老钟山赋考槃。愁杀天津桥上客，杜鹃声里两眉攒。

又《王介甫手植松》诗：

汇进群奸卒召戎，萌芽培养自熙丰。当时手植留遗爱，只有岩前十八公。

这两首诗在《方舆胜览》中前后相连，同在"青松路"条目下，含意也可以比并而观。前一首诗题的青松路，在建康府钟山，是王安石十分喜爱与思念的地方，他的诗有两首咏及此处。首句"致君尧舜事何难"是讲王安石的政治抱负及政治事业，次句"投老钟山赋考槃"转到他退闲后在钟山的生活，就有如一个虽穷而能安于其乐的贤者。《考槃》是《诗经》中的诗篇，据《诗序》的说法，此篇意在讽刺卫庄公不能继先公之业，使贤者退而穷处，但朱熹则认为应是"美贤者穷处而能安其乐"。王安石有一首答友人陈正叔的诗，诗中讲到这位友人有意于避世，为他歌《考槃》，而他自己正倾慕孔子曾为委吏，久盘桓于基层官职，曾极或许是有取于此诗之意，倒转过来讲王安石从政治事业退下，过避世的生活。接下来的两句"愁杀天津桥上客，杜鹃声里两眉攒"，则再转而讲到王安石政治事业的影响，也就是即使他已从宰相的高位退闲下来，仍然无法逃避他的政治事业对后世影响所应承担的责任。这句诗是取自《邵氏闻见录》中的典故，邵伯温记载他的父亲邵雍于治平年间，在洛阳天津桥上听见杜鹃啼声而惨然不乐地说，不到二年后南士将为相，多引用南人，天下开始多事。

　　第二首诗的诗题《王介甫手植松》，则是采自王安石一首诗《蒋山手植松》，前两句把王安石执政之后所引致的天下自此多事，讲得更清楚。"汇进群奸卒召戎，萌芽培养自熙丰"，是讲奸群聚而进，萌芽始自熙宁、元丰时期，结果是招来了戎狄的入侵、宋室的南渡，把北宋亡于金人的责任溯之于王安石的推行新法。后两句"当时手植留遗爱，惟有岩前十八公"的"十八公"，就是"松"字，"岩前十八公"是取自王安石《蒋山手种松》的前两句"青青石上岁寒枝，一寸岩前手自移"。这株松树到王安石写这首诗时，已是"闻道近来高数尺"，到南宋末年韦居安写《梅磵诗话》时，已是"高标挺然，上侵霄汉"。由于这株松树到南宋时尚在，所以曾极会说"当时手植留遗爱，惟有岩前十八公"；但是"惟有"两字，却又暗指王安石所留的遗爱只有这株松树，他推行的新法并未让民众受惠，也因此得不到后人的怀念。

曾极在这两首诗中，一方面将北宋亡国的责任上溯到王安石，另一方面却运用王安石诗为自己的诗材，显示出他对王安石诗的熟悉与喜爱，也呈现出王安石诗在他心目中的地位。而他同样见于《方舆胜览·建康府》所载的《荆公墓》诗，则更清楚地表达了他对王安石诗的高度评价：

> 误把清标犯世纷，平生忠业自超群。如何今代麒麟阁，只道诗名合策勋。

前两句"误把清标犯世纷，平生忠业自超群"是讲王安石深得宋神宗的信任，以高峻拔俗之姿，不顾士大夫群起反对，断然推行大规模的变法，将自己的政治理想付之实施，可以说是忠心谋国、功业超群。后两句"如何今代麒麟阁，只道诗名合策勋"中的"麒麟阁"，是汉宣帝因单于入朝，思股肱之臣而建，据形貌画图像藏于阁中，用以表彰有功德而知名当世之臣；用在这两句诗中，是以之比喻当代人对王安石的评论，进而追问当时的评论何以只称赞其诗作而不及于其忠心与功业。从前引曾极《青松路》和《蒋山手植松》两首诗看，这首诗的用意应非质疑当时的评论之不妥，而是要询问这种现象的原因究竟何在，答案则显然已在前两首诗中；而认为王安石"诗名合策勋"，则不仅是当时的评论如此，也是此诗作者曾极的看法。这三首诗，反映出诗人一种复杂矛盾的心理，对于王安石，既认为他本于忠心所造出来的过人功业，又无法否认当时盛行的说法，以其为北宋亡国的祸源，只能庆幸他有非其他人所及的诗名，因而得以为后人所纪念。

刘克庄在南宋晚期的诗名远过于曾极，他也是曾极的友人，并且同样在江湖诗案中以诗得罪史弥远。虽然他对王安石的施政不以为然，但是初看并无过于严苛的评论。例如他在《湖南江西道中·七》诗中有句，"每嘲介甫行新法"；在《侍讲朱公覆谥议》中这样写："本朝欧、苏不得谥文，而得之者乃杨大年、王介甫，介甫经学不得为醇，其事业亦有可恨。大年政复文士尔。文乎？文乎？岂是之谓乎？"杨大年即北宋前期的杨亿，这段话中所说的王安石"事业亦有可恨"，所指即是王安石的政治事业。然而进一步细究，他一再提及丙午、丁未之厄或丙午、丁未之祸。例如他为卒于宝祐五年（1257）的赵时焕写墓志铭，记载赵时焕任著作郎时的事迹：

> 是岁丙午（按：淳祐六年，1246），朝野以厄运为忧。公轮对言："丙午、丁未之厄，古无是说。议者推原宜靖（按："宜靖"或是"宣靖"之误，即宣和、靖康）致祸之本，始于治平用王安石之岁，郡雍（按："郡"应是"邵"之误）闻杜鹃之年，治平未（按："未"为"末"之误）至靖康之初，甲子适然一周，午未遂为大讳。"（《后村先生大

全集》卷一五八《赵克勤吏部墓志铭》）

盛传于南宋晚期，因追溯靖康之难的祸源而出现的丙午、丁未之说，正源自前述讨论曾极《青松路》诗时，所引用见于《邵氏闻见录》所载邵雍于天津桥上闻杜鹃鸟啼声一事。此后刘克庄在出于景定三年（1262）的一题策问中，又言及丙午、丁未之祸。他另有一篇《山谷书范滂传》的跋文，也提到丙午、丁未之厄，虽有学者列为淳祐五年、六年（1245—1246）间的作品，但是文中讲到本朝"三百余年之间，邪说终不能以胜正论，小人终不得以胜君子"，写作时间或许要到景定元年（1260）以后。从刘克庄不仅引述赵时焕相关的上言，自己也使用此一词看，王安石在他的心目中，就如同上引曾极《王介甫手植松》诗所说，是导致靖康之难的祸源，上述他所说的王安石"事业亦有可恨"，应即在此。

　　至于王安石的诗、文，都得到刘克庄的高度推崇，尤其以诗为然。他编有《本朝绝句续选》，在序文中这样说：

　　　　六言如王介甫、沈存中、黄鲁直之作，流丽似唐人，而妙巧过之。后有深于诗者，必日翁之言然。（《后村先生大全集》卷九十七《本朝绝句续选序》）

在言及陈俊卿家所藏宋孝宗书王安石诗时，则说：

　　　　故相王文公绝句尤多而工，阜陵书此篇赐陈正献公者，岂非以其冲淡闲雅，异于它作欤？（《后村先生大全集》卷一〇四《陈丞相家所藏御书二》）

至于王安石之文，刘克庄则只论及四六骈体文：

> 先朝精切则夏英公，高雅则王荆公。南渡后富丽则汪龙
> 溪，典严则周平图（按："图"应是"园"之误）。其余大家
> 尚十数，而欧、苏又四六中缚不住者。(《后村先生大全集》
> 卷一〇六《方汝玉行卷》)

夏英公是夏竦，汪龙溪是汪藻，周平园是周必大，其中王安石的
特色是高雅。其实刘克庄自己也擅长写四六骈体文，而且为文风
格是师法王安石。他说前辈作文必有师法，并且引述真德秀对他
讲的一段话：

> 西山先生曰："某掌内制六年，每觉文思迟滞，即看东
> 坡，汗漫则有曲阜。"晚见赵南塘及余四六，曰："履常与
> 兄合下由半山入，某未免由龙溪入，宜不及二君也。"又
> 曰："安得履常与兄对掌乎。"(《后村先生大全集》卷一〇六
> 《张天定四六》)

内制是翰林学士之职，掌皇帝重大诏书的撰写；曲阜是有曲阜先
生之称的曾布之弟曾肇，赵南塘是与刘克庄约略同时的赵汝谈，
字履常。在曾掌内制六年的真德秀眼里，刘克庄和赵汝谈写的
四六文，原初都是师法于王安石，认为自己原初师法于汪藻，写
得还不如他们，因而期望有朝一日他们两人也能对掌内制。后来
赵汝谈果然入直翰林学士院，而刘克庄也兼中书舍人，负责撰写
皇帝的一般性诏令（外制）。真德秀对刘克庄来讲是前辈，对他
有如此高的评价，而他也没有否认自己的四六文是师法王安石。

林希逸曾经在他所撰的刘克庄行状中，评论刘克庄的骈文："虽祖半山、曲阜，而隐显融化，键奥机沉。表制之外，诰启尤妙，自成一家，他人或相仿效，神气索然矣。"骈文讲究对仗、声律，与诗其实有可以接近之处，在北宋古文兴盛之后，骈文逐渐衰落，但一些政府文件，如皇帝颁给臣民的诏诰、官员上于皇帝的章表，以及士大夫与长官、朋友间来往所用的书启等，仍然常用骈文。尽管欧阳修、王安石、苏轼都是古文大家，但刘克庄认为他们都同时是骈文高手，他自己所写的骈文，也是自师法王安石入手。可以这样说，他对王安石的政治作为和文学表现，也是分别而论。

宋末的黄震是讲程、朱之学的学者，他对王安石的政治作为有严厉的批评。在讨论陆九渊的《荆国王文公祠堂记》及相关诸文时，他认为：

> 熙宁无诸贤之力争，则坐视民生之荼毒，而噤无容声，国非其国矣！元祐无大老之力救，则民生不复知我宋之恩，驯致板荡，民将不复戴宋中兴矣！

又说：

> 荆公新法之行，天下骚然，盗贼群起，夷狄祸结，甚至神考因丧师十万，临朝大恸，遂及于臣子所不忍言。向非元祐力救，人心几不再合，我宋何以中兴？此熙宁以后昭然之案款也。(《黄氏日抄》卷四十二《读本朝诸儒书·陆象山文》)

这两段文字，已经指出新法造成民生骚然，盗贼蜂起，夷狄祸结的弊害。在《古今纪要》的"王安石"条下，他除了强调新法的流弊之外，又指出王安石始于取熙河的开边政策所导致的祸害，后来"蔡京、童贯等用兵，皆自此而始"（黄震《古今纪要》卷十九），虽然没有明说，但显然认为王安石应该负起北宋亡国的责任。

不过黄震对于王安石的诗、文，却另有看法。在他于咸淳七年（1271）出任知抚州后，为抚州州学更新州学教授的房舍，并撰有《抚州重建教授厅记》，记文起首就说：

> 抚州古名郡，至本朝尤号人物渊薮。德业如晏元献，文章如王荆公、曾南丰，儒学行谊如陆象山兄弟一门之盛，其余彬彬辈出，几不容偻指。（《黄氏日抄》卷八十八）

晏元献是晏殊、曾南丰是曾巩，视王安石和曾巩是抚州以文章知名的杰出人物。他读王安石的文集，对其诗、文有更为细致的讨论。黄震读王安石文集的心得，收于《黄氏日抄·读文集》，对于集中各类诗、文，分篇写下自己读后的看法，或是摘录篇中的要旨，既有称赏，也有批评，还有些并未表达意见。

以诗的部分来说。例如古诗，对《酬王詹叔访茶利害》中"岂当榷其子，而为民父母"两句，黄震说"此二句语意精到，惜其临事之弗思"，这应该是针对王安石实施新法时的取利于民而发的；对于《收盐》诗，也说"与《访茶利害》同，皆能言不能行"；对于《杜甫画像》诗，他说"说得公当"；对于《农具》诗，则说"就农人言之，善用其心者也"。这都是就诗的意涵而言。律诗方面，对《详定试院诗二首》，他指出其中一首是讲科举不足以得士，另一首是讲词赋不足以取士，"然皆不可"，这应该是不同意王安石从学校取士的想法和科举考试罢考诗赋的做法。他录了《雨过》诗的两句："谁似浮云知进退，才成霖雨便归山。"表达了对这两句的欣赏，他没有明言何以欣赏，但原因可能不仅在于诗句的雅美，更在于其含义，而有称誉王安石不恋权位，于退闲后视富贵如浮云之意。至于绝句，对《商鞅》诗，他说，"荆公平生心事，尽见此诗"，"果诚信，民将不令而从，谓诚信为驱民之具，何耶"，这是批评王安石推行新法的手段含有法家成分。对于集句诸作，则说"虽似剧戏，其巧其博皆不可及"，这则是称誉王安石对于前辈诗人作品的熟悉与运用的巧妙。这些都只是举例而言，黄震对于王安石诗，还有其他不同的意见。

讨论得比较多的是文的部分。例如对于书疏类的《上仁宗皇帝言事书》，他的批评严厉："盖公之昏愎妄作，尽见此书。使吾仁宗而少售其言，岂待熙、丰而天下骚动哉？……神宗以锐意斯世之心而卒听之，公遂得以鄙夷当世之人才，效尤王莽之法度。朝廷竟以征诛为威，公亦卒为排逐而不变。"显然认为新法的扰民已种因于王安石的《上仁宗皇帝言事书》。对于同属书疏类的《上五事札子》，他说"自言和戎、青苗、免役、保甲、市易之利"；对于议论类的《乞制置三司条例》，也说"谓省劳费，去重敛，宽民力，然则公之行此，自以为可利天下也"，用了"自言""自以为"等语，应是认为这只是王安石自己的说法，实施之后却做不到。对于书类的《与李参书》，他引用了其中的"阖门与其子市，虽尽得子之财，犹不富也"，认为"其后公虽不能行，亦可谓善喻"，这是称赞王安石于文中善用比喻，然而"公本心常以榷民之利为非，所行新法皆求所以利民，而不知适足以扰之，故公终其身不悟"。意思如同上述两篇，也就是王安石自认如此，却得到相反的效果，还进而指出由于王安石不了解这种情况，所以终身不悟其非。上述是涉及新法的几篇，还有多篇王安石之文受到黄震各种不同的批评。

至于获得黄震称誉的王安石文，则为数更多，其中有若干篇特别得他的推崇。例如《芝阁记》，他说是"实贬题而寄兴以及其大者，意味无穷，犹为诸记中第一"。又如《祭范文正》和《祭欧阳公》两篇祭文，他引出文中的关键之句，认为"凡皆二公实录也"。尤其是祭欧阳修的一篇，在《读文集》讨论欧阳修文的附录，黄震认为祭欧公文以"荆公、东坡者极可观"。又如《子贡论》，《史记》所载说齐、伐吴、救鲁之说，他认为"理直文畅，可以成诵"。其他获得类似"理直文畅，可以成诵"这类称誉之词的王安石文，还有在《老子辩》中，王安石对《老子》书中"其三十辐共一毂，当其无，有车之用"这句话，联结起是否有礼乐政刑来评论，黄震认为"此论甚工，当写出熟诵读"；《兴贤》是"亦可读"，"说极精神"。又如《汴说》也获"文甚工，可读"的评语；《君子斋记》获评为"可录出读诵"；与王安石任鄞县令时勤民之事有关的《上杜学士言开河书》也"当录出"；《桂州新城记》的评语是"理正文婉"；《繁昌县学记》是"说得正大"；《送孙正之序》则是"此正论也"；《与陈和叔内翰书》则不仅是"甚正"，而且"可以廉顽"。又有获评为其文可观或文、事可法之文，如《答韩求仁书》前一段说《诗》，后一段说《论语》，"皆有可观"；如《答韶州张殿丞书》是"文字宛转可观"；节推陈之元的墓志是"无实事，以虚文，反覆可观"；临川吴子善的墓志，记其为家有笃行，则是"发明处极可观"；曹玮的行状是"载边功详，可为后世法"；为曾巩述其祖父生平事迹的曾致尧墓志是"末论遇合处，宛转可法"；知兴元府王公的墓志铭记载其为真定府（原名镇州）通判时，能够化诱其长官知真定府兼真定府路安抚使王嗣宗的凶暴，还有其他事迹，是"皆可法"。

总之，黄震评论王安石的诗、文，大多从理义出发，但是也没有偏废文采。末了他有一段总论，将王安石的诗、文分成两类，各有不同的评价：

> 文人不护细行，世有是言矣。亦孰知博学能文，其清修苦节有如荆公者乎？然公之文有论理者，必欲兼仁与智而又通乎命；有论治者，必欲养士、教士、取士，然后以更天下之法度。其文率暧昧而不彰，迂弱而不振，未见其有犁然当人心，使人心开目明、诵咏不忘者。或者辨析义理之精微，经纶治道之大要，固有待于致知之真儒耶！惟律诗出于自然，追踪老杜，记志极其精彩，仿佛昌黎，虽有作者，莫之能及。公其文人之护细行者乎？呜呼！文亦何补于世，乃因细行而致大用。以其论理、论治之差者，而施之天下，则所伤多矣。（《黄氏日抄》卷六十四《读文集·王荆公》）

王安石论及"命"之文有多篇，其中"兼仁与智而又通乎命"的论理之文，最清楚的是《九卦论》《九变而赏罚可言》等篇，又有《仁智》《命解》《推命对》《对难》等篇，分别专论仁、智或专论命；至于"必养士、教士、取士，然后以更天下之法度"的论治之文，则显然是指《上仁宗皇帝言事书》。黄震认为，这一类论理、论治之文，意旨既暧昧难通，辨析亦非强而有力，难以深入人心。另一类则是律诗和记文、墓志，前者出于自然，可以上追杜甫，后者极其精彩，有如韩愈之作，为他人所不及。然而王安石以其论理、论治之不妥，施之于政事，造成了对民众、国家的伤害。尽管黄震对于王安石建基于其论理、论治之文上的熙宁新政施政并无好评，仍然不以此掩盖王安石在诗、文上值得称道之处，只是他把这一类与论理、论治无关的作品，仍然看成只是细行；至于有补于世而足以致大用的"辨析义理之精微，经纶治道之大要"，则有待于"致知之真儒"。从黄震的学术渊源来看，他所说的"致知之真儒"，应该就是指二程、朱熹这类人物。

上述黄震对王安石诗、文的讨论，应写于咸淳八年（1272）十月以前，咸淳八年十月，他又附上蜀人黄有大对王安石文集的简扼评论，"人虽误国，文则传世"，并且认为"此确论也"；然后重提前述他的讲法，"公论治、讲理之文，与题咏、记偈之文，如出两手，又不当例观也"，也就是他认为，黄有大的说法属于概括性，还可以再加分辨。

二、书法

文学之外，王安石的书法也获得人们的欣赏。南宋初年，朱熹的父亲朱松（字乔年）对王安石书法的珍爱，已为人所知。朱松收藏王安石的遗墨，曾为之其中一幅字作跋文，邓肃于建炎三年（1129）应是在读了这篇跋文后，又为之写了一篇跋文，说"朱乔年学道于西洛，学文于元祐，而能喜荆舒之文与其书如此，殆所谓恶而知其善者欤"（邓肃《栟榈先生文集》卷十九《跋朱乔年所跋王安石字》）。"学道于西洛"应指朱松的学术渊源可以上溯二程，"学文于元祐"则应指其文有苏轼、黄庭坚的文风。由于二程之学与苏轼、黄庭坚的文集在讲求绍述熙宁之政的崇宁年间，都蒙受元祐学术之禁，所以邓肃认为朱松应该不至于喜爱王安石的书，邓肃就如他自己在这篇跋文中所说的，王安石之政造成世无饱食之农、祖宗无可留之典、学者甘为异姓之臣，所以自己读王安石之书不能终篇，何况学其字。看到受二程、苏、黄影响的朱松，尽管站在元祐学术的立场，仍然如此珍爱王安石的书法、文章，所以质疑其对王安石是否"恶而知其善"呢？朱熹在一篇《题荆公帖》（《朱文公文集》卷八十二）中，也提到了邓肃这篇跋文：

> 先君子自少好学荆公书，家藏遗墨数纸，其作伪者率能辨之。先友邓公志宏（按：邓肃字志宏）尝论之，以其学道于河雒，学文于元祐，而学书于荆舒，为不可晓者。今观此帖，笔势翩翩，大抵与家藏者不异，恨不使先君见之。因感咽而书于后。

从这篇引用邓肃之言的题跋，可以看出，朱松从年少时就喜欢学王安石的书法，家里收藏其遗墨数幅，而且能辨别伪作。如今朱熹看到这篇王安石墨帖，笔势翩翩，就如同家中所藏的王安石墨帖，因而认为应非伪作，所以才会因"恨不使先君见之"而感泣。

从上引《题荆公帖》看，朱熹继承了父亲收藏的王安石遗墨，对王安石的书法也能欣赏，而且能辨别真伪。所以接在上引《题荆公帖》后的另一篇《题荆公帖》，就指出他见到另一幅王安石墨帖，知其为临写本。在写于绍熙三年（1192）二月的《跋王荆公进邺侯遗事奏稿》，他谈到父亲寻访王安石墨迹，并且讲到自己对这幅墨迹上王安石书法的喜爱：

　　先君子少喜学荆公书，每访其迹。晚得此稿以校集本，小有不同，意此为未定也。……而独爱其纸尾三行，语气凌厉，笔势低昂，尚有以见其跨越古今、斡旋宇宙之意，疑此非小故也。后读《熙宁奏对日录》，乃得其说如此，甚矣。（《朱文公文集》卷八十三）

在写于次年十二月的《再跋王荆公进邺侯遗事奏稿》中，他再度表达了对这篇墨迹的看法：

　　抑公此纸，词气激烈，笔势低昂，高视一时，下陋千古，而版本文集所载乃更为卑顺容悦之意，是必自疑其亢厉已甚而抑损之，其虑深矣。然论其实，似不若此纸之云，发于邂逅感触之初，尤足以见其胸怀本趣之为快也。（《朱文公文集》卷八十三）

两篇跋文对王安石此一奏稿中的语气和笔势关系的表达，大致相同；不过在再跋中，对于王安石何以在奏稿和上于神宗的正式奏疏中，从文字的语气所呈现态度的不同，有比较清楚的推测，他认为从原稿才能看出王安石的胸怀本趣。至于他在第一篇跋文所说的，"独爱其纸尾三行，语气凌厉，笔势低昂，尚有以见其跨越古今、斡旋宇宙之意"，则显示了他对王安石书法的喜爱。尽管朱熹能够同情王安石的改革态度，对于各项新法的本旨也未必尽皆斥绝，但是在前述他的《读两陈谏议遗墨》中，仍然认为由于王安石个性的缺陷和学术的偏差，使得新法之祸"卒至于横流而不可救"，甚至"败国殄民"。这种对王安石施政影响的认识，并不影响朱熹对王安石书法的喜爱。

朱熹的好友周必大和张栻，也都喜爱王安石的书法。应在朱熹写过《跋王荆公进邠侯遗事奏稿》后，写了一封信给周必大，为其父所藏此幅遗墨将在王安石的家乡临川刻石，而有所请求："今江西使者汪兄季路乃欲取而刻之临川，妄意欲求相公一言以重其事，庶几览者有以知此幅纸数行之间，而其所关涉乃有不可胜言之感，非独为笔札玩好设也。"（《朱文公文集》卷三十八《答周益公一》）汪季路即汪逵，是朱、周二人好友汪应辰之子，所以朱熹称之为兄；周必大曾在淳熙后期担任过宰相，所以朱熹称之为相公，"周益公"的"益公"，则因周必大任相时曾封益国公，而如此称呼。到了朱熹写《再跋王荆公进邠侯遗事奏稿》时，周必大应将文稿写就，并寄给朱熹看，所以这篇再跋的起首说"丞相益公论之详矣"。周必大此文，即写定于绍熙五年（1194）的《题新安吏部朱公乔年稿》（《文忠集》卷四十六），时间已在朱熹的再跋写成之后。值得注意的是，朱熹在写给周必大的信末说："其他尚有与王观文论边事数纸，异时并当附呈，以求审定也。"王观文是熙宁年间主持熙河开拓之役的王韶（字子纯），因有收复熙河之功而在熙宁七年（1074）五月所带职名自资政殿学士改为观文殿学士，至元丰四年（1081）去世时仍带此职。在熙河开拓期间，王韶与王安石有书信来往，讨论边事，其中王安石写给王韶的四封信，以《与王子醇书四》为题，收于《临川先生文集》卷七十三。朱熹所有的王安石与王韶论边事数纸，当亦得自其父所收藏，他邀周必大为父亲所藏的王安石进邠侯遗事奏稿墨迹石刻写题跋，又打算将自己藏有的王安石与王韶边事遗墨，呈于周必大以求审定，或许不仅是由于借重周必大的名望，也是出于他了解周必大对王安石墨迹的熟悉与兴趣。

周必大对于王安石墨迹的熟悉与兴趣，清楚地呈现于他写于淳熙五年（1178）的一篇《跋王介甫弥勒偈》中。他在这篇跋文中，讲到自己对王安石书法特色的心得：

> 王荆公书楷法如此者绝少，端明胡公已茂所谓不敢以易心为之者是也。又平生俭约，未尝轻用缣帛，独于佛语用之，亦是意耶？（《文忠集》卷十七）

这篇跋文所要表达的，是王安石书写佛语时的心存虔敬，不敢轻忽，所以使用楷法有如此一幅字者极为少见，而且平时很少用缣帛来书写，而此幅则用缣帛。"端明胡公已茂"是绍兴年间的端明殿学士胡交修，应也喜爱王安石书法。另一篇写于庆元五年（1199）的《题宋景晋晚手书佛经》，把王安石书写佛经的"楷法如此者绝少"此一特色，说得更清楚：

> 待制宋公手书《金刚经》，端谨有法度，始末一体，如摹印然，敬之至也。王荆公学王濛书，多为横风疾雨之势，每作帖初尚矜持，后必坦率；惟写佛经专用楷法，亦是理欤！（《文忠集》卷四十八）

王濛是东晋时期的书法家，王安石书法学王濛，以及多为横风疾雨之势，均源自黄庭坚的说法。据黄庭坚之说，是出于王安石自言。至于"每作帖初尚矜持，后必坦率"，然而于书写佛经时，由于"敬之至也"，王安石专用楷法，则是周必大自己的心得。周必大如非熟悉于王安石的遗墨，如何能看出他书写的弥勒偈"楷法如此者绝少"，或书写佛经时"专用楷法"的特色，有别于平日作帖"初尚矜持，后必坦率"的风格，而且了解其除了书写佛语之外，"未尝轻用缣帛"的俭约态度。尽管如前所述，周必大曾指斥王安石行管、商之术，也认为新法在执行上有偏差，推行也过于急切，但这不影响他对王安石书法的欣赏。

张栻就如朱松，喜欢收藏王安石字画，对于王安石的书法，他也有自己的心得。他的文集中，载有三篇《跋王介甫帖》，其中后两篇都讨论到王安石的书法。前一篇如此说：

> 金陵王丞相书初若不经意，细观其间，乃有晋宋间人用笔佳处。但与人书帖例多匆匆草草。此数纸及予所藏者皆然，丞相平生何有许忙迫时邪？

前几句讲王安石书法之佳，"有晋宋间人用笔佳处"，也是源自黄庭坚对王安石书法的评论；后几句则是讲到他的与人书帖却看似写得匆忙，令人有草草写就之感，张栻因而询问，王安石平生，怎么有那么多忙迫的时候？张栻此跋应给朱熹看过，朱熹在《跋韩魏公与欧阳文公帖》曾引述其言："张敬夫尝言：'平生所见王荆公书，皆如大忙中写，不知公安得有如许忙事？'"可是张栻是说王安石与人的书帖，朱熹的引述却容易令人误解为所有的王安石遗墨。后一篇则说：

> 予喜藏金陵王丞相字画，辛卯岁过雪川，有持此轴来售而得之。丞相于天下事多凿以己意，顾于字画独能行其所无事如此。此又其晚年所书，尤觉精到，予所藏他帖皆不及也。（张栻《南轩集》卷三十五）

张栻在乾道七年（1171），在湖州（霅川）买到跋文所讲的王安
石遗墨也是如此，借之以发挥自己对王安石政事和书法的看法。
他以王安石对天下事的态度和他的书法表现来对比，认为他对于
天下事"多凿以己意"，意思是讲王安石处理政事经常勉强牵就
己意，有意曲解；然而他对于字画，却能如这幅字所表现，"行
其所无事"，其意应如上一篇跋文所说的"不经意"，或者可以
解释为书写时顺着心之所至而不强求其工，细看却有其令人欣赏
之处。至于张栻在湖州买到的这幅字，是王安石晚年所写，也就
令人有尤其精到之感。两篇跋文都说出了对王安石书法的欣赏，
而后一篇则又同时表达了对其处理政事"多凿以己意"的不以
为然。

王安石处理政事是如何凿以己意，在后一篇跋文中并没有具
体的说明，也没有具体例证。不过在三篇《跋王介甫帖》的第
一篇，提供了一个例证。张栻这篇跋文所写的王安石书帖，内
容是讲许遵"寿考康宁，子孙蕃衍"，不过张栻的跋文并非专就
此一书帖的内容来讲，而是连结起后一篇《跋王介甫帖》所写
的王安石书帖来讲的。那篇书帖的内容是讲"大理少卿许遵守
京口时，王丞相与之书，遵刻之石"，京口即北宋政和年间以前
的润州，此后改称镇江府。许遵知润州已在王安石退闲后的元
丰五年（1082）至七年（1084），但是他的事迹，却因治平三年
（1066）、四年（1067）知登州时所发生的一件阿云案，而与王
安石连接在一起。阿云已经许嫁，尚未成婚，由于嫌夫婿长相丑
陋，当其睡于田舍时谋杀未遂，在捕入官府将要按问举发时自
首。案件移到朝廷的大理寺，大理寺依律判绞刑，许遵则认为阿
云于未按问时已自首，应减等，意见既有差异，于是引起朝廷上
的争论。当时王安石已出任翰林学士，支持许遵的意见，几经转

折，最后在王安石已担任参知政事的熙宁二年（1069）八月，宋神宗确定刑罚减等的意见，适用范围并由阿云案中谋杀已伤而于按问举发前自首，扩大到所有涉及谋杀人自首或于按问举发前自首的案件。这也就是在张栻在跋文中所讲，"始遵在登州论阿云狱事，丞相为从臣力主之。自后杀人至十恶，亦许案问自首减死"，张栻认为这是"长恶惠奸，甚逆天理"；接着说，王安石在书帖中之所以说许遵"寿考康宁，子孙蕃衍"，原因在许遵于议法时为犯人求存活的缘故，而王安石"炫于释氏报应之说，故以长恶惠奸为阴德。议国法而怀私利，有所为则望其报，其心术之所安，盖莫掩于此"。这也就是说，王安石心怀私利，以其所信的佛家阴德报应之说曲解原有法律条文，影响到他对案件判决的意见，并导致法律条文的更改。

不仅是阿云案，对于王安石所推行的新法，张栻也认为他"凿以己意"。张栻对于王安石推行新法，一向有严厉的批评，认为已成为天下之害，是靖康之祸的祸本，而其根源则在王安石学术之谬，由于王安石之学祖虚无而害实用，使得熙宁以后人才顿衰于前。他和朱熹是好友，却不像朱熹一样认为王安石在宋神宗支持之下进行大规模的变法，是适当其时，而认为这是更变法度，导致后来祖述之者无法不变，无法不坏。朱熹设置社仓，追溯其渊源于青苗法，认为青苗法之意并非不善，只是在推行的方法上有问题，张栻并不同意，写信和朱熹争辩，除了指出社仓和青苗有义、利之别，不可以相提并论之外，还讲到青苗法以至于各项新法的问题所在：

夫介甫窃《周官·泉府》之说，强贷而规取其利，逆天下之公理，而必欲其说之行，用奉行之小人，而必欲其事之

济，前辈辨之亦甚悉矣，在高明固所考悉，不待某一二条
陈，而其与元晦今日社仓之意，义利相异者固亦晓然。……
且元晦谓介甫青苗为可取者，以其实之可取乎，抑以其名
之可取乎？以其实则流毒天下，固有显效；以其名则不独青
苗，凡介甫所行，其名大略皆窃取先王之近似者，非特此一
事也。(《南轩集》卷二十《答朱元晦秘书·又》)

张栻的看法是，青苗法之所以会流毒天下，原因一方面是窃取
《周官·泉府》的说法，强贷于民，从中取利；另一方面则是为
了目的之必达，而用奉承的小人来执行。这两个问题，前者是立
法依据，后者是执行过程，两者相较，前者显然更为根本。所
以在他进一步的名、实之论中，说青苗法以其实言，则流毒天
下，这是执行所得到的后果；以其名言，则不仅青苗，凡王安石
所行，大略都是窃取先王之近似者，他将青苗法的立法依据，推
而言及其他新法。所谓"窃取《周官·泉府》之说"，或"窃取
先王之近似者"，就是指王安石强以己意，牵强附会地曲解《周
官·泉府》的内容，或经籍所载先王制度的内容，用为新法的立
论依据，这就是所谓的"凿以己意"，亦即当时人们常论及王安
石经说的"穿凿"。然而张栻对新法如此的批评，并不影响他对
王安石书法的欣赏。

将王安石书法和他的政事并论的，还有南宋晚期的岳珂。岳
珂著有《宝真斋法书赞》，收录家藏晋、唐以至南宋前人墨迹，
而以宋代名人真迹为主，内容丰富，每题或一帖或数帖，多附以
跋，跋后有赞。书中收有王安石二帖，岳珂在二帖后的跋文，与
二帖所讲王安石问候赴官友人、勉族人晚辈修学的内容无关，而
是言及王安石的政治事业：

> 士所患无学问，无气节、无望实、无力量以达其志、以
> 得乎君、以泽乎天下、以被乎后世，公盖兼而有之，而又遇
> 有为之主，伸可为之愿，顾其效独反是，予每窃慨叹。

岳珂感叹，王安石本身既具备足够的条件，又能得到有为之君
宋神宗的充分信任，得以在政治上有所施展，实现其一向的泽
被天下且及于后世的理想，可是得到的效果完全相反。这其实
是他想要问的一个问题，这个问题就有如曾极在他的诗中，既
有感于王安石超群的功业不复为后人所纪念，又不能否认王安
石是北宋靖康之祸的祸源。岳珂始终在想这个问题，终于找到
了答案。嘉定十二年（1219，原作"嘉定乙卯"，但嘉定无乙卯
年，"乙卯"疑为"己卯"之误）的十月，他登钟山，在山麓向
一位隐君子请教王安石的为人，此人回答说，有如王安石的字
札。岳珂于是开始寻访王安石的遗墨，在一年后买到数帖，在熟
悉帖中的王安石书法后，有所感触，因而一再感叹"是隐其知
言欤"。

那么岳珂由于钟山山麓隐君子之言，而从王安石的字札得到
的答案究竟是什么？见于他在跋文后的赞文，前半段说：

> 态腾踔而多疏，意轩昂而多趣，倏焉如蹑电之驹，沛然
> 如纵壑之鱼；使之为山泽之癯，抱是自道以自娱，闻清风而兴
> 起，望膏泽之沾濡，肤寸所形，秕糠金朱，岂不毅然大丈夫。

前四句讲的是王安石书法的特色，所表达的意思，就有如前述周
必大引用黄庭坚所说的"多为横风疾雨之势"，或如朱熹所说的
"笔势低昂"而"有以见其跨越古今、斡旋宇宙之意"，用笔时则

如张栻所说的"若不经意"或"行其所无事"。换句话说，就是王安石顺着自己的心之所至而写，不理常轨的拘束，而能表现出自己气盖古今、扭转天地的精神。后面的几句话，则是岳珂依照王安石书法的特色，而提出他对王安石本人的看法，认为如果王安石只是一个山林隐者，以道自娱，视黄金、朱玉如秕糠，丝毫无意于望风兴起、沾濡膏泽，岂非持志毅然的伟大丈夫。接下来的后半段说：

> 然而律之以芝、繇之法度，考之以羲、献之范模，媲行、楷而已变，质隶、草而多拘；顾欲以之擅八体，教六书，合天下同轨之车，而不容有一辙之殊，兹其所以偾于康庄之衢吁。（岳珂《宝真斋法书赞》卷十一《宋名人真迹·王文公赴官·修学二帖》）

前面四句话也是讲王安石的书法，文中的"芝、繇"指汉代书法家张芝、曹魏的书法家钟繇，"羲、献"指东晋的书法家王羲之、王献之；"八体""六书"见于《说文解字》，分别指秦时的八种书体和新莽的六种书体，用在这里是泛指各种书体。这四句的意思是说王安石的书法，如果以张芝、钟繇、王羲之、王献之的书法来规范，可以比之于行书、楷书而已有变化，有隶书、草书的特质却拘束仍多，这也就是说王安石的书法已经越出了这几种书体的常轨。后面的几句话，是岳珂借王安石的书法而论其政事，以上述的特色，如果想要同时兼擅各体，合天下于同轨，不容有一辙之异，那就是何以在康庄大道也会翻覆的原因。意思是说，王安石自己做事已经逸出常轨，却又企图同时推行多项新法，倚仗各有所望的众多官员，要求情况各异的广大民众，同样依循各项新法的规定而生活，新法的施行怎么能收到预期的成果？

岳珂评论王安石的书法，一方面表达了他的欣赏，另一方面也借其书法来批评其施政。他对王安石施政更清楚的批评，则见于《桯史》的讨论。他先讲王安石在熙宁年间出任宰相，宋神宗虚心以听，王安石也自认遭遇不世出之主，竭尽其所学所能，期求能致君尧舜，然而：

> 然非常之元，诸老力争，纷纭之议，殆偏（按："偏"应作"遍"）天下，久之不能堪。又幸其事之集，始尽废老成，务汲引新进，大更弊法，而时事斩然一新。至于元丰，上已渐悔，罢政居钟山，不复再召者十年。其后元祐群贤迭起，不推原遗弓之本意，急于民瘼，无复周防，激成党锢之祸，可为太息。

"非常之元"意为非常之始，岳珂讲王安石推行新法是非常之事，一开始时，引起元老大臣的忧虑，所以力争，各种不同的意见也遍布于各国各地，王安石既无法承受，又期盼早日能收非常之功，因而黜罢老成，起用新进，阻力随之消失，新法得以推行。可是到了元丰年间，宋神宗已渐有悔意，王安石在罢政后居于钟山，不复再用。元祐继起，不思索楚人遗弓、楚人得之的本意，急于解决民生疾苦，也不防范祸患再生，激成党锢之祸，这是指旧党废新法，又以诗案贬窜蔡确于岭南，激成绍圣以后的元祐党祸。在这段文字里，我们看到的是岳珂对王安石的推崇，以新法推行之初是"非常之元"，无疑也意味着王安石是非常之人，推行新法是非常之事，将来会收非常之功。虽然讲到王安石起用新进，并未讲到所起用的新进在熙宁年间有何不良的影响；提到宋神宗在元丰年间渐有悔意，王安石因此而在罢政后不再起，也没有说明宋神宗何以会有悔意，并因此而不再起用王安石。反而是对于元祐旧党，颇有微词，认为他们在元祐年间的所作所为，既无意于民生，且激成后来的党祸。

接续上述熙宁以后变法相关史事的叙述与感叹，岳珂讲到他和楼钥之间的一次对话：

> 余尝侍楼宣献及此，宣献诵荆公是时尝因天雪有绝句曰："势合便疑埋地尽，功成直欲放春回。农夫不解丰年意，只欲青天万里开。"其志盖有在。余应曰："不然，旧闻京师隆冬，尝有官检冻死秀才、腰间系片纸，启视之，乃喜雪诗四十韵，使来年果丰，已无救沟中之瘠矣。况小人合势，如章、曾、蔡、吕辈，未知竟许放春否？"宣献忻然是其说。

楼钥所诵王安石诗，是王安石《次韵和甫咏雪》的后四句，但文字略有不同。在楼钥的解释里，前两句"势合便疑埋地尽，功成直欲放春回"应指新法的施行，起初必定会令人疑惑，是否将为生活带来有如寒冬般的困境，然而等收功之时，就有如冬去春来般的美好；后两句"农夫不解丰年意，只欲青天万里开"，则应指一般人反对新法，而不了解新法收功之后的好处，就有如只望放晴的农夫一样，不了解经过冬雪之后，明年便会是丰年。所以他才会说，王安石此诗是"其志盖有在"。至于岳珂回答楼钥所引述的官府检验冻死秀才，腰间系有喜雪诗四十韵一事，则见于苏轼《赵成伯家有丽人仆忝乡人不肯开樽徒吟春雪美句次韵一笑》诗的自注，文字亦略有不同。秀才因喜于降雪而作诗，自己竟因天寒而冻死，意味着新法尚未收功，已有人受其伤害，即使收功，于此亦已无补，更何况章惇、曾布、吕惠卿及蔡京、蔡卞兄弟，未必就有心助成新法收功，所以他说："使来年果丰，已无救沟中之瘠矣……未知竟许放春否？"他的说法，得到楼钥的接受。最后岳珂讲：

> 及今观之，发冢之议，同文之狱，以若人而居位，岂不如所臆度，荆公初心于是孤矣。(《桯史》卷十一《王荆公》)

"发冢之议"指绍圣元年（1094）在追夺已经去世的司马光、吕公著所获赠官、追谥的官诰，以及皇上所赐神道碑额之后，章惇还用蔡卞的建议，要对二人发冢、斫棺，幸而因许将向宋哲宗的劝谏而遭到阻止。"同文之狱"指发生于绍圣四年（1097）至元符元年（1098）间的同文馆狱，假借文彦博之子文及甫知悉元祐大臣大逆不道之谋为理由，于同文馆置狱审讯，想要诬陷已流窜岭南的刘挚、梁焘有废立哲宗之意，加以杀害，由于审讯不出具体证据，刘、梁两人又已在岭南贬所去世，而不再追究，此案甚至想把宣仁高太后也牵连入内，但是得不到哲宗的接受。岳珂这几句话是说，在绍圣年间，以章惇及蔡京、蔡卞如此的小人居于高位，企图发掘司马光、吕公著的冢墓，以及兴同文馆狱以诬陷刘挚、梁焘有废立哲宗阴谋，这一类恶性报复元祐大臣的举动会变本加厉地接续发生，原本就在预料之中。元老诸臣既不愿意与王安石合作，受其提拔的新进小人意在权位，并非真心真意地助成新法收功，"荆公初心于是孤矣"。尽管岳珂在为王安石变法初心孤立无助而感叹，但在他的眼里，新法的施行显然至少还是有

两大弊端，一是在施行过程中，确实有许多人受到伤害，再则是
一些小人夤缘而进，日后得居高位，这些人滥用权力，扩大了党
祸，不择手段地打击异己。这样的作为，按理而言，无疑将导致
国家命脉的斫丧。

岳珂在《桯史》中的意见，补充了他在《宝真斋法书赞》中
的说法。一方面政府部门人各异志，有些官员不愿与王安石合
作，王安石不理常轨而拔擢的一些新进官员则才胜于德，他们虽
协助其变法，却只为己谋，无人能体会王安石变法的初心；民众
因新法施行而受伤害，不仅使得他们自己心怀不满，他们的境遇
更影响到一些官员对新法的意见。在这种情况下，王安石如何能
让朝廷这辆车，在新法指引之下，同轨向前而无一辙之异？另
一方面，《桯史》的说法把问题延伸到王安石离世之后，他拔擢
起来的那些才胜于德的官员，经历了元祐年间旧党的打压，在
绍圣以后得掌政柄，运用他们的权力，变本加厉地报复元祐旧
臣，扩大了党祸。此一批评，把问题指向了北宋国家命脉的存
续，也把北宋国家命脉存续的问题，回溯到王安石为新法早日
收功而不依常轨地用人。这样的批评，要比他在《宝真斋法书
赞》中对王安石推行新法的批评，严厉得多。然而在岳珂的心目
中，从书法的特色来看，王安石理应是一个抱道自娱的山林隐
者，即使他对新法的推行有上述的严厉批评，那却是由于王安
石在俗世间的作为而起，也就不至于影响到他对王安石书法的
欣赏。

一再提及丙午、丁未的刘克庄，不仅喜爱王安石的四六文与
诗，也欣赏他的书法。他曾言及王安石一幅书帖：

　　此帖颇残缺，而清臞劲峭之状、回斡开阖之势，居然不

可掩。公自言学王濛，近时赵南塘亦学王濛，公得其草，赵
得其楷，惟深于帖者知之。(《后村先生大全集》卷一〇三
《题跋·荆公》)

刘克庄对王安石书法的"清臞劲峭之状、回斡开阖之势"，显然
十分欣赏，所以才会说即使此帖颇为残缺，而这项特色仍"居然
不可掩"。北宋末年李之仪评论王安石的书法，已讲有人以之为
知骨不知肉，他认为这其实是由于王安石书法的清劲。南宋中晚
期间的曾丰，也说王安石的字虽然姿态各有不同，却同归于清，
亦即所谓瘦硬通神，就如王安石的为人，不为富贵所淫，虽然身
处廊庙，终究仍有饭蔬气习在，而其貌未改山泽之臞；"回斡开
阖之势"则有如朱熹所讲王安石书法有"跨越古今、斡旋宇宙之
意"。他又说王安石自言师法东晋的王濛，近来赵汝谈也师法王
濛，王安石承其草书，赵汝谈承其楷书，而这只有深入书帖者才
能了解。王安石自言学王濛出自黄庭坚，至于赵汝谈也学王濛，
和王安石分别承其草书和楷书，则应是刘克庄自己的心得，他显
然自许为"深于帖者"。赵汝谈与他一样擅长写骈文，由于欣赏
他的诗、文而与之结交，而他也欣赏赵汝谈的书法。

三、德行

除诗、文和书法外，王安石的德行在南宋中晚期人的著作里
也得到称誉，最主要是他的节俭和视富贵如浮云，也有言及其他
方面德行的。如南宋中期的曾敏行，记载了王安石在相位时，招
待姻亲之子在家用饭的情况，"果蔬皆不具"，"酒三行，初供胡

饼两枚，次供彘脔数四，顷即供饭，傍置菜羹而已"，此人颇为骄纵，"不复下箸，惟啖胡饼中间少许，留其四傍"，王安石取来"顾自食之"。曾敏行总结说："人言公在相位，自奉类不过如此。"（曾敏行《独醒杂志》卷二）这是从日常饮食看王安石生活的简朴，即使任宰相时也没有改变。而曾敏行在同书中，对王安石的施政是有批评的，他讲到孔文仲应考制科，对策中提到青苗、免役之害，用语过于忤直。初考官宋敏求置之于三等，复考官王珪降之于四等，详定官韩维用了初考官的评定，王安石看了孔文仲的试卷，至为厌恶，密启于宋神宗，孔文仲因而落榜。接着以孔文仲和推荐人范镇的对话，讲出其气节，最后则以孔氏于元祐年间任谏议大夫时因抗直而为时推重，一方面表达了他对孔氏作为的肯定，另一方面也表达了他对王安石作为的不满。然而曾敏行对王安石施政的批评，并不影响他对王安石生活简朴的称誉。

张栻、周必大、杨万里对王安石施政的批评，都言及王安石于退闲后骑驴游蒋山的生活。张栻《跋王介甫游钟山图》：

> 林影溪光静自如，萧疏短鬓独骑驴。可能胸次都无事，拟向山中更著书。（《南轩集》卷七）

周必大《跋宗室子傃藏前辈帖》：

> 予顷官秣陵，每休沐必出白下，过半山，上钟阜，访定林，酌八功德水，想公跨驴却盖，往来其间，与宝觉、行详之徒游，其高风绝韵，殆古今宰相所未有，自非遗物离人而立于独不能尔也。（《文忠集》卷十六）

杨万里《跋半山老人帖》：

> 半山老人此帖，盖与刘丞相之子元忠待制也。纸尾云：
> "外物之来，宽以处之。"此老心法也。佩玉庙堂，而面带骑
> 驴荒陂之色，观其字见其人。（《诚斋集》卷九十九）

张栻、周必大、杨万里的诗、文，都言及王安石退闲居于建康府时，骑驴往来钟山一事，而有其心中不为穷达所牵累之意。张栻所跋王安石游钟山图，据陆佃的说法，是李公麟（字伯时，号龙眠居士）于元祐四年（1089）六月六日访其家时所绘。诗中后两句"可能胸次都无事，拟向山中更著书"，表达了张栻览图之后的感想；他觉得王安石骑驴往来于幽静的山光林影之间，已经抛开了过去当权时所经历的一切，心里想的只是《字说》的撰著而已。周必大的跋文，回忆他在绍兴二十八年（1158）、二十九年（1159）在建康府学教授任上时，每逢假日，都会出白下门，路过原为王安石居所的半山报宁禅寺，访钟山，至山中的定林寺，再到八功德水；追想当年王安石骑驴往来于这些地点，和宝觉、行详等僧人往来，那种古今宰相所无的高风绝韵，若非能像《庄子·田子方》所说的"遗物离人而立于独"，岂能做到。这是说，此时的王安石，已经摆脱出人世间一切的纷争，心神与天地合而为一。

张栻、周必大都只言及王安石退闲之后，而杨万里在王安石写给宋仁宗至和年间宰相刘沆之子刘瑾（字元忠）的书帖跋文中，则将其退闲后骑驴来往所表现出来的特征，回溯到他执政时。刘瑾在熙宁年间是王安石的支持者，王安石执政时，在写给刘瑾书帖的帖尾，所说的"外物之来，宽以处之"这句话，在杨

万里看来，其实也见于他退闲后的生活态度，所以会说这是"此老心法也"。然后杨万里再以书帖中王安石的字如其人，来增强自己的说法。字是王安石"佩玉庙堂"时，也就是担任宰相时所写的，可是看起来就像是退闲后"骑驴荒陂"时的神色。"骑驴荒陂"一语出自苏轼《次荆公韵四绝》中第三首的首句"骑驴渺渺入荒陂"，描绘出一种在钟山远望王安石，看着他骑驴走入山中深处，身影愈来愈小，逐渐隐没于山林之中而远离世事的情景。

　　不像张栻、周必大、杨万里借着王安石退闲后骑驴旋钟山的影像，来隐喻他不为穷达所牵累，南宋晚期的罗大经，直接从王安石拜相之日的表现，说出了王安石尽管得掌重权，却心在山林：

　　　　士岂能长守山林，长亲蓑笠，但居市朝轩冕时，要使山林蓑笠之念不忘，乃为胜耳。

然后他以陶渊明、王安石两人为例来说明。他引用陶渊明的《赴镇军参军》诗中的四句，"望云惭高鸟，临水愧游鱼。真想初在襟，谁谓形迹拘"，认为如此的胸襟，岂会受外界的荣光所点染。接着讲王安石：

　　　　荆公拜相之日，题诗壁间曰："霜松雪竹钟山寺，投老归欤寄此生。"只为他见趣高，故合则留，不合则拂袖便去，更无拘绊。山谷云："佩玉而心若槁木，立朝而意在东山。"亦此意。（罗大经《鹤林玉露》丙编卷五"不忘山林"条）

"霜松雪竹钟山寺，投老归欤寄此生"的"霜松"，原作"霜筠"，王安石于拜相日题这两句诗于壁间，见于魏泰《东轩笔录》的记载。罗大经提此事，说明王安石虽登庙堂，而实则心在山林，由于见识、志趣高，所以能够合则留，不合则拂袖而去，丝毫不受权位的羁绊。他再引用黄庭坚所说的"佩玉而心若槁木，立朝而意在东山"，来说明王安石的态度。黄庭坚这两句诗，是用来讲苏轼的。尽管王安石和苏轼有不同的政治态度，可是罗大经把他们两人看成是具有同等风节的人物；而他们的风节，又可以和东晋的陶渊明相提并论。

可是罗大经虽然欣赏王安石即使掌握重权，也仍然不忘山林，他依然对王安石的施政有强烈的批评。这项意见，在《鹤林玉露》中多次出现。以"诸葛成何事"条（丙编卷二）为例，此条引用唐代薛能诗，"山屐经过满径踪，隔溪望见夕阳春。当时诸葛成何事，只合终身作卧龙"，接着说，王安石晚年喜诵此诗。显然意味王安石以自己比拟诸葛亮，未能成事，只合隐居山林。此事出自元祐年间王直方所著《直方诗话》，而为北宋末年阮阅《诗话总龟》、南宋初年胡仔《苕溪渔隐丛话》所引用，而王直方又得之其友李希声，即李淳，王安石所编《唐百家诗选》也录有薛能此诗。然后罗大经比较诸葛亮和王安石，对于诸葛亮，罗大经认为薛能之论是不对的，从诸葛亮出山后的作为看，不宜质疑他"成何事"。对于王安石诵此诗自喻，罗大经的看法则是，诸葛亮开诚心、布公道、集谋虑、广忠益，存心无惭伊、吕，出师未捷身先死，这是天意；而王安石"刚愎自任，新法烦苛，毒流四海，不忍君子之见排，甘引小人以求助，卒为其所挤陷，此岂天也"，意思是说，这都是王安石自己所造成的，他未能成事，不能说是天意。新法如何"毒流四海"，书中"二罪人"条（甲编卷三）指出："国家一统之业，其合而遂裂者，王安石之罪也。

其裂而不复合者，秦桧之罪也。"认为王安石的新法影响到北宋末、南宋初国运的巨变。在"荆公议论"条（乙集卷四）中说得更清楚，他列举王安石的一些议论，认为"岂特执拗而已，真悖理伤道也"，然后指出，荀卿立性恶之论、法后王之论，李斯得其说，秦因之而亡，而王安石的议论更甚于荀卿，"身试其说，天下既受其毒矣。章、蔡祖其说而推演之，加以凶险，安得不产靖康之祸乎！"对罗大经来讲，欣赏王安石有山林之志和批评新法的毒流四海，是可以同时并存而不悖的两件事。

罗大经著作于淳祐年间的《鹤林玉露》，在"诗祸"条（乙编·卷四）中言及历代诗祸，宋代则举出苏轼所经历的乌台诗案、蔡确所经历的车盖亭诗案及发生于宝庆年间而事连曾极的江湖诗祸，并且提及曾景建之名，引述了他因之而受祸的两句诗。前已述及，曾极大约于诗祸发生前的嘉定年间，在《青松路》和《王介甫手植松》两首诗中，表达了他对王安石推行新法的批评，认为不仅民众未曾受惠，而且带来北宋末、南宋初国运的巨变。他的看法，恰与上述淳祐年间罗大经的看法，前后相呼应。曾极应该在《青松路》和《王介甫手植松》写作的前后，有另一首《荆公祠》诗，却表达出他对王安石德行的推崇：

> 霜筠雪竹古精蓝，投老归与志自甘。一食万钱终忍垢，
> 鱼羹饭美忆江南。（《方舆胜览》卷十四《建康府》）

前已述及，王安石得知拜相之命时，于壁上题"霜筠雪竹钟山寺，投老归欤寄此生"两句诗，显示他虽大权在握，而已有山林之志。曾极诗首句"霜筠雪竹古精蓝"即呼应了王安石两句诗中的首句。"精蓝"二字据宋咸淳本，清四库本作"积蓝"，应从

宋咸淳本，是精舍伽蓝之意，与"霜筠雪竹钟山寺"句中的"钟山寺"相互呼应。曾极诗第二句"投老归与志自甘"，则呼应了王安石当年题于壁上的后句"投老归软寄此生"，说明王安石甘于退闲后的淡泊生活，因为这原本就是他一向的期望。曾极的前两句诗所描写的，其实也正是王安石退闲后读书于钟山定林寺的生活。曾极诗的第三句诗"一食万钱终忍垢"与第四句诗"鱼羹饭美忆江南"是将王安石任相时，别人对他的批评和他实际的生活互相对照。"一食万钱"应本于不满新政的郑侠，在熙宁六年（1073）十一月因天旱导致民众流亡，而上于宋神宗的奏状，针对当时的执政者，指出"所谓大臣，非谓大佩高盖，秉执大政，日食万钱以自肥腯者。以道事君，不可则止而已"（《西塘集》卷一《十一月初一日奏状》），郑侠指的"大臣"，自然是指王安石而言，"日食万钱"或许并非指王安石实际的生活如此，是借用西晋宰相何曾日食万钱的典故，指出宰相的生活并非只顾自己的安乐，而不理民生的疾苦，重点在要求王安石"以道事君，不可则止"。第四句中的"鱼羹饭"，源自曾恬、胡安国记并经朱熹整理，载录二程弟子谢良佐与门人谈话的《上蔡语录》，讲到王安石"平生养得气完，为他不好做官职，作宰相只吃鱼羹饭"，要皇帝用他的意见，不用他的意见便自在地求去，曾经接续两次上札子给宋神宗，要求任命人，神宗对他所提出的人都不接受，他出来便求去，不愿留下，"平生不屈，也奇特"。在谢良佐的话里，王安石做宰相只吃鱼羹饭这种居高位而生活节俭的态度，是和他不好官职的进退自在的态度，相互关联的，正由于生活俭省，所以能够不恋富贵。曾极的第四句诗中的"忆江南"，取自王安石《题西太一宫壁二首》第一首前后两句"三十六陂流水，白头想见江南"，意在表示自己尽管居于政治核心京师，心中所盼望的却是有朝一日能回到江南过退闲生活。因此"鱼羹饭美忆江南"这句诗，也同样是把王安石的节俭和他的视富贵如浮云，联结在一起讲。整首诗以王安石视富贵如浮云为主旨，而又结合了他的节俭美德，从两方面表达了作者对王安石德行的欣赏。

如同曾极，赵善璙在他序于嘉定十七年（1224）的《自警编》中，也同时表彰王安石节俭与不好官职两项美德，而且还兼及其他一些德行。《自警编》摘录前辈言行，用以自警，所录以北宋人物为主。书中所录，多摘取自前贤之语，但从其选录，应仍可看出赵善璙对一些人物的看法，其中对于王安石的言行，是既有批评，也有称誉。例如在言及陈瓘于建中靖国年间弹劾蔡京时，赵善璙讲到王安石执政之后，"多变更祖宗故事，以兴利开边为先务，诸公虽悉力交攻之，莫能夺，其流毒至于今未殄"（卷一），这段话是出自杨时的《沙县陈谏议祠堂记》，而为朱熹《三朝名臣言行录》所引录。在言及司马光于哲宗即位后辞门下侍郎之职时，又讲到王安石任宰相时，"用心过当，急于功利，小人得乘间而入，吕惠卿之流以此得志，后者慕之，争先相高，而天下病矣"（卷八），这段话是出自苏轼的《司马温公行状》，亦为朱熹《三朝名臣言行录》所引录。上引这两段话，都是对王安石推行新法的批评。

而王安石在此书中所受到的称誉，主要是其德行。例如讲到"人须是于一切世味淡薄方好，不要有富贵相"，先举周行己（恭叔）为例，说他才高识明，起初讲得也甚好，后来"只缘累太重，若把得定，尽长进"；接着讲到吕大防（微仲），听说程颢一见他，就说吕大防会做宰相，"只是这汉俗"，并且引谢良佐的话说，因为他有贵的相态，便有俗处。接着就以王安石为例，讲王安石在政事堂"只吃鱼羹饭，因荐两人不行，下殿便乞去，云：'世间何处无鱼羹饭！'为他缘累轻，便去住自在。"（卷二）这段话出自《胡氏传家录》，内容为曾几、徐时动、杨训所记胡安国问答之语，以及胡安国子胡宁所记家庭之训，而为吕祖谦《少仪外传》所引录。这段话所推崇的，是王安石生活节俭，即使在相位时也是如此，所以他能不在意官位，而关键则在"缘累"的轻重。王安石"缘累"轻，应指其心中所挂虑之事少。此外，在同卷中又讲到王安石与司马光一些共同的美德，如两人都不好色、不爱官职、不殖货利，也都能照顾自己的兄弟；又引刘安世的话，说司马光和王安石同样质朴俭素、终身好学、不以官职为意。前者出自邵伯温《邵氏闻见录》，后者出自马永卿所记《元城语录》，而均为《三朝名臣言行录》所引录。前引经过朱熹整理的《上蔡语录》所载谢良佐对门人所讲，"王荆公平生养得气完，为他不好做官职"这段话，也见于书中卷五的节录，朱熹所著《三朝名臣言行录·后录》也载有《上蔡语录》这一段话。可以看出，提到较多的，仍然是王安石的节俭和不好官职，而赵善璙的相关知识，或许多出自朱熹《三朝名臣言行录》《后录》及吕祖谦《少仪外传》所引录的一些北宋末、南宋初人的作品。北宋末、南宋初一些与王安石德行有关的言论，由于南宋中期朱熹、吕祖谦的引录，而成为南宋晚期赵善璙《自警编》的内容。赵善璙起初只是将此书置之于座右，以期无负当初编写之意，到端平元年（1234）付梓，于是流传更广。

理宗、度宗时期在吉州以儒学师表受人尊敬的欧阳守道，也从好几个方面推崇王安石的德行，然而在推崇的同时，也表达了他对王安石的批评。在《跋介轩记后》，他从王安石字介甫来讲其为人：

> 　　辨是非，谨向背，介之为义，君子有取焉，凡有取乎介
> 者其人必可观也。徂徕石先生名介，质肃唐公亦名介，郑公
> 侠字介夫，观其名若字而知其人矣。半山老人字介甫，视公
> 相犹布衣，于我无加也。夫其名字取此，则持身制行亦必朝
> 夕思焉以求无愧，此前辈诸贤所以诚异乎流俗也。（《巽斋文
> 集》卷二十）

又在《跋张南轩回周益公书》中，由于张栻在回周必大的信中，
讲到"熙宁以来人才顿衰，正以王介甫作坏之故，故介甫之学，
乃是祖虚无、害实用者"而有所论：

> 　　所谓王介甫坏熙宁以来人才，原于祖虚无、害实用，此
> 是指它本原之差。介甫居家时，事亲孝，与诸弟睦，清修博
> 学，自非今世狗名之比，但究其本原之病，终在与人主便说
> 尧、舜，与公卿便说周、孔，少间所为，件件变了，所与亲
> 者却是虚浮浅躁之士。（《巽斋文集》卷二十）

在《跋介轩记后》，欧阳守道所推崇的是王安石"视公相犹布衣，
于我无加也"，也就是他不爱官职，即使在相位，也有山林之志。
在《跋张南轩回周益公书》中，欧阳守道所推崇的，是王安石居
家时能"事亲孝，与诸弟睦，清修博学"，也就是他孝顺母亲，
友爱诸弟，自己生活淡泊而致力于学问。见于两篇跋文的王安石
德行，广含他的不爱官职、孝顺、友爱与生活淡泊。
　　可是何以张栻会说王安石败坏熙宁人才，"原于祖虚无、害
实用"？欧阳守道说，这是指王安石学问的本原之差，亦即他对
人主就谈尧、舜，对公卿就谈周、孔，等到他出来承当国事，所

做的样样都变了，亲近的是一些虚浮浅躁之士。这些话的意思，是说王安石虽然学问广博，但是在政治上的作为，却与所学、所说全相违背；而学问的本原，却是在于"不自欺"，若能"知此一言，行此一语"，则可以"进于诚"，所以静时要默思，"我所知者几何，而能行者几何"，这是理学的真义，也是伊洛诸君子何以会用"不教人作一场话说"来救弊的原因。欧阳守道所用的"理学"一词，在南宋中期开始使用，到南宋晚期已渐盛行，逐渐要比道学一词更常使用。尽管他认为王安石在政治事业上是言不顾行，却没有否认他居家时所表现出来的美德。

尽管许多人虽然批评王安石的施政，却仍然推崇他的德行，可是也有人不以为然。例如朱熹，曾有门人对他说，王安石"恬退素行亦好"，他回答说："他当时作此事，已不合中。如孔子于饮食衣服之间，亦岂务灭裂？它当初便只苟简，要似一苦行然。"（《朱子语类》卷一三〇《本朝四·熙宁至靖康用人》）。又有门人谈到苏洵《辨奸论》，朱熹说，王安石的气习"自是一个要遗形骸、离世俗底模样，吃物不知饥饱"，又说曾记得有一书载王安石于食绝无所嗜，只要是近身的一定会吃完，身边伺候的人怀疑这是他喜欢吃的食肴，次日改放其他食肴在其身前，昨天吃的放在较远之处，结果他就不吃昨天所吃的那种了。朱熹因此认为王安石于食未尝知味，至于别人说他在宋仁宗面前食钓饵药一事，当时认为王安石是诈人，其实是他吃下去根本不知道是什么；并且把他和吕祖谦（伯恭）相提并论，吕祖谦也是"面垢身污，似所不恤，饮食亦不知多寡"，指出这就是"放心"，意思应是心已离开自身，没有用在当时所做的事情上。因此朱熹讲，《辨奸论》以王安石这类行为是"奸"，"恐不然也"（《朱子语类》卷一三〇《本朝四·自熙宁至靖康用人》）。朱熹所说曾看过讲王安石只吃身旁食饷的书，或许是指其族祖父朱弁，于建炎、绍兴间使金受拘留期间写的《曲洧旧闻》，而见于此书之末的这则记载，正是说明王安石的"性简率，不事修饰奉养，衣服垢污，饮食粗恶，一无所择"，并用以反驳苏洵《辨奸论》所说王安石"衣臣虏之衣，食犬彘之食，囚首丧面而谈《诗》《书》"，以为"不近人情"。

朱熹一方面为王安石辩护，认为他不讲究饮食的生活，并非如人们所说，显示他的奸诈；另一方面却也不认为他这类看似节俭的行为，并非适当，而认为其实是他的"放心"，也就是心不在焉所造成的。朱熹所说的"放心"，应该就是孟子所说"求其放心"的"放心"，能求放心，才能做到朱熹本于二程所说的"心要在腔子里"。身心既收敛，然后读书求义理才有长进，不仅读书进德要如此，思虑、应接亦不可废，推而言之，吃饭、穿衣也应该如此。朱熹在写给吕祖谦的一封信中说，收到范念德（伯崇）的信，得知其曾苦于末疾（手脚之疾），"当是耽书过甚，或失饮食起居之节，致外邪客气得以乘虚侵隙而入耳"（《朱文公文集》卷三十四《答吕伯恭》），就把吕祖谦得病的起因，归之于他读书过甚和饮食起居不当。又在写给吕祖俭（子约）的一封信中说，"孟子言学问之道，惟在求其放心。而程子亦言，心要在腔子里"；然后就劝吕祖俭："今一向耽著文字，令此心全体都奔在册子上，便不知有己，便是个无知觉、不识痛痒之人，虽读得书，亦何益于吾事邪？"何况吕祖俭"平日气体不甚壮实，岂可直以耽书之故遂忘饥渴寒暑，使外邪客气得以乘吾之隙？是岂圣人谨疾、孝子守身之意哉！"（《朱文公文集》卷四十七《答吕子约》）吕祖俭是吕祖谦之弟，显然兄弟两人都有同样的毛病。朱熹在信中因吕祖俭耽书而遂忘饥渴寒暑，而以孟子所说求其放心和二程所说心要在腔子里来劝勉，也可以用来了解朱熹对王安石

"吃物不知饥饱"的看法。至于《辨奸论》的真伪问题，近人虽有所争论，但在朱弁和朱熹看来，确是出于苏洵之手。

不仅如此，朱熹在《读两陈谏议遗墨》（《朱文公文集》卷七十）中，更强烈地批评王安石既不能修身，也不能齐家。由于陈师锡在写给陈瓘的《与陈莹中书》（《宋文鉴》卷一二〇）中，说王安石之学"本出于刑名度数，性命道德之说，实其所不足"，而朱熹则认为道德性命与刑名度数，"其精粗本末，虽若有间，然其相为表里，如影随形，则又不可得而分别也"，因此就问，如果王安石实有得于刑名度数：

> 则其所以修于身者，岂至于与僧卧地，而顾客裼衣，如钱景谌之所叙乎？……所以施于家者，岂至于使其妻穷极奢侈，斥逐娣姒，而诟叱官吏，如林希、魏泰之所书？岂至于使其子囚首跣足、箕踞于前，而干预国政，如邵伯温之所记乎？

钱景谌原为王安石门人，后来因新法问题而不再与之来往，所述见于其《家集》所收的《答充守赵度支书自序》，摘录于朱熹《三朝名臣言行后录》卷六，为其往见王安石时目睹。林希、魏泰所书的三件事中，"诟叱官吏"一事见于魏泰《东轩笔录》，魏泰与王安石相熟，已见前述；"穷极奢侈""斥逐娣姒"二事不见于《东轩笔录》，可能出自熙宁年间任官京师的林希所著《野史》，但此书内容仅见于他书引录，主要在《续资治通鉴长编》，而包括《长编》在内，各书引录均无此二事。清人蔡上翔在《王荆公年谱考略》中，怀疑"穷极奢侈"一事即是"锦帐嫁女"，此事目前所见较早的记载，是曾布之子曾纡所著的《南游记旧》，

《说郛》一百二十卷本与一百卷本收录此书均有此条，至于"斥逐娣姒"为何，则仍不清楚。而王雱"囚首跣足、箕踞于前，而干预国政"之事，亦确见于邵伯温《邵氏闻见录》。大致说来，朱熹所举王安石不能修身、齐家各事，应均确有记载来源。而朱熹之所以会举出这些事情来说明王安石既不能修身，也不能齐家，则由于他在《读两陈谏议遗墨》中，认为王安石学术上的根本偏差，在于不能从修身此一基本工夫做起。

南宋末年的文天祥、黄震，对于前贤所称誉的王安石德行，也有异见。文天祥在吉州白鹭州书院求学时，曾受业于欧阳守道，于其去世之后又以门人的身份为之写祭文，却不同意其师在《跋介轩记后》对王安石的看法，他也写了一篇《跋吕元吉先人介轩记后》，讲道：

> 巽斋先生曰："徂徕石先生名介，质肃唐公名介，郑公侠字介夫，半山老人字介甫。凡有取乎介者，其人必可观也。"予尝评之：徂徕之介为孤峭，质肃之介为直方，郑公之介为敢决，荆公之介为执揭（按："执揭"应为"执拗"之误）。三公之介纯于天资，荆公之介杂于客气，介则一，而其所以介则不同也。予独悲乎强辨（按："辨"应是"辩"之误）坚忍、虚名伪行，介甫以误于其君，以厉于其时。至今天地易位，人极不立，皆此介之流也。……彼其角血气之私，窃名誉之盛，而遗毒迄今日而未已。呜呼！伪行之误人，而直道之难行，久矣。（文天祥《文山先生全集》卷十）

文天祥先举出了石介、唐介、字介夫的郑侠和字介甫的王安石，四人之"介"各有特色，而认为他们所以"介"则不同。前三人之所以"介"是"纯于天资",而特色为执拗的王安石之所以"介",却是"杂于客气"。文天祥因而悲感王安石以他的"强辩坚忍、虚名伪行",误了宋神宗,害了他的时代,甚至到其后的"天地易位,人极不立,皆此介之流也",这应该是暗指当时的权臣窃取了君权。最后总结说,王安石"角血气之私,窃名誉之盛",遗毒到今日而仍未消失,伪行误人而直道难行,是由来已久。在欧阳守道笔下,王安石"无愧其名"的"持身制行",在文天祥的眼里,只是凭借着"强辩坚忍"而来的"虚名伪行",不仅祸害当时,也遗毒后世。

至于文天祥所说王安石之所以介是"杂于客气"的"客气",在汉代以来的医书中,是常用以指外来侵犯人身的邪恶之气或毒厉之气,人受其侵犯则得病。前述朱熹致吕祖谦、祖俭兄弟信中的"客气",即是此一意义的"客气"。程颢、朱熹论学时所言及的"客气",则常与义理对举,如程颢讲"义理与客气常相胜,又看消长分数多少,为君子小人之别";如果义理长则自然客气消,客气如能消尽则为大贤,如朱熹讲"血气之怒不可有,义理之怒不可无",又讲"惟气血所使者只是客气,惟于性理说话涵泳,自然临事有别处"。文天祥此文中的"客气",也是此一意义的"客气",所以他会又讲王安石"角血气之私,窃名誉之盛"。朱熹也曾在一封写给张洽(元德)的信中,以义理、客气之分来评论王安石,他说王安石所谓胜流俗,并非先立此意以压诸贤,只是见理不明,用心不广,以致如此;如果能得到明道先生和一时诸贤"向源头与之商量,令其胸中见得义理分明,许多人欲客气自无处着,亦不患其不改矣"(《朱文公文集》卷六十二《答张元德》)。从这几句话,一方面可以看出朱熹把"义理"和"人欲客气"对举,显然"客气"和"人欲"互有关联;另一方面,也可以了解，上述文天祥以"杂于客气"来说明王安石之"介"，或许就是受到朱熹的影响。

黄震则在读《上蔡语录》时，对谢良佐所说王安石做宰相只吃鱼羹饭的一段话，有不同的意见。他在"王荆公作宰相，只吃鱼羹饭。拟除人不允，下殿便求去"条下，如此说：

> 按：一语不合即乞去，伊川以山林士召入则可。荆公，大臣也，除拟未合宜，如赵韩王事太祖，再三以进可也。鱼羹饭自是儒生之常，非要君之具。如荆公下殿便乞去，此无礼耳，执拗耳。上蔡谓其养得气完也奇特。血气何足尚而奇之耶？（《黄氏日抄》卷四十一）

黄震从几个方面表达了他的意见，把谢良佐的看法几乎说得一无是处。首先，他认为一不合便求去这样的做法，如果像程颐一样是以山林之士召入，是可以的；但是王安石是大臣，如果要求任用人而皇帝不肯接受，应该像赵普事宋太祖一样，再三请求。其次，鱼羹饭是儒生之常，不是用来要挟君主的，如果王安石下殿就求去，那是对君主无礼，就他自己来说则是执拗。最后，谢良佐说王安石"养得气完也奇特"，黄震说其实那只是血气而已，不足以崇尚。这里说王安石的作为所凭仗的是"血气"，此一"血气"，应即朱熹所说推动"客气"的"气血"，也是文天祥所讲王安石"角血气之私，窃名誉之盛"的"血气"，亦即黄震认为王安石的作为并非本于义理而来。黄震说鱼羹饭是"儒生之常"，又以"要君""无礼""执拗"来看王安石的求去，对他来讲，节俭和不爱官职显然不能视为王安石值得推崇的德行。

王安石德行所受到的争议，显然要比他在文学和书法上的表现大得多。然而当时人们即使推崇王安石的文学、书法、德行，对其施政往往仍有恶评。高度评价王安石诗、文的刘克庄，甚至使用"丙午、丁未"之说，不仅视王安石为北宋亡国的祸源，更以之预言南宋的国运。而"丙午、丁未"此一王安石谶言在南宋晚期的盛传，正是其身后政治声望跌落到谷底的表现。

第二编参考书目

一、专书

于北山：《陆游年谱》，上海：上海古籍出版社，2006年。

于北山：《杨万里年谱》，上海：上海古籍出版社，2006年。

田浩（Hoyt Cleveland Tillman）著、姜长苏译：《功利主义儒家——陈亮对朱熹的挑战》，南京：江苏人民出版社，1997年。

田浩：《朱熹的思维世界》（增订一版），台北：允晨文化实业股份有限公司，2008年。

包弼德（Peter K. Bol）著、刘宁译：《斯文：唐宋思想的转型》，南京：江苏人民出版社，2001年。

向以鲜：《超越江湖的诗人——后村研究》，成都：巴蜀书社，1995年。

束景南：《朱子大传》，福州：福建教育出版社，1992年。

何俊：《南宋儒学建构》，上海：上海人民出版社，2004年。

周梦江：《叶适与永嘉学派》，杭州：浙江古籍出版社，1992年。

周学武：《唐说斋研究》，台北：台湾大学文学院，1973年。

袁征：《宋代教育——中国古代教育的历史性转折》，广州：广东高等教育出版社，1991年。

孟淑慧：《朱熹及其门人的教化理念与实践》，台北：台湾大学出版委员会，2003年。

梁庚尧：《南宋的农村经济》（二版），新北：联经出版事业公司，2021年。

梁庚尧:《宋代科举社会》,台北:台湾大学出版中心,2015年。

陈荣捷:《朱子门人》,台北:台湾学生书局,1982年。

黄宽重:《晚宋朝臣对国是的争议——理宗时代的和战、边防与流民》,台北:台湾大学文学院,1978年。

黄宽重:《南宋时代抗金的义军》,台北:联经出版事业公司,1988年。

张宏生:《江湖诗派研究》,北京:中华书局,1995年。

张立文:《走向心学之路——陆象山思想的足迹》,北京:中华书局,1992年。

刘子健著、赵冬梅译、柳立言校:《中国转向内在:两宋之际的文化内向》,南京:江苏人民出版社,2002年。

欧小牧编著:《陆游年谱》,台北:木铎出版社,1982年。

钱穆:《朱子新学案》,台北:自印,1971年。

钱穆:《宋明理学概述》,台北:台湾学生书局,1977年。

戴景贤:《北宋周张二程思想之分析》,台北:台湾大学出版委员会,1979年。

戴仁柱(Richard Davis)著,刘广丰、惠冬译:《丞相世家:南宋四明史氏家族研究》,北京:中华书局,2014年。

魏希德(Hilde De Weerdt)著、胡永光译:《义旨之争:南宋科举规范之折冲》,杭州:浙江大学出版社,2015年。

苏丹:《南宋理学家与刘克庄诗学》,上海:上海外国语大学硕士论文,2018年。

谭作人:《陆象山评传》,嘉义:自印,1976年。

二、论文

王德毅:《郑清之与南宋后期的政争》,收入漆侠主编:《宋史研究论文集——国际宋史研讨会暨中国宋史研究会第九届年会编刊》,保定:河北大学出版社,2002年。

方震华:《转机的错失——南宋理宗即位与政局的纷扰》,《台大历史学报》第53期,2014年,台北。

方震华:《复仇大义与南宋后期对外政策的转变》,《历史语言研究所集刊》第八十八本第二分,2017年,台北。

方震华:《破冤气与回天意——济王争议与南宋后期政治(1225—1275)》,《新史学》第27卷第2期,2016年,台北。

尹波:《张九成年谱》,《宋代文化研究》第五辑,1995年,成都。

尹航:《宰属与史弥远专权》,收入邓小南主编、方诚峰执行主编:《宋史研究诸层面》,北京:北京大学出版社,2020年。

田浩:《行动中的知识分子与官员:中国宋代的书院和社仓》,收入田浩编,杨立华、吴艳红等译:《宋代思想史论》,北京:社会科学文献出版社,2003年。

朱瑞熙:《宋代理学家唐仲友》,收入衣川强编:《刘子健博士颂寿纪念宋史研究论集》,东京:同朋舍,1989年。

朱瑞熙:《宋元的时文——八股文的雏形》,收入氏著:《嚛城集》,上海:华东师范大学出版社,2001年。

石明庆:《杨万里“诚斋”诗论的理学意蕴》,《廊坊师范学院学报》第21卷第1期,2005年,廊坊。

石明庆:《陆游“诗外工夫”论的理学阐释》,《盐城师范学院学报(人文社会科学版)》第28卷第4期,2008年,盐城。

石明庆:《论理学与南宋江西诗派的“活法”理论与实践》,《南京师范大学文学院学报》2011年第3期,2011年,南京。

吴展良:《符契于圣人之心——朱子以生命解经的过程及其中心目标》,收入复旦大学上海儒学院编:《现代儒学》第一辑《儒学与古今中西问题》。北京:三联书店,2016年。

吴展良:《程朱天理说中的群体意识》,《道家文化研究》第31辑,2017年,北京。

肖建新:《立法·变法:南宋陈傅良的法制理念》,《安徽师范大学学报(人文社会科学版)》第39卷第5期,2011年,芜湖。

寺地遵著、吴雅婷译:《韩侂胄专权的成立》,《中外论坛(学术版)》2020年第4期,2020年,纽约。

李华瑞:《南宋浙东学派对王安石变法的批判》,收入氏著:《宋史论集》,保定:河北大学出版社,2001年。

李华瑞、水潞:《南宋理学家对王安石新学的批判》,《河北大学学报(哲学社会科学版)》2002年第1期,2002年,保定。

李勇:《杨万里对王安石变法的批评》,《淮北煤师院学报(社会科学版)》,

1998年第3期，1998年，淮北。

沈松勤：《两宋党争与"江西诗派"》，收入氏著：《宋代政治与文学研究》。
　　　北京：商务印书馆，2010年。

沈松勤：《杨万里"诚斋体"新解》，收入氏著：《宋代政治与文学研究》。

屈超立：《从贾似道专权看南宋权相政治形成的原因》，《宋代文化研究》第4
　　　辑，1994年，成都。

林天蔚：《君权重、相权多，是否矛盾？》，收入氏著：《宋代史事质疑》，台
　　　北：台湾商务印书馆，1987年。

邱鸣皋：《陆游师从曾幾新论》，《文学遗产》2002年第2期，2002年，北京。

周愚文：《宋代科举报考人数与录取人数失衡问题因应对策之分析》，《教育
　　　研究集刊》第58辑第3期，2012年，台北。

周建刚：《陆九渊〈荆国王文公祠堂记〉与朱陆学术之争》，《江西师范大学
　　　学报（哲学社会科学版）》第46卷第1期，2013年，南昌。

周炫：《刘克庄与艾轩、湘乡学术渊源探究》，《文艺评论》2014年第4期，
　　　2014年，哈尔滨。

郗丙亮：《论薛季宣、陈傅良对理学性理的兼容》，《温州大学学报（社会科
　　　学版）》第28卷第2期，2015年，温州。

胡昭曦：《诗书持家，理学名门——宋代蒲江魏氏家族研究》，收入邹重华、
　　　粟品孝主编：《宋代四川家族与学术论集》，成都：四川大学出版社，
　　　2005年。

夏长朴：《"介父之学，大抵支离"——二程论王安石新学》，收入氏著：《王
　　　安石新学探微》，台北：大安出版社，2015年。

夏长朴：《"其所谓'道'非道，则所言之詖不免于非"——朱熹论王安石新
　　　学》，收入氏著：《王安石新学探微》。

夏征：《魏了翁〈周礼折衷〉经学特点探析》，《西华大学学报（哲学社会科
　　　学版）》第33卷第3期，2014年，成都。

祝尚书：《宋代的科举用书》，收入氏著：《宋代科举与文学》，北京：中华书
　　　局，2008年。

祝尚书：《宋代理学与科举》，收入氏著：《宋代科举与文学》。

孙克宽：《刘后村之家世与交游》，收入氏著：《元代汉文化之活动·附录》，

台北：台湾中华书局，1968年。

孙克宽：《晚宋政争中之刘后村》，收入氏著：《元代汉文化之活动·附录》。

姜锡东：《陆游与宋代理学》，《国际社会科学杂志（中文版）》2011年第4期，2011年，北京。

梁庚尧：《南宋的社仓》，收入氏著：《宋代社会经济史论集》（下册），台北：允晨文化实业股份有限公司，1997年。

梁庚尧：《南宋教学行业兴盛的背景》，收入田余庆主编：《庆祝邓广铭教授九十华诞论文集》，石家庄：河北教育出版社，1997年。

梁庚尧：《宋元书院与科举》，收入宋史座谈会主编：《宋史研究集》第33辑，台北：兰台出版社，2003年。

陈良中：《理学视野下的〈尚书〉诠释——论林之奇〈尚书全解〉的思想意义》，《古籍整理研究学刊》2008年第3期，2008年，长春。

张维玲：《理学系谱与地方叙事——宋元士人对福建莆阳林光朝的书写》，《新史学》第28卷第3期，2017年，台北。

张维玲：《隐没的轨迹——宋元明转折期福建莆阳陈宓及其后学》，《汉学研究》第37卷第2期，2019年，台北。

许浒：《心有体用：朱子心学的构成与运作模式》，《台大文史哲学报》第86期，2017年，台北。

曹家齐：《从宋、金国力对比看绍兴和议的签订》，收入氏著：《宋史研究丛稿》，台北：新文丰出版公司，2006年。

陆敏珍：《洛学与永嘉元丰九先生的"违志开道"》，《宋学研究集刊》第2辑，2010年，杭州。

张鸣：《诚斋体与理学》，《文学遗产》1987年第3期，1987年，北京。

张邦炜：《北宋亡国与权力膨胀》，收入氏著：《宋代政治文化史论》，北京：人民出版社，2005年。

张邦炜：《韩侂胄平议》，收入氏著：《宋代政治文化史论》。

张其凡：《吕中与〈大事记讲义〉》，《安徽师范大学学报》第20卷第1期，1992年，芜湖。

张其凡：《〈大事记讲义〉初探》，《暨南学报（哲学社会科学）》第21卷第2期，1999年，广州。

张其凡、白晓霞:《南宋史籍〈中兴大事记讲义〉的发现及其价值》,《文献》
　　2013年第3期,2013年,北京。

张义德:《南宋学者如何看待王安石变法?》,《浙江社会科学》2003年第2
　　期,2003年,杭州。

黄繁光:《试探宋金和战与高宗心态的转折》,收入邓小南、杨果、罗家祥主
　　编:《宋史研究论文集(2010)》,武汉:湖北人民出版社,2011年。

黄进兴:《学术与信仰:论孔庙从祀制与儒家道统意识》,收入氏著:《优
　　入圣域:权力、信仰与正当性》,台北:允晨文化实业股份有限公司,
　　1994年。

黄慧娴:《吕中与皇朝大事记新探》,收入许振兴、蔡崇禧主编:《研宋集》,
　　香港研宋学会,2011年,香港。

黄忠慎:《析论〈毛诗李黄集解〉对北宋〈诗〉解的取舍现象——以李樗为
　　主的考察》,《国文学报》第55期,2014年,台北。

慈波:《〈论学绳尺〉版本问题再探》,《文学遗产》2015年第4期,2015年,
　　北京。

慈波:《问对之术:〈策学绳尺〉与宋末科举策试》,《文学遗产》2021年第4
　　期,2021年,北京。

邓建:《科举变迁与场屋"轨度"——南宋选本〈论学绳尺〉的诞生背景、
　　文本特征及其局限性》,《广西社会科学》2021年第3期,2021年,
　　南宁。

杨世文:《魏了翁〈周礼折衷〉析论》,《蜀学》第6辑,2011年,成都。

潘斌:《王与之〈周礼订义〉的宋学特征及学术价值》,《古籍整理研究学刊》
　　2015年第6期,2015年,长春。

熊焱、陈良中:《〈毛诗李黄集解〉对王安石〈诗经新义〉之批驳》,《浙江海
　　洋大学学报(人文科学版)》第35卷第5期,2018年,舟山。

邹重华:《"乡先生"——一个被忽略的宋代私学教育角色》,《中国文化研究
　　所学报》第8期,1999年,香港。

刘祥光:《宋代的时文刊本与考试文化》,《台大文史哲学报》第75期,2011
　　年,台北。

蔡惠如:《家族组织、学术群体与建宁的济助活动》,《中国历史学会史学集

刊》第35期，2004年，台北。

钟彩钧:《二程心性说析论》,《中国文哲研究集刊》创刊号，1991年，台北。

钱穆:《二程学术述评》,收入氏著:《中国学术思想史论丛（五）》,台北:东大图书股份有限公司，1978年。

钱穆:《朱子心学略》,收入氏著:《中国学术思想史论丛（五）》。

韩明士（Robert Hymes）:《陆九渊，书院与乡村社会问题》,收入田浩编，杨立华、吴艳红等译:《宋代思想史论》。

顾宏义:《南宋横城义塾及其〈义塾纲纪〉考论》,《南京晓庄学院学报》2007年第5期，2007年，南京。

苏基朗:《神宗朝阿云案辨正》,收入氏著:《唐宋法制史研究》,香港:香港中文大学出版社，1995年。

第三编

南宋晚期王安石谶言的盛传

第十一讲

兴起与盛传（上）：
国运谶言中的"丙午、丁未"之说

以"丙午、丁未"为名的王安石谶言，其源起见于南宋初年邵伯温在《邵氏闻见录》卷十九的一段记载。这则记事讲，邵伯温之父邵雍，于治平年间曾和朋友在洛阳天津桥上散步，听见杜鹃啼，惨然不乐，朋友问他何以如此？他回答说："洛阳旧无杜鹃，今始至，有所主。"朋友又问是什么事？他答以：

> 天下将治，地气自北而南，将乱，自南而北。今南方地气至矣，禽鸟飞类，得气之先者也。《春秋》书"六鹢退飞""鹳鹆来巢"，气使之也。自此南方草木皆可移，南方疾病瘴疟之类，北人皆苦之矣。

"六鹢退飞过宋都"，鲁有"鹳鹆来巢"，都不是寻常会有的事，释经者解释为将有灾祸继之而至；如今南方的杜鹃啼于北方的洛阳，情况也相同，所以邵雍先是预言天下自此多事，然后又进一步说明是天下将乱。邵伯温在追述过其父和朋友的谈话之后说

"至熙宁初，其言乃验，异哉"，认为父亲的预言确实应验。邵雍的预言，应该是在治平三年（1066）讲的，这年是丙午年。次年治平四年（1067）即丁未年，这年正月，宋英宗去世，宋神宗继位。原本王安石在服丧期满后，一直住在江宁府，再三推辞起用；这时由于韩维、吕公著的推荐，王安石先回复原官知江宁府，继而起用为翰林学士；到熙宁元年（1068）赴京师就任，接着又在次年正月擢为参知政事，以副宰相的身份，开始策划并推动变法，不到两年就又升为同平章事，成为宰相。这就是邵伯温所说的"至熙宁初，其言乃验"。

在邵伯温的解释里，邵雍已预言到身为南人的王安石，在执政后多务变更，但是天下自此多事和天下将乱所指究竟何事？邵雍所说的"自此南方草木皆可移，南方疾病瘴疟之类，北人皆苦之矣"，虽似可解释为北方将不复为宋所有，北方人将南迁而居住于南方，却没有明白说出。对于此一问题，经历靖康之变的邵伯温就在这则记事里加以补充。他先引其父两首诗中的诗句，"流莺啼处春犹在，杜宇来时春已非"及"几家大第横斜照，一片残春啼子规"，说是"其旨深矣"。他所说的"其旨深矣"，应是指这些诗句不能只从字面上去解释，而含有更深的意旨。如果配合接下来邵伯温所举的事例来看，或许可以解释为世事日非，国运危坠。他所举的例子，是邵伯温在读过父亲的诗后，听闻到的一件熙宁年间的史事："熙州有唐碑，本朝未下时，一日有家雀数千集其上，人恶之曰：'岂此地将为汉有耶？'因焚之。"邵伯温解释说"盖夷中无此禽也"，结果是"已而果然"。陕西境外的熙州，原非宋朝所有，到熙宁年间经王韶经略熙河后才取得，当宋军尚未取得熙州时，当地有家雀数千聚集在一处唐碑之上，当地人担忧，此地是否将为汉人所有，后来果如所料。邵伯温认为，原因就在于家雀并非当地的禽鸟。这件事的发生，已在邵雍提出他的预言之后，正是王安石执政的期间。而杜鹃亦非洛阳当地的禽鸟，啼声在治平年间出现在洛阳，将会带来什么结果，也就可想而知。邵伯温在这则记事结尾所说的"因并记之，以信先君之说"，无非是指其父于治平年间在天津桥上所说的天下自此多事和天下将乱，就是靖康之难，华北从此不再是宋的疆土。他虽然没有明白说出，可是已经可以让人有充分的联想。

靖康之难发生在靖康元年（1126）、二年（1127），又是丙午、丁未之年，与治平三年、四年恰巧相距六十年，说明了在当时人的心目中，世事在经历一甲子后，会有相关之事发生，而在王安石谶言中，相关之事就是变故，而变故有时会成为灾厄。王安石执政之后，多务变更，在熙宁年间所引起的种种社会、政治问题，固然是灾厄；靖康之难导致华北沦为金人所据，那是更大的灾厄。而华北沦于金人所据的大灾厄，在南宋人的心目中，溯其源始，就是一甲子前王安石在执政之后多所变更。

邵伯温这则记事，并没有用到"丙午、丁未"一词，仅能从推论而认为其中含有此意；以此一语词来讲北宋的国运，首先见于同样成于南宋初年的马永卿《元城语录》卷中。书中所录，是马永卿以门人的身份，在北宋末年和刘安世的谈话。在一次谈话之后，马永卿对于刘安世所言，用了"丙午、丁未"此词来解释；无论刘安世之言，还是马永卿的解释，虽然牵涉北宋的国运，却都与王安石谶言无关。这次谈话，刘安世谈起北宋初年取诸国次第，马永卿问河东之地最难取，所以取得河东在最后。刘安世在回答中，先讲宋太祖初封在宋地，即后来宋代的应天府，为商星所在，而河东的太原府为参星所在，参、商两星不相容，不能两大，所以国初只称太原府为并州，而不称府。然后又讲，本朝收河东在戊寅年（太平兴国三年，978）重午日，这是火土旺日，是水神的参星所忌，这时宋受命已十九年，而晋（河东）始服，所以"本朝盛则后服，衰则先陷，吾友可记之，天下有变，而河东必先非我所有，顾老夫不复见矣"，又说"其事不远，但不欲言之"，讲完之后，"色惨然者久之"。刘安世讲到最后，依据应天府与太原府的星宿所在和五行属性，得到本朝盛则河东后服、本朝衰则河东先陷的结论，并预言天下有变，河东必先非我所有，他自己虽然不能见到，可是其事已经不远。马永卿看到他讲完后神色惨然，也就不敢再问。

　接下来是马永卿在经历靖康之祸后，有感于刘安世预言的应验，提出了他自己的解释。他说：

　　　靖康元年丙午岁重九日，太原陷，而晋地之属本朝才一百四十九年，噫！先生可谓先知矣。仆又妄意测之曰，丙午为天水，故火最大忌，又中国为阳位，午方也。故晋出帝之事，亦在于丙午、丁未年，此可验也。且九为阴阳之极数，故太原以重九日陷，又渊圣为第九世，而即位之年，正一百六十六年，此盖《汉书》所谓阳九之厄、百六之会也，可不信夫。呜呼！靖康之事，虽由人谋不臧，天道亦昭昭矣。

文中的"渊圣"即宋钦宗。北宋之亡在靖康二年，而太原在靖康元年已经沦陷，马永卿因此感叹刘安世的先知。然后他从阴阳五行之说来解释北宋之亡，其中有三点可以注意，一是他首先以"丙午、丁未"之说来讲金人的灭宋，其次是他把此说所涵盖的史实往前追溯到晋出帝之事，再则是他引入了"阳九之厄、百六之会"的说法来讲北宋之亡。其中虽然没有提到王安石，然而"丙午、丁未"之说为以后的王安石谶言所采用；此一谶言在联结王安石推行新法和靖康之祸的同时，往往又会上溯到五代时期后晋的亡于契丹；而"阳九之厄、百六之会"有时也会用来加强此一谶言的说服力。

从南宋中期开始，将北宋之亡归咎于王安石执政的丙午、丁未之说，逐渐多见。首先见于史著，有史书以此为名，或是内容以相关史事为叙述重心。李丙著有《丁未录》二百卷，内容甚详。之所以用丁未为名，是由于内容起自治平丁未王安石初召用，而结束于靖康童贯之诛。童贯之诛在靖康元年，这年是丙午年，次年才是丁未年，所以书名虽称《丁未录》，实际所要讲的就是丙午、丁未之说。此书应著于乾道七年（1171）以前，所以中书舍人兼司修国史兼实录院同修撰赵雄在这年才会以此书记载详备为理由，建议给笔札缮写，以供修《四朝国史》参考。又有刘肃之孙刘荀，于淳熙年间知盱眙军时，著有《乱华编》三十三卷，所集杂史、记近三十种，在书前的小序中讲："方（石）敬瑭割幽燕遗契丹之日，孰知为本朝造祸之原哉。逮王安石创新法，为辟国之谋，又孰知绍述者召祸之酷哉。"书名虽未提丙午、丁未，但内容显然与此相关，而且把根源往上追溯到后晋的史事。书名的"乱华"，应包括五代时期契丹的为患后晋，以及北宋末年女真的入据华北。

清楚地用"丙午、丁未"一词，来讲从王安石执政到靖康之难六十年间的历史灾厄，首先见于淳熙五年（1178）陈亮的《上孝宗皇帝第一书》，这时陈亮已通过解试而尚未能过省试，是一个未登第的士人。在这篇上书的开篇与结尾，他两度提及丙午、丁未。先是讲到自秦桧倡和议，原先图谋恢复的忠臣义士斥死南方，造成天下之气趋于怠惰，三十多年来即使是西北流寓之士，也都抱孙长息于东南，君父大仇一切不复关念，于是：

> 丙午、丁未之变，距今尚以为远；而靖康皇帝之祸，盖陛下即位之前一年也。独陛下奋身不顾，志在恢复，而天下之人，安然如无事时，方口议腹非，以陛下为喜功名而不恤后患，虽陛下亦不能以崇高之势而独胜之。隐忍以至于今，又十有七年矣。

"丙午、丁未之变"是说靖康二年金人从汴京掳宋徽宗、钦宗二帝北去，"靖康皇帝之祸"指的是宋钦宗在金国去世。这两句是说人们认为靖康之难已是很久以前的事，可是陈亮提醒，要知道拘留于金的宋钦宗去世，就在孝宗即位的前一年。接着的几句是推崇宋孝宗能在人们已经不再关念君父大仇之时，却独有恢复之志，然而人们已经安于现状，对恢复之举不以为然，宋孝宗即使以皇帝之尊，也无法不克制自己的心志，隐忍至今。这些话主要是讲宋孝宗的作为受到当时舆论环境的限制，而于"丙午、丁未"一词没有多加讨论。

当上书篇末再言及"丙午、丁未"一词时，讨论的重心就转移到此词之上。陈亮对于历史上丙午、丁未年所发生的事故，从靖康之难往前追溯到后晋，然后又从当时看即将在十年内来临的丙午、丁未年，并表达他对宋孝宗的期望：

> 石晋失卢龙一道，以成开运之祸，盖丙午、丁未岁也。明年，艺祖皇帝始从郭太祖征伐，卒以平定天下。其后契丹

以甲辰败于澶渊，而丁未、戊申之间，真宗皇帝东封西祀以告太平，盖本朝极盛之时也。又六十年而神宗皇帝实以丁未岁即位，国家之事于是一变矣。又六十年而丙午、丁未，遂为靖康之祸。天独启陛下于是年，而又启陛下以北向复仇之志。今者去丙午、丁未，近在十年间尔，天道六十年一变，陛下可不有以应其变乎？此诚今日大有为之机，不可苟安以玩岁月也。

"石晋失卢龙一道，以成开运之祸"，指石敬瑭割燕云十六州给契丹，造成了汴京于后晋出帝开运三年（946）为契丹所陷，出帝也为契丹俘虏北去；"艺祖皇帝始从郭太祖征伐"，指的是日后的宋朝开国皇帝宋太祖赵匡胤，开始追随当时任官于后汉，然后又代之而建国的后周太祖郭威征伐。后晋开运之祸是在丙午、丁未年发生的，接下来的一个丙午、丁未年是在宋真宗的时代，辽在甲辰年（景德元年，1004）败于澶渊，于是有澶渊之盟。为了掩盖王钦若对宋真宗所称"城下之盟"的耻辱，因而有在丁未（景德四年，1007）、戊申（大中祥符元年，1008）的东封泰山、西祀汾阴之举，显示这是宋朝的极盛之时。再下一个丁未年是宋神宗即位之年（宋英宗治平四年，1067），所谓"国家之事于是一变"是指王安石受到重用，变祖宗旧法。北宋最后一次丙午、丁未年亦即靖康元年、二年，发生靖康之祸，所谓"天独启陛下于是年"是指宋孝宗出生于靖康二年，也就是建炎元年；"又启陛下以北向复仇之志"则是指这年汴京陷落，徽、钦二帝北狩，华北为金所据，使得宋孝宗在即位后有志于恢复之业。南宋的第一个丙午、丁未年在淳熙十三年（1186）、十四年（1187），所以陈亮说"近在十年间尔"，他从前文所述的历史经验，指出天道六十年一变，期望宋孝宗有以应其变，乘此一时机而大有为，而不可以满足于苟安而得过且过。全文的宗旨，是激励宋孝宗能从历史的经验中得到教训而有所作为。

陈亮只上溯丙午、丁未之变至后晋，而洪迈在《容斋随笔·五笔》卷十"丙午、丁未"条则更往前追溯到汉高祖。由于《容斋随笔·四笔》有庆元三年（1197）自序，《五笔》此条可能写于此年之后，至其于嘉泰二年（1202）去世之前。洪迈在此条起始，就说"丙午、丁未之岁，中国遇此辄有变故，非祸生于内，则夷狄外侮"，然后从"（汉）高祖以丙午崩，权归吕氏，几覆刘宗"开始，经西汉、新莽、东汉、曹魏、两晋、唐、五代后晋，再到宋代。从后晋以下所举的变故之事，大致与陈亮相同，而说明则互有详略：

> 石晋开运，遗祸至今。皇朝景德，方脱契丹之扰，而明年祥符，神仙宫观之役崇炽，海内虚耗。治平丁未，王安石入朝，憪乱宗社。靖康丙午，都城受围，逮于丁未，汴失守矣。淳熙丁未，高宗上仙。总而言之，大抵丁未之灾，又惨于丙午，昭昭天象，见于运行，非人力之所能为也。

陈亮上书时尚未到淳熙丙午、丁未年，而洪迈撰写"丙午、丁未"条时则已在其十年之后，所以又补上了宋高宗于淳熙十四年去世一事。而洪迈的看法是天运昭昭，非人力所能为，则又不同于陈亮力劝宋孝宗应运用时机大有为。他们态度的差异，代表了对于天道与人事关系的两种不同反应。此外，陈亮在上书中尽管说到宋神宗即位后，国事为之一变，却没有直接说出王安石的名字，而洪迈则已清楚地说："治平丁未，王安石入朝。"

"丙午、丁未"的问题再度引起讨论，已经到了下一个丙午、丁未年，也就是南宋晚期的淳祐六年（1246）、七年（1247）前后。南宋国势由安转危，端平年间是一个重要的转捩点。这段期间，朝野有关"丙午、丁未"谶言的讨论，与南宋国内外情势的变化密切相关，因此有必要将两者结合起来谈。

端平元年（1234），宋在联蒙灭金之后，为了要收复河南府、汴京、应天府三京，而有端平入洛之役，端平入洛之役不仅失败，而且引来了蒙古军队的入境攻击，宋、蒙战争自此展开。端平二年（1235）、三年（1236）之间，情势已令人忧心。方大琮在端平三年七月上言指出，自己从立朝以来，每见群臣论议，"始则言成败，中则言安危"，从去年夏天五月之后，"景象顿异，则以存亡言矣。今也亡之一字，惯熟于上下之口"（《忠惠铁庵方公文集》卷一《端平三年七月分第一札》）。李昂英也在同年指出，蒙古军马蹂践两淮，都城为之震惧，有如南朝宋文帝时，北魏来攻，已进至淮南，梁都建业士女都荷担而立，准备逃亡；汉水上游军事重镇襄阳已经失陷，长江岸上军事重镇江陵因而孤立；宋军溃败于大散关内，位置正在控巴蜀咽喉且具三山对峙天然屏障的武休关、饶风关间，处于自巴蜀由长江出入荆楚的门户夔州于是濒危。在这种情况之下，"祖宗区宇，将半陆沉，亿万生灵，重罹涂炭，大势日蹙，通国惧亡，自去冬以来然矣"（李昂英《文溪集》卷六《端平丙申召除太傅赐金奏札》）。虽然方大琮在奏疏中以即使有将亡之形，然而要了解不可亡之理，来惕历宋理宗，李昂英也对宋理宗说要惕于历史上亡国的龟鉴，可是从他们的奏疏也可以看出，国家将走向危亡已经成为许多人心中的忧惧。

端平之后的嘉熙、淳祐年间，不仅蒙古军队继续攻掠两淮、荆湖和四川，多次进至长江沿岸，宋、蒙之间的战事愈来愈激烈；而且南宋国内因纸币会子大幅贬值而引起的通货膨胀问题，也愈来愈严重，如何救楮成为朝野关心的一个问题。嘉熙四年（1240），同时并行的第十六、十七界会子，发行高达五亿多贯，币价日益低落，于是发行第十八界会子收换第十六界，以后第十六界会子不再行使，而第十七界会子五券准第十八界会子一券使用，以防止通货继续膨胀。这一年，吴潜在《经筵奏论救楮之策所关系者莫重于公私之籴》中指出，古今没有说一石之米价达三四千缗而国不穷、民不困的，他认为天下大变大故还有自定之理，"若财殚粟竭，不起而图之，则决无天雨财鬼输粟之事"，何况"朝廷帑藏之储，已浸浸乎里巷富翁之不若，更三四月，边尘一惊，周章四顾，不审执事者将何以为陛下计乎！"（《许国公奏议》卷三）由于政府军粮多由和籴而来，纸币大幅贬值，政府也就需要以更高的价钱、更多的经费，才能购足所需的军粮，所以帑藏的空虚会严重地影响到对蒙古的战事。

在同一年，吴潜又上了一封《奏论国朝庚子辛丑气数人事》（《许国公奏议》卷三）。这年是庚子年，辛丑则是次年，这时离丙午、丁未年还有六、七年，而吴潜已用当时的情况和北宋末的宣和庚子、辛丑年互相比较。吴潜在这篇奏疏中，先说明自己俯察物宜，仰稽造化，有非人所能逃的气数，也有非天所能预的人事。然后举出了在此之前，从北宋开国以来所经历的几次庚子、辛丑年，包括北宋的咸平二年（999）、三年（1000），嘉祐五年（1060）、六年（1061），宣和二年（1120）、三年（1121），南宋的淳熙七年（1180）、八年（1181）。他指出每逢庚子、辛丑年，不有天灾，必有天变，不有天变，必有盗贼，是由于庚子、辛丑，都是火之仇、土之舍，仇者得志，旺者告病，是阳九、百六之会。嘉祐庚子、辛丑有天变，发生日蚀、地震，随之而来的是淫雨、大水，禁卫为盗，民多流亡；淳熙庚子、辛丑也是天变，随之而发生水、旱灾；咸平庚子、辛丑在成都发生王均之变，僭号大蜀，宣和庚子、辛丑则在江浙发生方腊之乱，这两场乱事，四川、江浙两地死于盗、死于兵者各于两年间达数十万人。他接着解释，由于真宗、仁宗、孝宗的时代都是圣明之世，所以能够因灾而栗栗、随事而孜孜，群臣尽言，大臣尽心，州县尽力，保住原有的盛世；宣和年间则不然，因而政治上问题愈来愈多，负政治责任者所为愈来愈荒唐，于是气数随之而尽。

吴潜讲宣和二年、三年（庚子、辛丑）的祸变，虽然没有指出祸源出于王安石，但是宣和年间已是后来刘克庄在为赵时焕所写墓志铭中，讲"丙午、丁未之厄"时，所说的"议者推原宣、靖致祸之本，始于治平用王安石之岁"的"宣、靖"年代，不能说完全与王安石无关。然后吴潜转而论及当世，并以之与淳熙年间的情况相比较：

> 陛下有淳熙之忧而治不如，大臣有淳熙之枋任而协同不如，州县有淳熙之天下而事力不如。至于财殚粟匮，钱弊楮穷，强敌凭陵，骄卒桀傲，梁益俶扰，襄樊沦亡，人心动摇，国势阢陧，此又淳熙之所尽无而今日之所备有也。

他指出无论理宗本人、大臣或州县，都有不如淳熙年间之处，而财用不足，军粮匮乏，铜钱有流通不足之弊，纸币贬值难以控制，蒙军入侵，骄卒为乱，川蜀沦于动荡，襄、樊已经失陷，人心动摇，国势日危，这种种问题，又都是淳熙年间所无而当时所有。他因此担忧，如果做不到上下勤恤，君臣克艰，急切常若乱

亡迫于其后，那么不仅国不可为，民不可保，而且气数难回，将
会内乱群起：

> 臣恐均、腊之奸，将有伏于草莽饥寒窟者，同时而出。
> 其或邕广有一隙之虚，施黔有一罅之漏，江沱有一缝之缺，
> 饥民为流民之导，流民为贼寇之导，不知浮脆之（按：原缺
> 一字）綦养之京师，将何以御之乎！

他所担忧的是，饥民扩大而成为流民，流民再扩大而成为贼寇，
那么不待蒙军之来，京师也将无法固守。吴潜因此建议理宗，要
从修身、用贤、畏天三方面用力，修身之戒在欲，用贤之戒在
谗，畏天之戒在欺，要节欲莫如刚，要远谗莫如明，要去欺莫
如敬，然后才能立于不可为之地而求其大有为；流民、盗贼、夷
狄，应视为必至之忧，如在火焚水溺之中求为脱一生于万死之
计。最后吴潜说："咸平、嘉祐、淳熙之庚子、辛丑不可望矣，
宣和之庚子、辛丑可复蹈乎？"何以不可复蹈宣和庚子、辛丑之
辙？因为那将会是气数将尽之时。从前引赵时焕在淳祐六年的上
言看，吴潜的意思应该是如果复蹈宣和庚子、辛丑之辙，就会如
同靖康年间，"丙午、丁未之厄"将接踵而至。

细读《奏论国朝庚子辛丑气数人事》全文，可以了解，在吴
潜的观察里，当时的南宋国运，已经到了有如北宋宣和年间气数
将尽的地步。即使理宗能接受他的劝谏，也只是立于不可为之地
而求其大有为，在火焚水溺之中求为脱一生于万死之计，如果仍
不深加反省，国事就难言了。

吴潜在上疏中对南宋国脉的延续仍然抱着一线希望，而曾在
端平年间以选人身份三次上书，得罪而贬斥到岭南韶州的张端

义，在其于贬地所著的《贵耳集》中，同样对会子因大量印发而造成的大幅贬值此一问题，感到担忧，认为将会严重地影响到宋的国运。他因此而毫不掩饰地借他人之口，预言南宋将亡。《贵耳集》卷上序于淳祐元年（1241），卷中序于淳祐四年（1244），卷下序于淳祐丙午，亦即淳祐六年（1246），是淳祐丙午、丁未的第一年。前曾述及，他在卷上讲到长江上流建瓴之势已为蒙古所得，万一顺江流而下，将如之何，只是担忧而已。在卷中，他提到一则陈抟的预言，宋真宗忽然向陈抟问国祚灵长之数，回答说："过唐不及汉，纸钱使不得。"张端义只说明了后句，陈抟"已先知纸钱之谶"，这是指当时纸币大幅贬值。而更具关键性的是谶言前句，也就是事关宋代国祚"灵长之数"的"过唐不及汉"，则未加说明。张端义序《贵耳集》卷中时，宋祚已有二百九十四年，超过了唐祚的二百八十九年，虽然离汉祚的三百八十六年尚有九十多年，但从这则谶言看，宋祚已经是随时可以结束；何况前述朝廷在嘉熙四年（1240）对纸币因发行过多而大幅贬值而采取的措施，并未发生遏止通货膨胀的作用，问题仍继续恶化。到淳祐年间，此一问题所带给国家的严重困扰，又正和谶言的第二句"纸钱使不得"相符。卷下序于丙午年，记载宋太祖在吴越王钱弘俶入朝时，对他说："谋下江南，许以举兵相助。""江南"指南唐，吴越王回国后对臣下沈伦提到此事，沈伦再三嗟叹，吴越王问其何以如此？沈伦回答说："江南是两浙之藩篱，藩篱若撤，堂奥岂得而安耶？大王指日纳土矣！"接着讲到北宋宣和年间，结女真攻契丹，契丹果然灭亡，随即徽、钦二帝北狩，这也是自撤藩篱；最后说，如今由于结蒙古灭女真，鞑兵横行襄、蜀，这又是自撤藩篱。最后张端义讲，乔行简为淮西转运，在上任后所上的《便民五事状》中，曾提到这一项，这

413

是祖法吴越的沈伦。《贵耳集》卷中的说法，只是一种谶言，在卷下所说，已是历史上的龟鉴了。

张端义在《贵耳集》中，没有讨论到"丙午、丁未"，更没有涉及王安石对北宋亡国是否有责任的问题。但是《贵耳集》卷中、卷下都写于"丙午、丁未"之说讨论盛行的时候，和当时人们所论及的"丙午、丁未"之说相比，他所怀抱的是更为悲观的态度。

上述的讨论，说明从端平以来国事的巨变，导致人们对未来国运抱着悲观的态度，于是国家将逐步走向衰亡的国运谶言随之而兴起。这样的时代环境，使得丙午、丁未之说大约从淳祐三年（1243）开始，又再见于朝野讨论，谶言中的王安石罪责也再用来预测国运；而其流传之盛，远超过前述吴潜所提出的"庚子、辛丑"说，以及张端义所传述的"过唐不及汉，纸钱使不得"。

淳祐四年，徐元杰在十二月曾有两次在进讲时言及丙午、丁未。他在前一次进讲奏言："一二年来，外间士论多谓丙午、丁未阳九之会，近在目前，此尤当致谨于天人相与之际，思所以潜消未形之变。其要只在坚定圣志，谨养天和，念念以祈天永命为事。"（徐元杰《楳埜集》卷一《进讲日记·十二月十八日进讲》）显然自前一年以来，朝廷外对于即将来到的丙午、丁未年已经讨论甚多，而且把丙午、丁未和阳九百六的说法连接在一起，认为国家的厄运将到，这种悲观的论调无疑会影响人心。徐元杰担心也会影响到宋理宗的心理，所以才会在进讲时奏言，强调只要能恭谨于天人之际，就可以潜消未形之变。接下来就是两人一连串的对话，讨论如何修人事以应天。五天之后，徐元杰又再进讲，赐茶毕，谈论国事到一段落之后，宋理宗说自己对国事直是关心，徐元杰回奏说：陛下既能充此圣心，坚苦刻厉，力行好事，理国靖边，常以怠忽为戒，"一二年将有太平之望。如此，则虽近于丙午、丁未阳九之会，将见以力行好事消压于无形之中。全在陛下大有为而已，尚何外患之足虑！"（《楳埜集》卷一《进讲日记·十二月二十三日进讲》）尽管徐元杰认为可以经由修人事来改变天意，宋理宗也表达了他的认同，但是从对话中，已经可以看出丙午、丁未之说对他们君臣所造成的心理压力。

次年，方岳在代宰相范钟所拟的一道奏疏中，条陈十事，最后一项是"祈天命"，所论及的即是丙午、丁未。所谓"祈天命"，也就是上引徐元杰在《进讲日记·十二月十八日进讲》中所说的"祈天永命"，是要"求之德"，而非"于人事之外别有所谓天命"，然后指出所谓丙午、丁未之说，只是"卜祝之流传，讹听舛妄"，每用之以"咎证会逢"，也就是把一些偶然碰在一起的事情当作是厄运的证验。进而指出，"祸福无门，惟人所召"，委之于数，以为是厄运当然。最后强调天、人之间的影响是相符的，所以人君"舍己以稽众则可以祈天命，违欲以遵道则可以祈天命，远憸佞而亲忠良则可以祈天命，杜谗间而广谏净则可以祈天命，是则陛下一念间耳"（方岳《秋崖集》卷十八《代范丞相条十四奏状》）。这篇奏疏认为可以经由修人事来改变天意，也同样显示出丙午、丁未之说在当时所带给朝廷的压力，否则不会将此说归之于"卜祝之流传，讹听舛妄"，每用之以"咎证会逢"。

再接着的一年是淳祐六年（1246），也就是丙午年，引起了朝野的高度关切。赵时焕在轮对时为此事而上言，部分内容见于前引的《赵克勤吏部墓志铭》。刘克庄在墓志铭中先指出当时"朝野以厄运为忧"，然后引述赵时焕的上言，他先说明丙午、丁未之说的由来，是出自议者推原宣和、靖康致祸之本，"始于治平用王安石之岁"，也就是邵雍听见杜鹃啼的那年，"治平末至靖康之初，甲子适然一周，午、未遂为大讳"；然后论及君臣面对此事所应有的态度：

> 臣闻《易·系（辞）》曰："几者动之微。"又曰："吉凶悔吝生乎动，吝者自吉而趋凶，悔者自凶而趋吉。"言知而能惧，惧而能悔，则几之失者可救、数之否者可享也。臣谓不惟陛下当惧，大臣公卿百执事皆不可不惧。

赵时焕的意思，是说君臣对于丙午、丁未的来到，都应该知有所惧，有所惧则会对于过去做得不妥的事有所悔，有所悔则会思所改正，能够致力于改正，则事情从初起时就已经做错的方向尚可以挽救，原本不祥的运数也会改变而为福分。他对宋理宗的建议，也是讲人事可以改变天意，而这样的讲法，在刘克庄的笔下，同样是面对着"朝野皆以厄运为忧"的压力下而发的。赵时焕在奏疏中，追溯"丙午、丁未"说的源起，始于北宋治平末神宗任用王安石执政。他的这几句话，可以说明在他上言这年的前后几年间，人们对"丙午、丁未"的讨论，即使在言论中没有提名道姓，但就是指向王安石执政后所种下的祸根。

不仅官员，士人对于此一时刻的来到，也表达了他们的担忧。这年元旦，发生日蚀，宋理宗下诏求直言，曾在嘉熙年间为太学上舍生并取得省试特奏名的衢州江山县士人柴望，进呈其所著《丙丁龟鉴》，书前是《进〈丙丁龟鉴〉表》、《〈丙丁龟鉴〉序》，并且收录了洪迈《容斋随笔·五笔》中的"丙午·丁未"条。洪迈此条从汉代一直列举到南宋的淳熙丁未高宗上仙，包括北宋的治平丁未王安石入朝和靖康丙午、丁未汴京被围和失守在内；而柴望此书则是从秦襄王丙午年东周灭亡开始，次年丁未年韩王入朝于秦、魏则举国听命于秦，一直写到后晋开运丙午、丁未契丹攻入汴京，晋出帝被掳北迁，并述及同年后汉高祖即位、改国号为汉，而未述及宋代的史事。尽管不及于宋代的史事，但在此书的序言后，收录了洪迈的说法，已经清楚地说明，此书的写作，含有追溯靖康末的祸源于治平末以来王安石执政的用意；而此书则要从秦以来的史事印证，历史上每逢丙午、丁未年，确实会有令人担忧的事件发生，有以古喻今之意。

之所以如此说，可以对照见于书前及书中的几处议论推知。载于书前的序文中，提到汉朝延熹丙午（延熹九年，166）和西晋太康丙午、丁未（太康七年、八年，286—287）的元旦都有日蚀，又说："丙丁之厄，皆厄也。其厄于延熹者，以延熹之时，小人之厄君子也。其厄于太康者，以太康之朝，夷狄之厄中国也。"收录在序文后的洪迈书中的"丙午、丁未"条，强调中国遇丙午、丁未岁必有变故，"非祸生于内，则夷狄外侮"；在书中"延熹九年丙午、永康元年（167）丁未"条所述史事后，以"臣望谨按"起首的议论中，则言及宦官迫害名贤的东汉党锢之祸，以及在"太康七年丙午、太康八年丁未"条，以"臣望谨按"起首的议论中，又言及晋武帝的昏德淫行传笑外国，鲜卑慕容氏自此累岁入寇，开启了五胡乱华之阶。对照上述几项议论，应有助于了解，书中述事虽然止于后晋，却影射了宋代的史事。序文中所言的"小人之厄君子"，前引书中的前一条评论所言的党锢之祸，无疑是用来喻指王安石执政后，自神宗时期延续到徽宗时期，新党掌权时对旧党压制的一再变本加厉；后一条评论中所言的晋武帝昏德淫行，则是喻指宋徽宗在位时的类似行为。而自神宗以来新党掌政时的变更祖宗成法，以及发生于徽宗时期的方腊之乱，也就是洪迈所称的"祸生于内"。至于序文所言的"夷狄之厄中国"，洪迈所称"夷狄外侮"，前引书中后一条评论中所言的鲜卑慕容氏累岁入寇及五胡乱华，无疑都是喻指宋徽宗宣和末年的金人入侵。

更进一步看，则所谓"小人之厄君子"与"夷狄之厄中国"，不仅影射及北宋熙宁至宣和间的史事，还影射及嘉熙、淳祐年间国家所处的环境。"夷狄之厄中国"固不待言，至于引来夷狄厄中国的晋武帝"昏德淫行"，则应是暗喻宋理宗的行为。嘉熙年间，杜范在上疏中已引用苏辙在贤良对策中"三代之衰，汉、唐之季，皆以天下治安，朝夕不戒，沉湎荒淫，以至于乱"来劝谏理宗，指出"近岁以来，掖庭千数，饮乐失节。内将为蛊惑之所污，以伤和伐性；外将为请谒之所乱，以败政害事"（杜范《清献集》卷七《太常寺卿转对札子·贴黄》）。袁甫也在上疏中对理宗提出劝谏说，"燕处之际，娱悦耳目者声色尔，奔走后先者便嬖尔。是皆顺我者也，皆求媚乎我者也。"这些人都会引诱主上迷不自觉，然而主上博览古昔，洞见成败，应该了解"戒谨恐惧者，国未有不治；荒淫逸豫者，国未有不乱。独奈何不审所决择，而反至于与乱同事乎？"（袁甫《蒙斋集》卷七《兵部侍郎内引札子》）衢州通判牟子才于淳祐六年（1246）正月，由于元旦日蚀而应诏上言，向理宗提出多项谏言，在第一项"一敬心以澄治原"中，提到唐玄宗"即位之初，延礼文儒，可谓勤矣，及天宝末年，溺于燕安，女子、小人内外交煽，旋为开元之累"，而理宗的敬心不够专一，也和唐玄宗相同，"对越钦承之时如此，而宫闱燕闲之时则如彼也；临朝亲儒之时如此，而嫔御媟狎之时则又如彼也"（黄淮《历代名臣奏议》卷三一〇）。次年牟子才已任太常博士，又在上疏中言及相关的问题，他已经把理宗在位的当时，和徽宗、钦宗在位的崇宁、大观、宣和、靖康年间来相比拟，认为当时"事力反不及于崇、观、宣、靖，而证候则有类乎崇、观、宣、靖也"。疏中先举出当时事力不如崇、观、宣、靖之处，然后就说明当时有类于崇、观、宣、靖之证候，其中一项是"事燕游"，一方面指出政和以后，燕游浸多，而皆有记文记盛，另一方面则历举当时理宗燕游之，"今得之道途，咸谓陛下内庭排当，寒暑不辍。敌骑侵淮，未尽出境，而常舞酣歌，见于自逸。湖寇鸱张，未尽扑灭，而耽乐饮酒，或至罢朝。虽洊歌《云汉》瘼旱之诗，尚未下避殿减膳之诏"，开始时只是纵容自己，自恕以不过一日如此，逐渐就一天接着一天，以至于终身不改，"虽敌国急警燎原滔天，骎骎及我，亦罔闻知"。在说明各项证候之后，力谏理宗从事正其身之主，亦即从事正心，不再间心与身以私欲，实其心之所发，不杂以妄念。否则将由崇、观变而为宣、靖，"国家之祸，恐在丁未不在丙午也"（《历代名臣奏议》卷三一一）。淳祐丙午已经过去，而丁未正在此年，也就是说，牟子才以有如宣、靖一样的大祸即将在年内发生，来警惕理宗。从上引袁甫、杜范、牟子才诸人的言论来看，理宗在群臣的心目中，显然已经是一个可以和宋徽宗相提并论，用"昏德淫行"来形容的君主。

至于所谓"小人之厄君子"的"小人"，则是指自嘉熙三年（1239）至淳祐四年（1244）间任宰相的史嵩之及其依附者，史嵩之深得理宗信任，但行事专横。淳祐四年九月，史嵩之丁父忧，旋即有诏起复，徐元杰上疏极力反对，未获接受，太学生、武学生、京学生及宗学生等群起上书反对，他们的上疏中已称史嵩之及其私党为小人。四学学生在辞先圣以出的《卷堂文》中，以"安石之奸"来讲史嵩之，视王安石为奸邪的宰相，而史嵩之则有如王安石。迫于舆情，史嵩之在这年十一月奏札辞免，请求终丧。然而直到淳祐六年，史嵩之仍然千方百计谋求复出，当时人多认为，嵩之未至之日，无非其再求之期。由于史嵩之复出的传闻一直在流传，这年十月初，赵淳上疏奏论史嵩之，并在十二月初再次上疏。自从赵淳发端之后，为请求削夺史嵩之的官秩，"从官言路馆学联章合疏，五库诸生投匦伏阙者以千百计"（《后村先生大全集》卷一一一《题毋惜赵资政奏稿》）。史嵩之到这年十二月服丧二十七个月期满，理宗迫于舆情，令其致仕。当时担任权中书舍人的刘克庄，奏言史嵩之的罪状，旋即奉命起草诏令，事后却为殿中侍御史章琰所论，出知漳州。

更酷毒的事情，其实发生在史嵩之尚在守丧期间的淳祐五年（1245）。从这年春天起，半年之内，曾上疏反对史嵩之起复的刘汉弼、徐元杰，以及淳祐四年十二月出任宰相后致力于驱除史嵩之党羽的杜范，还有曾致书于其伯父史嵩之劝谏的史璟卿，陆续突然死亡。徐元杰死状尤惨，周密形容为"口鼻拆裂，血流而腹胀，色变青黑，两臂皆起黑泡，面如斗大，其形似鬼"（周密《癸辛杂识·别集》卷下"嵩之起复"条）。在传闻中，他们都是遭到史嵩之派人毒死的。朝廷将医官、从人、厨子置狱调查徐元杰死因，却始终不得要领，到后来甚至有朝廷官员倡言徐元杰是暍疾（中暑）。可见史嵩之虽已离开朝廷，而其势力仍然存在，也因此后来刘克庄在他指陈史嵩之罪状的奏疏中，指出罪状之一就是，"枢印携归四明，斥堠摆至四明，堂案决于四明，堂吏役于四明，除目先禀明四明然后出，边报先达四明然后奏，虽元温（桓温）自姑孰制朝权，亦未至此"（《后村先生大全集》卷八十《掖垣日记·奏乞坐下史嵩之致仕罪名状》）。奏状中的"四明"，即庆元府（明州），史嵩之是明州人，返回明州家中守丧。徐元杰等人及京师各学学生致力于反对史嵩之起复，还有刘汉弼、徐元杰、杜范、史璟卿为人所毒杀的事情，发生在丙午年的前一两年，不仅应为柴望所知，且必深刻在心。

以小人当道来影射史嵩之，而又处于夷狄强横的环境，岂非暗喻史嵩之将促使国家走向危亡？《丙丁龟鉴》从书名看，就可以了解写作的目的在于以史为鉴；呈上朝廷，也就是期盼朝廷以之为鉴。《进〈丙丁龟鉴〉表》中说：

> 况值灾见行夏之朔，正运当晋厄之年，是殆水阴，几胜火德，信知有数，决匪偶然，苟曰无之，胡为至此？痛思今日，莫返颓波，尚论古人，具垂成鉴。秦汉之君以下，千有余年；方册之政可寻，十常九失。栖灯勘义，滴露研朱，姑援实以断时宜，非饰说以欺天听。矧君子虽进而小人之根未痛绝，天理虽明而人欲之蠹未尽消，中国或厄于外夷，大纲未联于小纪。四方戚戚以靡闻，万民嗷嗷而不安，辅成有赖于大臣，所重尤关于太子。

"灾见行夏之朔"是指日蚀在元旦出现，这是淳祐六年的情况；"运当晋厄之年"是指后晋亡也是在丙午年。"是殆水阴，几胜火德"，是说宋的火德几乎为"水阴"的力量所胜过，水、火之间的关系既是五德运行的关系，而又是君臣之间或华夏与夷狄之间的关系。水属阴，是臣，是夷狄；火属阳，是君，是华夏，这也就是柴望在书中后晋出帝"开运三年（946）丙午、开运四年（947）丁未"条后的评论所说："夷狄之与中国，断断然若天冠地履之不可易，首足之不可倒置"，所以水阴殆胜火德的意思，应指当时入侵的蒙古（夷狄）和宋朝（华夏）的关系，几乎要扭转成有如石敬瑭割让燕云十六州之后，契丹和后晋一样的君臣关系。"尚论古人，具垂成鉴"即是以史为鉴，"姑援实以断时宜"则更清楚地表达用来了解当今的事宜，以供判断的依据。"君子虽进而小人之根未痛绝"则指向史嵩之，讲正人君子虽已进用，史嵩之不在相位，可是其势力犹在，并未根绝；"天理虽明而人欲之蠹未尽消"，从上引诸臣对理宗的劝谏来看，很清楚是指宋理宗。"辅成有赖于大臣"表达了对当时在相位的范钟、游似有所期望；"所重尤关于太子"则由于是否能避过丙午、丁未之厄，关系太子的未来。柴望这篇上表，清楚地表达了《丙丁龟鉴》书名的含义，以及他进呈此书的用意，由历史指向当时现实，至为明显。

柴望在正月呈上《丙丁龟鉴》之后，"忤时相意"，到了七月，"诏下临安府狱逮诘"。他在正月已经呈书，要到七月才下狱，所谓"时相"，究竟指何人，不得而知；也令人怀疑，是否在这段期间先后的几位宰相之外，别有所指。下府狱后，由于当时的临安府知府赵与筹上疏说明《丙丁龟鉴》所述"根据史传，未可重以为愆"，因而"得旨，放归田里"（《柴氏四隐集》附录里人苏幼安《宋国史秋堂柴公墓志铭》）。这件事反而使得柴望及《丙丁龟鉴》名声广传。俞文豹序于淳祐八年（1248）的《吹剑录·三录》，就记载了"丙午、丁未年，中国遇之必灾，近衢士上《丙午、丁未龟鉴》，谓自秦昭襄五十二年（前255），迄五代，凡二十一次，其年皆不靖"。

淳祐八年以后，丙午、丁未已过，一甲子之后的丙午、丁未又为时尚远，但至少在宋理宗时代，此说仍见于讨论。徐鹿卿在淳祐八年的两次进讲中，都提到丙午、丁未。第一次进讲，提到了淳祐六年、七年的丙午、丁未：

我宋南渡，甲子再周，岁辰适至于丙午、丁未，而嗣

岁三朝，太史有日蚀之占。臣子之爱君者曰："是不可不戒
也。"而愚夫小人诞谩和附，并为一说，曰："是循环之数，
不可易者，日食为之兆矣。"吁！民言之可畏如此哉？盖国
家不幸而有靖康之事，溺奇好异者牵合附会，以为某丙午、
丁未有某事为应，似矣。然非丙午、丁未而有是事者，岂少
哉？（徐鹿卿《清正存稿》卷二《己巳进故事》）

徐鹿卿的进讲，是在检讨人们在这一次丙午、丁未时所发生的慌
扰。他指出，由于日蚀刚好发生在丙午年的元旦，人们就把丙
午、丁未之说和元旦日蚀两事牵合在一起，说这是循环之数，无
法改变，再附会上靖康之祸刚好发生在靖康丙午、丁未年，于是
讲某丙午、丁未有某事相应。徐鹿卿的看法是，元旦日蚀和丙
午、丁未是并不相关的两件事，元旦日蚀，爱君的臣子做的是提
醒以之为警惕；至于说某丙午、丁未有某事相应，然而并非丙午、
丁未之年而有此事发生的情形，又岂会少？他进一步指出，"景
德、淳熙皆我朝极盛之际，亦从而为之说，是皆不根之论也"，
而且从建隆至嘉康（按："康"字应为"祐"字之误）一百八十八
年，有四次日蚀发生在元旦，三次在仁宗时；自建炎至淳熙
六十三年，有三次日蚀在元旦，都发生在高宗时，而都无损于太
平、中兴之盛，是以德胜；至于政和以后，奸臣窃柄，即使吁求
今日阴云不见，明日当蚀不亏，也无救于危亡之数。他劝勉理宗，
"在天者不必问，在人者所当勉"，如果认为天变为可惧，人言为
可畏，则应该"自今伊始，兢兢业业，对越在天。夕而思曰：'国
本虚欤？宫室营欤？女谒行欤？燕饮数欤？'朝而省曰：'忠贤伏
欤？流离众欤？浮费夥欤？备御疏欤？'凡一事之善，无不为；凡
一念之非，无不戒"，这是唐朝李泌所谓"造命"，只要天意一回，

就"群疑尽释，景德、淳熙之盛，将复见于今日矣"。

至于也提到丙午、丁未的后一次进讲，徐鹿卿就讲得比较简略，只是将前一次讲过的话再加说明："惟本朝仁宗、高宗、孝宗在位最久，始终一心，度越前代。陛下春秋鼎盛，加之世道艰屯，丙午、丁未人多疑为厄运，臣愿陛下日新又新，日谨一日，上畏天命，下畏民喦，则治平之懿，当与三圣齐休而俪美矣。"（《清正存稿》卷四《戊辰进讲》）因此，从第一次进讲的内容，已经大致可以了解徐鹿卿的看法。他如同前述诸臣一样，指出人事可以挽回天意的，而他希望理宗朝夕省思的，正是当时南宋内部和对外的重大问题，这些问题，包括了宫廷的营建众、女谒行、饮宴夥等在内，已成为一些官员所关注的问题。徐鹿卿表面上告诉理宗不必理会丙午、丁未之说，以及日蚀恰好发生在这时的元旦，实际上则是要求理宗对于国事多付心力，包括不应再放任自己在宫廷内的若干行为。尽管他这篇讲话意在劝谏，然而从其中也可以看出，前两年人们由于丙午、丁未年来到而出现的惊惶。

到了宝祐、景定年间，见于记载的丙午、丁未之说，不再是当时朝廷上的讨论，而是个人的记文、题跋、所出的策题，以及为友人所写的墓志铭。姚勉的《混一内外疆域图序》写于宝祐二年（1254），刘克庄有一篇跋文《山谷书范滂传》，写作时间或许要到景定元年（1260）以后，两文所提到的"丙午、丁未之厄"，都已视为成语在使用，指的是靖康之难或北宋灭亡。然而刘克庄所作的《赵克勤史部墓志铭》，写于宝祐五年（1257）墓主赵时焕去世之后，在叙述赵时焕于淳祐六年上言时，引述了丙午、丁未之说源起的邵雍之言；他在景定三年（1262）所出的一题召试馆职的策题，见于《壬戌召试文及翁、彭方迥》，提到"熙宁以来，大臣贱德而贵才"，内用蔡确、吕惠卿，外用王韶、徐禧，"遂胎丙午、丁未之祸"，这两文却都提醒了读者，在丙午、丁未之说中，王安石与靖康之难的关系。

然而等不到下一个丙午、丁未年，在刘克庄去世之后七年，宋恭帝德祐二年（1276）正月，元军攻入临安府；二月，南宋帝、后北迁，情况就有如金灭北宋时的情况一样。一年之后，也就是宋端宗景炎二年（1277），元军攻陷广州，再往南进，至广州属县东莞的硇洲而止，这时南宋全境已全为元所有。再过两年，也就是宋卫王祥兴二年（1279），张世杰所率舟师败于广州外海的崖山，丞相陆秀夫抱祥兴帝赴海，宋祀灭绝。

元军攻取临安府的德祐二年是丙子年，攻陷广州的景炎二年是丁丑年，并非丙午、丁未年。佚名的《宋季三朝政要》作者是元代的宋遗民，抱着悲伤的心情，对于南宋亡于丙子、丁丑年，而非如南宋时许多人所相信的，将有如源出于王安石谶言的"丙午、丁未之厄"一般，发生在北宋灭亡的丙午、丁未年，提出了他的解释：

> 前宋以丙午、丁未而遭金祸，推论五行者，谓宋以火德王，故能水胜火。其后丙午、丁未，则上下兢兢，以度厄运。今以丙子、丁丑归大元，岂非子者午之对，丑者未之对，而纳音亦有水胜火之义乎！

纳音之说源自先秦，谈的是卜算，自唐代以来多见引用，据洪迈的说法，是以五行、六十干支与五音（宫、商、角、徵、羽）互相配合，来谈数术。《宋季三朝政要》的作者指出，过去认为北宋亡于丙午、丁未年，是由于丙午、丁未有水胜火之义，而宋是火德；如今南宋亡于丙子、丁丑年，若从纳音来看，丙子、丁丑也有水胜火之义。这就是说，既然丙子、丁丑如同丙午、丁未，也具有水胜火之义，那么据"丙午、丁未之厄"来推测南宋灭亡的时间，并没有错误。

　　起自南宋初年的"丙午、丁未"王安石谶言，从南宋中叶起笼罩着南宋的政治，到南宋晚期愈传愈盛，不断有人提起。此外，南宋晚期又流传着其他预言国家命运的谶言，如吴潜所提出的"庚子、辛丑"，见于张端义记载的"过唐不及汉，纸钱使不得"，似乎在许多人的心中，国运已到了将近结束的时候。尽管人们都想要借这一类谶言来警惕主政君臣，希望他们在面对北方外敌的强大压力下，力求振作，设法改进军事、政治上的诸多弊端，以避免国家有朝一日真如谶言所说，走上覆亡的命运。然而这种命定论的悲观论调经常出现，很难不影响到君主、士大夫、士人以至于一般民众的心理，使得许多人对国家的未来不再抱着希望。这些谶言中，最盛行的显然是"丙午、丁未"之说。南宋的覆亡是在丙子、丁丑年，并非丙午、丁未年，但是《宋季三朝政要》的作者仍要借数术来推论，认为"丙午、丁未"之说并未错误，可见此说影响力之大。

第十二讲

兴起与盛传（下）：
端平以后诗中的天津桥与杜鹃啼

即使不与"丙午、丁未"联结在一起，见于《邵氏闻见录》的邵雍于治平年间，在天津桥上由于听见杜鹃啼声而说了"不二年，上用南士为相，多引南人，专务变更，天下自此多事矣"的预言，本身就是一则王安石谶言。这则谶言，在南宋时期见于多种书籍的引录、摘录或改写，广泛传播。这类书籍，就所见至少有南宋前期胡寅的《致堂读史管见》、南宋中期李丙的《丁未录》、不著撰人姓名的《锦绣万花谷》、朱熹的《三朝名臣言行录》，南宋晚期潘自牧的《记纂渊海》、赵善璙的《自警编》、赵与时的《宾退录》、陈均的《皇朝编年纲目备要》、陈埴的《木钟集》、林駉、黄履翁的《新笺决科古今源流至论》、吕中的《大事记讲义》、祝穆的《事文类聚》、俞文豹的《吹剑录·三录》、谢维新的《事类备要》、徐自明的《宋宰辅编年录》、李幼武的《宋名臣言行录·外集》；此外，在作于南宋晚期的曾极诗《青松路》、刘克庄诗《记颜》、王同祖诗《天津桥》，也都使用了此一典故，曾极诗收在祝穆《方舆胜览》，刘克庄诗收于其文集，王同祖诗则收于陈起编《江湖小集》和陈思编《群贤小集》。

可以看出，大多数书籍及所有诗作均在南宋晚期，在南宋前、中期者为数甚少。而在上述南宋晚期的书籍中，除潘自牧《记纂渊海》、赵善璙《自警编》两书，仅知其自序于嘉定年间，而不知其刊刻于何时外，其他各书都写成或刊行于绍定年间以后，尤其以端平年间以后者为多。赵与峕《宾退录》虽在书末有作者写于嘉定十七年（1224）的后记，但应刊刻于宝祐五年（1257）陈宗礼作序之时。陈均《皇朝编年纲目备要》于绍定二年（1229）书成时，已有全书共三十卷的刊本，但在端平元年（1234）奉诏进呈时，仅上前二十五卷，于是此后又有前二十五卷和后五卷分别刊刻的刊本。陈埴《木钟集》书成、刊刻时间都不清楚，但此书所载为作者与学生问答之语，而陈埴于绍定二年赵善湘任江淮制置使时，受聘任建康府明道书院山长，此书写成及刊印或许不会早于此年。林駧、黄履翁《新笺决科古今源流至论》分前集、后集、续集、别集，前三集为林駧所撰，别集则为黄履翁所撰。别集有黄履翁写于绍定六年（1233）的序，当全书四集于嘉熙元年（1237）刊行时，黄履翁又有序。吕中《大事记讲义》在淳祐七年（1247）以前已在流传，这年又有刊本。祝穆《事文类聚》前、后、续、别四集为祝穆所撰，新集、外集为富大用所撰，遗集为元代祝渊所撰，前集之首有祝穆写于淳祐六年（1246）的自序。俞文豹《吹剑录·三录》序于淳祐八年（1248），已见于第十一讲。谢维新《古今合璧事类备要》分前集、后集、续集、别集、外集，有谢维新写于宝祐五年的自序，从序文看，此书于书成后应即付梓。徐自明《宋宰辅编年录》写成于何时并不清楚，至宝祐年间，其子徐居谊任福州永福县令，刻于永福县学。《宋名臣言行录》的续集、别集、外集均为李幼武所编，续集前有景定二年（1261）赵崇砼序。

至于上述诗作，虽均见于南宋晚期，各诗写作年代仍颇有差距。曾极的《青松路》诗当写于嘉定年间，而收录此诗的《方舆胜览》，有作者祝穆于嘉熙三年（1239）的序，随后当即刊行；至咸淳三年（1267），祝穆子祝洙又再重加整理，再次刊刻。王同祖的《天津桥》诗，作于嘉熙元年（1237），当时他赴建康府参加为有官子弟而设的锁厅解试，建康府也有桥名为天津，因而留下此诗，收于他序于嘉熙四年（1240）的《学诗初稿》中，再为《江湖小集》及《群贤小集》所收录。收在刘克庄《后村先生大全集》卷三十六的《记颜》诗，作于咸淳元年（1265），刘克庄去世于咸淳五年（1269），其诗文先前已分为前、后、续、新四集先后刊出，于去世后一年汇集为《大全集》，而于咸淳八年（1272）刊行。

从上述相关著作写成与刊出时间的细举，可以了解，从嘉定年间以后，直到南宋亡国之前的咸淳年间，邵雍所提出的王安石谶言持续为人所引述，反映出人们对此一谶言的长期关注。而在这一个过程里，绍定、端平年间尤其是一个重大的关键。自嘉定年间以来，权臣专政，经过宝庆年间的济王案和江湖诗案，人们于是有将专政的史弥远比之为王安石的情形，这种看法，见之于史弥远去世之后、端平更化之初的言论。人们对于端平更化原本寄予厚望，然而随着端平入洛的失败，蒙古军队入侵，而宋军无力抵御，造成许多人对国运的悲观，心中焦虑而又无可奈何，于是邵雍所提出的王安石谶言也就愈来愈为人所关注，出现愈来愈频繁。

邵雍之言见之于上述相关著作，也许作者各有其用意，不过其中有些可以比较清楚地看出，是出自对于国运的关心。陈均在

《皇朝编年纲目备要》卷十八"熙宁二年（1069）"条，"王安石参知政事"的纲下之目后，抄录了《邵氏闻见录》所载邵雍所提出的王安石谶言。陈均只是以此一谶言来解释王安石出任参知政事所造成的影响，寓褒贬于其中，而未就著书当时的政治环境表达任何的意见。然而真德秀在绍定二年（1229）所写的序中，有这样一段话：

> 自熙宁辅臣出新意，改旧法，高谈古始，阴祖管、商，而国脉病矣。名为尊经，实尚空寂，而学术乖矣。谓参茯苓著术，不急于起疾，而一切杂进者，皆决肠破胃之药，根本安得弗伤？谓鼎鼐琮璧，不足以适用，而错然前陈者，皆奇傀淫靡之具，风俗安得而弗坏？章、吕鼓其波，二蔡炽其焰，更倡递述，至于黼、贯极矣，此其所以致乱也。

这一段话，虽然没有言及邵雍所提的王安石谶言，却无异于是王安石谶言的清楚解释，而且把陈均书中所述的北宋历史，以王安石于熙宁二年出任参知政事为界线，分成前后两个不同阶段。嘉祐、治平以前是"以仁立国，而不杂五伯权利之谋，以儒立教，而不溷百家邪诐之说。求治宁悠缓，而不为一朝迫切之计；用人宁朴钝，而不取小夫轻锐之才"，以维护从太祖以来所建立的此一传统；后一阶段，则是王安石执政以后，对此一传统的破坏，而使得邵雍所提的王安石谶言成为事实，导致了北宋末年的靖康之祸。由此看来，他实际上是认为此一谶言是陈均书中所述后一阶段史事演变的核心。真德秀接着又认为陈均此书：

> 真我宋千万年之龟鉴也。吁！是岂独学者所当熟复哉！

睿明在御，垂精典训，有高宗、成王之风，使是书获陈于前，则所以启发天听，缉熙圣德者何可胜慨！

他显然认为，宋理宗应该以北宋的史事为鉴，不要再踏上见于此一谶言的方向，带领国家走向有如北宋熙宁的道路；他并且指出，陈均著作此书，"其志固将有补于世，非徒区区事记览而已也"。从真德秀这些话可以读出，无论是他自己写这篇序文，或是如他所认为的，陈均著作此书，心中都深怀着对国家未来的关切。

这种对于国运的关切，也见于王同祖和刘克庄的诗中。真德秀为陈均的著作所写的序文，在对国事的关切之中，对于将来仍然怀有期望；而王同祖和刘克庄的诗，却令人读来让人有焦虑无奈之感。《南宋群贤小集》收录了王同祖《学诗初稿》所有的一百首诗，王同祖在后序中说，初稿所录七言绝句一百篇，"非录诗也，录其事也，诗因事而作，事由诗而著"，他的《天津桥》诗应该也可以从这个角度去阅读理解：

> 行阙千重锁暮烟，山如洛邑水如瀍。黄尘障断中原路，忍立桥头听杜鹃。（陈思《南宋群贤小集》卷三〇四，《学诗初稿》）

"行阙千重锁暮烟"意指建康府从南宋初年以来，是行宫所在，宋高宗为了抵御金人，曾经进驻于此，可是如今蒙军入侵，行宫虽在，却已无人，日暮临眺，但觉荒烟重重。次句"山如洛邑水如瀍"，此句在诗题《天津桥》下，有小注说明，"桥在行宫前，昔人谓山如洛邑，水如瀍涧，因以名之"，"洛邑"即洛阳，"瀍涧"指穿过洛阳的瀍水。这一句上接"行阙千年锁暮烟",站在天津桥上,所以能眺望行宫,下启"黄尘障断中原路,忍立桥头听杜鹃",由于站在周围环境有如洛阳的天津桥,所以会因当时已在蒙古治理之下的洛阳,而对当前国事有所感触。至于最后这两句诗,前一句"黄尘障断中原路",前已述及,自从端平入洛之役失败之后,蒙古军队开始对南宋大举进攻,到端平三年(1236),人们已经忧心国家将走向危亡;嘉熙元年春天,战火暂时停歇,可是到了夏天,战火再起,蒙军兵锋再度直抵长江北岸。锁厅解试在秋天举行,王同祖来到建康府,这时长江以北正是战云密布,"黄尘"指战马奔驰所激起的沙尘,满天的战尘已把北望中原之路遮断,令人有"忍立桥头听杜鹃"的悲伤。最后这一句诗,就是用了北宋治平年间邵雍在洛阳天津桥上听见杜鹃啼声的典故。如前所言,邵雍听见杜鹃啼声之后所提出天下自此多事和天下将乱的预言,到了南宋初年,在他的儿子邵伯温的解释里,是世事日非、国运危坠,也就是靖康之难的发生。诗人如今站在建康府的天津桥头,想起当年洛阳天津桥上出现杜鹃啼声后,邵雍对于国运的预言,面对当前国家的情势,不知是否也将如当年北宋一样,走向乱亡,禁不住悲从中来,怎么能听得下这声音?《南宋群贤小集》卷三〇四卷首载有王同祖的小传,他在淳祐年中曾任建康府通判,接着又改添差沿江制置司文字,应仍在建康府任官,国事日亟,此时他的心情不知道又如何。《南宋群贤小集》应刊行于淳祐年中以后,王同祖这首诗也应在晚宋广泛传播。

王同祖的这首诗,读来仍令人感觉,在他的心中,仍然无法完全确定国家是否将走向如北宋一样的乱亡;而刘克庄的《记颜》诗,则读来令人感觉,他似乎已经认为,国运如同他的生命一样，将逐步走向结束：

> 噢（按："噢"当作"唤"）做农夫却逢（按："逢"当
> 作"缝"）掖，道是禅和又幅巾。灞陵雪中耸肩客，天津桥
> 上皱眉人。（《后村先生大全集》卷三十六）

从诗题来看这四句诗，应是记述刘克庄自己这时的容貌，但实际
上每句诗都另有含意。刘克庄写这首诗是在咸淳元年，这时他
已是七十九岁的高龄，再过四年，也就是八十三岁时，他就去世
了。首句中的"缝掖"是儒士所穿的大袖之衣，"唤做农夫"句
或许可以参考他的写于宝祐元年至二年（1253—1254）的《老
农》诗前两句"身已龙钟不出村，尚能抱瓮灌蔬园"；而在写于
宝祐五年（1257）的《田舍即事十首》的第三首中，他又自称为
"田舍汉"。因此"唤做农夫却缝掖"这句诗，是说自己像老农一
样身态龙钟，却又穿着儒服，意思应是自己仍如老农尚能灌溉田
园一样，他也尚在读书，并且写作诗、文，就如作于次年的《丙
寅记颜》诗所说的，"足弱追花懒，瞳昏认字讹。一般差自慰，
卷里警联多"。次句的"幅巾"也是儒服，是指儒士戴于头上的
冠巾；"禅和"则是指修禅的禅僧，刘克庄晚年静坐修禅，见于他
作于景定五年（1264）的《左目痛六言九首》中的第七首前两
句，"熏目不欺暗室，呻吟少下禅床"。"道是禅和又幅巾"这句
诗的意思，应如他在宝祐五年（1257）所作的《题近稿二首》第
一首前四句所说，"吾年开八秩，形槁更心灰。禅缚病居士，诗
殃冻秀才"，讲自己老来形槁心灰，病中虽用心于坐禅，却仍维
持士人的身份，继续在写诗，也因此才会有"近稿"；以"形槁
心灰"来讲自己有如修禅的禅僧，又有指自己头顶之发已秃的

意思。在他《戊午（按：宝祐六年，1258）生日回启·徐监簿》中，先讲自己"迨今形槁心灰"，然后又讲自己"加冠巾于髡缁之颠"，而"加冠巾于髡缁之颠"也有《记颜》诗中的"道是禅和又幅巾"之意，只是"髡缁"泛言僧人，而"禅和"则专指禅僧。这篇启文最后说："借衰朽以发文章之妙，君所优为；操下里而和风雅之音，仆也安敢？"刘克庄虽然自谦说"仆也安敢"，但这篇覆启却正说明了他仍在发挥自己的才华，撰写四六体的启文。

第三句"灞陵雪中耸肩客"，这句诗出自唐代诗人孟浩然在风雪中，于灞桥上骑驴寻诗觅句之说。学者指出，此说起自北宋晚期，首先见于苏轼两首诗中的句子，分别是"又不是，襄阳孟浩然，长安道上骑驴吟雪诗"和"又不见，雪中骑驴孟浩然，皱眉吟诗肩耸山"，继之而有秦观《忆秦娥》词中的"灞桥雪，茫茫万径人踪灭"及"骑驴老子真奇绝，肩山吟耸清寒冽"等。至于宋人相传，唐代王维有《孟浩然骑驴图》或《孟浩然灞桥图》，实际上并非出自王维之手，而是宋人托名而作；真正为王维所绘，而流传至宋代的，只有《孟浩然马上吟诗图》，但图中孟浩然是骑马，并非骑驴，地点则在襄阳附近，而非长安城外的灞桥。刘克庄也有作于嘉定十四年（1221）的《孟浩然骑驴图》诗，诗中提及，他已经拥有好几年的这幅"坏墨残缣"画作，应也只是宋人托王维之名所画，但刘克庄十分珍惜。诗中说："旧向集中窥一面，今于画里识前身；世间老手惟工部，曾伏先生句句新。"后两句讲杜甫对孟浩然的推许，见于杜甫《解闷十二首》，前两句则视孟浩然为自己的前身，可见刘克庄在诗作上的自我期许之高。出长安城，走灞桥过灞水，即是灞陵。刘克庄写下《记颜》诗中的"灞陵雪中耸肩客"这一句，即可以看出，他直到晚年，仍然以唐代诗人孟浩然自许。而句中的"耸肩"一词，即出自苏轼诗中的"皱眉吟诗肩耸山"和秦观词中的"肩山吟耸清寒冽"，则又说明了他此时仍如孟浩然一样，为寻诗觅句而苦思不已。此外，"耸肩"一词又有瘦削之意，在刘克庄之前，洪适的《选冠子》词中，已有"想灞陵桥畔，苦吟缓辔，耸肩寒瘦"之句；景定五年（1264），友人林光世有诗祝贺刘克庄致仕，刘克庄与之唱和，在和诗的第二首中，也有"觅句瘦肩两山耸"的句子。

以上仔细地说明了《记颜》诗前三句的含意，指出各句诗分别描述了刘克庄自己老态龙钟、形容枯槁而发秃、肩耸且瘦削，而又共同表达了即使如此，他在目力已弱的情况下，仍然阅读且写作诗、文。本于前三句的含意，可以尝试阐绎这首诗中涉及王安石谶言的第四句，而这句诗也如前三句一样，其文句与含意颇有采自刘克庄所阅读过诗、文之处。"天津桥上皱眉人"指的就是邵雍在洛阳天津桥上，听见杜鹃啼声后，讲出了他对北宋国运的预言。这句诗其实是改写自嘉定年间曾极所作《青松路》诗中的"愁杀天津桥上客，杜鹃声里两眉攒"；刘克庄对这两句诗十分欣赏，曾经说这两句诗"峭拔有风骨"。无论"两眉攒"或"皱眉"，都是邵伯温在《邵氏闻见录》中，讲邵雍听见杜鹃啼声而"惨然不乐"的意思。这一句诗，无疑一方面在讲自己经常眉头紧皱，同时也借北宋治平年间邵雍在洛阳天津桥上的预言，表达了自己对国运的担忧。

从这首《记颜》诗，可以进一步讨论在晚宋国事变化的过程中，晚年的刘克庄对国运的看法是否也随之而有所转变。从《记颜》这首诗，可以看到刘克庄已经把当时的国运隐喻为自己衰老的容颜，人既衰老，将逐渐走向死亡，国运已衰，国家显然会有朝一日为其他朝代所取代。虽然他没有明白写出，可以读出他的忧心。可是在写这首诗之前那年中，涉及国事的刘克庄诗，所表达的却是另一种心情。

这种变化，不妨结合起当时史事来观察。从开庆元年（1259）至景定元年（1260），蒙军在忽必烈率领下围攻长江中游位于荆湖北路的军事重镇鄂州，另一支蒙军则在兀良合台率领下，自云南入广西，再北上攻至荆湖南路的首府潭州，并分军攻至长江南岸江南西路的江州；正当南宋面临危亡之际，由于率领蒙军进攻四川的蒙哥汗在合州钓鱼城下去世，各路蒙军北撤，危机才得以解除。这段期间，也正是刘克庄涉及宋蒙战事的诗篇最集中的时候。在这些诗篇中，尽管可以看到其中有"平生师慕尧夫者，老去无端也皱眉"的句子，可是也有"早晚岳云俱汛扫，挽天河水洗疮痍"这样的句子，可见他虽然对国运感到焦虑，却仍然对将来抱着期望。

忽必烈回师北上之后，与其弟阿里不哥争夺蒙古大汗之位成功，建立元朝，并且将政治中心从漠北的和林迁移到汉地的燕京，采行汉法。最初几年，为了先稳定内部，入侵南宋的战争趋向缓和，战事虽然没有中断，却暂时停止了以覆灭南宋为企图的大规模军事行动。在这种情形下，刘克庄涉及宋、元战事的诗篇大量减少，然而即使战争暂时趋向缓和，从数量不多的涉及时事的诗篇中，所看到的却是他心中流溢着对国事的感伤。起先是为时势而感到心烦与无奈，开始失去对国家未来的期望；到了后来，更清楚地表达出国家已经难以继续支撑，即将灭亡。而在这些诗篇中，他关注南宋内部的问题，超过了战争所造成的外在威胁。贯串前后两个阶段的，则是诗中传达了他对世事的厌倦，以及对隐士生活的钦羡；而诗篇中的杜鹃，也从前一阶段哀鸣到后一阶段。

大致说来，在他写《记颜》诗的前后，从景定五年（1264）至咸淳二年（1266），属于第一阶段；从咸淳三年（1267）到四年（1268），属于第二阶段。在作于景定五年秋天致仕之后的《诸公载酒贺余休致，水村农卿有诗次韵》的第六首和诗中，起首两句"时事浑如坐井窥，逢人不敢问边机"，显示出他虽仍在关心朝政、边事，却深为之心烦，不愿多了解；第五、六句"笑矍铄翁鸢跕堕，爱元真子鳜鱼肥"，前句用的是东汉马援的典故，后句用的是唐代与颜真卿同时的隐士张志和的典故，刘克庄用这两句诗，表达了他不愿意像马援一样老而仍为国效命，而要像烟波钓徒张志和一样，悠游于饮酎啸咏。

与《记颜》诗同样作于咸淳元年春、夏之间而较早的《杂兴四首》，则清楚地对当时国事提出他的看法。第一首是对朝廷取法管、商的管榷政策，以及蒙军退后与江防的空虚，提出批评。管榷政策应是指的从淳祐年间以来的淮浙盐官鬻，把原来以通商法运销的官盐，分出部分由官府自行运销。诗中认为，这样做的结果是伤了本根，这应指一方面商人不再愿意运盐销售，另一方面则民众受到抑配官盐之苦。第二首是讲四川的边事，从刘整以泸州叛宋投蒙，而追念当年余玠建立四川的山城防御体系，因此四川才不至于全境沦亡。由于余玠到后来不得其死，再进而指斥朝廷功赏不明，四川的防线也就步步后撤。第三首讲李全、李璮父子，而重点在李璮以元朝将领的身份归宋失败的事件，诗中称赞李璮的忠孝，而惋惜朝廷在李璮死后未能给予足够的尊崇。第四首可以视为对第一首前四句的补充说明，指责在管榷之政失败之后，面对国家经费穷空的困境，以实施增印纸币的政策来解决，物价因而高涨，伤害到民生；此一下策使得国家又必须面对另一个问题。这四首诗的共同特点都在批评朝政，包括边事及牵连到边事的财政。

其中第一首的最后八句："有鹃啼云安，无龙卧南阳。男儿重横行，讵肯坐箦床？昔人含两齿，时来犹鹰扬。残骸久饰巾，清泪空沾裳。"可以清楚地看出，是刘克庄在诉说自己的心境。"有鹃啼云安"源自杜甫《杜鹃》诗中的"云安有杜鹃"，是杜甫于唐代宗永泰元年（765）离开成都至夔州云安县，在云安时所作，释诗者认为杜甫此诗及之前在成都时所作的《杜鹃行》诗，均寓有唐玄宗于安禄山叛乱时蒙尘幸蜀之意；甚至在释《杜鹃行》时说，杜鹃之所以啼声哀怨："岂非若诉国亡而身摧残，变而为禽耶？"如此看来，刘克庄这一句诗，显然也就如北宋邵雍在天津桥上听见杜鹃啼声，而预言北宋将走向乱亡一样，在预言南宋皇帝将有蒙尘之忧。次句"无龙卧南阳"，是借诸葛亮出而辅佐蜀汉先主、后主的史事，来讲当时南宋没有像诸葛亮一样的人才挺身而出，致力于捍卫国家；尽管蜀汉有诸葛亮忠心效命，结果在他死后，仍然为曹魏所灭，何况当前南宋缺乏可以比拟于诸葛亮这样的人。两句合起来讲，无疑是认为南宋的国运已难有希望。接下来的"男儿重横行，讵肯坐箦床"两句，前句引用自高适的《燕歌行》，以此诗中的前四句"汉家烟尘在东北，汉将辞家破残贼。男儿本自重横行，天子非常赐颜色"连接起来看，讲的是将领出塞征伐胡人，相对而言，刘克庄诗中的"男儿重横行"，则指的应是抵御蒙元的入侵。后句中的"坐箦床"，用的是曾子临终时"易箦"的典故，刘克庄早年在悼念黄榦的《哭黄直卿寺丞》诗第一首中，就讲到黄榦临终之前，"病整衣冠坐箦床"。两句合起来讲，是说男儿在国家处于危难之时，应奋身卫国，而非坐以待毙。再接下来两句"昔人含两齿，时来犹鹰扬"，"昔人含两齿"指的是周代的开国功臣吕尚（太公望），韩愈诗讲太公初仕进时，口中只剩两颗牙齿；"时来犹鹰扬"出自《诗经》的"维师尚父，时维鹰扬"，讲的是吕尚建立功勋。这两句诗是用来和刘克庄讲自己的最后两句诗作对比。最后两句是"残骸久饰巾，清泪空沾裳"，"饰巾"出自汉代蔡邕《陈太丘碑》记陈寔面对朝廷招辟时所说的"绝望已久，饰巾待期而已"，意思是等待死期来到。两句合起来讲，刘克庄是表示自己已经是风烛残年，等待死期来临，无能再为国效劳，不禁泪如雨下，沾湿了衣裳。

这八句诗，表达出刘克庄对国家未来的悲观，以及心中的无奈。此外，从"无龙卧南阳"这一句诗，也可以看出，他这时已经认为贾似道不足以辅佐君上，带领群臣为国家力挽狂澜，这和他在开庆元年、景定元年时，在诗、文中对贾似道战功的推崇，态度大不相同。尽管他一直到咸淳三年（1267），仍然有写给贾似道的寿词、贺启，但是在他的心目中，对于贾似道的施政已经至为不满，这种不满，隐晦地表达于他的诗中。

在写过《记颜》诗之后的咸淳二年（1266）春、夏之间，刘克庄又有《书事三绝》和《杜鹃问答二首》言及时事。稍早的《书事三绝》涉及与财政有关的边粮和籴，前两首用意在于批评当时朝廷为了供应军粮而采取的和籴政策，政府在太湖流域粮产丰盛的州郡，以抑配的方式，用远低于市场的价格，向民众购买米粮，使得这一个地区，虽然遇到丰年，中户仍然没有足够的余粮来维持一年的生活。征购米粮的官吏只想到边粮充实，却没有考虑到，当民家无粮可用时，国力也已空虚。可以想到的，如果民众穷空，国力虚竭，那么边粮又从何而来？这两首诗显现刘克庄对国家的未来，已感到悲观与绝望。值得注意的是第三首，前两句先说边境上敌军侵入而又退回，后两句"放得子陵归钓濑，还他高密上云台",则表达了刘克庄不愿再理会国事的心境,他想有如东汉光武帝时的隐士严光(字子陵)一样,而把那些有如邓禹为东汉光武帝建树功业的事情,置之度外。刘克庄的心中哪里是不再关心国事,这是他对国事悲观、绝望之下的无奈之言。

较晚写的《杜鹃问答二首》中,第一首"昔南使粤北防秋,闻汝啼声悔远游。我忆故乡归久矣,君归未得使人愁",是讲刘克庄自己。第一句中的"北防秋"指刘克庄于嘉定九年(1216)出任真州录事参军,次年又获辟为设司于建康府的江淮制置司准备差遣,备御入侵的金军,至嘉定十二年(1219)因谤议请祠而去。"南使粤"则指他在嘉熙三年(1239)出任广东提举常平,次年改任转运判官,又兼摄安抚司、市舶司,而于淳祐元年(1241)奉召至行都奏事,但由于受劾而停罢召命,并因此而奉祠。杜鹃又名子规,啼声哀怨,听来有如"不如归去",令人想要还乡,所以接着的第二句是"闻汝啼声悔远游"。第三句"我忆故乡归久矣",是刘克庄讲自己先是请辞、后来又致仕,返乡已经多年。既然已经返乡多年,何以还会听见杜鹃啼声而哀愁?他以"君归未得使人愁"来向杜鹃发问,想来不是为了自己,而可能是想到了当前国步的杌陧,想到了杜甫《杜鹃行》诗和《杜鹃》诗所寓含的唐玄宗蒙尘幸蜀之意,甚至想到邵雍在洛阳桥上听见杜鹃啼后所做的北宋将走向乱亡的预言。

第二首"云安万里一禽微,翅短安能远奋飞,帝放还山君有福,虏犹戍独("独"当作"蜀")我安归"的寓意,是接着第一首而来。第一句"云安万里一禽微"清楚地表示了刘克庄的发问里,于东南啼叫"不如归去"的杜鹃,是来自杜甫《杜鹃》诗所说"云安有杜鹃"的夔州云安县。第二句"翅短安能远奋飞"是在问从蜀地云安到东南有"万里"那样遥远,微小而又翅短的杜鹃怎么能飞来？从后两句看，显然是因为逃避四川的战乱而飞来。第三句中的"帝放还山"一语，又见于刘克庄写于宝祐二年（1254）春、夏间的《又即事四首》第三首，意为皇帝准予离朝还乡；用在《杜鹃问答二首》中，应是指皇帝不愿意杜鹃再留在东南，要其返回家乡云安。刘克庄认为这是杜鹃的福气，他是以自己"悔远游"而"忆故乡"的心境，设想杜鹃也会有同样的想法；然而皇帝何以不愿意杜鹃再留在东南，或许是由于杜鹃在春末有如"不如归去"的哀怨啼声，不断地引起皇帝担忧，有一天会遭逢蒙尘之难，为之厌烦，就如遇到一个不断犯颜直谏的官员，而令其罢职还乡一样。可是当刘克庄恭贺杜鹃有返乡之福时，杜鹃却回答说"虏犹戍蜀我安归"，于是这首诗又回到国家现实的处境。刘克庄在这两首诗中，其实借着他与杜鹃之间的问答，而表达出他对当前国运演变方向的忧心。

到了后一阶段，刘克庄在诗中，对于亡国之日的即将来临，表露的是愈来愈肯定。写于咸淳三年夏天的《读史》，是以讲史来说今，其中值得注意的是第五、六句"河决固非束薪塞，厦倾欲以一绳维"，和第七、八句"英雄到了多遗恨，孺子林宗百世师"。前两句中的"河决固非束薪塞"，是讲汉武帝时由于黄河决于瓠子，为了塞决河，令群臣、从官自将军以下皆负薪置决河，但未成功的史事；那么多人同时做这件事都无效，那么仅以束薪来塞住溃决的堤防，自然更无法解决问题。次句"厦倾欲以一绳维"，则本于隋、唐之际王通对董常所说的"大厦将颠，非一木所支也"，这是指隋朝将要倾覆，非一人所能救，一木已无力支撑，一绳的力量更不如一木，后果就更加不可设想。这两句诗虽然各有其史事来源，在这首诗中，却同时又指宋的国运已难以延续。后两句诗中的"英雄到了多遗恨"，句中的"英雄"应指创功立业的英雄。这类英雄，在后人的看法里，被认为有"遗恨"者颇不罕见，例如周文王、诸葛亮、李邺，都曾得到如此的评论。最后一句"孺子林宗百世师"中的"孺子""林宗"分别指东汉晚期的两名隐逸之士，一是字孺子的徐稚，一是字林宗的郭太，认为他们是可以长远师法的对象。这两句诗合起来讲，讲的其实是刘克庄自己的心境，他不钦羡那些创功立业的英雄，而愿效法那些闲适的隐士，显示出他在认为国事已不可能存有任何希望的情况之下，心中的悲哀。

过了大约一年，在咸淳四年（1268）夏、秋之间，他有《饮中题一首》，这首诗直指贾似道打击异己的罪过，尽管贾似道自己将会受到报应，国家却由于贾似道的妄作非为而走向灭亡。全诗八句中，最值得注意的，是第三、四句"佛法须偿蚯蚓债，帝魂化作杜鹃啼"，和第五、六句"安知丞相嗔如屋，但见山公醉似泥"。"佛法须偿蚯蚓债"出自佛教故事，意思是即使误杀、误伤，也是罪过，会受到因果报应。如果误杀、误伤都会受到报应，那么有意伤害就更不用说了。这句诗是针对贾似道打击异己来讲的，当他如此做时，不仅伤害到受打击的人，也常伤害到其他人。

此事最明显的是在景定元年（1260）蒙军退兵之后，由于贾似道忌害当时有功的各级军事统帅，于是用账目不清的理由来毁伤他们，对他们施行"打算法"。"打算"是结算的意思，打算法就是清查这些将帅的账目，追索他们账目不清的开支。于是包括赵葵、史岩之、徐敏子、杜庶、李曾伯、向士璧、曹世雄等人，都受到监还追偿之苦，并连累及他们的妻、子。其中徐敏子、杜庶、李曾伯都因之下狱，向士璧、曹世雄两人在参与解救鄂州之围时，凡事不向贾似道通报，为贾似道所厌恶，加上他人告讦，贬窜至远地州郡后，被逼而死，而杜庶、向士璧死后，家人仍遭继续追索不已。

谢枋得在信州起义兵，得到江东西宣抚大使赵葵科降助军钱，并给招军米。当打算法施行，查账的官员来到时，他为了不连累赵葵，自偿万缗，其余无法偿还，于是上书给贾似道说："千金而募徒木，所以示信于市人；二卵而弃干城，岂可闻于邻国？"以商鞅在秦重金募人徙木的故事，与卫国有将才的苟变，因在为吏收税时，曾收受民众赠送两颗鸡蛋，而为卫君弃而不用的故事，互相比较。谢枋得的意思是，应该效法商鞅为了立信而不惜重金，对于那些有功的军事统帅要加以重赏，怎么可以像卫君由于苟变有一点小过错而弃之不用一样，那些有功的军事统帅的账目有一点不清楚，就陷之于罪刑。书上之后，尚未偿还的余款，得以免除。

刘整也曾参与解襄阳之围，事后在四川安抚副使兼知泸州任内，由于与上司四川制置使兼知重庆府俞兴有隙，俞兴以打算法来清查他的账目。刘整想到了有功的向士璧、曹世雄都因之而死，于是心不自安，以泸州叛归蒙古，并为之划策进攻襄阳，首先以设榷场互市为名，在襄阳外围筑起土城，原先攻打四川的战略重心于是转移。继刘整降元之后，打算法所引起的恶劣反响陆续出现，景定四年（1263）秋天，谢枋得为江东路漕试出策问考题，有"权奸误国，赵氏必亡"之语，得罪了贾似道，因之而贬往兴国军。谢枋得这两句话，一方面是批评贾似道，另一方面，也显示出在他的心里，南宋亡国征象已十分明显。而在咸淳三年年底，元军在刘整参与之下，进一步推动对襄阳的经略，在其周围大举兴筑城堡，到次年秋天，元军所筑城堡已经环绕在襄阳的外围，宋军的粮道为之阻绝，开启了南宋亡国悲剧的序幕。

打算法原本要打击赵葵，却也打击到了谢枋得；刘整本非贾似道所要打击的对象，却由于俞兴与他之间的芥蒂，而要受打算法的处理。这两件事，就有如蚯蚓的误受伤害。其后谢枋得在江东漕试所出的策问题中，说出了"权奸误国，赵氏必亡"的话，刘整则愤而投降元朝，为之划策灭宋，这岂非就是"蚯蚓债"。至于以打算法有意地打击特定的军事统帅，因之而引致军心涣散的恶果，更不待言，刘整在面临打算法追究之后，就是由于看到向士璧、曹世雄都有功而受惩，竟至于身亡，而立意降元的。

上述"佛法须偿蚯蚓债"这句诗所可能寓有的相关史实，有助于了解，何以接续的诗句会是"帝魂化作杜鹃啼"。这句诗出自古代蜀国君主望帝禅位给开明的典故，开明治水有功，望帝在禅位给他之后，升西山而隐，其魂化为杜鹃，每逢春末即悲鸣。望帝禅位给开明，有如古代尧舜禅让的故事，但是到了宋代，家天下已是长久以来的历史传统，所以当宋人注释杜甫诗时，就把杜鹃悲鸣说成是由于国亡的关系，而北宋治平年间邵雍在洛阳天津桥上听见杜鹃鸣叫，也预言国家将会走向乱亡。依此而言，这句诗的含意，正是讲南宋国运结束的时刻，已将来临。

这首诗的第五、六句"安知丞相嗔如屋，但见山公醉似泥"，是针对着前两句而来的。第五句中的"丞相嗔"，没有指明丞相为何人，然而追溯诗句的渊源，杜甫《丽人行》诗最后两句"炙手可热势绝伦，慎莫近前丞相嗔"，也用了"丞相嗔"三字。这两句诗据宋人注释说，是指杨贵妃用事，杨国忠任丞相，气焰薰炙，朝廷内外触之者即成为齑粉，杜甫因之而戒惕当时士大夫，不要讯切其党羽以取祸害。"嗔如屋"的"如屋"，意思是如屋之大，"嗔如屋"则是大为生气，唐太宗时，侯君集西征平吐谷浑归来，由于有司劾其出征时的罪行，奉诏下狱，获释后曾对人说："我平一国来，逢屋许大嗔。"意即自己触犯皇上，惹其盛怒。刘克庄用杜甫的诗句，只是借取杨国忠的史例，实际上是暗喻贾似道的权势，而且和杨国忠的妹妹是唐玄宗所宠幸的杨贵妃类似。贾似道的姐姐也就是宋理宗的宠妃贾贵妃，有这样的权势，如果敢于对他有所批评，无疑会引起他的大怒。第六句中的"山公"是指西晋的山简，他治理荆州时，常喝得酩酊大醉，甚至乘马倒载而归，刘克庄也是借山简的史例，来讲自己。这两句诗合起来，意思就是前面两句诗所说的那些话，不知道丞相听了是否会大为生气，我只是大醉之后的胡言乱语而已。整首诗的重心，应在上述第四句"帝魂化作杜鹃啼"。

《饮中题一首》诗中的"蚯蚓债""杜鹃啼"，仍然是用引喻的方式来讲国亡，而刘克庄写于咸淳四年秋、冬之间的《南唐一首》，及写于同年年末的《二世》和《秦纪》，则已直接地分别讲出了南唐和秦朝的灭亡。《南唐一首》的首两句"建隆事得之遗老，畴昔曾参野史看"，是讲刘克庄自己对于北宋开国史事的认识来源。第三、四句"后阁夜犹歌玉树，陈桥日已涌金盘"，是将南唐亡国和北宋一统的征象互相对比，前句讲南唐宫内仍然夜夜笙歌，唱着靡靡之曲，就有如南朝陈后主亡国前宫中唱的《玉树后庭花》；后句则是讲当赵匡胤发动陈桥兵变时，已经出现日下复有一日的天命之兆，"金盘"亦即日下复涌出的圆形红日。第五、六句"可怜李主归朝晚，专靠江神立国难"，则是讲南唐想要靠着长江之险来立国，是难以做到的事，到头来李后主依然要在国家为宋所灭之后入朝。最后两句"谁道齐兵当十万，一身机阱不能安"，这两句引用龙衮《江南野史》的记载来补充前两句。此书载南唐派孙忌出使后周，后周世宗问他南唐可取虚实，回答说，南唐虽然国小，可是甲兵尚有三十余万，未易图取，后周世宗认为他有意欺骗。他说，南唐精甲利兵即有十余万，长江天堑可敌十万之师，国老宋齐邱智谋宏远，机变如神，是王猛、谢安之徒，也可敌十万；后周世宗因此想要除去宋齐邱。后来南唐派钟谟出使后周，回国复命时，传达了后周世宗的话，表示两国之间大义虽定，但是如果宋齐邱不死，难保和好，随后宋齐邱死，原因即在于此。此项记载是否属实，是另一回事，刘克庄的意思是，长江之险固然不能使南唐免于亡国，宋齐邱自身难保，他的智谋宏远、机变如神也无法护卫南唐。这首诗虽咏南唐，刘克庄应该是借南唐的史例，断言南宋已无法借长江之险来自保，而且不仅皇帝宋度宗，连宰相贾似道，也都和南唐后主一样，耽于游乐。一些智谋宏远、机变如神，可以为国之干城的军事统帅，不待敌人反间，就已为贾似道所排摈，国家即将如南唐一样，面对亡国的命运。

《二世》和《秦纪》两首诗，都强调秦朝亡国是本身的问题，而与外力无关。《二世》诗题是指秦二世胡亥，前两句"失国之君多咎政，兴王者作著休符"以休、咎对言，指亡国的君主有很多的恶政，而兴王者出就会有《周易》所说"休复"的吉兆，能复而无咎。"失国之君"是说秦二世，然而秦二世的恶政却非他一人所为，而与当时宰相赵高大有关系，也就是这不仅是批评秦二世，也批评到赵高。后两句"亡秦天告由胡亥，非谓长城外有胡"，这两句诗本于秦始皇时出现的"亡秦者，胡也"谶言而来。秦始皇解释为亡秦者是北边境外的胡人（匈奴），并因之而派蒙恬往击胡人；等到秦亡，人们才了解，"亡秦者胡"的"胡"是指胡亥，而非胡人。这也就是说，秦亡是出自秦本身的"咎政"。尽管蒙古多年以来已企图灭宋，元朝建立后战争亦未止歇，与秦朝时的胡人无意亡秦不同。但刘克庄写这首诗，无疑是针对当时南宋的内部问题而发，以秦二世的亡国来暗喻宋度宗，以秦二世时的"咎政"暗喻宋度宗时施政的失措，他显然已认为宋度宗将会是亡国之君，南宋将为元朝所灭。然而南宋将亡的基本症结，其实是本身"多咎政"，而这些"咎政"，其实又是由权力集中于一身的贾似道而来，就如秦二世时代的"咎政"多出自赵高一样，贾似道才是他在这首诗中所要批评的主要对象。

　　稍后写的《秦纪》，诗题的意思是秦的历史，就如《史记》有《秦始皇本纪》，《资治通鉴》有《秦纪》。前两句"上广曾吞九云梦，民劳因起一阿房"，指的是秦始皇筑苑囿、宫室。"上广"是说上林苑之广，上林苑在渭水之南，秦每破诸侯，就摹写其宫室，依仿筑之于咸阳北阪上，东西八百里，离宫别馆相接，取自诸侯的美人、钟鼓都置于其中。"曾吞九云梦"，意思是上林广大的气魄，即使九个云梦也不足以相比，这是用司马相如《子虚赋》中的话。这篇赋虚拟子虚、乌有先生、无是公三人对答，推论天子、诸侯的苑囿；子虚讲楚国苑囿云梦之广，乌有先生辩称齐国的苑囿可以吞八九个云梦于胸中而不觉其有，无是公则说齐、楚是诸侯，并不足道，难道没有听说天子上林苑的巨丽。司马相如用此赋以劝汉武帝应务节俭，刘克庄则借用其中文句来讲秦始皇的上林苑。"阿房"指秦始皇、二世代两代接续兴筑，至秦亡仍未完成的阿房宫，位置就在渭南上林苑中。刘克庄用这两句诗来讲秦的灭亡，是由于皇帝本身恣纵享乐、生活奢靡而又滥用民力，因此秦的亡国是自身的问题，而非由外力，就如杜牧《阿房宫赋》所说的"灭六国者，六国也，非秦也；族秦者，秦也，非天下也"。刘克庄对杜牧这篇《阿房宫赋》十分熟悉，除了在其《诗话·续集》中两度谈到外，在诗、文中也几次言及，他写这首诗时,《阿房宫赋》必定也在他的心中盘桓。这也就是接下来后两句诗"人皆怜楚三户在,天独知秦二世亡"的意思。前句出自《史记·项羽本纪》载项梁之言及其引述楚南公所说的"楚虽三户,亡秦必楚也",依此一说法,亡秦仍然出自外力;后句则是说,只有上天知道,秦朝传了二世就灭亡,这就是杜牧所讲"族秦者,秦也,非天下也"的意思。

刘克庄写《秦纪》这首诗,用意应也同于前述《二世》一样,借秦的亡国来讲南宋,亦即南宋已经呈现即将亡国的迹象,这些迹象不在于外力,而存在于南宋的自身。刘克庄晚年所处的宋理宗、度宗时代,虽然没有像秦筑上林苑、阿房宫这样大的工程,可是也有一些扰民的工程在进行,理宗、度宗两人,也像秦始皇、二世一样,恣纵于酒色,甚至可能尤有过之。

理宗晚期的情形,可以从牟子才自淳祐十二年(1252)到宝祐三年(1255)的几篇谏疏中了解。淳祐十二年,他任兵部侍郎时曾上疏谈到当时的土木工事及其弊失:"宣和之失,在于崇土木以备游幸也",而在当时,"往岁尝建龙翔矣,尝饰苑囿矣。……既又以为未足,无故创为新寺之役。虽云经费取办御前,大抵施为率从科抑,规模浸广,工役繁兴,斩丘木而先朝后妃将相之墓无所庇藏,广进助而畿辅江浙膏腴之田半归白夺。方且包撤民居,疏凿溪港,穷奢极侈,无有已时。黔黎敢怒而不敢言,闾巷敢怨而不敢指。"(《历代名臣奏议》卷三一二)这篇奏疏,以当时的情形比类于宣和之政,无疑是要理宗警惕于国家可能会如北宋末年一样在走向危亡。

同年年末,已定明年改元宝祐,牟子才又上火灾封事。其中再次以当时的情形和崇、观、政、宣比较,又提到了"土木者,乱之本也。……今袭庆之架造未辍,而中兴观之工役又新;延祥

之涂墍未竟，而西太乙之工役复起"，同样也发生伐墓木、占邸
第、撤民屋等失民心的事。最后他说，宋是火德兴，"火德衰败，
则火滥炎而并起"，"火之为象，其有关于国家运祚之兴亡明矣"，
北宋时"宣和之水与崇宁之火稠见叠作，是火王中微，既激而为
靖康之变"，如今"今夏之水与今冬之火前后相袭，是火德浸衰，
岂不激将来之变乎？"（《历代名臣奏议》卷三一二）同样警惧国
运将要走向结束。

　　宝祐二年（1254），牟子才任起居郎，因灾异上疏。奏疏中
除了提到各项工程外，还提到"妃守之建，则溺爱以自损矣"
（《历代名臣奏议》卷三一二）。所谓"妃守之建"，当如刘一清
《钱塘遗事》所言，除宫嫔有职掌、名位之外，称夫人的从嘉定
六百员增加到淳祐的一千六百员，人数大增。所以牟子才说理宗
"溺爱以自损"，"损"意指女色伤身。宝祐二年的奏疏，牟子才
只是讲宫内的妃嫔、夫人，在次年所上的《论雷雨变异疏》中，
他讲到了理宗与宫外女色的关系，而且讲得直率。他指当年元宵
灯夜，"最是号召京师之娼妓，群唱迭和，各尽其艺于蟾蜍蟆漠
之宫，此何为者耶？虽传闻之辞，间有未实，然上自百官族姓，
下至闾阎小夫，窃议圣德，不一而足，虽欲止之不可也。……陛
下六宫固不乏人，何乃下采至此耶？"他强调这样的事情，不仅
是祖宗无此家法，即使是政和、宣和浊乱之世，也不曾有这样的
情形。他认为这一定是"貂珰等辈，愚惑陛下，以至于此"，由
于理宗一念稍侈，所以天降雷雨以示警惕；他请求理宗一定要改
过，否则"天怒未已，将降大灾以困吾国，非止一雷雨之变而已
也"（《历代名臣奏议》卷三一二）。引娼优入宫这件事，确如牟
子才所言，是貂珰所为，史书上讲是人们目为"董阎罗"的巨珰
董宋臣。同样在宝祐三年，由于董宋臣迎逢上意，无所不为而又

招权纳贿，再加上阎妃怙宠，马天骥、丁大全用事，有无名子写了八个字在朝门，"阎马丁当，国势将亡"，"阎"是阎妃，"马"是马天骥，"丁"是丁大全，"当"则是董宋臣。此一无名士子所写的"国势将亡"之语，比起牟子才在上疏中所说的天将降大灾"以困吾国"，显得更强烈，但是牟子才一再以理宗所为，和宣和年间徽宗的行为相提并论，岂不也寓有"国势将亡"之意？

牟子才这几篇奏疏，都用北宋政和、宣和之事来和当时的情形相比较。他忧心于国运将会有如同宣和末年一样，逐步走向亡国的结局，是可以理解的。然而他溢于言表的忧心，是否能获得理宗的理解，从而接纳他的劝谏，改变自己的行为，并摆脱身边宠臣对他的奉承与引导，却显然是一大问题。

度宗在位时，一样有扰民的土木兴修，他自己也如理宗一样恣纵于酒色；这样的情形，不仅见于度宗，也见于掌握朝政实权的贾似道。咸淳年间的土木工事，最受到注意的是兴修于咸淳四年，奉感生帝的宗阳宫。自宋初以来，由于认为宋是以火德兴，所以奉赤帝为感生帝，每年祭祀。理宗时，感生帝原本奉祀于淳祐四年（1244）兴建的龙翔宫，但是龙翔宫于咸淳二年（1266）改为理宗皇帝的神御殿，于是度宗又另建宗阳宫来奉祀感生帝。宗阳宫的规制，大体如同龙翔宫，兴建时曾引起一些官员的批评，但是度宗不理会，仍然继续兴建。批评的理由何在？《宋史·杨文仲传》载"盛夏建宗阳宫，坏徙民居，畿甸骚然"，杨文仲上疏劝谏说："移闾阎之聚，为香火之庭，不得为善计矣。陛下绍祖宗之位，岂以黄老之居为轻重哉？"次日面奏，更为恳切。贾似道因此而发怒说："杨文仲多言！"显然宗阳宫的兴建，也类似理宗时包括龙翔宫在内的一些工程，有侵占民居的情形，而主导此事者，应该就是贾似道，所以他才会生气。

　　度宗的恣纵酒色，也颇为官员们所知。宫中饮宴，称为排当，丰盛异常。咸淳二年，给事中陈宗礼曾因之而感叹说："内侍用心，非借排当以规羡余，则假秩筵以奉殷勤。不知聚几许汗血之劳，而供一夕笙歌之费。"（《钱塘遗事》卷五"排当"条）可以看出饮宴花费之多，而饮宴中又有笙歌之娱。同年，侍御史程元岳上奏说："帝王致寿之道在修德，后世怵邪说以求之，往辙可鉴。修德之目有三，曰清心，曰寡欲，曰崇俭，皆致寿之原。"（《宋史·度宗纪》）清心、寡欲、崇俭三者，显然都针对度宗的生活糜烂来说。在上言谏宗阳宫兴建之弊前，杨文仲又曾由于度宗因病而连日不视朝，奏言："声色之事若识得破，元无可好。"（《宋史·杨文仲传》）直言度宗之病起于声色之好。至于贾似道自咸淳三年（1267）居于葛岭，五日才一入朝之后，生活的荒唐，广为人知，不必赘述。

　　从上述宋理宗、度宗在位时的这些事情，来比对秦朝筑上林苑、建阿房宫所呈现出来的问题，应可了解，刘克庄的《秦纪》这首诗，应有借秦朝亡国之事暗指南宋亡国之日已近的用意。而在他看来，南宋正逐步走向亡国，就如秦朝之亡一样，问题也出在自身，而不应归咎于外力。从咸淳元年（1265）以来，刘克庄诗篇中的杜鹃啼鸣声持续不断，同时他也愈来愈表露出面对国家灭亡时刻即将来临的感受。

　　当刘克庄写《二世》和《秦纪》这两首诗时，已是他去世前一个月，到咸淳五年（1269）正月的月末，他就去世了。在去世的当月，他写了一首题为《芳臭》的诗："流芳斜谷出师表，遗臭樊城受禅碑。芳臭即令（按："令"当作"今"）皆判矣，鲍鱼难掩祖龙尸。"这首诗的关键句子是第二句"遗臭樊城受禅碑"，"樊城"当作"繁城"，指宋代颍昌府临颍县的繁城镇，在汉代原本是颍阴县的繁阳亭，是献帝禅位给曹魏文帝之处。这里立有二碑，一是百官劝进碑，一是受禅碑，记曹魏文帝受禅之事，书写者钟繇及列名者都是汉的官员，却称誉魏的功德。欧阳修曾到繁城，看到受禅碑，深为感叹。刘克庄在这首诗里，以"遗臭"来讲受禅碑，无异于表达自己不仕二姓之志，可以了解，当他认为国家将亡，马上要面对的就是他对新政权的态度，这样的表达，也只有在这种情况之下才可能出现。

第十三讲

传向社会基层：话本《拗相公》
与《宣和遗事》的共同主题与意义
——兼论王六大夫所讲的《复华篇》

　　上述对于王安石谶言从南宋绍定年间以来的广泛传播，以及在此过程中刘克庄若干诗篇的含义，做如此详细的讨论，用意在说明，这样的时代环境，正是孕育出《拗相公》和《宣和遗事》内容的沃土。这两种话本，前者是短篇，讲王安石辞相位后从汴京到江宁府，自离江宁府不远的钟离上岸，再陆行至目的地，与乘船的家人会合，行程中的所见所闻；后者是长篇，主要以宣和年间的政情，讲北宋之所以亡于金，而追溯其渊源至宣和年间以前，上及于王安石。两者虽有不同，却都牵涉到王安石，并且都以邵雍于治平年间，在洛阳天津桥上听见杜鹃鸣声而作的预言，作为全文的主题，来贯串史事。

　　在收于《京本通俗小说》中的《拗相公》，讲述了王安石辞去相位之后，从汴京返回江宁府，在接近江宁府的钟离，登岸陆行的故事。在故事里，自从王安石带着两个僮仆及亲吏江居，在钟离登岸之后，就遇到一连串他原初没有料想到的事情。每到一处，无论是所遇到人物，或是所见到各类建筑物上所粘贴的诗句，不是听见人们痛骂新法，抱怨自己家中由于新法而蒙受各种悲伤的遭遇，就是痛骂推行新法的王安石，指他执拗，指他奸邪，称他为拗相公。强烈的恨不得见到就把他杀死，缓和的则把他视为鸡、猪等畜牲，希望他后世变为异类，得以烹而食之。视王安石的个性既执拗又奸邪，这完全不同于北宋神宗熙宁年间的司马光和南宋中期的李衡，他们两人对王安石虽有意见，但都为他辩护，说他只是执拗，并非奸邪，这种变化，显示出写作这篇话本的才人，对于王安石已全乏谅解。不过在全篇之末，终究仍引用了一首惋惜荆公之才的诗，认为他聪明、高才而任官又有清风，由于不适宜承担宰相的重任而致国事败坏，只适合终身担任翰林学士。当王安石在钟离上岸陆行，先向经纪人家雇了一头骡和一头驴之后，见日光尚早，出街闲行，在一所道院的外面，看见粘在朱壁上的一张黄纸上，有一首批评他推行新法的诗。最后两句是"番（翻）思安乐窝中老，先识天津杜宇声"。接下来就节录邵伯温《邵氏闻见录》的记载，叙述了邵雍在洛阳天津桥上听见杜鹃啼声而作的预言，只是把邵雍听见杜鹃啼声而"惨然不乐"改为"叹曰：'天下从此乱矣！'"把邵雍所说的"天下自此多事矣"改为"终宋世不得太平"。到了全篇之末，又引后人之论"我宋元气，都为熙宁变法所坏，所以有靖康之祸"，并且引诗为证。把篇中所记邵雍的预言和篇末所引后人之论联结起来看，这正是南宋时人对王安石谶言的解释。

士礼居丛书本《宣和遗事》分前、后两集，有关王安石谶言的内容见于前集。此集在讲宋代之初，先引了邵雍的《左衽吟》："自古御戎无上策，唯凭仁义是中原。王师问罪固能道，天子蒙尘争忍言？二晋乱亡成茂草，三君屈辱落陈编。公间延广何人也？始信兴邦亦一言。"接着讲这首诗"豫先说着个宣和、靖康年间谶语么？"从诗句看，这首诗讲的是西晋和五代后晋亡国之事，所以说"二晋乱亡"，而"公闻"是西晋之臣贾充（字公闾），"延广"则是后晋之臣景延广；然而《宾退录》引述此诗，是预谶靖康之祸，诗虽然托言二晋，但是因王师问罪而致寇，只有北宋末年的燕山之役是如此，西晋和后晋都没有这样的事情。《宣和遗事》之所以会说这首诗讲的是宣和、靖康的谶语，应是采自《宾退录》对此诗的解释。然而此一谶言只是预谶靖康之祸，并未涉及王安石。

　　继引录《左衽吟》之后，《宣和遗事》简略地讲了宋太祖开国，宋太宗继位，传位于真宗、仁宗、英宗，就讲了英宗治平年间，邵雍在洛阳天津桥上所作的预言，文字几乎完全与《邵氏闻见录》相同，仅稍有节略。再接下来就讲神宗王安石为相专务变更，施行新法，误国扰民，然后归结于"宋朝失政，国丧家亡，祸根起于王安石，引用婿蔡卞及姻党蔡京在朝，陷害忠良，奸佞变诈，欺君虐民，以致坏了宋家天下"。把王安石当政，视为北宋灭亡的祸根。到了上集之末，再引吕中《大事记讲义》（"吕省元做《宣和讲篇》"）中讲宣和之失的一段评论，批评联金灭辽之举的不当；但是又问，如果当时不攻辽，不通女真，不取燕山，不任郭药师，不纳张毂，是否可保金兵不入寇？吕中的回答是："盖宣和之患，自熙宁至宣和，小人用事六十余年，奸幸之积久矣。"于是有小人之夷狄（寇至而不知、知而不告、寇迫而仍不碍行乐的官员）；有宦官之夷狄（童贯），兵将之夷狄（降敌之将、不战而溃之兵），盗贼之夷狄（因花石纲而起两浙方腊之乱，因免夫钱而起的河北、京东宋江之乱），"自古未有内无夷狄而外蒙夷狄之祸者"，"小人之阴足以召夷狄之阴"，因此"宣和之间，使无女真之祸，必有小人篡弑、盗贼负乘之祸矣"。吕中的意思是说，宣和之间的夷狄之祸，实际是起自国家内部问题长期累积，而祸源则是熙宁至宣和年间，小人用事已经有六十余年，即使宣和年间没有夷狄之祸发生，也会有国家内部的严重祸患发生。这就是说，追根究底，宣和末年的祸源，是在熙宁年间王安石的执政。

《宣和遗事》不仅引用了邵雍所提出的王安石谶言，又引用了吕中这一段评论，正可以说明，在写作此一话本的才人心里，他对王安石谶言的解释，就是靖康之祸的关键起因，不在于外来的金人入侵，而在于国家内部问题的长期累积，而根源则可以追溯到王安石在熙宁年间，为了推行新法而有的一些作为。这样的看法，可以和前述不断在诗中言及杜鹃啼声的刘克庄，在《二世》和《秦纪》两首诗中所表达的看法，比并而观。邵雍的《左衽吟》、在洛阳天津桥上的预言，还有吕中《大事记讲义》中有关联金灭辽的一段评论，三者共同成为架构全篇话本内容的纲领，而《左衽吟》为纲领所发挥的作用，则主要见于后集后半讲徽、钦二帝被掳北去的部分，这一部分，正和《左衽吟》中"天子蒙尘争忍言""二君屈辱落陈编"相互呼应。由此看来，这两种话本应该是宋代的话本，创作于绍定年间以后甚至更晚（例如南宋士大夫开始忧心国亡的端平年间以后）。

尽管《拗相公》和《宣和遗事》两种话本，呼应了从绍定年间以来盛行的王安石谶言，应作于南宋绍定年间以后，甚至更晚；但是学界多年以来，却对这两种话本的创作时间另有看法。主张创作于宋代的学者，多未说明其创作于宋代哪一时期，《拗相公》虽有作于庆元年间以后的意见，但自庆元至德祐年间，国家的情势其实已经有几次变化。更常见的意见则是《拗相公》是元代或明代的作品，而以认为是明代的作品为主流。至于《宣和遗事》则是元代的作品，即使同意这是宋代的作品，也多认为经过元人的增补。因此，有必要对这两种话本的创作年代再作思考。

这两种话本创作年代的讨论，分见于第十四讲、第十五讲，如果所论无误，则《拗相公》与《宣和遗事》两种话本，是呼应王安石谶言的南宋晚期话本，应无问题。这两种话本，以王安石谶言为纲领，组织内容，展开叙述，写作于南宋国运垂危之时，反映出王安石谶言向社会基层的传播。如此传播，说明了自南宋中期以来王安石日益低落的身后政治声望，到南宋末年已经广植于社会人心，而不仅是若干士大夫与士人的看法。

尽管无法知道这两种话本的编写者，也无法知道这两种话本在当时是否曾向听众讲说，但是可以就话本编写与讲说的一般情形来看。话本是说话人说话时参考的底本；说话的意思是说一个话题，例如《拗相公》《宣和遗事》，都是一个话题。以说话为业者，称为说话人，他们说话时所参考的话本，有由自己编写的，也有出自称为"书会"的这种专事编写话本团体，在书会中专事编写者则称"书会先生"，或称"才人"。这一类人应该博学深识而广闻，并且富于才情，就如《醉翁谈录》甲集卷一《舌耕叙引》"小说开辟"条篇首所说："夫小说者，虽为末学，尤务多闻。非庸常浅识之流，有博览该通之理。……论才词有欧、苏、黄、陈佳句；说古诗是李、杜、韩、柳篇章。"或如篇末诗中所言："小说纷纷皆有之，须凭实学是根基。开天辟地通经史，博古明今历传奇。藏蕴满怀风与月，吐谈万卷曲和诗。"无论是说话人或书会先生，他们在当时的社会里，多半无缘或无意于仕进，于是以说话或编写话本为业，可以视之为基层的士人。

出身于无缘或无意仕进的基层士人，这是包括书会先生与说话人在内，不少伎艺人共同有的情形。例如《文酒清话·李成触忌》述北宋郓州人李成"少亦学，长即贫困，乃惰其初心，因而作场于市肆，已（按：应作"以"）说话为艺"。李成的初心应即是读书应举以求仕进，却因贫困而放弃，改而以说话为业。又如范公偁《过庭录》载元祐年间的教坊副使丁石，和宰相刘挚同乡，同应解试，刘挚第一，他第四，也是才子，后来没有走上原先所想走的路，成为教坊伶人。到了南宋，由于士人数量大增，家境贫富不齐，而科举考试录取名额有限，这种情况应该更多。而周密《武林旧事·诸色伎艺人》载南宋晚期临安的演史（讲史书）艺人中，有艺名称为乔万卷、许贡士、张解元、陈进士、林宣教、徐宣教、武书生、刘进士、穆书生、戴书生、王贡士、陆进士等人，都表现出这些说话人对自己学问的自负。这些艺名中，"贡士""解元""进士"，都是对士人的尊称，"宣教"即宣教郎，是文散官的官衔，已经可以出任知县的实职，用作艺名，也是以之说明自己学识的广博。尽管他们未必是真正具有这些身份，可是这些艺名，却足以显示他们都是才高的士人。同样也见于《武林旧事·诸色伎艺人》的书会先生，如李霜涯、李大官人、叶庚、周竹窗、平江周二郎、贾十二郎等，他们连万卷、贡士、解元、进士、书生这类称号都没有，但他们也应该是长于写作的士人。例如李霜涯名下，注明他"作赚绝伦"，所谓"赚"，指赚词，是可以唱的；赚词写作有其特定的规矩，由于兼诸家腔调，是最难写的。李大官人则长于写谭词，谭词应是话本的一种类别；明末清初著名的说书人柳敬亭，即擅长于谭词，八十余岁仍在说《秦叔宝见姑娘》。《秦叔宝见姑娘》是用说的，又见于孔尚任《桃花扇传奇》。说书有如宋代的说话，不过"说书"此词也已见于宋代，《佩文韵府》引《艺流供奉志》载，"说书供奉有李霜涯、周竹窗、叶庚"，这三人的姓名，已见于前引《武林旧事》；而《艺流供奉志》据清人的记述，同为周密的作品。其中的周竹窗，在嘉熙四年（1240）由于西湖旱为平陆而作了一阕谑词，并且因官府捕治而逃逸，可见他也是能写作的。这一些出身于基层士人的书会先生与说话人，经由他们的写作与讲唱，把话本中的故事与表达于故事的观念，传达给处于社会更基层的民众。《拗相公》与《宣和遗事》，应该也经历了同样的话本写作与讲说传播过程。

从北宋的汴京到南宋的临安，都城里有包括说话在内的各种娱乐行业，提供民众休闲之需。这些娱乐行业，总称为伎艺，演出者则称为伎艺人，在讲述北宋晚期汴京繁华的《东京梦华录》，讲述南宋晚期临安繁华的耐得翁《都城纪胜》、西湖老人《西湖老人繁胜录》、吴自牧《梦粱录》、周密《武林旧事》等书中，都有记载。各种伎艺演出之处，是瓦子中的勾栏。瓦子或称瓦舍、瓦市、瓦肆，也简称为瓦，是商业与表演活动集中之地；勾栏是演出的场所，其中有棚，伎艺人就在棚上演出，演出则称为作场或做场。瓦子、勾栏，不仅见于都城，在其他州郡应该也有，在《梦粱录》中，讲到临安一些表演角觚的伎艺人，说他们"俱瓦市诸郡争胜，以为雄伟耳"，说明了这种情形。除了瓦子中的勾栏之外，宫廷、官府、邸第、酒楼、茶馆、庙会、路边、广场、乡村、风景名胜等处，也都可以看到伎艺人在做场。这类场所广布于各地。所以即使在乡村里，也可以看到有人在表演伎艺。陆游就有两首为人所传诵的诗，描写他在乡村中看到伎艺人演出的情状。其中一首咏他在附近村庄徒步回家时，看到一位目盲的老翁正在讲汉代蔡伯喈的故事：

> 斜阳古柳赵家庄，负鼓盲翁正作场。死后是非谁管得，
> 满村听说蔡中郎。(《剑南诗稿》卷三十三《小舟游近村舍舟
> 步归·又》)

可以看出，这位老翁的表演，吸引了许多观众。另一首咏秋成丰
收之后的夜晚，在附近的村庙前伶人的演出：

> 今年端的是丰穰，十里家家喜欲狂。俗美农夫知让畔，
> 化行蚕妇不争桑。酒坊饮客朝成市，佛庙村伶夜作场。身是
> 闲人新病愈，剩移霜菊待重阳。(《剑南诗稿》卷三十七《书
> 喜·又》)

丰收之后的夜晚，村民们心情轻松，到了晚上，农务、家务都已
忙完，村庙又是村民们熟悉的地方，许多附近的村民会前来观赏
伶人的演出，是可以想见的。那位讲说历史人物故事的"盲翁"，
由于既年老而又目盲，未必能远行；演出于丰收后夜晚的伶人，
范成大称之为"村伶"，大概也只是在周围的村庄中演出。他们
或许也就是住在乡村附近，而非远来自外地。

有些伎艺人游走于不同地方演出，称为路岐人，他们的生活
就如编写于宋元间的戏文《宦门子弟错立身》中所形容的"路岐
岐路两悠悠，不到天涯未肯休""撞府共冲州，遍走江湖之游"。
在南宋都城临安街上表演的路岐人，也有闯出名声的。吴自牧
《梦粱录》就记载了唱嘌、耍令的伎艺人中，有路岐人王双莲、
吕大夫，唱得音律端正；王双莲的名声不仅在于唱嘌、耍令，又
列名于周密《武林旧事》中的杂剧、诸宫调两类伎艺人。在理宗
时也有擅长百戏、踢弄的路岐人十将宋喜、常旺两家，于明堂郊

祀年份，当朝廷于丽正门宣赦时，承应上金鸡竿抢金鸡，兼能表演百戏，如打筋斗、踏跷、上索等；在《武林旧事》中所载的舞绾百戏伎艺人中，列有常十将，或许即是前述的十将常旺，前述宋喜之名则又见于此书所载的杂剧伎艺人。宋代活动于地方的路岐人中，也有以说史为业的说话人。收录南宋晚期地方官判案判文的《名公书判清明集》中，有一篇范应铃（西堂）判的判文，题为《说史路岐人仵常挂榜县门》，此一仵常，判文中称他是"远乡怪民"，由于"言伪而辩，鼓惑众听"，知州范应铃认为他真是"执左道以乱政之人"，于是判他押出县界，不得再入境，并张挂榜文于县门，以示约束。

汴京和临安两处都城中的瓦子、勾栏，记载较多，有助于了解当时包括说话人在内，伎艺演出的兴盛。北宋末年的汴京，伎艺表演以东角楼街巷的瓦子为盛，街南有桑家瓦子，近北有中瓦，接着有里瓦，共有大小勾栏五十余座，中瓦子的莲花棚、牡丹棚、里瓦子的夜叉棚、象棚最大，可以容纳千人。从崇宁、大观以来，有多种不同的伎艺在瓦子中演出，包括讲史、小说、说三分、说五代史等，若干伎艺人并且留下了他们的姓名，男女都有；听众是"不以风雨寒暑，诸棚看人日日如是"，这两句话，无非就是形容听众的众多。

北宋的杭州是否也有瓦子勾栏，不得而知；南宋时期，可以确定的是，在绍兴和议以后，临安就有了这一类场所。当时殿前都指挥使杨存中，由于军士大多是西北人，在诸军左右营创瓦舍，招集伎乐，作为暇日娱戏之地，后来修内司又在城中建五瓦为游艺之所。修内司是管宫禁营缮的机构，南宋初年，这些事本由两浙转司及临安府共同管理，到绍兴末归于修内司，也就是说，城中五处瓦子的兴建，是在绍兴末年以后。绍兴末年以后，修内司又设有教乐所，每遇大宴，负责差拨临安府前乐人等充应，可能由于设有教乐所的关系，修内司也从事编剧。姜夔《观灯口号十首》的第九首，即有"修内司人编戏鼓"句，取代了过去教坊司的编剧职务。上述瓦舍有一些到南宋末年仍然存在，有一些则已经废弃，或是仅存勾栏。临安既是都城所在，人口不断增加，都城范围日益扩大，商业也愈来愈繁华，游乐的需要也愈来愈大。比较《咸淳临安志》所载杨存中及修内司所创的瓦子，和写成于端平二年（1235）的《西湖老人繁胜录》所载瓦子，及元初《武林旧事》所载南宋末年瓦子，可以看出，城内瓦子没有增加，城外瓦子则在若干已经废弃的同时，也有若干新设的瓦子出现，总数则南宋晚期要比绍兴年间为多，新增的瓦子主要是在城外；至于元初《梦粱录》所载的瓦子，在数量上仍和《咸淳临安志》相同。在城内诸瓦中，最大的是北瓦，有构（勾）栏十三座。仅北瓦就有勾栏十三座，临安所有瓦子的勾栏总数，必定会多出汴京的五十座有余。除了瓦子中的勾栏，还有离瓦子稍远，在茶馆或茶肆中的独勾栏，开的是夜场；不只茶馆中有勾栏，有些酒楼，如北瓦羊棚楼等，也有戏棚，称为邀棚。

临安的勾栏，就如同汴京的勾栏，是各类伎艺演出的场所，而包括讲史、小说在内的说话，是其中一个重要项目。《西湖老人繁胜录》讲到勾栏中演出各种伎乐的情形，说到北瓦的十三座勾栏中，"常是两座构栏专说史书，乔万卷、许贡士、张解元"；又说："小说，蔡和、李公佐、女流史惠英，小张四郎一世只在北瓦占一座勾栏说话，不曾去别瓦作场，人叫做小张四郎构栏。"上述讲史与讲小说的说话人，当活跃于端平年间前后；而讲史能在北瓦十三座勾栏中独占两座，讲小说的小张四郎能够一世只在北瓦占一座勾栏说话，使得人称此一勾栏为小张四郎勾栏，可见讲史和讲小说在当时的深受欢迎。《梦粱录·小说讲经史》对于讲史有较多的说明：

> 讲史书者，谓讲说《通鉴》、汉唐历代书史文传、兴废争战之事，有戴书生、周进士、张小娘子、宋小娘子、邱机山、徐宣教。又有王六大夫，元系御前供话，为幕士请给，讲诸史俱通。于咸淳年间敷演《复华篇》及《中兴名将传》，听者纷纷，盖讲得字真不俗，记问渊源甚广耳。

上引文字，起首对讲史的解释，大致本于《都城纪胜》而多举出了《通鉴》；接着的讲史艺人，应活跃于咸淳年间或稍前。最后对擅长讲史的王六大夫多加介绍，他原本是御前供话，领的是幕士请给，后来才到民间讲史。所谓"御前供话"可能是内廷"御前供奉"之误，也有可能指其以说话供奉内廷；至于"幕士请给"，则指其领取殿中省幕士的支给。他在咸淳年间讲《复华篇》《中兴名将传》，由于讲得"字真不俗""记问渊源甚广"，所以"听者纷纷"，也就是很吸引听众，来听讲的人很多。

可以进一步讨论的，是王六大夫在咸淳年间讲史的题材。《复华篇》与《中兴名将传》，应该同是讲南宋中兴的故事，所以两者连言，而《复华篇》又置于《中兴名将传》之前。这类故事，在咸淳年间国步日蹙而国亡之象已经明显的环境里，可以令人对将来仍然怀有一丝冀望，王六大夫在讲史时以之为题材，原因可能在此；而"听者纷纷"又说明了民众对这一类题材感兴趣，加上王六大夫口才既好，又记问渊博，所以纷纷前来听讲。

有学者认为，《复华篇》应是《福华编》之误，虽然也已有学者认为并非如此，但此说何以不妥，仍可以再加讨论。《福华编》为贾似道令其门客廖莹中等所作，用以宣扬其解鄂州之围的功绩，这件事情只能欺人于一时。到咸淳年间，所谓贾似道功绩的说法，已传言是出于其蓄意欺瞒。方回在德祐元年（1275）二月上疏言贾似道之罪有十可斩，其第二项即是指出贾似道在其自称解鄂州之围一事上的欺罔，"窃闻庚申之入相也，实尝于鄂为城下之盟，许以岁币，欺绐理祖，自诡再造"，述此事而以"窃闻"开头，说明了早有传言。正如《宋季三朝政要》的作者在元初所说，贾似道在鄂州的城下之盟及拘留北使，"似道知之，天下知之，独朝廷不之知尔"。《宋史全文》在记北使郝经受拘于真州一事之后，又录载贾似道的谥议，也有这段文字，而且更为详细。元代陈桱的《通鉴续编》则在开庆元年（1259）十一月条下，详载此事：贾似道派遣宋京诣蒙古营，请称臣纳币，忽必烈起先不许，经郝经劝说后才同意，并约定了岁币之数，然后拔砦回师。以诸多记载相互对证，可见此事不虚。可是后来郝经奉派以国信使的身份，在景定元年（1260）出使南宋，告以忽必烈已登宝位，并商谈贾似道在鄂州城下所承诺的和议，贾似道担心自己亏盟幸免之迹会因他的到来而显露，于是指使两淮制置使李庭芝将他拘禁于真州忠勇军营客馆之中，直到德祐元年（1275）才获放还，前后达十六年之久。所以元世祖在至元十一年（宋咸淳十年，1274）六月所颁发的《兴师征南诏》，即以郝经遭宋所执为理由，并追溯遣郝经使宋的原委。诏中讲到，元世祖在宪宗之世以藩职奉命南伐：

> 师次鄂渚，彼贾似道复遣宋京诣我近臣博都欢、前河南路经略使赵璧，请罢兵息民，愿奉岁币于我。朕以国之大事，宗亲在上，必须入计，用报而还。即位之始，追忆是

言，乃命翰林侍讲学士郝经等奉书往聘，盖为生灵之计也。古者兵交，使在其间，惟和与战，宜嗣报音，其何与于使哉！而乃执之，卒不复命。至如留此一介行李，于此何损，在彼何益？以致师出连年，边境之间，死伤相籍，系累相属，皆彼宋自祸其民也。……而乃迷执，罔有悛心，所以问罪之师，有不能已者。（《大元圣政国朝典章》卷一"诏令"条）

从这段诏文可知，贾似道确曾在鄂州向蒙军提出以岁币来换取退师的请求；忽必烈虽然接受，但以必须向宗亲大会报告请示为理由，先行回师。等到忽必烈在宗亲大会上争夺大汗之位成功，成为蒙古大汗，想起此事，于是派郝经以国信使的身份，入宋商议，却为宋所执，拘于真州。但这道诏书所言，对照前述《通鉴续编》所载，于蒙军与贾似道交涉的经过，显然仍有缺略之处。

而身为当事人郝经，在其文集《陵川集》中，也有此事的痕迹可寻。他建议忽必烈回师的《班师议》，收录于《陵川集》卷三十二，其中讲到鄂州城西南隅抵东北隅的新月城，称万人敌，必不可攻，因而：

> 只有许和而归尔，复何俟乎？……先命劲兵把截江面，与宋议和，许割淮南、汉上、梓夔两路，定疆界、岁币。置辎重，以轻骑归。

这段文字，证实了在郝经上此疏之前，贾似道已曾向蒙军求和，所以郝经会说"只有许和而归尔，复何俟乎"，并向忽必烈建议向贾似道提出"定疆界、岁币"的要求，在疆界方面，是宋将"淮南、汉上、梓夔两路"之地割给蒙古。忽必烈应是接受了此一建议，并立即付之实行，也得到了贾似道的回复。贾似道对蒙军所提出要求的回复，见于张之翰述赵璧生平事迹的《大元故荣禄大夫中书平章政事赵公神道碑铭》（张之翰《西岩集》卷十九）。碑文言及赵璧随忽必烈南征，蒙古军围鄂州，鄂州守将传贾似道语，请蒙军派一近侍来相见，赵璧请行，至城上，有一人自称太尉宋京，坐军中，白刃环列，"揖公（赵璧）曰，北朝不进，我朝岁贡银、绢二十万两、匹，割江为界，俾南北生灵息肩，何如？"在贾似道的回复中，岁币有具体数目，是银二十万两、绢二十万匹，疆界则是两国划江为界，大致也如同郝经所说的将原为南宋疆土的"淮南、汉上、梓、夔"之地割让给蒙古。

由于双方已经达成具体的协议，在郝经的认识里，是蒙、宋两国之间已经成"盟"。这种认识，可以经由他被拘禁于真州之后，写给贾似道的《再与宋国丞相书》（《陵川集》卷三十八）中看出：

> 曩者南北定盟，国有定命，使有定辞，礼有定数，使来如归，往反之间不过三数旬，无出疆之专，无请觌之私，无僭易之言，周旋礼律，加之以敏而已。……经等自到境上，至于受馆，如无阻遏，即得成礼。

由于已经订盟，"礼有定数"，所以认为他来到之后，应该在不长的时间里，就可"成礼"。而在"成礼"之时，他也就得以在"三百余年文物礼乐之朝"，"观礼慕仪"。既然在他的认识里，是双方已经订盟，那么在鄂州之战时，对于疆土、岁币，彼此之间必定已有共识存在。不仅郝经视双方的约定为"盟"，方回在讲到贾似道在鄂州对蒙军的承诺时，也说"实尝于鄂为城下之盟，许以岁币"，"是虽要盟，姑以纾急"，视双方的约定为"盟"。比方回略早，高斯得在其写于咸淳十年（1274）十一月以后的《孤愤吟十三首》第二首中，也有"金、缯私许北方盟，君父前头却隐情"的句子，更简拖地讲出是以岁币"金、缯"（银、绢）许盟。在上引郝经这封信中，又讲到忽必烈于鄂州与宋约和一事：

> 及其渡江，得合州凶闻，乃议班师，令丞相赵公于鄂州东北隅万人敌下与贵朝约言曰："如辞顺，便可许和退师。"

"丞相赵公"即前述赵璧，由于赵璧后来曾任中书省平章政事，所以郝经对他如此称呼。而蒙军的安然退师北返以利忽必烈与其弟阿里不哥争夺大汗之位，说明了当时宋方已有"辞顺"的承诺，此一"辞顺"的承诺，如果参考郝经在《班师议》中对忽必烈的建议，应包括疆界、岁币二事，而贾似道在鄂州万人敌告知赵璧的，也确实就是由宋"岁贡银、绢二十万两、匹"于蒙，两国"割江为界"。对于宋方此一承诺，蒙方亦已接受，但是忽必烈的回音显然仍有尚未能完全确立之意，如前引他在至元十一年（1274）诏书中所言，"国之大事，宗亲在上，必须入计用报而还"。其实不仅忽必烈必须回国往上禀报，论理贾似道不过是一个战区的最高军政长官，他也必须回朝报告。由于两国之盟在当时的鄂州已经成立，所以当郝经奉使至宋时，已抵达两国边界，而无法进入南宋境内，致书于南宋的三省、枢密院（《陵川集》卷三十七《宿州与宋国三省枢密院书》），强调自北宋至南宋，宋从"守盟"中所获得的治平之益，而"坏盟"则带来失国之祸：

> 自宋有国以来，西、北二边常为祖宗患，寇准与契丹定

盟，治平者百有余年。宣、靖坏盟，终以失国。高宗渡江，善于处变，俾秦桧以盟，合神圣之子母，归二帝之客枢，治平者二十余年。孝宗寻盟，治平者五十余年。是其明效大验，阁下所熟复而日省者也。孰利孰害，孰得孰失，已事遹往，皆可为监。

同样的强调，又见于他入宋境九个月之后，在真州客馆写的《上宋主请区处书》(《陵川集》卷三十七)，和入宋境四年之后，也是写于真州客馆的《上宋主陈请归国万言书》(《陵川集》卷三十九)。

《陵川集》所载的诗赋，也提供了相关的讯息。集中的诗篇，至少有两首使用了"盟"字。一首是《烛芝行》(卷十二)，诗中有句"发为阳和盟二君，亿万性命从今存"。句中的二君，应指蒙、宋两国的君主，正是由于在郝经的认识里，两国之盟在鄂州城下虽已成立，但那只是两军将帅之间的协议，尚欠缺朝廷上正式和议的订定；如今忽必烈已经成为蒙古国之君，派他南来，用意就是向南宋朝廷提出，两国之盟尚待宋君共同参与其事，以完成此一不可缺少的步骤。另一首是《为刘郎中寿》(卷十三)，刘郎中当是郝经在真州受拘禁期间，在客馆中负责监管他的南宋官员之一，由于两人经常见面，而结为朋友，所以郝经会以这首诗为之贺寿。这首诗的最后两句是"几时拂拭尘埃了，尊酒盟寒却重寻"，郝经南来的目的是为了"寻盟"，可是由于尘埃的遮掩而"盟"已"寒"，这意味着由于南宋不仅拒绝承认蒙、宋之间曾有"盟"存在，而且还把他拘禁于真州客馆中，他希望这些尘埃能早日拂拭干净，让他得以重新寻"盟"。前述郝经在其使宋文移中，屡次以宋"守盟"与"坏盟"所带来的损益为对比，同样的对比，也见于集中的《幽愬赋》（卷一）与诗篇《渡江书事》（卷四）。《幽愬赋》中的"夫澶渊与靖康兮，于得失之迹则固在。和安而战危兮，前辙宜以为戒"，其意涵正同于上引《宿州与宋国三省枢密院书》中的"寇准与契丹定盟，治平者百有余年。宣、靖坏盟，终以失国"。《渡江书事》中的"伊昔澶渊回，信誓始宁谧"，是讲澶渊之盟；"竟无海上盟，二帝终失国"，是讲宣、靖之事；"后来秦太师，始悟前王失。寻盟息干戈，好聘坚金石"，则是《宿州与宋国三省枢密院书》中的"高宗渡江，善于处变，俾秦桧以盟，合神圣之子母，归二帝之客枢，治平者二十余年"。

前引郝经"几时拂拭尘埃了，尊酒盟寒却重寻"这两句诗，已含有批评贾似道之意，就他看来，贾似道那些针对他而来的举措，就是将两国之盟掩盖住的尘埃。郝经对贾似道更清楚的指责，就在《渡江书事》这首诗中。这首诗并非郝经渡长江至武昌时所写，而是郝经为执行要求宋履行宋、蒙在武昌所订盟约的任务，而奉派使宋，在旅程途中所写，所以诗中才会言及过去宋与辽、金订盟的史事。诗中讲到忽必烈所率领的蒙古军入宋境后，进抵鄂州：

> 居民尽按堵，王师有成法。驻军武昌南，威声轰霹雳。申令仍缓师，天衷有余恤。彼昏还犯顺，投袂安可及。文物三百年，衣冠本无敌。误国不知罪，虚文犹论列。诬以败为功，负以胜为说。欺君还毒民，何以救破灭。

诗篇中的"居民尽按堵，王师有成法"和"申令仍缓师，天衷有余恤"，都是讲蒙古军队逼近鄂州时的表现，其具体事实见于郝经的《宿州与宋国三省枢密院书》所言："及其渡江，如浒黄洲、青山矶市，初未尝戮一人。至于武昌，先遣王一清开喻，而彼守臣执而杀之，又射杀一肺腑大官，于是始下令具攻具。以为肉薄骨并，杀人盈城，实非本心，故虽合长围，而攻之不急也。"接下来几句诗，虽未指名道姓，但是可以看出，是在指责贾似道。指出贾似道处事昏聩，误国而不知己罪，以败为胜，自认有功，既欺君而又毒民，宋室之亡已无法挽回。"诬以败为功，负以胜为说"，意味着贾似道在鄂州，因已无心再战，向蒙军求和，并同意接受其所提的谈和条件，赠予岁币，割弃疆土，以换取其退师；但当他全身而返，班师还朝之后，却置岁币、疆土之事而不言，反而虚报为蒙军为其所击退，当成是自己的战功，这也就是《渡江书事》中所说的"欺君还毒民"。

当郝经在进入宋境，受拘禁于真州客馆之后，真州客馆竟为郝经和监管官员之间的资讯交换之所。由于郝经受拘禁的时间颇长，他与负责监管他的南宋人员，由于长期相处，因而熟悉，彼此之间，也就免不了会有来往应答，甚至相互以诗酬赠，上引他的《为刘郎中寿》即是一个例子。见于《陵川集》的这类诗篇，不止这一首，还颇有一些。在这一个过程中，郝经对贾似道自鄂州返师后，在朝廷上所展现的姿态，了解更多他在《渡江书事》中有关贾似道"误国不知罪，虚文犹论列""诬以败为功，负以胜为说"的讯息，不无可能是在闲谈中从监管官员那里获知；而他所言及的贾似道于鄂州城下屈从蒙军要求一事，也难免会流传出去，因而就出现了前述见于方回上书与高斯得的诗篇，有关贾似道为了全身退师而许诺蒙军以岁币的传言。在前引郝经的《为刘郎中寿》中的"几时拂拭尘埃了，尊酒盟寒却重寻"两句，除非刘郎中原本就心领意会，否则他难免在闲谈之中，向郝经有所讨教，并因此得知其相关讯息；到前引至元十一年的忽必烈诏书颁布，传入宋，知道此事的人也必然更多。方回、高斯得及当时许多人已知悉有关此事的传言，虽未必一定就是经由这两条管道而来，但也未尝没有这种可能。其中第一条管道，元代获得黄潜称誉为"有史学，善叙事"的张枢，在其所写的《汪端明（立信）仗节记》中，已予以证实。记文中说，贾似道在得知蒙古"亲王居守者作乱京师"后，使人至围攻鄂州的忽必烈军中告知此事，"且请纳岁币以定盟"，而"扬州纳币事秘，宋人上下未有知其端者，及使至，事始露，而似道多方以蔽上，卒不使上知之也"（程敏政《新安文献志》卷六十五）。所谓"及使至"，即指郝经奉命出使于宋，为贾似道安置于真州客馆，以阻止其向朝廷说明何以奉使而来一事。

之所以如此详细地讨论，用意在说明《复华篇》应非《福华编》之误。事实既如上述，则讲述《福华编》只有使人厌烦与憎恶，岂能造成"听者纷纷"的盛况；甚至说话人也不愿谈此一话题，除非他随着《福华编》的内容而捏造事实，欺骗听众，若不愿意如此，讲出实话，就会得罪权贵。《复华篇》既非《福华编》之误，则其内容就有必要另加思考。

如果追溯《复华篇》之名的来源，很可能是与刘荀在淳熙年间所著的《乱华编》相对。《乱华编》讲石敬瑭割幽燕给契丹，成为宋朝造祸之源，而王安石创新法，则引致绍述召祸之酷。书中所述虽有可能是从石敬瑭割幽燕讲起，但重点显然是从王安石变法到北宋亡国的史事，从《建炎以来系年要录》在夹注中引用此书的内容看，还包括了徽、钦二帝被掳后在北方生活的情形。而"复华"则是"乱华"之后的再造，讲的应是高宗在南方重建宋朝的史事，或许有可能以岳飞的军事行动为主轴，讲述他从南宋初年参与军事行动，力主恢复，到他以恢复为目标的军事行动受阻于宋、金和议，而以他受诬入狱并遭处死，为南宋初年朝廷致力于"复华"的结束，南宋偏安之局自此确立。

在宋绍兴十二年（1142）的宋、金和议成立之前，"恢复"是南宋朝廷的基本国策。所谓"恢复"，从当时的议论与文书来看，即"恢复土疆""恢复故境""恢复境土""图复中土""兴复中土""恢复中原"及"规复中夏"；有时也会与"中兴"连言，称"中兴恢复"或"恢复中兴"，中兴之业的目标即是为了达成"恢复"。所以李纲在其《〈中兴至言〉序》（李纲《梁谿集》卷一三九）中，举列全书十篇的篇目，依序是《明本要》《修政事》《治军旅》《理财赋》《审形势》《备器用》《察机权》《尚谋策》《议恢复》《议奉迎》，将《议恢复》列于第九篇，并说："所以为此者，将欲讨僭逆，御强敌，复祖宗之境土，据中原以临四方而已，必有先后本末之序。"待恢复境土，国威已振之御，才能迎还二圣銮舆，这是列《议奉迎》于最后一篇的理由。而李纲所说"恢复境土"的"境土"，是金人当时所据有的华北之地，即有待恢复的原有"土疆"或"故境"，亦即"中土""中原""中夏"；而"中土""中原"即"中夏"，亦即"华夏"或"中华"。所以扼要地讲，即如李纲在《道君太上皇帝升遐慰表》中所说，中兴既建之后，即可"复古之烈，华夏永宁"。

如此讲来，王六大夫所讲《复华篇》的内容很可能就是南宋初年宋高宗致力中兴以求恢复的过程，起始于宋高宗于建炎元年（1127）以康王的身份即皇帝位，而结束于前述绍兴十二年（1142）宋、金和议的成立。而在这一个奋斗与中辍的过程中，岳飞是一个参与恢复之业既重要而又富悲剧性的人物，他以一个武将的身份，不仅参与了恢复的军事行动，也积极地对恢复之业提出建言，如果以之为《复华篇》故事的主轴，讲述南宋初年致力于恢复的过程，既能使人振奋，又能令人感叹，更能发人深省，足以收到"听者纷纷"的效果。

已有学者指出，王六大夫所讲的《复华篇》和《中兴名将传》的内容，应是讲宋、金交战的故事，甚至是金人统治下抗金忠义军的故事，其中包含有岳飞的抗金事迹。这样的讲法并非错误，却有所忽略，而且没有分别《复华篇》和《中兴名将传》的不同。《复华篇》既以"复华"为篇名，则恢复之业应该是内容的重心，这不仅涉及宋、金之间的交战，也涉及南宋初年的国家政策和宋、金之间的往来与交涉。此外，这位学者所说的，自淳熙五年（1178）岳飞冤案平反之后，直到咸淳年间，这位民族英雄仍一直为人所怀念，也仍有可以补充说明之处。

具体地说，在金人攻陷汴京并俘虏徽、钦二帝北返之后，当时担任天下兵马大元帅的康王赵构，为众所推戴而即位为帝，原本就承担了"恢复"的重责大任。他在对文武官员及诸路劝进表章的回复中说，为达成众人"奉迎二圣，恢复中原"之志，他勉为其难，接受推戴。自此之后，官员们的上言、宋高宗和他们的谈话，往往会言及恢复。由于金军的追击，宋高宗率领臣僚、军队，自即位之所南京（应天府）南奔至扬州，然后渡江，暂驻杭州，在金人退兵后暂时安定下来。但旋即发生苗刘兵变，宋高宗一度被逼退位，到事变弭平后复位。不满半年，金军再度南下，宋高宗航海避敌，待金军再退后返回，暂驻明州，到绍兴二年（1132）才返回杭州，并改称之为临安府。即使经过这一连串波折，宋高宗和臣僚们的恢复之志并未因之而磨损，甚或放弃，在他们的文书和言词中，往往会提到。

到绍兴八年（1138），由于金人有意与宋议和，以河南、陕右之地归宋，宋高宗言论略有改变，这年九月，他称许张戒在上疏中所说的"备边当以和为表，以备为里，以战为不得已，此至极之论"。和议引起了许多支持恢复的官员提出反对言论，而在次年五月以后，宋高宗和若干官员，仍然以新"恢复"的疆土来称呼因和议而收回的河南、陕右之地。这次和议因金的内部也引起争议，导致主政者的更替，和议因之而破裂，于是在绍兴十年（1140）两国兵端又起，岳飞也在此时获得重用，领兵出战，迭著战功，他的战功广为人知，不必细述。在岳飞及其他几位将领屡次击败金军后，两国又再和议。次年五月，和议已经谈妥，宋高宗的言论就有了更加明显的转变，他对宰相、执政说："士大夫言恢复者，皆虚辞，非实用也。"接着讲用兵的次第，先要训练到兵皆可战，既可战则能守，等待对方挑起兵衅，然后可以进讨，以图恢复。尽管批评"言恢复"的士大夫，但他仍未舍弃使用"恢复"一词。可是自此之后，已少有官员再提恢复，岳飞也在这年十二月遭诬陷下狱而死。次年，也就是绍兴十二年（1142），宋、金两国和约签订，南宋接受了金所要求的屈辱条件。

岳飞是武将中最好言恢复的一人，仅次于他的是韩世忠，而他和韩世忠都遭到推动和议的宰相秦桧陷害，只是韩世忠一案因岳飞的揭发而未能得逞，而岳飞之狱却因秦桧罗织周密而达成目的。岳飞对恢复之业提出建言，早自建炎元年（1127）宋高宗即位之后就开始。靖康二年（1127），他随大元帅康王移驻南京，到五月，康王即皇帝位改元建炎，岳飞以一名小将，上书数千言，指责李纲、黄潜善、汪伯彦等人，"不能承陛下之意，恢复故疆，迎还二圣，奉车驾日益南"，他请高宗车驾返还汴京，罢除巡幸长安、扬州、襄阳之诏。这封上书得罪了主政者，认为他不宜以小臣越职言事，岳飞因而遭到免除军职、返归田里的处分。按，巡幸长安、扬州、襄阳是李纲的意见，不过他同时讲，宋高宗必须先回京师，拜见宗庙，以慰京师民心，如果衡量京师无法留居，才出而巡幸。然而宋高宗并没有返回汴京之意，他所接受的，是黄潜善、汪伯彦巡幸东南的主张；岳飞认为应返归汴京的建议，则同于宗泽在出任知开封府后，力请宋高宗回銮京师。岳飞随后投入河北招抚使张所的部队，并获得张所的器重，又恢复他的军旅生涯。这件事见于岳飞之孙岳珂，承继其父岳霖未竟之业而编撰完成的《鄂国金佗粹编》，并无其他记载可资对证；但是岳飞在绍兴七年（1137）九月，以明堂恩得补一子为官，他不补自己的儿子，而上奏请补张所之子宗本。并向朝廷说明之所以如此，原因在于"昨建炎初因论事，罪废，偶幸免死，实出圣造。因投招抚使张所，一见与言及两河燕云利害"。于是获得张所的赏识，岳飞也因此得以自白身补军职，担任中军统制，又升为统制，后来张所竟因获罪，贬废而死。岳飞奏请以明堂恩所获任子之恩，请补张所之子宗本的上奏，见于《建炎以来系年要录》摘录载于《日历》的节文，全疏亦载于《鄂国金佗粹编》。岳飞在此疏中所说，自己在建炎初"因论事，罪废，偶幸免死"之事，或许即由于他所上的那篇言及恢复的上书所致。此后自绍兴四年（1134）起，到绍兴十一年（1141），除绍兴五年（1135）之外，他几乎每年都有涉及恢复之事的上疏，而宋高宗在答诏中，或颁发给他的诏书中，也常使用到"恢复"一词。

自淳熙五年（1178）岳飞获谥为武穆之后，直到宋末，朝野仍然继续以各种方式来忆念他。无论是朝廷的追谥、追封，或是岳飞事迹的搜集与记述，或是庙祀，或是言及岳飞的诗、文，都可以找到不少例子。由于从一个时代的诗、文，可以观察出一个时代人心的趋向，所以以下仅以南宋晚期的相关诗、文为例，说明当时人们对岳飞的怀念。

南宋晚期涉及岳飞的诗、文，就时代环境而论，大致上可以划分为两个时期，前期是从嘉定年间到端平元年（1234），主要与宋、金间的战争有关；后期从端平二年（1235）到宋末，主要与宋、蒙之间的战争有关。由于是为了说明咸淳年间王六大夫所讲的《复华篇》，或许有以岳飞的军事行动为主轴的可能，所以下文主要就后期的诗、文而论。

就诗篇而言，端平以后咏念岳飞的诗篇，不时可以见到"中原"一词，主要是在感叹，自从岳飞遭诬害而死后，中原已长期未能恢复；在前期的诗篇中，也有些句子含有类似的意思，但是意思的表达没有后期诗篇那样明显。例如方岳代徐宰所写的《祭岳武穆》(《翰苑新书·别集》卷十二"祭文"):"自南自北语已偿，焉用与寇为斧斨。为雒报仇胡不臧，至今淮堑为河湟。""自南自北"是秦桧所说的"南自南，北自北"，"至今淮堑为河湟"是说此后淮河以北已非宋所有，也就是说中原已非宋所有。这篇祭文实际上是一首诗，是方岳代绍定二年（1229）的徽州祁门县知县徐拱（拱辰）所作。

以下再举从端平到咸淳的三个例子说明。如陈允平游临安栖霞岭岳王墓后所写的《鄂王墓》:"独倚东风挥客泪，不堪回首望中原。"（陈起《江湖小集》卷十七《陈允平〈西麓诗稿〉》）列于《鄂王墓》之后的是《贺伯父大资休致》，陈允平的伯父是陈卓，于端平二年致仕，《鄂王墓》的写作时间或许即在这年的前后。又如郑震所写的《谒岳王坟》:"臣子报君终一死，权奸卖国欲中分。鹰扬当日谁能及，雁叫中原不可闻。"（郑震《清隽集》）此诗当作于淳祐年间，郑震在这段时间住在临安府。董嗣杲在咸淳年间游临安栖霞岭，写下了《岳鄂王墓》这首诗："一旦风波谁左袒，八陵荆棘自中原。更无雁带边头信，惟有天知地下冤。"（董嗣杲《西湖百咏》卷上）这三首诗说明，从端平到咸淳的宋末四十年间，面对着蒙古的入侵，岳飞以他在恢复中原军事行动上的进展，受到人们的怀念。

不仅个别的诗篇如此，也有人辑录悼念岳飞的诗篇再加上己作，编成一书，名《崇岳集》。欧阳守道撰写了《书〈崇岳集〉》（《巽斋文集》卷二十一），记他少年时代同学陈华叔所编撰的此书内容：

> 《崇岳集》者，陈君华叔之所集，而间以己作，率悼王也。君若生同王时，若不偕王北向，则虽与王俱执亦甘心焉。……华叔之作，虽在王心迹既白之后，观其悲感慨叹，不能自己，有以见其慕尚君家犬豕，宁当以桧党骨饲之哉！

最能表达"悲感慨叹，不能自己"心情的文类，自然是诗，所以说《崇岳集》所辑录的是诗篇。而欧阳守道从此书所观察出陈华叔的心迹，即"若生同王时，若不偕王北向，则虽与王俱执亦甘心焉"，所强调的也是岳飞恢复中原的军事行动及其为秦桧所陷害这两件事。列于欧阳守道这篇跋文之前的另一篇跋文《题李希圣诗卷》，作于乙卯孟夏，乙卯是宝祐三年（1255），这篇跋文应亦作于此年。这篇跋文显示出在南宋深陷于蒙古入侵之祸后，对于南宋初年致力于恢复中原事业的岳飞，在怀抱"悲感慨叹，不能自己"心情的同时，更秉持着崇敬的态度，所以陈华叔将所辑录的诗集，以"崇岳"为书名；此书既是辑录之作，则在南宋后期，"崇岳"者也就不仅是陈华叔一人而已，而是包括他自己在内的众多诗篇作者。

在南宋晚期的奏札、策论、序跋、记赞、书启、碑铭中，也可以看到一些表达对岳飞崇敬的篇章，其之所以崇敬，则及于岳飞的好几个方面。同样以端平以后为主，略引数例来说明。

在端平以前，曹彦约于嘉定末年，已经在《中兴四将赞》（曹彦约《昌谷集》卷十七）中，同时从几个方面表达他对岳飞的崇敬。他对于《中兴四将赞》所载的刘锜、李显忠、魏胜都有微词，只有岳飞，他加以赞美，指出他智略足以料敌、鉴裁足以用人、纪律严明却能得将士之心，因此即使粮运已竭，部属也不会叛逃。如今已在他去世八十年后，可是获知其事迹者，仍然因之而感悦，他认为所谓古之大将也不过如此。文末感叹说："然而南北分合，应有定时，忠邪身死，应有定数，岂权臣一日所能自为之，哀哉！"

端平以后表达对岳飞崇敬的言论，罕有如曹彦约一样同时兼及其各方面，往往各有各的观察角度，可是综而观之，却也可以从多方面认识到岳飞之所以会获得后人敬仰的原因。举例来说，如真德秀在端平二年十一月的上疏中说，宋高宗初在位时，经过一番崎岖跋履，熟知虏情，淬励军政，搜拔将才，宰臣如吕颐浩、赵鼎、张浚更迭用事，皆以整军经武为己任；而"诸将若韩世忠、岳飞、吴玠、张俊、杨沂中、刘锜之徒，分控要冲，敌至辄破，不惟愤虏，且欲吞虏"（《真文忠公文集》卷十四《十一月癸亥后殿奏己见札子》），所以能转弱为强。真德秀将岳飞和其他几位将领相提并论，认为他们在当时分控要冲，不但愤激于金人的入侵，而且有气吞胡虏之志，所以能屡败来犯的金军，使得南宋转弱为强。"不惟愤虏，且欲吞虏"的"愤虏"，可以和岳飞

《满江红》词首句"怒发冲冠"相并而观，"吞虏"则义同此词中的"壮志饥餐胡虏肉，笑谈渴饮匈奴血"，也义同宋高宗在绍兴十年二月十九日赐给岳飞御札中的"以卿素志殄虏"的"殄虏"（《鄂国金佗稡编》卷三《高宗宸翰下》）。真德秀在他所上的札子中，对其他几位将领未见有类似的表达，因此这份奏札虽然以上举几位将领相提并论，实际上是以岳飞为代表，推崇岳飞既有灭敌之志，且有破敌之功。

约于嘉熙三年、四年（1239—1240）间，方岳有一封信写给端明殿学士、知临安府兼浙西安抚使赵善欢，以曾受知门墙的身份，提出四项建言，在第三项"明纪律"中，提到了岳飞。方岳指出，如今天下之军皆无纪律，惟有赵善欢以其威望隐然，所统属的军队是军行整肃。方岳以其亲身所历，说明当时军无纪律的情形，他认为要使军队有纪律，并非难事，关键在于是否能"赏罚公"。他继续指出，听闻军中挞罚，未尝有轻轻放过，但之所以遭罚，不是为了营运亏损，就是缴纳的营收不足，不曾听说"有折逆旅匕箸，即斩以徇如高崇文者"，或听说"有军行露宿，旦朝与民家扫门而去，如岳飞者"（方岳《秋崖集》卷二十四《与赵端明》）。按，高崇文是唐德宗、宪宗时代将领，"有折逆旅匕箸，即斩以徇"事，见《旧唐书》及《新唐书》中的《高崇文传》。方岳所说的岳飞事迹，很清楚是在讲岳飞治军严明，军队也因之而有纪律，而且能不扰民。岳飞行军极有纪律与不扰民，均见于《建炎以来系年要录》所载宋高宗对他的称赞。

淳祐六年（1246）八月，刘克庄出任御史兼崇政殿说书，在十二月初六日向理宗讲宋高宗绍兴年间秦桧的史事，并加以评论，不可避免提到了岳飞。刘克庄说，宋高宗由于求和议之坚，举国听于秦桧，大柄一失，不可复收，即使高宗"甚眷（赵）

鼎、（张）浚，而鼎、浚不得不贬；甚眷（韩）世忠、（张）俊，而世忠、俊不得不罢；甚眷（岳）飞，而飞不得不诛"（《后村先生大全集》卷八十六《进故事·丙午十二月初六日》）。刘克庄这几句话，是在讲岳飞坚决地反对朝廷与金议和。赵鼎、张浚也对议和这件事有意见，但他们是文臣，又曾任宰相，所以两人只是被远贬，离开政治中心；韩世忠、张俊是武人，韩世忠也和岳飞一样极力反对议和，秦桧曾想构陷他下狱而未成，自此不言政事，张俊先是对议和一事无所可否，到后来则加以附和，但两人手中所握兵柄，都不能免于罢除；而岳飞力主恢复，且在军事行动上曾有获得明显进展，反对议和也最为积极，又能得将士之心，所以遭诬陷下狱而死。由于刘克庄这几句话所表达的，是问题的关键在于诸人对和议的态度，所以他接着举出为秦桧所贬斥诸臣，如李光、王庶、曾开、晏亨（敦）复、李弥逊、胡寅、张九成、胡铨等，也都有反对议和的言论。

文天祥在宝祐四年（1256）的御试策中，也提到岳飞。策文在讨论"虏寇之警，盗贼因之"的问题时，引用国史的记载说，绍兴年间，杨幺据洞庭湖为寇，连跨数郡，大将王燮无法平定。当时伪齐在金人支持下，派遣李成入寇襄、汉，杨幺与之彼此声援相通，朝廷为之忧心，于是派岳飞处理荆襄、两湖，亦即所谓"上流"地区的问题。不久之后，岳飞先逐退李成，并收复襄阳，然后率军前往洞庭湖南侧的潭州，但是他没有立即对杨幺采取军事行动，而是先招降依附于杨幺的湖贼。等到时机成熟，再运用他们来执行攻灭杨幺的任务，很快就擒获杨幺，平定了洞庭湖的寇乱，这也就是后文所说的"岳飞八日之捷"。

策文又从杨幺与李成的声援相通，讨论到内变与外患之间的关系，并引申到宝祐年间的情形，担心浙西太湖中因驾舟运贩私盐而形成的盗乱，不仅始终未能彻底剿除，而且日趋严重，"有杨幺之渐"。而策文所比为李成的，则是当时据有旧海州的"逆雏"，亦即李全之子李松寿（李璮）。当时浙西的相关官府机构（"有司"），贪图市榷之利，在山东地区发生饥荒时，自海道贩运米粮前往销售，这可能是指因负责海防而有海船运米的浙西水军，驻屯地包括下文所举的许浦、顾泾、澉浦、金山等处，早在嘉熙四年（1240）下诏浙西几个州郡禁贩米下海时，已特别指明要求许浦、金山水军一体遵守；而驻守在常州武进县魏村、平江府嘉定县江湾、常熟县福山三寨的防江水军，则兴贩盐课前往供应李松寿。李松寿未必没有朝夕航海南下，侵袭浙西的图谋，万一来于浙西与山东的舟船之中，有人为之向导，后果堪忧。策文又说，近日以发运使兼提点刑狱，合兵、财为一，企图歼灭太湖中的寇盗；而在防海方面，也是"屯海道者非无军，控海道者非无将"。按，以发运使兼提点刑狱，仅见于马光祖在宝祐三年（1255）兼浙西安抚使时，辟任常懋监平江府百万仓，当时有发运使兼提点刑狱赵与筹，指派常懋复核狱案，洗雪了无锡翟氏冤狱。至于此职始于何时，何以设立，均不清楚。浙西防海的水军则在平江府常熟县有许浦水军、顾泾水军，在嘉兴府海盐县则有澉浦水军、金山水军；统领水军的将领，许浦水军称都统制、顾泾、澉浦、金山三支水军则称统制。

尽管如此，却"徒有王燮数年之劳，未闻岳飞八日之捷"。这两句话，是本于《鄂国金佗稡编》所载张浚与岳飞的问答而来。负责督师的张浚，在奉诏还朝之前，找岳飞来谈话，岳飞表示只要八日即可破贼，请其再留旬日，张浚以王燮"两年尚不能成功"，怎么可能以八日破贼？岳飞回答说，"以王师攻水寇则难"，"以水寇攻水寇则易"，并请求扣除来往时间，于八日之内献俘于张浚之前。结果杨幺果然在期限之内为岳飞所俘，洞庭湖寇也随之而平灭。文天祥在其殿试中，引用岳飞这件事，所要表达的是对其智谋的称许，这也就是前述曹彦约所说的，其智略足以料敌。

谢枋得在辛弃疾死后六十余年，也就是咸淳七年（1271），写了纪念辛弃疾的《宋辛稼轩先生墓记》（谢枋得《叠山集》卷七），记文中也言及岳飞。谢枋得将辛弃疾和张浚、岳飞相提并论："公精忠大义，不在张忠献、岳武穆下。一少年书生，不忘本朝，痛二圣之不归，闵八陵之不祀，哀中原子民之不行王化，结豪杰，志斩房馘，挈中原还君父，公之志亦大矣。""志斩房馘，挈中原还君父"也就是说辛弃疾志复中原，而对谢枋得来说，这也就是张浚、岳飞之志。刘克庄在前述评论秦桧史事时，只是讲岳飞反对和议，岳飞固然极力主张恢复，但反对和议者并不一定就支持恢复。例如前举赵鼎就主守，和发动北伐的张浚在主张上不尽相同，也因此谢枋得会举张浚、岳飞来和辛弃疾比并而观。前文已经述及，大约在宝祐三年，欧阳守道为少年时代同学陈华叔所写的跋文《书〈崇岳集〉》中，已经讲出陈华叔对岳飞致力于恢复中原的崇敬，尽管欧阳守道写的是陈华叔的态度，但是他能够看出，并且笔之于文，显示他的心中早有这种认识。

上述从端平至咸淳的四文，所论述的岳飞，其之所以获得作者的崇敬，主要有以下几点：不仅志于灭虏且力能破虏，纪律严明而军不扰民，智略足以料敌，有志于恢复。具备这几项特质的将领，正是在宋末由于蒙古入侵而国势日蹙的情势下，人们所期望出现的人物。

上引的一些篇章，都可以说明当时人们对岳飞怀念的程度，重点在岳飞的治军与用兵。换个角度看，人们对岳飞的怀念，甚至可以使人们在书启这类应酬文字中，恭维岳姓者为岳飞后人，具有如其一般的气概。如方岳在《代贺岳都丞》中所说："不图武穆之复生。大书岳字之旗，尽索边庭之气，如使知中兴四将之有后，虽欲加诸华一矢而莫能。"文天祥在《回岳县尉》中则说："先武穆王手扶天戈，忠义与日月争光，名在旂常，功在社稷。天报勋劳，克昌厥后，虽百世可知也。"如果祖上曾从岳飞征讨，在碑铭这类文字中也会一提，视之为家世之荣，所以刘克庄在为孟珙写的神道碑中，起首就言及其"高大父安尝从岳王飞军"；而这件事，正好和后来孟珙表现出有如岳飞一般的英概先后辉映。碑文之末，刘克庄对孟珙的参与联蒙灭金军事行动，有这样一段评论："至公，始明其为国仇，提偏师覆巢穴，夷种类，俘宝玉献于庙社，岂不足以雪粘斡乱华之耻，慰祖宗在天之灵哉？"于是他将孟珙和炎、绍抗金诸名将相比较，"张俊勤王之劳大矣，晚有附和议之愧。刘锜顺昌之功高矣，或有无英概之评。公破蔡守黄，无愧张、刘，及上问和议，则曰：'臣介胄之士，只当言战，不当言和。'其英概又如此。"刘克庄没有提韩世忠，也没有提岳飞，然而"英概"二字，正是朝廷在绍兴十一年（1141）四月颁给岳飞的《枢密副使加食邑制》中，以及在嘉泰四年（1204）所颁《追封鄂王告》中，用以表彰岳飞的语词，刘克庄在这段话中将孟珙比之为岳飞，是十分清楚的。

宋末思怀岳飞的不只是写诗、作文的士人、士大夫，也及于社会上的一般民众。这种情形，可以举两首诗为例，一首是前引咸淳年间董嗣杲所作《岳鄂王墓》诗所附此诗的"和韵"最后两句："四季栖霞岭边路，邦人祭奠鼓声喧。"这两句诗所写的，是一年四季前往栖霞岭岳王墓的路上，都可以听见聚结成队的民众，锣鼓喧天地前来祭拜。另一首是何梦桂《岳帅降笔命作画屏四景诗》最后一首《西湖》诗的后两句："惟有五云山下路，至今人说岳王坟。"（何梦桂《潜斋集》卷三）五云山在钱塘县，当与栖霞岭同在西湖边，可能自此山可以前往栖霞岭，因此在路上可以听见"人说岳王坟"。岳飞在西湖边的坟墓，在南宋末年已成为一处风景名胜，吸引许多人前往观看，这些前往游玩的人，或许大多也只是一般的民众。何梦桂的诗题也值得注意，所谓"岳帅降笔"是指何梦桂透过扶箕，请紫姑神降给他诗题，于是有岳帅写下了《画屏四景诗》这个题目给他，这件事显示了岳帅在一般民间信仰中已成为神，成为紫姑神派遣下来的降笔者。《潜斋集》中还有另外一首诗，是岳帅降笔给何梦桂出的题目；和何梦桂同样在宋、元之际，周密在他所著的《志雅堂杂钞》中，也记载了三个举子降仙，结果降笔的也是岳飞。并非只有何梦桂或三个举子这类文人才扶箕，其他各种不同身份的人，也一样扶箕。有关扶箕而紫姑神派来岳飞降笔，较早的记载见于南宋中期郭彖《睽车志》。书中记载岳飞死后，临安西溪寨军将子弟请紫姑神，降下来的竟是岳飞，大书其名，花押宛然平日真迹，并且写下了一首七言绝句，感叹自己壮志未酬而死，这件事触怒了秦桧，涉入之人因此受到严惩。这两件有关岳飞降笔的事，显示出经由扶箕在宋代社会上的盛行，岳飞可能会存在于不少民众的心中。上述的诗句和事例，说明王六大夫在南宋末年，以岳飞事迹为主线，开讲《复华篇》，是可以吸引包括一般民众在内的许多人来听讲的。

但是从另一个角度看，受到崇敬的岳飞，最后竟死于秦桧的陷害，而其所致力的恢复之业，终究未能达成，华北自此成为失土，并因此而有日后的强邻压境，如今的祸源，实由此而起。因此，在怀念岳飞的诗文中，也往往含有对当前现实情况的批判。

明显的如方岳在其《与赵端明》书中，称赞岳飞治军，纪律严明，并以其自身的经验，指出当时军队缺乏纪律的严重情况。而文天祥在其御试策中，则借岳飞平定杨幺时，杨幺与刘豫属下李成的相互呼应，说明他担心当时太湖中的贼盗活动，可能会引致以山东海州为据点的李松寿跨海南侵。方岳、文天祥都明白地说出他们所指向的现况，刘克庄向宋理宗讲述秦桧的史事，却是以暗喻的方式来表达他所指的现实问题。他向宋理宗强调，岳飞的恢复志业妨碍了秦桧的议和政策，因而不得不诛，在讲词最后，转而指向当时的政局：

> 若夫无桧之功，有桧之罪，以一身战九州四海之公议，要领获全，毫毛无伤，其奸慝之状不形之亲札，不载之训辞，不榜之朝堂，不付出谏官，御史论疏不削夺，他日安知不如桧之覆出乎？惟圣主留意。(《后村先生大全集》卷八十六《进故事·丙午十二月初六》)

刘克庄所指的，是史嵩之。史嵩之当时守父丧居家，却千方百计谋求起复，回朝重任宰相，由于先前他任相时恶迹明显，守丧期间依然不改，而且手段更为酷毒。他的回朝，深为当时众多官员、士人所担忧，刘克庄在宋理宗面前，借秦桧害岳飞一事，说出了舆情对此事的忧心。

在南宋末期追念岳飞的诗篇中，也可以看出类似的情形。释居简的《读岳鄂王传并引》应该写于绍定年间，是一首长诗。此诗以较细致的吟咏，追念岳飞的功业并哀叹其遇害，以至于"坐令三光五岳气，百岁左衽昏蒙蒙"之后，转而感慨韩侂胄发动开禧北伐，使得南宋二十多年以来，长期处于受金侵扰的战争状态：

开禧之事如昨日，清淮洒血连天红。动逾二纪不解
甲，残虏尚锐薪黄锋。噬脐太息复太息，遗恨黯黯齐崆峒。
至今奸血泽遗类，忠愤郁郁填人胸。（释居简《北磵诗集》
卷四）

"二纪"即二十四年，开禧北伐的二十四年以后，也就是到绍定
三、四年（1230—1231）间。诗中把因和议问题而陷害岳飞的
秦桧，和任意发动北伐的韩侂胄，同样视为奸臣，两人对金的态
度虽然有明显的差异，但处于不同的环境之下，却同样斫丧了国
家的元气。

稍晚的袁甫《岳忠武祠三首》，同样表露了无法接受任意发
动战争的心情，此诗当写于端平元年、二年（1234—1235）之
间，诗中的感慨是针对当时宰相郑清之所发动的端平入洛一役
而发的。第一首的最后两句，"世事关心眠不得，今朝下涕为潸
潸"，表达了他对当今世事的关心。第二首的最后两句，"机会莫
言今到手，却愁无饭饱貔貅"，前一句是说南宋在联蒙灭金之后，
有了收复三京的机会，后一句则是说，实际上却没有足够的军粮
支持这次军事行动，军粮不足的问题，是当时一些反对这次军事
行动的官员所曾论及的。第三首的最后四句，"伤心咄咄权臣事，
满眼滔滔债帅流。槌剥至今浑似鬼，向人休说是貔貅"，第一句
中的"权臣"应指于绍定六年（1233）去世的宰相史弥远，由于
史弥远对金的主和政策，忽略军政，将帅在姑息之下，有许多成
为第二句所说的债帅，袁甫在其奏疏中曾论及，他们"托营运之
名，行朘削之实，军伍之中，怨气满腹"，第三句"槌剥至今浑
似鬼"也就是说军队已被剥削到不成人形，第四句则是讲这已经
无法对人说这是勇武善战的部队。全诗虽然没有明说，但是袁甫

显然认为，以南宋当时的国力，实不足以承当收复三京的任务。

南宋末年，黄文雷的《往年因读岳王传，尝为之赋，今过东林，睹其遗像，感而申颂之》，不仅有批评当前政局的含意，而且进一步表达了对国运的悲观。此诗共两首，第一首的最后两句，"珍重王孙方鼎贵，莫将歌舞替征袍"，是针对贾似道而发。前句的"王孙"是借喻，由于理宗的宠妃贾贵妃是贾似道之姐，所以贾似道任相之后，获得封赠三代，已故曾祖父和祖父分别获封为鲁国公和越国公，并未封王，只有已故父亲贾涉获封为魏郡王。后句则指军事作战经验丰富的贾似道，任相时间既久，以太师平章军国重事的身份，获赐第于西湖旁的葛岭，开始过着享乐的生活，他在私第中过着糜烂的生活，"起楼阁亭榭，取宫人娼尼有美色者为妾，日淫乐其中。惟故博徒日至纵博，人无敢窥其第者"。第二首的前两句，"欲坏长城岂自由，江人重唱白符鸠"，则已暗喻国脉将尽。前句的"欲坏长城"是用南朝宋大将檀道济的典故，既是指秦桧的谋害岳飞，也是指贾似道以打算法打击他所忌恨的几位军事统帅。后句的"白符鸠"是舞曲，为三国时代吴国人所造，词意是说他们苦于吴主孙皓的虐政，而思改属于晋。由于孙皓是亡国之主，这句诗无疑是借吴国之亡，以喻南宋国运在不思振作的君、相统治之下，已难以挽回。唐代诗人刘禹锡已曾结合两个典故，写成《经檀道济故垒》："万里长城坏，荒营野草秋。秣陵多士女，犹唱白符鸠。"上引黄文雷的两句诗也可以说就是改写自此诗。就如刘克庄晚年的诗篇一样，黄文雷这两首诗也将国家的问题的由来归之于内部，而非外力的入侵。

按，黄文雷登第于淳祐十年（1250），初以诗知名获当时的知临安府赵与筹辟为酒官，仕至浙西提干，于返回家乡建昌军时，于严州城下严陵滩覆溺失尸。任酒官时应尚是选人初阶，到任浙西提干时则已自选人改官为京官，据当时其他人的例子，一个同样在淳祐十年登进士乙科第的士人，以选人身份从最基层的县尉做起，到考满改官而以京官身份任提干（提举常平司干办公事或提举茶盐司办公事），由于在各任之间可能还有较长的候缺和待缺的时间，前后约近二十年。黄文雷登第的表现可能尚不如这位士人，只是特奏名，所以未能立即获得吏部差注，仅以其诗名获辟为常由低层武官担任的监酒官，此后升迁可能更为缓慢，仕至浙西提干，或许已在咸淳四年（1268）、五年（1269）以后，应能获知贾似道在葛岭生活的腐化情形。由于贾似道曾企图谋害一位写诗讽刺他生活于醉生梦死中的诗人，而未能得逞，黄文雷的覆舟溺死是否出自贾似道之谋，虽无相关记载，却不免令人感到疑惑。

在一些诗文中，岳飞之死又被视为南宋历史的重要分水岭，自此之后，中原陷没已成定局，再也无法恢复。前引曹彦约大约作于宋宁宗嘉定后期的《中兴四将赞》末尾，讲到岳飞"身死八十年，闻风者犹且悦之"，哀叹说："然而南北分合应有定时，忠邪身死应有定数，岂权臣一日所能自为之？"无疑意味着岳飞为秦桧害死后，南北分立之势已定，恢复中原的努力自此再也不可能成功。同样的感叹，见于叶靖逸（即叶绍翁）咏岳王墓的诗句："如公更缓须臾死，此虏安能八十年？"（周密《武林旧事》卷五）"此虏"是指统治华北的金而言，这首诗应当也是写于嘉定后期。此后在一些咏岳王墓或读岳王传的诗中，仍然可以看到这一类的感慨。例如在前引陈允平诗中的"不堪回首望中原"，郑震诗中的"雁叫中原不可闻"，这两首诗分别作于宋理宗的端平、淳祐年间，当时华北已经过蒙古伐金的战争以及南宋的端平入洛军事行动，在蒙古的统治之下。再往后到宋元之际，也就是宋度宗咸淳年间，这类感慨依然存在。如前引董嗣杲诗中的"一旦风波谁左袒，八陵荆棘自中原"，这是讲自从岳飞在风波亭遇害，长期以来，由于北方陷没，位于洛阳的北宋历代皇陵，久已无人照料，长满荆棘。咸淳年间距岳飞遇害应已有一百二三十年之久。又如吴龙翰的《读岳武穆王传》"当日主和甘下策，至今无计复中原"（吴龙翰《古梅遗稿》卷二）；如林景熙的《拜岳王墓》"孤忠悬白日，遗恨寄中原"（林景熙《霁山集》卷二）；如王修竹（即王英孙）的《岳武穆王庙》"中原望断因公死，北客犹能说旧愁"（《武林旧事》卷五）。这三首诗都很清楚地将岳飞被秦桧害死与中原的长期陷没连接在一起。这些诗文，在感慨中也带着对岳飞的怀念。尤其是在端平年间以后，南宋面对蒙古的不断入侵，攻势愈来愈强烈，人们对于未来的国运已经愈来愈感到悲观，对岳飞的怀念之情也愈来愈深挚。

以上冗长的论证，用意在说明咸淳年间王六大夫在临安所讲的《复华篇》，其内容应是讲述南宋初年致力于恢复而又中挫的故事，并以岳飞尽其心力于恢复之业，而最后竟由于蒙受不白之冤而死于狱中，为整个故事的核心线索。王六大夫向听众讲说时，应该不会借故事的内容而论及时政，但是心思比较敏锐的听众，难免会有较多的联想，如由秦桧的诬陷岳飞而思及贾似道的打算法。

《复华篇》的讲说风行于南宋末年的临安瓦子，而在南宋亡国之后，据周密《志雅堂杂钞》的记载，又有张景倩（号云所）著《覆华编》，"载甲戌以来杂事甚详"，"甲戌"应指宋咸淳十年（1274），"覆华"一词显然又是和"复华"一词相对。北宋末年虽然经"乱"，但仍然可"复"，到南宋亡国，在国家既"覆"之后，赵氏皇室在蒙军穷追不舍之下，舟沉于广东崖山的外海，显然已无法再起了。从《乱华编》到《复华篇》再到《覆华编》，显然构成了北宋晚期以后，关键时期历史的一个系列。

上述《乱华编》的内容，正好涵盖了话本《拗相公》与《宣和遗事》的内容，从《拗相公》到《宣和遗事》，再到《复华篇》与《中兴名将传》，显然也构成了从北宋晚期到南宋初期历史的一个系列。如果《复华编》与《中兴名将传》能在咸淳年间引起听众的兴趣，同样是讲国家兴废故事，可以令人思考国家何以致乱致亡的《拗相公》与《宣和遗事》，又何尝不然？只要说话人有足够的知识与才华，以动听的言词吸引听众，那么不仅是故事本身，联结故事内容的作者观点，也就借说话人之口，打动众多听众之心，使得南宋晚期士大夫、士人们对王安石政治事业的评价，以及国家亡于自身而非亡于外敌的观念，影响到当时基层民众对于过往历史和当今局势的认识。

第十四讲

《拗相公》创作年代的再思考

　　《拗相公》是《京本通俗小说》中的一篇，此书为缪荃孙于1915年在上海发现，据他在跋文中说，是影元写本。自此书发现后，学者多认为此书所收话本为宋代之作，虽有怀疑此书是否编集于元代的意见，却未怀疑及全书的真伪。至1960年代以后，关于此书出于伪作的讨论蔚成风潮，主要是认为其实是出自缪荃孙的伪造，书中各篇其实是采自明末冯梦龙的三言［《喻世明言》（又称《古今小说》)、《警世通言》、《醒世恒言》]，而略改其文字以符合宋代的情况，而无论元、明，都未有以《京本通俗小说》为名的话本集。自然也有学者持不同的意见，但即使主张《京本通俗小说》并非出自伪作的学者，也有人会认为其中所收话本并非全为宋代的作品，《拗相公》就是一例；至于认为此书出自伪作的学者，则也同意其中若干篇话本为宋人所作。因此，《京本通俗小说》是否出自伪作的问题，和书中所收话本是否出自宋人所作的问题，该分开来看，不宜混为一谈。《京本通俗小说》的真伪并非此处所能关注，但是对于《拗相公》并非宋人作品的看法，却有必要重新加以斟酌。

《拗相公》这篇话本之所以被认为并非宋人所作的话本，主要是由于这篇话本的内容，受到若干的质疑。其实这些质疑，大致上都可以从宋代的载籍中，或是从元朝载籍所见灭宋以前的记载中，获得解答；这些解答，有的比较确定，有的虽然并非全然确定，至少也颇具可能性。

首先，篇中"如今说先朝一个宰相……那位宰相是谁？在哪一个朝代？这朝代不近不远，是北宋神宗皇帝年间，一个首相姓王名安石，临川人也"这几句话，由于用了"先朝""朝代"等词，因此遭质疑并非宋人作品。此一质疑，出自未能较为妥适地掌握"先朝"一词的意义，"先朝"的"先"，犹如讲"先父""先祖"的"先"，并非指宋朝之前的另一朝代。此处的"朝"，是"神宗朝""理宗朝"的"朝"，而非"宋朝""明朝"的"朝"。如果指宋朝之前的另一朝代，常用的是"前朝"而非"先朝"。"先朝"此一用法，见于宋代文献，如陈次升在哲宗时，上奏论太学事说："今闻太学生员，其间亦有在先朝元丰间试补入学，即非元祐试补之人。"（陈次升《谠论集》卷一《上哲宗论免补试人状》）这里的"先朝"很清楚是指神宗在位时的元丰年间。又如李昴英在理宗时，上奏说："若曰天变不足畏，人言不足恤，此王安石所以误先朝者，在今日可不深戒哉。"（李昴英《文溪集》卷六《嘉熙己亥著郎奏》）这里的"先朝"也很清楚地指神宗朝。这类用法，在宋人著作中并不罕见。掌握了"先朝"的意义，就能了解下文中的"朝代"另有别解，也就是并非指"宋朝""明朝"的"朝代"，而是指"神宗朝""神宗一代"的"朝代"，"代"也就是"世"，也有的讲"神宗世"。之所以说"不近不远"，是由于《拗相公》应是南宋的作品，神宗朝在北宋，因此"不近"，但又未早到开国时的太祖、太宗朝，因此

"不远"。

其次，"北宋神宗皇帝年间"的"北宋"，"我宋以来，宰相解位""后人论我宋元气，都为熙宁变法所坏"中的"我宋"，"乃是宋朝一个直臣"的"宋朝"，这几个词，是否见于宋人的使用？这几个词，都被用来作为"拗相公"或《京本通俗小说》所收其他话本，并非宋人作品的证据，有待讨论。其中"我宋""宋朝"两词比较容易澄清，"北宋"一词则只能就其可能性来说明。学者认为宋人称宋朝没有必要特别强调"我宋"，后来又修正为，只有用来和宋以前的朝代对言，或和并立的辽、金对言，才有必要如此自称。实际上，宋人使用"我宋"一词并不罕见，不仅用来和宋以前的朝代或辽、金对言，即使与这种场合无关，一样使用。例如范仲淹在《杨文公写真赞》中讲杨亿"杨公以武夷之灵，降于我宋"（《范文正公集》卷五），陈瓘在《四明尊尧集·序》中说"天之右序我宋，而不助王氏"，蔡戡在《贺明堂大礼庆成表》中说"蔚为今日之彝章，是谓我宋之家法"（蔡戡《定斋集》卷七），黄震在祝文《城隍》中说"惟神念我宋三百余年深仁厚德，保养天下"（《黄氏日抄》卷九十四），都很清楚并非与同时并立的其他国家或宋朝以前的朝代对言。又有学者认为《京本通俗小说》中没有使用"故宋""宋朝""北宋""大宋"等词的几篇话本，是出自宋人语气，因此是宋代话本；这也就是说，宋人的作品中是不可能使用"宋朝""北宋""大宋"等语词的，至于宋人不可能使用"故宋"一词，这自然十分明显。《拗相公》中既然使用了"北宋""宋朝"两词，就上述说法来看，当然并非宋人的作品。以"宋朝"一词来说，其实见于宋人的著作，例如赵汝愚《诸臣奏议》卷四十六载有孙沔上于仁宗的《论宰相不进贤者为将来之资》一疏，讲到当时的宰相吕夷简"可谓宋朝得君一人而已"。南宋胡仔《苕溪渔隐丛话》卷五十四的标题是"宋朝杂纪上",次卷的标题是"宋朝杂纪下"。陈均《皇朝编年纲目备要》卷三十载金粘罕攻陷怀州,守臣霍安国不肯降,粘罕派人问不肯降的人是谁,回答说:"安国是宋朝守臣,率众不降。"又载张邦昌降金,监察御史马伸对他说:"伸有死而已,不敢辅相公为宋朝叛臣也。"又载元祐皇后(孟后)降手书迎康王赵构:"由康邸之旧藩,嗣宋朝之大统。"可见宋代记载中,不乏宋人称本朝为"宋朝"的例子。

至于"北宋"一词的使用,则需稍费工夫讨论。据所见到的话本以外宋代载籍,仅文渊阁四库全书本章汝愚《群书考索·后集》卷二十一《官制门》,于述宋代官制时有此词,但查对此书明刻本及元刻本,"北宋"的"北"实为"此"字,应连上句读而非与"宋"字连读。尽管"北宋"一词确未见于已曾过目的宋代载籍,但自宋室南迁以来,人们已将国家当时状况,比之于东晋。

例如李纲在《论使事札子》中,先说少康复国、光武中兴,再说"晋保江左,财用匮乏,王导至身衣练布,诱善贾以济国用,卒延国祚百有余年",然后以当时的情形与之相比,说:"士马之盛,岂不过于少康、光武?……财用之多,岂不过于东晋?有可为之资,而陛下又有过人之聪明,何惮不为而欲北面以事仇雠,甘受此屈辱也"(《梁谿集》卷一〇二)。胡寅也以当时和光武中兴、东晋南渡相比较,说"其所措置,务适时宜,于旧法亦不尽循,事虽不同,同归于治",建议宋高宗应有所取法,经由众议,立定国之大计,"定为国论,以次施行"(《斐然集》卷十一《戊午上殿札子》)。李纲、胡寅都以当时的情形,和光武中兴汉室、东晋立国江左,相互比较,要求效法。

但逐渐宋室立国于江浙的情势已经确定，人们用来比较的对象，就只限于立国于江南的东晋，而不再提东汉光武帝的中兴汉室，例如孝宗时的陈亮和理宗时的方大琮，都是如此。陈亮在《上孝宗皇帝第一书》中，将当时和东晋相比较，由于时势已异于建炎、绍兴年间，比较的角度也就有所不同。他说东晋立国江左，原本没有深固的基础，然而诸臣如祖逖、周访、庾翼等人，都有虎视河洛之意；而桓温之师，西至灞上，东至枋头，又于其间修陵寝于洛阳，仍未尽置中国于度外，所以刘裕竟能一平河洛而后晋亡。百年之间，事势已如此变化，天地正气必定会另有发泄。承之者竟是北方的元魏，孝文帝定都洛阳，重振中国的衣冠礼乐，于是江左衣冠礼乐之旧，不再为天命人心之所系。结果统一天下，是归于西北而非东南，天命人心如此，岂不可畏？他回顾南宋的情况，指出南渡之初，是君臣上下痛心疾首，誓不与敌俱生，所以能以累败之余而胜百战之敌。等到秦桧倡和议来打击士气，忠臣义士遭受斥逐，甚至死于南方，天下之气因而为之怠惰。三十年以来，即使是西北流寓，在东南也已子孙繁衍，而君父大仇已弃而不顾。陈亮之意，是南宋不再顾念中原，和东晋比起来，尚有所不如，总有一天，天地正气又将发泄于北方，南宋不再为天命人心之所系，因此必须有所作为，以激励人心。方大琮在嘉熙元年（1237）三月进讲《资治通鉴》中有关吴、东晋的史事。在东晋的部分，他讲到前秦苻坚问病重的王猛以后事，王猛说：晋虽然僻处江南，可是正朔相承，上下安和，希望苻坚不要以晋为图；到了苻坚将要伐晋，聚群臣商议，左仆射权翼说：晋虽然微弱，可是谢安、元冲［按："元冲"应是"桓冲"，避宋钦宗（赵桓）讳］都是江表伟人，君臣辑睦，内外同心，未可以图。方大琮就此发挥，以当时的情况和东晋相比说："今戎祸惨矣，所谓江东将相者谁欤？江表伟人者谁欤？上下之心齐欤？内外之心同欤？"（《忠惠铁庵方公文集》卷四）嘉熙三年、四年（1239—1240）间，李宗勉任宰相，方大琮写信给他，又再以当时的情况和东晋相比说："偶值此多艰，益奋然自强，以镇物情，以扶王室。东晋之季，甚岌岌矣，桓、谢极力撑拄，亦能却敌，亦能立国。况大丞相每于应变之顷，而心之虚灵者辄与天通，此某所素知也。"（《忠惠铁庵方公文集》卷十四）从方大琮的比较中，可以看出他将当时南宋的情势，视同东晋末年，有待具备足够器识、能力的大臣来扶持。以国家面对的情况和东晋相比，或许不仅是上述诸人的想法，应该也是当时许多人共有的心态。在这样的情况下，在人们的心中，以南迁之前与之后为分界，就如晋有西晋与东晋之分，宋也有北宋与南宋的分别。

实际上，"南宋"与"南朝"之称，在当时已见于金、蒙古（元）对于南宋的称呼，只是与北宋、南宋之分的"南宋"，在意义上有所不同；不仅如此，南宋对于对方，也由于对方如此称呼而以此自称。金、蒙之所以如此称南宋，是沿袭自澶渊之盟以后辽对宋朝的称呼而来：辽自澶渊之盟以后，与宋互以南朝、北朝来称呼，为众所知；除了南朝一词外，辽又称宋为"南宋"，见于《续资治通鉴长编》卷五〇五"元符二年（1099）正月庚戌"条及《皇朝编年纲目备要》卷二十八"重和元年（1118）二月"条的记事。

辽之所以如此称呼宋，是由于两国的位置分居南、北。金、蒙沿用南朝、南宋之名来称呼南宋，其原因亦同。金称呼同时的宋为"南朝"或宋自称南朝的记载，关系问题的讨论较为间接，虽然也会提到，但是不多引述。至于以"南宋"为称的，如《建炎以来系年要录》卷一三六"绍兴十年（1140）闰六月己亥"

条引《顺昌破敌记》，述顺昌之捷后，参与攻城的金海州知州王山为宋所掳，他说："是时南宋若更有一项兵乘此而来，敌可擒也。"王山兼有金官员和宋俘虏的身份，他说这段话也可以说兼具金、宋两方的立场；由于具有宋方的立场，所以才会说"敌可擒也"，称金为"敌"，无异于站在宋方以"南宋"自称。《三朝北盟会编》卷二〇二述此事，王山之言作"是日南宋再有一头项乘其弊，可尽成擒也"，宋方的立场表达得更加明显。《建炎以来系年要录》卷一九九"绍兴三十二年（1162）四月"条载，金为契丹耶律鄂哈率众数万所扰，金主褒（金世宗）与其臣下讨论说："鄂哈兵势如此，若南宋乘虚袭我，国其危哉。"这则是从金的立场称宋为"南宋"。宇文懋昭《大金国志》一书，虽然作者、内容都有很多问题，但学者也认为此书的史料价值并不能因此而完全否定。可以注意到的是，书中从讲阿骨打（阿古达）开始，一直到金哀宗正大八年（宋绍定四年，1231）述宋、蒙相约夹攻金为止，都称宋为"南宋"；阿骨打的时代尚在北宋末年，之所以这样的称呼，应是沿袭辽对北宋的称呼而来。以《大金国志》在宋室南迁之后称宋为"南宋"的称呼方式，比对杜范在《王蔺传》述其于淳熙年间出使金，对金的接伴使说："两朝岁遣使南、北通欢，北朝使者即南朝臣子，胡为弗虔？请白诸北朝，凡遣使者，勿用悗人。"（杜范《清献集》卷十九）王蔺站在宋的立场，称自身所代表的宋是"南朝"，而金是"北朝"；就金来讲，"南朝"也就是"南宋"。可以推论，一直到金亡以前很长的一段时间，南宋如果与金来往，应该也会使用义同"南朝"的"南宋"一词来自称。

到南宋晚期，当宋、蒙来往时，无论朝廷或个人，仍然使用上述意义的"南宋"一词。例如元世祖忽必烈在中统元年（宋景定元年，1260）即帝位后有和宋书，起首就说"大蒙古国皇帝致书于南宋皇帝"（王恽《玉堂佳话》卷四）。郑元祐在《遂昌杂录》中讲，他曾听陈州宛丘人赵颐讲其父曾说，元灭宋前，每年秋天都会派兵过淮河放哨，有一天，哨马从淮南北归，看到有一系累的囚徒，两脚冻垂，呻吟饥冻，问这囚徒是谁？回答说："我南宋官人庐州通判胡某，城破为所掳。"这个囚徒讲给赵颐的父亲听的"南宋"，意义应有类于文天祥在其《指南录》卷一（《文山先生全集》卷十三"别集"）第一首和第二首《纪事》诗前题旨中，自述其于德祐二年（1276）正月出临安城外进入元军营中的经历，所用与"北朝"相对称的"南朝"。

北宋、南宋之分，既由于自从宋室南迁以后，人们常以当时情况比之于东晋，而已存在于当时人的心中；"南宋"一词，又因金、蒙与宋之间互相以"北朝""南朝"来称呼，而"南朝"有时又称"南宋"，而实际存在。因此，当宋人对华北政权自称为"南宋"时间既久，就有可能转移成为类似历史上西晋与东晋对称的"南宋"，而使用"北宋"一词与之对称，将南迁之前的宋称之为"北宋"，并且见于文字。这个时机，应在端平入洛失败以后，恢复既已无望，且又面对危亡，于是对当时人来讲，"京师"就不可能再专指汴京，临安才是当时疆土内的京师。虽然至晚从孝宗末年以来，已有称行都临安为京师的情形，但是仍不多见。到了端平年间前后，这种情形大量增加，在魏了翁、杜范、刘克庄、方大琮、欧阳守道、文天祥等人的文集里，当言及宋代，"京师"或"京"，都是或以之指汴京，或以之指临安。既然以宋室南迁为分野，前、后各有京师，又分在南、北，那么怎可能没有北宋、南宋之分？话本《拗相公》中的"北宋"，应该就是在这种情况之下出现的。

早在1940年代，就有学者在讨论《京本通俗小说》时，对于《拗相公》一篇中的"北宋"一词提出看法，认为在南宋初年，人心未定，不至于称靖康以前为"北宋"，等到南宋后期，半壁江山之局形成已久，民间逐渐就有称"北宋"的习惯。这一个看法，可以和上述讨论相互参照，而话本《拗相公》正是民间的作品。类似的情况，又见明末冯梦龙《醒世恒言》所载话本《勘皮靴单证二郎神》，篇末有"原系京师老郎传流，至今编入野史"。有学者认为，"京师老郎"是南宋临安以讲说伎艺为生的说话人，对汴京前辈艺人的称呼，这样看来，这篇话本显然是传自北宋的南宋话本；也因此早有学者以其所描述的二郎神，和宋代载籍中的二郎神相对证，确认其出自南宋时人。而这篇话本的篇首就说"单表北宋太祖开基，传至第八代天子，庙号徽宗"，也用了"北宋"一词；至于这两句前的"这首词调寄《柳梢青》，乃故宋时一个学士所作"两句中的"故宋"，后一位学者指出，看似宋以后人的语气，但很可能出自冯梦龙所改。

第三，有关王安石"初任浙江庆元府鄞县知县"这句话中，"浙江"和"庆元府"两处地名的讨论。学者质疑，以"浙江"为行政区名，始于明初设置的浙江等处行中书省，其后又改行中书省为承宣布政使司，宋代还没有以"浙江"为名的地方行政区。实际上，唐代已设有浙江东道和浙江西道，"道"原来是监察区，后来由于节度使兼道的长官而逐渐演变为行政区；宋代承吴越时期浙江东道和浙江西道之设，有两浙路，又分为两浙东路和两浙西路。可是两浙路或两浙东、西路自北宋以来，又有浙江路或浙江东、西路之称。

例如夏竦《文庄集》卷十九《上巡抚使裴司封书》言及"浙江东、西地长千里"；余靖《武溪集》卷十九《宋故两浙提点刑狱尚书度支员外郎林公墓碣铭并序》述林从周事迹，"寻转度支员外郎、提点浙江东西刑狱公事，以天圣三年（1025）五月癸巳卒官"；《续资治通鉴长编》卷四四九"元祐五年（1090）十月癸丑"条载御史中丞苏辙在上言中讲到"高丽人使，见今必已至浙江路"。到了南宋，"浙江"依然作为行政区或地区的名称，见于《建炎以来系年要录》中者颇多，例如卷七"建炎元年（1127）七月己亥"条载尚书（按："尚书"下当缺"省"字）言："浙江民间有钓鱼船，谓之钓槽，……请下浙江诸州，募豪民入中，每十五艘授迪功郎。"又如卷一七二"绍兴二十六年（1156）三月丁卯"条载工部言："浙江、福建路岁起物料，欲以三分为率，减免一分。"见于文集中者，如陈亮《龙川集》卷二十八《喻夏卿墓志铭》言及"喻氏著籍蜀之仙井，散在浙江者惟义乌为盛"，"义乌"是两浙东路婺州属县。如周必大《文忠集》卷六十八《丞相洪文惠公（适）神道碑》述洪适在绍兴三十二年（1162）以前，曾"擢提举浙江西常平茶盐"，由于其弟洪遵正在担任平江府知府，所以改任江东路常平兼提点刑狱；后来出任淮东钱粮总领，于孝宗初年上言："官以总领淮东为名，而财赋实隶浙江西、东，乞以两路入衔。"又如刘克庄《后村先生大全集》卷一五四《赵安人墓志铭》述卒于淳祐九年（1249）的赵安人之夫赵崇道，于安人去世前"久官浙江"。在《宋会要辑稿》中也可以见到，如冯大郎祠，"在浙江临安府，光尧皇帝绍兴三十年（1160）七月赐庙额顺济"（《礼二十·诸祠庙》）；又如吏部在隆兴二年（1164）十月二十九日上言中，所提问题是关于"临安府龙山、浙江绍兴府渔浦、西兴监渡官缺"（《选举二五·流外铨》）。上述例证，说明宋代"浙江"一词作为行政区或地区之称，在宋代从北宋到南宋，都广泛使用，不能用为否定《拗相公》是宋代话本的理由。

　　至于"庆元府"的地名之所以引起讨论，是由于鄞县本为明州属县，王安石在北宋时所担任的是明州鄞县知县，到南宋光宗因病禅位给宁宗，由于宁宗在藩邸时曾领明州观察使，于其既即位尚未改元的绍熙五年（1194）十一月，降旨升州为府，而以即将改元的年号庆元为名，并于次年庆元元年（1195）开始改名。王安石所担任的是明州鄞县知县，《拗相公》中却以庆元元年以后的地名，称其任庆元府鄞县知县，地名与王安石任知县时称为的明州鄞县，显然不符。上述1940年代讨论"北宋"的那位学者，对这一个问题也提出了看法，他认为这正在无意中流露出南宋绍熙年间以后、元以前人的语气，因为元世祖在平两浙之后，就改庆元府为庆元路。他提出的此一看法，正是《拗相公》作于南宋时期的关键性证据。然而自1960年代以此一话本并非宋人所作的主张盛行以来，相关的学者却未能将上述看法加以考虑，要到1980年代，一位学者以"浙江"作为行政区域名称始于明代的学者，才简略地表示："庆元府"虽是宋代地名，但明代人如果知道，也会使用，不足以用为宋作之证。此一回应，显然不了解《拗相公》这篇话本中，何以要使用南宋绍熙年间以后所用的"庆元府"，来取代王安石任知县的"明州"。

　　话本是要讲给听众听的，听众大多数可能是一般民众，不了解地名的沿革。当"明州"初改名为"庆元府"时，或许尚不至于如此，但是时间稍久，大约在一个世代之后，晚一辈人就未必知道，"明州"的地名对他们来讲是陌生的，所以会改用当时的地名"庆元府"。如果以一世代为三十年，那么此一话本应该作于理宗宝庆元年（1225）以后。对元代或明代人来讲，由于元代的地名是庆元路，明代的地名是宁波府，即使知道明州在南宋绍熙年间以后曾有过庆元府之称，这样的改法也是全无意义的。相反地，如果这篇话本的作者是元人或明人，他们不仅不会用"庆元府"的地名，也不会用"庆元路"或"宁波府"的地名，由于朝代已经更迭，他们为了符合故事的时代，应该会用北宋时的地名"明州"。明末冯梦龙编《警世通言》所收的《拗相公饮恨半山堂》，有如《拗相公》一般使用了"庆元府"的地名，正足以说明，《拗相公饮恨半山堂》采用了《拗相公》的内容，而更改其"我宋"等文字，以符合其时代，而非《拗相公》采用了《拗相公饮恨半山堂》的内容而更改其文字。冯梦龙或是协助他编书的人，不了解"庆元府"的地名见于南宋绍熙年间以后，并非王安石于北宋任鄞县知县时的地名，所以仍然沿用《拗相公》所用的"庆元府"。

不过，还有一个问题需要解决：《拗相公》中讲到王安石辞相位之后，"以使相判江宁府"，江宁府在北宋初年原称升州，天禧二年（1018）升为江宁府，南宋建炎三年（1129）改名为建康府，何以不将"江宁府"改称"建康府"？这或许是由于无论北宋的江宁府或南宋的建康府，府治都在江宁、上元二县，而且在南宋时，建康府也仍有金陵、江宁之称，位于府城之北的钟山，又是广为人知的风景区，也见于这篇话本中，足以辨识，既然金陵、钟山之名也都见于这篇话本中，也就没有必要改了。

第四，邵雍预言最后一句"终宋世不得太平"，不见于《邵氏闻见录》原文的问题。学者认为，从这一句话可以看出《拗相公》并非宋人作品，原因自然是宋人不可能说出"终宋世"这样的话。前已说明，这一句话是南宋人对邵雍预言的解释，和篇末所引的后人（也应指南宋人）之论"我宋元气，都为熙宁变法所坏，所以有靖康之祸"以及用来作证的那首诗，是互相贯串的。从"终宋世"和"靖康之祸"前后呼应，可以了解，这里"终宋世"的"宋"，应该是指北宋而言。在成书于南宋初年的《邵氏闻见录》中，邵伯温对父亲的预言，即是如此解释。不仅如此，邵伯温及南宋晚期赵与时，又引邵雍其他的诗来补充他对北宋亡国的预言；同样是北宋晚期的曾三异，则将邵雍的预言加以改写。

邵伯温在《邵氏闻见录》中，又引了父亲的两首《观盛化吟》(《击壤集》卷十五)，这一首的前两句"纷纷五代乱离间，一旦云开复见天"，和第二首的五、六句"生来只惯见丰稔，老去未尝经乱离"，都用了"乱离"一词。邵伯温对父亲表示，"老去未尝经乱离"的"乱离"一词，用得太重；邵雍向儿子说明，我年事已高，而且将要去世，你们即将自己了解。这里的"乱离"，应即指靖康之难所带来的大量的北方居民南徙，包括皇室、官员、军队及一般民众。《击壤集》卷十八又载有《左衽吟》，为赵与时《宾退录》所引述，并且解释为预谶靖康之祸；前已述及，《宣和遗事》中引用了这首诗，并接着说这"豫先说着个宣和、靖康年间谶语么"，即可能是采自赵与时的说法。此外，在端平元年（1234），因太后七十寿庆，同寿的临江军免解进士曾三异获授承务郎，并差监潭州南岳庙的祠职，然后在次年以隐逸获召为秘阁校勘，再除太社令，立朝逾年，即奉祠而归，到九十岁才去世，这时应已是宝祐二年（1254）。在他的《同话录》（收于一百二十卷本《说郛》卷二十三）里，载有一件邵雍的轶事：邵雍到京师，很多士大夫都向他问休咎，独有一人问他国家的运数，邵雍告诉此人：我某日归乡，你在某处等我。到期，邵雍交给此人一卷书，要求不要马上看，等回家后才打开，看完就烧掉，"其人奉教，归而发视，则《五代史·晋出帝纪》也"。这无异于说，北宋的运数就好如五代后晋一样。上述南宋诸人对邵雍预言的解释、补充与改写，都可以说明，同为南宋人所作的

《拗相公》，何以会在邵雍的预言中，写入"终宋世不得太平"这句话。

不仅南宋时人对邵雍的预言如此解释，自靖康之末为金军攻陷之后，到南宋时期，人们已直接用"亡国"或"国亡"来讲北宋的结局。例如《三朝北盟会编》卷八十三"靖康二年（1127）二月二十七日唐恪饮药卒"条下，引《朝野佥言》记一位少年郎君所说的"况朝中皆亡国之大夫也"；同书卷八十九"同年三月二十九日太上皇帝、渊圣皇帝銮舆北狩"条下，引曹勋《北狩闻见录》记太上皇帝（宋徽宗）说的"今城破国亡，祸变及此"；同书卷一二四"建炎三年三月二日周紫芝上书"条下，引述周紫芝书中之言，"凡今日偾军之将、亡国之大夫，皆前日奸佞阘茸、假宠盗名、可诛而不诛、当去而不去者"，他并且将造成这种情况的原因，说是蔡京讲求绍述，导致"士不读史书者几三十年"，于是"不知前代兴亡，不知古人忠义，唯以偷安苟且、持禄养高为事"。一直到绍熙三年（1192），陈傅良在《跋东坡与章子厚书》中也指出，此信写于元丰元年（1078），于是有西方用兵，其后四十七年（宣和七年，1125），"王、蔡为燕山之役，京师遂及于祸。'不仁而可与言，则何亡国败家之有。'信哉！信哉！"（《止斋先生文集》卷四十二）西方用兵应指元丰年间的伐夏之役，"王、蔡"是王黼、蔡京，"不仁"是指章惇（子厚），亦即苏轼这封信的收信人。

上述讨论，说明何以不能由于"终宋世不得太平"这句话，而视《拗相公》非南宋人的作品。然而南宋时人对邵雍的预言的认识，不仅是北宋亡国的预言，也用来预言南宋的国运；这种情形，已见于前几讲对于王安石谶言的讨论。当这些讨论提出时，南宋尚未亡国，可是从端平年间以来，亡国的危机感已成为许多人心中一股重大的压力。从端平入洛之役失败之后的"今也亡之一字，惯熟于上下之口"，到淳祐六年、七年（1246—1247）前后有关"丙午、丁未"问题的讨论，到刘克庄晚年诗中面对时事与历史时的感叹与哀伤，都可以看出来。随着蒙古的军事行动日益加紧，国家政治、经济的日益败坏，这种危机感在人们心中所构成的压力，也愈来愈沉重。刘克庄在咸淳五年（1269）正月末去世前，他所写的几首诗里，已经认为亡国的时刻即将到临，而其关键不在于外敌的入侵，而在于自身的腐化。这种认识，或许不只见于刘克庄一人，而很可能是面对当时的国家情势，南宋末年人们的一种共同心态。例如前述宝祐三年（1255）无名子所写的"阎马丁当，国势将亡"，景定五年（1264）谢枋得于江东漕试所出策题中的"权奸误国，赵氏必亡"，即是两个例子。因此，就会有人借南宋人所认识的王安石史事，写成话本，来表达对当今时事的感愤；也因此，《拗相公》中"终宋世不得太平"这句话，不仅是在讲已经覆亡的北宋，同样也在讲亡国时机即将到临的南宋。

第五，篇首诗中"临潼会上胆气消"句，所反映出的时代问题。学者指出，伍员（伍子胥）在临潼会上大显威风的故事，晚至元代才开始在戏剧中出现，因此《拗相公》非宋代的作品。按，临潼会的故事又称临潼斗宝，而"临潼斗宝"一词，在元朝初年已见于儒者许衡所著的《大学要略》（收于许衡《鲁斋遗书》卷三）。许衡之所以知道重视《大学》，是由于曾从姚枢习程朱之学，而姚枢的程朱之学，则出自窝阔台乙未年（宋端平二年，1235）俘自南宋德安府的儒者赵复。许衡此书，是他在元世祖至元八年、九年间（宋咸淳七年、八年间，1271—1272）任国子祭酒时，为教授蒙古子弟而编的教材。书中讲"正心"时，用了一些浅近的故事来做譬喻，"临潼斗宝"就是其中之一："又如楚平王在临潼斗宝，用那贤人赢了诸国。孔子道：'《楚书》说，楚国无以为宝，惟善以为宝。'这的是那楚国有好人，所以楚国强。这般样思量呵，便是明德、新民，到那至善的意儿，这三项都从心正生做。"由此看来，"临潼斗宝"的故事在宋咸淳七年以前应该已经存在，而且已经流传有一段时间，广泛传播，使得即使是专注于研读儒书的许衡，也能够知道，并且用之于教学。言及"临潼会"或"临潼斗宝"的元代前期剧作如郑廷玉《楚昭公疏者下船》、李寿卿《说鱄诸伍员吹箫》等，在许衡引用此一故事于教学之前，是否已经编成演出，尚乏明据；但在两剧中，此一故事均非主题，只见若干片段，由此亦可推知，此一故事应有更早的起源。

虽然宋、蒙战争已经多年，但双方的文化交流应未中断，此种交流，经由榷场与走私贸易、使节往来、战争中的俘虏，甚至官府文告等多重管道而存在；而且走私贸易不仅存在于陆上，也存在于海上，至于官方的榷场贸易，即使宋、蒙在战争之中，在战争比较和缓时也会开放。南宋的程、朱之学既然可以因赵复为蒙军所俘而北传，北方讲"临潼斗宝"或"临潼会"的故事甚或剧本，自然也有可能经由各种管道而从北方流传到南方。因此，出自元代戏曲的"临潼会"之名，见之于南宋人所作的《拗相公》篇首诗中，其实不足为异，不宜以之为这篇话本并非宋代作品的依据。

最后，《拗相公》是否如学者所言，抄袭自明代赵弼《效颦集》中的《钟离叟妪传》。学者一方面指出《拗相公》是更改了冯梦龙《警世通言》中《拗相公饮恨半山堂》的若干文字，而伪称为宋人所作；另一方面，又认为《拗相公》是抄袭赵弼《钟离叟姬传》而成。这两个说法，其实不能并存。由于赵弼《效颦集》成书于明代前期，而冯梦龙的三言却是到晚明才编成的，时代的先后有明显的分别。因此，如果《拗相公》是更改《拗相公饮恨半山堂》中若干文字而成，就不可能是抄袭《钟离叟姬传》而来，而应是《拗相公饮恨半山堂》抄袭了《钟离叟姬传》；如果是《拗相公》而非《拗相公饮恨半山堂》抄袭了《钟离叟姬传》，那《拗相公》出现的时间就应该比《拗相公饮恨半山堂》为早，不可能更改后者的文字，反而是后者更改了前者的文字。如果《拗相公》对《拗相公饮恨半山堂》未做有如"故宋"改为"我宋"等文字修改，那"我宋"就应该是这篇话本所本有的，足以证明其为宋人的作品，于是这篇话本也就不可能是抄袭《钟离叟姬传》而成。推论下来，竟适足以证明《拗相公》确为宋人的作品，这或许是曾先后提出上述两种看法的学者，当时所考虑未及的。

如果细读《钟离叟姬传》的文字，并以之与《拗相公》互相比较，就会发现《钟离叟姬传》的内容颇有不合理之处。此传一开始讲到王安石在其子王雱去世之后，十分悲痛，极力请解机务，于是"以使相判江宁府，安石既退，欲居金陵"，读来令人感觉江宁府和金陵是两个不同的地方。可是在《拗相公》中，就写得比较清楚，"以使相判江宁府。……荆公想江宁乃金陵古迹之地，六朝帝王之都，江山秀丽，人物繁华，足可安居"，可以看出江宁府就是金陵。

传文接着讲，王安石"携其亲吏江居，偕僮仆数十人，驾舟由黄河泝流而往"，在给予江居等人吩咐后，"翌日，牵舟而行，凡二十余日，乃抵钟离"。这段叙述令人好奇之处至少有二，一是文中讲王安石携带僮仆达数十人之多，却没有讲他携同家眷前往金陵，但是到传末，却看到他和妻子吴国夫人的对话。其次是文中的"驾舟由黄河沂流而往"，读来似乎是说溯黄河往上游航行，亦即往西航行，而"翌日，牵舟而行"的"牵舟"则更令人感觉到由于船只在河道中航行不易，所以必须以纤夫牵挽。可是在《拗相公》中，则是这样写：王安石只带着江居与僮仆，"随家眷同行。东京至金陵都有水路，荆公不用官船，微服而行，驾一小艇由黄河沂流而下"，在王安石给予江居和僮仆吩咐之后，"自此水路无话，不觉二十余日，已到钟离地方"。很清楚地说出是携同家眷而且是驾一小船，小船容量有限，自然随行的僮仆不可能有数十人之多。又说明自"东京至金陵都有水路"，这条水路是先航行运河，往南到扬州或真州之后，再转入长江，西航至江宁府，所以后文讲"由黄河沂流而下"。这里"沂流而下"的"沂流"是"沿流"之意，"而下"则是指南下而航；增加了"而下"两字，意思就与《钟离叟妪传》的"由黄河沂流"的"沂"，可以解释为"上溯"不同。同时从汴京经运河南航，是先经汴水（或称汴河、汴渠），往南到淮北泗州之后，渡淮水至淮南楚州，另有淮南运河南行至真、扬，而汴水的水源，则是引黄河水入汴水，所以会说"由黄河沂流而下"。这段水程，除了经过河床、水位高低落差过大之处，以人力、畜力、辘轳拖曳空船过堰埭之外，不必"牵舟而行"；而堰埭的设置，则仅见于运河与淮河、长江接口的河段，包括淮北的泗州、淮南的楚州，及江北的扬州、真州等处，多设有多处堰埭，以逐次调整水位的落差。到了王安石任相的时代，淮南、淮北各河段的堰埭，多续已为有内、外两个闸门的复闸所取代，另有水澳蓄水，以调节水量，再经由两道闸门的先后开闭，使船不必依赖曳引，就可以过闸，仅余扬州运河入长江河口的瓜洲堰，要到元祐年间以后，才废堰置闸。

传文讲王安石等人抵达钟离后，继续说："公曰：'此去金陵近矣，久居舟中，俾人情思郁郁。汝曹拏舟由瓜步维扬而来，吾与江居数子自陆路而去，访濠梁庄叟故宅，聊以豁吾怀抱也。'于是舍舟，登舆而进。"王安石口中的"濠梁庄叟"，应出自《庄子·秋水》中所讲的庄子、惠施两人在濠梁上有关"鱼乐"的争辩。"濠梁"向来解释为濠水上的石梁，而濠水则在宋代淮南西路位于淮河南侧濠州的境内，濠州治所在钟离县。赵弼显然认为，王安石舍舟陆行的钟离，就是钟离县。然而濠州离有"金陵"之称的江宁府，距离颇远。一在淮河南侧，一在长江南侧，非步行数日可以抵达，那么赵弼心中的"金陵"，究竟在哪里？同时宋代自汴京经水路到江宁府，渡淮之后所经过的楚州，还有运河入长江口的真州或扬州，都在淮南东路，而非淮南西路，濠州并不在运河水路之上。可是传文也说王安石对僮仆讲"由瓜步维扬而来"，瓜步是真州运河出口长江上的小岛，维扬是扬州。这句话是说，船走扬州运河口入长江，西航至瓜步再过江，由于自瓜步过江后即江宁府，那么传文中的"金陵"，又确是指江宁府；对比传文讲王安石在钟离上岸陆行之后走了六十余里，在一村中遇到一老叟，离开此村之后再走十余里，到一村庄中，又遇到一老妪，都由于亲闻及亲睹新法深受批评，他自己深为民众所厌恶，而狼狈离开，这一叟一妪应即是此传传名所说的"钟离叟妪"。显然这两处村庄仍在钟离县中，才会以此为名，则"钟离"又确是指濠州钟离县，传文前后之间竟如此不相对应。至于王安石登岸前所说，想要"访濠梁庄叟故宅，聊以豁吾怀抱也"，在传文中竟再也没有看到相关的叙事了。

在《拗相公》中，对于王安石登岸陆行一事，是如此写的："自此水路无话，不觉二十余日，已到钟离地方。荆公原有痰火症，住在小舟多日，情怀抑郁，火症复发，思欲舍舟登陆，观看市井风景，少舒愁绪，分付管家道：'此去金陵不远，你可小心伏侍夫人、家眷，从水路由瓜步淮扬过江；我从陆路而来，约到金陵江口相会。'""淮扬"也是指扬州，王安石登陆只是要观看市井风景，而非要访濠梁庄叟故宅，那么这里的"钟离"也就不必理解为濠州钟离县，而可以理解为长江南岸的一处名为钟离的小地方，如钟离村、钟离坊之类；自然也可以出自《拗相公》作者的虚构。只是长江南岸的某处小地方，很可能是以钟离为姓氏的族人聚居的村落。事实上，宋代长江以南的州县，也确有名为钟离的村坊，至少在常州宜兴县的村坊中，就有以钟离为名的，只是宜兴县不濒临长江。若从王安石登陆后步行抵达江宁的路程看，至少走了八十余里以上，才抵达江宁城市，那么此一钟离，最有可能的是在江宁府句容县西境的濒江之处。也就是说，王安石应是从扬州运河口入江，再西航到句容县沿江一处名为钟离的地方，登岸陆行，而家眷则继续乘船航行，到瓜步之后折而向南，过江后抵达江宁府。这一条路线，恰如王安石感盼此去何时还乡的《泊船瓜洲》诗前两句"京口瓜洲一水间，钟山只隔数重山"所显示的，与他自江宁府赴京师所走的路线相合，只是方向相反。瓜洲在运河自扬州入长江之口，隔长江即是江南运河入口处的润州（京口），回首望江宁府的钟山，则只隔数重山之遥；他既已泊船瓜洲，等开航后就会入运河经扬州北上，而非先经真州港岸，再入扬州。

传文再接着王安石陆行至江宁的路途所见，在老叟家壁间、老妪家窗间、邮亭壁间三处，见到题诗。如果以传文所引这三处的题诗，和《拗相公》言述的题诗相比较，固然这些题诗都见于《拗相公》，可是传文这三处题诗的第一首，在《拗相公》中都题于他处，而非在老叟家、老妪家或邮亭；而且与《钟离叟妪传》的叙事并无直接关联，引用并无意义，而在《拗相公》中，这三首诗都很清楚地有相关的叙事。

例如在老叟家中见到有律诗两首，在引诗之后，对于第二首诗中的"强辨鹑刑非正道""自见亡儿阴受梏"两句有所说明；可是对第一首诗中的"翻思安乐窝中老，先识天津杜宇声"两句，却未著一字。而在《拗相公》中，这首诗是王安石在钟离登岸，租了骡、驴，雇了轿夫之后，看日光尚早，出街市闲逛，在庙宇壁外看见的。话本中对于上引诗中后两句，则清楚地说这是邵雍在洛阳天津桥上听见杜宇啼声后，所作的预言，并且说明"这个兆，正应在王安石身上"。

又如在老妪家中也见到有律诗两首，对于第二首诗中的"既无好语遗吴国，却有浮辞诳叶涛"两句，解释了"吴国"是其妻（吴国夫人），"叶涛"则是其友，同时说王安石对于这两句诗是"尤不解其意"。可是对于第一首诗，虽然以小字注解说明了诗中的"三不足"，却对第三、四句"苏老辨奸先有识，吕丞劾奏已前知"两句，也无所着墨。而在《拗相公》中，这首诗是在离开钟离之后，未到老叟家前，在一屋旁见到有坑厕，登厕时看到厕墙上用土灰划的诗，《钟离叟妪传》所载这首诗中的"吕丞"，在《拗相公》则作"李丞"。而且《拗相公》言及在王安石拜相后，举朝同声相庆，惟独李承之"见安石双眼多白，谓是奸邪之相，他日必乱天下"，苏老泉"见安石衣服垢敝，经月不洗面，以为不近人情，作《辨奸论》刺之"。按，李承之言王安石眼多白一事，首见于邵伯温《邵氏闻见录》卷十三，但细究所述，此一李承之其实是字诚之的李师中，其父名李纬，而非曾向王安石建免役议其后任职于三司条例司的李承之。宋中晚期著作载此事虽然

都引自《邵氏闻见录》，但是只称李承之，容易令人误解；只有
著作于淳祐年间的谢采伯《密斋笔记》述此事，才直称为李师
中。李师中言此事时，据邵伯温所记，才始仕州县，而王安石此
时担任鄞县知县，不可能以"李丞"的身份劾奏王安石，但《拗
相公》既是小说家之言，亦不必细究。而《钟离叟妪传》中写作
"吕丞"，则应是依据御史中丞吕诲弹劾王安石一事而来，然而
传中毫无解释，而且即使写作"吕丞"，与诗后的说明依然缺乏
关联。

再如在邮亭看到的三首诗，不仅第一首诗中的"白眼无端偏
固执"句缺乏充分的解释，连第二首诗全首也缺乏充分的解释，
仅有第三首诗的后两句"他日命衰时败后，人非鬼责奈愁何"，
见于诗后叙事如此的说明。当王安石抵金陵后，因忧恚成疾，和
吴国夫人、友人叶涛对话后，想起了在老妪家看到的"既无好语
遗吴国，却有浮辞诳叶涛"两句诗，于是叹道：写这两句诗的，
非鬼即神，否则怎么会知道我未来偶然之事？我受到鬼神如此的
责备，怎能久于人世？至于第一首诗中的"白眼无端偏固执"，
"白眼"一词，仅见于诗下以小字注解"李承之以安石眼多白似
王敦"来说明，而与全传的叙事毫无牵涉；"固执"一词所指为
何，则更是毫无任何说明。见于第二首诗前两句"富、韩、司马
总孤忠，恳谏良言耳过风"的相关叙事，同样未见于全传，仅看
到老叟问王安石，朝廷何以不用韩、富、司马等人为相；后两句
"只把惠卿心腹待，不知杀羿是逢蒙"，则传文所述王安石在老叟
老妪家，先后看到许多对新法及他个人的批评后，在老妪家无法
睡着，愤恨地说"吾为天下怨恶，皆惠卿误我也"，解释了"不
知杀羿是逢蒙"句，至于王安石如何将吕惠卿视为心腹，则未见
于传中。

在《拗相公》中，见于邮亭的是《钟离叟妪传》的后两首诗；至于《钟离叟妪传》的第一首，在《拗相公》中是王安石租到骡、驴，雇到轿夫之后，走出街市闲逛，在一家茶坊壁间看到的。"白眼"一词，如前所言，《拗相公》在王安石出任首相之后，就提到了李承之说他双眼多白，是奸邪之相，他日必乱天下。"固执"一词，不仅见于话本题目《拗相公》的首字，意为"执拗"的"拗"，而且在讲过王安石设计出一套新法，付之实施，又倡言三不足之说后，紧接着就说："因他性子执拗，主意一定，佛菩萨也劝他不转，人皆呼为'拗相公'。"到了讲王安石在钟离上岸陆行，当他找到了经纪人家，要租雇肩舆、骡马时，这家主人既对王安石说了"拗相公"，又说拗相公就是王安石，有一双白眼睛，恶人自有恶相，吓得王安石垂下眼皮来。把王安石的白眼和他的执拗连在一起讲，这也就是再接着王安石在茶坊见到那首诗中，"白眼无端偏固执"一句的解释。顺着故事往下看，继续可以看到用执拗来讲王安石。在老叟家中，老叟也对王安石说"王安石执拗，民间称为拗相公"。在老妪家中，则老妪以拗相公来呼叫她养的猪，并且对王安石说"民间怨恨新法，入于骨髓，畜养鸡豕，都呼为拗相公、王安石"，视为畜生。内容甚至题目，可以说是前后相关的，诗并非独立于叙事之外。

至于见于《拗相公》所述，王安石在邮亭所见到的第一首诗，讲王安石设计出一套新法来实施后，他专听一个名为吕惠卿的小人及其子王雱的朝夕商议，斥逐忠良，拒绝直谏；接着讲王安石倡为三不足之说，以及人皆呼其为拗相公，又说文彦博、韩琦许多名臣，到此也自悔失言，上表争论不听，辞官而去；到了王安石在老妪家睡不着，又想到"吾只信福建子之言，道民间甚便新法，故吾违众而行之。焉知天下怨恨至此？此皆福建子误我也！"并且说明吕惠卿是闽人，所以王安石呼为福建子。这几处叙事清楚地解释了这首诗内容，虽然没有提到司马光和富弼，但是"文彦博、韩琦许多名臣"的"许多名臣"四字，已经可以把富弼、司马光也含在其中。比起《钟离叟妪传》，《拗相公》中的这首诗，和叙事的关联显然要紧密得多。

此外，《钟离叟妪传》还有几处不同于《拗相公》的叙事，值得一提。《钟离叟妪传》讲到王安石在老叟家壁间看见两首律诗，其中第二首有"强辨鹌刑非正道，误餐鱼饵岂真情"及"自见亡儿阴受梏，始知天理报分明"等句。他俯首自思：辨鹌刑、餐鱼饵二事，很多人知道，只有亡儿阴间受梏一事，连吾妻尚且不知，怎么会写在这诗里？"亡儿阴受梏"一事，指王安石梦见其子王雱死后在阴间荷巨梏哭诉，王安石说吾妻尚且不知，原因虽不见于传中，应是由于他没有讲给妻子听。然而在《拗相公》中，讲的却是王安石告诉了妻子吴国夫人，而且吴国夫人因此事而力劝王安石急流勇退，王安石才一连上十几道表章请辞。由于《钟离叟妪传》说王安石未将此事告知妻子，所以传文一开始只是说王安石于熙宁九年（1076）十月，因王雱之死力请解机务，而未提吴国夫人在此事中的角色。这种差异，只是小说写法的不同，原不必细究，不过却也显示出《钟离叟妪传》的作者赵弼，有意要把自己此一作品，从内容上与《拗相公》区隔。在《钟离叟妪传》中，原来《拗相公》中老叟、老妪口中的"拗相公"，都改为"王安石"，也看不到《拗相公》所用的"执拗"一词。《拗相公》所述王安石在老叟家中看到的一首律诗，其中一句"执拗空遗死后名"，在《钟离叟妪传》中也改为"固执空遗死后名"，似乎是为了避免"拗"字会引起对话本《拗相公》的联想；虽然在《钟离叟妪传》中，有两首诗的诗句讲到王安石

"固执"，却没有就此多加说明，这些分别，用意应该也是为了和《拗相公》作出区隔。

同样是发生在老叟家中的事，《钟离叟妪传》改动《拗相公》中的文字，出现了改动之后令人难以理解的问题。《钟离叟妪传》如此写王安石与老叟谈话：老叟痛心于四个儿子都由于新法而死，痛骂新法与王安石，并且问王安石："王安石今何在？"王安石骗说如今在朝廷辅弼天子。老叟又再大骂：如此奸邪的人，为何还不杀掉，还让他继续做宰相？"朝廷奚为不相韩、富、司马、范、赵诸君子，而犹用此小人乎？"而在《拗相公》相对应的叙事中，这一句话作："朝廷为何不相了韩琦、富弼、司马光、吕诲、苏轼诸君子，而偏用此小人乎？"比较之下，可以发现在《拗相公》中是连姓带名写的，而在《钟离叟妪传》中，不仅只写姓而省略了名，而且把《拗相公》中的吕诲、苏轼改为范、赵两人，"范"可以说是范纯仁，"赵"则不知是何人，熙宁年间，似乎并无比较著名的赵姓旧党人物。从这一处差异可以看出，赵弼为了把《钟离叟妪传》和《拗相公》作出区隔，有意修改《拗相公》的文字，却使得《钟离叟妪传》的内容难以理解；或许他认为，当时的读者对王安石的时代，早已陌生，所以改来毫不在意。

最值得注意的是《钟离叟妪传》的结尾。传文讲王安石回到金陵之后忧恚成疾，三日不食，昏闷中和妻子吴国夫人，还有来问疾的友人叶涛，有一段对话，在这段对话之下，以小字注明是出自《本传》《实录》。过了一个月，王安石病重，以呓语对人，自己骂自己说："我上负于君，下负于民，罪固不容诛也。九泉之下，何面目见唐子方诸公乎？"讲完之后，吐血数升而卒，死时是元丰七年（1084）夏四月。而在《拗相公》中则是这样写：

王安石回到金陵之后，每日在半山堂中看经念佛，终日忧愤，不能饮食，病了一年多，已经骨瘦如柴，奄奄待尽，然后是吴国夫人、叶涛和他之间的对话。最后讲：不几日，因病重而发呓语，以手批颊，骂自己，同样是说自己"上负天子，下负百姓，罪不容诛"，"何面目见唐子方诸公乎"？一连骂了三日，呕血数升而死。然后解释说："那唐子方名介，乃是宋朝一个直臣，苦谏新法不便，安石不听，也是呕血而死的。"接着比较唐介和王安石，认为两人"一般样死"，而唐介"比王安石死得有名声"。《拗相公》既未在王安石和吴国夫人、叶涛的谈话下，注明是出自《本传》《实录》，最后也没有说王安石死的日期。

两者对照之后，有几点可以讨论。第一，《钟离叟妪传》在王安石和吴国夫人、叶涛对话之后，注明是出自《本传》《实录》，而《拗相公》没有如此注明。《钟离叟妪传》作者赵弼之意，似乎是告诉人说：我写这些确有所本，并不是从他人作品中抄来的。然而翻查南宋杜大珪编《名臣碑传琬琰集》所收《实录》中的《王荆公安石传》，未见此事的记载。因此，赵弼这样写，并非他真正看过宋代的《实录》，只是借之以强调自己所言有据；不过他应该确曾看过此事较早的资料来源。王安石与吴国夫人、叶涛的对话，见于朱熹编《三朝名臣言行录》的"丞相荆国王文公"部分，并注明出自《荆公语录》。朱熹的著作，在朱学盛行的时代，为应举的考生所必读，南宋末年的《拗相公》作者、明代前期的赵弼，都有可能看过《三朝名臣言行录》中的这条资料，不过在两人作品中，讲法都与《三朝名臣言行录》所述不全相同。《三朝名臣言行录》说后来"公疾瘳"，亦即王安石病愈，而两人的作品都说此后不久王安石即去世。《拗相公》既已先引用了此事，赵弼为了与《拗相公》区隔，于是一方面在此事之下以小字注明出自《本传》《实录》，另一方面则依据《三朝名臣言行录》述此事发生在元丰七年春，在《钟离叟妪传》末尾说王安石"死时元丰七年夏四月也"。不过这样一来，却是欲盖弥彰，一来宋代《实录》中的王安石传，未述此事；二来王安石死于元祐元年（1086）四月，并非元丰七年四月，如果真的看过宋代《实录》中的王安石传，怎么可能发生此一错误？而且传文一开始，就讲王安石于熙宁九年十月请解机务，以使相出判江宁府，这是一个正确的日期，何以到结尾讲王安石去世的日期却有误？

第二，据《钟离叟妪传》的传文，王安石罢相在熙宁九年十月，去世在元丰七年四月，其间有七年半之久；而传文又讲，王安石获任命为判江宁府后，即乘船往金陵，船行二十余日后，在距金陵甚近的钟离登岸陆行，走了六十余里到老叟所住的村落，当晚未宿即离开，又走了十余里到老妪所住的村落，同样未宿即离开，到清晨走到一邮亭早炊，不待炊熟即离去，并程而至金陵，抵达金陵之后即罹疾，三日不食，然后再一个月即去世。这期间大概不过两个月，与传文所说的出判江宁府在熙宁九年十月，去世在元丰七年四月，相距达七年半之久，全无对应，应如何解释？而在《拗相公》中，既未提王安石罢相出判江宁府的时间，亦未提其去世的时间，自然对其行程及其自罹病至去世的时程，要如何写都没有问题。

第三，《钟离叟妪传》讲王安石临终前，见人就发呓语骂自己，说九泉之下，有何面目见唐子方？说完之后，吐血数升而死。可是唐子方是何人，何以说自己死后以何面目见此人，却没有说明；而在《拗相公》中，对同样的话却有清楚的解释。对照之下，显然这又是《钟离叟妪传》的另一叙事不够清楚之处。

517

综合上述对《钟离叟妪传》的讨论，可以认为，并非《拗相公》抄袭《钟离叟妪传》，而是《钟离叟妪传》以《拗相公》为蓝本，在内容上加以删节、增加、挪移、合并、更改而成，并且因此而出现了许多不清楚、不合理、无法对应以至于难以理解之处，稍为用心，不难看出来。不仅《拗相公》没有抄袭《钟离叟妪传》，收录于《警世通言》中的《拗相公饮恨半山堂》也没有抄袭《钟离叟妪传》；《拗相公饮恨半山堂》同样以《拗相公》为本，却比《钟离叟妪传》忠实得多，只做了诸如将"我宋"改为"故宋"这类文字上的更改，以表示这是过去的故事，故事内容没有任何改变。

《拗相公》既未更改《拗相公饮恨半山堂》中的文字，也非抄袭《钟离叟妪传》而来，而是南宋的作品，那么究竟是作于南宋的哪一年代？上述1940年代学者根据话本中的"庆元府鄞县"，推论是在庆元年间以后，只是一个最上限；依据王安石谶言在南宋晚期盛传的时间，推论是在绍定或端平以后，可以说是次上限；在最上限和次上限之下，是否还能够探索出更为接近创作年代的时间？对于这个问题，或许可以做试探性的推论。在《拗相公》中，篇首诗中的"临潼会上胆气消"所显示出的"临潼斗宝"故事，虽然可找到许衡在元朝至元八、九年（1271—1272），亦即南宋的咸淳七、八年（1247—1248），在上课讲义中就已经存在，却未能得知此一故事已经存在多久，于何时传到南宋来，因此无法作为推论的立足点。此一立足点只能另寻。

适合作为推论《拗相公》创作年代立足点的，可能有两处。一是在讲到王安石拜为首相之后，"李承之见安石双眼多白，谓是奸邪之相，他日必乱天下"。前已言及，李承之言眼白一事，最早见于南宋初年邵伯温的《邵氏闻见录》，而邵氏所记的李承之，实为字诚之的李师中，其父为李纬，"李承之"其实应作"李诚之"；然而在《拗相公》中，仍然沿用"李承之"一名。或许《拗相公》的作者，相关的知识并非直接来自《邵氏闻见录》，而是来自南宋晚期祝穆《事文类聚》、谢维新《事类备要》等著作。这两种书，前者的"眼多白"条，后者的"眼似王敦"条，都述"李承之"于仁宗时指出知鄞县王安石眼多白一事，而注明是引用自邵伯温《邵氏闻见录》，但两种书均未据《邵氏闻见录》说明此一李承之为李纬之子。这两种书，都分类、分条、列举事实，以供参考，有供举子准备科举考试的作用，在当时应流传颇广。《事文类聚》有淳祐六年（1246）序，《事类备要》有宝祐五年（1257）序，亦即两书应分别在淳祐六年、宝祐五年已经完成；由于这类书籍有市场的需要，有时甚至是应书商之邀而编，因此应在书成之后不久就会刊行销售。如果《拗相公》作者的相关知识是来自这两书中的一种，那么《拗相公》的可能著作年代，就应该在淳祐六年或宝祐五年之后。

另一个可能的立足点，是王安石在钟离上岸，租了骡、驴，雇了轿夫之后到街市闲行，在庙宇壁上见到一首诗的最后两句："番（翻）思安乐窝中老，先识天津杜宇声"。前句读来颇似刘克庄诗《记颜二首》第二首中的"窝中老康节"，后句读来同样类似刘克庄诗《题四贤象》（按："象"应作"像"）第四首"邵康节"中的"前知杜宇声"；前后两句合起来则意思有如刘克庄《记颜》的最后一句"天津桥上皱眉人"。这几首诗依作诗时序，是《题四贤像》作于淳祐十一年（1251）冬至次年春之间，《记颜二首》作于宝祐五年冬，《记颜》作于咸淳元年（1265）春、夏之间。刘克庄的诗文，在生前已分前、后、续、新四集出版，其中新集的作品，半出于目眚之后。据刘克庄作于宝祐四年

（1256）的《揽镜六言三首》的第三首，可知已有看不清楚书中小字的情形，这时应是左目已眚，至于右目亦苦赤障，则要到咸淳三年（1267）。那么至少《记颜二首》和《记颜》都收于其新集中，依《后村先生大全集》所收《诗话·新集》后，编者对于《诗话》前、后、续、新四集写成时间的说明来看，《诗话·新集》是咸淳四年（1268）五月夏间所成，而刘克庄在次年正月末去世，那么刘克庄诗文新集的刊行，应在其去世之前不久。

如果《拗相公》中"番（翻）思安乐窝中老，先识天津杜宇声"这两句诗，确是作者受刘克庄诗的启发而写出，那么《拗相公》的创作时间，就有两个可能：一个是要等到新集出版之后，这两诗因新集的流传而为人所知，时间或许要到咸淳五年正月以后；另一个可能，则是刘克庄的《记颜二首》和《记颜》，在他写成之后，已经从看过的友人那里流传出去，这就不必等待新集刊行，不过也是写作《记颜》的咸淳元年春、夏以后的事了。

第十五讲

《宣和遗事》创作年代的再思考

　　《拗相公》由于1910年代才现身的《京本通俗小说》，而牵涉到真伪的问题，《宣和遗事》虽然没有这类问题，却有好几种不同的版本。学者据以讨论的版本来源，主要有三：一是明代金陵王氏洛川重刊，分元、亨、利、贞四集的《新刊大宋宣和遗事》，涵芬楼曾于1914年排印；一是清代黄丕烈的《士礼居丛书》中，分前、后两集，重刊宋本的《新编宣和遗事》；一是清代吴郡修绠山房悉照宋本重刻，分一、二、三、四卷的《新镌平话宣和遗事》。三种版本之中，又以使用前两种者为多，尤其是第一种。使用版本虽有不同，但学者所提质疑则颇相重复，因而以下的讨论，虽使用士礼居丛书本《宣和遗事》，但讨论问题的来源，则兼及使用不同版本的作品。

　　学界以往对于《宣和遗事》为宋人作品所提出的质疑，包含三种不同的看法：一是并非宋人之作，而是元人的作品；二是并非纯为宋人之作，而是经过元人增益；三是不仅有宋代话本的渊源，也有金代话本渊源，可是经过元人的重编。

　　以下将相关质疑，归纳为几大类，加以讨论。第一，若干词语未见宋代使用，或极少使用，到元代才较常见。第二，《宣和遗事》内容所引据书籍，有些是否非宋人所能见到？第三，《宣和遗事》中，是否没有对皇帝的御名避讳？第四，《宣和遗事》的一些话，如讲朝廷"失政"，暗喻或直说皇帝"荒淫"等，是否必然触犯宋代朝廷的忌讳？第五，"卜都之地一汴、二杭、三闽、四广"的说法，是否在宋亡之后才可能出现？第六，《宣和遗事》篇首诗中次句，"闲把遗编阅古今"中的"遗编"一词，应如何解释？以上所讨论的问题，其中有些已有学者对于原有的质疑提出了不同的看法，但是仍可补充。

第一，若干词语未见宋代使用，或极少使用，到元代才较常见。这类词语，包括"南儒""省元""平章""上厅行首"等，其中"南儒""省元"两词，在明代已由胡应麟在其《少室山房笔丛》中提出，到1920年代学界对于话本的讨论兴起后，仍然沿用；至于"平章""上厅行首"二词，则初见于1920年代学者对于《宣和遗事》的讨论。

（一）南儒。《宣和遗事》中两处引"南儒"的诗，分别是指南、北宋之际刘子翚和南宋晚期的刘克庄。由于"南儒"一词始见于元代的使用，《宣和遗事》为宋人之作的说法，因此受到质疑；到了后来，也有学者认为，"南儒"之称出自金人，理由是金人例称南宋为南朝、南家、南人或南方，到元朝则已混一天下，不当有"南儒"之称。

按之史籍，"南儒"一词首见于元朝建立以前不久，当时尚是蒙哥汗在位，但是自北宋以来，亦已有"江南儒士""东南儒宗"等称呼，这类称呼到南宋依然可见，例如"东南儒者"一词，即见于方大琮的文集中。《宣和遗事》中的"南儒"一词，究竟是"江南儒士""东南儒者"的节略，或是直接采用自元人的用语，无法确知；即使是直接采自元人用语，此一用语应也在南宋灭亡之前传入南宋。苏天爵《元朝名臣事略》卷七载廉希宪事迹，己未年（宋开庆元年，1259），蒙哥汗正驻跸合州，忽必烈已渡长江，取鄂州，廉希宪引儒生数百人，拜伏军门，向忽必烈上言，"今王师一举渡江，宜令军中应俘获南儒，并以官钱遣还家，以广异恩"，获得接受，遣还者共五百余人。廉希宪既在数百名儒生面前，向忽必烈提出建议并获得同意，经过他向儒生们的转达，"南儒"一词就很可能会随着这些儒生的返家而传播开来，并且为众所知。

至于"南儒"一词出自金人之说，则显然并非事实。不仅在现存金朝文籍、南宋与金来往的记述，以及元人所修的《金史》中，未能见到此一词语，而且这位学者主张此说的理由，也难以让人信服。"南朝""南家""南人""南方"等词，固然是金对宋所用的称呼，但是这几个词语，除"南朝"外，并非仅使用于南北分裂时期对峙的两国间。

以"南人"为例，北宋中期人江休复的《嘉祐杂志》，记载了寇准的一则轶事。寇准讨厌南人轻巧，任枢密使时，一次殿试之后，原本萧贯当作状元，寇准进言说："南方下国，不宜冠多士。"于是以蔡齐为状元。事后对人说："又与中原夺得一状元。"这时宋已统一南方多年，仍然视南方为下国。南宋时李焘把这件事写入了《续资治通鉴长编》，这一榜是大中祥符八年（1015）榜，萧贯是江南西路临江军新喻县人，蔡齐是京东东路莱州胶水县人。到了南宋，陆游在《论选用西北士大夫札子》中言及从北宋到当时朝廷用人的地域问题，指出在北宋天圣以前，选用人才多用北人，南方士大夫沉抑者多；这种弊病在宋仁宗时得到纠正，改为兼收博采，无南北之异，一时名臣如范仲淹、欧阳修、蔡襄、杜衍、余靖都是起于南方。到了绍圣、崇宁年间，取南人更多，而北方士大夫反而有沉抑之叹，陈瓘看出其中弊端，以至于在建言中强调"重南轻北，分裂有萌"。接着陆游论及当时的情形，他指出，如今虽然中原未复，可是往日衣冠南渡者多，其中应有人才可用，而朝廷班列之中，北人鲜少，难以称为示天下以广之道。他建议皇上要求大臣、近臣，各举出身北方诸地的遗才，试而后用，上遵仁宗用人之法，下慰遗民思旧之心。陆游虽然处在宋、金南北对峙的时期，但是这道奏疏中的南人、北人，却都指的是宋人，而留在北方的民众，如今在金统治之下，则是宋的遗民；他看南人、北人之分，仍然用以往北宋统一时的态度。比陆游更进一步的，是南宋中期韩淲的一首诗："太湖渺渺浸苏台，云白天青万里开。莫道吴中非乐土，南人多是北人来。"在这首诗里，因靖康之难南移的北人，此时已融合为南人了，尽管不同于陆游仍然分别南人、北人，但是他的基本态度无异，是以北宋统一时的状态来看北人、南人，而非视之为宋、金两国对于对方的称呼。

回到"南儒"一词，此词初见于忽必烈攻克鄂州时，廉希宪上言所用，指的是南宋的儒生，当时正是南北对峙的时期；但是元朝灭亡南宋，统一南北之后，"南儒"一词仍然保留下来，成为专指过去南宋统治境域内儒士的词语。例如《延祐四明志》卷五《人物考》载在开庆元年曾任知封州的谢昌元，其子谢大椿也在这一年从四川资州挈家往东南，乘船经过鄂州，为蒙古兵所俘，忽必烈知其为蜀士子，十分爱重，要他给事殿中；到至元十四年（1277）灭宋，命谢大椿传达给谢昌元，要他入朝，"上深器之，呼为南儒，预议中书省事"，其后又出任礼部尚书。后来谢昌元告老归其寄居地鄞县，去世后，袁桷有诗哀挽，第二首中有句"散号南儒贵"，句下注说明"自号为敕赐南儒"。此外，据《元史·百官志二》载，御史台所辖察院的监察御史，在至元二十二年（1285），"参用南儒二人"。上述主张"南儒"一词出自金人的学者，认为元代至治年间（1321—1323）新刊的《全相平话五种》，其中《秦併六国平话》（《秦始皇传》）卷下载有"南儒"章碣咏史诗，此一"南儒"亦出自金人。章碣虽是唐末人，但其籍桐庐即南宋境内的严州（建德府），元代至治年间刊行的平话集称其"南儒"，其实应该是元代统一之后，"南儒"一词仍然继续使用的一个例子，视此一词语出自金人并不合理。尽管在元朝统一南北之后，仍然可以看到"南儒"一词的使用，但这不表示《宣和遗事》作于元代的说法能够获得支持，其理由已如前述。

（二）省元。《宣和遗事》前集末尾引用了"吕省元"的《宣和讲篇》这一段话，原本见于吕中的《大事记讲义》。自明代胡应麟以来，认为"省元"一词到元代才能见到的说法，到后来已受到学者的更正，指出在宋代已称省试的榜首为省元。不过"省元"一词，在宋代还有另一意义，是用来作为对士人的敬称，这种用法，大约要到南宋时期才普遍。黄震在他颁布的《词诉约束》中规定词诉的先后次第，最先点唤的是士人，并且要求听吏人"不得单呼士人姓名，须称某人省元"（《黄氏日抄》卷七十八）。在黄震知抚州时所发布的《委周知县发廪第二榜》中，以临川县居民查监税，陈省元、李省元为灾荒中仍然平价粜米的范例，要求那些闭廪索价的富有人家依仿出粜，这陈省元、李省元就是士人之家，并非真正曾在省试中取得过榜首。这种用法，并非南宋末年才有，至晚在南宋中晚期的文集中，就可以看到。

例如朱熹的文集中，接连有两封给丁宾臣的信，第一封信称对方为"丁君省元老友",第二封则说,来信表示"富贵利达,莫非天命,轩冕傥来,似未可必",这位朱熹称之为"省元"的友人,显然是未有功名的士人。孙应时的文集中,也有一封给池子文的信,称对方为"子文省元仁友",信中启诲读书的方向:"且须尽屏置功名荣辱之念,只取《语》、《孟》、六经随意玩味,不须耽泥思索,兼看康节、渊明诗,亦可求《素问》一观,待体健后,科举付之游戏。若合得时,亦自会得也。"这位孙应时称之为"省元"的友人,也显然是未有功名的士人。由于自北宋嘉祐二年(1057)以来,已有殿试不黜落之制,考生除非在殿试的试卷中,犯有特殊的疵谬,否则既已通过省试,殿试必定会上榜;如果真正是曾取得省试的榜首,那就会因为通过殿试而获授官职,可以称其官衔,也就不必称之为"陈省元""李省元"或"省元老友"。那么"吕省元"的"省元",究竟是哪一种省元?

称吕中为"省元",其实是出于刊刻此书的书商,为了向应试考生推销此书而来。《大事记讲义》书首称"黄甲省元肇庆府学教授温陵吕中讲义,省元国学前进士三山缪烈、兰皋蔡柄编校",称著作此一讲义的吕中为"黄甲省元",称编校此书的缪烈、蔡柄为"省元国学前进士"。"黄甲"指登第榜单以黄纸依顺序榜示甲、乙、丙、丁、戊五科,亦即自第一甲至第五甲,所以称为黄甲,这里也就是指吕中登第,"肇庆府学教授"则是其登第后所任官职,"温陵"是泉州的别称,吕中是泉州晋江县人。至于编校者缪烈、蔡柄称"省元国学前进士",则两人显然是未能登第的士人,所谓"前进士",是指曾获荐送参加省试,却未能考取,也就无法参加殿试,不可能取得进士及第或进士出身。由于书首称吕中为"黄甲省元肇庆府学教授",他应已登科,才能出任肇庆府学教授，但是他是否在考试过程中，确如"省元"所示，曾取得省试的榜首，而且此书确为他任肇庆府学教授教学时的讲义？也就是说，"省元"之称，是否可以说明他著作《大事记讲义》时，已曾登科并在省试中考得榜首？

宋代文籍未见吕中登第的记载，但是清代收录吕中此一著作的书目，多称吕中是晋江人，淳祐七年（1247）廷对第六人，"廷对"意即殿试。吕中的登科资料，见于明清地方志的记载。明代刊于弘治年间的《八闽通志》，载有泉州历榜登科名录，泉州在宋代淳祐七年榜有吕中，另有《吕中小传》，称其淳祐中第进士，但都没有提到他是当年的廷对第六人，也没有提到他是省元。《万历泉州府志》也有宋代历榜登科名录，同样在淳祐七年榜有吕中，也另有《吕中小传》，记载他是当年廷对第六人，但是没有提到他是省元。吕中是淳祐七年的省元，见于清代《乾隆泉州府志》记载明代泉州府学的部分，在叙述了明代嘉靖三年（1524）知府高越对于泉州府学内外大事兴修之后，引录了史于光为此事所作的记文，文中叙述高越在兴修工程完成后的喜悦之言后，引述宋代的事例说："嘉定癸未（嘉定十六年，1223），守宋钧一大修之，越年，王冑省元，又越年，登进士者二十二人。淳祐丁未（淳祐七年），守陈大猷又大修之，其年吕中省魁，越年，登进士者十九人。""省魁"亦即"省元"。吕中为淳祐七年省元一事，虽见于清代方志，但史于光之文应成于明代嘉靖三年高越大事兴修泉州府学之时，时间比《万历泉州府志》的修纂时间还要早，由于史于光曾协助高越主持修纂《嘉靖泉州府志》，见于《乾隆泉州府志》的此文，很有可能是转录自《嘉靖泉州府志》。宋代地方官学多立有历榜进士题名碑刻，只要不受破坏，很可能到明代仍然保存，晚宋、元代编修的地方志，如

《淳祐清源志》《清源续志》等，也很可能流传到明代依旧可见；而史于光又曾参与修纂《嘉靖泉州府志》，对于泉州过往的事迹，应颇为熟悉，因此见于明清地方志中的吕中登科事迹，应有其根据。

但是吕中编写《皇朝大事记讲义》，实际上不在他登科后担任肇庆府学教授时，而是早在嘉熙年间以前。《皇朝大事记讲义》书前有前兴国军学教授刘实甫于淳祐丁未（七年）上元前一日写的序，全序见于文渊阁四库全书本《大事记讲义》书前，又见于张金吾《爱日精庐藏书志》所引录。序文说，他游太学时，有同舍生交授此书给他，如今他应书肆刻梓之请，写了这一篇序。刘实甫就读太学，时间应在端平末、嘉熙初。嘉熙元年（1237），行都大火，延烧居民五十三万家，朝廷官员及行都各官学生员都上书，指灾变是济王冤案所致，官员中只有殿中侍御史蒋岘立异，于是太学、武学生刘实甫等二百人相率上书指斥，蒋岘因此而罢言职。如果刘实甫确实于端平末、嘉熙初就读太学，那么当时已有《皇朝大事记讲义》在流通，吕中编著此书自然更早。从嘉熙元年到淳祐七年，时间已有十年之久，淳祐七年书商的重编刊行，应非此书首度刊版。《爱日精庐藏书志》在刘实甫序之后，又引录了淳祐七年刊本的书商刊记，说此书"场屋中用之，如庖丁解牛，不劳余刃。昨已刊行，取信于天下学者有年矣"，由于旧版漫漶，有妨披览，于是重加整顿，"正其差舛，补其疏略，命工绣梓，整然一新"。或许可以推知，刘实甫从同舍生那里得到的《大事记讲义》可能是抄本，在嘉熙初年以前已曾流通，但流通不广，刘实甫取得后，交给书商印行，于是有刊本流通。到淳祐七年，由于销路甚佳，原刻版经一再印制，有旧版漫漶而妨碍披览的情形，书商拟将原抄本再加编校重刊；刘实甫于淳祐四年（1244）登第，出任兴国军学教授，这时刚好一任届满，返回都城等待下一任的任命，书商于是请其为重刊本写序。所以刊记才会说此书"昨已刊行，取信于天下学者有年矣"，而刘实甫在序后的署名则是迪功郎前兴国军学教授。

刘实甫为此书写序的时间，是淳祐七年上元前一日，亦即元宵节前一天，这时省试应尚未举行；可是等编校完成之后，不仅省试，连殿试都已放榜，吕中先登省试榜首，继而又以高第登科，出任肇庆府学教授，书商于是在书首称此书为"黄甲省元肇庆府学教授温陵吕中讲义"，在刊记中也称此书为"吕府教"的讲义。书商如此称呼吕中，是借重吕中在科举考试中的显眼表现，而又具备官学教授的身份，来向有志应考的众多考生推销此书；实际上，吕中编著此书，用之为教材时，早在他登科的十年以前，身份仍是士人，教学场所亦未必是在官学。回头再看《宣和遗事》称吕中为"吕省元"，而非称之为"吕府教"，此一"吕省元"的"省元"，应如朱熹称丁宾臣为"丁君省元老友"、孙应时称池子文为"子文省元仁友"的"省元"一样，是对士人的敬称，而非指省试的榜首。

（三）平章。《宣和遗事》称宋徽宗的宠臣高俅为"高平章"，又称之为"平章相国"，学者认为，除了宋末人常称贾似道为贾平章之外，其他人如此称呼极为少见，而元朝人称呼宰相为平章者最多，透露了《宣和遗事》是元人的著作。到后来已另有学者指出，"平章"一词可能只是对当时有权势者的胡乱推崇，不必太过认真追究。细加探索，两说都仍待再论。

究之宋代文籍，获称为"平章"的南宋晚期高官至少有四人，依时间序为乔行简、贾似道、王爚、陈宜中，其中以贾似道相关记载最多，为人所知。

乔行简于端平二年（1235）六月出任右丞相，次年十一月出任左丞相，嘉熙三年（1239）正月出任平章军国重事，至次年九月罢；获授平章军国重事是用元祐年间文彦博故事，用意在于尊老，并未掌有实权。宋代文籍中称之为乔平章的，虽不如贾平章之多，但是也将近有十条，例如程泌《洺水集》即载有《金华仙伯赋》，题下注明"寿乔平章"，程公许《沧洲尘缶编》也有《寿乔平章三首》，又如张端义《贵耳集》、俞文豹《吹剑录·外集》都记有乔平章的轶事。王爚与陈宜中都仅有一条资料。

王爚于咸淳十年（1274）十一月出任左丞相，当时贾似道尚在平章军国重事之位，王爚并未阿附。至德祐元年（1275）二月，贾似道提议迁都，王爚则主张坚跸，议论未决，王爚求罢，未获允许而径去；次月，殿前都指挥使韩震又重提贾似道之议，而为知枢密院事陈宜中所杀。贾似道随后罢平章军国重事，奉祠，王爚于同年三月返任左丞相，至四月（或说六月）迁平章军国重事。由于与右丞相陈宜中不协，陈宜中于七月弃位径去，王爚亦随后罢位奉祠，于同年去世。

陈宜中在王爚罢后，经召还于同年十月任右丞相，这时的左丞相是留梦炎，但留梦炎于次月遁走，经多次遣使召还不至，陈宜中也在次年正月元军至临安城外，宋遣使往奉上传国玺并降表时遁走。三月，元军入临安。五月，宋端宗立于福州，改元景炎，陈宜中再出任左丞相，随端宗入海至广州东莞县海上的碙洲，入占城不返。陈宜中前后三次任相，但始终未出任平章军国重事。称王爚为"王平章"，见陈著《本堂集》的《挽少保王平章（爚）二首》。陈宜中官位最高至左丞相，未出任平章军国重事，但宋元之际的刘辰翁，在其《须溪集》中，有一阕词调寄《水调歌头》，注明"陈平章即席赋"。刘辰翁没有说明"陈平章"

就是陈宜中，但刘辰翁曾于陈宜中任丞相时，因其荐而获任命为史馆检阅，推辞之后又获任命为太学博士，与其必然熟悉，此词当作于德祐元年陈宜中第一次任相时。宋亡之后，"万里死节，辰翁驰哭之。壬午（按：至元十九年，1282），归托方外以自诡"（余之祯《万历吉安府志》卷十八《列传一·刘辰翁》），因而此一"陈平章"不可能是元朝的平章。尽管陈宜中只曾担任左、右丞相，没有做过平章军国重事，但是南宋乾道八年（1172）以后的左、右丞相官名，原本就是由宋初的同中书门下平章事经元丰改制，再经南、北宋之间的几次调整，逐次演变而来的。宋代宰相的官名中，最先是有"平章"二字的，而且在乾道八年前一阶段的建炎三年（1129）以后，也曾一度恢复以同中书门下平章事为宰相。因此，称呼陈宜中为陈平章，并非全无依据。由此看来，以"平章"称呼宰相带"平章军国重事"衔者，或未有此衔而居丞相之位者，在南宋后期虽仅四人，但不仅不能说是罕见，而且可以说明这一种风气已经形成。

《宣和遗事》中称呼高俅为"高平章""平章相国"，用的是南宋晚期流行的称呼，这样的称呼在北宋末年尚未兴起；如此称呼高俅，并非由于高俅曾任宰相，而应为以其官位比类于宰相。高俅原为士大夫的小史（缮写的书手），当宋徽宗尚是端王，因缘机会，陪侍蹴鞠（踢球），以善于对蹴，而为端王所留，日见亲信。徽宗即位之后，高俅以宠臣的身份，升迁快速，遍历三衙（殿前司、侍卫亲军马军司、侍卫步军司，主管全国禁军），升迁至殿前都指挥使，即殿前司的最高长官。政和七年（1117）正月，高俅以殿前都指挥使为太尉。太尉自政和二年（1112）以后为武阶之首，位居正一品。宣和四年（1122）四月，又加高俅开府仪同三司，并依前奉国军节度使兼领殿前都指挥使。开府仪同三司即元丰改制前的使相，所谓使相，是指亲王、枢密使、留守、节度使兼中书令、门下侍中、同平章事者。使相不预政事，在皇帝敕命之后不署名，只有在皇帝亲颁的重要人事除授敕命之后，以使相之衔签署。高俅有节度使衔，由于得到徽宗宠幸的关系，而得以兼中书令、门下侍中、同平章事等宰相衔，无异比类其为宰相。他从宣和四年开始带有开府仪同三司的荣衔，说明《宣和遗事》以"平章""平章相国"来称呼高俅，并非只是对有权势者的胡乱恭维，而是有其依据。

至于元代有"平章"之称者较多，一方面固然是承袭南宋晚期的风气而扩大，另一方面也另有其原因。元代的"平章"，官名称作平章政事，也称作平章。宋代的同平章事、左右仆射、太宰与少宰那样，居于宰相之任，是政务机构的最高首长。而平章军国事及平章军国重事则位居宰相之上，有时可以说是名誉宰相，如北宋的文彦博、南宋的乔行简；有时可以说是太上宰相，掌握比宰相更大的权力，如南宋的韩侂胄曾任平章军国事、贾似道任平章军国重事，都握有朝政的实际决策权，实权不在丞相手中。至于元代的平章，则只是中央政务机构中书省（有时是尚书省）及各行省政务机构行中书省的副长官，不论中央或地方，政务机构的最高长官都称为丞相。中书省右丞相、左丞相各一员，但少时只有一员，多时曾设过五员，平章政事四员，但少时也曾设过一员，多时曾设过六员；行中书省丞相一员，平章二员，元代除腹里（山东西、河北之地）由中书省直接统领之外，在东北、华北、华南共分十个行省，另外有征东行省在朝鲜半岛。在这样的情况下，曾担任平章者颇多，其中以蒙古人为主，不过也有汉人。如果不清楚元代的"平章"和宋代的"平章"有别，这种情形给人的印象就是称呼宰相为平章的唯有元朝人最多，实际上元朝的"平章"并非宰相。总之，称呼高俅为"平章"或"平章相国"，不能用为《宣和遗事》为元人所作的依据。

（四）上厅行首。《宣和遗事》称宋徽宗时的汴京名妓李师师为"京师上停行首"，学者指出元杂剧中有"上厅行首"一词，又有《刘行首》杂剧，剧名就有"行首"，而此一称呼乐妓的名称不见于宋代，可以推想这是元人的作品；并且认为，《宣和遗事》中的"上停行首"应是"上厅行首"之误。从"上停行首"一词，可以看出这位学者所用的是明代金陵王氏洛川重刊《大宋宣和遗事》，可是在士礼居丛书本《宣和遗事》中，此词作"上亭行首"，应以后者为正确。尽管已有学者指出，"行首"一词已见于宋代，却未讨论到"上厅行首"。至于"上厅行首"一词是否在宋代尚未出现，"上亭行首"是否和"上停行首"相同，是"上厅行首"之误，也都未见有学者究察，这些问题，都可以再加讨论。

宋代文献中的"行首""行头"或"行老"，并非只用于乐妓此一行，而为各行各业所同有。这类行首，可以说就是某一行业的为首者或代表人，对外代表本行各户，对官府或外界从事交涉，对内则决定本行相关事务或解决行内需要，即使是乞丐，也有丐首。孟元老《东京梦华录》讲到北宋晚期的汴京城，如果需要"雇觅人力、干当人、酒食作匠之类，各有行老供雇"。吴自牧《梦粱录》则提到南宋晚期临安城内外的米铺，"每户专凭行头于米市做价，径发米到各铺出粜"，这是讲米铺行头代表临安城内外各米铺，和米市中大概是从事批发业的米商议定价格，再由米商直接发米到各米铺，约定日子向米铺收款，而米铺发售给消费者时，售价可能就会加上自己认为应得的利润。乐妓此行也有这类行首，例如朱熹担任浙东常平公事时，在弹劾知台州唐仲友的奏疏中讲到：台州乐妓的衣服，都是由主管什物库的陆侃，支公使库钱，到唐仲友家人在婺州开的彩帛铺购买衣料与染料，染色好后，分给四十余名妓弟，包括都行首严蕊、副行首若干人及其余妓弟，都分得到。既称为都行首、副行首，则她们应是乐妓中的行头。

不过乐妓此行中的行首，也另有一种意义。朱彧著于北宋晚期的《萍洲可谈》，对于娼妓的古今之变，有这样的说明："倡妇，州郡隶狱官，以伴女囚。近世择姿容（按：疑应作"择好姿容"），习歌舞，迎送使客侍宴，好（按："好"字疑衍）谓之弟子，其魁谓之行首。"在这段话中，"行首"的意思，就是姿容、歌舞均为众之魁首的弟子（妓女），扼要地讲，就是色艺过人。署名为陈鹄的南宋中期著作《耆旧续闻》，记载了张商英的一则轶事：章惇任宰相时，喜欢诟骂士人，常对众人说：如今士人有如人家婢子，才出外求食，个个要作行首。张商英（字天觉）在旁边说："如商英者，莫做得一个角妓否？"在这里，行首是和角妓对举的，行首就是角妓，亦即才貌出众的乐妓，在乐妓行中足占魁首。刘克庄在其《诗话·前集》讲到李师师时，也以角妓来形容她。"角妓"的"角"字，含义有如"头角峥嵘""崭露头角"的"角"，是"上""极"的意思，也就是前引《萍洲可谈》中，"其魁谓之行首"的"魁"。"魁"者居首，如各级科举考试中，榜的首名，可以称之为榜魁，也可以称之为榜首。

元杂剧中的"上厅行首"，其意义应如同"角妓"。"行首"前加上"上厅"两字，是强调之词。宋代士大夫或士人聚宴时，会召唤乐妓来参加，在酒宴中奉酒、劝酒，或表演歌舞，"厅"指宴会所在的厅堂。由于士大夫或士人的聚宴，有时固然是在室内的厅堂，但有时也会在室外的园亭，这类聚宴园亭的例子，在宋人诗词中颇有一些，其中有些还提到歌或舞，很可能就是乐妓在席前的表演。所以《宣和遗事》中的"上亭行首"其意义就有如元杂剧中的"上厅行首"，并非错字；而《大宋宣和遗事》中的"上停行首"，则是"上亭行首"之误。

用"上厅"一词和乐妓连在一起讲，其实在宋代已经可以看到。上引《萍洲可谈》讲到的行首，色艺过人，地方政府在迎送来往使客时，召唤来侍宴，这已经隐含有"上厅"的意思在，只是没有用文词来表达。类似的用法，又见于元初吴自牧《梦粱录》述南宋晚期临安的官府公筵及三学斋会、缙绅同年会、乡会，"皆官差诸库（酒库）角妓祗直"，这同样隐含有"上厅"的意思，而差派到这些餐会服务的则是"角妓"。

清楚用到"上厅"一词来讲妓女的，是南宋晚期的刘克庄，他有一阕"和诚斋（杨万里）休致韵"的《念奴娇》词，其中有这样几句："苍妓上厅，老僧封院，得似樗庵叟。""休致"即致仕，这阕词应作于刘克庄致仕之年，即景定五年（1264），这年他已七十八岁。"樗庵叟"就是刘克庄自己，"樗庵"是刘克庄晚年的自号。他曾在淳祐十一年（1251），请求宋理宗赐宸翰，一为"后村"，榜于所居田舍；一为"樗庵"，榜于离家二里的小精舍。前者是由于"后村"是田舍所在地名；后者则由于精舍所在山多古木，典故出自《庄子·逍遥游》中惠施与庄周的对话。惠施说庄周的话是大而无用，有如大樗树，庄周则回答以"物无害者无所可用，安所困苦哉"，无害于他物者也不至于受害，正可以逍遥自在。刘克庄词中这几句话，是说自己就如上厅的老妓，虽然在餐宴中不会引起人注意，却不妨碍那些年轻妓女们的表现；或如已经关闭寺院的老僧，虽然不再弘法，其他僧人却不必担心他会争夺信徒。意思也就是说，他这时已经与人无争，逍遥度日。既然刘克庄有"苍妓上厅"这样的话，那么以"上厅"来形容角妓的"上厅行首"一词，在南宋晚期也很可能已经出现，元杂剧中"上厅行首"只是沿用宋代的用词。

即使刘克庄的词中说的只是"苍妓上厅"，不过间接地说明了宋代可能已经在使用"上厅行首"一词，然而从明人所编话本集中所收的宋代话本中，却可以直接地看到"上厅行首"一词的使用。

冯梦龙编《古今小说》收有《史弘肇龙虎君臣会》，讲的是五代史弘肇发迹的故事。在说过头回之后，故事开头就说"却教郑州奉宁军一个上厅行首，有分做两国夫人"，郑州在宋仁宗景祐元年（1034）升为奉宁军，成为所谓节镇州，地位变得重要；在全篇之末，则说"这话本是京师老郎流传"，说明了这话本是南宋时才人之作，而其来源则是得之于北宋艺人的流传。除了郑州奉宁军之外，此一话本里还有若干源出于宋代的用语，如兖州奉符县泰山东岳庙所供奉的"圣帝"和"炳灵公"，泰山神在唐代封为天齐王，到宋真宗大中祥符四年（1011）加封为天齐仁圣帝，一般就称为东岳圣帝，其第三子在五代后唐时封为威雄将军，到大中祥符七年（1014）改封为炳灵公，这都是宋真宗在大中祥符元年（1008）东封泰山以后的事。如"瓦""勾栏"，《东京梦华录》记载北宋汴京有瓦子、勾栏，前者是城市中买卖游乐之地，瓦子之中则称为"瓦中"，后者则是瓦子中的演出之所。又如"司理院"，这是宋代一个负责审讯罪犯的机构；至于用来称呼洛阳的"西京河南府"，则不仅见于宋代，更可以上溯到五代。就如若干学者所认为的，此篇是宋代话本，既是宋代话本，见于其中的"上厅行首"一词显然在宋代已经出现。可以注意的是，话本中所讲后来成为史弘肇夫人的阎"行首"，就是那位有分做两国夫人的"上厅行首"，两词的含意，均应即"角妓"。

此外，在明代洪楩编《清平山堂话本》所收的《柳耆卿诗酒玩江楼记》中，有"上行首"一词，"上行首"应即是"上厅行首"，漏了一个"厅"字。清初钱曾的《述古堂藏书目录》中，"宋人词话"的部分，列有《柳耆卿玩江楼》，词话是话本的另一名称。但是晚近以来，对于此一话本的著作时代，却有不同的意见，有列之为宋代作品的，也有列之为元代作品甚或晚至元末的。

主张此篇是元代甚或元末作品的理由，其中之一是篇中"江浙路""宋神宗朝"等词受到质疑，认为这些词并非宋人所用。不过前者在《续资治通鉴长编》《建炎以来系年要录》等书中，都可以看到，是江南东、西路和两浙东、西路的合称。元代的行政区划"路"，只是宋代的大府或大州，例如宋代的杭州（临安府），到元代是隶属于江浙行省下的"杭州路"，宋代的杭州余杭县到元代成为"杭州路余杭县"，不会有"江浙路余杭县"之称。后者则"宋神宗""神宗朝"两词，在宋代文籍中亦非罕见。

其次是篇中的《浪里来》词，有学者指出，是据元人遗曲《浪里来煞》改作而来。学者所指，应为赵景深《元人杂剧钩沉》所辑的戴善甫《柳耆卿诗酒玩江楼记》遗曲，来源是明代张禄《词林摘艳》卷七所录无名氏《诗酒玩江楼》，以及稍晚郭勋《雍熙乐府》所录的《玩江楼》遗曲。查张氏收录遗曲共十一支，郭氏则收录有十二支，两书所录最后一支均调寄《浪来里煞》（按：应同《浪里来煞》），文字仅略有不同，赵书所辑主要采自《雍熙乐府》。张、郭二书所收录的《浪来里煞》曲文，内容与话本中的《浪里来》词有相近之处，如起首两句，《浪里来》词是"柳解元使了计策，周月仙中了机扣"，在《词林摘艳》和《雍熙乐府》则分别是"双解元使的计策，苏小卿落机勾"和"这的是双解元使的计策，小苏卿中了机彀"。但是在相近之中，也有差别，从上引起首两句可以看出，话本中的《浪里来》词是柳耆卿自述其以计使周月仙落入其手之事，遗曲中的《浪来里煞》则男女两方成了双解元与苏小卿。至于此一遗曲之前的多支遗曲，内容主要是柳耆卿运用来执行其计的摆渡舟人（打渔人），自述其生活与心情；最后一首遗曲，读来也是出自此一舟人之口，与话本中的《浪里来》词出自柳耆卿的自白不同。从这些差别，可以思考话本和遗曲的时代先后。

在话本中，关于摆渡舟人一事，只有简单几句话叙述，而在遗曲中，却能由舟人自己详述其个人生活情况与行事心情的纠结，不得已而为之情，溢于言表，如此复杂的心理刻画，显然后起，这一点已有其他学者言及。就此而言，《浪里来》词的时代已应在遗曲《浪来里煞》之先。进一步看，《浪里来》词是柳耆卿向周月仙的自白，而遗曲《浪来里煞》则是摆渡舟人向命其执行计策的长官报告，而且把男女双方改为双解元与苏小卿。然而柳耆卿与周月仙之间的关系，与故事中双解元与苏小卿之间的关系，大不相同，何以将男女双方改为双解元与苏小卿，令人费解。原剧文既已遗佚，也无法据其前后文加以解释，但此曲既然后起，不无可能有意更改，以双解元喻柳解元，以苏小卿喻周月仙，一方面避免受命行事的摆渡舟人，直接称其长官和周月仙的姓名，另一方面也免于直接袭用话本中《浪里来》词，得以显示作者创作之功。把两个故事的内容交织在一起，也是情节走向复杂化的一种表现，由此看来，应是遗曲《浪来里煞》改作自话本中的《浪里来》词，而非后者改作自前者。从上述讨论看，《清平山堂话本》所收《柳耆卿诗酒玩江楼记》是宋代话本的看法，其实并未受到动摇。

话本内容一再引致时代争论之处，是周月仙中了柳耆卿之计，许身相奉后，柳耆卿大喜而作的诗，"佳人不自奉耆卿，却驾孤舟犯夜行；残月晓风杨柳弄，肯教辜负此时情"，也有学者认为此诗出自元末明初瞿佑的《香台集》。然而《香台集》下卷《月仙古渡》，于诗前已说明，此诗是读传奇《玩江楼记》柳耆卿与周月仙故事后的作品。如果细加比较，可以看出瞿佑此诗与话本《柳耆卿诗酒玩江楼记》的诗，相近而略有不同。不同之处在于首句作"佳人不解奉卿卿"，第三句则作"残月晓风杨柳岸"，而于诗后特别说明"卿卿"一词出自《世说新语》，"残月晓风杨柳岸"出自柳永（字耆卿）词。

可以注意的是，话本中的柳耆卿诗，意在自述其得手之后的喜悦，与话本故事的内容联系紧密，话本作者也没有把柳永著名的《雨霖铃》词中的句子"杨柳岸，晓风残月"生硬地塞入诗中；当把"杨柳岸"改为"杨柳弄"时，这句诗就变成是描写其细如丝的杨柳枝条在清晨月落之时，因风吹而拂弄的情景，这与下句"肯教辜负此时情"连起看，是在说柳耆卿得以和周月仙欢悦的时间。而在瞿佑的诗中，把"耆卿"改成"卿卿"，依照《世说新语》的故事，"卿卿"一词是妻对其夫的怜爱之称，与话本故事中柳耆卿与周月仙之间的关系并不相类；而将"杨柳弄"改为"杨柳岸"，并说明其出自柳永词中的句子，则柳永咏秋别的《雨霖铃》词，意在表达离别时的伤感之情，与话本中的柳耆卿诗所要表达的喜悦之情更全相悖离。由此看来，其实是瞿佑《香台集》中的诗改写自话本《柳耆卿诗酒玩江楼记》，并非《柳耆卿诗酒玩江楼记》中的诗出自《香台集》，而话本中的柳耆卿诗经过瞿佑的改动之后，却已失去了原意。既然如此，那么上述学者之说，显然并不正确，因而据此说而认为《柳耆卿诗酒玩江楼记》并非宋人所作，而是元末作品的看法，也难以成立。

上述几种说法，既然都无法否定《清平山堂话本》中的《柳耆卿诗酒玩江楼记》是宋人作品，应该进一步讨论的，是如何从正面看出此一话本出自宋人之手。从"柳七官人"的"七官人"着手，或许是一个途径。话本起首讲到柳耆卿（柳永）排行第七，人皆称柳七官人，这是柳耆卿举孝廉，获保奏出任江浙路余杭县宰之前的事。称柳耆卿为柳七官人，已见于南宋晚期刊行的罗烨《醉翁谈录》，此书丙集卷二《花衢实录》所载"柳屯田耆卿""三妓挟歧（耆）卿作词""柳耆卿以词答妓名朱玉"诸条，都有此一称呼。

至晚自北宋末年以来，称人为"官人"，指的是官宦之家的子孙。此一称呼与官员有别，最晚在南宋初年庄绰《鸡肋编》中已经可以看到。书中记载衢州开化县人周蔓在绍兴二年（1132）以特奏名补右迪功郎，授潭州善化县尉，待阙，有人奉主人之命，要送束帖给他，问周官人家在哪里。周蔓听了之后生气说："我是宣教，甚唤作官人？看汝主人面，不欲送汝县中吃棒。"右迪功郎、宣教郎都是文散官之称，既是官阶，也用来寄禄。由此看来，"官人"是不同于官员的，身份尚不及一个待阙而又居于最低阶的右迪功郎那样尊贵，所以周蔓才会对别人只用"官人"来称呼他，感到不满。至于周蔓说我是宣教，那是由于他因不满而故意对来人夸大自己的官阶。周蔓的父亲或祖上应该曾任官员，所以他在未有特奏名功名并获授官阶与官阙之前，会有"官人"之称。所谓特奏名，是解试合格而省试或殿试落第的举人，积累到规定的举数与年龄，可以不经过解试、省试，由礼部特予奏名，参加殿试，与通过省试的正奏名有别。在周蔓的年代，参加殿试即表示可以登第，可是以特奏名登第者列名于正奏名之后，只有少数人可以获授实职。周蔓以特奏名登第，应已有相当年龄，别人称他为"官人"，可能自北宋末年就已经如此。这种有别于官员的"官人"称呼，是否尚有更早的渊源，仍待探索。

至于称官宦之家子孙为"官人"，并且以家族中的排行来称呼，盛行于南宋中晚期。例如南宋中期洪迈的《夷坚志》及《夷坚支志》、周必大《文忠集》、杨万里《诚斋集》，南宋晚期黄榦《勉斋先生黄文肃公文集》、梅应发《开庆四明续志》、黄震《黄氏日抄》、周密《癸辛杂识》，还有收录南宋晚期地方官员案件判决实例的《名公书判清明集》等书，都有这类例子，而以在洪迈《夷坚志》《夷坚支志》及黄榦、黄震的文集中较多。以黄榦的文集来说，就可以看到有危四官人、曾五官人、谢八官人、谢九官人，而谢九官人又称为谢知府宅九官人，亦即谢知府家的九官人。如果已经出仕，就会以其官名来称呼，而非称为官人，例如周必大在淳熙十四年（1187）写给田提举（渭）的一封启文，就说到浙东诸暨县（隶绍兴府）有强民三五十辈，强割大户姚县丞、赵廿一、赵七三官人家禾稻，其中姚县丞曾任县丞，以他所任的官职来称呼，赵廿一和赵七三官人只是官宦之家的子孙，未曾出仕，所以称之为官人。如果既未出仕，亦非官宦子孙，就会直接称其姓名，例如在《开庆四明续志》所载庆元府向头寨的营寨基地，均购自民间田地房屋，共十三笔，其中最后两笔，一笔原为翁千六官人与翁千六三官人所有，一笔原为翁三十官人所有；其他十一笔的原有者，则只书写姓名，而未加"官人"二字，如赵万二、翁再十七、翁再十四等，这些显然只是一般民众。

　　柳永（耆卿）的父亲柳宜，曾登进士第，任官至工部侍郎，所以柳永本是官宦子弟。也因此《醉翁谈录》会依照南宋晚期的习惯，在他未登第前，称之为柳七官人；话本《柳耆卿诗酒玩江楼记》也如此称呼柳耆卿，同样是本于南宋晚期的习惯。尽管话本叙述到柳耆卿担任余杭县宰之后，在称之为"柳县宰"的同时，也继续以"柳七官人"来称呼他，这仅是由于"人皆以此称之"，人们如此称呼柳耆卿已是惯例的关系。到了元代，类似"柳七官人"这样的称谓，已少见于小说、杂剧以外的文籍，仅见于记载的，则多是宋人或金人，也有一些可能是其父、祖曾经在宋代任官。上述讨论，用意在说明，话本《柳耆卿诗酒玩江楼记》既非元代的作品，那么是南宋晚期作品的理由就更为加强。

　　上文言及"柳七官人"之称已见于罗烨《醉翁谈录》，比对此书与话本《柳耆卿诗酒玩江楼记》两者的柳耆卿故事内容，是另一条途径。其实《柳耆卿诗酒玩江楼记》起首所述陈师师、赵香香、徐冬冬三个上（厅）行首交往的故事，内容相类于《醉翁谈录》"三妓挟歧（耆）卿作词"条的故事，已是学界的一般常识。在《醉翁谈录》中，三妓名为张师师、刘香香、钱安安，可以注意的是，在话本中称三妓为"上（厅）行首"或"行首"，在《醉翁谈录》中则称张师师为"甲妓"。"甲妓"一词，也见于《建炎以来系年要录》所载的临安"甲妓韩婉"，和《皇宋中兴两朝圣政》所载的杭州"甲妓张秾"，"甲妓"的意思应同于"角妓"，而较易看出此词与"行首"一词的对应关系。"甲"居天干之首，有居首之义，"甲妓"的意思，正同于才貌出众的乐妓，由于才貌居同行中之魁首，而称"行首"；由于才貌出众，所以较易受邀至官员们的聚宴，在厅堂上侍奉，也因此较易获得官员们的羡爱。上述临安甲妓韩婉"美而慧"，先为武将呼延通所得，后来又为韩世忠所属意，呼延通不得已而献给韩世忠。杭州甲妓张秾之事又见王明清《玉照新志》的记载，而作张浓，"色艺妙天下"，隶杭州乐籍，先为杭州幕府官员左与言所恋，后来又为武将张俊所取。"甲妓"既然较易应邀至官员聚宴的厅堂侍奉，应与"角妓"同为"上厅行首"之称的由来。

上述的讨论，主要是从与《柳耆卿诗酒玩江楼记》故事前段内容相类的《醉翁谈录》，追索出前者故事中的"行首"与"上厅行首"，在意义上应同于后者故事中的"甲妓"。如果考虑到罗烨《醉翁谈录》是南宋晚期作品，"甲妓"一词也见于南宋其他文籍，那么并非元代作品的话本《柳耆卿诗酒玩江楼记》，就有更充分的理由确定其著作于南宋晚期，而"上厅行首"一词已见于宋代也就更为清楚。

其实"上厅行首"及"行首"两词，在元明两代仅见于戏剧和小说之中，而不见于其他讲述元人活动或明人活动的记载；不仅"上厅行首"及"行首"两词如此，连"行头""行老"两词，在元明两代也已消失，和前述"行首""行头""行老"等词常见于宋代文籍中的情形，大不相同。这种变化，可能意味着这类词语已非元明两代人日常生活所用。变化原因何在，有待探讨，但这或许意味着，元明两代的戏剧、小说使用"上厅行首"及"行首"两词，同样都只是采用宋代的词语，而非当代的词语。

第二，《宣和遗事》内容所引据书籍，有些是否非宋人所能见到？ 这包括刘克庄的文集、元代所修的《宋史》、吕中的《大事记讲义》等书；另外学者多指出，《宣和遗事》所述王安石变法的内容，多本于《续宋编年资治通鉴》，但未有人讨论此书的刊行年代，也一并于此讨论。

（一）刘克庄文集的刊行年代。有学者认为，《宣和遗事》引刘克庄诗两首，而其去世在咸淳五年（1269），说话艺人能援引其诗，似应已入元。按，《宣和遗事》引用刘克庄诗其实共有三首：前集一首，作者称刘克庄；后集两首，前一首作者称南儒，后一首的作者称刘后村。刘克庄的诗文集，在他生前已分前、后、续、新四集先后出版，到他死后，再合四集为一，名为《大全集》，在咸淳八年（1272）刊行。其中前集五十卷，出版最早，淳祐九年（1249）已刊行于莆田，即文渊阁四库全书本《后村集》，书前有林希逸作于淳祐九年的《后村居士集原序》。《宣和遗事》所引的三首刘克庄诗，前集的一首收于文渊阁四库全书本《后村集》卷二，题为《观元祐党籍碑》；后集两首中的前一首收于同书卷四，是《读崇宁后长编二首》的第二首，后一首也收在同卷，题为《题系年录》。由于五十卷本的刘克庄诗文集在淳祐九年已经出版流传，距南宋亡国尚有二十余年，上述学者视《宣和遗事》引了刘克庄诗，为此一话本不可能作于宋代的理由之一，是不能成立的。

（二）《宣和遗事》是否引用了《宋史》？学者指出，《宣和遗事》讲宋徽宗时史事，有引用元代所修《宋史》之处，有句子是相同的，并且举了四个例子，以两书互相对照来说明。其实《宣和遗事》这几段文字，是本于陈均的《皇朝编年纲目备要》，两书的文字更为接近，只要稍一比较即可得知。而陈均此书在绍定二年（1229）书成后，已有刊本，书前有真德秀、郑性之、林岊三人于同年写的序文；其后于端平元年（1234）奉诏奏进此书，仅奏上前二十五卷，后五卷未进，于是此后又有前二十五卷和后五卷分别刊行的刊本。比起刘克庄诗文集中的前集，刊行时间还要早，南宋末年的话本作者即能看到此书，利用其中的叙事，不必等到元代晚期的话本作者借助于《宋史》。

（三）吕中《大事记讲义》的刊布流传，是否已近宋亡？如前面讨论"省元"的一段所言，《大事记讲义》写成于嘉熙元年以前，此后即曾付梓，而且科举考生用之于准备考试，颇为风行；原版一再翻刻，到淳祐七年（1247）又再整理重刊，刚好这年吕中先以省元通过省试，然后经殿试登第，派任肇庆府学教授。此书在吕中登第十年之前已经刊行，其著作当更早，并非到登第之后才着手著述，到宋亡之前才刊布流传。因此，不能因为《宣和遗事》引用了吕中的著作，而视之为此一话本写成于元代的理由之一。

（四）《宣和遗事》所述王安石变法的内容，是否多本于《续宋编年资治通鉴》？早在1920年代，学者讨论《宣和遗事》，就已经指出，此书叙王安石变法，多节录自《续宋编年资治通鉴》，而为以后的学者所追随。由于学者所指的《续宋编年资治通鉴》，记载的是北宋史事，并非南宋史事，因而此书并非南宋晚期刘时举所著的《续宋编年资治通鉴》（《续宋中兴编年资治通鉴》），而是另有其书。

查清代瞿镛《铁琴铜剑楼藏书目录》及丁丙《善本书室藏书志》均载有元刊十八卷本的《续宋编年资治通鉴》，题为李焘撰，书前有李焘撰《进〈续资治通鉴长编〉表》，目录后有武夷主奉刘深源刊记，丁丙并指出书后有建安朱氏与耕堂刊木记，亦即此书为建安朱氏与耕堂刊本。瞿镛指出刘深源应是元时刻书人，而此书记宋太祖至钦宗事迹皆疏略，出于后人伪撰。丁丙也认为此书与李焘的《续资治通鉴长编》无涉，体例同于元人所撰的《宋史全文》，大约是麻沙坊贾托名之书；麻沙书坊在建安，丁丙此一说法，已先见于《四库全书总目》存目部分所载此书提要。陆心源《皕宋楼藏书志》则载有另两种元刊本，一为日新堂张氏刊本，一为建安陈氏余庆堂刊本，皕宋楼所藏为陈氏刊本，亦为十八卷，题为李焘撰，与刘时举《续宋编年资治通鉴》、不著撰人《宋季三朝政要》合为一书。由于刘时举书述南宋高宗至宁宗史事，《宋季三朝政要》则述理宗至南宋亡于元朝史事，三书合刊，概括了整个宋朝的历史。至于陆心源所说的日新堂张氏刊本，则见于莫友芝《宋元旧本书经眼录》，作云衢张氏鼎新刊行，并指出旧本为上海徐氏所藏。陈氏余庆堂刊本今收于《四库全书存目丛书》中，用的是北京图书馆藏浙江鲍士恭家藏本，《存目丛书》使用的书名是《续资治通鉴》，但该书书内则仍用的是《续宋编年资治通鉴》，在目录后也有"武夷主奉刘深源校定"等字。《中华再造善本》也收有此书陈氏余庆堂刊本，同样丛书所用书名为《续资治通鉴》，而该书书内用的是《续宋编年资治通鉴》，是据中国国家图书馆藏本，中国国家图书馆即原北京图书馆，因此《中华再造善本》所收此书与《四库全书存目丛书》所收者应一致，仅书后未说明是浙江鲍士恭家藏本。由于十八卷本《续宋编年资治通鉴》目前只见元刊本，实际编著者又不明，被认为是元代书坊商人伪托李焘之名而为，因此《宣和遗事》内容如果确有采自此书之处，正足以支持《宣和遗事》撰于元代的说法，但是过去主张此一说法的学者，均未就此讨论。

然而以《宣和遗事》中有关王安石变法的部分，比对陈均《皇朝编年纲目备要》的记载，可以发现，其实在南宋绍定、端平年间已经写成并刊行，且曾进呈御览的《皇朝编年纲目备要》，大多可以找到，而且文字相近；只有宰相韩琦上言的几句话，其实是司马光的上言，改写自司马光的《乞罢条例司常平使疏》，其文集《传家集》与《温国文正司马公文集》都收有此疏。除了有关新法的部分外，学者在讨论徽宗的部分时，也指出有若干叙事是录自《续宋编年资治通鉴》，但这些叙事也同样多可以在《皇朝编年纲目备要》中找到，只有少数出自宋代其他文籍；尽管他也指出《宣和遗事》有关徽宗时代的叙事，有若干出自《皇朝编年纲目备要》，但无论引据《续宋编年资治通鉴》《皇朝编年纲目备要》，都是据晚清黄以周、秦缃业编《续资治通鉴长编拾补》的引用而来，并未查核原书，所以会有此误失。总之，《宣和遗事》中的宋代叙事，其实都有宋代资料的来源，而陈均的《皇朝编年纲目备要》则是其倚仗的重要文籍之一。

附带一提，在同一研究论著中，有一处引元人刘一清《钱塘遗事》，述洪迈及其父洪皓曾言及宋高宗前世为吴越钱王的传说。此事较早见于南宋中期周必大的记载，见《文忠集·思陵录》所记；其后南宋晚期的《宾退录》亦引述《思陵录》的记载，《贵耳集》则载有此事而较为简略，并非始见于元代。

第三，《宣和遗事》中，是否没有对皇帝的御名避讳？有学者指出，《宣和遗事》中称宋太祖之名为"匡胤"，称宋高宗为"皇子构"（宋高宗名赵"构"），不合宋人习惯。但查对士礼居丛书本《宣和遗事》，书中多处对宋代皇帝御名避讳，其避讳方法，与静嘉堂文库藏宋本《皇朝编年纲目备要》完全相同。此书前二十卷是宋本，后十卷则是仿宋抄本，研究此书的学者认为，前二十卷为晚清黄丕烈所藏的宋刊残本，后十卷可能出自黄丕烈抄自其友人袁廷梼手上的另一宋刊本，此本现藏于上海图书馆。

黄丕烈自己在士礼居丛书本《宣和遗事》后的跋文，已经指出，书中"惇"字避讳作"惇"，可以证明出于宋刊。"惇"字之所以要避讳，是因为宋光宗名惇；"惇"写作"惇"，则应是以省笔的方式来避讳。以省笔为原则，可以查看士礼居丛书本《宣和遗事》对宋太祖与宋高宗的御名是否有避讳。在前集引用了邵雍的《左衽吟》后，写到宋太祖的诞生，说"赵洪恩唤生下孩儿，名做匡胤"的"匡"字，是没有最底下一横笔的，"胤"字则了缺了右侧的"乚"，很清楚是省笔避讳。同样在前集，"大观二年（1108）"条下说到"皇子構"的诞生，没有省笔避讳是理所当然，因为这时赵构只是皇子之一，而且是庶出，还看不出有继位的可能；到了后集，在"靖康元年（1126）"条下，讲到十一月，"康王構"的"構"字，右下侧的"冉"写成"冄"，缺了当中的一竖笔，也很清楚是省笔避讳。这时之所以避讳，应是由于次年康王就以天下兵马大元帅的身份，在南京（应天府）即位为皇帝，也就是宋高宗。

在日本静嘉堂藏宋本《皇朝编年纲目备要》中，没有宋太祖赵匡胤的名字，但是有宋太宗的名字，最先称其为匡义，后来又称之为光义，"匡""义""光"三字均有省笔。"匡"字缺最底下两横笔，"义"字作"乂"而缺右下方半撇笔，"光"字则缺右下方的"乚"。赵构在称"康王構"时，左侧的"木"写成"扌"，右下侧的"冉"也写成"冄"，但未见"皇子構"之称。另外为避宋光宗讳，章惇或大惇、小惇（章惇、安惇）的"惇"也都写成"惇"。同样是以省笔来表达避讳。

不过值得注意的是，在后集所载金"天眷三年（1140，按：应为宋绍兴十年，《宣和遗事》误作绍兴六年）"条下的两个"章惇"，"惇"字都没有避讳，这应该是由于以金年号系年，从金的观点叙事，因此没有避讳的必要。同样的道理，在后集所载"天辅十一年（1133，按：宋绍兴三年）"条前及"天辅十四年（1136，按：宋绍兴六年）"条后，记宋徽宗妃韦妃，亦即宋高宗生母，成为金盖天大王之妻，并不为之隐讳，也是由于从金的观点叙事的关系。

第四，《宣和遗事》的一些话，如讲朝廷"失政"，暗喻或直说皇帝"荒淫"，或引用如"夜月池台王傅宅，春风杨柳太师桥"这类诗句，是否必然触犯宋代朝廷的忌讳？在宋代官员的上言、士人的诗文中，这一类话并不罕见，有些是讲过之后安然无事，有些则是虽知有可能触怒皇帝或当权者，并因之而获罪，却仍然要直言不讳。

在讲朝廷失政方面，有直接使用了"失政"一词的，也有虽未使用此词却很明显是在讲朝廷失政的。例如治平元年（1064）十一月，当时任知谏院的司马光，由于不同意宰相韩琦所推行的刺陕西义勇政策，六次上书反对。在《义勇第六札子》中，他说："或事有未当，须至论列，又云'命令已行，难以更改'，则是国家凡有失政，皆不可复救也。"（《温国文正司马公文集》卷三十二）六次上疏无效之后，他又六次进状以言事不当请求降黜，但同样未获接受，仍然继续担任知谏院。又如在崇宁三年（1104），担任兵部尚书的刘拯由于不同意制定元符奸党姓名，而上疏言："汉、唐失政，皆自朋党始。今日指前日之人为党，焉知后日不以今日为党乎？"虽然说汉、唐失政，其实是指当时制定元符奸党姓名为失政。疏上之后，得罪了蔡京，因而受劾，出知外郡。

不用"失政"一词而明显是在讲"失政"的，如宋徽宗宣和元年（1119）太学生邓肃写的《花石诗十一章并序》，从序看，讥刺花石纲之意至为明显；其第十一章最后两句"但为君王安百姓，圃中无日不春风"，为陈均《皇朝编年纲目备要》及《宣和遗事》所引用，而改为邓肃"上十诗"，"但为君王安百姓"改为"但愿君王安百姓"，"圃中无日不春风"则改为"圃中何日不春

549

风"。《皇朝编年纲目备要》载邓肃上诗之后，徽宗宣取，当时皇太子在侧，徽宗说："此忠臣也。"但却得罪蔡京，奏请杀邓肃；徽宗不答，下诏放归田里，用意在保全他。《宣和遗事》的作者大概未见邓肃《栟榈先生文集》中的原诗，叙事全采《皇朝编年纲目备要》的记载；由于此书只引用了原诗的最后两句，《宣和遗事》又加上两句而成一首完整七言绝句，作："灵台灵囿庶民攻，乐意充周百姓同。但愿君王安百姓，囿中何日不春风。"而原诗的前两句却是"安得守令体宸衷，不复区区蹑前踪"，《宣和遗事》中的前两句，无疑是此书作者自撰。《宣和遗事》的作者，添加诗句于原有诗句之前的情形，不止这一处。例如前集引金国阿骨打谋主左企弓诗："并力攻辽盟共寻，功成力有浅和深。君王莫听捐燕议，一寸山河一寸金。"但是宋人著作如《三朝北盟会编》引赵良嗣《燕云奉使录》、陈均《皇朝编年纲目备要》，以至元代利用金朝国史修的《金史·左企弓传》，都只有后两句而无前两句。《宣和遗事》此段叙事大致上是节取《皇朝编年纲目备要》而来，应亦如上述邓肃诗一样，自行再添加前两句而成一首完整的七言绝句；而非如一位学者所推测，这首完整的诗，说明《宣和遗事》另有金朝书会的渊源。

皇帝"荒淫"，其实也是"失政"的一面，这时应对"失政"负责的就由当政的大臣转移为皇帝自己。宋代官员或明或暗地以戒荒淫来劝谏皇帝，亦有其人。《宣和遗事》所述宋徽宗宣和年间曹辅进谏之事，虽有虚构之处，但史书上实有其人，在担任秘书省正字时，由于从邸报所载蔡京谢表，得知徽宗出宫外游冶，而上书劝谏得罪，编管郴州，事迹见陈均《皇朝编年纲目备要》、李幼武《宋名臣言行录·续集》及《宋史·曹辅传》。至于徽宗与汴京名妓李师师来往的故事，则更是在民间广传，不仅见于士人的诗、文、笔记之中，而且在《宣和遗事》之前，早已有《李师师外传》一书在流传。前文亦已指出，南宋理宗时，杜范、袁甫、牟子才等人，都以戒荒淫来劝谏理宗。杜范直接指出"近岁以来，掖庭千数"，将影响及于"外至于乱"，也就是说，影响所及不仅在内廷，也会为国家带来政治上的祸乱；袁甫则请求理宗了解，"荒淫逸豫者，国未有不乱"；牟子才更是从淳祐年间到宝祐年间，多次上疏，具体地指出理宗宫内妃嫔之多、宫外燕游之事，并连带及于国政的其他方面，既比之于唐玄宗，又比之于宋徽宗，担心国家命运是否也会走向徽宗、钦宗时期的结局，他在一次进谏中，曾引用了徽宗时曹辅的谏言，请求理宗不可忽略。到了度宗在位时，官员们也都担心他的恣纵酒色，或有所感慨，或有所进言。

至于《宣和遗事》所引用的"夜月池台王傅宅，春风杨柳太师桥"这两句诗，出自刘子翚的《汴京纪事》诗，载于其文集《屏山集》。《汴京纪事》共有诗十八首，其中第五首全诗是"空嗟覆鼎误前朝，骨朽人间骂未销。夜月池台王傅宅，春风杨柳太师桥"，《宣和遗事》中也录载了这整首诗。《汴京纪事》当作于南宋初年，整组诗的用意，是经由怀想北宋末年的汴京旧事，来感叹其覆亡。而《宣和遗事》所引用的这首诗中，"太师桥"的"太师"，是指曾经以太师领三省事的蔡京，"王傅宅"的"王傅"，则是指曾经以太傅领三省事的王黼。两人在徽宗朝都曾经大权在握；而建内苑园林，运花石纲，也都是在他们任内，为了满足宋徽宗崇道之心而推动的事。把这两句诗和前两句诗连在一起看，就是把蔡京和王黼看成是北宋倾危的祸首。首句诗中的"前朝"指宋徽宗朝，当徽宗禅位给钦宗时，已经如鼎之覆，倾危之势已定，钦宗在位的一年多，不过是由倾危而翻覆，国家走向覆亡。第二句中的"骨朽",是指蔡京、王黼之死,这都是钦宗时的事,当时两人只是遭到贬窜,先是王黼贬往永州,才走到开封府境内的雍丘县,就为盗贼所杀,然后蔡京贬往衡州,则行至潭州而死;两人死后,直到南宋初,严谴他们误国的言论一直没有消失,所以说"骂未销"。这种看法,不仅是南宋初年许多人共有的看法,到南宋中期以后,更成为朝野的主流意见,不可能触犯朝廷的禁忌。因此,在刘子翚去世之后,其嗣子刘玶为之编其遗文成《屏山集》,就收录了《汴京纪事》这组诗。《屏山集》并且有刘子翚好友胡宪于绍兴三十年(1160)为之写序,又有其门人朱熹于乾道九年(1173)作跋,经过反复雠订,而后流传,于是这一组诗从此广为人知。这才会有在宝庆年间济王案发生时,"夜月池台王傅宅,春风杨柳太师桥"这两句诗为人修改为"秋雨梧桐皇子府,春风杨柳相公桥",用来讽刺史弥远;也才会有《宣和遗事》引用了《汴京纪事》这组诗不只一首。

在政治上发生违碍的,其实是经过修改后,用来讥刺史弥远的"秋雨梧桐皇子府,春风杨柳相公桥"这两句诗。这件事情,起于宝庆年间的济王案,当时在临安经营书坊的陈起,出版了由他自己编辑的诗集《江湖集》(《江湖小集》),收了一首含有这两句的诗。这首诗的作者,在宋人的记载里,或说是陈起,或说是曾极(景建),或说是敖陶孙(器之),而在明代文籍中,又有出自赵汝迚的说法。作者究为何人,姑且不论,但是由于"皇子府"的"皇子"可以解释为济王竑,"相公桥"的"相公"可以解释为史弥远,于是受到依附史弥远的言官李知孝举发,《江湖集》遭到劈版,包括陈起、刘克庄、曾极、敖陶孙、赵师秀、周文璞六人在内,都受到处罚,并且因此士大夫被下诏禁作诗,这就是所谓"江湖诗案",或称"江湖诗祸"。然而这件事情,在史弥远于绍定六年（1233）去世之后，也就成为过去，诗禁随之而解除。刘克庄之所以卷入江湖诗案，是由于他刊于《江湖集》中的《落梅》诗，有"东风谬掌花权柄，却忌孤高不主张"两句，被认为有讥刺之嫌。但事过之后，他的这首《落梅》诗，收入了他的诗文集前集，在淳祐九年出版，其后又收入到陈景沂序于宝祐四年（1256）的类书《全芳备祖》中，可见当初陷刘克庄于罪的诗，如今已无问题。总之，就如同刘克庄的《落梅》诗一样，"秋雨梧桐皇子府，春风杨柳相公桥"这两句诗在政治上有违碍，应该也只是一时之事。

从上举事实看，不论讲朝廷失政或君主荒淫是否触犯忌讳，因此获罪，宋代的一些官员、士人仍然勇于直言；至于"夜月池台王傅宅，春风杨柳太师桥"这两句诗，则从未成为南宋政治上的忌讳。因此，不能因为《宣和遗事》中有这一类的话，就认为此一话本并非宋人所作。

第五，"卜都之地一汴、二杭、三闽、四广"的说法，是否在宋亡之后才可能出现？《宣和遗事》述宋太宗向陈抟问："朕立国以来将来运祚如何？"陈抟的回答中，有上引的话。学者多认为，这句话中的"三闽、四广"，只有在南宋灭亡前的航海逃亡过程中，才经历过，也因此只有在南宋灭亡之后才可能出现。这一个主张，被认为是支持《宣和遗事》作于元代的坚强理由，即使若干学者认为此一话本为宋人作品，也因此而以其中有元人增益来解释。

然而陈抟的谶言，其实应该是南宋末年人们对将来局势变动的一种观测。由于南宋初年，宋高宗早有过航海避敌的经验，当南宋末年人们已了解国运已难以长久延续，人们就会以过去的历史经验，衡量当前的情势，来看国家将来的可能走向。

　　追溯南宋初年宋高宗航海避敌的过程，以及从绍兴末年到南宋末年迁都之议的历史，就可以了解"卜都之地一汴、二杭、三闽、四广"的谶言，何以可能在南宋末年出现。

　　当宋高宗于南京应天府即位后，为了躲避金军追击，一路南走。先是驻跸扬州，旋即在金军追击下，仓皇渡江，继续南行，驻跸杭州，以杭州为行在；在杭州曾经历明受之变，一度去位。高宗复位后，一度北行至江宁府，并改名为江宁府，又升杭州为临安府。随后由于金军大举南侵，高宗自建康先返回临安，再南走越州、明州，旋即于建炎三年（1129）十二月，从吕颐浩所献之计，定议航海避敌。这时福建路的泉州、广南东路的广州，已经是海外贸易的大港，当宋高宗自扬州渡江，在赴杭州途中，曾委派官员到泉州、福州，以江、淮之间的防扼为名，募闽、广海舟。等到高宗为避金军而抵达明州，所募的闽、广大舶已至，于是才有航海避敌的决定。当宋高宗尚在建康府时，已先安排隆祐皇太后率六宫往江南西路的洪州，这支队伍为躲避金军追击，再南行到虔州，这已在江西和闽、广的边界。宋高宗南航至台州章安镇，由于担心她是否会进入闽、广，诏遣使至福建及虔州，问隆祐皇太后舣舟所在，准备向她问安；等再南航至温州，才派出中书舍人李正民前往。在温州驻跸月余，金军北返，于是宋高宗也结束其航海避敌的行程，回幸浙西。从这一段行程看，宋高宗的航海避敌，得助于来自闽、广的海舶，在从台州至温州的行程中，又考虑到隆祐皇太后是否从江西入闽、广，遣使问其舣舟之所。可以想见，假使宋高宗到温州后，金军仍继续追击，他的航海避敌的行程也会继续下去，从温州再南航就是福建沿海的港口，从福建再南航就是广东的港口。如此一来，不待南宋亡国之际，宋高宗的逃难行程就已完全和"一汴、二杭、三闽、四广"的谶言相符。

绍兴三十一年（1161），金海陵帝南侵，出现了建炎年间以后的另一次航海避敌之议。当时内侍张去为向宋高宗提出退避之策，于是有皇帝将出幸闽、蜀的说法流传，人情汹汹。戍守淮南宋、金边界的宋军战败，宋高宗召杨存中至内殿商议御敌之策，并命其求见宰相陈康伯讨论，想要航海避敌。次日，陈康伯入奏说：听说有人劝陛下幸越趋闽，若是如此，大事将无法挽回，何不静以待之？接着有一天，宋高宗忽然下手诏说，如敌不退，散百官。陈康伯烧掉诏书，然后上奏说，百官如果散去，人主之势将孤立无援。宋高宗抗敌之意这才坚定下来，陈康伯于是奏请下诏亲征，南宋的军事情势因之稳住。这一次航海避敌之议，由于宰相陈康伯的沉稳应对而避免，于是才有后来的宋军采石大捷，但是已经可以看出，当时有幸越趋闽的说法，要从浙东再往南航行到福建。

到南宋晚期，由于蒙古入侵的严重威胁，自宋理宗嘉熙年间起，迁幸之议多次出现。首先是嘉熙三年（1239），当时担任兵部尚书、浙西制置使、知镇江府的吴潜，在上疏中说：由于谍报者多称"鞑贼为窥湖湘之计，万一不幸，设有疏虞，则去行都止隔袁、抚、衢、信数州而已"，他认为平江府"地势宽阔，物产富厚，他日或可为临幸之备"，然后举出平江府在防守形势、粮食供应、招募兵员等方面的优点，最后指出"而又去江上不远，可以系属人心，收召豪杰，有进之形，无退之迹。欲乞试入圣抱，预作区处"（《许国公奏议》卷三《奏论平江可以为临幸之备》）。由于吴潜认为蒙古军队会从衢、信而来，也就是从钱塘江流域而来，因此他会选择巡幸之所在临安以北的平江府。他从比较积极的角度来讲此事，一方面指出平江府其地的优点，另一方面由于此地背江、海，所以说"有进之形，无退之迹"，也就是置之死地而后生的意思。但是如果从消极的角度来看，平江府靠海，也提供了在战无可战时，航海避敌的便利，出长江口入海，便可南航至浙东、闽、广。这一点，早在绍兴八年（1138）九月，胡寅就已经提到。他在安葬了父亲胡安国之后，有一封写给赵鼎、秦桧两位宰相的信，其中谈到定都的问题，他讲如今以两淮尚未经营妥当，不居于建康而居于临安，凡事又皆苟简，不视之为国都所在，这会被人看成是并无固志；如果朝廷认为临安确实可以成为帝王之宅，就应该明降诏旨，渐加经营，使其粗成规制；"若谓不敢自保，姑以平江为进取亲征之地，不得已即用入海趋闽为万全之计，虏兵不过一再入，而国亡矣"（《斐然集》卷十八《寄赵、秦二相》）。可见从临海的平江府入海避敌，南航到福建，是人们早已想象得到的事。到乾道年间，平江府常熟县的许浦镇，开始设置许浦水军，起先以三千人为额，到南宋晚期已增加到一万余人。许浦镇面对大江出海之口，航海避敌从这里乘船入海，不仅方便，还可以得到水军的护卫。不过吴潜只是请求宋理宗及早考虑，当时情势还没有紧急到那种程度，所以他的上疏没有引致任何的波澜。

军事情况的紧急发生在二十年后，也就是开庆元年（1259）。当时忽必烈率领的蒙军，已渡过长江，攻围鄂州，兀良哈台率领的另一支蒙军，自云南北上，攻围湖南的潭州，并分兵攻至江西在长江南岸的江州，若非亲率蒙军攻入川东合州的蒙哥汗，死于钓鱼城下，导致各支蒙军北返，进一步的发展将会如何，是否会顺长江而下，攻至临安，难以预料。由于边报转急，朝廷紧急团结义勇，招募新兵，筑平江、绍兴、庆元诸城城壁，宦官董宋臣也向宋理宗提议迁幸，都城人情汹汹。当时宝祐四年（1256）以殿试榜首登第的文天祥，由于登第后父亲即过世，返乡服丧，这时丧期已满，至临安行拖延了三年的进士门谢礼，准备赴任，他在门谢礼结束后，即上疏乞斩董宋臣；才刚取代原宰相丁大全之任的宰相吴潜，与军器大监兼左司何子举偕同入见理宗，剀切力陈，说明不可之理，谢皇后也请留跸，于是迁幸一事才没有付之实施。然而在迁幸之议同时，朝廷修平江府、绍兴府、庆元府的城壁，却显示了迁幸之地可能在此三处择一。平江府的许浦镇是出海口，驻有许浦水军；庆元府城本身就是海港，在其港口以及海中的定海县，都驻有定海水军，其设置尚在许浦水军之前；绍兴府与临安府隔钱塘江南北相邻，是临安前往庆元必经之地，建炎年间宋高宗出海避敌，就是先由临安移驻越州（即后来的绍兴府），在事况紧急之下再从明州（即后来的庆元府）出海。开庆元年在迁幸之议出现的同时，修此三城城壁，用意何在，可以想见。

　　情况更加紧急是在德祐元年（1275），这时元军已顺长江而下，势如破竹，宋军节节败退，州郡守臣或降或死。这年二月，宋、元两军战于江东池州下游的丁家洲，贾似道督战，宋军大败，贾似道奔还都督府所在的扬州，上表请迁都。宗学生上言："陛下移跸，不于庆元，则于平江，事势危急，则航海幸闽。不思我能往，彼亦能往，纵使兵或可守，岂能郁郁求活于一龟兹国耶。"（《宋季三朝政要》卷五）说明帝室将可能迁幸平江或庆元，在事势危急的情况下，进一步会从平江或庆元出海，航海迁幸福建，已为当时人们所预知；没有讲出来的，只是有可能再自闽幸广，但如果情势所迫，继续南迁，这是一个必然的方向。

　　元军攻抵临安前，文天祥入卫行都，"日夕赞陈枢使宜中，谋迁三宫，分二王（按：吉王、信王）于闽、广"（《文山先生全集》卷十三"别集",《指南录·自序》)。等德祐二年（1276）正月，元军攻至临安，文天祥向太后请求，命二王镇闽、广以求兴复，获得接受，于是吉王昰进封为益王判福州，信王昺进封为广王判泉州，得以成行。二王南航至福州，益王登极，改元景炎，封弟广王为卫王；元军南下，景炎帝继续南航，于景炎三年（元至元十五年，1278）在广州东莞外海的硇洲驾崩。弟卫王登位，改元祥兴，以硇洲不可居，迁于新会的崖山；祥兴二年（元至元十六年，1279），宋、元两军于崖山海战，宋师大溃，祥兴帝崩，宋亡。文天祥建议二王的迁幸方向，如前所言，其实在此之前已为人们所预知。同样托名为陈抟所说的"过唐不及汉，纸钱使不得"的谶言，已载于张端义序于淳祐四年的《贵耳集》卷中，尚在嘉熙年间以前；"卜都之地一汴、二杭、三闽、四广"的谶言，最晚大概在开庆元年以后也会出现，不必等到元代。以此一谶言作为《宣和遗事》成于元代的证据，从上述讨论来看，显然并不妥当。

第六，《宣和遗事》篇首诗中次句，"闲把遗编阅古今"中的"遗编"一词，应如何解释？有学者认为今传本《宣和遗事》是元人据宋、金两朝书会已有的《宣和遗事》旧本重新编定而来，其依据即为此句诗中的"遗编"，亦即将此词解释为前人流传下来的旧话本。然这样的解释，似可斟酌。

《宣和遗事》其实与金朝书会无关，至于宋人诗文中的"遗编"一词，则有指旧史之一义。以诗为例，如陆游《读史》诗前两句"夜对遗编叹复惊，古来成败浩纵横"（《剑南诗稿》卷四十九），首句中的"遗编"，显然是指诗题中的"史"，所以才有次句讲古来成败。又如楼钥《送陈君举守桂阳》诗中，有句"鲁史遗编赖发明"（《攻媿集》卷八），陈君举即陈傅良，其治学从治史入手，此句中的"遗编"与"鲁史"连言，无疑也是指史书。再如刘克庄《挽夔漕王中甫》诗前两句"羽书堆里挟遗编，往古来今尽粲然"（《后村先生大全集》卷八），首句中的"遗编"应也是指旧史，所以才有次句讲古今粲然。他还有一首诗，诗题就是《遗编》，全诗如下：

> 短发萧萧老日侵，遗编未敢废研寻。薰莸理欲迷通义，袞斧忠邪害恕心。笃信圣贤常事左，稍知治乱每忧深。人生有腹当盛酒，谁遣吾侪著古今。（《后村先生大全集》卷九）

前两句是讲虽然年龄渐老，但不敢废研旧史，第二句"遗编未敢废研寻"中的"遗编"，指的就是史书。接下来的几句是在讲研寻旧史，了解圣贤道理、历代治乱之后，反而导致自己的心情起伏不定。最后两句则是感叹：既然如此，不如饮酒度日，又何必著书记述古今。以此诗第二句的"遗编"和最后一句的"古今"相对照，"遗编"的意思是旧史，就更加清楚。再以上述刘克庄言及"遗编"两首诗，前一首末句的"往古来今"，及后一首末句的"古今"，和《宣和遗事》篇首诗的第二句"闲把遗编阅古今"相对照，那么此句中的"遗编"的意思，很清楚就是旧史，而非如学者所认为，是指《宣和遗事》原已刊行的旧话本。此诗倒数第二句"说破兴亡多少事"的意思，也并非如学者所认为，专指南宋亡国一事，而是指从古到北宋覆亡的历史经验，用以作为南宋末年国运垂危时的鉴戒。所以篇首之后的入话，才会从尧、舜讲起，一直到唐代的安史之乱，然后进入主题，讲北宋由治而衰，再至于亡的经过。

上述的讨论，用意即在指出，由于"遗编"一词即旧史，非如学者所称，用以指旧有的话本，因而其主张《宣和遗事》为元人据宋、金原有话本重编之说，也就失去了依据。今传本《宣和遗事》是宋代的作品，而非出自元人之手。至于其用以佐证"遗编"之说的另两项理由，包括"一汴、二杭、三闽、四广"的说法，只有在元代才可能出现；以及据《宣和遗事》书题前的"新刊"两字，而说此书为据旧本重新编定，其实也都同样需要再加斟酌。前者于前文已说明何以"一汴、二杭、三闽、四广"的预言，有可能出现于南宋末年；后者则《宣和遗事》书题前的"新刊"，"新"的意思应是首次刊行，是由无而有的"新"，而非改旧本为新本、重新编定的"新"。由此看来，《宣和遗事》出自元人之手的说法，是缺乏凭据的。

《宣和遗事》既是宋人而非元人的作品，那么可能在宋代的哪一年代写成？有学者指出，在楼钥写《亡姚安康郡太夫人行状》之前，也就是楼钥的母亲尚未去世时，已经有《宣和遗事》此一话本。《亡姚安康郡太夫人行状》是楼钥为其亡母写的行状，他的母亲汪氏，出身于明州官宦世家，生于北宋徽宗大观四年（1110），卒于宋宁宗嘉泰四年（1204）。学者为说明汪氏生前已有《宣和遗事》的证据，是行状中讲她晚年生活的一段文字，但细读此段文字，并比对汪氏的生年，可以看出学者的说法是出于对该段文字的误解。这段文字讲汪氏晚年阅读书籍，"及见宣和盛时，暨靖康间事，言之皆有端绪"，这几句话应连下文"如《痛定》《泣血》等书，间能指其不然者。后得《梦华录》，览之，曰：'是吾见闻之旧。'"读，而非连上文"稗官小说所见尤众，性复善记，非出强勉"读。整段文字是讲汪氏能够指出《痛定录》《孤臣泣血录》《东京梦华录》诸书是非。这是由于汪氏到宣和、靖康年间，已有十余、二十岁，能够以自己亲身见闻去判断使然。尽管讲靖康间事的吕本中（或作吕本宗）《痛定录》、丁特起《孤臣泣血录》是野史，讲宣和间事的孟元老《东京梦华录》是笔记小说，但所谓"及见宣和盛时，暨靖康间事"，并非如学者所言，是指话本小说《宣和遗事》。至于学者所引前文"稗官小说所见尤众，性复善记，非出强勉"，其实应接连学者未引出的前后文看，是讲汪氏观书既多，对于所看过的史书、稗官小说，又类能记忆讲说，所以为族中后生所取质。

《宣和遗事》既然尚未见于南宋中期，那么就应是南宋晚期的作品。就如以王安石谗言为全篇纲领的《拗相公》一样，以王安石谗言为全篇纲领的《宣和遗事》，也应在绍定年间以后才出现；至于在绍定年间以后的哪一个年代，则必须从其中的引用书籍刊行年代，或叙事来源、文句引用依据等去搜寻。

前文曾讨论过的《宣和遗事》引用书籍，有陈均《皇朝编年纲目备要》、吕中《大事记讲义》、五十卷本的刘克庄诗文集（即前集），还有赵与时《宾退录》。除了五十卷本的刘克庄诗文集外，其他几种都已曾为学者所言及，其中《宾退录》不仅为《宣和遗事》多所引用，此书的书名也见于《宣和遗事》前集中。上述几种书中，刊行较晚的应是《宾退录》。此书书末虽有作者赵与时写于嘉定十七年（1224）的后记，但书成后并未刊行，要到宝祐五年（1257）赵与时之子孟蒍才以此书请陈宗礼作序，付之刊刻也应在此年。

《宣和遗事》又曾引用俞文豹《清夜录》，则为前文所未言及，此书的刊印年代，尚在《宾退录》之后。《宣和遗事》前集讲到宣和六年（1124）正月十五日元宵赏灯，从前一年腊月初一日就开始点灯，称作预赏元宵，原因是避免元宵当天阴雨，有妨行乐；有一曲名《贺圣朝》，可以说明此事，接着就引录此曲。

此事在《宣和遗事》以外的宋代文籍中，仅见于俞文豹《清夜录》，但是称"预赏元宵"为"预借元宵"，所预借者为宣和七年（1125）元宵而非宣和六年（亦即从宣和六年腊月一日就开始点灯），无曲名而称之为"谑词"。在引录其词之后，有一段说明文字，指出在淳祐三年（1243），临安府知府赵与筹（节斋）预放元宵，在十二月十四日所有的巷陌桥道都编竹，准备张灯；有臣僚上言，指出此词最后两句，亦即"奈吾皇不待元宵景色来到，只恐后月阴晴未保"，是次年（宣和七年）五月五日之谶，于是临安府在十二月十五日早晨，把所有准备张灯的设施都拆除。《宣和遗事》引《清夜录》此一记载，并未说明预谶，但无疑也应该含有预谶之意。《清夜录》记事最晚至开庆元年，也就是此书最早也应在开庆元年之后才会刊行。开庆元年和宝祐五年（1257）相距只有两年，时间相近。

除了《清夜录》应刊行于开庆元年之后以外，《宣和遗事》中还有一词语与一谶语与开庆元年有关，两者都已见于前文的讨论。一是"南儒"一词，前文讨论到，《宣和遗事》中的"南儒"一词，既有可能是自北宋以来已在使用的"江南儒士""东南儒宗"等的节略，也有可能是自元人那里传来的。如果是后面一种情形，那么在开庆元年忽必烈围攻鄂州时，就应该由于蒙古官员廉希宪引领数百名南宋儒生，向忽必烈建议应释放俘获的"南儒"，而已经传入南宋。另一是"一汴、二杭、三闽、四广"的谶语，前文也讨论到，《宣和遗事》中托名陈抟所讲的这则谶语，应该在开庆元年，这年忽必烈率领的蒙军，已渡过长江，攻围鄂州，兀良哈台率领的另一支蒙军，则自云南北上，攻围湖南的潭州，并分兵攻至长江南岸的江州，两支蒙军不无可能顺长江而下，攻至临安。朝廷由于边报转急，筑平江、绍兴、庆元诸城城壁，宦官董宋臣也向宋理宗提议迁幸，"一汴、二杭、三闽、四广"的谶语，最晚在此之后就会出现，不必等到南宋灭亡之后。

综合上述讨论，或许可以认为，《宣和遗事》的创作，应在开庆元年以后的景定、咸淳年间，但是不可能晚至咸淳以后的德祐年间。《宣和遗事》除了感慨于南宋理宗、度宗时国家的处境，而以王安石谶言来预言南宋将重踏北宋亡国的覆辙之外，也仍然存有箴规和警示的用意。《后集》大量袭用《南烬纪闻》的内容，讲述徽、钦二帝被俘至金后的际遇，用意应即在于警示当时的统治阶层，若是南宋真的重蹈北宋的覆辙，皇帝就免不了要蒙受北宋徽、钦二帝的命运。如果《宣和遗事》写于德祐年间，德祐帝（宋恭帝）即位时只有三岁，一方面南宋亡国之势已经确定，任何箴规与警示都已无意义；另一方面，对于一个尚毫不懂事的皇帝来讲，《宣和遗事》中有关包括宋徽宗在内历代皇帝荒淫之类的描写，无疑也将成为无的放矢，这类描写，显然是针对理宗、度宗的日常生活而来。

第三编参考书目

一、专书

王曾瑜校注、岳珂编：《鄂国金佗稡编续编校注》，北京：中华书局，1989年。

王曾瑜：《尽忠报国——岳飞新传》，石家庄：河北人民出版社，2001年。

王曾瑜：《岳飞和南宋前期政治与军事研究》，开封：河南大学出版社，2002年。

王曾瑜、史泠歌：《宗泽李纲评传》，北京：中国书籍出版社，2020年。

石麟：《话本小说通论》，武汉：华中理工大学出版社，1998年。

汪圣铎：《两宋财政史》，北京：中华书局，1995年。

汪圣铎：《两宋货币史》，北京：社会科学文献出版社，2003年。

李啸仓：《宋元伎艺杂考》，上海：上海古籍出版社，1953年。

李天鸣:《宋元战史》,台北:食货出版社,1988年。

李国庭编:《刘克庄年谱简编》,收入吴洪泽、尹波主编:《宋人年谱丛刊》第十一册,成都:四川大学出版社,2003年。

李修生:《元杂剧史》,南京:江苏古籍出版社,1996年。

李复波、熊澄宇注释,徐渭原著:《南词叙录注释》,北京:中国戏剧出版社,1989年。

辛更儒笺校、刘克庄著:《刘克庄集笺校》,北京:中华书局,2011年。

胡士莹:《话本小说概论》,台北:木铎出版社,1979年。

胡昭曦主编、邹重华副主编:《宋蒙(元)战争史》,成都:四川大学出版社,1992年。

孙楷第:《俗讲说话与白话小说》,北京:作家出版社,1956年。

孙楷第:《日本东京所见小说书目》,北京:人民文学出版社,1958年。

孙楷第:《中国通俗小说书目》,北京:人民文学出版社,1982年。

陶晋生:《宋代外交史》,新北:联经出版事业公司,2020年。

常金莲:《〈六十家小说〉研究》,济南:齐鲁书社,2008年。

许地山:《扶箕迷信底研究》,台北:台湾商务印书馆,1971年。

许政扬校注、冯梦龙编:《喻世明言》,北京:人民文学出版社,1991年。

陈世松、匡裕彻、朱清泽、李鹏贵:《宋元战争史》,成都:四川省社会科学院出版社,1988年。

陈正夫、何植靖:《许衡评传(附许谦评传)》,南京:南京大学出版社,1995年。

康来新:《发迹变泰——宋人小说学论稿》,台北:大安出版社,1996年。

冯沅君:《古剧说汇》,上海:商务印书馆,1947年。

张兵:《宋辽金元小说史》,上海:复旦大学出版社,2001年。

游秀云:《元明短篇传奇小说研究》,台北县:花木兰出版社,2007年。

黄纯艳:《宋代财政史》,昆明:云南大学出版社,2013年。

程章灿:《刘克庄年谱》,贵阳:贵州人民出版社,1993年。

程毅中:《宋元小说研究》,南京:江苏古籍出版社,1998年。

程毅中校注、洪楩编:《清平山堂话本校注》,北京:中华书局,2012年。

邓广铭:《岳飞传》,北京:三联书店,2007年。

赵景深辑:《元人杂剧钩沉》,上海:古典文学出版社,1956年。

鲁迅著，张兵、聂付生疏识：《中国小说史略疏识》。上海：复旦大学出版社，2012年。

乐蘅军：《宋代话本研究》，台北：台湾大学文学院，1969年。

刘相雨主编：《宋元话本学术档案》，武汉：武汉大学出版社，2014年。

萧相恺：《宋元小说史》，杭州：浙江古籍出版社，1997年。

萧欣桥、刘福元：《话本小说史》，杭州：浙江古籍出版社，2003年。

谭正璧校点、洪楩编：《清平山堂话本》，上海：古典文学出版社，1957年。

谭正璧著、谭寻补正：《话本与古剧》（重订本），上海：上海古籍出版社，1985年。

二、论文

石麟：《论冯梦龙对旧话本小说的改造——兼谈〈京本通俗小说〉的成书时间》，《湖北师范学院学报（哲学社会科学）》第17卷第1期，1997年，黄石。

勾承益：《晚宋诗坛对于权相专制的制约意义》，《四川师范大学学报（社会科学版）》第35卷第1期，2008年，成都。

王利器：《〈宣和遗事〉解题》，《文学评论》1991年第2期，1991年，北京。

王曾瑜：《岳飞〈满江红〉词真伪之争辨及其系年》，《文史知识》2007年第1期，2007年，北京。

王瑞来：《当代人的近代史——刘时举〈续宋中兴编年资治通鉴〉考述》，《中华文史论丛》2014年第2期，2014年，上海。

王明见：《刘克庄贺贾之作新论》，收入氏著：《刘克庄与中国诗学》，成都：巴蜀书社，2004年。

王晓明：《隐士哲学与骑驴诗人小议——以〈孟浩然骑驴图〉题画诗文为例》，《中国美学》第一辑，2016年，北京。

王辉斌：《王维画孟浩然像真伪考述》，《南阳师范学院学报（社会科学版）》第16卷第5期，2017年，南阳。

方震华：《转机的错失——南宋理宗即位与政局的纷扰》，《台大历史学报》第53期，2014年，台北。

方震华：《破冤气与回天意——济王争议与南宋后期政治（1225—1275）》，《新史学》第27卷第2期，2016年，台北。

方震华：《夷狄无百年之运——运数论与夷狄观的分析》，《台大历史学报》
　　第60期，2017年，台北。

全汉昇：《宋末的通货膨胀及其对于物价的影响》，收入氏著：《中国经济史论
　　丛》第一册，香港：新亚研究所，1972年。

汪仲贤：《宣和遗事考证》，《小说月报》第17卷号外《中国文学研究（下）》，
　　上海：商务印书馆，1927年。

那宗训：《从俗字看"京本通俗小说"是否伪作》，《大陆杂志》第69卷第6
　　期，1984年，台北。

那宗训：《京本通俗小说新论》，收入氏著：《京本通俗小说新论及其他》，台
　　北：文史哲出版社，1985年。

李家瑞：《从俗字的演变上证明京本通俗小说不是影元写本》，收入王秋桂
　　编：《李家瑞先生通俗文学论文集》，台北：台湾学生书局，1982年。
　　（原刊于《大公报·图书副刊》第86期，1935年7月4日）

李华瑞：《宋代笔记小说中的王安石形象》，《中国社会历史评论》第五辑，
　　2007年，北京。

李国庭：《刘克庄生平三考》，《福建论坛（文史哲版）》1991年第4期，1991
　　年，福州。

何忠礼：《贾似道与鄂州之战》，收入氏著：《科举与宋代社会》，北京：商务
　　印书馆，2006年。

何维刚：《刘克庄与贾似道关系再探——兼论贾似道的评价问题》，《中华人
　　文社会学报》第13期，2010年，新竹市。

宋金亮：《杜甫"杜鹃诗"及其杜鹃情结》，《延安大学学报（社会科学版）》
　　第32卷第3期，2010年，延安。

屈超立：《简析宋蒙鄂州之战与"鄂州和议"》，收入胡昭曦、邹重华主编：
　　《宋蒙（元）关系研究》，成都：四川大学出版社，1989年。

屈超立：《从贾似道专权看南宋权相政治形成的原因》，《宋代文化研究》第4
　　辑，1994年，成都。

段玉明：《宋理宗时期的宋蒙关系剖析》，收入胡昭曦、邹重华主编：《宋蒙
　　（元）关系研究》。

周绍良：《修绠山房梓〈宣和遗事〉跋》，收入氏著：《绍良丛稿》，济南：齐

鲁书社，1984年。

佘筠珺：《论南宋中晚期"寿贾词"的歌颂词风》，《中国韵文学刊》第30卷第3期，2016年，湘潭。

胡适：《宋人话本重订本小序》，收入亚东图书馆辑：《宋人话本七种》，北京：中国书店影印，1988年。

长泽规矩也著、汪乃刚译：《京本通俗小说与清平山堂》，收入亚东图书馆辑：《宋人话本七种》。

尚永亮、刘晓：《"灞桥风雪驴子背"——一个经典意象的多元嬗变与诗、画解读》，《文艺研究》2017年第1期，2017年，北京。

浦江清：《谈〈京本通俗小说〉》，收入氏著：《浦江清文录》，北京：人民文学出版社，1958年。

胡万川：《有关〈京本通俗小说〉问题的新发现》，收入氏著：《话本与才子佳人小说之研究》（修订版），台北：五南图书出版公司，2018年。

胡万川：《再谈〈京本通俗小说〉——那宗训先生〈京本通俗小说的新评价〉一文读后》，收入氏著：《话本与才子佳人小说之研究》（修订版）。

胡万川：《从冯梦龙编辑旧作的态度谈所谓宋代话本》，收入氏著：《话本与才子佳人小说之研究》（修订版）。

姚从吾：《余玠评传》，收入姚从吾先生遗著整理委员会编辑：《辽金元史论文》（中），《姚从吾先生全集》（六），台北：正中书局，1982年。

马幼垣、马泰来：《京本通俗小说各篇的年代及其真伪问题》，收入马幼垣著：《中国小说史集稿》（二版），台北：时报文化出版事业公司，1987年。

章培恒：《关于现存的所谓"宋话本"》，《上海大学学报（社会科学版）》1996年第1期，1996年，上海。

凌郁之：《罗烨〈新编醉翁谈录〉考论》，《中国文学研究》第10辑，2007年，上海。

汤华泉：《罗烨〈醉翁谈录〉的成书年代及其中宋代诗文考察》，《新国学》第8辑，2010年，成都。

郭光：《岳飞的〈满江红〉是赝品吗？》，收入氏辑注：《岳飞集辑注》，郑州：中州古籍出版社，1997年。

陈兆南：《读"明刊古本宣和遗事"》，《书目季刊》第18卷第3期，1984年，台北。

陈玉平:《柳永故事的文本流变及其文化意蕴》,《天中学刊》第32卷第4期,2017年,驻马店。

张荫麟:《南宋亡国史补》,收入氏著:《张荫麟先生文集》,台北:九思出版社,1977年。

张政烺:《讲史与咏史诗》,《中研院历史语言研究所集刊》第十本,1948年,南京。

张兵:《〈京本通俗小说〉的证伪及其意义》(附刘相雨评介),收入刘相雨主编:《宋元话本学术档案》。

戚仁:《关于〈三言〉作品写作年代的若干问题》,《中国古典文学丛考》第1辑,1985年,上海。

黄永年:《记修绠山房本〈宣和遗事〉》,《古籍研究》1997年第3期,1997年,合肥。

黄宽重:《辨"端平入洛败盟"》,收入氏著:《南宋史研究集》,台北:新文丰出版公司,1985年。

黄宽重:《孟珙年谱》,收入氏著:《南宋史研究集》。

乔光辉:《赵弼的史评与〈效颦集〉的史学特色》,《东南大学学报(哲学社会科学版)》第7卷第6期,2005年,南京。

乔光辉:《话本〈柳耆卿诗酒玩江楼记〉的写定年代》,《文学遗产》2000年第5期,2000年,北京。

杨忠谦:《有关柳永的戏曲小说作品考论》,《重庆文理学院学报(社会科学版)》第31卷第2期,2012年,重庆。

虞云国:《苗刘之变的再评价》,收入氏著:《两宋历史文化丛稿》,上海:上海人民出版社,2011年。

虞云国:《论宋代第二次削兵权》,收入氏著:《两宋历史文化丛稿》;虞云国:《南宋编年史家陈均事迹考》,收入氏著:《两宋历史文化丛稿》。

邓广铭:《再论岳飞的〈满江红〉词不是伪作》,《文史哲》1982年第1期,1982年,济南。

邓骏捷:《岳飞故事的演变》,《明清小说研究》2000年第3期,2000年,南京。

郑振铎:《明清二代的平话集》,收入氏著:《中国文学研究新编》,台北:明伦出版社，1971年。

蔡涵墨（Charles Hartman）：《陈均的〈纲目〉：十三世纪历史教材中的出版
　　与政治》，收入氏著：《历史的严妆——解读道学阴影下的南宋史学》，
　　北京：中华书局，2016年。

刘锋焘：《刘后村寿词浅论——兼谈后村与贾似道的关系》，《陕西师范大学
　　学报（哲学社会科学版）》第27卷第3期，1998年，西安。

刘翠翠：《宋元小说话本〈柳耆卿诗酒玩江楼记〉研究》，《长江师范学院学
　　报》第28卷第5期，2012年，重庆。

聂恩彦：《〈京本通俗小说〉探考》，《山西师院学报（社会科学版）》1982年
　　第1期，1982年，临汾。

聂恩彦：《〈京本通俗小说〉再探考》，《山西师院学报（社会科学版）》1982
　　年第4期，1982年，临汾。

聂恩彦：《再考〈京本通俗小说〉——兼与苏兴同志商榷》，《社会科学战线》
　　1986年第3期，1986年，长春。

苏兴：《〈京本通俗小说〉辨疑》，《文物》1978第3期，1978年，北京。

苏兴：《〈京本通俗小说〉外志》，《吉林师大学报（社会科学）》1979年第4
　　期，1979年，四平。

苏兴：《再谈〈京本通俗小说〉的问题》，《社会科学战线》1983年第4期，
　　1983年，长春。

顾宏义：《南宋两浙沿海的水军》，收入朱瑞熙、王曾瑜、蔡东洲主编：《宋史
　　研究论文集》第11辑，成都：巴蜀书社，2006年。

顾宏义：《南宋许浦御前水军考论》，收入龚延明、祖慧主编：《岳飞研究第
　　五辑——纪念岳飞诞辰900周年暨宋学国际学术研讨会论文集》，北京：
　　中华书局，2004年。

顾友泽：《试论杜甫杜鹃诗意蕴的拓展及其影响》，《杜甫研究学刊》2005年
　　第3期，2005年，成都。